쫓겨난 사람들

EVICTED

쫓겨난 사람들
도시의 빈곤에 관한 생생한 기록

초판 1쇄 펴낸날 2016년 12월 6일
초판 4쇄 펴낸날 2024년 6월 20일

지은이 매튜 데스몬드
옮긴이 황성원
펴낸이 이건복
펴낸곳 도서출판 동녘

등록 제311-1980-01호 1980년 3월 25일
주소 (10881) 경기도 파주시 회동길 77-26
전화 영업 031-955-3000 편집 031-955-3005 **전송** 031-955-3009
홈페이지 www.dongnyok.com **전자우편** editor@dongnyok.com

ISBN 978-89-7297-853-4 03330

• 잘못 만들어진 책은 바꿔 드립니다.
• 책값은 뒤표지에 쓰여 있습니다.
• 이 도서의 국립중앙도서관 출판시도서목록(CIP)은 e-CIP홈페이지(http://www.nl.go.kr/ecip)와
국가자료공동목록시스템(http://www.nl.go.kr/kolisnet)에서 이용하실 수 있습니다.
(CIP제어번호: CIP2016027813)

쫓겨난 사람들

도시의 빈곤에 관한 생생한 기록

매튜 데스몬드 지음 | 황성원 옮김

EVICTED

동녘

일러두기

1. 단행본은 《 》에, 신문·잡지·논문·노래·방송 프로그램 등은 〈 〉에 넣어 표기하였다.
2. 본문 ( ) 안에 있는 것은 원 저자 주이며, [ ] 안의 것은 옮긴이 주이다.
3. 각주는 옮긴이의 것이다. 단, 각주가 원 저자의 것일 경우에는 [원 저자 주]라고 표시해주었다.
4. 본문에 나오는 단행본이 국내에서 번역 출간된 경우 국역본의 제목을 따랐으며, 원서 명의 병기를 생략하였다.
5. 미국이 개신교 국가인 점과 주요 등장인물들이 개신교 신자임을 감안하여 '하느님'을 '하나님'으로 표기하였다.

한결같은 지지를 보내준 미셸에게

하늘에서 집세가 뚝 떨어졌으면 좋겠어.

———

랭스턴 휴즈Langston Hughes,
〈(대단히 중요한) 작은 서정시Little Lyric (Of Great Importance)〉

가난으로 쓴 사회학적 산문시

조은 (사회학자, 《사당동 더하기 25》 저자)

잔혹한 제목의 이 책을 펴들고 '가난이 서정시가 될 수 있을까?'라는 질문부터 시작한다. 첫 페이지에 "하늘에서 방세가 뚝 떨어졌으면 좋겠어"라는 시 같기도 하고 주문 같기도 한 랭스턴 휴즈의 인용구가 나오는데, "대단히great 중요한 작은little 서정시"라는 형용모순 수식이 첨부되어 있다.

책 줄거리는 간단하다. 미국의 한 사회학자가 대도시 빈민가에서 현장연구를 했다. 미국에서 네 번째로 가난한 도시 밀워키의 가장 열악한 동네에서 구할 수 있는 가장 싼 집에서도 쫓겨나 이동식 간이 차량 한 칸이라도 찾아나서는 미국 사회의 가장 밑바닥 도시 빈민 이야기다. 강제 퇴거 임무를 수행하는 행정관과 싼 집을 구입해서 적당히 손질한 후 월세놀이 하는 집주인, 이들을 소개해서 복비를 챙겨 재산을 불리는 중개인 등 먹이사슬로 얽히고설킨 군상들이 살아가는 이야기. 실직-약물중독-노숙-사기-감방으로 이어지는 이들 삶의 장면 장면들은 가난을 소재로 한 극 리얼리즘 소설을 읽는 것 같은 착각을 하게 한다.

그런데 기승전결도 극적요소도 없다. 뻔한 이야기여서 질적 방법에서 말한 더 듣지 않아도 되는 포화선은 이 책 중반도 되기 전에 일찌감치 그어진다. 그런데도 이 뻔한 이야기를 계속 읽게 된다. 지겹도록 가난한 사람들이 끝없이 쫓겨나면서도 끝없이 '살 만한' 월세 집을 찾아나서는 이 오디세이의 저자가 궁금해진다. 저자는 하버드대학교의 사회학과 교수다. 박사논문을 끝낸 지 얼마 되지 않았다. 부모님이 살던 집이 은행에 넘어가 이삿짐을 싸야했던 그의 대학 때 경험이 빈곤과 주거 문제에 관심을 갖게 된 출발점이었음을 숨기지 않는다.

사회학자의 현장연구인데 문장이 유려하다(번역도 괜찮은 편이지만 영어 원문은 산문시처럼 운을 맞춰 쓴 느낌이다). 유려할 뿐 아니라 적확하다. 예를 들면 대도시 빈민가에서 강제 철거당해 길바닥에 나앉게 된 여성 가구주가 남성 가구주의 서너 배가 넘는다는 통계는 주석으로 넣어주면서 "가난한 흑인 동네 출신 남성들의 삶을 규정하는 것이 투옥이었다면, 여성들의 삶을 규정하는 것은 (강제) 퇴거"라고 쓰고 "가난한 흑인 남성들은 '잠긴 문 안'에 갇히고 가난한 흑인 여성들은 '잠긴 문밖'으로 내몰렸다"라고 쓴다. 때로 시적이기조차 하다. 가난한 사람들이 몰려 사는 허술한 동네일수록 화재도 자주 난다. 누가 불을 질렀는지도 모른다. 골목은 아수라장이 되고 누군가는 실려가며 소방차가 물줄기를 내뿜고 간 뒷날의 정경을 이렇게 그리고 있다.

"물이 얼면서 주위 나뭇가지 끝에는 금방이라도 떨어질 것 같은 수천 개의 얼음 덩어리들이 맺혀 있었다. 도린은 눈을 내리 깔고 앞쪽 현관에 크림색 리본이 달린 여섯 송이의 흰 백합을 바라보았다. 죽음의 겨울 속에서도 봄은 고개를 내밀고 있었다."

너무 쉽게 읽혀 사회학자 글 같지 않다. 그런데 '사회구조를 이쯤
보여줘야 사회학적 글쓰기라고 할 수 있지 않을까'라고 자책하게 된
다. 소득의 70~80퍼센트를 임대료로 내다 바치는 "미국의 끈질기고
잔혹한 가난"에 대한 정밀한 묘사의 진정성은 보편적 주거복지 주장
이 전혀 과격하지 않다고 생각하게 만든다. 안정적인 임대주택 제공
과 안정적인 임금소득 보장이 상충하는 것이 아니라 길게 보면 상호
보완적임을 근거로 보편적 복지 프로그램의 방향도 끌어낸다. 《쫓겨
난 사람들》이 강제 퇴거당하는 과정과 퇴거 이후의 고군분투는, 초
강대국 미국의 어두운 한 단면이기도 하고 전 세계가 숨길 수 없는
모든 가난한 사람들의 일반적 이야기이기도 하다.

노동의 착취가 아니어도 자본주의가 착취할 수 있는 것은 너무
나 많다. 저자는 먹이사슬로 얽혀 있는 도심 빈민가의 일상을 통해
그 착취 구조를 투명하게 드러낸다. 냉혹한 도시 맨 밑바닥에서 밤낮
없이 일어나는 착취의 일상화와 그 공간들. 빈곤연구자라면 이런 책
하나쯤 쓰고 싶어 할 것이다. 불평등 연구자도 마찬가지다. 사회학자
도 이런 문화기술지ethnography•를 한 번쯤 탐낼 만하다. 그런데 참 어렵
겠다는 생각을 하게 한다.

《쫓겨난 사람들》은 문화기술지가 현장 묘사description나 기술
technique의 영역이 아닐 뿐더러 글 쓰는 일이 문장력이나 글 솜씨의 문
제가 아니라는 점을 일깨워준다. 연구자의 문제의식과 윤리의식이 손
을 대면 베일 듯 선명하다. 그는 현장연구가 끝날 무렵 일기장에 "이

• 문화기술지·민족지 등으로 번역되며, 인류학자들이 인간의 행동 양식을 연구하면서 대상의
  느낌과 경험을 직접 체험하기 위해 시도했던 방식으로, 사회과학에서의 통계적 분석에 기반을 둔
  양적 연구의 한계를 극복하고자 하는 모든 분야에서 사용된다.

런 이야기들과 고난을 무수한 전리품처럼 수집하는 내 자신이 추잡한 인간으로 느껴진다"라고 쓰면서 "현장연구를 진행하는 동안 내가 느꼈던 죄의식은 떠난 후 오히려 더 깊어졌다. 내 자신이 어떤 이름할 수 없는 죄를 고백할 준비가 된 사기꾼·배반자처럼 느껴졌다"라고 고백한다.

이 책은 여러 통계 수치를 활용하지만 사회과학이 숫자가 아니라 인간의 삶으로 말해야 함을 분명히 한다. 또 사회구조의 문제를 지속적으로 제기하지만 구조 자체가 아니라 그러한 구조 속에 살고 있는 인간에 대한 애정과 관심이 사회학자의 본령임을 예리하게 잡아준다.

가난을 타자화하지 않는 연구자로서 그의 진정성은 프로젝트 결말에서 다시 확인된다. 모든 현장연구자들은 현장에 처음 들어갔을 때의 난감함을 잘 알고 있다. 그런데 필자는 이렇게 끝맺는다. "현장연구자에게는 현장에 들어가는 것보다 더 어려운 게 (현장을) 떠나는 것이다."

독자들은 범죄와 마약과 극심한 빈곤이 격렬하게 통합된 이야기로 채워진 마지막 책장을 덮을 때쯤 예기치 않게 정화淨化된 느낌과 마주하게 된다. 진정성 있는 정책 입안자나 연구자라면 우리의 밑바닥 삶에 바짝 다가가서 현장의 흙으로 손을 더럽혀야겠다고 생각할 것이다.

저자 메모

이 책은 논픽션이다. 이 책에서 묘사한 대부분의 사건은
2008년 5월과 2009년 11월 사이에 일어났다. 별도의 표기가
없는 경우, 이 기간에 발생한 모든 사건은 직접 목격한
것이다. 모든 인용문은 디지털 녹음기로 녹음한 내용이나
공식 문서에서 가져왔다. 집주인과 그 직원뿐 아니라
세입자와 세입자의 아이들 및 친척들의 이름은 프라이버시
보호를 위해 모두 바꿔서 표기했다.

차례

차가운 도시

조리와 조리의 사촌은 지나가는 차에 눈 뭉치를 던지며 장난을 치고 있었다. 조리가 서 있는 밀워키의 니어 사우스사이드 근처 길모퉁이에서 6번가를 따라 달리는 자동차들은 늘어서 있는 두 세대용 아파트 앞을 지나쳤다. 아파트에는 현관 계단이 딸려 있고 보도 가장자리에는 민들레가 피어 있었다. 북쪽을 향해 가는 차들 앞에는 성 요사팟 성당이 있었는데, 조리에게는 이 성당 위에 왕관처럼 올라앉은 돔 모양의 지붕이 마치 막힌 변기를 뚫을 때 쓰는 고무 플런저를 뒤집어 놓은 것처럼 보였다. 때는 2008년 1월, 밀워키 시는 관측 이래로 가장 많은 눈이 내리는 겨울을 맞았다. 이따금 차 한 대가 6번가를 벗어나 눈으로 둘러싸인 아서로에 더듬거리며 진입했고, 소년들은 바로 그런 때를 노렸다. 조리는 눈을 단단히 뭉쳐 날렸다. 그러다 갑자기 차가 멈춰 서더니 한 남자가 내렸다. 소년들은 아파트로 달려가 문을 잠갔다. 조리가 엄마 알린과 남동생 자파리스와 함께 사는 곳이었다. 자물쇠는 싸구려였고, 남자가 몇 번 세게 발로 차자 문이 부서졌다. 남자는 그걸로 만족하고 바로 사라졌다. 문이 부서졌다는 사실을 알게 된 집주인은 알린과 아이들을 내보내기로 결심했다. 알린의 가족이 그곳에 산 지 8개월만의 일이었다.

알린과 아이들은 하필이면 추운 날 이 집을 나와야 했다. 하지만 알린이 더 버텼다면 집주인은 보안관을 불렀을 거고, 그러면 총을 찬 보안관이 부츠를 신은 운송업체 직원들과 함께 알린의 집이 더 이상 알린의 것이 아니라고 고지하는 판사의 명령문 종이를 들고 나타났을 것이다. 그러면 알린에게는 두 개의 선택이 주어졌을 것이다. 트럭 아니면 길바닥. '트럭'은 알린의 물건들이 18피트 길이의 트럭에 실려 저당 보관에 들어가게 된다는 뜻이다. 350달러를 내면 모든 것을 되찾을 수 있지만 알린에게는 350달러가 없었고, 그러면 남은 선택은 '길바닥'밖에 없다. '길바닥'이란 운송업체 직원들이 알린의 물건을 길바닥에 내놓는 걸 지켜봐야 한다는 뜻이다. 알린의 매트리스, 콘솔형 텔레비전, 알린의 책《훈육을 두려워 마라Don't Be Afraid to Discipline》, 멋진 유리 식탁과 거기에 딱 맞는 식탁용 레이스, 인공식물들과 성서, 냉동고의 분쇄육, 샤워 커튼, 그리고 자파리스의 천식용 흡입기까지.

알린은 두 아들을 노숙자쉼터로 보냈다(조리는 열세 살, 자파리스는 다섯 살이었다). 사람들은 그곳을 로지Lodge라고 부른다. 그래야 아이들에게 마치 모텔이라도 되는 것처럼 "오늘 밤은 로지에서 묵을 거야"라고 말할 수 있기 때문이다. 벽토를 바른 2층짜리 건물은 구세군 표시만 아니었으면 여느 건물들과 다를 바 없었다. 알린은 120개의 침대가 있는 그 쉼터에서 4월까지 지내다가 밀워키 노스사이드에서도 어린 시절 살던 집에서 멀지 않은, 주로 흑인들이 거주하는 도심 빈민가의 19번가 햄프턴로에서 집 한 채를 찾았다. 창문과 문 가장자리에 두툼한 장식이 있는 그 집은 한때는 켄딜그린색이었지만 세월이 가면서 페인트가 바래고 떨어져나가 나무로 된 외장재가 그대로 드러나면서 마치 위장을 하고 있는 것처럼 보였다. 언젠가 누가 흰색으로 다시 페인트칠을 시작했다가 중간에 그만두는 바람에 반 이상이 덜 된 채로 남게 되었다. 그 집에선 물이 자주 끊겼고, 그러면 조리가 변기에 있는 걸 양동이로 떠내 버려야 했다. 하지만 알린은 그곳이 널찍하고 다른 집들과 떨어져 있어서 마음에 쏙 들었다. "조용했어요," 알린은 이렇게 회상했다. "그리고 위층에 침실 두 개, 아래층에도 침실이 두 개인 집 전체가 525달러였어요. 내가 제일 좋아했던 집이죠."

몇 주 뒤 시는 알린이 가장 좋아했던 그 집이 "인간이 거주하기에 부적합"하다고 판정한 뒤 알린을 내쫓고 못으로 창과 문에 녹색 널빤지를 박고는 집주인에게 벌금을 물렸다. 알린은 조리와 자파리스를 데리고 앳킨슨로에 있는 더 깊숙한 도심 빈민가의 우중충한 아파트단지로 이사했다. 얼마 안 가 알린은 그곳이 마약상의 소굴임을 알게 되었다. 알린은 아들들, 그중에서도 특히 조리가 걱정이었다. 처진 어깨에 밤색 피부, 그리고 미소가 아름다운 조리는 아무에게나 말을 거는 아이였다.

알린은 앳킨슨로에서 여름 넉 달을 버티다가 1마일 떨어진 13번가의 키프로에 있는 두 세대용 아파트의 아래층으로 이사했다. 이삿짐은 알린과 두 아들이 들어서 날랐다. 알린은 잠시 숨을 멈추고 불이 들어오는지 켜보았다. 불이 들어오자 알린은 안도의 미소를 지었다. 한동안은 다른 누군가의 전기 요금을 축내며 버틸 수 있었다. 거실 창문에는 주먹만 한 구멍이 나 있었고, 현관문은 만지고 싶지 않은 나무 널빤지를 금속 버팀대에 떨어뜨려야 잠글 수 있었으며, 카펫은 불결한 데다 닳아 있었다. 하지만 주방이 널찍했고 거실 불이 환했다. 알린은 거실 창에 난 구멍을 천으로 막고 아이보리색 커튼을 달았다.

집세는 한 달에 550달러, 공과금은 별도였다. 2008년 미국에서 네 번째로 가난한 도시의 가장 열악한 동네에서 구할 수 있는 침실 두 개짜리 집의 일반적인 집세였다. 알린은 이보다 더 싼 집을 찾을 수 없었다. 최소한 인간이 거주하기에 알맞은 곳 가운데선 더 싼 곳이 없었다. 집주인들은 대부분 두 아들 때문에 이보다 더 작은 집은 빌려주려 하지 않았다. 집세는 알린이 매달 받는 복지수당welfare check에서 88퍼센트를 떼어갈 것이었다. 어쩌면 알린은 어떻게든 버틸 수 있을지 모른다. 아니면 알린이 가장 좋아하는 계절인 봄이 찾아와 튤립과 크로커스가 해빙된 땅을 뚫고 올라오기를 기다리며 그곳에서 최소한 겨울을 날 수 있을지 모른다.

누군가 문을 두드렸다. 집주인, 셰리나 타버였다. 단발머리에 손톱이 건강한 흑인 여성 셰리나는 식료품을 한 아름 들고 있었다. 40달러어치는 자기 돈을 쓴 것이었고 나머지는 푸드팬트리*에서 집어온 것들이었다. 셰리나는 알린에게 음식이 필요하다는 걸 알았다.

알린은 셰리나에게 고맙다는 인사를 하고 문을 닫았다. 출발이 좋았다.

한때는 미국 도시의 가장 그늘진 지역에서조차 강제 퇴거가 드물었다. 그런 일이 일어나면 사람들이 들고 일어났다. 대공황기에는 매년 벌어지는 강제 퇴거에 직면했던 빈민 가정의 수가 지금에 비하면 새발의 피였는데도 퇴거가 일어나면 폭동이 발생할 정도였다. 1932년 2월 〈뉴욕타임스The New York Times〉는 브롱크스에 사는 세 가정을 퇴거

* 빈민을 위한 무료 식품 제공 기관.

시키는 데 저항하는 지역사회의 반발을 설명하며 이렇게 전했다. "군
중이 겨우 1,000명뿐인 건 아마 추위 때문이지 싶다."¹ 이웃들은 판사
의 명령에도 불구하고 퇴거의 대상이 된 가정이 다시 원래 살던 곳으
로 들어오도록 돕거나 이들의 가구를 깔고 앉아 퇴거에 저항하다가
직접 집행관들과 맞붙기도 했다. 집행관들 스스로도 퇴거를 이행하
는 데 양면적인 태도를 보였다. 이들이 배지와 총을 들고 있는 건 퇴
거를 집행하기 위해서가 아니었기 때문이다.

　요즘에는 전일제로 근무하면서 퇴거와 압류명령 이행을 주 업무
로 하는 전담 보안관들이 있다. 퇴거 전문 운송업체도 있다. 이 업체
의 직원들은 주중 매일, 하루 종일 근무한다. 과거 퇴거 기록과 법원
기록물을 열거한 세입자 심사보고서를 집주인들에게 판매하는 데이
터 발굴업체도 수백 곳에 이른다.² 요즘에는 주거법원housing court이 너
무 커져서 위원들은 낡은 책상과 망가진 서류 캐비닛으로 미어터지
는 임시 사무실이나 복도에서 소송을 처리해야 할 지경이다. 그리고
대부분의 세입자들은 잘 나타나지도 않는다. 저소득 가정들은 이사
트럭의 덜컹거림과, 이른 아침 문을 두드리는 소리, 세간이 길바닥에
늘어선 상황에 익숙해졌다.

　가구당 소득이 정체되거나 심지어는 하락하는 상황에서도 주거
비용은 치솟았다. 오늘날 미국의 가난한 임차가구 대다수가 소득의
절반 이상을 주거에 지출하고 있고, 소득의 70퍼센트 이상을 임대료
와 공과금을 내는 데 지출하는 가정은 최소 넷 가운데 하나다.³ 매
년 수백만의 미국인들이 임대료를 내지 못해 퇴거당한다. 세입자 가
구가 10만 5,000세대에 못 미치는 밀워키 시에서는 집주인들이 매년
약 1만 6,000명의 어른과 아이들을 퇴거시킨다. 매일 법원을 통해 열
여섯 세대가 퇴거당하는 것이다. 하지만 집주인들이 법원의 명령보

다 더 싸고 빠르게 세입자 가정을 쫓아낼 수 있는 방법들이 있다. 어떤 집주인들은 세입자에게 몇 백 달러를 쥐어주고 주말까지 집을 비우라고 한다. 앞문을 떼어버리는 집주인도 있다. 밀워키의 세입자 가정이 겪은 강제 이사의 절반 가까이가 법의 그늘에서 이루어진 '비공식적인 퇴거'다. 만일 모든 형태의 비자발적인 강제 이주(공식·비공식적인 퇴거, 집주인의 압류, 건물 수용)까지 셈할 경우 2009년에서 2011년 사이에 밀워키에서 강제적인 이사를 경험한 세입자는 여덟 명 가운데 한 명 이상 꼴이 된다.[4]

밀워키는 퇴거와 관련해서 특별한 게 아무것도 없다. 수치는 캔자스시티도, 클리블랜드도, 시카고도, 다른 도시들도 비슷하다. 2013년에는 미국 전체에서 가난한 임차가구 여덟 곳 가운데 한 곳이 임대료 전액을 지불하지 못했고, 비슷한 수의 가구가 곧 퇴거당할 것 같다고 생각했다.[5] 이 책의 무대는 밀워키지만 미국의 이야기라고 봐도 될 것이다.

이 책은 퇴거의 과정에 휩쓸린 여덟 가정을 추적한다. 흑인 가정도 있고, 백인 가정도 있으며, 아이가 있는 집도, 없는 집도 있다. 퇴거는 도시 전역에서 일어나고 그 과정에는 집주인과 세입자뿐 아니라 친척과 친구, 연인과 옛 연인, 판사와 변호사, 마약 공급책과 교회 장로들까지 얽혀 있다. 퇴거는 심각한 후유증을 남긴다. 집을 잃은 가정은 쉼터로, 폐가로, 거리로 내몰린다. 우울증과 질병을 불러오고, 가족들은 위험한 동네의 질 낮은 주택으로 떠밀리게 되며, 공동체의 근간이 흔들리고 아이들이 해를 입는다. 퇴거는 사람들의 창의력과 배짱은 말할 것도 없고 약점과 절망감을 백일하에 드러낸다.

비를 피해 살 집을 마련할 능력이 되는 가정의 수가 점점 줄고 있다. 이는 오늘날 미국이 직면한 가장 시급하고 절박한 문제 가운데 하나이며, 이 문제의 폭과 깊이를 인정하게 되면 우리가 빈곤을 바라보는 방식도 바뀌게 된다. 수십 년 동안 우리는 주로 일자리와 공적 부조·육아·높은 수감률에 초점을 뒀다. 이런 문제의 중요성을 부정할 수 있는 사람은 아무도 없지만 뭔가 중대한 게 누락되었다. 그동안 우리는 주거가 빈곤의 양산에 얼마나 깊이 연루되어 있는지 완전히 파악하지 못했다. 낙후한 동네에 산다고 해서 모두가 갱단원이나 가석방 담당관·고용주·사회복지사·목사와 엮이지는 않는다. 하지만 세 들어 살면서 집주인과 엮이지 않는 경우는 거의 없다.

1부

집세라는 족쇄

도시를 소유하는 사업

도시가 정비공의 렌치만큼 차가운 잿빛으로 겨울에 굴복하기 전, 그러니까 아직 셰리나 타버가 알린과 그녀의 두 아들을 13번가의 두 세대용 아파트에 들일지 말지 결정하기 전, 도심 빈민가는 생명으로 가득 차 있었다. 때는 9월 초, 밀워키는 인디언 서머를 만끽하고 있었다. 자동차 스피커에서 흘러나온 음악이 거리에 넘실댔고, 아이들은 보도에서 뛰어놀거나 고속도로 진입로에서 생수를 팔았다. 할머니들은 현관 의자에 앉아서 가슴을 반쯤 드러낸 검은 소년들이 웃으며 농구 코트로 향하는 모습을 지켜보았다.

셰리나는 창문을 내리고 알앤비 음악을 들으며 노스사이드를 누볐다. 대부분의 밀워키 중산층들은 도심 빈민가를 재빠르게 지나친 뒤 고속도로에 올랐다. 집주인들이 골목길로 들어올 때는 보통 자신의 아우디나 사브가 아니라 기름이 좀 새고 녹까지 슨 밴이나 트럭 같은 '집세 징수 전용 자동차'를 타고 왔고, 거기엔 멀티탭과 사다리, 그리고 어쩌면 장전된 총과 하수관 청소용 와이어, 연장 상자, 메이스*한 캔, 네일건, 기타 잡동사니들이 실려 있기 마련이었다. 셰리나는 세입자를 찾아갈 때 보통 립스틱만큼이나 빨간 카마로는 집에 놔두고 베이지색과 갈색이 섞인 22인치 림의 1993년식 셰비 서버번을 탔다. 이 서버번은 셰리나의 남편이자 사업 파트너이며 부동산관리인인 쿠엔틴의 차였다. 쿠엔틴은 드라이버로 차의 시동을 걸었다.

아직도 일부 밀워키 백인들은 노스사이드를 1960년대처럼 '중심'이라고 불렀다. 큰맘 먹고 노스사이드에 발을 들여놓게 되면 거리마다 몰락해가는 두 세대용 아파트들과, 빛바랜 벽화, 24시간 탁아 시설, 그리고 "WIC**받습니다"라고 적힌 모퉁이 가게들이 눈에 들어왔다. 한때 미국에서 열한 번째로 큰 도시였던 밀워키는 1960년 74만 명이 넘었던 인구가 60만 명 밑으로 줄어들었다. 이 사실에 담긴 의미는 자명했다. 노스사이드 곳곳에서 한때의 집들은 버려진 건물과 잡풀이 무성한 공터가 되어 있었다. 평범한 주택 앞 도로에는 성조기를 걸어놓고 정원을 손질하는 노인들이 소유한 몇몇 1인 가구 주택과, 힘겹게 삶을 일구는 가정들이 빌린, 페인트가 벗겨지고 홑이불을 커튼으로 사용하는 두 세대 혹은 네 세대용 아파트 건물, 그리고 창과 문을 널빤지로 막아놓은 빈집들과 빈 땅들이 있었다.

셰리나는 이 모든 것을 알았지만 다른 것도 알고 있었다. 셰리나는 다른 노련한 집주인들처럼 누가 어느 다세대주택을 소유하고 있는지, 어느 교회를 소유하고 있는지, 어느 바와 어느 거리를 소유하고 있는지 알았다. 그와 관련된 다양한 삶의 곡절과 그늘과 분위기를 알았고, 어느 구역이 인기 있고 어느 구역이 마약에 쩔어 있는지 알았으며, 어디가 안정되고 조용한지를 알았다. 셰리나는 이 게토의 가치를 알았고, 아무것도 모르는 사람에게는 쓸모없어 보이는 부동산

• 호신용 스프레이에 쓰이는 물질.
•• 저소득층 여성과 유아, 어린이를 대상으로 하는 보건 영양 서비스의 일종.

에서 어떻게 돈이 만들어질 수 있는지를 알았다.

　밤색 피부에 작달막한 셰리나는 NBA 모자를 비스듬하게 쓰고 바지에 어울리는 가벼운 청홍색 재킷을 입고 있었다. 셰리나는 가끔 마치 넘어지는 상대를 잡아주려는 듯 어깨를 잡고서, 한껏 입을 벌려 폭소를 터뜨리기를 좋아했다. 하지만 18번가 라이트로 교차로 인근에 사는 세입자들을 방문하려고 노스로를 벗어나자 걸음을 늦추더니 무거운 한숨을 토해냈다. 퇴거는 늘 하던 일이었지만 러마는 두 다리가 없는 사람이었다. 셰리나는 다리가 없는 남자를 내쫓는 게 별로 내키지 않았다.

　러마가 처음 집세를 내지 못했을 때 셰리나는 곧바로 퇴거 고지 절차를 이행하지도, 일은 일이라는 평범한 생각으로 이 문제를 쉽게 넘기지도 못했다. 셰리나는 망설였다. "이 일 때문에 힘들어질 거야," 더 이상 이 문제를 무시할 수 없게 되자 셰리나는 쿠엔틴에게 이렇게 말했다. "당신도 알지?" 셰리나는 얼굴을 찡그렸다.

　쿠엔틴은 말없이 아내의 말을 기다렸다.

　"그냥 공정해야지," 셰리나는 잠시 생각을 고르며 침묵하다 입을 열었다. "아이들 생각하면 속상해. 러마가 그 어린 꼬마들을 데리고 들어왔잖아. 그리고 난 러마가 정말 좋아. 그렇지만 사랑이 밥 먹여주는 건 아니니까."

　셰리나는 내야 할 돈이 많았다. 모기지 대금, 수도 요금, 유지비, 부동산세. 가끔은 보일러가 고장 나거나 시에서 생각지도 못한 고지서를 보내 큰 지출이 발생하는 바람에 월초까지는 손가락을 빨기도 했다.

　"기다릴 시간이 없어," 쿠엔틴이 말했다. "러마가 돈 낼 때까지 기다리는 동안에도 세금은 오른다고. 모기지 대금도 오르고 있어."

이 일에는 대비책 같은 게 있을 수 없었다. 세입자가 500달러를 안 내면 집주인은 500달러 손해를 보게 된다. 만일 이런 일이 일어날 경우 모기지가 있는 집주인은 은행이 압류고지서를 보내지 않도록 저축이나 소득을 헐어야 한다. '감축'이니 '분기 손실'이니 하며 말을 에둘러 하지도 않았다. 집주인들은 이득과 손실을 직접적으로 받아들였다. 눈앞에 빈곤과 폐허가 굴러다녔다. 이 바닥에서 잔뼈가 굵은 고참들은 처음으로 경험했던 큰 손실과 처음 당했던 주거 손괴를 회상하길 좋아했다. 세입자가 천장을 부수고 사진을 찍은 뒤 법원 행정관에게 집주인의 잘못이라고 우기던 시절, 퇴거당한 부부가 집을 나오기 전 싱크대에 양말을 쑤셔 넣고 물을 최대한 틀어놓은 채 나오던 시절의 이야기들이었다. 햇병아리 집주인들은 이런 일을 당하면서 단단해지거나 아예 일을 접었다.

셰리나는 고개를 끄덕이며 남편을 안심시키고는 혼잣말처럼 이렇게 말했다. "내 걱정하는 사람은 아무도 없는데 내가 남 걱정 할 일이 아니지. 지난번에 내가 확인을 했을 때도 모기지 회사는 여전히 돈을 달라고 하더라구."

셰리나와 쿠엔틴은 수년 전 폰두랙로에서 만났다. 빨간 정지신호 때 쿠엔틴은 셰리나 옆에 차를 세웠다. 셰리나는 화려한 미소를 지었고 그의 자동차 스테레오는 켜져 있었다. 쿠엔틴은 셰리나에게 차를 갓길로 세워보라고 했다. 셰리나는 쿠엔틴이 데이토나를 타고 있었다고 기억했지만 쿠엔틴은 리걸이었다고 우겼다. "나는 데이토나 같은 걸 타고 다른 사람한테 차를 갓길로 세워보라고 할 사람이 아니라고." 그는 기분 나쁜 척 이렇게 말했다. 쿠엔틴의 손톱은 깔끔하게 정돈되어 있었고, 그는 체구가 큰 편이긴 했지만 근육질은 아니었으며,

곱슬머리에 보석을 주렁주렁 달고 있었다. 두꺼운 목걸이에 그보다 더 두꺼운 팔찌와 반지들. 셰리나는 쿠엔틴이 마약상 같다고 생각했지만 어떻든 그에게 진짜 전화번호를 줬다. 쿠엔틴이 셰리나에게 석 달 동안 전화를 건 뒤에야 셰리나는 그와 함께 아이스크림을 먹으러 가겠다고 응했다. 그로부터 6년 뒤, 쿠엔틴은 셰리나와 결혼할 수 있었다.

쿠엔틴이 셰리나에게 차를 갓길로 세워달라고 했던 때, 셰리나는 4학년을 가르치는 교사였다. 셰리나는 선생님 같은 말투로 처음 보는 사람을 "자기"라고 부르고 엄마처럼 충고하거나 꾸짖었다. "내가 곧 잔소리할 거라는 거 알지?" 그는 이렇게 말하곤 했다. 또 상대방이 딴 데 정신이 팔리기 시작했다고 느끼면 발꿈치나 허벅지를 건드려 다시 집중시키고는 했다.

쿠엔틴과 만난 지 4년쯤 지났을 무렵, 셰리나는 쿠엔틴과의 관계에는 만족했지만 일에서 싫증을 느꼈다. 8년의 교직 생활을 접고 셰리나는 어린이집을 개원했다. 하지만 "사소한 조항 때문에 문을 닫아야 했어요," 그는 이렇게 기억했다. 그러고는 다시 가르치는 일로 복귀했다. 쿠엔틴보다 앞서 만났던 남자와의 관계에서 얻은 아들이 말썽을 부리기 시작하자 홈스쿨링을 하면서 부동산에 손을 댔다. 사람들이 "어째서 부동산이냐?"라고 물으면 셰리나는 "장기적으로 남는 장사"라느니 "멀리 있는 최고의 투자처는 부동산"이라느니 하며 답하곤 했다. 하지만 그게 다가 아니었다. 셰리나는 다른 집주인들과 공유하는 지점이 있었다. 바로 학교나 회사에 의지하지 않고 계약이나 연금·노조가 없어도 혼자 헤쳐나갈 수 있다는 당찬 자신감이었다. 셰리나는 쫄딱 망할 수도 있긴 하지만 자신의 대처 능력과 머리만 있으면 다시 좋은 삶을 회복할 수 있다고 생각했다.

셰리나는 1999년에 집을 한 채 샀다. 당시에는 가격이 저렴했다. 몇 년 뒤 주택 호황에 힘입어 더 싼 이자의 대출로 갈아타 부동산 순가치 2만 1,000달러를 융통했다. 6개월 뒤 다시 대출을 갈아탔고, 이번에는 1만 2,000달러를 융통했다. 첫 번째 임대용 부동산을 구입할 때는 현금을 사용했다. 주택 가격이 가장 저렴한 도심 빈민가의 두 세대용 아파트 한 채였다. 임대 수익, 대출 갈아타기, 고리의 대출을 해주는 민간 부동산 투자자들 덕분에 셰리나는 더 많은 집을 살 수 있었다.

셰리나는 임차인들은 취향이나 환경 때문에 임대주택에 거주하는 일부 중상계급 세대와 일부 젊은 뜨내기들, 그리고 내 집 장만과 공공주택에서 배제된 대부분의 도시 빈민들로 구성되었음을 알게 되었다.[1] 집주인들은 일반적으로 밀집된 지역에 자신의 부동산을 몰아놓고 각기 다른 동네에서 움직였다. 이는 인종에 따라 거주 지역이 분리된 도시에서 집주인들이 특정한 사람들, 즉 백인이나 흑인·빈민 가구나 대학생들을 세입자로 들이는 데 주력한다는 의미였다.[2] 셰리나는 흑인 빈민들에게 집을 전문적으로 임대하기로 결심했다.

4년 뒤 셰리나는 도심 빈민가에 위치한 서른여섯 세대의 부동산을 거느리면서 보조충전기와 두 대의 핸드폰을 들고 다니게 되었다. 〈포브스Forbes〉를 읽었고, 사무 공간을 임대했으며, 오전 9시부터 오후 9시까지 약속이 있었다. 쿠엔틴은 원래 하던 일을 접고 셰리나의 부동산관리인으로 일하면서 자기 명의의 건물을 사들이기 시작했다. 셰리나는 신용 회복 사업과 투자 사업을 시작했고, 15인승 밴을 두 대 구입한 뒤 재소자 연결 유한회사Prisoner Connections LLC를 설립했다. 이 회사는 한 자리당 25달러에서 50달러를 받고 여자친구와 어머니, 아이들이 주 북부에 수감된 사랑하는 재소자들을 만날 수 있도록 태워다주었다. 셰리나는 자신의 천직을 찾아냈다. 그것은 바로 도심 빈민가 전문 사업가였다.

셰리나는 러마의 집 앞에 차를 세우고 두 장의 퇴거통지서를 집어 들었다. 러마의 집은 테디 베어, 블랙앤마일드 담배, 나무줄기에 대롱대롱 매달린 휘갈겨 쓴 쪽지 같은 살인 사건 희생자를 추모하기 위한 몇 가지 물건과 공터가 뒤섞인 라이트로에서 조금 떨어진 곳에 있었다. 뚝 떨어진 2층짜리 건물 두 동으로 구성된 네 세대용 부동산으로, 건물은 수직으로 나란히 서 있었다. 집은 가로보다 세로가 더 길었고, 거친 나무로 된 발코니에는 가장자리처럼 청회색 페인트칠이 되어 있었으며, 비닐로 된 건물 외장재는 시리얼 그릇에 남은 우유처럼 갈색이 도는 흰색이었다. 도로가의 집에는 위층 세대와 아래층 세대를 위한 두 개의 문이 있고 각각의 문에는 나무로 된 한 쌍의 계단이 연결되어 있었는데, 문 하나는 페인트칠이 벗겨질 정도로 낡았고 다른 하나는 아무런 칠이 되지 않은 새것이었다.

러마는 골목과 가까운 뒷집 아래층에 살았다. 셰리나가 그의 집 문 앞에 섰을 때 그는 집 밖에서 패트리스가 미는 휠체어를 타고 있었다. 패트리스도 퇴거통지서에 이름이 올라 있었다. 러마가 플라스틱으로 된 의족을 끼면 딱딱거리는 소리가 났다. 나이 든 흑인 남성 러마는 허리 위쪽은 강단이 있고 팔팔했다. 피부는 젖은 모래색이었다. 머리는 밀었고 드문드문 회색이 끼어 있는 콧수염은 성글었다. 열쇠를 목에 걸고 있는 러마는 노란 스포츠셔츠를 입고 있었다.

"이런, 두 사람을 한꺼번에 만났잖아," 셰리나는 가볍게 말하려고 노력했다. 그러고는 러마와 패트리스에게 퇴거통지서를 건넸다.

"늦을 뻔 하셨어요," 패트리스의 말이었다. 머리띠를 두른 패트리스는 파자마 바지와 흰색 탱크톱을 입고 있어서 오른쪽 어깨의 문신이 드러났다. 세 아이들의 이름과 함께 십자가와 리본이 그려진 문신이었다. 스물네 살의 패트리스는 나이가 러마의 절반밖에 안 되었지만 눈은 더 나이 든 사람 같았다. 패트리스와 그녀의 아이들은 앞집 위층에 살았다. 패트리스의 어머니 도린 힝스턴과 패트리스의 세 동생들은 패트리스의 아래층에서 살았다. 패트리스는 퇴거통지서를 주머니에 구겨 넣었다.

"운동을 갈 참이었어요," 러마가 휠체어에 앉은 채로 말했다.

"무슨 운동이요?" 셰리나가 물었다.

"아이들 축구 연습하는 데요." 러마는 자신의 손에 든 통지서를 바라보았다. "있잖아요, 우린 지하실 일을 할 건데. 난 이미 시작했다구요."

"그 사람이 나한텐 그 얘길 안 했어요," 셰리나가 대답했다. "그 사람"이란 쿠엔틴이었다. 세입자들은 가끔 집주인을 위해 지하실 청소 같은 잡일을 해주고는 집세를 대신했다. "나한테 전화하지 그랬어요. 누가 집주인인지를 잊지 말라구요," 셰리나가 농담 삼아 한 말이었다. 러마는 셰리나를 보며 미소를 지었다.

패트리스가 러마의 휠체어를 밀며 도로를 따라 내려가기 시작하자 셰리나는 손에 든 체크리스트를 살펴보았다. 처리할 일이 너무 많았다. 수선, 수금, 이사, 광고, 감독관, 사회복지사, 경찰. 몇 가지 큰 일이 규칙적으로 백만 가지 작은 일에 끼어드는 일의 소용돌이 때문에 엄마와 함께 소울 푸드*로 즐기는 일요일 저녁 식사가 위태로워지고 있었다. 불과 한 달 전에는 누가 셰리나 소유의 부동산에서 총을 맞았다. 세입자의 새 남자친구가 응급처치를 위해 피해자의 가슴을

• 아프리카계 미국인의 전통 요리를 가리킨다.

세 번 누르자 수도꼭지를 세게 틀어놓은 것처럼 피가 콸콸 쏟아졌다. 경찰이 와서 질문을 하고 노란 테이프를 덕지덕지 발라놓고 간 뒤 셰리나와 쿠엔틴는 청소를 할 수밖에 없었다. 쿠엔틴은 남자 몇 명과 고무장갑, 그리고 샵백 진공청소기로 청소를 해치웠다. "내가 알지도 못하는 남자친구를 여기 데려온 거예요?" 셰리나가 문제의 세입자에게 물었다. 쿠엔틴은 어질러진 일을 처리하고 셰리나는 사람을 상대했다. 그게 각자가 맡은 역할이었다.

총격 사건이 있은 지 며칠 뒤, 이번에는 다른 세입자가 셰리나에게 전화해서 자신의 집이 잠겨 있다고 말했다. 셰리나는 차를 몰고 그 집으로 가서 안전모를 쓴 백인 남성들이 이 세입자의 집 창문에 녹색 판을 나사못으로 박아 고정시키는 걸 직접 보기 전까진 이 말을 믿지 못했다. 세입자들이 전기를 훔치다 들키면 에너지 회사인 위에너지We Energies는 서비스를 중단하고 근린서비스국Department of Neighborhood Services, DNS에 전화를 넣었다. 그러면 세입자는 그날로 집을 비워야 했다.[3]

밀워키를 비롯한 미국 전역에서 조명과 난방은 대부분 세입자가 책임져야 했지만, 세입자들은 이를 유지하기가 갈수록 힘겨웠다. 2000년 이후 세계적으로 수요가 증가하고 가격 상한제가 만료되면서 연료와 공과금비용이 50퍼센트 이상 치솟았기 때문이다. 일반적으로 1년 동안 전국적으로 가난한 임차가구는 거의 다섯 가구 가운데 한 가구꼴로 요금 미납 때문에 전기나 가스를 공급하는 유틸리티 업체로부터 중단고지서를 받았다.[4] 임대료도 못 내고 유틸리티 업체에 공과금도 못 낸 세대들은 때로 사촌이나 이웃에게 돈을 주고 계량기를 우회시켜 [전기를] 끌어다 썼다. 연간 미국 전역에서 몰래 도난당하는 전기는 60억 달러어치에 달했다. 이보다 더 많이 도난당하는 품목은 자동차와 신용카드뿐이었다.[5] 가스를 훔치는 일은 이보다 훨씬 어렵기 때문에 드물었다. 또한 겨울에는 불필요한 일이기도 했다. 시는 겨울철에는 가스를 중단시키지 못하게 했기 때문이다. 가스 중단이 가능해지는 4월이 되면 가스업체 직원들이 산더미 같은 중단 고지서와 연장 상자를 들고 가난한 동네를 휘젓고 다녔다. 위에너지는 매년 요금을 미납한 약 5만 가구에 제공하던 서비스를 끊었다. 임대료를 내느라 겨울철에 난방비를 내지 못했던 많은 세입자들이 여름에는 유틸리티 회사들을 흑자로 만들어주는 대신 집주인에게 돈을 내지 못했다. 그리고 다시 겨울이 오면 이들은 가스 중단 금지 조치의 덕을 보며 버텨야 했다. 그래서 매년 밀워키에서는 여름과 늦가을에 퇴거율이 가장 많이 치솟고, 가스 중단 금지 조치가 시작되는 11월이 되면 다시 떨어졌다.[6]

셰리나는 근린서비스국의 안전모들이 자신의 부동산 근처에서 행진하는 모습을 지켜봤다. 집주인들에게 클립보드를 손에 든 건물조사관보다 더 불안한 대상은 없었다. 이들은 부동산을 폐쇄해버리거나, 그게 아닐 땐 규정을 위반했는지 아파트를 조사하는 게 일이었기 때문이다. 근린서비스국은 요청이 들어오면 어떤 부동산에든 그 즉시 건물조사관을 보내곤 했다. 이 서비스는 시에서 가장 취약한 세입자들이 무심한 집주인 때문에 피해를 당하는 일이 없도록 보호하기 위해 고안된 것이었지만, 셰리나와 다른 부동산 소유주들이 보기에 세입자들은 별것도 아닌 일을 꾸며내거나 종종 퇴거를 중단시키기 위해, 아니면 집주인에게 앙갚음을 하기 위해 전화를 걸어댔다. 셰리나는 자신이 손해본 돈을 생각했다. 전기 작업비용과 미납된 집세를 합하면 수천 달러였다. 셰리나는 폭력적인 남자친구와 헤어지려 노력하고 있다는 아이 엄마가 불쌍해서 이 가족에게 기회를 줬던 기억을 떠올렸다. 셰리나는 이 여성이 지난 2년 동안 세 번이나 퇴거를 당했음에도 그녀와 그 아이들에게 집을 빌려주기로 결심했던 것이다. "나도 심장은 있는 사람이라고," 그녀는 이렇게 생각했다.

셰리나는 자동차를 몰고 라이트로를 벗어나 북쪽을 향했다. 이 지역에 접어들고 난 뒤 한 곳에 더 들르기로 했다. 13번가와 키프로에 있는 두 세대용 아파트에 가보기로 했다. 지난달 월세 일부와 보증금을 받고 세입자를 새로 들인 상태였다.

새로 들어온 세입자는 소매가 긴 플란넬셔츠를 입고 배앓이로 칭얼대는 아기를 달래며 구부정하게 앉아 있었다. 그녀는 차 한 대를 등지고 몸을 구부리고 있는 어머니와 담소를 나누는 중이었다. 셰리나를 알아본 이 젊은 여성은 주저하지 않고 말을 건넸다. "집이 추워서 아이가 아파요." 여성의 목소리는 지쳐 있었다. "창문에 구멍이 있어요. 전 참을 만큼 참았구요. 그러니까 제 말은, 언제든지 이사를 가겠다구요."

셰리나는 어리둥절해서 고개를 갸우뚱했다. 창문에 생긴 것은 분화구가 아니라 구멍이다. 게다가 아이들이 아직 미시간 호에서 수영할 정도로 밖은 따뜻했다. 어떻게 집이 추울 수 있단 말인가?

"내가 시에 전화를 넣었어요," 여성의 어머니가 차에서 벗어나 몸을 일으키며 덧붙였다. 날씬하고 키가 큰 이 여성의 머리카락은 늦여름의 습기로 곱슬거리고 있었다.

셰리나는 숨을 들이쉬었다. 이 구역에는 더 나쁜 집도 있었지만 셰리나는 13번가에 있는 자신의 집이 규정에서 벗어나 있다는 걸 알았다. 셰리나는 밀워키의 낡아빠진 주택들과 까다로운 건물 규정 사이의 불일치를 언급하면서 이 도시에서 건물 규정에 맞는 집은 거의 없다고 말하곤 했다. 이 세입자의 어머니 덕분에 며칠 내에 감독관이 들이닥칠 것이다. 계단 난간을 흔들어보고 창문의 구멍을 사진으로 찍고 경첩이 떨어져나간 앞문을 집적거리겠지. 규정 위반이 확인될 때마다 셰리나는 돈을 물어야 한다.

"그건 좋은 생각이 아니었어요." 셰리나가 말했다. "나와 당신 딸은 협력하는 관계잖아요."

"그럼 창문을 고쳐줘요." 세입자의 어머니가 대답했다.

"그럴게요! 그렇지만 당신 딸이 우리에게 전화해서 알려주지 않으면…."

"그 애한텐 전화기가 없어요. 그래서 내가 전화한 거였어요!" 어머니가 말을 잘랐다.

점점 언성이 높아지자 구경꾼이 모여들었다. "저 사람 누구예요?" 어린 소년이 물었다. "집주인," 누군가 대답했다.

"엄마, 난 엄마가 건물조사관에게 전화할 줄은 몰랐어," 세입자가 신경질적으로 말했다.

"이젠 너무 늦었어요. 이미 피해는 본 거나 다름없어요," 셰리나가 말했다. 셰리나는 엉덩이에 손을 얹은 채 머리를 흔들고는 아이를 안고 있는 젊은 여성을 보았다. "맨날 내가 도우려던 사람들이 발등을 찍는단 말이야. 뭐 당신이 문제라는 말은 아니에요. 그렇지만 그런 거나 다름없죠. 다른 사람이 개입되긴 했지만 여기 사는 건 당신이니까. 그러니까 이젠 당신도 곤란해질 거예요."

"이봐요, 뭐 좀 물어봅시다." 세입자의 어머니가 셰리나에게 다가서자 구경꾼도 덩달아 같이 움직였다. "얘가 당신 딸이고 얘들이 당신 손주였으면 어떻게 했겠어요?"

셰리나는 뒤로 물러서지 않았다. 이 어머니를 올려다보았더니 금으로 된 앞니가 보였고, 이렇게 대답했다. "난 분명 집주인한테 연락을 하지 시에 전화하진 않았을 거예요."

셰리나는 구경꾼들을 뒤로 하고 차로 당차게 걸어갔다. 집에 도착해서는 문을 열면서 이렇게 소리쳤다. "쿠엔틴, 거지 같은 꼴을 당하게 됐어!"

셰리나는 서류가 어지럽게 널린 집 안 사무실에 털썩 앉았다. 사무실은 셰리나와 쿠엔틴이 살고 있는 집의 침실 다섯 개 가운데 하나였다. 이들의 집은 캐피톨 드라이브에서 떨어진 조용한 흑인 중산층 동네에 있었다. 세련된 지하실에는 붙박이식 자쿠지* 욕조 통이 딸려 있었다. 셰리나와 쿠엔틴은 베이지색 가죽 가구와 황동과 크리스털로 된 거대한 조명 기구, 금빛 커튼으로 집을 장식했다. 널찍한 주방은 사용하는 일이 거의 없었다. 대부분 밖에서 밥을 먹고 왔기 때문이다. 냉장고에는 대개 음식점에서 싸온 음식들뿐이었다.

"뭐라고?" 쿠엔틴이 계단을 내려오면서 되물었다.

"13번가 아래층에 사는 여자애 있지? 걔 엄마가 건물조사관한테 전화했어… 걔 엄마가 밖에서 헛소리를 해대더라고!"

쿠엔틴은 이야기를 듣고 나서 이렇게 말했다. "내쫓아."

셰리나는 잠시 생각하는가 싶더니 이내 동의했다. 서랍을 열고는 5일 퇴거통지서**를 작성하기 시작했다. 집주인이 근린서비스국에 연락한 세입자에게 복수하는 건 법적으로 금지되어 있었다. 하지만 집주인은 월세가 밀렸거나 그 외 규정을 위반한 경우 아무 때나 세입자를 내쫓을 수 있었다.

쿠엔틴과 셰리나가 서버번을 타고 13번가에 접어들 무렵은 이미 밤이었다. 아파트 문이 열려 있었다. 셰리나는 노크 없이 바로 들어

•　물에서 기포가 생기게 만든 욕조.
••　5일 이내에 집을 비워야 한다는 걸 고지하는 통지서를 말한다.

가서는 "자, 도움 받을 데가 있길 바라요"라고 하면서 어린 세입자에게 퇴거통지서를 건넸다.

한 남자가 문밖으로 나서는 셰리나를 따라와서는 불 꺼진 현관 앞에 섰다. "저기요," 셰리나가 길가에서 쿠엔틴과 다시 합류하자 남자가 불렀다. "지금 이 사람을 퇴거시키는 건가요?"

"나한테 이사 가고 싶다고 하길래 이젠 돈을 안 내겠다 싶더라구요," 셰리나가 대답했다.

"창문을 고쳐달라고 말한 거였잖아요."

쿠엔틴이 셰리나를 쳐다보며 끼어들었다. "아무 상관없는 사람이잖아."

"아주 상관이 많은 사람이거든요, 이 양반아. 내 의붓딸이라구!"

"어쨌든 당신은 여기 살지도 않잖수!" 쿠엔틴이 맞받아 쏘아붙였다.

"이런 데 살고 싶은 사람이 어디 있다고… 뭐라고? 이런 망할, 내가 아무 상관없는 사람이라고?"

쿠엔틴은 서버번 문을 열고 수갑과 작은 곤봉, 그리고 작은 소화기 크기의 메이스* 한 통이 들어있는 호신용 벨트를 꺼냈다. 쿠엔틴은 전에도 이런 상황에 놓인 적이 있었다. 어떤 세입자는 자신의 보증금을 쿠엔틴의 주머니에서 빼가겠다고 했다. 얼굴을 총으로 쏴버리겠다고 말한 사람도 있었다.

세입자의 어머니가 어두운 현관으로 나와 의붓아버지와 합세했다. "우리 아이를 내쫓는다고?" 어머니가 물었다.

"집세를 안 냈어요," 셰리나가 말했다. "두 분이 집세를 대신 내줄 건가요?"

"난 관심 없어," 의붓아버지는 혼잣말처럼 이렇게 말했다. 그가 관

---

* 호신용 스프레이에 쓰이는 자극성 물질.

심 없었던 대상은 퇴거가 아니라 바로 그 순간 그 어두운 거리에서 벌어질 일이었다.

"나도 마찬가지라구!" 쿠엔틴이 쏘아붙였다.

"그 망할 놈의 궁둥이를 걷어차버릴 테다, 이 검둥이가… 네 맘대로 아무 상관없는 사람이라고 지껄이지 말라고."

"하지 마!" 쿠엔틴이 셰리나의 등을 잡아당기며 서버번으로 가려 하자 셰리나가 소리쳤다. "하지 말란 말야!"

젊은 여성 세입자가 떠나고 며칠 뒤 셰리나는 지역사회서비스기관인 랩어라운드Wraparound의 복지사로부터 한 통의 전화를 받았다. 복지사의 의뢰인이 두 아들을 데리고 살 곳이 필요하다는 것이었다. 랩어라운드가 의뢰인의 보증금과 첫 달 임대료를 내줄 거라는 말에 셰리나는 마음이 놓였다. 새 세입자의 이름은 알린 벨이었다.

월세 만들기

셰리나가 퇴거통지서를 들고 러마를 방문한 날 이후 러마는 이따금 18번가 라이트로에 있는 자신의 아파트 뒤편에서 두 아들과 아들의 친구들과 함께 스페이드 게임을 했다. 늘 그렇듯 이들은 나무로 된 작은 주방용 테이블에 둘러앉아 테이블 위에 카드를 찰싹 내던지거나 조용히 손을 놀려 패를 회전시켰다. 이웃 소년들은 낮이건 밤이건 가벼운 요기를 위해 러마의 집에 가도 된다는 걸 알았다. 운이 좋으면 마리화나를 채운 시가blunt를 한 대 뺄 수도 있고, 와자지껄하게 스페이드 게임을 할 수도 있었다.

"너넨 이젠 스페이드 없지, 깜둥아?"

"웃기네, 우리가 묵사발을 만들어줄 테다."

러마는 벽과 한편이었다. 열여덟 살인 벽은 패거리에서 가장 나이가 많아서 큰형으로 통했다. 이들은 서로 마주보며 앉아 있었다. 상대는 열여섯 살인 러마의 아들 루크와 루크의 절친인 디마커스였다. 열다섯 살인 러마의 둘째 아들 에디는 박쥐처럼 양쪽을 오갔고, 동네 소년 네 명이 자기 차례를 기다리며 둘러서 있었다. 러마는 휠체어에 앉아 있었다. 발부터 정강이 윗부분까지를 대신하는 그의 두 의족은 거친 나무 바닥에 인간 형상의 그림자를 드리며 침대 옆에 서 있었다.

"미친 경찰 같으니라구," 벅이 제 손을 살피며 이렇게 말했다. 막 고등학교를 마친 벅은 카페테리아에서 시간제로 일하고 있었다. 일하는 동안에는 헤어네트를 쓰고 굵은 레게머리를 가려야 했다. 벅은 잠은 부모님의 집에서 잤지만 대개 러마의 집에서 살다시피 했다. 누가 그에게 이유를 묻는다면 그는 12사이즈*의 자기 신발을 살피다 "그러게요" 하고 말 것이다. 소년들은 라이트로 아래로 9마일에서 10마일쯤 되는 거리를 활보하면서 함께 가게에 가거나 축구 연습을 다녔다. 밀워키 경찰에게 검문을 당하는 건 일상이었다. 누군가 마약굴로 달아날 때 벅 혼자 남게 되는 것도 이 때문이었다. "다음에는 '왜 내 앞을 막는데요?' 이딴 식으로 해야지," 벅이 말했다. "걔네들한테 물어봐야 할 거 아니에요… 가서 눈으로 보고 냄새를 맡고 소리를 듣고 암튼 뭐든 해보라구요."

"그 사람들은 아무것도 보지 못할걸," 러마가 말했다.

"아니에요. 볼 수 있어요, 아저씨! 학교에서 그렇게 배웠다구요."

"그럼 네가 잘못 배운 거야."

디마커스가 웃으면서 금방 핥아서 꺼버린 꽁초에 불을 붙였다. 그는 마리화나를 한 모금 빤 뒤 다른 사람에게 돌렸다. 게임은 아직 진행 중이었다. 처음엔 속도가 빠르지만 선수들이 쥔 패가 줄어들면 점점 속도가 늦춰진다. 벅이 계속 떠들어댔다. "경찰이 나타나면 말야, 한쪽에 차를 세우게 해도 창문을 내려주면 안 돼. 아주 조금만 내려

---

* 290밀리미터 정도 사이즈.

줘야지."

"별로 듣기 좋지는 않은데." 러마가 씩 웃었다.

"아니에요, 아저씨!"

"괜히 수작부리지 마," 디마커스가 끼어들었다. 디마커스는 최근에 체포된 적이 있었다. 러마에 따르면 그 원인은 디마커스의 번드르르한 말재주 때문이었다. "머리가 단단하면 매를 번다구."

"나한테 콜렉트콜할 생각은 마라," 러마가 이렇게 덧붙이자 웃음소리가 더 커졌다. 러마는 담배를 한 모금 빨았다. "이 애송이들," 부드러운 목소리였다. "난 쉰한 살이라구. 일이 터지면 내가 처리할게."

"경찰은 우릴 보호해주지 않아요," 벅이 말했다.

"네가 무슨 말 하는지 알아. 하지만 경찰이 다 똑같진 않단다… 우범 지역에서 지낸다면 나 역시 경찰이 그 똥 같은 것들을 모조리 치워주길 바랄 거야." 러마는 다이아몬드 킹을 던지며 왼쪽에 있는 디마커스를 바라보았다. "이제 네 차례다, 아들아. 이제 네 패를 내놓으렴." 에이스는 이미 나왔기 때문에 러마는 디마커스에게 퀸이 있다고 생각했다. 디마커스 역시 러마를 바라보았다. 두꺼운 안경 때문에 표정을 알 수 없었다.

"아저씨, 아저씨를 지켜주는 건 아저씨 이웃들이에요… 누가 총이라도 맞는다면 말이에요, 이 구역에 있는 사람 전부가 쏠 수 있는 건 다 끌고 나올 거라구요."

"이런, 난 베트남 참전 용사라구. 총은 나 같은 사람이 쏘는 거지."

러마는 1974년에 광고를 보고 해군에 입대했다. 열일곱 살 때의 일이었다. 해군은 지루한 바다와 이국적인 장소들과 상륙 허가 파티와 따분한 일들, 그리고 과장된 견제가 뒤범벅된 어떤 것이었다. 러마는 어째서 매디슨에 있는 장발의 대학생들이 경찰 곤봉에 머리통이 깨지고 대학 건물을 날려버리면서까지 베트남에 열을 내는지 이해하지 못했다.[*] 러마에게는 좋은 시절이었다. 그는 1977년에 불명예제대를 당했다.

"하지만 총알에는 눈알이 없지," 러마가 말을 이었다. "청년들, 보라구. 우리가 디마커스랑 법정에 갔었잖아." 러마가 이야기하는 동안 게임이 잠시 중단되었다. 러마는 디마커스의 사건이 호명되기 전, 한 십대가 형이 어떤 코카인중독자를 때려 죽였을 때 함께 있었다는 이유로 14년 형을 선고받는 모습을 지켜보았다고 말했다. "걔가 법정에서 엉엉 울더란 말이지."

"꼴이 좀 우습더라고. 걘 어린 흑인 남자애일 뿐인데 말야," 벅이 말했다.

"그러니까 너도 생각이란 걸 좀 하라고. 너도 흑인이란 말야."

벅이 웃자 디마커스가 카드를 내리쳤다. 스페이드 8이었다. "아! 이거 엄마가 나한테 가르쳐줬던 거잖아," 디마커스가 소리쳤다. 짝패 다음으로 가장 힘이 센 게 스페이드였다. 디마커스는 여섯 장으로 맞춰진 카드를 자신의 카드 무더기에 밀어넣었다.

"제길," 러마는 이렇게 내뱉고는 벅을 쳐다보았다. "그럴 만한 일이 아니지. 멍청한 짓이야… 감옥은 장난이 아니거든. 넌 감옥 가면 매일 싸워야 해. 네 목숨을 지키기 위해서 말이야."

"나도 알아요. 하지만 나도 뭐가 하고 싶어서 안달나면 뭐로도 못 말려요."

"엄마 젖 좀 더 먹고 와라, 꼬맹아." 벅은 마리화나를 한 모금 길게 빨았고, 러마는 이렇게 덧붙였다. "그리고 너도 좀 천천히 펴라, 이 꼴

---

[*] 1960년대, 미국 위스콘신 주의 주도 매디슨에 있는 위스콘신대학교는 베트남 전쟁에 반대하는 시위의 중심지였다.

초야아아아." 그는 양철을 두드리는 듯한 고음으로 마지막 단어를 발음했다.

벅은 너무 크게 웃다가 꽁초를 놓쳤지만 이미 마리화나는 끝까지 다 핀 상태였다. "난 마약 안 해," 마리화나가 다시 나왔을 때 벅은 정색했다.

두 아들이 학교에 가면 러마는 청소를 하고 인스턴트커피에 설탕을 타 마시면서 올드팝을 들었다. 그는 휠체어를 타고 가다가 브레이크를 걸고 긴 손잡이가 달린 쓰레받기에 먼지를 쓸어담았다. 러마는 두 아들을 침실 하나에 몰아넣는 대신, 각각 침실 한 개씩을 주고 프레임이 금속으로 된 침대를 넣어주었다. 러마의 침대는 거실 구석에 놓았다. 침대 반대편에는 어두운 녹색 소파와 지난 풋볼 시즌에 찍은 팀 사진들, 흰 조화들, 그리고 구피가 담긴 작은 어항 하나가 있었다. 러마의 아파트는 빈 공간이 많고 깔끔하게 정돈되어 있었으며, 빛으로 가득했다. 식료품 저장실은 강박증 환자가 해놓은 것처럼 정리되어 있었다. 스팸은 제자리에 단정하게 쌓여 있었고, 시리얼 상자들은 차렷 자세를 하고 줄맞춰 서 있었으며, 빈 스프 캔들은 종류별로 모두 앞을 향해 정렬되어 있었다. 러마는 끌로뒤부아 와인 걸이대를 리폼해서 미드나잇 스페셜 담배말이 종이와 담배가루를 보관해두는 폴저스 커피 캔과 작은 스테레오, 그릇들을 올려두기도 했다.

이곳이 원래부터 이런 모습은 아니었다. 러마가 처음 아파트를 보러왔을 때는 난리도 아니었다. 주방은 씻지 않은 그릇에서 구더기가 생길 정도였다. 하지만 러마에겐 집이 필요했고(그와 그의 두 아들은 러마의 어머니 집 지하실 방 하나에 살고 있었다) 러마는 그곳이 잘만 손보면 더 나은 곳이 될 거라고 생각했다. 셰리나는 러마에게 보증금을 탕감해주었다. 셰리나는 러마가 보족적 소득보장Supplemental Security

Income, SSI을 승인받을 거라고 생각했다. 보족적 소득보장[이하 SSI]이란 나이가 많거나 심신장애가 있는 저소득층에게 매달 주는 보조금이 었다. 하지만 이 보조금은 아직도 들어오지 않고 있다.

학교가 파하면 남자애들은 러마의 집에 들이닥치곤 했다. 루크나 에디와 함께 올 때도 있었지만 그렇지 않을 때도 있었다. 대부분 해 질녘까지 돈을 모아 마리화나 한두 대를 나눠 피면서 카드놀이를 했다. 러마는 두 아들에게도, 그리고 마치 아들처럼 대하는 남자애들에게도 허물없는 삼촌 같았다. "신께는 아무것도 숨기지 못해," 러마가 아이들에게 말했다. "그러니까 아빠한테도 뭘 숨기려 하지 마라. 집에서 하듯이 하라고… 난 니들이 나랑 집에 있을 때도 너네끼리 길거리에서 하듯이 했으면 좋겠어." 러마는 아이들과 함께 담배를 피고 웃으면서 일과 섹스와 마약과 경찰과 인생에 관한 조언을 건넸다. 아이들이 여자애들 이야기를 하며 불평하면 러마는 공정하게 판단하려고 노력하곤 했다. "니들은 여자애들이 이렇다 저렇다 떠들어대지만 걔네가 엉망이 되는 건 남자들 때문이라고." 러마는 아이들의 성적표를 확인했고, 숙제하라고 잔소리를 했다. "애들은 내가 자기들하고 파티라도 같이 하는 줄 알아요. 난 감시하는 건데." 러마는 오래 일을 쉬고 있어서 늘 밖에 나가지 않았기 때문에 아이들을 주시할 수 있었다. 같은 구역에 사는 많은 사람들이 일을 했기 때문에 아이들은 사람들이 반듯하게 다려진 유니폼을 입고 헐레벌떡 자동차로 향할 때 외에는 사람을 거의 보지 못했다.

러마는 퇴역 후 몇 차례 취직을 했다. 여러 장소에서 수위로 일한 적도 있고, 아데아 래버러토리라는 화학 유통업체에서 지게차를 몰고 화학물질을 따른 적도 있었다. 다리를 잃고 난 뒤 SSI를 신청했지

만 두 번 거절당했다. 러마의 기억에 따르면 아직 일할 형편이 된다
는 것이 이유였다. 러마는 이 문제를 두고 승강이를 하고 싶진 않았
지만 괜찮은 일자리는 좀처럼 얻기 어려웠다.

한때 밀워키에는 괜찮은 일자리가 넘쳐났다. 하지만 20세기 후반
이 지나면서 값싼 노동력을 찾아나선 기업주들이 공장을 해외나 노
조가 약하거나 아예 없는 선벨트 지역•으로 이전시켰다. 1979년부터
1983년 사이에 밀워키의 제조업 부문에서는 대공황기 때보다 더 많
은 약 5만 6,000개의 일자리가 사라졌다. 전쟁 이후 사실상 모든 사
람들에게 일자리가 있었던 밀워키 시에서는 실업률이 두 자릿수로
가파르게 상승했다. 최근 등장한 서비스 부문에서 새로 일자리를 얻
은 사람들은 감봉을 당했다. 한 역사학자의 말처럼 "과거 [기계류 제
조업체] 앨리스 차머스 공장의 기술자는 시급 최소 11.60달러를 받았
지만, 1987년에 그 자리에 새로 들어선 쇼핑센터의 점원은 시급 5.23
달러를 받았다."[1]

미국 전역 도시에서 일어난 이 같은 경제의 변화는 밀워키의 흑인
노동자들을 궁지로 몰아넣었다. 밀워키의 흑인 노동자 가운데 절반
은 제조업 분야에서 일했기 때문이다. 공장이 폐쇄될 때는 흑인들이
사는 도심 빈민가 쪽부터 문을 닫았다. 1980년 흑인 빈곤율은 28퍼
센트로 증가했고, 1990년이 되자 이 수치는 42퍼센트로 치솟았다. 주
로 흑인들이 거주하는 노스사이드의 리차드와 캐피톨에는 과거 아
메리칸 모터스 공장이 있었지만 지금 그 자리에는 월마트가 들어섰
다. 오늘날 밀워키에서는 텅 빈 가죽 무두질 공장들이 황금산업 시
대의 무덤들처럼 메노미니 리버밸리의 제방들을 따라 늘어서 있고,

• 미국 남부의 노스캐롤라이나 주에서 캘리포니아 주에 이르는 따뜻한 지역. 농업이 주산업이고
  항공기·전자 등의 산업이 발달하였다.

[맥주 제조회사인] 슐리츠와 팝스트의 양조공장들은 문을 닫았으며, 아프리카계 미국인 남성의 생산 가능 인구 절반이 실직 상태다.²

1980년대에는 밀워키가 탈산업화의 진원지였다. 1990년대에는 '반反복지운동의 진앙지'가 되었다. 클린턴Bill Clinton 대통령이 "우리가 알고 있는 대로 복지를 종식시킬" 계획을 미세 조정하고 있을 때, 제이슨 터너Jason Turner라는 이름의 한 보수적인 개혁가는 밀워키를 미국 전역의 입법가를 사로잡을 수 있는 정책 실험의 장으로 탈바꿈시키고 있었다. 터너의 계획은 위스콘신 웍스Wisconsin Works 또는 W-2라고 불렸는데[이하 W-2], 이때 '웍스'는 노동이라는 의미로 보는 게 맞을 것 같다. 그러니까 누구든 복지수당을 받고 싶으면 민간 부문에서든 국가가 만들어낸 지역사회 일자리에서든 일을 해야 한다는 기조를 담고 있기 때문이다. 이걸 확대시키면 육아 보조금과 건강보험 보조금에도 적용될 수 있다. W-2는 사람들이 어떤 일을 실제로 한 시간에 한해서만 돈을 지급하도록 되어 있다. 아무리 그 일이 작은 인형을 색깔별로 분류하는 일이고, 그러고 난 뒤 감독관이 인형을 다시 섞어 다음 날에도 똑같은 분류 작업을 시킨다 해도 말이다. 여기에 순응하지 않는 사람의 식료품 구매권은 반 토막 나버릴 수도 있다. 어쩌면 밀워키에 거주하는 2만 2,000가구가 더 이상 복지수당을 받지 못하게 될 수도 있다는 말이다. 밀워키가 복지 역사상 최초의 실질 노동 프로그램을 마련한 지 5개월 되었을 때 클린턴은 복지법 개정안의 연방법 반영을 승인하는 데 서명했다.³

W-2는 부양아동 가족부조Aid to Families with Dependent Children, AFDC를 1997년 완전히 교체하면서 매월 지급되는 수당을 두 가지로 나누었다. 노동을 한 수혜자에게는 673달러를, 장애 등의 이유로 노동을 하지 않았거나 할 수 없는 사람들에게는 628달러를 지급하기로 한 것

이다. 러마는 일을 하지 않았기 때문에 W-2 T라는 이름의 적은 금액을 받았다. 550달러를 집세로 내고 나면 78달러로 남은 한 달을 버텨야 했다. 하루 2.19달러꼴이었다.

셰리나의 아파트로 이사한 직후 러마가 복지수당을 받기 시작했을 때 실수로 중복 수당을 받은 적이 있었다. 위스콘신 아동가족부는 〈권리와 의무〉 지침에 따라 수당을 초과해서 받은 고객들에게 이렇게 고지했다. "당신의 잘못이든 기관의 잘못이든 실수로 받게 된 수당은 환불해야 할 수도 있습니다."[4] 하지만 복지수당으로 십대의 두 아들을 키우는 홀아비에게 가당키나 한 소리인가. 러마는 두 수당을 모두 현금으로 찾은 후 루크와 에디에게 신발·옷·학용품을 사주었고, 새 아파트에 필요한 커튼과 가구까지 샀다. "당연히 써버렸지. 거기 내 이름이 찍혀 있었다구." 오류를 발견한 복지사가 전화를 걸자 그는 이렇게 말했다. 복지사는 러마의 다음번 수당에서 초과분을 공제했고, 이 때문에 한 달 치 집세가 밀리게 되었다.

러마는 자신이 셰리나와 쿠엔틴을 위해서 해놓은 지하실 작업이 250달러어치는 된다고 생각했다. 지하실은 흰 곰팡이가 핀 옷가지와 쓰레기·개똥으로 뒤덮여 있었다. 러마는 이 지하실을 보고 그늘진 이상한 지하실로 들어가 마약을 구입하는, 그가 자주 꾸던 꿈이 떠올랐다. 러마는 이 일이 아이들이 할 일이 못된다고 생각해서 아이들에게는 도와달라고 하지 않았다. 그는 다리의 끝부분이 쓰라려서 못 견딜 때까지 지하실을 혼자 청소했다. 그러다보니 시간이 1주일이나 걸렸다. 셰리나는 이 일을 50달러로 쳐주었다. 그래서 그는 아직 셰리나에게 260달러를 더 줘야 했다.

다음 월세 납기일이 오기 전에 남은 돈을 갚는 건 불가능이나 다름없었다. 월세를 내고 남는 돈으로는 생필품(비누·화장실용 휴지)과

핸드폰 요금을 해결해야 했다. 그래서 러마는 식료품 구매권 150달러 어치를 현금 75달러에 팔았다. 그게 밀워키의 시세였다. 월말이 되면 냉장고와 식료품 저장고는 텅 빌 테지만 루크와 에디는 할머니 집에 가면 한 끼 정도는 해결할 수 있다. 다른 남자애들도 러마네 음식은 함부로 손대면 안 된다는 것 정도는 알고 있었다.

그걸론 충분치 않았다. 러마가 집을 지키고 싶다면 또 다른 일거리가 필요했다. 러마는 패트리스가 이사를 나가자 일을 하나 찾아냈다. 패트리스는 셰리나가 퇴거통지서를 전달하고 난 뒤 별반 투지를 보이지 않았다. 패트리스는 원래 침실 두 개가 딸린 아래층에서 그녀의 어머니 도린과 어린 동생들과 함께 살다가 자신의 어린 세 아이를 데리고 위층으로 이사했다. 그러다 퇴거통지서를 받자 패트리스와 그녀의 아이들은 다시 그냥 아래층으로 옮겨갔다.

러마가 보기에 셰리나는 그 집을 다시 칠해야 할 것 같았다. 셰리나는 여기에 동의하며 쿠엔틴에게 필요한 물품들을 갖다주라 하겠노라고 말했다. "쿠엔틴에게 좀 넉넉하게 가져오라고 해주세요, 아가씨. 내가 작업팀을 꾸릴 거거든요."

벅과 디마커스가 루크와 에디, 그리고 러마의 집을 제집으로 여기는 동네 남자애들 대여섯 명과 함께 나타났다. 이들은 널찍한 침실 두 개짜리 아파트에 흩어져서 롤러와 붓을 5갤런짜리 양동이에 찍어 벽을 칠하기 시작했다. 모두들 조용히 진지하게 열성적으로 일했다. 잠시 후 몇몇은 후드티와 셔츠를 바닥에 던져 놓고 웃통을 드러낸 채 페인트칠을 했다.[5]

러마는 잠시 일손을 멈추고 주위를 둘러보았다. 바로 지난해 겨울, 그는 크랙이라고 하는 마약에 잔뜩 취해 어떤 폐가로 기어 들어갔다. 취기가 가시고 나자, 그는 자신이 기어나올 수 없음을 알아차렸다. 발이 동상을 입은 것이다. 러마는 해군에서 퇴역해 집으로 돌아온 뒤 줄곧 파티만 쫓아다녔다. 1980년대 중반 크랙은 밀워키의 거리를 엄습했고, 러마는 이때부터 크랙을 피우기 시작했다. 그는 중독자가 되었다. 회사 동료들은 러마가 중독자라는 걸 알았다. 월급날에서 2~3일만 지나면 담뱃값도 없었기 때문이다. 러마는 일자리와 아파트를 잃었다. 그 이후 루크와 에디를 데리고 쉼터와 폐가를 전전했다. 카펫을 찢어서 밤에 담요 대신 덮고 잤다. 그때까진 루크와 에디의 엄마가 옆에 있었지만 그녀 역시 중독되어 결국 아이들을 포기했다. 러마는 폐가에 갇힌 며칠을 눈을 먹으며 버텼다. 동상을 입은 그의 발은 검은 자줏빛으로 부풀어올라 썩은 과일처럼 보였다. 그는 8일째되던 날, 의식이 혼미한 상태로 2층 창문에서 뛰어내렸다. 러마는 신이 그를 밖으로 던져주신 거라고 말하곤 했다. 병원에서 깨어나보니다리가 없었다. 두 번 가볍게 입에 댔던 것만 빼면 그 후로 그는 크랙을 피지 않았다.

"난 축복받았어," 러마가 루크와 에디를 보며 말했다. 롤러에서 흩뿌려진 흰 페인트가 두 아들의 검은 피부에 주근깨처럼 앉았다. "내아들들 참 괜찮단 말야."

그 다음 달, 셰리나는 장대비를 뚫고 운전을 하고 있었다. 길거리에 늘어선 차량에서는 뒷문으로 양동이를 수천 개쯤 내던지는 것 같은 요란한 소리가 났다. 셰리나는 밀워키 시 사우스사이드 끝 쪽에있는 공항 옆의 베스트웨스턴 호텔에서 열리는 밀워키 부동산투자자네트워킹그룹Milwaukee Real Estate Investors Networking Group 모임에 가는 길이었다. 투자자, 토지감정사, 변호사, 그 외 부동산 관련자 등 50명이 참석했지만 대부분은 임대주였고 남자가 훨씬 많았다. 넥타이를 맨 젊

은 남자들은 임대주의 아들인 경우가 많았지만 어쨌든 열심히 필기
를 했고, 가죽재킷에 부츠를 신은 중년 남성들은 발로 또각또각 소리
를 냈으며, 나무옹이처럼 손가락 마디가 굵은 나이 든 축들은 모자
를 쓰고 플란넬셔츠를 입고 있었다.[6] 여자인데다 흑인이기까지 한 셰
리나는 단연 눈에 띄었다. 30년 전 자메이카에서 이주한 셰리나의 친
구 로라를 제외하면 셰리나는 그 방에서 유일한 흑인이었다. 나머지
거의 전부가 에릭·마크·캐시 같은 이름을 가진 백인들이었다.

　한두 세대 전이었다면 이런 식의 모임은 사실상 당치도 않았을 것
이다. 많은 경우 임대주들에게는 본업이 따로 있었다. 기계공이거나
설교사, 경찰공무원 같은 사람들이 거의 우연히(가령 상속으로) 부동
산을 소유하게 되어 부업처럼 관리했다.[7] 하지만 지난 40년 동안 부
동산 관리가 전문화되었다. 1970년 이후로 주업이 부동산 관리인 일
자리에 채용된 사람의 수가 네 배 이상 늘어났다.[8] 갈수록 많은 임
대주들이 부동산을 더 많이 사들이고 자신의 본업을 임대주라고 여
기기 시작하면서(자신의 집 아래층을 우연히 소유하게 된 사람이 아니라)
전문적인 협회들이 우후죽순처럼 늘어났고, 이와 함께 지원 서비스
와 자격증·교육 자료·금융 수단들도 급증했다. 의회도서관에 따르면
1951년부터 1975년까지 아파트 관리에 관한 조언을 담은 책은 겨우
세 권 출간되었다. 이 수치는 1976년부터 2014년 사이 215권으로 치
솟았다.[9] 집주인 대부분이 자신을 '전문직'이라고 여기진 않았지만 임
대업은 새로운 사업 부문으로 자리 잡게 되었다.

　그날 저녁의 연사는 아메리카 셀프스토리지 브로커스Self Storage
Brokers of America에서 온 켄 실즈였다. 실즈는 자신의 보험회사를 매각하
고 난 뒤 부동산에 발을 들일 방법을 물색하기 시작했다. 그는 셋방
건물부터 손을 댔다. 즉, 주로 가난한 싱글 남성을 상대로 한 임대업

에서부터 출발했다. "현금 흐름은 아주 좋아요. 하지만 이제 더 이상 그 일은 안 해요." 방 안에서 웃음소리가 번졌다. "돈을 꽤 벌었어요. 그러면서 돈 버는 재미를 알게 된 거죠. 하지만 지금은 셋방살이하는 사회의 쓰레기 같은 사람들을 상대하고 같이 어울리지 않아도 돼서 얼마나 행복한지 몰라요."[10] 셋방 몇 개를 갖고 있는 셰리나는 방 안의 다른 사람들과 함께 웃음을 터뜨렸다. 그러다가 실즈는 셀프스토리지 사업*이 있다는 걸 알게 되었다. "아파트 건물 한 채의 실수입 정도지만," 그는 눈을 가늘게 뜨고 목소리를 낮췄다. "사람을 상대할 필요가 없어요. 물건만 들이면 된다니까요! 미국 경제를 통틀어서 가장 꿀 같은 사업이에요. 굴러다니는 돈을 그냥 퍼담기만 하면 되는 거거든요."

켄 실즈는 일리노이 사람이었지만 어쨌든 임대주들은 그를 사랑했다. 그가 연설을 마치자 박수갈채가 터져 나왔다. 콧수염을 기르고 배가 남산만 한 부동산투자자 네트워킹그룹 대표는 기립박수를 쳤다. 연사가 없을 때면 그는 종종 원탁 토론을 조직했다. 그러던 어느 날 저녁, 납과 석면 정보센터Lead and Asbestos Information Center, Inc.에서 온 한 여성이 납을 줄이느라 종종 돈을 쓰는 임대주들을 상대로 "납으로 돈을 벌 수 있다"라고 선언하면서 서두를 열었다. 한 임대주가 자신이 석면 테스트를 했으면 시나 세입자에게 석면의 존재를 보고해야 할지 물었다. "아니요, 그럴 필요 없어요," 여성은 이렇게 말했다.

화두가 다른 데로 넘어가면서 누군가가 임금 압류 관련 질문을 했다. 한 변호사가 좌중에게 임대주는 세입자의 은행 계좌에서 소득의 20퍼센트까지 압류할 수 있지만 마지막 남은 1,000달러는 손댈 수 없

---

* 개인이나 기업에게 주로 월 단위로 공간을 임대하는 사업. 주로 미국에서 성업 중이며, 셀프스토리지 사업에서 임대하는 공간을 주거용으로 사용하는 것은 불법이다.

다고 알려주었다. 그리고 복지수당 수령자는 건드릴 수 없었다.

"환급받는 세금을 중간에 가로챌 수는 없나요?" 셰리나가 물었다.

변호사가 약간 놀란 표정을 지었다. "안 돼요. 그건 주지사만 할수 있어요."

셰리나도 이미 알고 있던 사실이었다. 전에 알아본 적이 있었다. 셰리나의 질문은 질문이 아니었다. 그건 에릭·마크·캐시 그리고 그 방에 있던 다른 모든 사람들에게 자신은 임대료를 받아내기 위해서라면 무슨 짓이든 할 사람이라는 메시지였다. 많은 백인 임대주들이 부동산 가격이 싼 도심 빈민가에서 돈을 벌 수 있다는 사실을 알면서도 노스사이드에서 퇴거통지서를 나눠주는 건 고사하고 월세를 걷으러 다닌다는 생각만으로도 날카로워졌다. 셰리나는 이들에게 자신이 도움을 줄 수 있다는 사실을 알리고 싶었다. 적당한 가격만 쳐주면 셰리나는 이들의 부동산을 관리해주거나 빈민가 어디에서 부동산을 매입하면 좋을지 조언해주고, 밀워키 흑인 사회의 중개자가 되어줄 생각이었다. 모임이 끝나자 백인 임대주들이 셰리나 주위로 몰려들었다. 셰리나가 입은 데님재킷 뒷면에는 "밀리언 달러 베이비 MILLION DOLLAR BABY"라는 글씨와 함께 모조 보석으로 장식된 달러 표시가 반짝거렸다. 셰리나는 명함을 받아들며 놀리듯 말했다. "노스사이드를 너무 겁내지 마세요!"

사람들이 떠나기 시작하자 셰리나와 로라는 복도의 조용한 장소로 찾아갔다. "나한테 드라마 같은 일이 있었어," 셰리나가 말을 꺼냈다. "너희 엄마가 좋아하실 만한 드라마지! 나랑 러마 리처즈가 다시붙었어. 다리 없는 남자 있잖아. 그 남자가 이달 치 월세를 다 못 냈거든."

"얼마나?" 섬의 억양이 부드럽게 남아 있는 로라의 목소리는 꼭 도서관 사서 같았다. 로라는 셰리나보다 나이가 많았고, 그날 저녁에는 금빛 귀걸이에 어두운 슬랙스와 층진 빨간색 블라우스를 우아하게 차려 입고 있었다. 로라는 안에 털가죽을 댄 코트를 무릎 위에서 접었다.

"30달러," 셰리나가 어깨를 으쓱하며 말했다. "하지만 그게 중요한 게 아니야. 원칙은 원칙이지 그 남자는 이미 페인트칠을 엉망으로 해서 나한테 260달러를 빚지고 있단 말야."

러마와 아이들이 페인트칠을 마친 뒤 러마는 셰리나에게 전화를 했고, 셰리나는 칠을 확인하러 왔다. 셰리나는 아이들이 구멍을 다 메우지 않았고, 갈색 테두리에 흰 페인트를 떨어뜨려 놓았으며, 식품 저장실은 칠하지 않았다는 사실을 알게 되었다. 러마는 쿠엔틴이 구멍을 막을 재료와 갈색 페인트를 가져다주지 않았다고 말했다. "그럼 당신이 가서 달라고 했어야죠," 셰리나는 이렇게 쏘아붙였다.

셰리나는 대화를 이어갔다. "그리고 말야, 그 남자는 나한테 말도 안 하고 자기 화장실 바닥을 고치고서 월세에서 30달러를 깐다는 거야." 페인트칠을 할 때 러마는 패트리스의 예전 집에서 타일 한 상자를 찾아냈고, 이걸 가지고 자기 집의 화장실 바닥 타일을 다시 깔았다. 타일 조각은 남은 페인트로 붙였다. "그래서 내가 말했지. '다시는, 다시는 뭘 해도 월세를 안 까줄 거야!' 아니, 그리고 어떻게 빚을 진 사람이 자기 손으로 돈을 깔 수가 있어?"

로라는 꼬고 있던 다리의 방향을 바꾸었다. "그 사람 선수네, 딱 보면 알지. 그런 사람들한테 호시절은 다 갔어… 맨날 어떻게든 돈을 깔 궁리만 하는 인간들."

"중요한 건 난 한 번도 그런 일을 했다고 260달러나 까준 적이 없다는 거야." 셰리나는 다시 러마의 페인트 일을 언급하며 말했다.

"난 방 하나에 30달러씩, 방 다섯 개면 150달러로 페인트칠 시킬 수 있어."

"아니지, 아니지. 우리 쪽 사람들은 방 하나에 20달러야. 많아봤자 25달러."

"맞아."

"어쨌든 내 입장에선 그 사람은 아직도 260달러를 갚아야 해. 아니다, 이제 290달러구나."

오랜 친구들은 함께 웃었다. 셰리나에게 필요한 건 바로 그런 것이었다.

레니 로슨은 트레일러단지 사무실에서 나와 팰맬 담배에 불을 붙였
다. 그의 콧수염과 옅은 눈동자를 따라 피어오르던 담배 연기는 야
구 모자 위에서 사라졌다. 그는 좁은 아스팔트 위에 열을 지어 모여
앉은 이동주택을 바라보았다. 트레일러들은 서로 몇 발자국 정도 간
격을 벌린 채 모두 거의 같은 방향을 향해 줄지어 서 있었다. 공항이
가까워서 비행기가 아랫배를 드러낸 채 창문을 뒤흔들며 낮게 날 때
면 장기 거주자들마저 하늘을 올려다보았다. 지난 십여 년 동안 이동
주택단지의 관리인으로 일한 레니는 그곳에서 43년 평생을 보냈다.

   레니는 이동주택단지의 북쪽에서 사는 사람들은 대부분 마약쟁
이들이고, 남쪽에서 사는 사람들은 음식점이나 요양원에서 2교대로
일하는 사람들이라는 걸 알고 있었다. 고철상과 캔을 수집하는 사람
들은 입구 근처에 살았고, 가장 좋은 일자리를 가진 사람들(모래분사
공, 기계공)은 사무실 뒤편에서 자기들끼리만 따로 모여 살았다. 이들
의 이동주택에 딸린 현관은 언제나 막 비질을 한 듯 정갈했고 거기

엔 화분도 있었다. SSI를 수령하는 사람들은 곳곳에 흩어져 있었다. 이동주택단지 거주자 몇몇이 말하기 좋아하듯 "닭이 울면 자러가고 닭이 울면 일어나는" 노인들 역시 산재해 있었다. 레니는 성범죄자는 마약쟁이들 옆에 배치하려 했지만 항상 마음처럼 되지는 않았다. 한 번은 2교대로 일하는 사람들 근처에 성범죄자를 살게 해야 했던 적이 있었다. 감사하게도 그 남자는 트레일러 밖으로 나오는 일도, 심지어는 블라인드를 열어놓는 일도 없었다. 매주 누군가가 음식과 생필품을 가져다주었다.

칼리지 이동주택단지College Mobile Home Park¹는 밀워키 시 남단, 칼리지로 안쪽 6번가에 있었다. 이 이동주택단지의 한쪽 경계에는 제멋대로 자란 나무들과 관목·모래밭이 있었고, 다른 한쪽 경계에는 커다란 트럭 물류센터가 있었다. 가장 가까운 주유소나 패스트푸드 식당까지는 걸어서 15분 거리였다. 근처의 다른 트레일러단지들은 그럭저럭 괜찮은 황갈색 벽돌집과 경사진 지붕이 늘어선 거리에 둘러싸여 있었다. 이곳은 밀워키에서 가난한 백인들이 사는 구역이었다.

이 도시의 한중간을 가로지르는 메노미니 리버밸리는 마치 메이슨-딕슨 라인*처럼 주로 흑인들이 사는 노스사이드와 주로 백인들이 사는 사우스사이드를 구분하는 기능을 하고 있다. 밀워키 사람들은 이 메노미니 리버밸리를 연결하는 16번가 고가는 아프리카와 폴란드를 연결하고 있으니 세계에서 제일 긴 다리라는 농담을 하기도 했다. 이를 바꾸기 위한 최대의 시도는 1967년에 있었다. 거의 흑인들로 구성된 200명의 시위대가 주거 차별에 저항하기 위해 16번가 고가 북단에 모여 폴란드인 거주 지역으로 걸어가기 시작한 것이다. 시위대가 다리의 남단에 이를 무렵, 어디선가 군중의 함성이 들려왔다. "죽

* 미국 남부와 북부의 경계로, 과거 노예제 찬성 주와 반대 주의 경계였다.

여라! 죽여라!", "우리는 노예를 원한다!" 같은 연호 소리가 스피커에
서 울려대는 로큰롤 음악을 압도할 정도였다. 이윽고 군중이 모습을
드러냈다. 온통 흰 얼굴들이 큰 물결을 이룬 듯했다. 일각에서는 1만
3,000명 이상이었다고 추정하기도 한다. 구경꾼들은 행렬을 향해 병
과 돌을 던지고 오줌을 갈기거나 침을 뱉었다. 흑인 시위대는 행진을
이어갔고, 백인 군중은 흥분해서 씩씩거렸다. 그러더니 무언가 탁 풀
어지면서 보이지 않던 장벽이 무너졌고, 백인 군중들이 앞으로 쏟아
져 나오더니 행진하던 사람들 위로 무너졌다. 그 순간 경찰이 최루가
스를 발포했다.

　다음 날 밤에도, 그 다음 날 밤에도 사람들은 행진하고 또 행진
했다. 16번가 고가를 걷는 행진은 200일 동안 밤마다 이어졌다. 그러
자 시 전체에서, 그 다음에는 나라 전체에서, 그 다음에는 세계 전체
에서 관심을 가졌다. 하지만 바뀐 건 거의 없었다. 1967년 〈뉴욕타임
스〉는 한 사설에서 밀워키는 "미국에서 인종적 구획이 가장 심한 도
시"라고 선언했다. 양원의 절대다수가 1964년의 공민권법Civil Rights Act
과 1965년의 투표권법Voting Rights Act을 통과시킬 수 있도록 존슨Lyndon
Johnson 대통령을 도왔지만, 부동산 로비 집단을 등에 업은 의원들은
존슨 대통령의 주거개방법open housing law을 지지하지 않았다. 이 법이
통과되면 주거 차별은 범죄가 되기 때문이었다. 마틴 루서 킹 주니어
Martin Luther King Jr.가 멤피스의 발코니에서 암살당하고 뒤이어 폭동이
일어난 뒤에야 의회는 1968년 공민권법에 진짜 주거개방 조치를 포함
시켰고, 그래서 이 법은 보통 공정주거법Fair Housing Act이라고 부른다.[2]

　백인 노동계급이 거주하던 사우스사이드에는 1930년대 이후로 소
수의 히스패닉 가정을 위한 공간이 만들어졌다. 무두질 공장의 일손
을 히스패닉 남성들로 채워야 했기 때문이다. 1970년대에는 히스패닉

인구가 증가하기 시작했다. 백인들은 이번에는 또 불꽃 튀는 싸움을 하는 대신 남쪽과 서쪽으로 더 멀리 이사를 가기 시작했다. 밀워키시 사우스사이드의 작은 섬 같았던 폴란드가 이제는 멕시코가 되었다. 노스사이드에서는 계속 흑인들이 살았다. 레니의 트레일러단지가 있는 남단뿐 아니라 이스트사이드와 웨스트사이드는 백인 차지였다. 주거개방법이 있든 말든 밀워키는 여전히 미국에서 가장 인종적으로 구분된 도시 가운데 하나였다.[3]

레니는 담배를 비벼 끈 뒤 다시 사무실로 들어갔다. 트레일러단지 가운데 있는 사무실은 유일한 출입구에서도 멀지 않았다. 이 창문도 없는 비좁은 공간에는 서류가 어수선하게 널려 있고, 천장에는 갓 없는 전구가 빛을 내고 있었다. 오래된 팩스기와 계산기·컴퓨터는 기름 얼룩에 덮여 있었다. 여름에는 에어컨에서 새는 물 때문에 고동색 얇은 카펫의 물 자국이 점점 커졌다. 겨울에는 난방기가 플라스틱 양동이 위에서 부드럽게 윙윙거렸다. 세월이 지나는 동안 레니는 사슴뿔이나 [맥주 브랜드인] 팝스트 블루리본 명판, 날아오르는 꿩 포스터 같은 몇 가지 장식을 더했다.

"어이," 책상에 앉으면서 레니가 수지에게 알은체를 했다.

수지 던은 늘 그렇듯 사무실의 한쪽 면을 채우고 있는 우편함에 편지를 분류해 넣고 있었다. 수지는 우편함에 편지를 넣는다기보다는 빠르고 힘차게 펀치를 날리는 듯 했다. 그게 수지식이었다. 담배를 피울 때는 손을 입에 가까이 대고 담배를 집어삼킬 듯 빠르게 들이마셨다. 이야기 중에는 항상 비질이나 걸레질을 했고, 그도 아니면 테라스의 가구들을 정돈했다. 수지는 마치 팽이처럼 돌기를 멈추면 넘어지기라도 할 것 같다는 식이었다. 수지의 남편은 수지를 이동주택단지의 여왕이라고 부르면서 재밌어했다. 다른 사람들은 오피스 수지라는 별명에 만족했다. 헤로인 수지와 혼동하지는 않아야 했기 때문이다.

"당신 실업수당 수표네," 수지가 편지를 내밀며 말했다. "이젠 당신이 월세를 좀 내지 그래? 그 여자가 임대료를 안 내면 여기서 오래 지내진 못할 거야. 사우스사이드로 다시 이사를 가거나 게토에서 살게 될 수도 있다구."

사무실 문이 열리면서 맨발의 미테스 부인이 들어왔다. 일흔한 살인 부인은 단정하고 정정했으며, 흰 목화송이 같은 머리는 약간 부스스했고, 얼굴에는 주름이 자글자글했으며, 이가 하나도 없었다.

"할머니, 안녕," 레니가 웃으며 말했다. 이동주택단지에 사는 다른 모든 사람들처럼 그 역시 미테스 부인이 미쳤다고 생각했다.

"내가 오늘 뭘했게? 쓰레기통에 청구서를 던져버렸어!" 미테스 부인은 주름투성이 얼굴로 레니를 곁눈질하며 쳐다보았다. 부인은 항상 고함치듯 말을 했다.

"음, 정말?" 레니가 부인을 쳐다보면서 답했다.

"난 멍청이가 아냐!"

"음, 그럼 나한테 청구서가 몇 개 있어. 할머니가 내 걸 대신 내면 되겠다."

"하!" 미테스 부인이 사무실을 나서며 말했다. 이제 식료품점 카트를 밀고 다니면서 캔을 수집하는 하루를 시작할 때였다. 미테스 부인은 SSI를 받아서 생계를 유지했다. 수집한 캔은 현금으로 바꿔서 정신장애가 있는 다 큰 딸에게 용돈을 주었고, 상당히 많은 캔을 모았을 땐 척 치즈 가게에 갔다.

레니는 씩 웃고 나서 다시 문이 열릴 때까지 서류 작업에 들어갔다. 레니는 다른 데서는 말 상대를 찾기 어려운 사람들의 말을 잘 들어주었다. 그의 일은 월세와 관리비 청구 내역을 기록하고, 세입자들의 신원을 조사하며, 퇴거통지서를 전달하는 것이었다. 하지만 트레일러단지에 귀를 기울이는 것, 그곳의 상황을 파악하고 있는 것 역시 그의 일이었다. 누가 돈을 잘 내고 있는지, 누가 돈을 못 내고 있는지, 누가 임신을 했고, 누가 [헤로인중독 치료제인] 메타돈을 [신경안정제인] 재낵스와 섞고 있는지, 누구의 남자친구가 막 석방되었는지 같은 것들을 말이다. "난 가끔은 정신과 의사가 되지," 레니는 이렇게 말하곤 했다. "가끔은 이 동네 변소가 되는 거야."

이 트레일러단지의 소유자는 토빈 차나라는 사람이었다. 그는 트레일러단지에서 70마일* 떨어진 일리노이 스코키에 살았지만, 일요일만 빼고 매일 그곳으로 출근했다. 그는 오피스 수지에게 시급 5달러를 주고 월세를 440달러로 깎아주었다. 그리고 레니에게는 월세를 받지 않고 연 3만 6,000달러의 급여를 현금으로 지급했다. 토빈은 유연하고 이해심이 있는 사람이라는 평판을 받았다. 하지만 아무도 그를 호락호락한 사람이라고 여기진 않았다. 가늘게 뜬 눈에 웃음기 없는 얼굴을 한 이 냉정한 남자는 퉁명스럽고 성미가 급했다. 나이는 미테스 부인과 같은 일흔한 살이었지만, 자신의 캐딜락 트렁크에 운동 가방을 넣고 다니며 규칙적으로 운동을 했다. 그는 세입자들과 사이가 좋지도, 이들과의 관계에서 즐거움을 얻지도 않았다. 그러니까 지나다가 세입자의 꼬마 자녀들이 있다고 해서 가던 길을 멈추고 머리를 쓰다듬어주거나 하는 사람은 아니었다. 그는 자신의 성격대로 행동했다. 역시 임대주였던 그의 아버지는 제일 잘나갈 때는 600채에 육박하는 임대주택을 소유했다. 토빈에게 유일한 낙은 이동주택단지에

* 약 113킬로미터.

있는 131대의 트레일러들이었다.

하지만 2008년 5월 마지막 주 그는 이 트레일러들을 잃을 뻔 했다. 밀워키 면허위원회Milwaukee's License Committee의 다섯 위원 전원이 토빈의 이동주택단지 운영 면허 갱신을 거부했던 것이다. 그 선봉에는 오래전부터 사우스사이드에서 살고 있는 분홍빛 얼굴과 은발의 소유자 테리 비트코프스키 시의원이 있었다. 그는 지난 2년 동안 근린서비스국이 기록해놓은 70건의 규정 위반 사항을 지적했다. 그리고 작년 한 해에만 이 이동주택단지에서 걸었던 경찰 신고 전화가 260건에 달한다는 점 또한 놓치지 않았다. 그는 이 이동주택단지가 마약과 매춘·폭력의 온상이라고 말했다. 최근에는 배관 연결이 제대로 되지 않아 정화되지 않은 하수가 열 채의 이동주택에서 넘쳤다는 사실도 알고 있었다. 면허위원회는 이제 이 이동주택단지를 "환경적인 생물재해"로 간주했다.

6월 10일, 밀워키에서는 '일반 의회Common Council'라고 하는 시의회가 표결을 할 예정이었다. 면허위원회의 결정이 확정되면 토빈은 일자리를 잃고 세입자들은 집밖에 나앉게 될 상황이었다. 때를 맞춰 보도 관계자들이 머리에 젤을 바르고 무기처럼 생긴 카메라를 어깨 위로 떠메고 나타났다. 이들은 트레일러 거주자들을 인터뷰했는데, 그중에는 토빈을 노골적으로 성토하는 사람도 있었다.

"언론이 우리를 무식한 잡종들이라고 쓰고 있네," 메리가 자신의 트레일러 밖에서 티나에게 말했다.

"언론은 여기가 '사우스사이드의 수치'라고 하더라고," 티나가 대답했다.

수년째 이 이동주택단지에서 지내고 있는 이 두 여성은 모두 바람에 날리는 듯한 짧은 머리에 강인한 인상이었다. "우리 아들은 이거 때문에 잠을 못 잤어," 메리가 말을 이었다. "나도, 남편도 마찬가지야… 알잖아, 나 투잡인 거. 난 열심히 일하는데. 그러니까, 난 딴 데로 갈 돈이 없어."

이때 미테스 부인이 다가오더니 티나의 얼굴 바로 옆에 자기 얼굴을 들이 밀었다. 티나가 한 발 물러섰다. "망할 자식 같으니라구!" 미테스 부인이 입을 열었다. "내가 그 시의원한테 전화를 할 거야, 내가 그놈한테 한마디 해야겠어! 이노무 자식!"

"그래요, 그래봤자 별 도움은 안 되겠지만," 티나가 끼어들었다.

"내가 가서 그 시의원한테 한마디 해야지," 미테스 부인이 답했다. "이 쥐새끼 같은 놈!"

미테스 부인이 씩씩대며 가버리자 티나와 메리는 고개를 저었다. 그러고 난 뒤 메리는 다시 진지해졌다. "그리고 노스사이드로 이주하라니 웃기지도 않아," 메리가 말했다. "웃기지도 않지." 메리는 고개를 살짝 젓더니 눈물을 참으며 시선을 돌렸다.

그것은 이동주택단지 거주자들이 가장 두려워하는, 말하자면 급소 같은 것이었다. 메리와 티나, 미테스 부인과 이동주택단지 전체가 다른 데로 떠야 할 것 같다고 말할 때 이들이 말하는 다른 데란 흑인 게토 지역이었다. 오피스 수지는 과거 노스사이드에서 살아본 적 있는 몇 안 되는 거주자 가운데 하나였다. 그곳에서 수지의 다 큰 아들은 스스로의 얼굴에 총을 들이댔다. "그 시의원이 여기가 게토 슬럼이라고 하더라," 메리가 분통을 터뜨렸다. "내가 게토가 뭔지 보여주지!" 돌아가는 상황에 스트레스를 받은 수지가 복통을 심하게 호소하자 아들은 엄마의 진통제를 숨겼다. 그녀가 한 움큼 삼켜버릴까 두려웠던 것이다.

열흘 뒤면 이동주택단지 관련 최종 표결이 있을 예정이었다. 그래서 세입자들은 언론에 긍정적으로 비치기 위해 바비큐 파티를 열고 지역 의원들에게 전화를 걸어대기 시작했으며, 시의회에서 할 말을 외우기 시작했다. 빨간 수염이 단정하고 파란 두 눈 사이가 멀찍한 폐품수집인 루퍼스는 할 말을 적어놓고 연습했다. "그러고 난 다음에 내가 말할 거야, '집세 500달러 못 낸 사람?' 그러면 사람들이 손을 들겠지. 그리고 계속 하는 거야. '700달러는? 1,000달러는?' 그러면 결국 모든 손이 올라가겠지." 루퍼스는 자신의 연설을 이런 말로 끝맺을 계획이었다. "이분은 악덕 집주인이 아닙니다. 나쁜 사람이 아니에요."

만일 그의 연설이 아무런 효과가 없어서 이동주택단지가 문을 닫게 되면, 루퍼스는 트레일러를 전동 톱으로 잘라내 알루미늄을 팔 작정이었다.

토빈은 세입자들과 함께 일했다. 그는 세입자들이 월세를 바로 내지 못해도 눈감아주었다. 세입자들이 실직을 하면 그중 몇몇에게 일을 시키고 월세를 깎아주었다. 그는 때로 레니에게 이렇게 말하곤 했다. "월세를 좀 늦게 낼 때도 있긴 하지만 좋은 사람들이라구." 한 여성에게는 어머니 장례식에 참석할 수 있도록 돈을 빌려주기도 했다. 경찰이 이동주택단지에서 쓰레기를 치우고 잔디를 깎는 술꾼들을 체포하자 보석금을 내고 석방시켜준 적도 있었다.

토빈은 세입자들과 협상을 하면서 기록을 남기는 일이 거의 없었기 때문에, 때로 세입자들과 토빈의 기억이 달랐다. 어떤 세입자가 자신이 줄 돈이 150달러라고 말하면 토빈은 그게 250달러 혹은 600달러라고 말하는 식이었다. 한번은 한 세입자가 산업재해 보상을 받고 난 뒤 일 년 치 월세를 미리 지불했다는 사실을 토빈이 까먹은 적도 있었다. 트레일러단지 주민들은 이런 상황이 발생하면 "토빈스럽다"

라고 표현했다. 대부분은 이걸 나이 탓이나 건망증 탓으로 돌렸지만 토빈의 건망증은 신기하게도 한 방향으로만 작동했다.

시에서 제일 가난한 사람들이 사는 이동주택단지를 운영하면서 생계를 유지하려면 어떤 기술이, 어떤 독창성 같은 것이 필요했다. 토빈의 전략은 간단했다. 그는 마약중독자나 고철 수집인, 장애가 있는 할머니에게 그냥 뚜벅뚜벅 걸어가서 "내 돈 줘"라고 말하곤 했다. 안에서 세입자가 대답할 때까지 문을 쿵쿵 두드리기도 했다. 집에 있으면서 없는 척하기란 거의 불가능했다. 이동주택단지에선 뭘 크게 숨기기가 어려웠다. 오피스 수지는 세입자들의 수표가 언제 들어오는지 알고 있었다. 그걸 우편함에 넣는 사람이 바로 그녀였기 때문이다. 그리고 레니는 세입자들이 수중에 가진 돈이 담배나 맥주, 아이들의 새 자전거를 살 정도밖에 안 되는지, 아니면 월세를 낼 정도의 수준인지 쉽게 알아낼 수 있었다. 세입자가 문을 열면 토니는 손을 불쑥 내밀고는 이렇게 말했다. "나한테 줄 거 있지?" 어떨 때는 몇 분 동안 문을 두드려댔고, 어떨 때는 알루미늄 외장재를 두들기면서 트레일러 주위를 돌았다. 레니나 다른 세입자에게는 뒷문을 두드리라고 부탁해놓고 자신은 앞문을 공략할 때도 있었다. 세입자의 직장으로 전화를 걸어 상사에게 이야기를 하기도 했다. 복지사나 종교단체 사람이 전화를 걸어 "제발요" 혹은 "조금만 기다려주세요"라고 하면 토니는 "월세를 내라구" 하며 응수하곤 했다.

토빈은 수백 혹은 수천 달러의 손해를 그냥 넘기고 나서 잊어버릴 수 있는 사람도 아니었고, 받을 돈의 절반에 만족하거나 트레일러를 시가 이하로 내놓을 사람도 아니었다. 세입자들이 월세를 내지 못할 경우 그에게는 세 가지 선택지가 있었다. 첫째는 그냥 내버려두면서 손해를 보는 것이었고, 둘째는 퇴거 절차를 개시하는 것이었으며, 셋째는 대화의 물꼬를 트는 것이었다.

첫 번째는 선택지라고 볼 수도 없었다. 토빈은 임대업으로 밥 먹는 사람이었고, 너무 관대할 경우 사업이 망할 수도 있었다. 하지만 토빈은 받을 돈이 밀렸다고 해서 바로 퇴거시키지도 않았다. 세입자를 내쫓고 새로운 사람을 들이는 데도 돈이 들었다. 평균적으로 한 달 동안 월세를 바로 내지 못하는 세입자는 40명이었다. 이 이동주택단지에 세 들어 사는 사람의 3분의 1에 육박하는 숫자였다. 이들의 밀린 돈은 평균 340달러였다.[4] 하지만 토빈은 매달 아주 적은 수의 세입자들만을 퇴거시켰다. 임대업자가 세입자한테서 돈을 받아내려면 너무 물러도, 너무 뻣뻣해도 안 된다. 토빈의 세입자들은 이 점을 고맙게 여겼다. 뭐 처음에는 그렇게 생각하지 않는 경우도 종종 있긴 했지만 말이다.

제리 워런이 그런 경우였다. 제리는 아웃로스라고 하는 폭주족들과 어울려 다녔고 온몸이 문신 투성이었는데, 그중 몇 개는 감옥에서 새긴 것이었다. 퇴거통지서를 손에 든 토빈이 제리의 트레일러를 쾅 하고 내리쳤다. 제리가 손수 연파랑색 페인트칠을 한 700피트짜리 트레일러였다. 제리는 통지서를 구기더니 토빈의 얼굴에 던지며 소리쳤다. "토빈, 난 이따위 퇴거에는 눈도 깜박 안 한다고! 그리고 레니, 난 당신이 몇 살이든 상관없어. 당신 엉덩이를 기분 좋게 쑤셔주지!" 레니와 제리는 몇 마디 더 옥신각신했지만 토빈은 흔들림이 없었다. 그는 이미 대화를 시작했고, 며칠 지나면 냉정을 되찾은 제리가 알아서 몸을 놀릴 것이었다.[5] 실제로 제리는 토빈이 퇴거를 취소하면 이동주택단지를 청소하고 몇 가지 관리 업무를 맡겠다고 제안했고, 토빈은 이 제안을 받아들였다.

토빈은 러레인 젠킨스에게는 다른 방침을 적용했다. 면허위원회가 토빈의 갱신 신청을 퇴짜 놓기 한 달 전, 토빈은 러레인을 자신의 캐딜락에 태워 퇴거법원_{eviction court}까지 데려다주었다. 러레인은 어릴 때 다락방 창에서 떨어져 생긴 학습장애 때문에 SSI를 매달 714달러짜리 수표로 받았다. 러레인의 월세는 550달러였고, 공과금은 별도였다. 러레인은 월세를 몇 번 늦게 냈고, 결국 토빈은 그녀를 법원에 데려갔다. "마음을 비우고 월세를 내긴 어려워," 러레인은 인정했다. "길거리에 사는 사람들은 생각이 온전치 못한 게 아닐까 싶을 거야. 근데 거리에서 한번 살아봐. 월세를 낼 필요가 없어." 러레인은 조수석에 앉았고, 뒷자리에는 팸 라인케라는 이름의 또 다른 세입자가 탔다. 앞머리를 반듯하게 자르고 주근깨가 있는 임신부였다. 법정에서 토빈은 두 사람에게 약정 합의를 제안했다. 민사법원에서 이루어지는 양형 거래 같은 것이었다. 이들이 납기일을 지킬 경우 토빈은 퇴거를 취소할 것이다. 하지만 계속 납기일을 넘기면 토빈은 러레인이나 팸을 다시 법원에 데려오지 않고도 퇴거 판결을 얻어 ('복구 영장'이라고 하는 것을 가지고) 퇴거전담팀을 움직일 수가 있었다.

비트코프스키와 싸우는 내내 토빈은 이동주택단지의 운명이 결정될 때까지 세입자들이 월세를 내지 않을까봐 걱정했다. 하지만 대부분 세입자들은 제날짜에 월세를 냈다. 러레인은 그런 부류에 끼지 못하긴 했지만 말이다. 이미 월세가 밀린 러레인은 이동주택단지가 문 닫을지도 모른다는 생각에 6월의 월세도 내지 않고 있었다. 어디론가 이사를 가야 한다면 한 달 치 월세 550달러는 챙기는 것이 좋겠다는 게 그녀의 생각이었다. 러레인은 너무 자만하고 있었다. 월세도 밀렸으면서 저녁 뉴스 인터뷰에 이동주택단지 안에서 매춘부와 마약상을 보았다고 인정하며 비판 측에 힘을 실어주었던 것이다(비트코프스키의 가장 목소리 큰 지지자 필리스 글래드스톤이 러레인에게 그렇게 말하라고 부추겼다).[6] 모든 것을 알게 된 토빈은 러레인이 약정 합의를 이행하지 않았다는 점을 생각해냈다. 그렇다면 그는 퇴거전담팀에게 러레인을 내보내달라고 요청할 수 있었다. 그는 그렇게 했다.

얼마 안 되어 러레인의 우편함으로 밀워키 보안관사무소에서 보낸 편지가 왔다. 밝은 노란색 종이에는 다음과 같이 적혀 있었다.

현 거주자 귀하

밀워키 카운티 보안관사무소는 귀하가 가택을 즉시 비울 것을 요구하는 법원 명령(복구·보조 영장)을 보유하고 있음을 귀하에게 고지합니다. 즉시 비우지 않을 경우 보안관이 가택에서 귀하의 소유물을 들어낼 것입니다.
퇴거가 불가피할 경우, 보안관이 귀하의 소유물을 보관 장소로 옮기고 난 뒤 일어날 수 있는 재산상의 피해나 손실 위험은 피고인 귀하가 지게 됩니다. 이사팀은 귀하의 냉장고나 냉동고에 음식을 남겨두지 않을 것입니다. 음식물을 모두 꺼내가십시오.

편지를 열어본 러레인은 겁을 먹었다. 그건 숨길 수가 없었다. 러레인은 마치 영화 스크린처럼 얼굴에 감정이 그대로 드러났다. 기분이 좋을 때는 벌어진 치아를 드러내며 활짝 웃었고, 우울할 때는 마치 얼굴에 100개쯤 되는 작은 추를 매달아놓은 것처럼 얼굴 전체가 아래로 처졌다. 쉰네 살의 러레인은 깨끗한 흰색 트레일러에서 혼자 살았다. 하지만 언젠가 다 큰 두 딸과 손자와 다시 같이 사는 게 소원이었다. 그녀에게 손자는 하나님과 함께 우주의 중심과도 같았다. 얼굴은 넓적하고 흰 피부에 주근깨가 박혔으며 배가 나온 러레인은 몇 년 전만 해도 매력적인 외모를 뽐내며 남자들이 차창 밖으로 몸을 내밀게 만드는 옷차림을 좋아했다. 아직도 외모에 신경을 쓰는 러레인은 안경을 쓰면 "죽은 물고기처럼" 보인다며 집 밖에선 안경을 쓰지 않았다. 멋을 부리고 싶을 땐 젊었을 때 장만한 보석을 걸쳤다. 이젠 작아서 옷핀으로 목걸이를 연장해야 하지만 말이다.

시큼한 땀 냄새를 풍기며 갈색 머리를 헝클어뜨린 러레인이 노란 종이를 행주 짜듯 비틀며 사무실로 들어섰다. 사무적인 대화를 몇 마디 나눈 뒤 토빈은 러레인을 데리고 밖으로 나와 수지를 불렀다.

"수지? 수지!" 토빈이 소리쳤다.

"왜요, 토빈?"

"러레인을 데리고 은행 좀 가주겠어? 월세를 좀 내겠다는데."

"이리 와요." 수지가 자동차를 향해 씩씩하게 발걸음을 옮기며 말했다.

수지가 러레인과 함께 다시 돌아왔을 때 토빈은 사무실에서 서류를 뒤적이고 있었다. "얼마야?" 토빈이 수지에게 물었다.

"400달러예요." 러레인이 대답했다.

"그럼 퇴거를 취소해줄 수가 없지," 토빈은 여전히 수지를 보며 말했다. 러레인이 그달 치 월세를 완납하려면 150달러가 더 필요했다.

러레인은 그저 그 자리에 서 있었다.

토빈이 러레인을 향해 돌아서며 말했다. "남은 150은 언제 줄 수 있어?"

"오늘 밤이면, 가능해요."

토빈이 러레인의 말을 잘랐다. "좋아. 수지나 레니한테 줘."

하지만 러레인에겐 150달러가 없었다. 러레인은 가스가 다시 들어오게 하려고 월세로 써야 할 150달러로 연체된 공과금을 내버렸기 때문이다. 러레인은 따뜻한 물로 샤워해서 자신의 몸에서 나는 냄새를 없애고 싶었다. 러레인은 아직 딸들이 어린 아기였을 때 테이블 위에 올라가 남자들을 위한 춤을 추며 느꼈던 것처럼 자신이 깨끗하고 예쁜 사람이라고 여기고 싶었다. 러레인은 따뜻한 물이 "백만 개의 칼"이 등을 타고 오르는 듯한 섬유근통의 통증을 씻어 없애주었으면 했다. 러레인은 리리카와 세레브렉스 처방을 받았지만, 이 둘을 모두 사기엔 항상 돈이 모자랐다. 따뜻한 물이 도움이 될지 몰랐다. 하지만 150달러로는 부족했다. 위에너지는 돈을 받아놓고도 가스를 다시 공급하지 않았다. 러레인은 돈을 낸 자신이 멍청하다고 생각했다.

수지는 쪽지에 영수증을 작성한 뒤 러레인의 퇴거고지서와 함께 스테이플러로 박았다. "나머지는 여동생에게 가서 부탁해봐요." 팩스 수화기를 들고 이미 외우고 있는 번호를 누르며 수지가 말했다. "네. 여보세요? 칼리지 이동주택단지 퇴거 좀 중단시키려구요." 수지가 보안관사무소에 말했다. "W46에 사는 러레인 젠킨스요. 월세를 처리했어요." 오피스 수지는 보안관대리의 출동을 취소시켰지만 러레인이 나머지 월세를 들고 나타나지 않을 경우 토빈은 이들을 다시 움직일 수 있었다.

러레인은 쌜쭉해져서 자신의 트레일러로 돌아갔다. 안이 얼마나 덥던지 러레인은 샤워기에서 미지근한 물이 나올지도 모르겠다고 생각했다. 러레인은 환풍기를 틀지 않았다. 환풍기를 틀면 어지럼증을 느꼈다. 창문을 열지도 않았다. 그냥 소파에 앉아서 지역기관 몇 군데에 전화를 했다. 몇 번의 시도가 실패하자 그녀는 바닥에 대고 멍하니 말했다. "더 생각나는 게 없네." 러레인은 소파에 누워 더위를 잊으려 애쓰다 잠들었다.

시의회가 이동주택단지의 운명을 결정하던 날, 토빈 차니는 폴로셔
츠에 황갈색 바지를 입고 갈색 로퍼화를 신은 채 앞줄 벤치의 중앙
에 앉아 있었고, 그 옆에는 아내와 변호사가 있었다. 거대한 분홍빛
대리석 기둥들이 밤색과 노란색 패턴이 어지럽게 그려진 들보 천장
을 향해 뻗어 있었다. 방 앞에는 커다란 떡갈나무 책상이 있었고, 그
앞에 몇 피트씩 간격을 두고 놓인 그보다 작은 떡갈나무 책상 열다
섯 개는 시의원들에게 할당되어 있었다. 전날 밤 변호사는 의회에 추
가 자료를 제출해놓았다. 자료가 너무 늦게 제출되어 대부분의 시의
원들이 읽지 못했기 때문에 변호사가 일어나 목청을 가다듬었다. 변
호사는 추가 자료에는 토빈 씨가 조만간 취할 열 개의 조치가 들어
있다고 청중들에게 알렸다. 토빈은 시에서 마련한 하루짜리 임대주
교육 수업을 들을 것이고, 24시간 경비 서비스와 독립적인 자산운용
관리회사를 고용할 것이며, 말썽을 부리는 세입자들을 퇴거시키고
부동산 규정 위반 사항들을 처리할 것이다. 또한 자신의 험담을 한

세입자들에게 복수를 하지 않을 것이고, 일 년 내에 이 이동주택단지를 매각할 것이다.

"이 이동주택단지 사람들은 노인·장애인·어린이 같은 취약층입니다." 변호사는 토빈이 비트코프스키 시의원과 함께 "이 열 가지 협약 조건을 작성하기 위해 부지런히 일"했음을 지적하며 이렇게 말을 마쳤다.

이런 야밤 뒷거래에 심기가 불편해진 시의회 의원들은 회의실 스테인드글라스 창 사이로 들어오는 햇살을 받으며 서로 언쟁을 벌였다. 어떤 시의원은 이를 "신사협정"이라고 했지만, 해명을 요청했을 때 이런 열 가지 계획을 바로 만들어낼 수 있는 시민이 얼마나 되겠느냐고 반문하는 시의원도 있었다. 결국 비트코프스키 시의원이 일어나 입을 열었다.

"차니 씨는 훌륭한 이동주택단지를 이런 상태로 바꿔놓고 말았습니다." 비트코프스키가 발언을 시작했다. "제 구역에는 이동주택단지가 네 곳 있습니다. 그중에서 이런 종류의 문제가 있는 곳은 여기뿐이에요." 그는 안경 너머로 변호사를 쳐다보았다. "신사 양반, 그 사람들이 전부 노인·장애자·어린이는 아니죠. 하지만," 그는 다시 동료들을 향해 몸을 돌렸다. "제한된 생계 수단이나 제한된 능력을 가진 사람들이 있어요. 그런 사람들은 어쩔 수 없이 여기저기 전전하면서 살죠." 비트코프스키는 결코 토빈 편이 아니었지만 추가 자료의 조항에는 만족했다.

논쟁이 다시 격렬하고 날카롭게 일었다. 토빈은 아내의 손을 잡고 언짢은 기색을 내비치며 등을 대고 앉아 있었다.

의장은 표결을 요청했다.

공청회가 끝난 뒤 토빈은 차를 몰고 이동주택단지로 갔다. 결정 사항을 알리기 위해 전원을 소집하지는 않았다. 조용히 사무실 의자에 앉아 한숨을 쉬지도 않았다. 토빈은 퇴거를 개시했다. 의회는 토빈이 사고뭉치들을 내보내는 등, 이동주택단지를 개선하기 위한 과감한 조치를 취해야만 그의 면허를 유지시켜주겠다고 엄포를 놓았던 것이다.

시나 주 공무원들이 (외부 보안회사를 고용하라고 명령하거나, 건물조사관을 시켜 임대주의 부동산을 조사하게 함으로써) 임대주에게 압력을 넣으면 임대주들은 이 압력을 종종 세입자들에게 떠넘긴다.[1] 통제력을 복구하는 것도 문제였다. 토지소유권을 확고히 하는, 혹은 재확인하는 가장 효과적인 방법은 거기 있던 사람들을 몰아내는 것이었다.[2]

"내 28일 고지서가 어디 갔지?" 레니가 물었다. 그는 사무실에서 서류 더미를 뒤지고 있었다. 28일 '무소송' 종결 고지서*가 있으면 임대주는 퇴거 사유를 제시할 필요가 없었다. 월세를 꼬박꼬박 내는 사고뭉치 세입자를 내보내기에 안성맞춤인 방식이었다. 레니는 토빈에게 이렇게 말했다. "28일 고지서 좀 왕창 작성해주셔야 되겠어요."

"그 사람들은 월세가 밀렸어," 토빈이 대답했다. "그 사람들한텐 5일 고지서를 줘야지." 여기서 "그 사람들"이란 팸과 그 가족들을 의미했다. 토빈은 팸을 퇴거법원으로 태워다준 뒤 보도 관계자들에게 말을 걸라고 시켰다. 서른 살의 팸은 임신 7개월이었고 중서부 억양에 마치 고등학교 졸업앨범 사진을 잘라낸 듯한 얼굴을 하고 있었다. 팸은 동정적인 여론을 조성하는 데 기여했다. 하지만 이제 토빈은 집 청소를 할 생각이었다.

토빈은 눈을 치켜떴다. "레니, 난 이거 때문에 돈이 늦게 들어오진 않았으면 해," 그가 말했다.

"그렇진 않을 거예요, 놀랍게도," 레니가 말했다. "금방 스프레드시

* 소송 없이 28일 이내에 임차인들을 내보낼 수 있는 고지서를 말한다.

트를 채워넣었는데, 우리가 잘하고 있는 거 같아요."

오피스 수지가 덧붙였다. "근사한 수집품이 있어요."

팸은 오바마_{Barak Obama} 정부가 시행한 경기 부양 조치의 일환으로 수령한 1,200달러 수표를 넘겨주며 토빈의 마음을 돌리려 했다. 팸은 토빈에게 줄 돈이 1,800달러라고 생각했기 때문에 그 정도면 충분할 거라고 여겼다. 하지만 토빈은 팸이 줘야하는 돈은 3,000달러라고 말했고, 오피스 수지는 그에게 팸이 크랙을 피운다고 말했다. 토빈은 팸의 수표를 받았지만 퇴거 절차는 중단시키지 않았다. 팸의 가족들은 2년 동안 그 이동주택단지에서 살았다.

팸과 남자친구 네드 크롤이 토빈의 트레일러에 들어오게 된 것은 토빈이 그 트레일러를 이들에게 주었기 때문이었다. 그린베이에 살던 팸과 네드는 병든 팸의 아버지와 좀 더 가까운 곳에 살기 위해 밀워키로 거처를 옮길 생각을 하던 중에 토빈이 지역신문에 낸 광고를 보게 되었다. 이들은 집을 둘러보기 위해 차를 몰고 왔다.

팸과 네드가 칼리지 이동주택단지에 도착하자, 토빈과 레니는 이들에게 '핸디맨 스페셜'이라고 하는 공짜 이동주택을 보여주었다. 이 조건에 따르면 세입자는 트레일러를 소유하고, 토빈은 트레일러 밑에 있는 땅을 소유하는 것이었다. 그러면 토빈은 트레일러 소유주에게 '부지 임대료'를 내도록 하는데, 이는 다른 세입자들이 내는 돈과 동일했다. 하지만 다른 세입자들과는 달리 트레일러를 소유한 가구는 유지비를 책임져야 했다. 이론적으로 트레일러를 소유한 가구는 언제든 다른 곳으로 트레일러를 옮길 수 있었다. 하지만 사람들은 현실적으로 이것이 불가능하다는 사실을 알고 있었다. 견인비용이 1,500달러가 넘었고, 다른 곳에 트레일러를 설치하려면 그 두 배가 들었기 때문이다. 트레일러를 소유한 가구가 퇴거를 당해 어쩔 수 없이 트레일러를 놓고 가게 되면 토빈은 그것을 '버려진 부동산'이라는 명목으로 되찾아 다른 사람에게 넘겨주는 식이었다.

팸이 퇴거당할 즈음 그 이동주택단지에서는 스무 개의 트레일러를 제외한 나머지 전부가 이런 소유자 점유형 트레일러였다. 트레일러를 소유했을 때 유일한 장점은 심리적인 위안뿐이었다. "집을 가질 수 있어서 여기로 왔어요. 바퀴 달린 집이긴 하지만," 팸의 한 이웃은 이렇게 말하곤 했다.[3]

토빈의 공짜 트레일러는 날개 돋친 듯 나갔다. 덕분에 그는 최근에 비어버린 트레일러나, 심지어는 고물 트레일러를 채우는 데도 며칠까진 아니지만 몇 주밖에 걸리지 않았다. 하지만 돈에 쪼들리는 사람들에게는 이동주택단지도 감지덕지였다.

밀워키와 미국 전역의 여러 도시에서 적당한 가격의 임대주택들이 줄어들다 못해 아예 사라져버리면서 저소득 가구들은 서둘러 값싼 집이라도 얻으려 했다. 전국적으로 저가 주택의 공실률은 한 자릿수로 떨어졌다.[4] 레니의 사무실 전화는 빈집이 있는지 물어오는 사람들로 종일 울려댔다. 전화는 보도 관계자들이 오기 전에도 울렸고, 이들이 떠난 뒤에도 울렸다. 이야기가 보도된 달에는 이동주택단지가 꽉 찼다. "여긴 꽉 찼어요," 레니가 씩 웃으며 말했다. "그런데도 아직 사람들이 전화를 걸어오죠." 레니가 토빈을 위해 작성하는 임대료 장부에 따르면 한 달 평균 공실인 트레일러는 다섯 곳뿐이었고, 따라서 공실률은 4퍼센트 이하였다.[5] 제일 저렴한 주택에 대한 높은 수요는 임대주들에게 셋집 하나마다 수십 가구가 줄 서서 기다리고 있다는 신호를 보냈다. 이런 환경에서는 임대주가 임대료를 낮추거나, 임대료를 늦게 내도 봐주거나, 자신의 부동산을 돈 들여 가꿀 유인이 극도로 낮았다.

"그럴 줄 알았어," 네드는 팸이 또 딸을 임신했다는 사실을 알게 되자 담배를 문 채 이렇게 중얼거렸다. 한때 그에게도 아들이 있었다. 열여섯 살 때 지지 톱ZZ Top 콘서트에서 만난 멕시코 소녀와의 사이에서 생긴 아들이었다. 하지만 소녀의 가족은 아이를 완전히 감춰버렸기 때문에 네드는 〈라 그란제La Grange〉•가 라디오에서 나올 때 빼고는 아들 생각은 거의 하지 않았다. "그 일 이후로 아마 벌받는 거 같아," 한번은 이런 혼잣말을 하기도 했다. "더 이상 아들은 안 생기네." 팸의 두 흑인 딸까지 합하면 임신 중인 아이는 다섯 번째 딸이 될 것이었다. 네드는 이 두 딸도 자신의 딸로 쳤다.

팸과 네드는 그린베이에서 만났다. 팸의 아버지가 네드에게 자신의 할리데이비슨 오토바이를 손봐달라고 한 뒤였다. 팸보다 열 살이 많은 네드는 손톱에는 기름때가 끼고 갈색 수염은 텁수룩했으며, 장발에 앞머리가 벗겨졌다. 화장실 문을 열어놓고 사람들이 보는 곳에서 몸을 북북 긁는 데서 만족을 얻는 종류의 남자였다.

팸에게는 이미 두 딸이 있었다. 블리스는 팸이 스물세 살이었을 때 낳았고, 샌드라는 그 2년 뒤에 낳았다. 흑인이었던 애들 아버지는 팸이 열아홉 살이었을 때 만난 마약상이었다. 나중에야 팸은 그에게 자신 외에도 여러 명의 여자친구가 있다는 사실을 알게 되었다.

"아빠가 엄마를 병으로 때려서 머리에서 피가 흐르던 때 얘기해줘," 한번은 샌드라와 팸이 함께 차를 타고 푸드팬트리에 가고 있는데 샌드라가 팸에게 이렇게 말했다. 샌드라가 여섯 살 때의 일이었다.

팸은 슬픈 미소를 지을 수밖에 없었다. "그 일을 기억하기엔 그땐 너무 어렸던 거 같은데."

"아냐, 나 안 어렸어," 샌드라가 대답했다. 바퀴벌레가 나타나면 다

• 지지 톱의 노래 제목.

른 여자아이들은 진저리를 치며 서로를 껴안았지만 샌드라는 헐거운 신발로 바퀴벌레를 밟아 죽이는 아이였다. 샌드라와 블리스는 이 트레일러단지의 유일한 흑인 아이들이었다. 한번은 어떤 이웃이 집 앞 창에 나치 깃발을 걸어놓은 적이 있었다. 레니는 나치 깃발은 허용하지 않았지만, 남부연합기*는 성조기 아래에 걸어두는 한 괜찮다는 식이었다.

"아니야, 넌 애기였잖아. 그래, 블리스는 좀 기억이 나겠네. 블리스는 거기에 많이 익숙했잖아. 맨날 내가 피를 쏟는 걸 봤으니까."

팸은 그 남자를 떠날 방법을 찾았다. 자격증을 갖춘 간호조무사로 일하면서 환자용 요강을 비우고 토사물을 걸레로 닦고 욕창을 방지하기 위해 환자들을 뒤집는 일을 시작했다. 스파게티와 마카로니 샐러드 만드는 법도 배웠다. 팸이 고등학교를 다닐 때 교통사고로 세상을 떠난 팸의 어머니는 팸을 가르치는 데는 관심도 없었다. 아버지 역시 마찬가지였다. 아버지는 마약과 음주운전 때문에 감옥에서 많은 시간을 보냈다. 팸의 오빠는 그보다는 나았다. 메타돈을 복용하고 있었고 헤로인이 별로 생각나지 않는다고 말했다.

팸은 천천히 한 발 한 발 디디며 미래를 향해 다시 태어나는 중이었다. 그런데 발밑에서 땅이 흔들렸다. 어느 날 팸은 전화를 받았다. 전화 속 사람은 오빠가 죽었다고 했다. 팸은 어떻게 된 거냐고 물었다. 상대는 약물 과다 복용이라고 말했다. 오빠는 스물아홉 살이었다. 팸은 전화에 대고 오열했다. 전화를 끊고 난 뒤 기절하지 않게 해줄 무언가를 요청하기 위해 다른 번호로 전화를 돌렸다.

'크랙'·'록'처럼 마약을 뜻하는 단어들은 마약이 거칠고 험한 물건이란 인상을 준다. 하지만 손으로 만져보면 마약은 부드럽고 우아한

• 노예제를 찬성한 남부연합군이 남북전쟁 시기에 사용하던 깃발.

느낌마저 준다. 그것은 마치 동전을 넣고 돌리면 사탕 같은 것이 나오는 기계에서 아이들의 오므린 손으로 떨어지는 치클리트 껌 조각처럼 보일 수도 있다. 팸은 마약상과 사귀는 내내 마약을 멀리했다. 팸은 마약이 사람을 어떻게 바꿔놓는지, 사람들이 마약을 얻기 위해 어떤 짓을 하는지 알았다. 하지만 마약이 사람들이 뭔가를 잊으려 할 때 도움이 된다는 것 역시 알았다. "맨날 뭔가 때문에 개판이 되어버리곤 했어요." 팸은 이렇게 회상했다. "그리고 난 가끔 이렇게 말했죠, '이런, 아직 오빠 때문에 울지도 않았네' 그래 놓고도 난 안 울었어요. 울 것 같으면 나가서 약에 취했죠."

팸이 네드를 만난 건 이즈음이었다.

첫해에는 이들을 엮어준 힘이 크랙이었다. 이들은 크랙을 위해, 크랙에 의해 살면서 딸들을 키웠다. 그러다 얼마 안 가 크랙을 팔기 시작했다. 1년쯤 지났을 때 이들은 체포되어 유죄 선고를 받았다. 이미 마약 전과가 있던 네드는 옥살이를 했다. 팸은 처음으로 중죄인이 되었다. 4년 보호관찰 선고를 받고 독방에서 10개월을 보낸 팸은 그곳에서 결국 울음을 터뜨렸다.

출소한 팸은 약을 멀리하려고 애썼다. 그린베이에서 자신이 알고 있는 가장 반듯한 친구집에 들어가 살았지만, 팸이 감옥에 있는 동안 이 친구에게 나쁜 습관이 생겨버렸다. "전부가, 망할 그린베이에서 내가 아는 전부가 마약이라면 사족을 못 써요." 팸은 분통을 터뜨렸다. 팸은 이사할 수 있게 500달러만 부쳐달라고 아버지에게 부탁했고, 놀랍게도 아버지는 돈을 부쳐줬다. 하지만 그린베이는 작은 동네였고, 팸은 곧 예전에 거래했던 사람 가운데 한 명과 길에서 마주쳤다. "그 사람 때문에 바로 다시 중독됐어요."

네드가 풀려 난 뒤 둘은 다시 만났고, 곧 팸은 자신이 임신했음을 알게 되었다. 네드는 자신이 아이 아버지임을 확인할 수 있도록 친자 확인 검사를 요구했다. 이들은 아이의 이름을 크리스틴이라고 지었다. 얼마 안 가 네드가 다른 여성과의 사이에서 낳은 딸이 찾아와 이들과 함께 살기 시작했다. 코가 작고 주근깨가 있는 로라는 블리스보다 한 살 더 많았다. 로라가 같이 살기 시작한 지 몇 달 지났을 무렵 네드는 로라와 팸, 그리고 팸의 두 딸을 마약계에서 만난 지 얼마 안 된 한 여성에게 맡겼다. 팸과 아이들은 이 여성의 집에서 사흘 밤을 보냈다. 결국 팸은 로라를 데리고 로라 엄마의 집으로 함께 걸어가서 문을 두드렸다. 팸은 문 앞에 서서 로라의 어머니에게 이야기하던 순간을 기억했다. "전 곧 아이를 낳을 거예요. 지금은 집이 없어요. 당신의 예전 남자가 절 떠났어요. 전 돈도 없고, 음식도 없고, 당신의 딸한테 줄 수 있는 것도 아무것도 없어요. 전 겁이 나요… 당신의 딸을 데리고 있어주겠어요?"[6]

로라의 어머니는 전화기를 들고 한동안 통화를 하는가 싶더니 이들에게 통조림이 든 가방 하나를 주고는 문을 닫았다. 팸과 소녀들은 이 여성의 집에서 지냈다. 네드는 한 달 뒤에 돌아왔다.

토빈은 팸과 네드에게 국세환급수표rebate check는 받아주겠지만 그래도 여전히 이들을 퇴거시키겠다고 말하면서 보안 세부 사항 관련 서류를 가져왔다. 하지만 토빈이 24시간 내에 집을 비우지 않으면 보안관에게 전화를 하겠노라 엄포를 놓았음에도 누구도 소란을 피우진 않았다. 또 다른 마약 사건 때문에 발부된 체포 영장만 아니었으면 네드는 길길이 날뛰었을지 모른다. 팸과 네드는 퇴거를 서로의 탓으로 돌렸다.

"너 때문에 이 꼴 됐잖아," 네드가 팸에게 쏘아붙였다.

"이 꼴로 만든 건 너잖아." 팸이 되쏘았다. "내가 뭘 했는데. 난 너한테 돈을 전부 다 줬어. 우리가 쫓겨나는 건 너 때문이라구."

"왜 맨날 이 모양이냐, 이 여편네야."

"남 말 하고 있네, 네드."

"좀 변하면 안 되겠냐."

"안 되겠는데. 네가 변하면 안 되겠냐." 팸이 말을 잠시 멈췄다. "난 모르겠어. 정말 나야? 내가 문제야? 모르겠단 말야. 그럴지도 몰라. 일을 이따위로 만든 게 나란 거지?"

팸과 네드는 값어치가 조금이라도 나가는 유일한 소지품인 텔레비전과 컴퓨터를 팔았다. 컴퓨터는 팸의 크리스마스 선물이었다. 이들에게는 여분의 현금이 필요할 것이었다. 매달 팸은 주 30시간 일을 하고 복지수당 673달러를 수령했고, 390달러어치의 식료품 구매권을 받았다. 운이 좋은 날이면 네드는 오토바이를 개조하거나 수리해주고 현금 50달러를 벌어왔다. 팸과 네드는 각자 자신의 돈을 관리했다. 각자 따로 은행 계좌에 자신의 돈을 넣어두고 생활비는 정확히 반분해서 계산했다.

출소 후 팸은 마약 전과 때문에 일자리를 찾기가 어려웠다. 결국 팸은 인쇄회사 쿼드그래픽스의 공장에 취업했다. 쿼드그래픽스는 전과가 있는 사람이나 고등학교 졸업장이 없는 사람도 3교대로 일할 의지만 있으면 고용해준다는 평판이 있었다. 팸은 기꺼이 3교대조를 맡았다. 그녀는 저녁 7시부터 아침 7시까지 웅웅거리는 따뜻한 기계를 돌렸다.

쿼드그래픽스는 이동주택단지에서 차로 40분 거리에 있는 서식스에 있었다. 팸은 출퇴근 시간이 좋았다. 네드와 아이들로부터 벗어난 자기만의 시간이었기 때문이다.

　그런데 팸의 차가 하필이면 돈이 가장 쪼들리는 최악의 시기인 겨울에 퍼져버렸다. 당시 네드는 건설 현장에서 인부로 일하고 있었는데, 추운 계절에는 일이 거의 없었다. 이들에겐 차를 수리할 돈이 없었고, 그래서 팸은 일자리를 잃었다. 토빈에게 월세도 내지 못하고 있었다. 긴급원조자금Emergency Assistance으로 한 달 치 월세는 겨우 냈다. 두어 달 뒤인 2월에는 팸이 국세 환급금으로 받은 돈 1,000달러를 토빈에게 냈다. 하지만 그래도 적자였다. 팸은 토빈에게 돈을 더 줄 수도 있었지만 쿼드로 다시 복직을 하고 싶었고, 그러려면 차가 필요했다. 팸은 400달러를 주고 중고차를 구입했지만 네드는 1주일 만에 차에서 딸깍거리는 소리를 들었고, 엔진 때문에 낭패를 보고 싶지 않으면 당장 차를 없애라고 팸에게 말했다.

　그리고 많은 돈을 마약으로 탕진했다. 3교대조로 일하고 아침에 집에 온 팸은 네드가 헤로인 수지의 집에 가 있거나, 밤새 여자들과 어울려 마약을 하다가 여자들은 소파에 뻗고 네드는 거실에서 밤을 하얗게 지새운 채 깨어 있는 걸 발견하기도 했다. 저녁에는 팸이 걷지 못할 정도로 약에 취했다.

　컴퓨터와 텔레비전은 팔고 나머지 물건들은 쓰레기봉지에 쓸어 담은 뒤 팸은 길 건너로 걸어가서 스콧에게 자신과 가족들이 자립할 때까지 그와 함께 지내도 괜찮을지 물어보았다. 아니면 최소한 아기가 태어날 때까지라도. 스콧은 마흔을 바라보는 헤로인 투약자였다. 스콧에게는 나이가 좀 더 많은 동거인 테디가 있었는데, 로지에 있을 때 만난 사이였다. 팸은 딸들에 대해서만은 이들을 믿었다. 한번은 스콧이 애들이 보는 앞에서 약에 취해 널브러진 적이 있긴 하지만 말이다. 스콧과 테디는 좋다고 하면서 돈을 달라고 하지도 않았다.

　오피스 수지가 팸과 네드가 스콧과 테디와 함께 지내게 되었다고

말하자 토빈은 씩씩댔다. 토빈은 스콧과 테디의 트레일러는 이들 둘
에게 임대한 것이므로 다른 사람을 들이는 건 계약 위반이라고 생각
했다. 토빈은 팸과 네드의 밀린 임대료를 스콧과 테디의 고지서에 보
태놓고 두 남자에게도 퇴거통지서를 날렸다. 퇴거는 이런 식으로 전
염성을 띠기도 했다.

알린은 13번가에 별로 개의치 않았다. 알린이 사는 구역의 한쪽 끝에는 아랍인 소유의 식료품 잡화점이, 반대편 끝에는 나이 든 남자들이 드나드는 바가 있었다. 알린은 자파리스를 데리고 학교까지 걸어갈 수 있었다. 버려진 옆집에 최근 들어와 사는 크랙중독자들만 아니었으면 더 좋았겠지만, 몇 집만 내려가면 바이올린을 배우는 소녀도 있었다.

알린의 새 아파트도 나아지는 중이었다. 한때 그 집도 위풍당당해보이던 시절이 있었다. 그리스 리바이벌 양식으로 지은 그 집은 사암벽돌로 된 2층집으로, 똑같이 생긴 두 개의 기둥이 앞문의 차양을 떠받치고 있었다. 1층에는 뾰족한 삼각 페디먼트로 장식한 액자형 창문 한 쌍이, 2층에는 그보다 더 크고 판유리를 경첩으로 여닫을 수 있는 창이 길거리를 향하고 있었다. 하지만 이 집도 세월의 흐름을 비껴가진 못했다. 한쪽 기둥 하단이 내려앉으면서 위에 있던 차양이 삐딱하게 기울어졌다. 기둥과 현관, 그리고 창문 장식용 페디먼트는 원래 잿빛으로 칠해져 있었고, 멋들어진 철제 덧문이 달려 있었다. 하지만 이제 페인트칠이 떨어져나가고 계단 양쪽의 난간이 삐뚤어져서 알린은 앞문 계단으로 걸어가는 걸 좋아하지 않았다. 그래서 그는 항상 옆문으로 드나들었다.

알린은 이 아파트를 집처럼 꾸미기 위해 두 팔을 걷어붙였다. 이 집에는 전에 살던 세입자들이 두고 간 커다란 장식장과 침실용 서랍장·침대·냉장고가 남아 있었다. 지하실에는 그릇·옷·천을 덮어놓은 의자도 있었다. 알린은 이 모두를 이용하기로 했다. 가구를 다시 배치하고 그릇은 원래 가지고 있던 멋진 도자기 접시 옆에 포개놓았다. 이 도자기 접시들은 몇 년 전 가정폭력 쉼터에서 받은 것들이었다. 알린은 앞쪽 침실을 썼고 뒤쪽 침실은 똑같은 매트리스 두 개를 바닥에 깔고 서랍장에 옷들을 정리한 뒤 두 아들이 쓰게 했다. 알린은 스테레오를 풀어놓고 구워서 만든 시디를 넣어 흘러간 힙합 음악을 들었다. 알린이 가장 좋아하는 노래는 투팍2Pac의 〈킵 야 헤드 업Keep Ya Head Up〉이었다. 알린은 주방에 밭에서 괭이질을 하는 흑인 농부를 그린 소박한 그림을 걸었다. 욕실 문 위에는 잡화점에서 발견한 표지판을 붙여놓았다. "내일 일을 오늘 걱정하지 마. 모든 게 잘 될 거야."

알린은 지하실에서 롤러와 브러시, 흰 페인트 5갤런도 우연히 발견했다. 알린은 모든 물건을 위층으로 옮겨놓고 머릿수건을 쓴 뒤 벽을 새로 칠했다. 하다 보니 재미가 있어서 위층으로 올라가는 계단도 칠했다. 일이 끝난 뒤에는 페인트 냄새를 가리기 위해 향을 켜놓고 주위를 둘러보았다. 자신이 대견하고 만족스러웠다.

며칠이 지나고, 알린과 아이들은 새로운 집에 정착했다. 학교가 파한 뒤 조리는 자파리스가 보는 가운데 가끔 동네 애들과 어울려 캔을 가지고 시합을 했다. 조리와 조리의 경쟁 상대는 농구공으로 인도

에 놓인 탄산음료 캔을 맞춰 넘어뜨렸는데, 캔이 멀리 갈수록 점수가
높았다. 흐느적거리는 듯한 느낌을 주는 조리는 팔과 손가락이 나머
지 다른 곳보다 더 빨리 자라는 듯했고, 그래서 항상 큰 운동복 상의
와 코트로 가리려고 했다. 머리를 자연스럽게 늘어뜨리고 다니는 조
리는 느긋하고 쾌활한 아이였다. 하지만 엄마에게는 맹목적이리만치
열성적이었다. 알린을 미소 짓게 하기 위해서라면 도둑질도 마다하지
않았다. 누군가 알린을 모욕하면 싸움도 불사했다. 가난한 가정에서
태어난 아이들 가운데는 어떻게든 기를 쓰고 밖으로 나가려는 아이
들이 있다. 하지만 조리는 마치 알린과 자파리스를 보살피기 위해 이
세상에 태어난 사람처럼 어디에도 가지 않으려 했다. 꽉 찬 열네 살
인 조리는 이 집의 가장이었다.

자파리스는 키가 큰 아이였다. 유치원의 자기 반에서 가장 컸다.
조리는 뼈만 앙상한 아이였지만 자파리스는 가슴이 포동포동하고 어
깨의 윤곽이 뚜렷했으며, 광대뼈가 높이 솟고 항상 다시 손질해야 하
는 레게머리를 하고 있었다. 자파리스는 심심하면 지하실이나 뒷골
목에서 뭐든 찾아내서(걸레 손잡이, 녹슨 연장, 개 목줄, 합판 조각 같은)
탱크나 헬리콥터라며 전쟁놀이를 했다. 저녁을 먹고 나면 알린은 볼
륨을 낮춰 재방송 프로그램을 보거나, 자파리스의 개별화 교육프로
그램Individualized Education Program, IEP•평가지를 확인해보거나, 기도서를
뒤적였다. 어떤 날 밤에는 계단을 올라가서 자물쇠가 채워지지 않은
위층의 문을 열고 약간의 사적인 시간을 보내기도 했다. 알린은 위층
집이 비어 있는 게 좋았다. 알린은 조용한 걸 좋아했다.

어느 날 친구가 고양이 한 마리를 줬다. 반은 검고 반은 하얀 녀석

• 특수교육 대상자 개인의 능력 계발을 위해 장애 유형 및 장애 특성에 적합한 교육 목표·교육
  내용·특수교육 관련 서비스 등이 포함된 계획을 수립하여 실시하는 교육 프로그램을 가리킨다.

이었다. 셰리나가 고양이를 키워도 좋다고 허락하자 조리는 녀석에게 리틀이라는 이름을 붙이고는 먹고 남은 음식들을 먹이기 시작했다. 조리는 리틀이 풀어진 신발 끈을 붙들고 씨름을 하거나 라면 면발을 꿀꺽 삼키면 재밌다고 웃었다. 자파리스는 고양이를 들어올려서는 코를 귀 쪽으로 누르곤 했다. 두 소년은 특히 리틀이 쥐를 잡아오는 걸 좋아라했다. 리틀은 방 한가운데로 쥐를 끌고 와서는 내리쳤다. 그러면 쥐는 리틀이 뭘 원하는지를 알아내려고 우왕좌왕했다. 치라구! 쳐! 쥐는 리틀이 공격할 때마다 이리 구르고 저리 굴렀다. 어떤 순간이 되면 이 안쓰러운 생물은 몸을 숨기려고 리틀의 품 안을 파고들었다. 그러면 리틀은 쥐가 쉬면서 몸을 덥힐 수 있게 놔두곤 했다. 그러다가 쥐를 잡아 입에 물고는 그 기분을 즐기듯 쥐를 공중에 던져 올렸다. 리틀이 이를 반복하면 쥐는 결국 그냥 뻗어버렸고, 그러면 리틀은 왜 쥐가 다시 일어나지 않을까 이상해하며 침착한 혐오감으로 쥐를 바라보았다.

조리가 문을 열고 다급하게 외쳤다. "자파리스가 천식 발작을 해요." 조리는 학교가 파하면 자파리스와 함께 같이 걸어오곤 했다. 알린은 2인용 안락의자의 상태가 어떤지 알아보려고 그 위에 앉아 있었다. 작은 발작일 때 자파리스는 그물에 걸린 물고기처럼 입을 뻐끔거렸다. 발작이 중간급일 때는 입을 오 자로 벌렸다. 상태가 나쁠 때는 입술이 말려 올라가고 작은 치아들 사이로 숨을 쉬었다.

자파리스는 입을 오 자로 벌린 채 문을 열고 들어왔다. 아이는 가방을 떨구듯 벗고는 길고 긴 계단을 올라온 노인처럼 엄마가 앉아 있는 2인용 안락의자에 몸을 기댔다.

"자파리스, 가서 엄마 가방 좀 가져다주렴," 알린이 말했다.

아이는 고개를 끄덕이고는 침실로 갔다. 아이가 돌아왔을 때 알린은 알부테롤을 꺼내 흔들고 있었다. 자파리스는 입에 흡입기를 넣고 숨을 들이쉬었다. 하지만 타이밍이 어긋났다. "불어내! 나랑 장난치려고 하지 말고," 알린이 다그쳤다.

자파리스는 두 번째도 실패했지만, 세 번째는 폐에 호흡을 채울 수 있었다. 자파리스는 마치 아이들이 수영장에서 점프하기 전에 볼을 부풀리듯 숨을 참았다. 알린이 숫자를 셌다. "하나… 둘… 셋…" 열까지 세자 자파리스는 숨을 내뱉었고, 다시 한번 숨을 들이쉬더니 미소를 지었다. 알린도 이 모습을 보고 미소 지었다.

알린은 매일 아침저녁으로 자파리스에게 알부테롤을 줬다. 잠자리에 들기 전 자파리스는 비닐관과 비행기 객실용 마스크가 달린 PARI 프로넵 울트라 분무기를 가지고 스테로이드의 하나인 프레드니손을 흡입했다. 알린은 이 분무기를 "호흡 기구"라고 불렀다. 자파리스의 천식은 나아지는 중이었다. 예전에는 매주 알린이 자파리스를 데리고 병원을 뛰어다녔다.

자파리스의 아빠는 아이에게 자기 이름을 남겼는데, 최근 알린은 그가 아이에게 다른 것들도 남긴 것은 아닌지 걱정이 되었다. 아이 아빠에게는 "학습장애와 분노 조절 문제"가 있었는데, 자파리스가 학교에서 비슷한 성격을 드러내기 시작했던 것이다. 자파리스는 읽기에는 뛰어났지만 다른 과목은 힘들어 했고, 반 친구들에게 난폭한 행동을 했다. 검사를 받아봤지만 추가적인 도움을 받을 정도는 아니었다. 어떤 선생님들은 약물 치료를 제안했지만 알린은 이런 제안에 발끈했다. "난 약이 싫어요. 리탈린*은 완전 반대해요. 자파리스에겐 일대일로 주의를 더 기울여줄 필요가 있다고 생각해요… 전문가한테

---

* 어린이 주의장애에 처방하는 약물.

제대로 진단을 받기 전까진 아이에게 약을 먹이지 않고 싶어요."

알린은 메이페어몰에 있는 극장의 매점에서 일하다가 자파리스의 아빠를 만났다. "뭐 다 그렇고 그런 거 아니겠어요," 알린은 이렇게 회상했다. "우린 전혀 진지한 관계가 아니었어요." 이들은 진지한 관계를 위해 노력하긴 했지만 알린은 그가 폭력성을 띨 수 있는 남자임을 알게 되었다. 알린이 그를 떠난 지 얼마 되지 않아 그는 감옥에 들어갔다. 그가 자파리스에게 준 건 생명뿐인 거나 마찬가지였다.

알린의 아버지도 똑같았다. 그는 어머니를 임신시키고 난 뒤 떠나버렸다. 알린을 가졌을 때 어머니의 나이는 겨우 열여섯 살이었다. 알린의 할머니는 컬럼비아 세인트메리 병원 식당에서 일했지만, 어머니는 집 밖에 나가 일해본 적이 거의 없었다. 어머니는 주위의 도움을 받아서 생활하다 직업이 있는 남자와 결혼했다. 이 남자는 나중에 목사가 되었는데, 그래서 알린은 절대 교회에는 발을 들이지 않았다.

알린은 열일곱 살에 집을 나오면서 어머니가 학교 갈 때 입으라고 주워온 헌 옷들을 모두 버렸다. 학교 친구들은 알린이 헌 나팔바지를 입고 지나가면 "딩동"하며 조롱하곤 했다. 알린은 청바지 끝단에 고무줄을 댔지만 아이들의 비웃음을 더 크게 살 뿐이었다. 고등학교를 마치지 못하고 중퇴했을 때도 어머니는 아무 말이 없었다. "엄마는 관심도 없었어요."

알린은 어떤 가정에 입주보모로 들어가 살게 되었다. 그 시기에 한 남자를 만나 제럴드라는 첫째 아이를 낳았다. 알린은 제럴드를 제제라고 불렀다. 제제를 임신했다는 사실을 알게 된 후 이 남자는 법적인 문제에 말려들었다. "남자친구가 맨날 감옥을 들락거리는데도 아무것도 몰랐어요. 그래서 다른 남자를 만나자마자 그냥 그 남자를 떠났어요," 이때 역시 제제의 아버지는 감옥에 들어가 있었다.

이 시기에 만난 다른 사람이 바로 래리였다. 그는 차분한 눈매에 이마가 넓은 마른 남자였다. 래리는 독학으로 기술공이 되어 뒷골목에서 차를 고쳐 돈을 벌었다. 돈이 들어오는 날이면 래리는 알린을 데리고 나가 그녀가 제일 좋아하는 중국 음식을 사주곤 했다. 알린은 길고 긴 메뉴를 모두 읽고 난 뒤 항상 똑같이 참깨치킨을 시켰다. 이들은 가난했지만 서로 사랑했고, 알린은 곧 두 번째 아들을 임신했다. 이들은 래리의 이름을 그대로 이 아이에게 붙여놓고는 정작 부를 때는 부시라고 불렀다. 래리와 알린은 그 뒤로 딸 하나와 두 아들을 더 얻었다. 알린의 어머니는 이 가운데 가장 막내에게 '조리'라는 이름을 지어주었다. 이들은 이 이름이 마음에 들었다.

"나랑 결혼할래?" 하루는 래리가 물었다.

알린은 웃음을 터뜨렸다. 래리가 농담을 한다고 생각한 알린은 싫다고 대답했다. "거창한 결혼을 말한 게 아니었어요. 주정부 청사에서 하는 그런 결혼식조차도 아니었죠," 알린은 이렇게 회상했다. 하지만 래리는 농담이 아니었다. 이 사실을 알게 된 알린은 웃음기를 거두고 생각을 좀 해봐야겠다고 말했다. 그녀를 주저하게 만든 것은 래리가 아니라 래리의 어머니와 누이였다. "항상 자기들이 더 많이 안다고 생각하는 사람들이었어요… 난 그 사람들 눈에는 절대 차지 않았죠."

그 후로 래리는 바람을 피기 시작했다. 알린은 너무 속이 상했지만 래리가 돌아올 때면 항상 문을 열어두었다. 그러던 어느 날 결국 래리는 돌아오지 않았다. 이들은 7년을 같이 살았다. 래리가 만난 여자는 알린의 친구였다.

그건 몇 년 전의 일이었다. [그 후로] 래리는 가끔 알린이 사는 곳 바깥에다 차를 세웠다. 그러면 알린은 그의 밴에 올라 함께 차를 타고 돌아다니면서 주로 조리의 이야기를 나누었다. 이따금 래리는 조리를 교회에 데려가거나 함께 밤을 보냈고, 학교에서 생긴 이런저런 말썽에 관한 불평을 들어주었다. 래리가 동네에서 차를 몰고 지나가는 걸 발견하면 조리는 "저기 우리 아빠다!"라고 외치며 달려갔다.

래리가 알린과 아이들을 버리고 떠났을 때 알린은 공항 근처에 있는 메인스테이 스위트 호텔에서 일하고 있었다. 절망에 빠진 알린은 일을 그만두고 복지수당에 의존해 살기 시작했다. 얼마 뒤 3번가 피어 식당에서 청소일을 얻었지만, 갑자기 어머니가 돌아가셨다. 슬픔에 압도당한 그녀는 이번에도 일을 그만두었다. 다시 복지수당에 의존해서 살게 된 걸 나중에 후회하긴 했지만 그땐 너무 힘든 시절이었다.

13번가로 이사를 왔을 때는 만성 우울증 때문에 W-2 T를 수령하고 있었다. 알린이 2008년에 받은 복지수당은 10여 년 전 복지 개혁이 이루어진 시기와 동일한 수준이었다. 하루 20.65달러, 연 7,536달러였다. 아무리 주거비용이 하늘 높은 줄 모르고 치솟아도 1997년 이후로 밀워키와 다른 거의 모든 지역의 복지수당은 동결되었다. 이미 수년 동안 정치인들은 복지수당만으로 생존 가능한 가정은 없다는 사실을 알고 있었다.[1] 2000년대 내내 임대료와 각종 제반 비용이 치솟기 전에도 그랬으니, 그 후로는 상황이 더욱 열악해졌음은 말할 것도 없다.

알린은 주거 보조를 받을 수 있을지 모른다는 희망을 오래 전에 접었다. 주택바우처를 받거나 공공주택에 들어갈 기회가 주어질 경우 임대료는 소득의 30퍼센트밖에 되지 않았다. 주거 보조를 받고와 못 받고의 차이는 안정적인 빈곤이냐 지독한 빈곤이냐, 동네에 뿌리를 내리느냐 여기저기 떠돌아다니느냐의 차이가 될 수 있었다. 그리고 주거 보조를 받을 경우 알린은 자신의 소득 대부분을 집주인이 아니라 아이들에게 쓸 수 있었다.

열아홉 살이었을 때 알린은 보조금이 지원되는 아파트를 월 137달러에 임대했다. 막 제제를 가지게 된 그녀는 어머니의 집을 나올 수 있게 된 것이 고마웠다. 이제는 스스로 결정을 내릴 수 있게 된 것이었다. 그래서 한 친구가 알린에게 그 집 대신 자신의 집에 들어와 살라고 말했을 때 알린은 승낙하기로 결정했다. 알린은 이렇게 보조금이 지원되는 아파트를 나와 민간임대시장에 진입했고, 그 후 20년 동안 민간임대시장에서 헤어나지 못했다. "그땐 다른 데로 이사 가도 상관없다고 생각했어요," 알린은 이렇게 회상했다. "지금은 후회하지만요. 철이 없었죠!" 알린은 열아홉 살의 자신을 떠올리며 고개를 저었다. "정신만 계속 온전했더라면 지금까지 거기서 지낼 수 있었을 거예요."

어느 날은 충동적으로 주택당국을 찾아가서 [주거 지원] 명단에 관해 물었다. 유리창 뒤에서 한 여성이 "명단은 그대로"라고 말했다. 명단에는 4년 전부터 임대료 지원을 신청한 3,500여 가구가 올라 있었다. 알린은 고개를 끄덕인 뒤 주머니에 손을 찌르고는 밖으로 나왔다.[2] 이보다 더 상황이 나쁠 수도 있었다. 워싱턴디시 같은 큰 도시에서는 공공주택에 들어가려면 수십 년을 기다려야 한다고 했다. 이런 도시에서는 어린아이가 있는 여성이 주거 지원 명단에 이름을 올리면 할머니가 되었을 즈음에야 신청서의 검토가 이루어질 수도 있었다.[3]

대부분의 미국 빈민들은 알린과 비슷한 상황이었다. 그들 대부분은 바우처로 보조를 받는 아파트나 공공주택에 살지 못했고, 지원 신청 자격이 되는 네 가구 가운데 세 가구가 아무런 수혜를 받지 못했다.[4]

알린이 공공주택에서 다시 살고 싶다면 먼저 한 달 치 소득을 저축했다가 아무런 고지 없이 보조금이 나오는 아파트를 나간 것과 관련해 주택당국에 과태료를 내고 난 뒤, 명단에서 빠져나가는 사람이 생길 때까지 2~3년은 족히 기다렸다가 다시 자신의 신청서가 최우선 순위에 오를 때까지 2년에서 5년까지 기다려야 했다. 그러고 난 뒤에도 식어빠진 커피 옆에서 무거운 도장을 든 사람이 그녀의 서류를 검토하다가 알린이 복지수당으로 민간주택시장에서 생계를 유지하려 애쓰는 동안 퇴거통지서를 받은 적이 있다는 사실을 어떻게든 못 보고 지나치도록 하나님께 기도해야 했다.

알린의 위층은 그리 오래 비어 있지 않았다. 셰리나는 알린의 벽에 페인트가 마른 직후 위층에 젊은 여성을 들였다. 그녀의 이름은 트리샤였다.

알린과 트리샤는 함께 이야기를 하고 밥을 같이 먹기 시작했다. 알린이 새로운 사람 앞에서 말이 없고 조심스러우며 신중한 편이라면 트리샤는 비밀이 없는 사람이었다. 트리샤는 알린에게 이 집이 8년 만에 처음으로 갖는 진짜 집이라고 말했다. 마지막으로 살았던 진짜 집은 언니 집이었는데, 언니는 트리샤가 아버지가 자신에게 했던 일을 털어놓자 그녀에게 집을 나가라고 요구했다. 그 뒤 트리샤는 쉼터와 폐가를 전전하며 잠을 잤지만, 대부분은 남자들을 따라 집에 갔다. 열여섯 살의 그녀는 자신의 마른 몸매와 출렁이는 검은 머리, 구릿빛 피부, 그리고 흑인과 멕시코계·백인의 피가 섞인 혈통을 이용하는 방법을 배웠다. 1년 전 스물세 살이던 해에 트리샤는 아이를 낳았지만 언니에게 아이를 넘겼다. 마약을 복용하고 있었기 때문이다. 대부분은 크랙이었다. 아이를 낳은 뒤 트리샤는 지역 노숙자 원조단체인 과오를 바로잡는 사람들Repairers of the Breach을 알게 되었고, 이 단체는 트리샤가 SSI를 받을 수 있도록 도와주었다.

트리샤는 글을 읽고 쓸 줄 몰랐고 마음이 여렸다. 한번은 조리가 "아줌마는 특별한 거예요, 아니면 다른 이유가 있는 거예요?"라고 묻는 바람에 운 적도 있었다. 하지만 느긋하고 사랑스러운 면도 있었다. 대부분의 경우에는 그런 성격이 더 두드러졌다. 알린과 트리샤가 지루함을 떨치기 위해, 혹은 월말에는 배고픔을 잊기 위해 담배를 피우고 싶으면 트리샤는 잔돈을 들고 모퉁이 가게에 가서 까치담배를 사오거나, 패스트푸드점 밖에 있는 스탠드식 재떨이에서 장초를 건져왔다. 알린이 잠시 일이 있어 집을 비우게 되면 트리샤가 아이들을 봐주곤 했는데, 트리샤를 어른은커녕 자기 친구나 수하로 생각하는 조리는 트리샤에게 자파리스 앞에서 말조심하라고 잔소리를 하곤 했다. 그러면 트리샤는 "난 욕하려고 태어난 인간이거든"이라며 응수했다.

하루는 알린과 트리샤가 모두 집에 있는데 이사용 트럭이 멈춰 서더니 세 여자와 한 남자가 내렸다. 이들은 아파트로 걸어와서는 알린의 집을 두드렸다. 이들이 누군지 알아차린 알린은 이들이 밀고 들어오려 할 때를 대비해서 문을 조금만 열고 그 사이에 자신의 발과 다리를 끼워두었다.

이전 세입자라고 자신을 소개한 젊은 여성은 자기 물건을 가지러 왔노라고 말했다. 장식장·서랍·냉장고가 모두 그의 것이었던 것이다.

알린은 셰리나가 다 내다버렸다고 말했다. 이 여성은 의심하는 듯했지만, 트리샤도 같이 거들고 나섰다. 이전 세입자와 같이 온 사람들은 거짓말임을 알아차리지 못하고 돌아갔다. 이들이 모두 가버리자 알린과 트리샤는 서로를 보며 고개를 끄덕였다.[5]

그 일 이후로 트리샤는 알린과 자신이 오랜 친구 사이라고 말하고 다니기 시작했다. 몇 년 전 트리샤가 아직 어린 소녀였을 때 모퉁이 가게 앞에서 만났는데 알린이 자신에게 "예쁜 아가씨로구나" 했다는 것이었다. 그게 다가 아니었다. 알린이 트리샤의 어머니를 감옥에서 만났다는 둥, 트리샤가 병원에서 깨어나보니 알린이 거기에 있었다는 둥. 하지만 모두 트리샤의 머리에서 나온 이야기들이었다. 트리샤조차 그 말을 믿는지 안 믿는지는 알 수 없었다.

트리샤는 벌린다 홀의 소개로 셰리나를 만나게 되었다. 셰리나가 벌린다를 만난 건 일생일대 최고의 사건 가운데 하나였다. 둥근 얼굴에 안경을 낀, 서른이 채 못 된 흑인 여성인 벌린다는 독립적인 관리 능력이 없는 SSI 수혜자들의 돈을 관리해주는 대리수령인으로 일하며 자기 사업을 경영했다. 셰리나는 사회서비스기관들을 통해 세입자를 찾는 편을 선호했다. 이런 기관들은 종종 세입자를 위해 보증을 서주었고 약간의 현금을 내놓기도 했다. 하지만 벌린다는 특별한 월척이었다. "벌린다가 내 집들을 전부 채워줬으면 하거든. 그래서 최대한 이 아이를 돕고 있는 거야." 셰리나는 이렇게 회상했다. "임대료는 매달 벌린다가 직접 보내줘. 그러니까 정말 꿀 같은 상황인 거지." 셰리나는 벌린다에게 벌린다의 고객들을 자신의 집에 들이고 싶으면 전부 비워줄 수 있다고 말했다. "난 진지해. 내가 돈을 받을 수 있다는 걸 아니까 그러는 거지." 트리샤는 벌린다를 통해 셰리나의 집에 들어온 네 번째 세입자였다. 벌린다와 셰리나가 처음 만난 지 석 달 만의 일이었다.

SSI를 받을 정도로 장애가 있거나 가난하지만 문제가 있어 공공주택에서 받아주지 않는 사람들이 벌린다의 주 고객층이었다.[6] 벌린다의 추정에 따르면 일반적인 고객은 임대료를 내느라 월 소득의 60퍼센트에서 70퍼센트를 지출했다. 벌린다가 임대료·공과금·식대를

내고 나면 많은 고객들에겐 남는 것이 거의 없었다.[7] 벌린다의 고객
들에게는 안정적이고 적정한 가격의 주거가 관건이었기 때문에 벌린
다는 임대주들과 우정을 쌓았고, 그래서 급할 때 이들에게 부탁을
할 수 있었다. 한번은 고객의 건물 가운데 한 곳에서 난방이 중단되
는 바람에 그날 중으로 다른 곳으로 옮겨줘야 하는 상황이 발생해서
새벽 다섯 시쯤에 셰리나에게 전화를 한 적도 있었다. 벌린다는 고
객들의 주거 문제를 빨리 처리할수록 그만큼 더 많은 고객을 유치할
수 있었다. 그리고 더 많은 돈을 벌 수 있었다. 벌린다는 서비스의 대
가로 고객들에게 월 37달러를 청구했다. 벌린다가 셰리나를 만났을
무렵 벌린다의 고객은 230명이었다.

벌린다가 셰리나와 다른 임대주들에게 안정적이고 믿을 만한 임
대 소득을 제공하면, 벌린다는 그 보상으로 고객층을 늘림으로써 주
머니에 더 많은 돈을 챙기는 식인 것이다.

"음성메시지를 남기려면 1번을 누르세요." 셰리나는 1번을 눌렀다.
"알린, 셰리나야. 임대료가 있는지 물어보려고 걸었어. 나한테 줘야
되는 320달러를 조금씩 내기로 했던 거 잊지 마." 셰리나는 잠시 말
을 끊었다가 이렇게 덧붙였다. "언니 장례식비용으로 빌려준 거 있잖
아." 그리고는 이렇게 말을 이었다. "음, 그러니까 이제 650이야. 시간
될 때 전화 줘."

알린은 후회하지 않았다. 보통 장례식이 있으면 자파리스에게 새
신발을 사줄 돈조차 없어서 있는 것 가운데서 제일 좋은 신발을 닦
아 신기곤 했다. 한동안은 조리와 자파리스에게 입힐 옷이 없어 장례
식에 가지 않기도 했다. 하지만 이번엔 언니였다. 생물학적인 의미의
언니가 아니라 정신적인 의미의 언니긴 했지만 둘은 절친했다. 언니

는 어릴 때부터 과체중에 당뇨까지 있는 병약한 체질이었다. 폐렴과 다른 일련의 합병증으로 입원했다가 결국 심장이 멎게 된 것이다.

알린은 돈이 없었고, 그건 주위 다른 사람들도 마찬가지였다. 하지만 조의금을 내지 못하면 자신에게 부끄러워질 것 같았다. 그래서 알린은 자기 복지수당의 절반은 셰리나에게 주고 나머지 절반은 뉴피츠 영안실에 보냈다.

셰리나는 알린의 언니 이야기를 듣고 기분이 좋지 않았다. 그래서 이 새로운 세입자와 거래를 했다. 알린이 밀린 월세까지 총 650달러를 3개월 동안 내면 그대로 살게 해준다는 조건이었다. 알린이 매달 들어오는 복지수당 전부를 넘긴다 해도 불가능한 일이었다. 하지만 셰리나는 틀림없이 알린이 가족이나 비영리기구에 전화를 해볼 것이라 생각했다. 다른 선택의 여지가 없었던 알린은 셰리나의 제안을 받아들였다.

알린이 다음 달 초 전화를 걸어왔을 때 셰리나와 쿠엔틴은 서버번을 타고 있었다. 통화를 마친 셰리나는 쿠엔틴을 바라보았다. "알린이 수표가 안 들어왔다는데."

이건 반만 맞는 말이었다. 알린은 수표를 수령했지만 628달러가 아니었다. 복지사와의 약속을 까맣게 잊어버리는 바람에 약속을 지키지 못했고, 약속 알림 통지서는 앳킨슨로로 날아갔다. 아니면 19번 가일지도 몰랐다. 알린이 나타나지 않자 복지사는 수당을 감액시키는 방식으로 알린을 '처벌'했다.[8] 알린은 줄어든 수당을 셰리나에게 줄 수도 있었지만 어차피 월세도 밀린 상태로 완전히 파산하는 것보다는 똑같이 월세를 밀리더라도 수중에 1~200달러라도 갖고 있는 게 좋겠다고 생각했다.

쿠엔틴이 도로에서 눈을 떼지 않고 말했다. "걔네들이 그렇지 뭐."

러마의 앞집인 18번가 라이트로에 있는 갈색이 도는 흰색 집에는 힝스턴 삼대가 살았다. 그 집에 사는 도린은 엄마 닭 같은 사람이었다. 어깨가 넓고 배가 나온 그녀는 달덩이 같은 얼굴에 안경을 쓰고 뺨에는 암갈색 주근깨가 있었다. 그녀는 자신이 기억할 수 있는 예전부터 과체중이었고 집에서 어슬렁거리기를 좋아했다. 도린은 아이가 넷이었다. 패트리스, 나타샤, 씨제이, 그리고 루비. 나이는 각각 스물네 살, 열아홉 살, 열네 살, 열세 살이었다. 여기에 패트리스가 낳은 세 손주, 열 살인 마이키, 네 살인 제이다, 두 살인 카일라매가 있었다. 마이키는 손자, 다른 둘은 손녀였다. 여기에 축구공만 한 크기에 발목을 잘 물고 나타샤만 따르는 코코라는 이름의 개도 있었다.

　세리나의 퇴거통지서를 받은 패트리스가 아이들을 데리고 위층에서 아래층으로 내려와 도린과 나타샤, 씨제이, 루비와 함께 살게 되면서 이 여덟 명의 힝스턴 집안 사람들(그리고 코코까지)은 작고 비좁은 공간에 함께 살게 되었다. 패트리스와 나타샤, 씨제이는 최대한 많은 시간을 집 밖에서 보내는 방법을 모색했다. 날씨가 좋으면 집 주위를 어슬렁거리고, 저녁에는 뒷집에서 러마와 스페이드 게임을 하며 시간을 때웠다. 하지만 밤에는 도리가 없었다. 패트리스는 침실 두 개 가운데서 작은 쪽을 차지했다. 자신이 임대료의 절반을 낼 테니 아무리 문이 없는 방이라도 침실 하나는 제 차지여야 한다는 것이 그녀의 주장이었다. 나머지 침실에서는 도린과 나타샤가 침대에서 잤고 루비는 의자에서 몸을 웅크리고 잤다. 마이키와 씨제이는 거실에 시트도 없는 싱글 매트리스를 깔고 같이 잤다. 옆에는 머리 높이까지 쌓인, 침실에 들어가지 않는 옷가지들이 뒤섞인 무더기와 유리 테이블이 있었다. 패트리스의 딸들은 다이닝룸에 싱글 매트리스를 하나 놓고 같이 잤다. 매트리스는 귀퉁이가 찢어져 스프링과 누런 발포고무가 드러났다.

숙면을 취할 수 있는 사람은 아무도 없었다. 나타샤에게는 자면서 도린을 발로 차는 습관이 있었고, 도린한테는 나타샤 위로 구르거나 나타샤가 베개를 끌어당기려 하면 빼앗아서 내리치는 습관이 있었다. 학교에 다니는 아이들은 종종 아침 스쿨버스를 놓쳤다. 꼬맹이들은 하루 중 어느 때고 잠들었다. 도린이 주방을 나와보면 꼬마들이 머리를 테이블에 올리고 자고 있거나 바닥에 있는 옷가지 위에 잠들어 있곤 했다.

밤잠이 가장 엉망이 되는 날은 항상 생일 전날 밤이었다. 생일 전날 밤 잠이 들면 반드시 패트리스가 몰래 [생일을 맞은 사람의] 얼굴을 마요네즈나 케첩 범벅으로 만들어놓곤 했다. 지난 6년 동안 힝스턴 집안 사람들은 크리스마스를 기념하지 못했다. 돈이 없었기 때문이다. 하지만 생일날 아침에는 얼굴에 끈적한 것들이 잔뜩 묻어 있고 테이블에 케이크가 있어서 웃을 수 있었다. 힝스턴 사람들은 서로 어린애처럼 장난치는 걸 좋아했다. 한번은 나타샤가 패트리스의 속옷에 후춧가루를 뿌려놓았다. 그러자 복수심에 불타오른 패트리스는 나타샤가 루비를 돌보기로 되어 있는 날 루비를 몰래 집 밖으로 빼냈다. 루비가 사라졌다는 걸 알게 된 나타샤는 루비를 찾기 위해 몇 시간 동안 미친 듯이 동네를 뒤지고 다녔다.

힝스턴네 집 뒷문은 경첩이 빠져 있었고, 벽에는 커다란 구멍들이 곰보 자국처럼 새겨져 있었다. 욕실은 하나였고, 천장은 위층에 누수가 생겨 꺼져 있었으며, 바닥에는 얇은 검은색 필름이 코팅되어 있었다. 부엌 창에는 금이 가 있었고, 몇 안 되는 다이닝룸 창문에는 부서지고 온갖 방향으로 꺾인 어지러운 미니 블라인드가 달려 있었다. 패트리스는 도로 쪽 창문에 두꺼운 담요를 걸어두었고, 그래서 집은 더 어두워졌다. 거실의 갓 없는 램프 옆에는 작은 텔레비전이 놓인 합판 서랍이 있었다.

패트리스가 아래층으로 옮기고 난 뒤 셰리나는 누군가 전기를 몰래 끌어다 쓰고 있다는 사실을 알게 되었다. 계량기 수선비용은 200달러였고, 셰리나는 패트리스가 도린과 함께 사는 동안 이 돈을 내주지 않았다. "똥 밟은 거야." 셰리나가 말했다. "그 검은 인종들이 알아서 처리하든지, 아니면 이번 겨울에 매운맛 좀 보겠지." 힝스턴네가 200달러를 모으는 데는 두어 달이 걸렸다. 그동안 주방을 비롯한 집 뒤편에는 전기가 들어오지 않았다. 냉장고에 있던 모든 음식이 상했다. 힝스턴 가족은 스파게티오에서 나온 라비올리 통조림으로 저녁 식사를 때웠다.

힝스턴네 사람들은 주방에서 쉰내를 풍기며 무덤처럼 말없이 자리를 지키고 있는 냉장고를 자기 집 대하듯, 그러니까 오래도록 인내해야 할 대상으로 대했다. 바퀴벌레가 우글우글하는 매트리스와 작은 2인용 안락의자도 마찬가지였다. 이들은 이사를 가게 되면 모두 놔두고 갈 생각이었다. 바퀴벌레는 이들이 이사올 때부터 있었다. 싱크대와 화장실·벽을 기어다녔고 주방 서랍에도 가득했다. "그 사람들이 좀 급했지. 바퀴벌레 위에 이사를 한 꼴이었다니까." 셰리나는 도린의 가족에 관해 이렇게 말했다.

라이트로에서 조금 떨어진 셰리나의 아파트로 이사 오기 전, 힝스턴네는 32번가에 있는 침실 다섯 개짜리 집에서 7년을 살았다. 완벽하다고 볼 순 없었지만 넓은 곳이었고 집주인도 괜찮은 사람이었다. 이들은 월 800달러인 월세를 마련하기 위해 함께 돈을 모았다. 패트리스는 패스트푸드점에서 점심 서빙 일을 했고, 나타샤도 학교를 중퇴한 뒤 일을 시작했다. 도린도 고등학교를 마치진 못했지만 수년 전에 기술교육기관인 직업단Job Corps에서 분당 일흔두 개 단어를 타이핑하는 법을 배웠다. 패트리스는 열네 살에 마이키를 가진 뒤에도 11학년을 마치고 고등학교 과정을 거의 끝낼 뻔했지만, 결국 집안에 조금이라도 보탬이 되기 위해 전일제로 일하기 시작했다. 나타샤는 열여섯 살 때 시급 9.5달러를 받고 쿼드그래픽스에서 열두 시간 교대 근무를 시작했고, 종종 인쇄기 작업을 하다 졸았다. 이들은 나타샤에게 나이를 묻지 않았고, 그래서 나타샤도 나이를 알려주지 않았다. 도린의 월 소득은 1,124달러였는데, 주에서 지원하는 육아 보조금이 437달러, 오래된 다리 부상 때문에 SSI에서 받는 돈이 687달러였다. 8학년이던 해 부활절 주간 일요일에 도린은 새로 산 웨지하이힐 신발 때문에 엉덩이뼈가 부러졌고, 골절은 아무래도 낫지 않았다. 아마 아버지가 며칠 동안 도린을 집에 방치하지 않고 바로 병원에 데려갔더라면 상황이 달라졌을지 모른다. 도린의 아버지는 의사를 몹시 싫어했다.

아버지는 무릎이 나가자 치료는커녕 식탁 다리 하나를 톱으로 잘라 지팡이로 쓰고 마는 그런 사람이었다.

32번가에서 힝스턴네는 동네의 주요 인사가 되었다. 아이들은 이 웃집 안팎에서 뛰어다녔고, 도린은 현관 계단에 서서 같은 블록에 사는 다른 가족들을 사귀었다. 도린은 이웃 할머니들과 왁자지껄하게 웃었고, 동네 꼬마들이 길고양이를 겁주면 고함을 쳤다. 여름이 오면 아이들은 이웃집에서 병으로 만든 로켓을 사서 길에서 쏴 날리곤 했다. 가끔 도린은 파티를 열어 동네 사람을 전부 초대했다.

그러던 2005년 8월의 어느 날, 도린은 텔레비전에서 뉴올리언스가 물에 잠긴 모습을 보았다. 도시에는 진창이 가득했고, 지붕 위에 매달린 사람들 곁으로 검은 시체들이 둥둥 떠다녔다. 도린은 곧바로 절친인 패니에게 전화를 걸어 집으로 와달라고 부탁했다. 도린과 패니는 뉴스를 보고 충격을 받았다. "그런 절망이 없었지요," 도린은 이렇게 회상했다. 며칠 잠을 이루지 못한 도린은 그저 조바심치며 기도만 하고 있을 게 아니라 홍수 피해자들을 위해 뭔가 하는 것이 신의 소명이라고 여기게 되었다. 도린은 패트리스에게 집을 맡기고 패니와 함께 남부행 버스에 올랐다. 도린이 마흔한 살, 패트리스가 스무 살 때 일이었다.

별로 그녀다운 행동은 아니었다. 도린은 부드럽게 콧노래나 부르며 구부정하게 앉아 지내는 사람이었다. "난 현관 밖으로 나가지도 않아요," 도린은 이렇게 말했다. 하지만 살다보니 인생의 격랑에 맞서야 했던 시기도 있었다. 1998년 1월의 어느 날 밤도 그랬다. 그날 밤 도린은 급하게 짐을 꾸려 아무에게도 알리지 않고 가족들을 데리고 일리노이로 이주했다. 주 북부로 장기 복역에 들어가는 씨제이와 루비의 아버지로부터 도망쳐야 했기 때문이다.

버스를 타고 이틀을 달린 뒤 도린과 패니는 루이지애나 라파예트에 도착했다. 이들은 수십 명의 다른 자원봉사자들과 함께 담요와 음식을 날랐다.

이 일로 힝스턴네는 임대료가 한 달 밀리게 되었다. 하지만 이들은 장기 세입자였고 집주인도 의리가 있었다. "나를 진땀나게 하는 사람은 아니었지," 도린은 이렇게 회상했다. 집주인은 도린에게 사정이 좋아지면 돈을 달라고 했다. 도린은 이곳저곳에서 100달러를 융통해서 일부를 먼저 냈다. 그리고 빚을 갚기 위해 일을 했지만, 그때마다 뭔가 일이 생겨 돈을 계속 다 갚지 못했다. 그런 상태로 몇 달이 지났고, 그게 몇 년이 되었다.

2008년 어느 초여름 밤, 32번가에서 동네 남자애들 두 명이 서로 총을 쐈다. 총알은 힝스턴네 앞문을 관통했고 유리를 산산이 부숴놓았다. 경찰이 도착했을 때 당시 열일곱 살이었던 나타샤는 빗자루로 유리 조각을 쓸고 있었다. 경찰은 안을 좀 둘러보겠다고 했다. 힝스턴네 사람들이 발뺌하지 못하게 만들 작정으로 경찰들은 총이나 마약을 찾아 집 안을 뒤집어놓았다(패트리스는 총을 쏜 소년 가운데 하나와 관련된 한 이웃 사람이 당시 힝스턴네 집에서 지내던 세 젊은 남자에게 범행을 뒤집어씌웠다고 추측했다. 같이 지내던 세 남자는 사촌 한 명과 패트리스의 남자친구, 그리고 나타샤의 남자친구였다). 경찰이 찾아낸 건 그야말로 난장판이었다. 싱크대에는 그릇이 산더미처럼 쌓여 있고, 쓰레기통은 넘쳐났으며, 파리가 들끓었다. 힝스턴네는 원래 그렇게 깔끔한 집은 아니었지만 설상가상으로 전날 밤 집에서 파티가 있었다. 집주인이 늘어진 욕실 천장에 되는대로 못으로 박아놓은 합판 같은 좀 더 심각한 문제도 있었다. 이런 어지러운 상황 때문인지, 아니면 패트리스가 새벽 두 시에 경찰관들에게 난리를 치기 시작했기 때문인지,

그도 아니면 경찰관들이 힝스턴네 집 사람들이 총격 사건에서 어떤 역할을 했다고 생각했기 때문인지, 진짜 이유가 무엇인지는 알 수 없지만 경찰은 아동보호서비스국Child Protective Services, CPS을 불렀고, 아동보호서비스국은 근린서비스국을 불렀으며, 근린서비스국은 건물조사관을 불렀다. 이렇게 불려온 건물조사관은 집주인에게 명령을 내렸고, 결국 집주인은 미납된 임대료를 핑계로 5일 퇴거통지서를 작성했다. 도린은 총격이 일어났을 때 애써 크게 신경 쓰지 않았다. 어차피 일어날 일은 일어나기 마련이었다.

법원행정관이 퇴거판결문에 도장을 찍고 나자 힝스턴네는 빨리 다른 집을 알아봐야 했다. 이들은 직접 발로 뛰었다. 하지만 차도, 인터넷도 없는 상태로 볼 수 있는 집은 한정적이었다. 이들은 사회복지사의 도움을 얻기로 했고, 그렇게 알게 된 한 복지사가 이들을 셰리나와 연결시켜주었다. 셰리나는 라이트로에서 조금 떨어진 지금의 아파트를 보여주었고, 이들의 마음에 정말 들지 않았다. "나라면 장님한테도 보여주지 않았을 거야," 패트리스는 이렇게 말했다. 하지만 어디든 길거리나 쉼터보다는 낫다고 생각한 가족들은 이 집에 살기로 했다. 셰리나는 그 자리에서 도린에게 열쇠와 함께 종잇조각에 휘갈겨 쓴 임대료 영수증을 내주었다. 도린은 **"임대료 1,100달러+보증금 완납"**이라고 적힌 이 종이쪽지를 성서에 끼워두었다.

빈곤한 가구들은 종종 퇴거의 힘겨운 후유증 속에서 어쩔 수 없이 기준 이하의 주거를 받아들이곤 한다. 비자발적인 이사를 경험한 밀워키의 세입자들은 다른 저소득 세입자들보다 장기적인 주거 문제를 겪을 가능성이 25퍼센트 정도 더 높았다.[1] 도린은 자신이 셰리나의 아파트에 살게 된 것은 워낙 자포자기했기 때문이라고 말했다.

"하지만 우린 여기서 오래 있을 생각은 아니었어요." 퇴거는 흔히 한 번이 아니라 두 번의 이사로 이어졌다. 첫 번째 이사는 퇴거 직후 살던 집을 나와 더 열악한, 때로는 위험한 주거 환경으로 떠밀리듯 이루어지고, 두 번째 이사는 이 집을 벗어나기 위해 세입자의 의도 아래에 이루어진다.[2] 하지만 이 두 번째 이사는 한동안 이루어지지 못할 수도 있다.

힝스턴네는 셰리나의 집으로 이사한 직후부터 새집을 알아보기 위해 임대광고를 보고 전화도 걸어보고, 대부분의 도심 빈민가 모퉁이 가게에서 볼 수 있는 무료 잡지 〈레드북RedBook〉에 실린 아파트 목록들을 훑어보기도 했다. 하지만 앞선 이사 때문에 이들에겐 남아 있는 게 거의 없었던 데다 도린의 새로운 퇴거 기록도 걸림돌이었다. 얼마 안 가 패트리스가 위층으로 이사하면서 모두가 한동안 전보다 숨통이 트이게 되었다. 가을이 왔고 힝스턴네는 동네에 자리를 잡았지만, 항상 임시로 머무는 것일 뿐이라고 생각했다. 그렇게 여러 달이 흘렀다. 도린이 이웃 모두를 알고 지내고 동네 남자애들을 보살피던 32번가와는 많이 달랐다. 패트리스가 퇴거를 당했을 때는 18번가 라이트로에 힝스턴네가 들어와 살게 된 지 6개월이 흘렀을 때였는데, 이때 도린이 이름을 아는 이웃은 러마뿐이었다. 게다가 도린은 이름 말고는 러마에 관해 아는 게 아무것도 없었다. "전처럼 다른 사람 집에 가고 싶지도 않아요," 도린은 새 이웃들에 관해 이렇게 말했다. "전에는 아침에 눈뜨면 사람들을 찾아다녔지. 근데 이제는 그냥 멍하니 서 있어요." 겨울이 오면 도린은 몇 주 동안 집 안에서 꼼짝 않곤 했다.

"도시의 공적인 평화, 즉 보도와 거리의 평화는 물론 경찰이 지켜야 하긴 하지만 실제로 경찰이 주된 역할을 하지는 않는다. 도시의

공적인 평화는 사람들 사이의 자발적인 통제와 기준들의 복잡하고
도 거의 무의식적인 네트워크가 지키고 사람들 스스로가 시행한다."
제인 제이콥스Jane Jacobs는《미국 대도시의 죽음과 삶》*에서 이렇게 말
했다. 그는 이런 유형의 건강하고 참여하는 공동체의 전제 조건은 그
저 그 자리에 있으면서 이웃을 보살피는 사람들의 존재라고 믿었다.
제이콥스의 믿음은 사실이었다. 실제로 가난한 동네 가운데서도 '집
단 효능감collective efficacy' 수준이 높은 곳(서로를 신뢰하면서 어떻게 하면
지역사회를 개선할지에 관한 비전을 공유하는 느슨하게 연결된 이웃공동
체)은 범죄율이 낮다.[3]

　한 건의 퇴거는 퇴거당한 가족이 원래 살던 구역뿐 아니라 마지못
해 옮겨가야 하는 새로운 구역까지 여러 도시 구역들을 불안정하게
만들 수 있다. 이런 식으로 강제 이주는 이주의 속도를 높이고 원망
과 투자 회수의 속도를 훨씬 더 빠르게 가속화하여 제이콥스가 말한
"영구적인 슬럼"에 직접적으로 기여했다. "영구적인 슬럼의 핵심 고리
는 너무 많은 사람들이 너무 빠르게 그곳으로 흘러들어가고 그와 동
시에 거길 빠져나가겠다는 꿈을 꾼다는 데 있다."[4] 도린이 퇴거당하
면서 32번가는 꾸준히 존재하던 한 사람(동네를 사랑하고 여기에 정성
을 쏟음으로써 안전한 동네를 만드는 데 기여했던 사람)을 잃었지만, 라이
트로는 아무것도 얻지 못했다.

　루비와 씨제이, 그리고 마이키는 점심 트럭이 오는지 앞 유리를 번
갈아가며 내다보는 동안에도 교복(헐렁한 흰 티셔츠와 검은색 진)을 입
고 있었다. 지역의 한 교회는 한 주에 세 번씩 점심 식사가 들어 있는
봉지를 이웃에 전달했다. 이날은 루비가 먼저 트럭을 알아봤다. "점

●　제인 제이콥스 지음, 유강은 옮김, 그린비, 2010.

심 트럭이다!" 루비가 다른 두 아이와 바깥으로 뛰어나가면서 이렇게 외쳤다. 아이들은 모두에게 주는 봉지를 하나씩 들고 집으로 돌아왔다. 교회 봉사자들은 봉지 안을 들여다보지 않고 나눠줬다. 그게 규칙이었기 때문이다. 녹색 사과와 프리토스·사과 주스가 들어 있는 봉지가 있는가 하면 빨간 사과·썬칩·과일 펀치가 들어있는 봉지도 있었다.

"내가 주스 두 개 줄게," 나타샤가 루비에게 제안했다.

"오레오 케이크 하나랑 바꾸자고?" 루비가 물었다. 한동안 생각하던 루비는 고개를 저어 거절했다.

"루비, 이 망할 것!"

루비는 환한 웃음을 터뜨리며 경중경중 뛰기 시작했다. 루비의 리탈린* 약효가 떨어지고 있었다. 약효가 완전히 사라지고 며칠 지나면 루비와 마이키는 매트리스도 없는 거실 바닥에서 뒤로 공중제비를 넘어 착지하곤 했다.

나타샤는 뾰로통해졌다. 열아홉 살인 나타샤는 루비보다 여섯 살이 더 많았지만 행동은 아이에 가까웠다. 패트리스는 막 사춘기가 시작되었을 때 엄마가 되었지만, 나타샤는 아이를 가진다는 생각 자체를 꺼림칙해했다. "애들은 정신없게 하고 더러워요!" 나타샤는 이렇게 말했다. "그리고 못생긴 앤지 예쁜 앤지 알 수가 없잖아요. 그러니까 절대 안 돼요… 난 자유롭게 독립적으로 살 거예요!" 나타샤는 러마의 집에서 남자아이들과 파티를 했고, 여름철이면 동네에서 맨발로 어슬렁거렸다. 아빠는 달랐지만 나타샤도 패트리스처럼 피부색이 밝았다("레드본**인 거죠"). 남자들은 차를 타고 가다가 속도를 늦추고 목

---

* 어린이 주의력결여장애에 쓰는 약물.

** 흑인과 다른 인종의 혼혈.

을 길게 빼곤 했다. 나이 든 여자들 역시 가끔 속도를 늦추고 동정심
이 가득한 눈으로 나타샤에게 신발을 건넸다. 이런 일이 있을 때마다
패트리스는 항상 씩 웃었다.

힝스턴네 아이들은 교회 아주머니들이 흰 가방 안에 넣어둔 기도
문을 큰 소리로 읽고 난 뒤 자리를 잡고 앉아 보급품으로 만찬을 즐
기면서 발음이 힘든 단어에 관한 대화를 시작했다. "충성스러운Royal."
"터키석Turquoise." 이 집의 악취와 열악한 상태를 잠시나마 잊게 해주기
만 한다면 뭐라도 환영이었다. 주방과 욕실은 상태가 너무 심해서 도
린은 셰리나와 쿠엔틴에게 연락할까 고민하고 있었다. 도린은 이들에
게 연락하는 게 끔찍하게 싫었다. 힝스턴네 사람들이 받아들이는 데
시간이 좀 걸리긴 했지만, 이들의 집주인은 이들을 겁먹게 했다. "쿠
엔틴은 불평쟁이야," 패트리스는 종종 투덜댔다. 쿠엔틴은 도린의 아
파트에 와서는 얼마나 냄새가 심한지 잔소리를 늘어놓았다. 만일 손
볼 게 있어서 일하는 사람이라도 데려올 경우엔 쓰레기를 제대로 치
우지도 않고 가버리기 일쑤였다. 도린과 패트리스는 그걸 무례함의
증표로 여겼다. 세입자들이 집 문제로 쿠엔틴에게 연락하지 못하게
일부러 이런 식으로 행동하는지는 분명치 않았지만 확실히 효과는
있었다.[5]

도린이 셰리나에게 항의하기 위해 전화를 하면 오히려 역으로 불
평의 대상이 되곤 했다. 도린은 이렇게 말했다. "우리가 뭔가 할 말이
있어서 전화를 하면 셰리나는 우리가 그걸 망가뜨렸다고 말하면서
우리 탓으로 덮어씌우려고 해요. 난 그런 말 듣는 게 신물 나… 그래
서 이젠 뭐가 고장 나면 그냥 우리가 고쳐 써요."

"고쳐 쓴다"라는 건 종종 그냥 없이 지낸다는 의미였다. 가장 먼
저 막혀버린 건 싱크대였다. 싱크대가 그 상태로 몇 날을 그렇게 있

자, 루비와 패트리스는 욕조에서 설거지를 했다. 하지만 음식 찌꺼기들이 배수구를 타고 내려가는 걸 어떻게 하지는 못했고, 그래서 얼마 안 가 물이 콘크리트 색깔을 띠며 욕조에 고이기 시작했다. 그래서 힝스턴네 사람들은 주방 스토브에서 물을 끓여 목욕 대신 젖은 스펀지로 간단히 몸을 닦기 시작했다. 얼마 후 누군가가 양동이에 물을 담아 변기에 들이부은 뒤 플런저를 쥐고 변기를 뚫었고, 이로 인해 작은 군집을 이루며 지내던 바퀴벌레들이 다른 은신처를 찾아 재빠르게 흩어졌다. 변기를 뚫으려면 플런저를 세게 쑤셔 박아야 했다. 보통 변기를 뚫으려면 5분은 족히 걸렸다. 변기가 고장 나면 가족들은 더러운 휴지를 비닐봉지에 담아서 다른 쓰레기와 함께 내다버렸다.

결국 도린이 변기 문제로 셰리나에게 전화를 했지만 바로 통화는 하지 못했다. 음성메시지를 남긴 지 1주일 뒤 셰리나는 다시 전화를 걸어 자신과 쿠엔틴이 플로리다에 있었노라고 설명했다. 이들은 최근에 플로리다에 있는 침실 세 개짜리 별장을 구입했다. 도린이 변기 문제로 불만을 털어놓자 셰리나는 도린이 패트리스와 그녀의 아이들을 데리고 사는 것은 임대 조건 위반이라는 점을 상기시켰다.

패트리스는 이런 상황에서 기시감을 느꼈다. 위층으로 이사 가기 전 패트리스는 내부를 꼼꼼히 살펴보았다. 윗집은 손댈 데가 너무 많았지만(린트그레이색 카펫은 해져서 너덜너덜한데다 너무 더러웠고, 아이들 침실 천장에서는 비가 샜으며, 발코니 문에는 경첩이 없었고, 발코니는 그 위에 밀가루 포대 하나만 던져도 무너져 내릴 것 같았다) 셰리나는 모두 알아서 해주겠다고 약속했다. 집주인들은 문제를 솔직하게 털어놓기만 하면 부동산 규정을 위반한 집이나, 심지어는 '기초 주거 요건'을 갖추지 못한 집들도 세를 놓을 수가 있었다.[6]

패트리스는 셰리나의 말을 믿고 첫 달 임대료와 보증금을 합쳐

1,100달러를 냈다. 하지만 집수리는 더디기만 했다. 패트리스네 집의 욕조에서 물이 빠지지 않았지만, 셰리나는 전화에 답이 없었다. 그때도 셰리나와 쿠엔틴은 휴가를 떠나 있었다. 패트리스는 싱크대가 고장 난 채로 두 달을 버티기도 했다. 패트리스가 벽에서 커다란 구멍을 발견했을 때 셰리나는 아이들을 납페인트에서 지키는 법이 적힌 팸플릿을 주었다. 문에서 경첩이 떨어져나갔을 때는 "고쳐주겠다면서 마약쟁이 남자들을 우리 집에 보냈다"라고 패트리스가 불만스럽게 말했다. 사태는 갈수록 심각해지기만 했다.

"변호사한테 가서 당신을 고소할 거예요!" 패트리스가 소리쳤다.

"맘대로 해." 셰리나가 웃으며 말했다. "근데 내가 너보다 돈이 많은 건 알지?"

"내가 당신한테 돈을 내는데 어째서 우리 집을 고쳐주지 않는 거예요?"

그 다음 달, 패트리스는 전략을 바꿨다. 이제까지는 어쩌면 돈을 꼬박꼬박 냈기 때문에 집을 고쳐주지 않은 것이고, 돈을 내지 않으면 달라질지도 모른다고 생각한 것이다. 패트리스는 셰리나에게 집세를 절반만 내고는 약속했던 집수리를 다 끝내면 나머지를 모두 내겠다고 말했다. 사실 당시 임대료는 패트리스에게 들어오는 소득의 65퍼센트에 해당했다. 그런 열악한 조건에 살면서 그렇게 많은 금액을 포기한다는 건 참기 힘든 일이었다.

하지만 패트리스의 계획은 보기 좋게 실패했다. 셰리나는 임대료를 다 내지 않으면 집을 고쳐주지 않겠다고 쐐기를 박았다. 패트리스에게는 진퇴양난의 상태였다. 월세를 모두 내면 셰리나는 다음 달 1일이 다시 돌아올 때까지 전화를 받지 않곤 했다. 월세를 내지 않으면 돈을 낼 때까지 아무것도 고쳐주지 않겠다고 했다. "그 많은 일을 처리하느라 엉덩이에 불나도록 정신없이 돌아다니진 않을 거야. 그리고 넌 돈도 다 안 냈잖아." 셰리나는 이렇게 말했다. 하지만 패트리스는 계속 거기 살고 싶었다. 엄마 집 바로 위에서 사는 게 좋았고, 그 아파트도 손만 보면 괜찮아질 거라고 생각했다. 그런데 패트리스가 일하던 커즌즈서브*의 매니저가 패트리스의 근무시간을 줄여버렸고, 그 때문에 패트리스는 얼마 안 되는 돈마저도 벌지 못하게 되었다. 셰리나에게 퇴거통지서를 받은 뒤 패트리스는 돈을 낼 수가 없었다. 패트리스는 셰리나에게 세금 환급금으로 월세를 내겠다고 약속했지만, 그때가 되면 이미 늦은 뒤일 터였다. 마침 셰리나의 새로운 절친이자 복지기금 수취대행업을 하는 벌린다가 전화를 걸어 집이 있는지 물어보았고, 셰리나는 덥석 기회를 물었다. 두어 주 정도만 있으면 패트리스가 살던 집이 빈다고 셰리나는 약속했다.

욕조나 싱크대에서 물이 빠지지 않고, 화장실 변기도 거의 작동이 안 되는 상태로 두 달을 버티던 도린은 결국 직접 배관공을 부르기로 결심했다. 셰리나는 처음 배관에 문제가 생겼을 때 배관공을 불러 돈을 들인 적이 있었기 때문에 다시는 같은 짓을 반복하고 싶지 않았다. 그리고 32번가에서 그 일을 겪은 뒤 도린은 건물조사관을 부를 정도로 어리석지는 않았다. 배관공은 구불구불한 관을 뚫은 뒤 150달러를 달라고 했다. 배관 시스템이 노후하고 약하다는 결론을 내린 배관공은 도린에게 최대한 아무것도 싱크대로 흘려 내려보내지 말라고 조언했다. 배관공이 가고 난 뒤 도린이 제일 처음으로 한 일은 욕조에 뜨거운 물을 받은 뒤 한 시간 동안 몸을 담그고 있는 것이었다.

• 샌드위치 등을 파는 식당.

도린은 자신의 임대료에서 이 150달러를 제하기로 결심했다. 셰리
나는 그러면 퇴거통지서를 보내겠다고 받아쳤지만 도린은 그대로 밀
어붙이면서 아예 임대료를 내지 않았다. 만에 하나 퇴거를 당하게 되
면 차라리 이사를 위해 돈을 가지고 있는 것이 나을 터였다.[7] 현금
한 푼이 귀한 세입자들 사이에선 흔한 전략이었다. 임대료를 내고 나
면 남는 게 없다보니 세입자 가족들은 때로 어쩔 수 없이 다른 장소
로 이사 갈 돈을 충분히 모으면서 퇴거를 먼저 유발하기도 했다. 이
쪽 집주인의 손실이 저쪽 집주인의 소득인 것이다.[8]

이사를 해야 할 경우 이보다 더 싼 곳을 구하긴 힘들 것이라는 점
을 도린은 알고 있었다. 게다가 어른이 셋, 아이가 다섯이었다. 당시
밀워키에서 침실 두 개짜리 아파트의 임대료 중간 값은 600달러였다.
480달러 이하에 임대되는 집과 750달러 이상에 임대되는 집이 각각
10퍼센트였다.[9] 270달러 차이로 밀워키 시에서 가장 싼 집과 가장 비
싼 집이 갈렸다. 이는 가장 열악한 동네의 임대료가 그보다 훨씬 나
은 지역의 임대료보다 크게 싸지도 않다는 뜻이다. 가령 최소한 40퍼
센트의 가정이 빈곤선 이하에서 살아가는 밀워키에서 가장 가난한
동네 침실 두 개짜리 아파트의 임대료 중간 값은, 밀워키 시 전체의
임대료 중간 값보다 겨우 50달러 적었다.[10] 셰리나는 이를 이렇게 표
현했다. "방 두 개짜리는 다 그게 그거야."

오래전부터 그랬다. 1800년대 중반에 뉴욕 시에서 공동주택이 등
장하기 시작할 무렵, 최악의 슬럼가 임대료는 시 외곽보다 30퍼센트
더 높았다. 1920~30년대에는 밀워키와 필라델피아, 그 외 북부 도시
의 흑인 게토에 있는 다 허물어져가는 주택의 임대료가 백인 동네의
더 나은 주택보다 비쌌다. 1960년대에도 주요 도시의 임대료는 유사
한 주거 조건이라 해도 백인보다 흑인들에게 더 비쌌다.[11] 빈민들이

슬럼에 모여드는 건 임대료가 싸기 때문이 아니다. 그들에게 허락된 곳이 거기뿐이기 때문이다. 특히 가난한 흑인들은 더욱 그렇다.

시장의 맨 밑바닥에서 장사를 하는 집주인들은 일반적으로 임대료가 체납되거나 퇴거를 진행할 때 들어가는 비용을 회피하고 수요에 맞추기 위해 굳이 임대료를 낮추지 않았다. 이런 비용을 회피하는 데도 비용이 들어갔다. 많은 집주인들 입장에서는 부동산을 유지하는 것보다는 퇴거비용을 감당하는 게 더 싸게 먹혔다. 만일 세입자가 고질적으로 임대료를 체납하는 사람이라면 유지비를 아낄 수도 있었다. 그리고 임대료가 너무 비싸다 보니 많은 가난한 세입자들이 고질적으로 임대료를 체불했다.

매달 임대료를 꼬박꼬박 낼 능력이 되는 세입자들은 주택을 안전하고 살 만하게 유지하도록 규정하는 법적 보호 장치들을 활용할 수 있었다. 이들은 퇴거를 겁낼 필요 없이 건물조사관을 소환할 수 있을 뿐 아니라, 일정한 수리가 이루어질 때까지 임대료를 내지 않을 권리도 있었다.[12] 하지만 임대료가 밀린 세입자에게 이런 보호 장치는 그림의 떡이었다. 임대료가 체납된 세입자는 임대료를 내지 않거나 제삼자에게 맡긴 뒤 일정한 조건이 충족되면 이 제삼자가 대신 납부하는 방식을 취할 수 없었다. 따라서 이런 세입자들은 건물조사관에게 신고를 할 경우 퇴거를 각오해야 했다. 저소득 세입자들이 자신의 권리를 몰라서가 아니었다. 이들은 그런 권리를 누리려면 그만 한 비용이 든다는 사실을 알고 있었을 뿐이었다.

"내 생각에 건물조사관한테 전화하면 문제가 더 커지기만 할 거 같아," 도린이 패트리스에게 말했다.

"당연히 그렇겠지." 패트리스가 대답했다. "우리가 조사관한테 전화하면 우릴 내쫓을 수도 있어." 패트리스의 말은 도린이 임대 조건을 위반했기 때문에(패트리스와 그녀의 아이들은 '승인받지 않은 거주자' 였다) 셰리나가 이들을 퇴거시킬 수 있고, 만일 자신들이 근린서비스 국에 전화를 하면 실제로 그렇게 할 가능성이 높다는 뜻이었다.

세입자가 임대료를 체납하거나 임대계약을 어겨 법적인 보호를 받을 수 없을 때, 집주인들은 수리를 방기함으로써 응수할 수 있다. 혹은 셰리나가 세입자들에게 한 말처럼 "내가 당신을 봐줄 테니, 당신도 날 봐줘야 한다." 세입자들은 노숙자 신세를 면하기 위해 자신들의 존엄성과 아이들의 건강을 포기해야 할 수도 있다.[13] 2009년부터 2011년 사이 밀워키에서는 전체 세입자의 절반가량이 심각하고 지속적인 주택 문제를 경험했다.[14] 창문이 깨지거나, 설비가 고장나거나, 3일 이상 쥐나 바퀴벌레에 시달리며 살아본 사람은 다섯 명 가운데 한 명 이상 꼴이었고, 하루 이상 배관이 막힌 상태로 지낸 사람들은 3분의 1이었다. 그리고 열 명 가운데 한 명은 하루 이상 난방 없이 지내본 적이 있었다. 아프리카계 미국인 가정은 이런 문제를 겪을 가능성이 가장 높았고, 어린이가 사는 집도 마찬가지였다. 하지만 아파트에 주거 문제가 있건 없건 평균 임대료는 똑같았다.[15]

임대료가 밀린 세입자는 불쾌하고 열악하며 때로 위험한 주거 조건을 견디든지, 아니면 퇴거를 당하든지 둘 중 하나였다. 하지만 업계의 입장에서 보면 이 방식은 수익을 남길 수 있었다. 도린과 러마의 아파트 같은 4세대용 주택이 셰리나에게는 가장 짭짤했다. 셰리나에게 두 번째로 짭짤한 부동산은 13번가에 있는 알린의 집이었다. 셰리나의 장부상에서는 가장 열악한 부동산들이 최대의 수익을 안겨주었다.[16]

도린이 셰리나에게 임대료를 내지 않겠다고 말한 직후, 나타샤는 자신이 임신 4개월임을 알게 되었다. 나타샤가 엄마에게 이 사실을 알리자 도린은 웃으며 이렇게 말했다. "내가 그랬잖아!" 도린은 나타샤가 무시하려 했던 변화를 이미 알아차린 상태였다. 도린은 좋아서 어쩔 줄 몰랐다. "내가 또 자랑스런 할머니가 되겠구나," 도린은 신나서 떠들었다. 나타샤의 남자친구 역시 좋아서 어쩔 줄 몰랐다. 임신은 합법적인 관계에서든 아니든 간에 축복받을 일이었다. [임신한 이가] 자유롭게 독립적으로 살고 싶은 젊은 여성이 아니라면 말이다.[17] 나타샤는 큰 충격에 휩싸였다.

"아마 머리가 큰 남자애일 거야!" 도린이 놀려댔다.

"대체 내가 어떻게 임신을 하게 된 건지 모르겠어," 나타샤가 우는 소리를 했다. "난 남산만 하게 배가 나오는 것도 싫단 말야."

나타샤와 말릭은 1년 정도 사귀는 중이었다. 이들은 커즌즈서브에서 만났다. 말릭은 커즌즈서브에서 패트리스와 함께 일했다. 나타샤보다 더 작고 피부가 어두운 그는 레게머리에 강인한 인상이었다. 성격이 유순한 그는 서른두 살이었지만 이번이 첫 아이였다. 나타샤는 분명 그를 좋아했다. 하지만 아직 마음은 타예에게 있었다. 타예는 2년 전 어설픈 강도 사건에서 열일곱 살의 나이로 총에 맞아 세상을 떠났다. 나타샤의 지갑 안에는 타예의 장례식 순서지가 아직 들어 있었다. 이 순서지에는 유족 명단에 나타샤가 "각별한 숙녀 친구"로 올라 있었다. 루비 역시 타예라면 사족을 못 썼다. 가끔 나타샤가 졸라대면 루비는 타예 이야기를 들려주곤 했다. 나타샤는 말없이 루비의 이야기를 들으며 마치 나이 든 사람들이 상처와 약간의 거리를 둘 때처럼 미소를 짓곤 했다. 그럴 때면 어떤 잔인한 힘이 이 자매 사이에 바이스를 끼우고 크랭크를 돌려 나타샤를 원래 나이보다 더 많이 든 사람처럼 보이게 만드는 것 같았다.[18]

힝스턴 집안의 전통에 따라 아이의 이름은 패트리스가 짓게 될 것
이었다. 나타샤가 도린과 패트리스에게 아들일 경우 말릭이 말릭 주
니어라고 짓고 싶어 한다고 전하자 이들은 코웃음을 쳤다. "주니어는
안 돼," 도린이 말했다. "이미 한 번 망했잖아. 내가 그런 짓을 했다니
얼마나 한심한지 몰라." 씨제이는 아빠의 이름을 따서 이름을 지었지
만, 가족들이 그 남자의 이름을 입에 올리고 싶지 않아 해서 칼렙 주
니어를 씨제이라고 줄여서 불렀다.

곧 있으면 엄마가 될 나타샤는 아이를 이 집으로 데려오진 못하리
라는 것 정도는 알고 있었지만 임신 중인 지금은 당장 살고 있는 아
파트와, 셰리나가 가족들을 퇴거시키기로 결정할 경우 어디서 살게
될지가 더 걱정이었다. 하지만 도린은 전부터 가족들을 자기가 책임
졌고, 나타샤는 이번에도 도린이 그렇게 하리라고 믿었다. "우리 엄만
강해요," 나타샤는 이렇게 말했다. "그리고 엄만 지금보다 더 나쁜 상
황에서도 우릴 구해낸 적이 있었어요. 그러니까 쉼터나, 길거리나, 교
회·자동차, 그런 데 말이에요. 난 우리 엄말 엄청 믿어요. 맞아요. 우
린 길거리에서도 몇 번 지냈던 적이 있었어요. 그렇지만 우리 엄마는
항상 어떻게든 해냈어요." 하지만 이번만은 나타샤도 엄마의 계획이
마음에 들지 않았다. 테네시 주 브라운스빌에서 곧 가족 모임이 있다
는 소식을 접한 뒤부터 도린은 아예 그곳으로 모두 이사할 생각을 하
고 있었다. 패트리스는 그 생각이 마음에 들었다. 밀워키에는 싫증이
났기 때문이다. "여긴 죽은 도시예요," 패트리스는 이렇게 말했다. "크
랙중독자들하고 창녀들만 넘쳐나요." 하지만 나타샤는 아기를 아빠
와 떨어진 곳으로 데려가고 싶지 않았다.

도린과 패트리스는 그런 건 쓸데없는 걱정이라고 생각했다. "믿을
만한 남자가 못 돼," 도린은 이렇게 말했다. 하지만 말릭은 자신이 아

빠가 되리라는 걸 알게 된 뒤부터 2교대로 일하며 돈을 모으고, 나타샤에게 음식을 가져오며, 세 가족이 살 아파트를 알아보는 등 엄청나게 믿을 만한 남자처럼 굴고 있었다. 사실 도린과 패트리스가 말릭에게 많은 것을 기대하지 않는 것은 그의 행실 때문이 아니라 자신들의 남자 경험 때문이었다. 패트리스와 나타샤의 아빠는 도린을 떠났고, 루비와 씨제이의 아빠는 감옥에 있었다. 패트리스의 아이 아빠들은 아이들의 인생에서 의미 있는 역할을 하지 못했고, 패트리스의 지금 남자친구는 최근 다이닝룸의 테이블로 패트리스를 공격했다.[19] 도린과 패트리스는 어째서 남자들이 아기 이름을 뭐라고 할지는 말할 것도 없고 아이를 어디서 키울지 같은 가족끼리의 결정에 끼어들어야 하는지 이해하지 못했다. 도린은 나타샤에게 이렇게 말했다. "네가 내 배 안에서 발길질할 때 내 배를 어루만져주는 사람은 아무도 없었어." 패트리스는 이렇게 말했다. "우린 아빠가 없었어. 내 애들도 아빠가 없어. 그리고 네 애도 아빠가 필요 없어."

병원에서 나타샤에게 전화가 왔다. "초음파 한 번 더 하러 오라는데," 나타샤가 전화를 끊으며 도린에게 말했다. "뭔가 숨어 있는 걸 제대로 못 본 거 같대."

"뭔가 숨어 있는 거라니 무슨 소리야?"

"숨어 있는 거. 숨어 있는 거. 애기 뒤에 숨어 있는 다른 애기처럼."

도린이 놀라서 말했다. "나타샤, 네가 쌍둥이를 가졌다는 거야?"

"하지만 난 애기는 하나도 싫은데!" 나타샤는 발을 쿵쿵 굴려댔다.

"그런 말을 하긴 너무 늦었지!" 도린이 웃었다.

"너무 늦었지." 나타샤가 소파에 가만히 앉자 코코가 나타샤의 무릎 위로 뛰어 올라왔다. "코코야, 이리 온. 오늘은 엄마가 기분이 안좋단다."

도린은 나타샤를 위로하려 애썼다. "이사 가면 너한테 아주 큰 방을 줄게," 도린은 이렇게 말했다. "내 방이랑 마주 보는 데다가. 아마 1층이 좋겠지. 그래, 32번가에 있던 집 같은 데를 얻으면 좋겠다."

"그럼 정말 좋을 텐데," 나타샤가 코코를 쓰다듬으며 말했다.

"그래, 정말 그럴 거야." 도린이 무릎을 끌어안고 바닥에 말없이 앉아 있던 루비에게 몸을 돌렸다. "루비야, 넌 이사하는 거 어때?"

"물론 좋죠," 루비가 말했다. "난 이 집이 정말 싫어."

스콧은 돈을 벌기 위해 여기저기서 일했지만 주로는 테디를 돌보는
게 그의 일이었다. 그는 요리와 청소를 했고 장을 봐왔다. 아침에는
테디가 침대에서 일어나 샤워하는 걸 도왔다. 스콧은 그런 종류의 일
에서 일종의 사명감을 느꼈다. 간호사가 된 것은 그래서였다. 머리숱
이 없고 안색이 발그레하며, 보조개가 있고 가스난로의 파란 화염 같
은 색깔의 눈을 가진 서른여덟 살의 스콧은 온화하면서도 상처받은
영혼의 소유자였다. 테디로 말할 것 같으면, 그는 뼈가 가늘고 옴딱지
가 앉은 팔에 쪼글쪼글해진 문신이 드러난 작은 남자였다. 테디는 거
의 걷지 못했다. 스콧이 어떻게든 테디를 걷게 했고, 그러면 테디는
왼발을 질질 끌며 이동주택단지 주위를 느릿느릿 걸어다녔다. 그럴
때면 쉰두 살인 테디는 실제 나이보다 훨씬 늙어보였다.
　팸과 네드는 결국 며칠 동안 싸구려 모텔에서 묵겠다며 떠났지만,
토빈은 아직도 테디와 스콧의 퇴거를 진행 중이었다. 두 달 전 테디
가 목 엑스레이와 뇌 스캔을 찍느라 507달러를 써버리는 바람에 집

세가 밀려 있었던 것이다. 테디의 건강 문제는 1년 전부터 시작되었다. 16번가 고가 인근의 계단에서 구르는 바람에 정신을 잃고 병원에 실려간 뒤부터였다. 위에서는 자동차들이 쌩하고 달리고 아래에는 골짜기 바닥이 보이는 16번가 고가 밑은 그가 가장 좋아하는 음주 장소 가운데 하나였다. 테디는 영세민구제 전도단rescue mission에서 나온 몇 사람과 술 한 병을 들고 그곳에 갔었다. 병원에서 깨어난 테디는 몸의 왼쪽이 부분적으로 마비되었고, 의사들이 목을 다시 접합하는 시술을 해야 했으며, 모든 것을 제자리에 고정시키기 위해 핀과 나사를 박게 되었다는 이야기를 들었다.

스콧은 영수증과 맥주 캔과 낡은 폴라로이드 카메라와 커다란 재떨이가 어지럽게 널려 있는 테이블 위에 퇴거통지서를 올려놓았다. 느지막한 아침, 두 남자는 밀워키베스트 캔 맥주를 마시며 앉아 있었다. 테디는 퇴거통지서를 밀쳐내며 말했다. "그 인간이 배때기에 조금이라도 더 처넣고 싶은 모양이야. 그 인간 배가 내 배보다 훨씬 크긴 하지."

테디는 말할 때 등을 의자에 완전히 반듯하게 대고 정면을 바라보았다. 어떨 때는 스콧이 들어가보면 테디가 소파에 양팔을 옆으로 늘어뜨린 채 텔레비전을 보지도, 잡지를 뒤적이지도 않고 미동도 없이 그냥 앉아 있기만 할 때도 있었다. 처음 몇 번은 테디가 죽은 건 아닌가 싶어 확인해보기도 했다.

"그럴지도 모르죠," 스콧이 대답했다. "그런데 토빈이 뭘 잘못한 거예요?"

"그 인간은 순전히 개자식이야. 네가 그 인간을 좋아한다면 내 알 바 아니지만… 예전 같았으면 벌써 쳐들어가서 콧대를 부러뜨려놨을 거야."

"그거 괜찮네요." 스콧이 냉소적으로 말했다.

"난 촌놈이야. 시골을 떠나왔다 해도 그 기질까지 사라지는 건 아니지."

테디는 계속 말했고(그는 원할 때면 끝도 없이 말을 할 수 있었다) 스콧은 말없이 들으며 앉아 있었다. 스콧은 이 노인이 자신의 테네시 주 억양처럼 길고 끈적끈적한 독백의 단계로 접어들자 그의 말을 끊지 않고 가만히 내버려두었다. 스콧은 거실을 둘러보았다. 나무 널빤지가 덧대진 벽에는 전에 살던 세입자가 남기고 간 커다란 그림 한 점밖에 없었다. 예수와 두 도둑이 십자가에 매달린, 온통 붉은색과 자주색으로 뒤덮인 그림이었다. 1년 전 두 남자는 거의 빈손으로 이곳으로 이사해왔고, 그 이후 집에 들인 것도 거의 없었다. 테디의 소중한 소지품은 낚싯대와 낚시 도구들이었고 스콧의 경우 사진과 자격증, 이전 삶의 기념품들이 가득 든 커다란 플라스틱 상자가 다였다.

테디가 말을 마치자 자신의 맥주를 쳐다보고 있던 스콧은 창밖으로 시선을 옮겼다. 길 건너에는 지금은 버려진 팸과 네드의 트레일러와, 가끔씩 모르핀이나 비상시에는 바이코딘*을 구매하는 돈의 트레일러가 보였다. 자신의 트레일러 난방기 환기구에 죽은 아버지가 살고 있다고 생각하는 똥 싼 바지 랜디는 현관에 나와 심술궂게 혼잣말을 구시렁대며 정향 담배를 피우고 있었다. 비행기 한 대가 낮게 날며 굉음을 냈다.

"난 말이에요." 스콧이 입을 열었다. "난 여기서 살기 싫어요." 스콧은 퇴거통지서를 집어 들었다. "이게 뭔지 알아요? 날 보고 나가라고 엉덩이를 걷어차는 거예요."

• 마약성 진통제의 일종.

　스콧은 아이오와의 한 낙농가에서 자랐다. 이 낙농가는 나중에 폐허가 되었다. 어렸을 때는 크리스마스 선물로 말을 받은 적도 있었다. 생부는 한 번도 만나본 적이 없었다. 데이트 중에 강제로 어머니를 범한 사람이었다. 곤란한 상황에 처하고 싶지 않았던 가족들은 스콧의 어머니 조앤을 그 강간범과 결혼시켰다. 조앤의 나이 열여섯 살 때의 일이었다. 하지만 스콧의 아버지는 얼마 안 가 깨끗하게 관계를 단절했고, 그 이후로 한 번도 소식조차 전하지 않았다. 비열한 놈이었던 두 번째 남편은 조앤을 구타했다. 이들이 이혼하기 전 조앤은 클래리사라고 하는 딸 하나를 낳았다. 그 뒤 스콧의 어머니는 캠이라고 하는 카우보이를 만났고, 이 둘 사이에서 세 아이가 더 태어났다. 스콧의 남동생 가운데 하나는 소방관이 되었고, 다른 하나는 컬리건이라고 하는 회사에서 물을 운반했으며, 막내 여동생은 간호사였다. 알코올중독자였던 클래리사는 스콧의 마을에서 가장 열악한 아파트단지에 살았다. 동네 사람들은 세입자들이 붕붕대며 들고 나는 그 아파트를 벌집이라고 불렀다.

　스콧은 결코 카우보이 캠과 잘 지내지 못했다. 머리가 희끗희끗한 목장 일꾼을 만족시키기에 그는 너무 예민한 아이였다. 스콧은 대입시험을 쳤고, 위노나주립대학에 입학하여 열일곱 살에 집을 떠났다. 깡촌인 아이오와의 콩밭과 급수 타워에 싫증이 났듯, 얼마 안 가 스콧은 미네소타 위노나를 벗어나고 싶어졌다. 스콧은 어릴 때부터 자신이 게이임을 알고 있었다. "난 나 같은 사람들을 찾아야만 했어요," 스콧은 밀워키로 이주하기 전을 떠올리며 이렇게 회상했다. 밀워키 지역 전문대학을 졸업한 뒤 서른한 살에 간호사 자격증을 땄다.

　스콧의 첫 직장은 양로원이었다. 바이탈 사인을 체크하고, 약을 나눠주고, 혈당을 확인하고, 인슐린 주사를 놓고, 정맥주사를 관리하고, 튜브를 꽂아 사람들에게 밥을 먹이고, 기관을 절개하거나 상처가 있는 사람들을 보살피는 게 그의 일이었다. 그는 손을 가볍고 빠르게 놀리는 법과, 토하지 않는 법, 정맥을 찾는 법을 배웠다. 스콧은 자신이 필요한 사람이라고 느꼈고 실제로도 그랬다.

그는 뜨기 시작하는 동네, 이스트사이드의 베이뷰에서 근사한 아파트를 임대했다. 제일 잘나가던 시절에는 연봉이 8만 8,000달러였다. 그때는 고향에 있는 어머니에게 돈을 부치기도 했다.

5년 동안 힘없는 노인들을 침대와 욕조에서 들어 이동시키고 나니 허리디스크가 생겼다. 의사는 통증에 퍼코셋*을 처방했다.[1] 그 즈음 스콧의 절친 두 명이 에이즈로 세상을 떠났다. "내가 상태가 안 좋았어요. 잘 대처하질 못했죠." 퍼코셋은 친구를 잃은 슬픔에도 도움이 되었다.

스콧은 시간이 지나면 다른 모든 질병들이 그렇듯 자신의 고통도 제 갈 길을 알 거라고 생각했다. 하지만 담당 의사가 은퇴 소식을 알렸을 때, 스콧은 공황 상태에 빠졌다. 마치 술잔이 넘치도록 술을 따라주는 바텐더처럼, 스콧에게 이 의사는 보물 같은 사람이었다. 새로올 의사가 이 합성 마약을 기꺼이 처방해줄지는 알 수 없었다. 하지만 다른 선택지들도 있었다. 스콧은 동료 간호사들로부터 알약을 구입하고, 직장에서 약을 훔치기 시작했다. 그가 일하던 양로원 환자들 역시 바이코딘 알약을 개당 3달러에 파는 정기적인 공급자들이 되어주었다. 나중에는 이들에게 돈도 주지 않고 이들의 약을 빼돌리게 되었다.

퍼코셋을 복용한 지 여러 달 지났을 무렵, 스콧은 펜타닐이라는 약을 알게 되었다. 바로 그 순간 그는 사랑에 빠졌다. 펜타닐은 모르

• 강력한 마약 성분이 포함된 진통제의 일종.

핀보다 백배 더 효과적으로 중추신경계에 침투했다.[2] 스콧은 펜타닐로 순수하고 고요한 행복을 얻었다. 이 약은 그를 절정의 순간으로 이끌었다. "이제껏 느껴본 가운데서 최고의 쾌락과 만족감이었죠." 그는 이렇게 말했다.

양로원에서 스콧은 만성 통증 환자를 위해 사용하는 듀라제식 패치에서 주사기를 이용해 펜타닐을 뽑아냈다. 그렇게 뽑아낸 약을 삼키거나 자신에게 주사한 뒤 빈 패치를 환자들에게 붙이면 환자들은 침대에서 가볍게 투덜거렸다. "마음속으로 자신한테 그러는 거예요. 이 사람들보다 내가 이 약이 더 필요하다고," 스콧은 이렇게 회상했다. "'내가 이걸 하면 힘들어하는 당신을 돌볼 수가 있을 거예요.'"

대부분의 로맨스가 그렇듯 스콧과 펜타닐의 관계 역시 스릴과 마법이 넘실거리던 것에서 더 깊고 소모적인 것으로 변해갔다. 얼마 안 가 그는 더 이상 황홀경을 좇는 대신 괴로움에서 도망치기 위해 약에 탐닉했다. "금단현상 때문이었죠," 스콧은 이렇게 표현했다. 약기운이 떨어지면 그는 몸이 떨리고 땀이 났으며, 설사를 하고 전신이 아팠다. "약을 멈추면 차라리 죽은 게 아닌가 싶었어요." 이즈음 스콧은 살기 위해 약이 필요했다. 금단현상이 곧 나타나겠다 싶은 느낌이 들면 이제까지 한 번도 자신이 할 수 있다고 생각해보지 못한 일들을 했다.

2007년 8월 어느 날 동료 몇 사람이 그가 눈을 감은 채 몸을 앞뒤로 흔들며 서 있는 모습을 보았다. 동료들은 그를 집으로 보낸 뒤 패치를 확인했고, 패치에서 펜타닐이 빠져나갔다는 사실을 알게 되었다. 스콧의 상사는 그에게 약물검사를 받으라고 요구했고, 검사 결과는 펜타닐 양성이었다. 11월에도 일련의 비슷한 사건들이 반복되었지만 그래도 아직 일자리를 유지할 수는 있었다. 약물중독 경험이 있었던 그의 상사가 기회를 한 번 더 주었기 때문이었다. 그러다 그해 크리스마스 즈음에 이르러 환자들이 한 남자 간호사가 패치를 가져갔다고 불평을 했다. 스콧은 그 길로 택시에 태워져 한 클리닉에 보내졌다. 세 번째 약물검사를 위해서였다. 그는 택시에서 내려 택시 문을 닫은 뒤 추위를 견디며 바깥에 서 있었다.

클리닉 문 뒤에 있는 대기실은 플라스틱 의자에 구부정하게 앉아 있는 마약쟁이들과, 동정도 역겨움도 드러나지 않는 무심한 표정으로 장갑을 끼고 있는 간호사들로 만원이었다. 스콧은 그 안에 들어가 보지 않아도 크리스마스 음악이 나오고 있으리라는 사실을 알고 있었다. 그는 뒤로 돌아 클리닉을 빠져나왔다.

겁이 난 스콧은 약물중독자 모임에 참여해서 약을 끊으려고도 해보았다. 하지만 마음처럼 되지 않았다. "내 인생은 한 치도 더 나아지질 않았어요." 그는 이렇게 회상했다. 넉 달 뒤 스콧은 가장 좋은 셔츠를 입고 위스콘신 간호위원회가 개최한 징계 청문회에 참석했다. 위원회의 판결은 다음과 같았다. "위스콘신 주에서 간호사로 일할 수 있는 [스콧 W. 벙커의] 면허 실무 간호사 자격증을 무기한 유예한다."[3] 이 순간 스콧은 완전 밑바닥에 자리를 잡고 보란 듯이 약쟁이로 살겠다고 결심했다. "내 간호사 자격증이 정말 걱정됐어요." 그는 이렇게 기억했다. "근데 그게 박탈되고 나니까 '될 대로 되라'가 된 거죠."

스콧은 실직을 하고 꽤 근사한 아파트까지 잃고 난 뒤 거의 모든 소지품을 팔아 로지에 들어갔다. 그곳에서 막 병원에서 퇴원한 테디를 만났다. 그가 테디에게 끌린 데는 분명한 이유가 있었다. 테디는 병약해서 계단을 오를 때 도와주거나 식판을 들어줄 사람이 필요했다. 스콧은 면허를 박탈당하긴 했지만 마음도 몸에 배인 습관도 아직 간호사였다.

스콧과는 달리 테디에게 노숙 생활은 낯설지 않았다. 그는 3년 전 테네시 주 데이턴에서 다른 사람의 차를 얻어 타고 밀워키에 온 뒤, 쉼터에서도 다리 밑에서도 살아봤다. 테디는 돈은 거의 없고 아이는 열네 명이나 되는 집에서 자랐다. 알코올중독자였던 아버지는 트럭을 몰고 가다가 대형 트레일러 뒷부분을 들이받고 젊은 나이에 세상을 떠났다. "그러니까 그건 일종의 실험 같은 거였어," 테디는 아버지의 사고 이야기를 할 때 이런 식으로 말하곤 했다.

이들은 썩 어울리지 않는 한 쌍이었다. 한 명은 길거리에서 수년을 살았던 남부 출신의 이성애자였고, 다른 한 명은 이제 막 생의 밑바닥에 도착한 상대적으로 젊은 게이였다. 하지만 이들은 친구가 되었고, 노숙자쉼터를 나와 함께 룸메이트로 살기로 했다.

테디의 월 소득은 SSI로 받는 632달러였고, 스콧은 식료품 구매권만을 수령하고 있었다. 이들은 싼 아파트가 필요했고, 동시에 너무 많은 질문을 하지 않는 집주인을 원했다. 칼리지 이동주택단지는 아무나 받아주기로 유명했다. 두 남자가 이 주택단지에 방문했을 때 오피스 수지는 스토브가 없는 작은 트레일러를 보여주었다. 상태는 좀 유감스러웠지만 토빈은 이들에게 이 트레일러를 그냥 주고 부지 임대료 420달러를 청구했다. 이들은 바로 그 주에 이사를 들어왔다.

양로원을 나온 뒤 마약을 구하는 데 상당히 애를 먹었다. 스콧은 우디스나 하버룸 같은 게이바에 가서 누군가를 만나게 되길 바라곤 했다. 하지만 이 이동주택단지에서 스콧은 메타돈 처방전이 있거나 마약을 파는 이웃 몇몇을 만나게 되었다. 여기선 마약을 구하는 게 설탕 한 컵을 얻는 것만큼이나 쉬웠다.

어느 날 아침, 잠에서 깬 스콧은 금단현상이 곧 올 것 같은 느낌이 들었다. 알약 공급책들은 약이 바닥난 상태였다. 스콧은 돈에게 모르핀이 있으면 좀 달라고 부탁했지만 그녀 역시 약이 없었다. 스콧은 테디의 맥주 몇 캔을 급히 들이켰지만 도움이 되지 않았다. 저녁 무렵, 스콧은 침실에서 몸을 떨며 혼자 앉아 있었다. 그는 야구 모자를 쓰고 손은 주머니에 찌른 채 이동주택단지를 돌기 시작했다.

현관 밖에서 접이식 의자에 앉아 있던 헤로인 수지는 스콧이 지나가는 모습을 보게 되었다. 피고 있던 담배를 다 핀 그녀는 오랜 남자친구 빌리에게 담배를 얻으려고 안에 들어갔다. 그리고 스콧이 두 번째로 이들의 트레일러를 지날 때 이들은 그를 불러 세웠다.

수지와 빌리에게는 테리어 잡종인 작은 개가 한 마리 있었고, 새 가구로 채워진 이들의 트레일러는 깔끔했다. 수지는 어두운 금발머리가 치렁치렁하고 눈 밑에는 다크서클이 드리워진 중년 여성이었다. 말투나 몸짓이 부드럽고 편안한 느낌을 주었다. 그녀는 사람들에게 자기에게는 치유의 재능이 있다고 말했다. 일부러 찢어서 멋을 낸 셔츠를 입은 빌리는 보통 사람에 비해 눈을 절반밖에 깜빡이지 않는 것처럼 보이는 억센 느낌의 남자였다. 목소리는 걸걸했고 감옥에서 새긴 문신은 점점 바래지고 있었다. 수지와 빌리는 수년을 함께 지냈지만 아직도 손을 잡고 다녔다.

수지는 스콧에게 약에 중독된 상태냐고 물었다. 스콧은 맞다며 고개를 끄덕였다. 수지가 빌리를 쳐다보자 빌리는 작은 가죽 상자를 가져왔다. 그 안에는 새 바늘과 알코올 솜, 소독된 물, 작은 면봉, 그리고 검은 헤로인이 들어 있었다.

그건 절대 하지 말아야지. 합성 마약이 삶을 조금씩 좀먹기 시작할 때 스콧은 자신과 이렇게 약속했다. 그는 에이즈가 친구들을 앗아가버리기 전부터 헤로인만은 절대 안 할 거라 굳게 약속했다.

빌리는 숟가락을 스토브 버너 위에 올리고 이 검은 물질을 물과 함께 끓였다. 그리고 나서 부드럽게 콧소리를 내며 이렇게 요리된 헤로인을 면봉에 적신 뒤 주사기로 뽑아냈다. 마치 커피처럼 어두운 색이었다. 나중에서야 스콧은 이게 약이 강하다는 의미라는 걸 알게 되었다. 스콧은 오른 무릎 뒤에 바늘을 꽂았다. 눈을 감고 기다리자 안도감과 무중력상태가 찾아왔다. 이 순간 그는 다이빙대에서 도약한 뒤 수면을 향해 날고 있는 어린아이였다.

스콧과 수지, 그리고 빌리는 이렇게 친구가 되었다. 스콧은 수지가 시를 쓰고, 1970년대에 마리화나 덩어리들을 다루던 날들을 이야기하기를 좋아하며, 지난 35년 동안 헤로인을 주사해왔음을 알게 되었다. 빌리는 팔에, 수지는 다리에 주사를 놓았는데, 어찌나 흉터가 많고 변색이 심했는지 스콧마저도 비위가 상할 지경이었다. 그러다 보니 가끔 수지는 몇 시간에 걸쳐 주삿바늘 찌를 데를 찾기도 했다. 수지가 어쩔 줄 몰라 하면 빌리가 주사기를 들고 목에 있는 동맥에 꽂아주었다.

빌리와 스콧은 가끔 고철이나 캔을 모아서 마약할 돈을 마련하기도 했다(검은 헤로인은 값이 저렴했다. 10분의 1그램 정도가 들어 있는 풍선이 15달러나 20달러였다). 세 명 모두가 쇼핑몰 같은 데서 사기 행각을 벌일 때도 있었다. 보통은 빌리가 백화점에서 보석 같은 값나가는 물건을 훔치면, 수지가 영수증은 잃어버렸지만 물건이 마음에 들지 않아서 다시 가져온 손님처럼 행동했다. 수지에게 영수증이 없다 보니 가게 매니저는 돈 대신 상품권을 주는데, 그러면 수지는 이 상품권을 스콧에게 넘기고 스콧은 이를 주차장에서 싸게 팔아넘겼다. 그는 보통 80달러짜리 상품권을 40달러에 판 뒤, 이 40달러를 수지가 가장 좋아하는 공급자가 살고 있는 시카고로 곧장 부쳤다.

레니는 스콧과 테디의 거주 신청을 승인해주었듯 수지와 빌리의 신청도 받아주었다. 토빈의 세입자 심사는 레니가 도맡아서 했다. 하지만 레니는 신용체크는 돈이 들었기 때문에 하지 않았다. 예전 집주인에게 전화도 하지 않았다. 대부분의 신청인들이 집주인란에 엄마나 친구들을 적어넣는다고 생각했기 때문이다. 레니가 하는 심사는 주로 CCAP에 신청인들의 이름을 쳐보는 것이었다.

CCAP는 통합법정 자동화 프로그램Consolidated Court Automation Programs의 줄임말이었다. 다른 많은 주들처럼 위스콘신 주는 시민들이 주의 형사법원과 민사법원에서 처리하는 일을 열람할 권리가 있다고 믿었다.[4] 그래서 주에서는 모든 속도위반 딱지, 아동 부양 분쟁, 이혼, 퇴거, 흉악 범죄, 기타 법적인 일들의 목록을 보여주는 웹사이트를 무료로 열람할 수 있게 해주었다. 퇴거 기록과 경범죄는 20년 동안, 흉악 범죄는 최소 50년 동안 게시되었다. 또한 CCAP는 기각된 퇴거 시도와 형사 고발도 알려주었다. 누가 체포는 되었지만 유죄 판결을 받지 않았을 경우, CCAP는 해당 범법 행위가 인정되지 않았음을 알려주었다. "이 고발들은 입증되지 않았고, 따라서 법적 효력이 없다. [아무개는] 무죄로 추정된다." 그러면 결국 고용주와 집주인들은 알아서 판단을 하게 된다. CCAP의 '자주 하는 질문'에는 이런 것도 있다. "난 내 사적인 정보가 위스콘신 순회재판소 홈페이지에 공개되는 걸 원치 않습니다. 어떻게 하면 없앨 수 있나요." 이에 대한 답은 다음과 같다. "없애는 건 아마 불가능할 겁니다." 레니에게 신청인들을 심사할 때 범죄 관련 기록을 확인해본 적이 있는지 물어보면 그는 아마 씩 웃으며 이렇게 말할 것이다. "대부분의 경우 확인하죠." 그리고 어떤 종류의 기록을 근거로 승인 거부를 하는지 물어보면 마약 관련 고발이나 가정폭력 위반 기록이 있는 모든 사람은 거절한다고 답할 것이다. 하지만 수지와 빌리 모두 마약 관련 고발을 당한 적이 있었고, 이들 외에도 이런 사람들이 더 있었다.

어느 토요일 아침 레니는 일찍 일어났다. 오피스 수지와 만난 그는 토빈이 모는 캐딜락에 수지와 함께 올랐다. 이들은 밀워키 임대주 교육 프로그램Landloard Training Program에서 하루를 보낼 예정이었다. 이들 가운데 거기에 가고 싶어 하는 사람은 아무도 없었지만 선택의 여지는 없었다. 이 교육 프로그램에 참여하는 것은 토빈이 비트코프스키 시의원과 합의한 사항의 하나였다. 법무부의 재원으로 운영되는 임대주 교육 프로그램은 "임대 부동산에서 불법적이고 파괴적인 행위를 발붙이지 못하게 한다"라는 목표 아래 1990년대에 시작되었다.[5]

토빈과 레니, 오피스 수지가 튜토니아로에 있는 밀워키 안전아카데미Milwaukee Safety Academy의 큰 강의실에 도착했을 때는 이미 60여 명의 임대업자들이 앉아 있었다. 정확히 오전 아홉 시가 되자 떡 벌어진 어깨에 검은 정장을 입은 키 큰 여성이 자리에서 일어나더니 이렇게 말했다. "우리는 정시에 시작해서 정시에 마칩니다." 프로그램 진행자인 캐런 롱은 뒷짐을 진 자세로 빠르게 말하기 시작했다. "부동산에서 첫 번째 규칙이 뭐죠? 입지, 입지, 바로 입지입니다," 캐런이 말했다. "그럼 임대주가 되는 데 첫 번째 규칙은 뭐예요? 검열, 검열, 바로 검열이죠. 여러분들은 누가 행실이 나빴고 좋았는지를 가리기 위해 많은 일을 해야 해요."

캐런은 방에 모인 사람들에게 신청인의 생년월일(범죄 기록 조회를 위해)과 사회보장번호(신용을 조회하기 위해)를 받아두고 신분 증명 자료 두 가지를 요청하라고 말했다. "소득이 충분하고 그걸 입증할 수 있는지 확인하셔야 해요. 만일 자기가 자영업자라고 하면, 음, 마약상도 자영업자는 자영업자죠." 캐런은 CCAP 화면을 띄웠다. 임대업자들도 스크리닝웍스ScreeningWorks 광고지를 받은 상태였다. 스크리닝웍스는 "당신의 임대 신청인에 관한 가장 포괄적인 배경 정보"를 제공한다고 약속했다. 29.95달러만 내면 임대업자들은 신청인의 퇴거 기록과 범죄 기록, 신용 평가, 이전 주소 등의 정보가 담긴 보고서를 손에 넣을 수 있었다. "스크리닝웍스는 렌트그로우RentGrow의 서비스입니다," 광고에는 이렇게 적혀 있었다. "렌트그로우는 다세대주택 거주자 조사 경험이 10년 이상이며, 매년 50만 임대주택에 서비스를 제공합니다."[6]

"보세요," 캐런이 말했다. "만일 최근에 법원에서 퇴거 명령을 받았거나 범죄 경력이 있는 사람이라면 여러분들은 그 사람들에게 집을 내주지 않을 거예요. 퇴거당한 사람인데 여러분들에게 어떻게 돈을 내겠냐고 생각하겠죠?"[7] 자신도 임대업자인 캐런은 자기 집을 보러 온 사람이 집을 보는 방식에 관심을 기울인다고 했다. 이 점은 접수대에서 임대업자들에게 나눠준 두꺼운 교육용 교재에서도 재차 언급되었다. "방을 하나하나 살펴보는가? (…) 가구를 어디에 놓고 아이들을 어느 방에서 재울지, 주방 배치를 어떻게 가장 효율적으로 이용할지를 마음속으로 그려보는가? 아니면 세세한 부분에는 놀라울 정도로 관심을 기울이지 않고 문 안에 들어오지도 않은 채 임대를 하겠다고 말하는가? 정직한 삶을 사는 사람들은 집에 관심이 많고, 그것은 종종 집을 둘러보는 방식에서 드러난다. 반면 불법적인 용도로 집을 빌리려는 사람들은 이런 관심이 있는 척 해야 한다는 사실을 까먹는다."[8]

신청인들을 조사하는 작은 행동이 큰 결과를 가져올 수 있었다. 사람을 받고 안 받고를 결정하는 수천 건의 행위는 현대 미국 도시의 특징이라 할 수 있는 우열의 지리를 낳았고, 이로써 좋은 학교와 실패한 학교, 안전한 거리와 위험한 거리를 갈라놓았다.[9] 임대업자들은 그 전리품을 분배하는 중요한 행위자였다. 이들은 누가 어디에 살게 될지를 결정했다. 이들의 사전 조사 행위(혹은 사전 조사를 하지 않는 방기)는 어째서 범죄와 갱 활동, 혹은 어떤 지역의 시민 참여와 친밀한 이웃 관계가 구역마다 크게 차이가 날 수 있는지를 보여주었다. 또한 이는 같은 구역에 있는 저소득층 동네라 해도 어째서 아파트단지마다 경찰과의 친밀도가 다른지를 설명하는 데도 유용했다.[10]

범죄 경력과 빈곤을 동시에 걸러내는 세입자 사전 조사는 가난한 가정이 요건이 까다롭지 않은 동네에서 마약상과 성범죄자 등 범법자들과 부대끼며 살아가도록 등을 떠민다. 극심한 빈곤과 범죄로 얼룩진 동네가 그런 상태가 된 것은 가난이 범죄를, 그리고 범죄가 가난을 초래할 수도 있기 때문이기도 하지만 임대업자들이 '불법적이고 파괴적인 행위를 임대 부동산에 발붙이지 못하게' 하기 위해 사용하는 기법들이 빈곤 역시 발붙이지 못하게 했기 때문이다. 이는 또한 범죄와 마약, 극심한 빈곤 등의 사회문제들이 동네보다 훨씬 더 작은 수준에서 훨씬 격렬하게 통합된다는 의미이기도 했다. 그 결과 범죄와 마약, 극심한 빈곤이 모두 한 주소 아래 모여 살게 되었다.

가난과 결핍, 중독과 감옥에 익숙한 사람들에게 이는 종종 취업 네트워크에서 유리되고 범죄와 폭력에 노출됨을 의미했다. 하지만 이는 사람들이 문제를 드러내고 음식과 옷·정보를 교환하여, 형편없는 일자리나 복지사 혹은 감옥과 관련한 서로의 불평을 해소해줄 수 있다는 뜻이 될 수도 있었다("거기선 그레이비*를 넣어" (…) "모든 음식에 말야!"). 그러니까 범죄와 마약, 극심한 빈곤에 익숙한 사람들이 한자

• 육즙과 밀가루를 섞은 소스.

리에 모여 산다는 것은, 만일 이들이 마약 금단현상 초기 단계라면 떨림을 진정시키기 위해 이동주택단지를 한 바퀴 돌다가 우연히 다른 마약쟁이 동지를 만나 이들로부터 필요한 것을 얻을 수도 있다는 뜻이 된다.

월급날 직전에 단기 대출을 해주는 고리대금업자들이 갚지 못한 부채가 있거나 신용이 형편없는 가정에 고리의 무담보 대출을 해주는 것과 같은 이유에서, 서브프라임업계가 능력도 안 되는 사람들에게 모기지를 제공하는 것과 같은 이유에서, 렌트어센터Rent-A-Center 같은 렌탈업체가 신형 하이센스 에어컨이나 클라우스너 '라자로' 리클라이닝 소파를 신용체크도 해보지 않고 집으로 가져다주는 것과 같은 이유에서, 일부 임대업자들은 세입자들을 걸러내지 않기도 했다. 모든 시장의 맨 밑바닥에는 거기에 맞는 비즈니스 모델이 있었다.[11]

"질문 있나요?" 캐런은 눈으로 강의실 안을 훑었다.

"단기 임대가 좋나요, 장기 임대가 좋나요?"

"일단 임대부터 하세요. 제발요. 서류로 작성하셔야 해요. 이 주에선 임대계약의 60에서 70프로가 구두로 이뤄져요."

모자로 얼굴을 가린 한 남자가 손을 들고 퇴거와 관련한 질문을 던졌다. "3개월 유예기간을 주거나 뭐 그딴 거 지켜야 합니까?"

"아뇨. 임대료를 내지 않으면 어떤 보호도 받지 못해요."

"연체료에 최대 허용치 같은 게 있나요?"

강의실 안에는 신경질적인 웃음소리가 퍼졌고, 캐런은 질문에 얼굴을 찌푸렸다.

"아무런 예고 없이 공용 구역이나 복도나 열려 있는 지하실 같은 데 들어갈 수 있어요?"

캐런은 반응을 살피기 위해 잠시 뜸을 들이며 질문을 던진 여성을 향해 미소를 지었다. 질문을 한 사람은 50줄에 들어선 듯한 흑인 여성이었다. 그녀는 앞줄에 앉아서 하루 종일 열심히 강의 내용을 필기했다.

"답이 뭐예요?" 캐런이 강의실 전체를 향해 질문을 던졌다.

"할 수 있어요." 몇몇 동료 임대업자들이 대답했다.

캐런은 고개를 끄덕이고는 이 여성을 다시 바라보았다. "그래요. 절 따라해보세요. 여긴 내 집이야."

"여긴 내 집이야." 여성이 캐런을 따라 말했다.

"여긴 내 집이야." 캐런은 목청을 높이고 손을 들어올려 다른 사람들도 자신을 따라하도록 유도했다.

"여긴 내 집이야." 임대업자들이 대답했다.

"여긴 내애애 집이야아!" 캐런은 손가락으로 땅바닥을 가리키며 소리쳤다.

강의실 안에서 사람들의 목소리가 일제히 자랑스럽고 강력한 코러스로 울려 퍼졌다. "여긴 내애 집이야! 내애애애 집이라구!"

퇴거통지서를 받은 테디는 며칠 동안 테네시에 있는 집으로 갈지 고민에 빠졌다. 여동생 한 명에게 전화를 걸었더니 동생은 남편에게 밴을 몰고 데리러가라고 하겠다고 말했다. 테디는 동생에게 500달러를 부쳤다. "난 빈털터리가 되어 그 애들한테 가고 싶진 않아." 테디는 스콧에게 이렇게 말했고, 스콧 역시 자신도 돈이 바닥났다고 말했다.

스콧은 자신에겐 계획이 필요하다고 생각했다. 그래서 전에 약물중독자 모임에서 만났던 피토에게 전화를 걸어 뭐라도 할 만한 일이 있는지 물었다. 그러자 피토는 스콧을 푸에르토리코 출신의 자존심 강한 레즈비언 미라에게 소개시켜주었고, 미라는 그에게 압류된 집을 정리하는 일을 주었다. 미라는 스콧과 다른 직원들에게 현금으로 돈을 지급했다. 금액은 서로 크게 달랐다. 스콧은 그 이유를 이해하지 못했지만 그렇다고 캐묻지도 않았다. 이들은 금속은 고물상에게 주었고, 값나가는 것들은 여기저기 팔았으며, 나머지는 쓰레기장에 갖다 버렸다.

스콧은 사람들이 남기고 간 물건들을 보고 기가 질렸다. 소파, 컴퓨터, 스테인리스강으로 만든 레인지, 가격표가 그대로 달려 있는 아동복, 세발자전거, 지하실 양철통에 들어 있는 명절 장식품들, 냉동 돼지분쇄육, 그린빈 캔, 시트가 깔린 매트리스, 파일 캐비닛, 액자에 담긴 포스터와 기도문, 좋은 문구들, 커튼, 행거에 걸린 블라우스, 잔디깎이, 그림. 창문에 금이 가고 천장은 기름때에 절은 누추하고 작은 집이 있는가 하면, 두툼한 카펫에 안방에는 욕실이 딸려 있고, 뒤편에는 데크가 있는 휑한 집도 있었다. 스콧에게는 마치 도시 전체가 밖으로 내던져지는 느낌이었다.

"어떨 때는 집에 들어가보면 마치 사람들이 옷가지만 짊어지고 그냥 걸어나간 느낌이에요." 스콧은 테디와 맥주로 두 번째 아침 식사를 하며 이렇게 말했다. 이들이 퇴거통지서를 받은 지 1주 정도 지난 날이었다. "그 안에는 내가 아직 이해하지 못하는 어떤 심오함이 있는 것 같아요."

"난 일할 수 있었으면 좋겠어," 테디는 이렇게 대꾸했다. "난 밖에 나가서 일하고 싶어. 하지만 꼴이 이 모양이라."

스콧의 관심은 일이 아니라 잔해들이었다. "난 그 사람들에게 무슨 일이 있었는지 상상도 못 하겠어요," 그는 말을 이었다. "그건 정말…." 그는 말끝을 흐렸다.

"스콧," 테디가 천천히 스콧을 향해 몸을 돌리며 말했다. "넌 꼭 내

가족 같아. 널 떠나는 건 정말 싫지만, 난 집에 돌아가야 할 것 같아."

"난 당신을 좋아하지 않아요." 스콧은 웃으며 대꾸했다.

"거짓말인 거 알아. 너도 내가 가는 걸 보고 싶지 않단 것도 알아. 그렇지만 너도 어쩔 수 없는 일이라고 생각한다는 것도 알지."

토요일 아침 해 뜰 무렵, 흰 밴이 트레일러 앞에 차를 댔다. 스콧은 테디의 옷가지와 낚시 도구가 든 가방을 뒷자리에 놓은 뒤 그의 오랜 친구가 조수석에 앉도록 도와주었다. 밴이 오렌지색 할리데이비슨 오토바이 빛깔의 하늘 아래서 움직이기 시작하자 테디는 굽혀지지 않는 팔을 들어 마치 줄에 매달린 사람처럼 말없이 작별 인사를 했다.

다음 날 저녁 해질 무렵 스콧이 미라의 직원들과 함께 밖에 있는 동안 사람들은 그의 트레일러를 습격하기 시작했다. 테디는 가버렸고, 이동주택단지에 있는 모든 사람이 스콧도 곧 떠나리라는 사실을 알고 있었다. 이들은 처음에는 셔츠, 영화, 재킷, 배낭 같은 작은 물건에서 시작했다. 그 다음에는 테이블, 소파, 십자가에 못 박힌 예수 그림 같은 더 큰 물건들을 들고 나왔다.

검은 머리에 금목걸이를 한 마른 체격의 남자, 러레인의 제부 레인은 자신의 노란 데이지빛 트레일러에서 이 광경을 지켜봤다. "비열한 인간들," 그는 고개를 저으며 이렇게 말했다. "잘 땐 입을 벌리지 않는 게 좋겠어. 안 그러면 이 사람들이 네 이빨에서 금을 훔쳐갈 거야."

그날 밤 집에 돌아와 무슨 일이 벌어졌는지 알게 된 스콧은 자기 방에 있는 플라스틱 상자(사진과 학위와 추억들, 그러니까 그가 한때 다른 사람이었음을 입증하는 견고한 증거들이 들어 있는 상자)가 아직 있는지 황급히 확인했다. 플라스틱 상자는 그 자리에 있었다. 사람들은 침대는 가져갔지만 상자는 남겨두었던 것이다. 그건 마치 선물 같았다. 그러고 난 뒤 스콧은 어떤 게 사라졌고 이 절망적인 사람들마저 원하지 않는 건 어떤 건지 살펴보면서 이 방 저 방을 천천히 돌아다녔다. 책이나 폴라로이드 카메라에 손을 댄 사람은 아무도 없었지만, 빈 맥주 캔은 재활용하려고 가져갔다. 스콧은 때로 압류된 집에서 그러듯 마치 이 물건들이 땅에서 캐낸 유물이나 화석이라도 된다는 듯 손으로 쓸어보았다.

 그는 그날 밤 자신이 청소했던 마지막 집을 생각했다. 밖에서 보면 그 집은 다른 집과 다르지 않아 보였다. 하지만 안에 들어가보니 직접 만든 둥그런 무대 위에 소파가 놓여 있고, 스트리퍼용 봉이 달려 있었다. 사방에는 하드코어 포르노가 널려 있었다. 위층에는 침실이 세 개였는데, 이 가운데 두 개는 더 많은 외설물에 뒤덮여 있었다. 스콧이 세 번째 방문을 열었더니 바닥에는 트윈 침대와 장난감, 그리고 다 끝내지 못한 숙제가 놓여 있었다. 대부분의 버려진 집들은 그곳에 살던 사람들에 관한 단서를 거의 남겨두지 않았다. 스콧은 일을 할 때면 식탁 위의 웃음과 아침에도 잠이 덜 깬 얼굴들, 욕실에서 면도하는 남자 같은 것들을 상상하며 빈자리를 채우곤 했다. 그런데 이 마지막 집에는 고유한 이야기가 있었다. 스콧은 약탈당한 트레일러의 빈 바닥에 앉아 그 침실을 생각하면서 흐느껴 울었다.

400번방의 크리스마스

셰리나는 알린을 퇴거시키기로 결심했다. 장례식과 그 이후 발생한
복지수당 제재 때문에 알린의 월세는 870달러나 밀려버렸다. 셰리나
는 이제 "내보내고 다음 세입자로 넘어갈" 때가 되었다고 느꼈다. 이
달 초 그녀는 서류를 이미 제출해서 재판 일을 12월 23일로 받아놓
았다. 이날은 그해 크리스마스 전 마지막 퇴거법정이 열리는 날이었
다. 셰리나는 그날 법정이 꽉 차리라는 것을 알고 있었다. 많은 부모
들이 크리스마스 아침에 아이들을 빈손으로 대하느니 차라리 집주인
을 상대로 도박을 벌여보려고 했다.[1] 이미 어떤 새로운 세입자는 선
물을 사야 한다며 자신의 임대료 일부를 돌려줄 수 있는지 물어왔
다. 셰리나는 그녀에게 이렇게 말했다. "크리스마스트리와 선물을 채
워 넣을 수 있는 집이 있잖아. 크리스마스가 온다는 건 열한 달 전부
터 알고 있었을 거고."

　셰리나와 알린이 퇴거법정에 나가기 전날 밤 눈이 내리기 시작했
다. 다음 날 아침 밀워키 사람들이 깨어났을 때, 시 전체가 눈에 파

묻혀 있었다. 파카를 입고 니트 모자를 쓴 사람들이 보도를 뒤뚱거리며 걸어다녔다. 엄마들은 옷에 파묻힌 아이들을 데리고 발을 동동 구르며 버스정류장 밑에서 옹송그린 채 모여 있었다. 도시의 굴뚝들은 목화송이 같은 수증기 구름을 창백한 하늘 위로 뿜어올렸다. 검은색 예수 탄생 그림과 버려진 땅에서 웃고 있는 눈사람 같은 성탄 장식들이 노스사이드를 점점이 수놓고 있었다.

셰리나는 밀워키 카운티 법원에 차를 세웠다. 법원 건물은 1931년에 건축된 것이었지만 항상 거기에 있던 것처럼 보였다. 떡갈나무 줄기보다 더 크고 두꺼운 코린트식 기둥들이 번화가에 위치한 건물 전체를 감싸면서 지붕을 받치고 있었다. 거대한 건물의 인상적인 석회석 파사드에는 건축가들이 "VOX POPULI VOX DEI"라는 글씨를 블록체로 새겨놓았다. 민중의 목소리가 신의 목소리라는 뜻이었다.

셰리나는 과연 알린이 나타날지 궁금했다. 대부분의 경우 세입자들은 나타나지 않았고, 셰리나는 그게 더 좋았다. 셰리나는 이제까지 세입자에게 얼마나 많은 호의를 베풀었는지는 하등 중요하지 않다는 사실을 익히 알고 있었다. 법원에 들어서는 순간 "그딴 건 모두 창밖으로 날아가버린다." 셰리나는 알린에게 우유와 식료품을 가져다주었다. 심지어는 일꾼을 시켜 자신의 빈 셋집에 있던 안 쓰는 스토브를 가져다주기도 했다. 하지만 알린이 행정관 앞에 서게 되면 온수기가 고장 난 때나 쿠엔틴이 아직 손봐주지 않은 창문의 구멍을 언급할 공산이 더 크다는 사실을 알고 있었다. 그래도 셰리나는 그날 아침 알린에게 전화를 해서 법원에 가야 한다는 사실을 상기시켜주었다. 그렇게까지 할 필요는 없었지만 셰리나는 이상하게 알린에게 약했다. 게다가 셰리나는 행정관도 신경 쓰였다. 셰리나는 이들이 세입자들에게 동정적이라서 세부 조항으로 임대업자들을 방해하려 한다고 생각했다. 셰리나는 서류상의 오류 때문에 몇 번 반려를 당했던 경험이 있었다. 그 일이 있었을 때 셰리나는 퇴거 절차를 처음부터 완전히 다시 시작해야 했고, 그건 보통 그 집의 한 달 치 월세를 날린 다는 뜻이었다. 하지만 일이 원하는 대로 풀릴 경우에는 퇴거전담 보안관을 시켜 열흘 이내에 물리적으로 세입자를 내보낼 수 있었다.

보안을 통과한 셰리나는 밀워키 주에서 가장 분주한 법정인 밀워키 카운티 소액청구법원small claims court 400번방으로 향했다.[2] 대리석 바닥에 셰리나의 구두가 부딪히며 나는 또각또각 소리가 아치형 천장에서 메아리쳤다. 셰리나는 바닥을 응시하며 핸드폰으로 통화하고 있는 트렌치코트 차림의 변호사들과 관광객처럼 두리번거리면서 아이들과 함께 있는 젊은 부모들을 지나쳤다. 400번 법정은 만원이었다. 벽 앞에 늘어선 긴 나무 의자에는 사람들이 비좁게 긴 채 서 있었고, 이들의 몸에서 나온 열기는 방 안을 훈훈하게 덥히고 있었다. 셰리나는 얼굴을 아는 임대업자들에게 손 인사를 하며 앉을 자리를 찾았다.

법정 뒤편에서는 임대업자들이 세입자들에게 밀린 임대료를 다 내기만 하면 퇴거를 각하하겠다고 제안하면서 약정 합의를 하도록 설득하고 있었다. 그 가운데 한 명, 몇 달 전 수백 건의 부동산 규정 위반 때문에 지역신문에 난 적이 있었던 가죽재킷 차림의 한 백인 남자가 젊은 여성 조수와 농담을 주고받고 있는데 한 세입자가 다가왔다. 오십대로 보이는 흑인 여성이었다. 그녀의 해진 외투 위로 어깨가 솟아올라 있었다. 여성은 지갑을 꺼내더니 이 임대업자에게 현금 700달러를 건넸다.

"제가 바라는 건," 그녀가 입을 열었다.

하지만 임대업자는 그녀의 말을 잘랐다. "바랄 걸 바라야지. 수표를 쓰라구."

"2주 내에 600달러를 더 드릴 수 있어요."

임대업자는 연체 수수료 55달러를 포함하는 약정합의서에 서명을
하라고 요구했다. 여성은 그의 펜을 받아들였다.[3]

방 앞쪽, 테이블과 빈 의자 여러 개가 놓인 별도의 공간에는 가는
직선 무늬가 들어간 정장에 보수적인 느낌의 파워타이를 맨 변호사
들이 앉아 있었다. 임대업자들이 고용한 사람들이었다. 황파일을 앞
에 쌓아놓고 서류를 읽거나 십자 낱말풀이 칸을 채우면서 앉아 있는
변호사도 있었고, 법원 경비와 시시덕거리는 변호사도 있었다. 법원
경비는 변호사와 시답잖은 농담을 주고받다가 세입자들이 나타나면
모자를 벗으라거나 목소리를 낮추라고 주의를 주었다. 이 별도의 공
간에 있는 사람, 그러니까 변호사와 법원 경비는 모두 백인이었다.

변호사들 앞에는 커다란 나무 책상이 청중들을 향해 놓여 있었
다. 이 책상 양 끝에는 두 여성이 앉아서 그날의 사건들을 큰 소리로
외치고 출석을 확인했다. 허공에 호명된 이름에는 대부분 대답이 없
었다. 밀워키 퇴거법원에 소환된 세입자의 약 70퍼센트가 출석하지
않았다. 다른 주요 도시들도 사정은 마찬가지였다. 일부 도시 법정에
서는 열 명 가운데 단 한 명의 세입자만 출석했다.[4] 출근을 해야만 하
거나 아이를 맡아줄 사람을 찾을 수가 없는 사람도 있었고, 퇴거 과
정을 제대로 이해하지 못한 사람도 있었으며, 아예 신경을 쓰지 않거
나 굴욕적인 상황을 피하고 싶은 사람도 있었다.[5] 세입자는 나타나지
않고 집주인이나 대리인은 출석한 경우, 호명자는 해당 파일에 도장
세 개를 빠르게 찍고는(이는 궐석퇴거 판정을 받았음을 의미한다) 점점
높아가는 파일 더미 위에다가 그걸 올려두었다. 퇴거법정에서는 수
십 명이 한숨짓고, 기침하고, 웅얼거리고, 아이들에게 속삭이는 부드

러운 웅성임을 배경음으로 규칙적으로 이름을 부르고, 쉬었다가 도장을 시끄럽게 세 번 내리찍는 소리가 뒤섞였다.

전면의 책상 뒤편에는, 두 개의 거대한 나무 기둥 사이로 모세가 손상되지 않은 십계명을 가지고 시나이 산에서 내려오는 커다란 그림이 걸려 있었다. 모세는 사막에서 황금 송아지를 둘러싸고 춤을 추는 이스라엘인들을 형형한 눈빛으로 내려다보고 있었다. 두 여성 호명자 책상의 양쪽 끝에 있는 문은 집행관의 사무실로 이어졌는데, 바로 그곳에서 실제 심리가 벌어졌다. 사건이 호명되면 임대업자와 세입자들은 이 옆문으로 들어갔다가 보통 고작 몇 분 뒤 다시 나타났다.

심리를 막 끝낸 흑인 여성이 아이의 손을 잡고 다시 법정에 모습을 드러냈다. 머리에는 수건이 둘러져 있었고, 방 안에서도 두꺼운 파란색 겨울 코트를 입고 있었다. 그녀는 400번방의 중앙 통로를 따라 걸어갔다. 집에서 직접 한 문신이 눈에 띄는 핏기 없는 백인 남성과, 파자마 바지에 크록스를 신고 휠체어를 탄 백인 여성과, 무릎에 모자를 늘어뜨리고 있는 흑인 시각장애 남성과, 작업용 장화에 "우리를 위해 기도하소서"라고 적힌 셔츠를 입고 있는 히스패닉 남성, 자신의 퇴거심리를 기다리고 있는 이 모든 사람들을 지나치면서. 퇴거법정에 나온 세입자들은 일반적으로 가난했고, 거의 모두(92퍼센트)가 임대료를 제때 내지 못한 사람들이었다. 대다수는 최소한 가계 소득의 절반을 임대료로 지출했다. 3분의 1은 최소 80퍼센트를 임대료에 쏟아부었다.[6] 법정에 출석해서 퇴거당하는 세입자 여섯 명 가운데 다른 거처, 그러니까 쉼터나 친구 혹은 가족의 아파트를 어떤 식으로든 구하는 사람은 한 명에 불과했다. 일부는 체념하고 거리를 전전했다. 대부분은 어디로 가야할지 막막해했다.[7]

파란 겨울 코트를 입은 여성은 긴 의자 끝에 있는 다른 흑인 여성을 보고 알은체했다. 그 옆을 지나면서 이 여성은 몸을 구부려 이렇게 속삭였다. "걱정 마. 1분밖에 안 걸려, 자기야." 늘 그렇듯 법정은 흑인 여성으로 만원이었다. 평균적으로 밀워키 퇴거법정에 오는 사람 네 명 가운데 세 명이 흑인이었고, 이 흑인의 4분의 3이 여성이었다. 퇴거법정에 찾아오는 흑인 여성은 다른 모든 집단을 합한 인원수보다 더 많았다.[8] 이 여성들에게는 모든 연령대의 아이들이 딸려 있었다. 한 여자아이는 머리에 장식용 머리핀을 한 통쯤 달고서 다리를 흔들며 긴 의자에 말없이 앉아 있었다. 몸에 맞지 않는 헐렁한 칼라 셔츠를 입은 구릿빛 피부의 남자아이는 굳은 표정으로 꼿꼿하게 앉아 있었다. 남자아이 옆에는 여동생이 한 팔로는 눈을 감싸고 다른 한 팔로는 강아지 인형을 끌어안고 잠을 청하고 있었다.

밀워키의 가장 가난한 흑인 동네에서 퇴거는 특히 여성들에게는 일상이 되어버렸다. 이런 동네에서는 여성 세입자 열일곱 명 가운데 한 명이 매년 법원을 거쳐 퇴거를 당했는데, 이는 같은 동네 남성에 비해서는 두 배, 밀워키 시에서 가장 가난한 백인 지역의 여성에 비해서는 아홉 배 더 높은 수치였다. 흑인 동네의 여성들은 밀워키 인구의 9퍼센트를 차지했지만 퇴거당하는 세입자 가운데서는 30퍼센트에 해당했다.[9]

가난한 흑인 동네 출신 남성들의 삶을 규정하는 것이 투옥이었다면, 여성들의 삶을 좌우하는 것은 퇴거였다. 가난한 흑인 남성들은 잠긴 문 안에 갇혀 살았고, 가난한 흑인 여성들은 잠긴 문밖으로 내몰렸다.[10]

옆문에서 한 행정관이 모습을 드러내더니 호명자로부터 파일 한 개를 건네받았다. 셰리나는 자신의 차례를 기다리며 발을 톡톡 두드렸다. 이달 초 셰리나는 패트리스의 퇴거를 포함한 여덟 건의 퇴거를 위해 법원에 왔었다. 하지만 이 가운데 퇴거가 성사된 건 한 건뿐이었다. 바로 외발이 리키 건이었다. 리키는 복도에서 다리를 절뚝이며 셰리나에게 다가와 불만을 터뜨렸다. "당신은 어째서 여기서 날 끌어내려는 거요?" 목소리가 새되고 거친 리키는 숨을 쉴 때마다 맥주 냄새를 풍겼고, 스물두 번째 생일날 네 발의 총에 맞은 뒤 나무 의족을 하고 있었다.

"뭐라고? 멀쩡한 다리마저 얻어터지고 싶은 모양이지?" 셰리나는 이렇게 쏘아붙였다. 셰리나가 주먹을 들어올리자 리키는 목발로 셰리나의 다리를 찌를 듯 위협했다.

한바탕 함께 웃고 난 뒤 셰리나는 이렇게 말했다. "사랑해, 리키."

"나도 사랑해, 자기."

"알잖아. 이건 그냥 형식적인 거야. 그러니까 식료품점에 가서 '저기요, 이 음식을 가져갈 건데 줄 돈은 땡전 한 푼도 없어요'라고 말할 순 없다고."

"알아, 자기. 내가 사업을 했다면 같은 기분이었겠지… 아빠 항상 너한테 밥 주는 사람 손을 물지 말라고 하셨어."

차례가 되자 셰리나와 리키는 앞자리에 있는 벤치로 다가갔다. 사건은 원고(임대업자)별로 묶여 있었기 때문에, 호명자는 셰리나의 다른 세입자들이 있는지부터 확인했다.

"시셀 클레먼트?" 쾅, 쾅, 쾅.

"패트리스 힝스턴?" 쾅, 쾅, 쾅.

패트리스는 법원에 가는 대신 커즌즈서브에 일하러 갔다. 근무시간을 바꿔줄 사람을 찾을 수가 없었고, 일자리를 잃고 싶지 않았던 것이다. 그녀의 매니저는 그녀의 A급 비행(부도수표 발행)을 모른 척 넘어가준 적도 있었다. 패트리스가 커즌즈에서 일하면서 유일하게 좋아했던 것은 출퇴근 시간이었다. 버스를 타고 벽돌집과 성조기가 늘어선 거리를 한 시간은 족히 누비던 평화로운 시간.

"망할 여자, 망할 법원," 나중에 패트리스는 이렇게 말했다. "우리 엄마가 전에 퇴거를 당했던 적이 있는데, 그때 담당 판사가 싸가지가 없었어요." 패트리스의 세입자 경력에는 이제 한 번의 퇴거 기록이 남게 될 것이다. "내가 아는 모든 사람들, 백인 친구들은 빼구요, 맹세컨대 전부에게 퇴거 기록이 따라다녀요." 패트리스는 만일 자신이 법정에 갔다면 근무시간을 빼먹게 돼서 매니저를 당혹스럽게 만들 뿐아니라 더 많이 배우고, 법이랑 더 친하고, 법원에서 자신보다 더 편안함을 느끼는 누군가 앞에서 자신을 옹호해야 했으리라는 점을 알고 있었다. 집주인의 변호사와 직접 상대해야 하는 다른 세입자들은 패트리스보다도 상황이 더 나빴다.

게다가 패트리스는 그 웅장하고 고색창연한 법원에 발을 들여놓아야 했으리라. 패트리스의 인생에서 최고의 건물은 폰두랙로에 있는 레나의 식품점이었다. 거기에는 쇼핑카트와 밝은 형광등, 그리고 반질반질한 리놀륨 바닥이 있었다. 패트리스의 백인 친구들은 그곳을 게토 식품점이라고 불렀지만 그곳은 노스사이드에서 나은 축에 속하는 마켓이었다. 그리고 이 식품점에서 패트리스는 자신의 존재가 문제시된다는 느낌을 한 번도 가져본 적이 없었다. 패트리스는 자신의 존재가 문제시될 만한 곳은 가려 하지 않았다. 그녀가 사는 곳은 미시건 호에서 4마일 떨어져 있었다. 걸어서 한 시간, 버스로 30분, 자가용으로는 15분이면 갈 수 있는 거리였지만 한 번도 가본 적이 없었다.

* * *

"셰리나," 누군가가 속삭였다. 셰리나가 돌아보니 알린이 400번방
으로 머리를 내밀고 있었다.

셰리나는 복도로 나가서 알린을 향해 걸어갔다. 알린은 빨간색 후
드티에 달린 모자를 머리에 뒤집어쓰고 있었다. "아가씨," 셰리나가
말했다. "내가 당신을 이 집에서 나가게 하든지 아니면 내 돈을 받든
지 해야겠어. 진짜야. 내 말은, 나도 낼 돈이 많다고. 이 고지서를 보
면 눈이 튀어나올걸."

셰리나는 파일에서 세금 고지서 하나를 꺼내 알린에게 건넸다. 시
가 부적격 판정을 내린 부동산에 매긴 세금 고지서였다. 연체된 우
수雨水 및 하수 처리비용, 판자를 덧댄 데 대한 요금, 그 외 추가적인
비용이 도합 1만 1,465,67달러였다. 알린은 멍하니 고지서를 쳐다보았
다. 알린의 연 소득보다 더 많은 액수였다.

셰리나는 머리를 곤추세우며 말했다. "내가 무슨 일을 감당해야
하는지 알겠어? 그런 일이 일어난 건 당신 잘못이 아닐 수도 있어, 하
지만" (그녀는 엄지와 검지로 고지서를 집어서는 흔들어댔다) "나도 처리
해야 할 문제가 있다고."

셰리나는 400번방의 자리에 다시 앉았다. 그녀는 자신이 처음 퇴거
시켰던 때를 기억했다. 초조하고 혼란스러웠던 그녀는 서류를 열 번도
넘게 확인했다. 모든 게 그녀의 뜻대로 이루어졌다. 그 뒤 얼마 되지
않아 그녀는 두 번째 퇴거 신청서를 접수시켰고, 세 번째 접수도 넣었
다. 법원 서류를 작성할 때 셰리나는 세입자의 이름 뒤에 '등et al.'을 적
어 넣어야 한다는 사실을 배우게 되었다. 그래야 퇴거 판결이 그 집
에 사는 모든 사람들에게 적용될 수 있었다. 그녀가 모르는 사람까지
도 말이다. 서류에 적어 넣어야 하는 피해 추정액은 허용된 최대 액

수인 '5,000달러를 넘지 않음'이 정답이라는 사실도 배웠다. 연체 수
수료가 55달러가 넘으면 행정관이 얼굴을 찡그리고, 매번 납기일이
지나야 돈을 내는 세입자 한 명을 법원으로 끌고 올 경우 89.50달러
의 처리 수수료가 들긴 했지만 다른 많은 세입자들이 그걸 보고 어
떻게든 기일을 지키려고 한다는 점에서 돈이 아깝지 않다는 사실도
알게 되었다. 게다가 그녀는 이 처리 수수료를 세입자들에게 떠넘길
수도 있었다.

이번 퇴거는 알린에게도 첫 번째 경험은 아니었다. 첫 번째 퇴거는
스물두 살이었던 16년 전에 일어났다. 알린은 열여덟 살 이후로 스무
채의 임대주택에서 살았다고 기억했는데, 그건 알린과 그녀의 아이
들이 일 년에 한 번씩 이사했다는 말이었다. 그렇게 많은 이사를 한
것은 퇴거 때문이었다. 하지만 실제로 알린에게 남아 있는 퇴거 기록
은 생각보다 많지 않았다. 몇 년을 거치면서 그녀는 집주인들에게 서
로 다른 이름을 알려주었다. 이름에 별로 눈에 띄지 않는 약간 미묘
한 변화를 줘가면서. 이제 '알린 빌'과 '얼린 벨'에게는 퇴거 기록이
있었다. 시달릴 대로 시달린 법원 서기들은 많은 임대업자들이 그러
듯 신원 확인을 위해 굳이 시간을 끌지 않았다. 알린은 밀워키에서
크리스마스 시기에는 퇴거를 잠시 중단시키던 시절이 있었음을 기억
했다. 하지만 한 임대업자가 미국시민자유연맹American Civil Liberties Union
을 부추겨 이 관행은 불공정한 종교적 행사라는 주장을 퍼뜨리게 만
든 1991년부터 이는 폐지되었다.[11] 일부 옛날 사람들은 지금도 친절함
의 발로에서든, 그저 습관 때문이든, 아니면 그냥 무지해서든 이 관
행을 지켰다. 하지만 셰리나는 그런 옛날 사람이 아니었다.

더 많은 시간이 흘렀다. 변호사들은 집에 갔고(이들의 사건이 먼저
호명되었다) 법원 경비와 앞자리의 호명자들만 남았다. 이야기 상대가

없어진 경비, 그러니까 탄탄한 체구에 아래 턱보다 위 턱이 더 튀어나온 이 백인 여성은 세입자들에게 딱딱거리면서 시간을 때우기 시작했다. "핸드폰 무음으로 안 해놓으면 압수합니다!" 두 호명자는 한시간 전부터 드러내놓고 하품을 하기 시작했다. "문 앞에 서 있으면안 돼요!" 경비가 소리를 질렀다. 아이들은 신발로 의자를 톡톡 두드렸다. "얘기하고 싶으면 나가서 하세요."

마침내 알린은 셰리나가 복도를 걸어가 법정 문을 연 채로 붙들고 있는 모습을 바라보았다. "이제 우린 글렀네," 알린는 이렇게 말했다.

셰리나는 두 시간을 기다린 뒤에야 호명되었다. 그녀에겐 로라 그램링 페레즈 행정관이 배정된 상태였다. 자세는 군인 같지만 포용력 있고 개방적인 인상의 백인 여성이었다. 상의와 바지가 붙은 검은 팬츠 슈트에 진주 장신구를 착용한 그램링 페레즈는 셰리나와 정리해야 할 다른 문제가 있으니 잠시 앞에서 기다려달라고 알린에게 부탁했다. 셰리나는 행정관을 따라 그녀의 집무실로 들어갔다. 법전과 자격증이 담긴 액자들, 가족사진이 줄 맞춰 진열된 진중한 느낌의 나무 패널 방이었다. 행정관은 커다란 하드우드 테이블의 상좌에 앉더니 셰리나에게 물었다. "그 청구서는 잘 해결됐나요?"

셰리나는 전날에도 이곳에 와서 행정관에게 또 다른 퇴거 대상 세입자를 상대로 제기한 5,000달러 청구를 승인해달라고 부탁했다. 부적격 판정을 받은 건물에 세 들어 살았던 세입자였다. 모든 퇴거 사건은 두 부분으로 구성된다. '첫 번째 소송 사유'는 세입자를 퇴거할지 말지를 엄격하게 따졌다. 그 다음이 '두 번째와 세 번째 소송 사유'인데, 여기서는 세입자가 집주인에게 물어야 할 비용, 그러니까 밀린 임대료·소송비·기타 피해 등을 따졌다.[12] 퇴거법정에 끌려나온 대부분의 세입자들은 소송을 두 번 당했고(한 번은 부동산 때문에, 다른 한 번은 부채 때문에), 따라서 재판일이 이틀이었다. 하지만 두 번째 심리에 출석하는 세입자는 첫 번째 심리 때보다 훨씬 적었고, 이는 다시 말하면 세입자가 집주인에게 얼마를 줘야 하는지에 관한 집주인의 주장이 보통 문제없이 그냥 통과된다는 뜻이었다. 연체된 임대료와 법원 수수료 문제로 세입자를 고소하는 건 간단했다. 집주인은 미납된 임대료와 법원이 합리적이라고 여기는 수준의 연체 수수료, 그리고 임대 권한이 만료된 이후 세입자가 그 집에 남아 있었던 날과 관련해 두 배의 임대료를 청구할 수 있었다. 부동산 피해까지 총합에 넣을 경우 상황은 더 애매해졌다. 셰리나는 어떨 때는 차를 몰고 퇴거법원으로 오면서 청구액을 추정하기도 했다. "뒷문은 얼마를 받아야 할까? 150? 200?" 어떨 땐 쿠엔틴이 다 알아서 할 텐데도 방역 비용을 추가하기도 했다. 청구서에 별 문제가 없어 보이면 호명자들은 재빠르게 도장을 찍어주는 것으로 임대업자의 두 번째와 세 번째 소송 사유를 승인했다. 하지만 문제가 있어 보일 경우 이들은 그램링 페레즈 같은 행정관에게 청구서를 넘겼다. 그리고 지금 그램링 페레즈는 셰리나에게 전 세입자를 상태로 소액청구법원에서 허용된 최대 액수의 소송을 벌이는 걸 정당화할 수 있는 근거를 가져오라고 요구하는 중이었다.

"제가 그 여자한테 받으려고 하는 건 그 여자가 내 집에 해놓은 짓에 비하면 새 발의 피예요." 셰리나는 알린에게 보여주었던 청구서와 난장판이 된 집의 사진을 제시하며 이렇게 말했다.

그램링 페레즈 행정관은 모두 들여다보고 난 뒤 이렇게 말했다. "나한테 필요한 건 이런 게 아닌데."

셰리나의 반격은 먹히지 않았다. "그럼 난 어쨌든 그 돈은 절대 못 받는다는 거네." 셰리나가 씩씩거리며 말했다.

"어쩌면 그럴 수도 있죠." 행정관이 말을 하려 했다. "그러니까…"

"이건 불공평하다구요! 아무도 세입자들은 안 건드리잖아요. 맨날 집주인들만 갖고 그래. 이 시스템은 문제투성이에요… 뭐 될 대로 되라지. 난 그 돈은 구경도 못 하겠네. 이 사람들은 기생충 같은 인간들인데."

그램링 페레즈는 셰리나의 청구액을 5,000달러에서 1,285달러로 낮췄다. 하지만 이 판정 외에도 그달 초에 셰리나가 개시한 다른 퇴거 소송이 여덟 건이나 더 있었기 때문에 소송 피해액을 모두 합하면 1만 달러가 넘었다. 셰리나는 피해액 판정을 받는 것과 실제로 돈을 받는 건 다른 문제임을 알았다. 집주인이 세입자의 보증금을 돌려주지 않고 챙기면 피해액을 징수해야 할 때 상환청구권이 제한됐다. 셰리나는 임금을 압류할 수도 있었지만 이는 이 세입자가 일자리가 있고 빈곤선 이상의 생활을 하고 있을 때만 가능했다. 은행 계좌를 압류할 수도 있었지만 많은 세입자들은 은행 계좌가 없었고, 있다 해도 국가 보조금과 마지막 1,000달러는 건드릴 수 없었다.[13]

그렇다고 해도 셰리나와 다른 많은 임대업자들은 두 번째와 세 번째 소송 사유에 신청서를 넣었다. 피해액 판정도 퇴거 기록에 올라갔기 때문에 세입자들에게는 영향을 미쳤다. 임대 부채가 200달러로 기재된 퇴거 기록과 2,000달러로 기재된 기록은 다른 인상을 줄 수밖에 없었다. 피해액 판정은 특히 임대업자가 이를 소송 사건 일람표에 남겨놓았을 경우, 퇴거가 일어나고 몇 년 뒤에 세입자의 삶에 불쑥 재등장할 수도 있다. 판결을 소송 사건 일람표에 남겨놓으면 이는 세입자의 신용보고서에 올라가게 된다. 만일 이 세입자가 향후 10년 내에 밀워키 카운티에서 부동산을 소유하게 될 경우, 일람표에 기록된 판결은 이 부동산에 유치권을 설정하여 이 신규 주택 소유주가

대출을 갈아타거나 집을 팔 수 있는 능력을 크게 제한했다.[14] 임대업
자들 입장에서 판결을 일람표에 올리는 것은 세입자의 미래를 상대
로 승률이 대단히 높은 내기를 하는 것과 같았다. 누가 알겠는가. 어
느 날 갑자기 어떤 세입자가 자신의 신용을 바로잡고 싶어서 자신의
예전 집주인을 찾아와 빚을 갚겠다고 할지. 그러면 집주인은 이렇게
대답할지 모른다. "빚에는 이자가 있기 마련이지." 피해액 판결에는 모
든 재무 포트폴리오의 선망 대상인 연 12퍼센트의 이자가 붙었다. 이
미 신용이 만신창이인, 만성적이고 절망적인 가난에 시달리는 사람
들에게 판결이 일람표에 기재된다는 것은 이미 넘어져 있는 사람을
한 번 더 밟고 지나가는 수준의 일이었다. 하지만 겨우겨우 먹고살 만
한 일자리를 얻거나 결혼을 한 뒤 학자금 대출을 신청하거나 첫 집
을 구입하여 머뭇머뭇 또 한 번의 새로운 기회를 향해 나아가는 세
입자들에게 그건, 안 그래도 험난한 자립과 안정으로 가는 여정에
놓인 현실적인 장벽이었다.

　셰리나는 전부터 렌트 리커버리 서비스Rent Recovery Service 같은 회사
를 고용하여 자신의 두 번째와 세 번째 소송 사유 피해액을 받아내
게 할지 고민 중이었다. 자칭 "미국에서 가장 크고 공격적인 임대업
자 추심대행업체"인 이 회사는 전국적인 신용조사기관 세 곳에 체납
세입자들을 신고하여 이들을 전국적인 추적 시스템에 올려놓고 "이
들도 모르게" 세입자들의 금융 생활을 추적할 수 있었다. 이렇게 하
면 세입자들이 언제 신용을 이용해 금융 활동이나 취업 활동을 하
거나 은행 계좌를 개설하려 할지를 알 수 있었다. 집주인들이 판결
을 일람표에 올리듯, 이 회사는 장기적인 안목으로 세입자들이 "재정
적으로 자립하여 생계를 꾸리기 시작할 때"를 기다려 추심에 들어갔
다. 렌트 리커버리 서비스는 "돈을 받지 못한 사건은 결코 종결짓지

않았다."[15] 이런 사건들 가운데는 합리적으로 충분한 증거로 부채액을 산정한 경우도 있었지만, 두 번째와 세 번째 소송 사유를 부풀리고 터무니없이 높은 이자를 매긴 경우도 있었다. 하지만 두 경우 모두 법원의 승인을 받았기 때문에 렌트 리커버리 서비스는 이 두 가지를 구분하지 않았다.

알린은 자신의 차례가 되자 행정관의 테이블에서 셰리나의 바로 옆에 앉기로 마음먹었다. 이 두 여성은 잠시 오래된 친구나 심지어는 자매처럼 보였지만, 인생이 한쪽을 편애하는 인상은 지울 수 없었다. 셰리나가 아직도 5,000달러 신청이 반려된 데 속을 끓이고 있을 때 행정관은 알린의 파일에서 눈을 떼지 않고 말했다. "당신의 집주인이 당신이 임대료를 안 냈다고 퇴거시키려 하고 있어요. 임대료가 밀렸나요?"

"네," 알린이 대답했다.

이 대답과 함께 알린은 소송에서 졌다.[16]

행정관은 셰리나를 보고 물었다. "더 제기할 게 있나요?"

"아뇨." 셰리나가 대답했다. "문제는 월세가 너무 많이 밀렸다는 거거든요. 있잖아요, 난 [알린의] 언니가 죽었을 때나 무슨 일이 있으면 봐줬단 말이에요. 그달엔 집세를 다 못 냈어요. 그리고 이제 또 한 달이 다 갔잖아요. 그니까 이젠 총 870달러가 밀린 상태라구요."

"알았어요, 알았어," 행정관이 말을 끊었다. 행정관은 알린을 바라보았다. "그러니까 당신 집주인은 지금 당신이 나가주었으면 한대요."

"알았어요."

"집에 미성년자 자녀가 있나요?"

"넵."

"몇 명이죠?"

"둘이요."

그램링 페레즈는 세입자가 독립하지 않은 자녀 한 명당 이틀씩 추가적으로 집에 머물 수 있는 법원의 관습을 가끔씩 지지하는 행정관 가운데 하나였다.

"늦어도 새해 첫날에는 나갈게요," 알린이 말했다.

"그렇지만 보라구. 그럼 벌써 새로운 임대 기간이 시작될 때라구," 셰리나가 말참견을 했다.

"그러면 이분이 새해 첫날 전에 나간다면 약정을 할 의향이 있나요?" 행정관이 물었다.

"글쎄요," 말문을 연 셰리나는 더 이상 짜증을 부분적으로도 감추지 못했다. "새해 첫날 이사 들어오고 싶어 하는 사람들이 줄을 섰단 말이에요."

하지만 행정관은 어딜 파고들면 될지 간파했다. 그녀는 알린이 집을 나가야 할 것임을 알고 있었지만 퇴거 기록이라는 낙인만은 피하게 해주고 싶었다. 행정관은 다시 한번 시도했다. "이분이 31일까지 자발적으로 나가겠다고 약속하면 그 보답으로 뭘 갈 제공할 의향이 있나요?"

"내가 뭘 제공하겠다고 제안할 수 있는데요?" 셰리나가 차갑게 물었다.

"소송 기각이요."

"그러면 이 여자가 나한테 줘야 하는 다른 돈은 어쩌구요?" 퇴거 판결 기각은 곧 피해액 판정도 중단한다는 의미였다. 그런데 아무리 상대가 복지수당으로 살아가는 싱글맘이라 해도 어쨌든 피해액 판정을 받는 것은 셰리나가 법원 시스템을 거쳐 세입자를 퇴거시키는 주요 이유 가운데 하나였다.

"그러니까 내 요지는 말이에요, 당신이 1~200달러를 포기하면 1월에 들어올 세입자를 놓치지 않을 거란 말이에요." 행정관은 셰리나가 알린의 보증금을 돌려주지 않을 수도 있단 사실을 알았고, 이 경우 미납된 월세는 320달러 정도였다. "당신이 이분을 추심하지 않겠다는 합의를 할 경우 그에 대한 대가로⋯."

이번에는 알린이 행정관의 말을 막았다. "난 이분 돈을 축내려는 게 아니에요." 어조는 단호했고 불쾌한 기분이 역력했다. 알린은 누가 결정권자인지 이미 경험으로 알고 있었지만 이번만은 진주 목걸이를 한 이 백인 여성에게 결정을 맡기고 싶진 않았다.

상황을 따져보던 셰리나는 의자에 앉은 채 몸을 앞으로 숙였다. "난 아무것도 기각하지 않을래요. 정말 안 할 거예요⋯ 그러니까 판판이 잃기만 하는 데 신물 난다구요." 셰리나는 단어를 내뱉을 때마다 책상을 내리쳤다.

알린은 행정관을 바라보았다. "그러니까 제 말은, 그 집에서 살 생각이 없다구요. 그러니까, 이분이 무슨 말을 하는지 저도 알아요. 거긴 이분 집이에요."

"알겠어요." 행정관이 말했다.

"거기서 더는 안 살아요."

"알겠다구요."

행정관은 서류를 정리하며 아무 말 하지 않았다.

잠시 정적이 흐르는 동안 알린은 새로운 전략을 떠올렸다. 그녀는 깨진 창문과 잘 나오지 않던 온수, 더러운 카펫을 생각했고, 대수로운 일이 아니라는 듯한 목소리로 이렇게 말했다. "나도 할 말은 있어요. 하지만 거기서 계속 살 마음은 없으니까 됐어요." 그게 알린의 변

론이었다.[17]

행정관은 알린을 보며 이렇게 말했다. "그럼 이렇게 하기로 해요. 자, 당신은 1월 1일까지 자발적으로 집을 비워주도록 해요. 만일 그렇게 하지 않으면, 집을 비워주지 않으면, 집주인은 당신에게 더 이상 고지하지 않고 여기 와서 퇴거 영장을 받아갈 수 있어요. 그러면 보안관이 출동할 거예요."

셰리나와 알린이 법원에서 걸어 나와보니 아직도 눈이 부드럽게 내리고 있었다. 셰리나는 알린을 집까지 태워주겠다고 했다. 차 안에서 셰리나는 잠시 목을 주물렀고, 알린은 고개를 숙이고 이마를 손으로 짚었다. 두 여성 모두 머리가 쪼개질 듯한 두통에 시달리고 있었다. 셰리나는 법원에서 일이 꼬이는 바람에 머리가 아픈 거라고 투덜댔다. 아직도 그램링 페레즈가 자신의 피해액 판정을 감액한 것에 분노하고 있었다. 알린의 두통은 배고픔 때문이었다. 알린은 하루 종일 아무것도 먹지 못했다.

"나도 당신이랑 당신 애기들을 추운 날씨에 몰아내고 싶진 않아." 차가 눈 때문에 진창이 된 길을 천천히 움직일 때 셰리나가 알린에게 말했다. "사람들이 날 이런 상황으로 몰고 가지 않았으면 좋겠어… 어떤 사람들은 있잖아, 집주인들 말이야, 버젓이 살인 행위를 하기도 해. 근데 나 같은 사람도 있어. 행정관 앞에서 아무 말도 못하고, 그 여자는 하고 싶은 말은 막 다 하는데 말야. 세상일이 그런 식이라니까… 그 여자도 이 시스템이 엉망이라는 건 아는가 봐. 다 이렇게 편파적이라니까."[18]

알린은 창밖으로 눈이 검은 철제 가로등 기둥에, 공공도서관의 화려한 돔형 지붕에, 제수 성당의 고딕 양식 탑에 조용히 쌓이는 풍경을 바라보았다.

"그리고 어떤 세입자들은 있잖아, 정말 너무 고약해." 셰리나는 계속 말을 하고 있었다. "바퀴벌레를 끌어들이고 쥐도 끌어들여. 그건 누가 보상해준대? 아, 도린 힝스턴은 어쩔 거야? 자기가 레이맨 누들로 싱크대를 막아놓고는 맨날 싱크대가 막혔다고 나한테 전화나 해대고… 그래서 내가 배관공을 불렀잖아. 그랬더니 이번엔 당신이 닭 튀긴 기름을 싱크대에 부었잖아. 싱크대에 기름을 붓다니 말야. 그래서 내가 또 배관공을 불렀고."

알린이 가끔 추수감사절과 크리스마스에 선물 바구니를 받아오던 교회를 지나쳐 센터로에 들어서자 차가 속도를 늦췄다. 알린은 항상 음식과 옷가지를 나눠주는 그런 봉사 활동이 해보고 싶었다.

"그럼 알린," 셰리나가 13번가에 있는 알린의 집 앞에 차를 세우며 말했다. "임대업자가 되려거들랑 생각 접어. 이건 정말 힘든 일이야. 맨날 손해만 본다고."

차에서 내린 알린은 셰리나를 향해 몸을 돌렸다.

"메리 크리스마스," 알린이 말했다.

2부 ——— **쫓겨나고, 또 쫓겨나다**

러레인은 해도 뜨기 전에 일어나 얼굴에 찬물을 끼얹었다. 보통 동트기 전에 일어나는 그녀는 하루 중 아침일 때 기분이 제일 좋았다. 토빈과 다툼이 있던 다음 날은 그렇지 못했다. 그녀는 이불을 뒤집어쓰고 상황을 무시하려 애쓰며 침대에 누워 있었다. 디거를 밖으로 내보내야겠다는 생각이 든 뒤에야 자리에서 일어나 블라인드 틈새로 토빈이나 레니가 있는지 살펴보고 나서 개 목줄을 잡고 문밖을 나섰다. 디거는 오빠 비커의 개로 작고 검은 잡종이었다. 러레인은 비커가 심장 때문에 입원해 있는 동안 개를 봐주기로 했다.

러레인의 트레일러는 티끌 하나 없이 깔끔했다. 손님이 찾아와서 참 깔끔하다고 칭찬이라도 하면 그녀는 미소를 지으며 소형 청소기를 자랑하거나 흰 옷감을 세탁할 땐 아스피린을 넣으라는 등의 팁을 알려주었다. 트레일러에서 생활한 지는 1년 정도가 되었는데, 러레인은 그곳이, 특히 험담꾼들이 바깥에 모여들기 전인 아침의 그곳이 마음에 들던 참이었다. 러레인은 모든 물건을 완벽하게 정리해두곤 했다. 흰색 식기들은 주방의 흰색 찬장과 맞춤이었고, 작은 책상에는 오래된 컴퓨터를 올려두었다. 하지만 이렇게 정리를 잘해놓고 지내봤자 자신의 소득 중 77퍼센트를 토빈에게 내야 하는 현실에는 아무런 도움이 되지 못했다.

해가 더 높이 오르자 이동주택단지는 아이들과 자동차 엔진 소리로 술렁이기 시작했다. 러레인은 핸드폰을 살펴보았다. 그녀가 알기로 밀워키에는 퇴거를 앞둔 사람들을 위한 두 가지 주요 프로그램이 있었다. 첫 번째는 '곧 노숙자가 될' 위험에 처한 가족들을 위한 긴급구제Emergency Assistance였다. 미국 시민이고, 퇴거통지서를 소지했고, 빈곤선의 115퍼센트 이하이고, 이혼증명서나 범죄신고서, 해고통지서 등의 서류를 가지고 갑작스러운 소득 상실을 경험했음을 증명할 수 있는 사람이면 1년에 한 번 이 기금에 신청서를 낼 수 있었다. 하지만 신청 요건 가운데 하나로 집에 아직 독립하지 않은 자녀가 있어야 했다. 그래서 긴급구제는 탈락이었다.

두 번째 프로그램은 주로 연방정부에서 재정을 받아 커뮤니티 지지자들Community Advocates이라는 지역단체를 거쳐 제공되는 노숙자예방 프로그램Homelessness Prevention Program이었다. 하지만 이 수당을 받으려면 소득 손실을 경험해야 할 뿐 아니라 지금의 소득으로 미래의 임대료를 감당할 수 있음을 증명해야 했다. 게다가 집주인의 동의가 필요했는데, 러레인에겐 불가능한 상황이었다. 긴급구제도 그렇지만 이 서비스는 만성적으로 임대료가 쪼들리는 사람들보다는 운 나쁜 사람들(해고를 당했거나 강도를 당한 사람들)을 위한 것이었다. 그리고 커뮤니티 지지자들이 매년 이 수당을 제공할 수 있는 대상은 겨우 950가구뿐이었다. 밀워키에서 그 정도 수의 가구가 퇴거를 당하는 데는 6주도 걸리지 않았다.[1]

러레인은 외우고 있던 번호로 전화를 걸었다. "네. 궁금한 게 있는데요. 거기서 사람들 임대료를 보조해준다고 들었어요… 아. 아, 아니라구요? 알겠습니다." 러레인은 전화를 끊었다. 전화를 했던 곳은 빈곤 퇴치 조직인 사회개발위원회Social Development Commissions였다. 그들은 도움이 되지 않았다. 누군가 러레인에게 27번가에 있는 YMCA가 긴급 대출을 해준다는 얘길했던 기억이 떠올랐다. 러레인은 YMCA에 전화를 걸었다. "네. 거기서 제 임대료를 도와줄 수도 있단 말을 듣고 전화를 하게 됐어요… 제 임대료요… 임대료. 알-이-엔-티R-E-N-T." 소득은 없었다. 러레인은 세입자조합에는 전화를 하지 않았다. 대부분의 미국 도시가 그렇듯 밀워키에는 그런 단체가 없었다.

러레인이 생각해낼 수 있는 비영리단체와 시 및 주의 관련 기관에 모두 전화를 걸었을 땐 아직 아침 나절이었다. 모두 헛수고였다. 별다른 기대 없이 러레인은 한 곳에 더 전화를 걸어보았다. 전화기를 든 채 스피커로 들려오는 무심한 연결음을 듣고 있었다. 러레인은 어깨를 으쓱했다. 마샤 P. 코그스 휴먼서비스센터(일명 '복지 빌딩')는 항상 통화 중이었다.

운송업체 직원들은 아침 일찍 트럭에 시동을 걸었다. 디젤엔진이 으르렁대는 가운데 남자들은 담배와 블랙커피가 든 잔을 들고 모여들었다. 도시는 전날 내린 비로 젖어 있었다. 남자들 가운데는 귀에 피어싱을 한 근육질의 젊은 남자도 있었고, 떡 벌어진 가슴에 가죽장갑을 청바지에 내려치고 있는 중년 남자도 있었다. 그중 가장 연장자는 호리호리한 체격에 뚱한 표정의 팀이었다. 적갈색 피부에 수염이 까칠한 팀의 앞주머니에는 갓 뜯은 세일럼 담배 한 갑이 들어 있었다. 거의 전부가 흑인이었고, 부츠를 신고 있었으며, 회사 이름(이글

무빙 앤 스토리지)과 여러 가지 재치 있는 문구("새들을 위한 이사업체",
"레슬러급 직원들의 서비스", "포장 음식도 주문하세요")가 적힌 재킷을 입
고 있었다.

브리튼가의 형제들(톰·데이브·짐)은 아버지로부터 이 회사를 물려
받았다. 아버지가 1958년에 처음으로 일을 시작했을 때는 퇴거로 인
한 이사가 한 주에 한두 건뿐이었다. 아버지는 트럭 두 대를 가지고
집에서 회사를 운영했고, 추가 일손이 필요할 땐 영세민구제 전도단
에서 사람을 데려오곤 했다. 50년 뒤 이 회사는 대부분이 전일제 운
반원인 서른다섯 명의 직원을 거느렸고, 한 무더기의 밴과 18피트짜
리 트럭을 보유했으며, 원래 가구 공장이었던 1만 8,000평방피트 면적
의 3층 건물을 업무 공간으로 썼다. 이들이 맡는 일의 40퍼센트는 퇴
거로 인한 이사였다.

이글의 직원들은 보안관보 두 명과 함께 움직였다. 먼저 이 보안관
보들이 문을 두드려 퇴거를 고지하면 운반원들이 들어가 집을 정리
하는 식이었다. 비용은 집주인들이 부담했다. 집주인이 보안관 사무
실을 움직이려면 먼저 채권으로 보증된 운송회사와 계약을 체결해야
했다. 밀워키에는 이런 회사가 네 곳이 있었는데, 이 가운데 이글이
가장 큰 곳이었다. 다섯 명으로 구성된 이글의 이사팀에게 일을 시키
려면 집주인은 350달러의 보증금을 걸어야 했는데, 이는 퇴거 이사비
용의 평균적인 액수였다. 그러면 이글은 신용장Letter of Authority을 써주
었고, 집주인은 필요한 법원 서류와 추가적인 보안관비용 130달러와
함께 이 신용장을 보안관 사무실에 제출했다. 절차가 완료되면 보안
관은 열흘 내에 세입자를 퇴거시켜야 했다. 보안관과 운송업체가 진
행하는 공식적인 퇴거비용은 법원 신청비용과 처리 대행료까지 합하
면 600달러 정도였다. 집주인들은 이 비용을 피해액 판정에 추가할

수도 있었지만 돌려받지 못하는 경우가 종종 있었다.

머리가 희끗희끗하고 성큼성큼 걸어다니는 백인 남성 데이브 브리튼이 일꾼들에게 신호를 주자 이들은 트럭에 올라탔다. 밴을 운전하는 건 팀이었고, 데이브는 같이 일하러 나갈 때 조수석에 앉았다.

하루의 경로는 북쪽 끝 주소부터 시작해서 남쪽으로 내려갔다. 이글의 트럭은 오전과 이른 오후에는 노스사이드의 게토를 어슬렁거리며 누비고 난 뒤, 메노미니 리버밸리를 건너 니어 사우스사이드의 히스패닉 거주 지역을 돌았고, 주로 백인들이 사는 파 사우스사이드의 이동주택단지에서 하루를 마쳤다.

보안관들이 이사업체 직원들을 만난 곳은 실버스프링 드라이브에 있는 한 아파트단지 밖이었다. 둘 가운데 더 나이가 많고 직업에 가장 잘 맞는 외모를 갖춘(떡 벌어진 어깨, 두터운 턱살, 선글라스, 경찰다운 콧수염, 그리고 껌) 존이 문을 두드렸다. 자그마한 흑인 여성이 졸린 눈을 비비며 대답했다. 존이 집 안을 둘러보니 식기건조대에는 그릇이 널려 있고, 포장 상자는 하나도 없는 깔끔한 집이었다. 그가 파트너를 돌아보며 물었다. "제대로 온 거 맞아?" 그는 사무실로 전화를 걸었다.

존 보안관은 집에 들어갔을 때 바닥에 매트리스가 깔려 있고 천장은 기름때에 절어 있으며, 벽에 바퀴벌레가 있고 옷과 붙임머리 가발·장난감 같은 것들이 널려 있으면 재차 확인하지 않았다. 세입자들이 죽은 동물과 썩은 음식들을 버려둔 채 이미 집을 비우고 떠난 뒤일 때도 있었다. 운반원들은 토하기도 했다. 존 보안관은 이렇게 말하길 좋아했다. "퇴거의 첫 번째 규칙은 절대 냉장고는 열지 말라는 겁니다." 상태가 특별히 나쁠 때, 그러니까 집 안이 쓰레기나 개똥으로 뒤덮여 있거나 주삿바늘 같은 게 굴러다닐 때 데이브는 고개를 끄덕이며 "쓰레기통이 따로 없네"라고 말하고는 집주인에게 난장판을 그대로 남기고 떠났다.

존은 전화를 끊고 운반원들에게 안으로 들어오라고 손짓했다. 그 순간 이 집은 더 이상 점유자들의 것이 아니며, 운반원들에게 접수되었다. 짐수레와 이사용 끈·상자를 들고 운반원들은 방을 하나하나 정리하기 시작했다. 이들은 신속했고 주저함이 없었다. 그날 아침 집 안에 아이는 없었지만 장난감과 기저귀가 보였다. 문에서 응대했던 흑인 여성은 무기력한 표정으로 천천히 움직였다. 냉장고 문을 열었다가 이미 운반원들이 얼음틀까지 포장해서 다 비워낸 사실을 알게 된 여성의 입에서 흐느낌이 터져나왔다.[2] 그녀는 뒷골목에 쌓여 있는 자신의 짐을 발견했다. 비가 내리기 시작하자 존 보안관은 하늘을 한 번 본 뒤 팀을 쳐다보았다. "눈보라든 비보라든 우린 상관 안 해." 팀은 이렇게 말하면서 세일럼 담배에 불을 붙였다.

두 번째 퇴거 대상인 연파랑 2층집에는 아무도 없었다. 세입자는 종종 집에 없기도 했다. 보안관이 도착하기 전에 이사를 가버린 사람들도 있었고, 그날이 퇴거일임을 깨닫지 못한 사람들도 있었다. 보안관 사무실에 전화를 걸어 자신의 주소가 그날의 퇴거 목록에 올라 있는지를 물어보는 사람은 극히 일부였다. 하지만 보안관이 문을 두드리면 많은 사람들이 허를 찔린 채 어쩔 줄 몰라했다. 어떤 사람들은 퇴거통지서를 받지 못했다고 우기거나, 고지서에는 정확한 퇴거일 혹은 날짜의 범위조차 명시되지 않았다고 지적했다. 그러면 보안관들은 어깨를 으쓱할 뿐이었다. 이들은 세입자들이 최대한 오래 버티려고 그냥 시스템을 가지고 논다고 생각했다. 데이브의 평가는 그보다는 좀 더 세심했다. 그는 퇴거를 앞둔 세입자들 사이에는 일종의 집단적인 거부가 똬리를 틀고 있다고 생각했다. 마치 조만간 어느 날

두 명의 무장한 보안관보들이 나타나 이들에게 나가라고 명령하고는 일꾼들을 불러들여 예전에 이들이 그곳에 살았던 적이 없었던 것처럼 만들어놓으리라는 사실을 받아들이지 못하거나 상상하지 못하는 상태에 놓여 있다는 것이었다. 심리학자라면 결핍의 상황에 놓인 사람들은 지금 이 순간을 더 우선시하고 미래를 생각하지 못해서 종종 큰 손실을 입기도 한다는 사실을 보여주는 연구를 인용하면서 데이브의 의견에 공감할지 모른다. 아니면 이들은 한 세기 전에 출간된 《다른 절반은 어떻게 살아가는가How the Other Half Lives》를 인용할지도 모른다. "가장 기본적인 생의 필수품들을 얻기 위해 부단히 극심한 전투를 벌여야 하는 상황에서는 그 어떤 것도 앞을 내다보도록 독려하지 못하고, 만사가 미래를 생각하지 못하게 한다. (…) 사악한 심판의 날은 결코 오지 않을 내일로 연기된다. 그날이 오면 (…) 요람에서부터 그런 사건들로 점철된 인생에 또 하나의 고난이 추가될 뿐이다."[3]

하지만 심리학적 교양이 하등 필요 없는 사건들, 임대업자들이 의도적으로 세입자에게 사기를 치거나 잘못된 길로 유인한 경우들도 있었다.

데이브는 신참 브론티에게 연파랑 집의 창문을 타넘고 들어가 문을 열라고 지시했다. 집 안에 들어간 이들은 델 컴퓨터와 깨끗한 가죽 소파와 선반에 가지런히 놓인 새 신발들을 발견했다. 텔레비전은 켜진 채였다. 데이브는 텔레비전에서 나오고 있는 쇼를 가리키며 웃었다. "망할 마사 스튜어트Martha Stewart!"

몇 분 뒤 짙은 황록색의 구형 재규어 한 대가 진입로에 섰다. 젊은 흑인 남성 네 명이 차에서 뛰어내렸다.

"무슨 일이에요?" 한 명이 물었다.

"이 집은 압류됐어요." 존이 서류를 제시하며 대꾸했다.

"뭐라구요? 이달 월세는 막 냈다구요! 경관님, 좀 봐주세요."

네 명 가운데 한 남자가 집으로 돌진하더니 신발 상자를 조심스럽게 끌어안고 재빨리 다시 나왔다. 그는 마치 풋볼에서 러닝백이 가운데로 돌진하라는 공격 명령을 받고 뛸 때 공을 끌어안듯 두 팔로 상자를 안고 나와서는 재규어 트렁크에 넣었다.

보안관들은 한 발 물러나 서로 이야기를 나눴다. "이 사람들 뒤통수를 맞았네," 존이 파트너에게 말했다. "집주인이 집세를 받아놓고는 모기지를 안 갚았어."

"아, 하지만 존, 여긴 마약 소굴이에요," 다른 보안관이 대답했다.

존은 인상을 썼고, 두 보안관은 주방으로 다가갔다. 팀은 그곳에서 상자를 조립하고 있었다.

"팀, 여기가 마약 소굴인가?" 존이 속삭였다.

팀은 마치 전에 그 집에 와본 적이 있기라도 한 듯 말없이 주방 서랍을 열어보였다. 안에는 작은 지퍼락 비닐봉지들과 면도날이 있었다. 보안관들은 서로를 바라보았다. 세입자가 집주인의 압류 상황을 완전히 모르고 있는 이런 상황에서 가끔 존은 판사의 명령을 그날 실행하지 않고 세입자에게 시간을 더 벌어주곤 했다. 하지만 이번 건은 멈추지 않는 대신 신발 상자 안에 뭐가 있는지도 확인하지 않기로 했다.[4] 마약류는 그의 소관이 아니었고, 벌은 흠잡을 데 없는 압류로 충분하다고 생각했다.

다음 집은 그야말로 '쓰레기통'이었다. 그 다음 집은 수월했다. 나이 든 흑인 남자는 세간이 별로 없었다. "이봐요, 이건 말도 안 돼," 그는 운반원이 침실 서랍에 들어 있던 것을 상자 하나에 몰아넣자 이렇게 말했다. 다음번 집으로 향하기 위해 밴으로 가던 데이브는 이제는 비를 맞아 번들거리는 흑인 남자의 소지품 더미를 가리키며 존에게 말했다. "어떤 사람들은 캔버스에 그림을 그리지. 이건 내 작품이야." 다음번 집의 짐 더미는 이번보다 훨씬 인상적이었다. 거기에는 반쯤 먹다 남은 생일 케이크와 아직 헬륨 가스가 빵빵하게 남아 있는 풍선도 있었다.

　러레인은 사우스밀워키의 야구장 건너편에 있는 노란 벽돌로 된 땅딸막한 공공주택에서 남자 형제 둘, 여자 형제 둘과 함께 자랐다. 갑상선 때문에 몸이 부풀어 있는 어머니는 병약했고, 아버지는 창문 닦이였다. 러레인은 아버지가 사탕 공장 창문을 닦은 날이면 지글러 자이언트바 봉지를, 어떤 동네 음식점에서 일한 날이면 신선한 빵을 한 아름 집으로 가져왔던 일을 기억했다. 러레인은 자신의 어린 시절을, 특히 애정이 넘치던 아버지를 사랑했다. "우린 우리가 가난한 줄도 몰랐어요," 러레인은 이렇게 말했다.

　학교 생활은 쉽지 않았다. 10학년이 되었을 때 그녀는 이제 할 만큼 했다고 생각했다. "내 주위 모든 사람들이 그럭저럭 해냈지만 난 안 되더라구요." 그녀는 자퇴를 하고 나서 시급 1.5달러에 재봉사로 일하기 시작했다. 직장은 에버브라이트라고 하는 기업 간판을 제조하는 곳이었다. 파업이 일어나서 일을 그만두게 된 그녀는 셔먼로에 있는 R-W 엔터프라이즈에서 기계공으로 일하기 시작했다. 아버지는 어린 딸이 판금을 다루면서 펀치프레스 기계를 조작하는 걸 계속 걱정하셨다. 어쩌면 그래서 어느 날 금속판이 그녀의 손으로 떨어져 두 중지 절반이 날아가게 되었을 때 기억나는 거라곤 울부짖으며 아빠를 찾았던 것뿐이었는지도 몰랐다.

　러레인은 스물두 살에 제리 리라는 남자와 결혼했다. 그는 러레인에게 공장을 그만두고 집에 있으라고 했다. 그래서 일을 그만뒀다. 러레인이 운전면허 시험공부를 시작하자 제리 리는 왜 운전면허가 필요하냐고 물었다. 그래서 공부하던 책도 치워버렸다. 3년 뒤 이들은 딸 하나를, 그 후로 2년 뒤 두 번째 딸을 얻었다. 메건과 제이미였다. 하지만 얼마 안 가 이들의 결혼 생활은 허물어지기 시작했다. 제리 리가 집으로 여자를 데려오는 지경까지 이르렀다. 이들은 8년 뒤 이혼을 했고, 러레인은 싱글맘으로 살기 시작했다. 그 시절은 가난과 2교대 근무, 자유와 웃음으로 가득했다. 만일 러레인에게 물어보면 그녀는 그 시절이 생애 최고의 시기였다고 말할 것이었다. 그 시절에 러레인은 테이블 위에서 춤을 추기 시작했다. 그녀는 그렇게 해서 받는 돈이, 누군가 자신을 욕망한다는 느낌이 좋았다. 낮에 주업으로 다른 사람의 집을 청소해주러 갈 때는 딸들을 데려가기도 했다. 아이들은 엄마의 일을 도왔고, 그러면 러레인은 자신의 일당을 아이들과 나누곤 했다.

어느 날 러레인과 딸들은 독립기념일 바비큐 파티에 가게 되었다. 1986년의 일이었다. 이들이 그곳에 초대받은 이유는 한 친구가 자신의 오빠 글렌을 러레인에게 소개시켜주고 싶어 했기 때문이었다. 결과는 성공적이었다. 이들은 강렬하고 빠르게 서로에게 빠져들었다. 글렌은 제리 리와는 전혀 다른 사람이었다. 러레인은 글렌과 함께 있으면 바보 같다는 느낌이 들지 않았다. 자신이 아름답고 쓸모 있는 사람처럼 느껴졌다. 글렌은 약국을 턴 일로 옥살이를 하다가 가석방된 상태였다. 사실 그는 일생 동안 수도 없이 감옥을 들락거렸다. 러레인은 그가 곤경에서 벗어날 수 있도록 애를 썼다. 그가 구직 활동에 실패한 날엔 목을 쓰다듬어주곤 했다. 글렌은 러레인에게 운전면허증을 따보라고 격려해주었고, 결국 서른여덟 살에 그녀는 운전면허증을 땄다.

글렌은 낭만적인 사람이었지만 술꾼이었다. 글렌과 러레인은 소란스러운 언쟁을 일삼곤 했다. 때로 글렌이 러레인의 뒤를 추격했고, 그러면 러레인이 전화기로 그의 얼굴을 피투성이로 만들어놓았다. 한번은 집주인이 너무 시끄럽다며 이들을 내쫓기도 했다. 싸움을 한 다음날 아침이면 이들은 부드럽게 키스를 하고 사과하곤 했다. 이들의 사랑은 소모적이고도 난폭했다.

러레인은 지금도 그 이후의 사건을 자기 탓으로 여겼다. 여동생의 집에 갔다가 돌아온 글렌은 술과 마약에 취한데다 누군가에게 흠씬 두들겨 맞은 상태였다. 싸움에 휘말렸던 그는 기분이 좋지 않았다. 글렌은 우울증에 빠져들 수도 있었다. 러레인은 때로 그가 환청까지 듣기도 했다고 기억했다. 글렌은 처방약 봉지를 집어 들었고, 그가 약을 통째로 털어 넣을지도 모른다고 생각한 러레인은 그의 팔을 붙잡았다. 둘은 약을 가지고 몸싸움을 벌였고, 냉장고에 부딪혀 미끄러진 글렌은 바닥에 쿵하고 쓰러졌다. 머리에 깊게 패인 상처에서 피가 뿜어져 나왔다. 겁에 질린 러레인은 911에 전화를 걸었다. 응급 의료진들이 글렌의 머리를 붕대로 감싼 뒤 경찰이 그를 수갑에 채웠다. 글렌은 마약성 약물을 복용해 가석방 규정을 위반했다는 이유로 다시 투옥되었다.

러레인이 감옥에 있는 글렌을 마지막으로 면회하러 갔을 때 그의 상태는 좋지 않아 보였다. 글렌은 초조해했고 눈은 누리끼리했다. 평소답지 않게 그는 기분이 좋지 않다며 갑자기 면회를 중단시켜달라고 요청했다. 그 다음 날 아침 러레인의 전화가 울렸다. 러레인은 한 여성이 그녀에게 이렇게 말했다고 기억했다. "이런 말은 정말 전하고 싶지 않지만, 글렌이 죽었어요." 사인은 약물 과잉이었다.

그 후 몇 년 동안 러레인은 글렌이 감방 동료에게 독살당했다고

믿으며 지냈다. 사실이 어떻든 16년을 함께 지낸 글렌이 가버린 것이
었다. 러레인은 전화기를 떨어뜨리고는 그의 이름을 목 놓아 불렀다.
"난 그때 그 자리에서 죽어버렸어," 러레인은 이렇게 말했다. "내 심장
이 찢어졌지. 내 몸도, 나라는 존재 전체가 찢어져버렸어… 그가 죽었
을 때 마치 내 인생이 송두리째 어떤 구멍으로 추락하는 것 같았어.
그리고 그 뒤로 난 거기서 헤어나지 못했지."

　
노스사이드에 있는 한 크림색 외벽의 두 세대용 아파트 바깥에 이
글무빙의 트럭들이 멈춰 섰다. 노크에 답한 건 꽤 큰 아이였다. 짧게
자른 머리에 고동색 피부, 주눅 든 기색이 전혀 없는 회색 눈을 가진
열일곱 살쯤 되어 보이는 여자아이였다.
　데이브와 일꾼들은 존이 오케이라고 신호 내리기를 기다리며 물
러서 있었다. 언제나 보안관들이 먼저 들어가서 만에 하나 있을지도
모를 세입자들의 역공을 받아냈다. 종종 시끄러운 일이 벌어지긴 했
지만 폭력 사태는 거의 일어나지 않았다. 보안관들은 다양한 대처 전
략을 사용했다. 존은 공격에는 공격으로 응수하기를 좋아했다. 한번
은 목욕용 가운과 모자를 걸친 여자 면전에서 보안관 사무실에 전
화를 걸어 "여자가 입을 닥치지 않고 또박또박 어른처럼 말하기 시작
하면 이 여자의 똥을 바닥에 패대기칠 거야!"라고 말한 적도 있었다.
회색 눈 소녀와의 대화는 평소보다 더 길게 이어졌다. 데이브는 플란
넬셔츠를 입은 백인 남자가 트럭을 세우고 문에 다가가는 모습을 지
켜보았다. 집주인이군, 데이브는 생각했다. 몇 분 뒤 존은 데이브를
향해 고개를 끄덕였고, 일꾼들은 재빨리 몸을 놀리기 시작했다.
　집 안에 들어선 운반원들은 아이 다섯을 발견했다. 팀은 그 가운
데 한 아이가 직원으로 일했던 한 남자의 딸임을 알아보았다. 아는

사람의 퇴거에 동원되는 일은 드물지 않았다. 운반원들 대부분은 노스사이드에 살았고, 다니는 교회나 살고 있는 구역 누군가의 짐을 싸는 어색한 순간을 한 번은 경험하곤 했다. 하지만 이 집은 뭔가 이상했다. 데이브가 무슨 일이 있냐고 묻자, 존은 퇴거 명령 대상자의 이름은 이 아이들 가운데 몇의 어머니라고 설명했다. 그런데 이 어머니는 두 달 전에 죽었고, 아이들은 그 집에서 자기들끼리 살아가고 있었던 것이다.

운반원들이 방을 휩쓸고 다니는 동안 회색 눈의 소녀는 다른 아이들에게 지시를 하며 아이들을 이끌었다. 가장 어린 아이는 여덟 살이나 아홉 살쯤 되어보이는 남자아이였다. 위층에 올라간 운반원들은 바닥에 깔려 있는 남루한 매트리스들과 마치 전리품처럼 늘어서 있는 빈 술병들을 발견했다. 눅눅한 지하실에는 사방에 옷이 내팽개쳐져 있었다. 집과 마당에는 쓰레기가 뒹굴었다. "역겹군," 팀은 주방 벽을 타고 오르는 바퀴벌레들을 보며 이렇게 말했다.

집주인이 파워 드릴로 자물쇠를 교체하고 운반원들이 집안 살림살이를 젖은 보도 위로 내놓자 아이들은 사방을 뛰어다니며 웃기 시작했다.

이사가 완료되자 일꾼들은 혹시 몸에 올라탔을지 모를 바퀴벌레를 털어내기 위해 본능적으로 발을 구르며 트럭 주위에 모여들었다. 흡연가들은 담배를 꺼내 물었다. 이들은 아이들이 어디로 갈지 알지 못했고, 묻지도 않았다.

이런 일을 하다보면 많은 일을 겪게 된다. 유에프오 활동 관련 녹음테이프를 1만 개 가지고 있던 어떤 남자는 "만사가 정연하다! 만사가 정연하다!"라고 줄기차게 외쳐댔다. 소변이 가득 든 단지들을 갖고 있던 여자도 있었다. 치와와 떼에 집을 내주고 지하실에 살던 남자도 있었다. 불과 1주일 전에는 한 남자가 존 보안관에게 1분만 달라고 하더니 문을 닫고 들어가서 자기 머리를 총으로 쏜 적도 있었다.[5] 하지만 무엇보다 괴로운 것은 그 불결함이었다. 근무를 마치고 나면 그 냄새와 풍경을 술로 씻어내야 했다.

회색 눈 소녀는 현관 난간에 기대어 담배를 깊이 빨았다.

러레인은 형제자매들에게 도움을 청해볼까 고민했다. 몇 마일 떨어진 곳에 사는 큰언니 오데사는 처방약통이 가득한 램프 스탠드 옆에서 나이트가운을 입고 코듀로이 리클라이너에 누워 토크쇼를 시청하며 며칠씩 지냈다. SSI로 연명했기 때문에 의지가 있다 해도 도울 수가 없을 것이고, 사실 의지도 없었다. 비커는 오데사보다 형편이 더 나빴다. 피부가 늘어지고 키가 껑충한 비커는 예순다섯 살에 보행기가 없으면 걷지 못하는 골초였다. 가족들은 비커의 악화되는 건강 상태를 중서부식 농담으로 놀려대는 걸 즐겼다. "우린 단축번호에 장례식장을 저장시켜놨지!" 비커가 병원에 있지 않았다 해도 그가 받는 사회보장 급여는 러레인이 받는 것보다 훨씬 적었다. 비커는 임대료는 겨우 낼 수 있었지만 다른 건 어떻게 할 수가 없어서, 옷가지와 담배 상자와 담배꽁초와 음식이 굳어버린 접시들과 여기저기 흩어진 개똥으로 뒤덮인 더러운 트레일러에서 힘들게 살았다.

수전은 형편이 좀 나은 편이었다. 수전은 남편 레인과 함께 러레인과 같은 이동주택단지에서 러레인보다는 더 괜찮은 트레일러에서 살았다. 부부는 레인의 표현에 따르면 "전구처럼 환하게 빛나는" 손녀를 입양하려고 필사적으로 노력하고 있었다(이들의 둘째딸, "우리 심장이 썩어 문드러지게 만드는 아이"는 중증 코카인 복용자였다). 그리고 이들이 그 상황에 자원이나 관심을 쏟아붓지 않았더라도 수전은 러레인에게

돈을 맡기지 않았다. 수전은 전에 한번 러레인이 텔레비전에서 광고
하는 루미니스 에어 화장품 도구 세트에 수백 달러를 날려먹었다는
사실을 알고 난 뒤 몇 주 동안 러레인에게 말도 하지 않았다.

 그러면 마지막으로 남는 건 은총받은 아이 루벤이었다. 루벤은 아
버지의 크로아티아 특유의 코를 물려받지 않은 유일한 아이였다. 그
리고 그는 이동주택단지에 살지도, 심지어는 오데사처럼 커더히*에
살지도 않았다. 루벤은 오크크릭**에서, 자기 소유의 집에, 그것도 매
년 추수감사절 만찬을 위해 모든 식구를 초대할 수 있을 정도로 큰
집에서 살았다. 러레인은 루벤에게 월세를 부탁할 수도 있었지만 이
막냇동생과 별로 친하지 않았다. 게다가 형편이 더 나은 피붙이에게
도움을 청하는 일은 결코 만만한 일이 아니었다. 이런 유대 관계는
긴급 상황이나 기회가 발생할 때를 위해 예금처럼 저축해두는 것이
나았다. 돈이 있는 가족 구성원들은 반복된 요청에 넌덜머리가 나면
때로 친지의 불행을 개인의 실패로 돌리고 장기간 지원을 철회해버
릴 수도 있기 때문에, 계좌에서 너무 많은 돈을 인출하지 않도록 조
심할 필요가 있었다. 가장 도움을 주기 좋은 위치에 있는 가족 구성
원에게 때로 부탁하지 못하는 것은 바로 이런 이유 때문이었다.[6]

 러레인이 생각하기에 최선의 시도는 둘째 딸 제이미에게 연락을
해보는 것이었다. 러레인은 제이미가 일하는 아비스로 가는 길을 확
인했다. 출발 전 러레인은 연파랑색 셔츠에 깨끗한 검은 팬츠, 굽 낮
은 검은 신발, 그리고 립스틱으로 몸단장을 했다.

 "제이미한테 주문하고 싶은데요?" 러레인이 계산대 뒤에 있는 아
비스의 다른 직원에게 부탁했다.

- 1만 8,000여 명이 살고 있는 밀워키 카운티의 소도시.
- 3만 5,000여 명이 살고 있는 밀워키 카운티의 소도시.

"제이미," 직원은 제이미를 불러냈다.

더러운 접시 더미 위로 밖을 내다본 제이미는 엄마를 향해 눈을 치켜뜨더니 프런트로 걸어나왔다. 굵게 말린 적갈색 머리카락들이 아비스 모자에 덮혀 있었다. 제이미는 러레인보다 많이 크지는 않았고, 금테 안경을 쓰고 있었으며, 수녀처럼 따뜻하지만 거리가 느껴지는 표정이었다. 계산대 뒤에서 더 나오지 않고 제이미는 속삭이듯 말했다. "엄마, 여기 오시면 안 되잖아요."

"나도 알아," 러레인이 미소를 떨구더니 대단히 슬픈 표정으로 말했다. "나도 안단다, 아가. 하지만 내가 24시간 퇴거통지서를 받았거든. 월세를 내지 않으면 날 쫓아낼 거야. 그래서, 음, 네가 날 어떻게 도와줄 수 있나 해서 말야."

사람들이 줄을 서기 시작했다. 제이미는 러레인에게서 물러나 주문을 받았다. 제이미가 줄 선 사람들의 주문을 다 받자 매니저가 나타났다. 담황색 머리카락에 여드름이 난 빼빼 마른 여자는 고등학생처럼 보였다.

"엄마, 이분이 내 상사예요." 제이미의 목소리는 당황한 듯 들렸다. 매니저는 제이미보다 열 살은 어려 보였다.

"제이미 얼굴 보러 오신 거예요?" 매니저가 물었다.

"주문하러 왔어요."

"아, 좋아요." 매니저가 제이미에게 팔을 둘렀다. "나도 당신 딸을 사랑한답니다. 내가 제일 좋아하는 직원이죠."

러레인은 주문을 하고 돈을 내려고 지갑을 꺼냈다. 하지만 매니저는 금전 수납기를 몇 번 경쾌하게 내려치더니 러레인이 낼 돈을 없애버렸다. "이건 내가 낼게요. 제이미는 정말 훌륭한 직원이거든요."

"제발 그 앨 해고하지 말아주세요," 러레인이 대꾸했다.

매니저는 러레인을 빤히 바라보더니 갑자기 드라이브스루 창으로 가버렸다.

다시 제이미와 둘이 남게 된 러레인은 몸을 구부려 계산대 너머로 속삭였다. "그러니까 넌 어떻게 생각하니?"

"전 못 해요."

"알았다."

"전 못 한다구요."

러레인은 바닥을 내려다보았다.

제이미는 애플 턴오버를 챙겼다. "제 말은, 지금은 저도 가진 게 아무것도 없어요. 하지만 월급을 받으면 엄마한테 부칠 수가 있어요. 제 월급날까지 엄마가 도움받을 만한 사람을 찾아낼 수 있으면요. 어쨌든 지금 당장은 제가 할 수 있는 게 아무것도 없어요. 다른 사람을 찾아볼 수 있겠어요?"

"한번 해볼게. 네 돈은 갚으마. 약속한다."

"엄마, 엄마가 돈을 갚는 건 바라지도 않아요."

러레인은 자신의 음식을 챙겼다. "그래, 알았다." 러레인은 이렇게 말한 뒤 문을 향해 몸을 돌렸다.

"엄마, 기다려요." 제이미가 말했다. "안아드리고 싶어요." 제이미는 계산대에서 돌아 나오더니 엄마를 안고 뺨에 뽀뽀를 했다.

아비스에서 일하는 건 제이미가 선택한 일이 아니었다. 그곳은 수감자가 낮 시간에 노동하러 나가는 것을 허용해주는 노동석방제도 차원에서 선정된 일자리였다. 제이미는 2년 6개월의 복역을 거의 마치고 몇 달만 남은 상태였다. 저녁이면 키프로에 있는 여성 교정시설로 다시 이송되었다. 첫 체포로 처음 수감된 제이미는 원래 성서에 코를 박고 지내던 아이였다. 화장실에서 아이를 낳은 제이미는 그곳에 아이를 버려두고 나왔다. 가족 가운데 그 이유를 아는 사람은 아무도 없었다. 이미 당시 제이미는 젖먹이가 딸린 애 엄마였다. 제이미는 크고 둥그런 안경을 쓴 책을 좋아하는 아이였고, 나이보다 조숙한 면이 있었다.

복역 기간이 거의 끝나가는 지금 제이미는 한 가지 목표만을 생각했다. 그것은 바로 이제 여섯 살이 된 아들을 며칠 데리고 재울 수 있는 아파트를 빌릴 돈을 모으는 것이었다. 지금 아이는 아버지가 데리고 있었다.

제이미는 감옥에 들어가면서 러레인에게 자신의 차와, 차를 관리할 돈 500달러를 맡겼다. 하지만 오래지 않아 러레인은 차를 팔았고 500달러는 모두 써버렸다. 러레인은 이와 비슷하게 맏딸인 메건에게도 돈을 빌린 뒤 갚지 않았다. 이 때문에 몇 년 동안 메건은 러레인에게 말도 하지 않았다. 제이미는 이런 종류의 원한을 품지는 않았다.

아비스의 주차장에서 러레인은 앞 유리창 바깥을 응시했다. 오피스 수지는 러레인더러 가족에게 집세를 부탁해보라고 말했었다. 종종 전화 긴급상담센터 같은 데서도 비슷한 소리를 하곤 했다. 유리창 너머에 있는 사회복지사들이 "도움을 줄 만한 가족이 없나요?"라고 물으면 러레인은 "가족이야 있죠. 그런데 도움을 줄 형편이 안돼요,"라고 말하곤 했다.

운반원들은 텅 빈 주방에 서서 열린 선반을 살펴보고 있었다. "늙은이들이군," 데이브 브리튼은 유리그릇의 스타일을 보고 이렇게 추측했다. 집은 거의 버려진 채 속을 드러내고 있었다. 세입자들은 나가는 길에 바닥을 걸레로 훔쳐놓았다. 직원들은 이제 사우스사이드로 넘어와 있었고, 여기서는 다른 보안관 두 명이 함께 움직였다.

다음 집에서는 사십대 초반으로 보이는 히스패닉 여성이 나무 숟가락을 들고 나왔다.

"수요일까지 어떻게 안 되나요?" 여성이 물었다.

보안관들이 안 된다며 고개를 저었다. 여성은 상황에 떠밀려 결심 혹은 굴복하며 고개를 끄덕였다.

데이브가 현관으로 올라섰다. "아주머니," 그가 입을 열었다. "아주머니 물건을 트럭에 실을 수도 있고 길바닥에 내놓을 수도 있어요. 어느 쪽이 나으세요?" 여성은 길바닥을 택했다. "길바닥에다 서비스 해드리자고, 예쁜이들!" 데이브는 직원들에게 이렇게 소리쳤다.

데이브는 집 안으로 들어가다가 도라 디 익스플로러* 의자에 걸려 넘어졌다. 그러면서 테이블에 앉아 있던 연로한 남성을 치고 전등도 몇 개 쓰러뜨렸다. 집은 따뜻했고 마늘과 향신료 냄새가 가득했다. 보안관 가운데 한 명이 주방에 있는 붙박이형 캐비닛을 가리켰다. "난 이런 게 좋던데," 그는 파트너에게 말했다. "요즘엔 이런 물건을 안 만들더라고. 야박한 것들."

여성은 어떻게 입을 떼야 할지 생각하면서 원을 그리며 걸어다녔다. 그녀는 보안관 한 명에게 자신이 압류를 당한 건 알았지만 이들이 언제 오는지는 몰랐다고 말했다. 그녀의 변호사는 그녀에게 그게 하루 뒤일 수도, 5일 뒤일 수도, 1주 뒤일 수도, 3주 뒤일 수도 있다고 말했고, 그래서 그녀는 어떻게든 넘겨보겠다고 마음먹었다는 것이었다. 그녀와 세 아이들은 그 집에서 5년을 살았다. 그 전해 그녀는 서브프라임 대출로 갈아타라는 이야기를 들었다. 내야 할 돈이 점점 늘어나 월 920달러에서 1,250달러로 뛰었고, 출산휴가 이후 포타와토미 카지노에서의 근무시간은 줄어들었다.

• 어린이 대상 애니메이션.

서브프라임 대출업계는 히스패닉계 미국인들과 아프리카계 미국인들이 사는 동네를 노렸다. 세입자들은 불량 모기지를 구매하라는 유혹을 받았고, 자가 소유자들은 더 위험한 조건으로 대출을 갈아타라는 권유를 받았다. 그러다 모든 것이 무너져버렸다. 2007년부터 2010년 사이에 평균적인 백인 가정의 재산은 11퍼센트가 줄어들었지만 평균적인 흑인 가정은 재산의 31퍼센트를 잃었으며, 평균적인 히스패닉 가정은 44퍼센트를 잃었다.[7]

여성이 달려나가 미친 듯이 사람들에게 이리 와서 도와달라고 외쳐대자 운반원들은 피곤한 시선을 주고받으며 조용히 욕설을 뇌까렸다. 이들은 하루가 다 끝나갈 무렵 새 일이 시작되는 걸 대단히 싫어했는데, 지금이 딱 그런 상황이었다. 한 운반원은 문 앞에 "여기는 공주가 자는 곳"이라는 표지판이 걸린 분홍색 여자아이 침실부터 손대기 시작했다. 또 다른 운반원은 남은 수업일수를 지워 없애는 중인 칠판과 함께 《바보들을 위한 이력서 작성법Resumes for Dummies》을 상자에 쓸어담으며 어지러운 사무실에 손을 댔다. 7학년인 맏아들은 쓰레기를 골라내며 일을 도우려 했다. 공주방의 주인공인 여동생은 현관에서 두 살배기 여동생의 손을 잡고 있었다. 위층에서는 운반원들이 젖먹이의 장난감을 밟지 않으려 애쓰고 있었다. 아이의 장난감은 발로 차기라도 했다가는 '삐' 하는 소리와 번쩍이는 불빛으로 저항할 것이기 때문이었다.

이사가 진행되는 동안 여성도 속도가 느려졌다. 처음에는 한 손으로는 무언가를 거머쥐고 다른 한 손으로는 전화기를 붙들고 집 안을 거의 질주하고 다니면서 집중력과 에너지를 발산하며 위기 상황에 맞서던 여자는, 이제 목적 없이 거의 술 취한 사람처럼 통로를 어슬렁거리고 있었다. 그녀의 얼굴에는 이미 그런 표정이 나타나고 있었다. 운반원들과 보안관들은 그 표정을 잘 알았다. 그것은 자신의 가족이 몇 시간만 있으면 노숙자가 되리라는 사실을 깨달은 사람의 표정이었다. 그것은 마치 이 광경의 초현실성에, 그러니까 이 모든 상황의 속도와 폭력에, 권총집에 손을 올린 채 당신의 벽에 기대고 선 보안관들에게, 당신의 물건들을 바깥에 쌓아놓고, 당신의 싱크대에서 나오는 물을 당신의 컵에 따라 마시며, 당신의 화장실을 사용하는 이 땀에 절은 남자들, 이 모든 낯선 이들에게 굴복하기를 거부하는 듯한 표정이었다. 그것은 질문의 파도에 휩쓸린 사람의 표정이었다. 오늘 밤에는, 이번 주에는 내가 뭘 해야 하지? 누구에게 전화를 해야 하지? 약은 어디 있지? 우린 어디로 가지? 그것은 지하실에서 기어나와 보니 토네이도가 집을 쓸어버리고 갔음을 알게 된 한 어머니의 얼굴이었다.

러레인은 일요일 아침마다 주방의 리놀륨과 거실의 얇은 녹색 카펫 경계에 서서 앞 유리를 통해 댑스 씨의 트럭이 오는지 살펴보았다. 러레인과 같은 교회를 다니는 댑스 씨는 러레인이 사는 이동주택단지로 차를 몰고 와서 모자를 벗고는 러레인의 문을 부드럽게 두드리곤 했다.

댑스 씨와 러레인이 러레인의 이동주택단지에서 북서쪽으로 1.5마일 정도 떨어진 곳에 있는, 지붕이 뾰족한 수수한 벽돌 건물에 자리잡은 사우스사이드 그리스도의 교회에 도착하면 댑스 씨는 러레인을 위해 문을 열어주었다. 러레인은 자신을 포함한 신도들의 인물 사진이 걸린 벽을 지나 우아하게 교회 안으로 들어섰다. 아무런 장식이 없는 소박한 장소인 성소에 들어서면 커다란 뒷 창에서 들어오는 햇빛이 장의자들을 비췄다. 천장은 위로 움푹 패여 있어서 마치 큰 배가 뒤집어져 있는 것 같았다. 러레인은 맨 뒤에서 두 번째 줄 왼편, 수전과 레인 바로 옆에 자리를 잡았다. 그녀의 가족들이 항상 앉던 곳이었다. 빨간 머리카락과 턱수염에 덩치가 큰 대릴 목사가 사람들과 악수를 하거나 등을 토닥이며 복도를 돌아다닐 때 수전은 보통 러레인을 무시하면서 주보를 읽는 척했다.

그리스도의 교회였기 때문에 그곳에는 오르간도, 피아노도, 통기타도 없었다. 신도들이 일어나서 〈나 경외하며 서 있네I Stand in Awe〉나 〈오 왕을 경배하라O Worship the King〉를 부르면 목소리가 아카펠라로 울려 퍼졌다. 러레인은 손바닥을 허벅지에 살짝 올리고 기도했다. 헌금을 낼 때가 되면 러레인은 바구니를 그냥 넘기곤 했다. 수전은 그 안에 무언가를 떨어뜨렸다.

최근 대릴 목사는 '제자됨의 비용'에 관한 설교를 하고 있었다. 목사는 한 손에는 성서를, 다른 한 손에는 파워포인트 리모컨을 들고 교회 앞을 서성이며 예수의 실행하기 힘든 명령들을 누차 반복하곤 했다. "그의 십자가를 지고 나를 따르지 않는 자는 누구도 내 제자가 될 수 없다." "부자가 하나님의 왕국에 들어가는 것보단 낙타가 바늘귀를 통과하기가 더 쉽다."

"나는 기독교 최대의 수치 가운데 하나는 예수를 반만 따르는 사람들이라고 생각합니다," 어느 일요일 대릴 목사는 이렇게 말했다. "부분적인 헌신은 위험한 생활 방식입니다. (…) 여러분 주위에는 도움이 필요한 이웃들이 있습니다. 도움이 필요하고 사랑이 필요한 사람들이 있습니다. 기독교인으로서 여러분은 그들에게 그 사랑을 증명할 수 있습니다." 대릴 목사가 설교를 하는 동안 러레인은 처음부터 끝까지 완전히 몰입하여 거의 완벽에 가까운 자세로 가만히 앉아 있었다. 그녀는 어릴 때부터 교회에 가는 걸 아주 좋아했다.

러레인이 대릴 목사에게 전화를 걸어 퇴거를 피할 수 있도록 교회가 그녀에게 돈을 좀 빌려줄 수 있는지 물었을 때 목사는 생각을 좀 해봐야겠다고 말했다. 러레인이 마지막으로 전화를 했을 때 그녀는 강도에게 총으로 위협을 당하며 돈을 빼앗겼다고 말했다. 대릴 목사는 교회 금고에 가서 그녀에게 임대료로 쓰라며 몇 백 달러를 꺼내주었다. 러레인이 강도를 당한 건 맞았지만 강도는 총을 든 낯선 이가 아니었다. 수전과 레인의 코카인중독자 딸이 러레인의 트레일러가 비었을 때 침입했던 것뿐이었다. 수전은 대릴 목사에게 전화를 걸어 러레인의 거짓말을 고해바쳤다.

대릴 목사는 가슴이 찢어지는 기분이었다. 한편으로 그는 가난하고 배고픈 사람들을 돌보는 건 정부가 아니라 교회의 일이라고 생각했다. 그가 생각하기에는 그것이 바로 '순수한 기독교'였다. 하지만 러레인에 관한 한 대릴 목사는 사람들이 많은 고난을 자초하기도 한다고 믿었다. "그 여성은 자기 돈을 허투루 쓰면서 몇 가지 어리석은 선택을 했죠… 잠시 좀 없이 지내보는 게 그녀에겐 최고의 상태일지 몰라요. 그러면 이런 생각이 날 수도 있겠죠. '아, 내가 멍청한 선택을 하니까 이런 결과가 나타나는구나.'" '가난한 사람들'을 돕는 일을 이야기하는 건 쉬웠다. 하지만 이름과 얼굴과 역사와 많은 필요를 가진 어떤 가난한 한 사람을 돕는 것은, 우리가 그 사람이 어떤 실수를 저지르고 어떤 판단 착오를 범했는지를 아는 상태에서 그 사람을 돕는다는 것은 그보다 더 어려운 문제였다.

대릴 목사는 수전에게 전화를 걸어 러레인이 퇴거당하지 않고 지낼 수 있도록 돈을 요청했다고 이야기했다. 수전은 교회가 러레인에게 아무것도 줄 필요가 없다고 생각한다고 대답했다. 대릴 목사는 러레인에게 전화를 걸어 이번에는 돕지 못하겠노라고 전했다.

* * *

　이동주택단지 사무실에서 레니가 책상에 허리를 굽힌 채 임대료 장부를 작성하고 있을 때, 브리트니 베이커라는 이름의 한 여성이 걸어 들어왔다. 이십대 후반의 그녀는 싸구려 선글라스를 끼고 있었다. 브리트니는 자신의 우편함에서 편지를 꺼내더니 레니를 향해 몸을 돌렸다.

　"있잖아요, 그거 낼게요," 그녀가 말했다.

　"좋아," 레니가 말했다.

　"이번 주에 낼게요. 5일 퇴거장 주면 안 돼요. 내 말은, 토빈도 내 상황을 안다구요."

　브리트니는 이 말과 함께 사무실을 나가버렸다. 레니는 고개를 저으며 다시 임대료 장부로 눈을 돌렸다. 거기에는 브리트니가 낼 돈이 2,156달러라고 적혀 있었다.

　임대료 미납과 퇴거 사이의 관계는 결코 단순하지 않았다. 매달 이동주택단지 안에서 1,000달러 이상이 밀린 세입자들은 퇴거당하지 않는 반면 그보다 훨씬 적은 돈이 밀린 세입자들은 퇴거를 당했다.[8] 토빈에게 그 이유를 물으면 그는 이렇게 말할 것이다. "당신에게 충실한 사람에게 당신도 충실한 게 이치지. 어떤 사람들하곤 우리가 같이 일을 하지만 어떤 사람들한텐 땡전 한 푼도 주기 싫어." 레니는 그걸 이런 식으로 설명했다. "그 이유가 뭔지에 달려 있죠." 러레인의 경우, 레닌과 토빈은 그가 만성적으로 돈을 늦게 낸다고 느꼈다. "매달 그 모양이라니까," 레니가 말했다. "돈이 한 푼도 없다는 거야." 하지만 브리트니 베이커 역시 매달 그런 식이었지만 그녀는 퇴거 대상이 아니었다.

　집주인과 건물관리인들은 어떤 세입자를 퇴거시킬지 고려할 때

몇 가지 요소를 중요하게 여겼다. 집주인에게 돈이 세금 환급금의 형태로 곧 들어오게 되리라는 확신을 심어줄 수 있는 세입자들은 퇴거를 면할 수 있었다. 밀린 월세를 낼 수 있는 뾰족한 방법도 없이 돈이 너무 밀린 세입자들은 퇴거를 피하지 못하는 경우가 종종 있었다. 하지만 퇴거가 단순히 세입자의 잘못된 행실이나 집주인의 금전적 계산의 결과이기만 한 것은 아니었다. 집주인들은 누구에게는 관용을 베풀고 누구는 가차 없이 퇴거를 시킬지 결정하는 문제를 두고 상당한 재량을 보였다.[9] 어떤 세입자가 퇴거통지서에 반응하는 방식이 그 차이를 만들 수도 있다. 여성들은 남성들과는 달리 퇴거 문제를 놓고 협상을 하지 않으려는 경향을 보이고, 집세가 밀렸을 때 집주인을 마냥 피하려는 경향이 더 강했다. 이런 대응은 그들에게 별로 도움이 되지 않았다.

집주인과 건물관리인들은 일반적으로 세입자들이 자기를 피하는 걸 싫어했다. 이들은 그걸 "꽁무니 빼기Ducking and dodging"라고 불렀다. 세입자들이 레니를 피해 다니면 레니는 화를 냈다. 한번은 어떤 세입자가 문은 열어주지 않고 블라인드 틈새로 내다보기만 하자 레니는 "엿 먹으라구!"라며 고함을 치기도 했다. "너 지금 날 열받게 했다구. 넌 5일이면 끝이야!"

러레인은 같은 처지의 많은 여성들처럼 토빈과 레니만 보면 꽁무니를 뺐다. 러레인은 어떻게 해서 밀린 월세를 낼 계획인지 토빈과 러레인에게, 심지어는 오피스 수지에게조차 한마디 하지 않았다. 시간을 조금만 더 달라고 부탁하지도 않았다. 그동안 오토바이를 타고 다니는 러레인의 이웃, 제리 워런은 바로 토빈과 레니에게 달려가 자신의 퇴거통지서를 구기며 레니의 얼굴을 으스러뜨려놓겠다고 위협했다. 제리의 적대적이고 공격적인 대응은 토빈의 직설적이고 무뚝뚝한 방식과 잘 어울렸다. 부동산 관리는 남성들이, 거칠고 남성적인 사업 방식이 지배하는 업종이었다. 그 때문에 제리 같은 남자들에겐 유리했다.[10]

제리는 퇴거통지서를 받은 직후 토빈과 맞장을 뜨는 데서 그치지 않았다. 나중에 그는 토빈이 자신의 빚을 청산해주면 쓰레기를 줍고 트레일러 몇 개를 고쳐놓겠다고 제안하기도 했다. 실제로 제리는 과거에 트레일러 연결 고리를 칠하는 일이나 파이프 동파 방지 작업 같은 몇 가지 일을 토빈을 위해 했던 적이 있었다. 자신이 믿음직한 일꾼임을 증명한 그는 돈이 간당간당할 때면 '월세를 몸으로 때우는' 선택지를 들고 나오곤 했다. 러레인은 사회서비스기관에 전화를 걸고 가족들에게 구걸을 했고, 제리는 퇴거를 개시한 사람에게 곧장 쳐들어갔다. 효과는 제리 쪽에 있었다. 나중에 토빈은 제리의 퇴거를 취하했다. 러레인의 계획은 지역 비영리단체나 가족·교회가 도움의 손길을 뻗어줄 때만 효과를 발휘할 수 있었다.

남성들은 종종 집주인을 위해 콘크리트 작업을 하거나 지붕을 때우거나 방에 페인트칠을 해서 퇴거를 면하곤 했다. 하지만 여성들이 집주인에게 가서 이와 유사한 제안을 하는 경우는 거의 없었다. 이미 육아와 복지수당 수급 요건, 혹은 일터에서의 업무에 시달린 일부 여성들은 그럴 만한 시간 자체가 없었다. 하지만 그런 경우를 제외한 많은 여성들은 월세를 몸으로 때울 수 있다는 생각 자체를 하지 않았다. 여성이 먼저 집주인을 찾아가 그런 제안을 할 때는 때로 성관계가 대가로 끼어들기도 했다.[11]

누구를 남게 하고 누구를 내보낼지를 결정하는 권력, 내쫓거나 용서할 권력, 이는 때로 충동에 휘둘리기도 하는 오래된 권력이었다.[12] 세입자들에게 일을 시킨다는 토빈의 결정은 독단적이었고, 그의 관용은 불균등하게 적용될 수 있었다. 하지만 사람들에게 최소한 한 번 정도의 기회는 있었다. 사실 러레인이 퇴거의 위험을 불사하고 가스 요금을 냈던 이유는 다른 세입자들이 자신의 경험을 근거로 그녀에게 "토빈은 좋은 사람이야. 일단 조금만 주면 당신한테 일을 시킬 거야"라고 말했기 때문이었다.

비트코프스키 시의원이 외부 관리회사를 고용하라고 요구하고 토빈이 이에 응하자 이동주택단지가 술렁이기 시작했던 것도 이 때문이었다. 새로운 관리회사는 새로운 시스템, 그러니까 더 깨끗하고 더 전문적이고 더 공정한 방식으로 운영하기 위한 시스템을 도입할 것이다. 다시 말해서 상황은 이제 훨씬 악화될 것이었다.

어느 날 한 남자가 레니의 사무실 밖에 나타나서는 "비에크 관리회사가 전문적으로 운영함"이라는 표지판을 콘크리트 블록에다가 드릴로 박았다. 그 표지판을 본 한 나이 든 여성 거주자가 레니의 사무실에 들어서더니 흐느끼기 시작했다. "저 사람들이 지난번 집에서 날 퇴거시켰어," 그녀는 레니에게 이렇게 말했다. "저 사람들 정말 무지막지해."

"맞아. 나도 저 사람들이 인정사정없다는 소리를 들었어요," 레니가 말했다. "아주 많은 사람들을 길거리로 몰아냈대요. 그러니까 사람들하고 일이 조금이라도 틀어지면 말이에요."

"당신은 어때, 레니?" 여성이 감정을 추스른 후 물었다.

"재네들은 날 없앨 방법을 궁리하고 있어요. 그런 느낌이 와요." 레니가 표지판을 가리키며 말했다. "그런데 그런 일은 없을 거예요. 그럼 여기를 아는 사람을 여기 어딘가에서 또 구해야 하잖아요," 그는 여성에게, 그리고 자신에게 이렇게 말했다.

* * *

다른 모든 사람은 안 된다고 했지만 루벤은 결국 응낙했다. 자수성가하여 중산층에 진입하는 데 성공하고 지금은 PPG 인더스트리에서 전일제로 일하고 있는 러레인의 막냇동생이 떨떠름해하며 토빈에게 돈을 내주겠다고 한 것이었다. 그는 이동주택단지에 돈을 들고 혼자 왔다. 하지만 토빈은 러레인에게 자신은 돈이 필요한 게 아니라며 받지 않았다. 토빈은 사무실 밖에서 멍하니 서 있는 러레인과 루벤을 남겨둔 채 가버렸다. 루벤은 돈을 다시 주머니에 넣고 러레인과 함께 그녀의 트레일러로 천천히 걸어왔다.[13]

몇 시간 뒤 문을 두드리는 소리에 러레인이 나가보자 보안관 두 명이 작은 현관 앞에 서 있었다. 이들 뒤에서 이글무빙의 트럭들이 이동주택단지 안으로 진입하고 있었다. 그곳은 좁은 입구를 겨우 지나 마음대로 뛰어다니는 개와 아이들을 피해 다니며 지정된 장소에 차를 후진으로 주차시켜야 하는, 운전자들에겐 골치 아픈 곳이었다. 하지만 이들은 토빈의 이동주택단지에 셀 수도 없이 많이 들락거렸다. 그곳은 그날의 마지막 작업지였고, 만신창이가 된 직원들은 빨리 집에 가고 싶었다.[14]

운반원들은 '쓰레기통' 같은 곳이길 기대했지만 러레인은 자신의 물건을 창고에 저장해달라고 부탁했다. 루벤은 러레인의 텔레비전과 컴퓨터를 자신의 차에 실은 뒤 아이들을 데리러 가버렸다. 운반원들은 상자에 러레인의 물건들을 채워 넣기 시작했다. 주방에 있던 흰 식기들, 손자의 크리스마스 선물, 글렌이 그녀에게 준 목걸이. 보안관 하나가 오렌지색 표지판을 문에다 붙였다.

알림

귀하는 밀워키 카운티 보안관 사무실에서 발부한 법원 명령에 의거하여
이 부동산에서 퇴거되었습니다.
임대인의 명백한 허가를 받지 않고 이 부동산에 거주할 경우 사유재산 침해로
간주되어 체포될 수 있습니다(법령 943.14).

러레인은 소지품을 챙길 수 있는 시간을 더 달라고 요청했다. 보안관은 안 된다고 했다. 그러자 그녀는 트럭에서 몇 가지를 빼올 수 있을지 물었다. 한 운반원이 회사의 보험 규정을 들먹이며 거절했다.

러레인은 말없이 상황을 지켜보며 집 밖에 서 있었다. 운반원들은 그녀의 의자와, 세탁기와, 냉장고와, 스토브와, 정찬용 테이블을 옮겼다. 그 다음으로는 그 안에 물건을 직접 넣은 사람들이 상자를 들고 나왔다. 아마 겨울 재킷이나 신발·샴푸 같은 것들이 담겼으리라. 이웃들이 모여들기 시작했다. 맥주를 들고 접이식 의자에서 자동차 경주를 구경이라도 하는 듯한 자세로 앉아 있는 사람들도 있었다.

시간은 별로 오래 걸리지 않았다. 러레인의 집은 한 시간도 안 되어 깨끗이 비워졌다. 그녀는 트럭이 덜컹이며 멀어지는 모습을 지켜보았다. 러레인의 짐은 이글의 창고로 향하고 있었다. 커다란 나무 기둥이 천장을 떠받치고 밝은 전구가 매달려 있지만 전체적으로 어둑한 느낌을 주는 탁 트인 공간이었다. 그 안에는 퇴거나 압류를 당한 수백 개의 짐 더미가 산처럼 쌓여 있었다. 쌓여 있는 짐 더미는 눈높이까지 왔고, 각각은 마치 거미줄에 걸려 칭칭 감긴 많은 벌레들처럼 수축 포장재로 둘둘 말려 있었다. 가까이 다가가보면 팽팽하고 투명한 포장재 사이로 긁힌 자국이 있는 가구, 조명, 욕실 체중계 같은 내용물을 볼 수 있었다. 어린이 용품은 없는 곳이 없었다. 흔들 목마,

유모차, 유아용 그네, 장난감이 달린 유아용 시트. 브리튼 형제들은 자신들의 창고가 도시를 집어삼키는 "거대한 위"와 같다고 생각했다. 이들은 매달 운반대당 25달러의 요금을 매겼다. 퇴거당한 가정의 물품은 평균적으로 운반대 네 개, 그러니까 400평방피트를 차지했다.

러레인은 창고 대금을 치를 방법을 찾아내야 할 것이었다. 90일 동안 돈을 내지 못하면 이글은 그녀의 물품을 모두 없애고 새로운 물품을 놓을 자리를 만들 것이다. 퇴거나 압류로 몰수된 물품의 약 70퍼센트가 이런 운명이었다. 몇 년 전 브리튼 형제들은 [기증받은 물건을 팔아 재활 교육을 하는] 굿윌 인더스트리와 접촉을 해보았지만 퇴짜를 맞았다. 굿윌이라 해도 이런 종류의 방대한 물품을 처리할 방법은 없었던 것이다. 형제들은 다른 곳을 물색하다 결국 고물상에 이르게 되었다. 이들은 옷을 짐짝째 구매해서 헝겊으로 바꾸는 사람을 알게 되었다. 그리고 짐들을 살펴보며 팔 만한 것들을 골라내는 사람들과도 협력 관계를 구축했다. 이들은 한 달에 두 번 공개적인 판매 행사를 조직했는데, 매 행사에서 10세대에서 40세대의 짐이 판매 대상이었다. 하지만 대부분의 물건은 결국 쓰레기장행을 면치 못했다.[15]

보안관이 시야에서 사라지자 러레인은 오렌지색 표지판을 무시하고 자신의 트레일러로 들어갔다. 큰 물품들은 사라졌지만 운반원들은 옷가지들과 담요, 자질구레한 작은 물건들은 남겨놓았다. 러레인은 손을 뻗어 스팀 난방기를 집어 들었다.

선택지는 하나뿐이야, 러레인은 생각했다. 남은 걸 비커의 트레일러로 가져가자. 그는 병원에 있었다. 안 된다고 말하지 못할 것이었다. 러레인은 남자아이 두 명에게 도움을 청했고, 이들 셋은 두 트레일러 사이를 몇 번 오가면서 운반할 수 있는 건 모두 비커의 거실에 쌓아두었다.

일이 끝나자 러레인은 소년에게 각각 5달러씩을 준 뒤 초파리를 쫓으며 비커의 트레일러에 혼자 앉아 있었다. 그녀는 [항경련제인] 리리카 200밀리그램짜리를 비롯해서 몇 알의 진통제를 삼켰다. 정적 속에서 러레인은 진통제의 효과를 기다렸다. 약효가 돌기 시작하자 그녀는 어수선하고 정신 사나운, 운반원들이 쓰레기라고 여긴 물건 더미들을 살펴보았다. 러레인은 억눌린 비명을 내지르며 소파를 내리치고 또 내리치기 시작했다.

라이트로는 눈으로 덮여 있었다. 12월 초 상륙한 태풍이 10인치의 눈
을 뿌릴 것으로 예보되었다. 말 그대로 등골이 휘지 않으려면 삽으로
조금씩 떠야 하는 축축하고 질척대는 무거운 눈이었다. 러마는 눈이
내리는 동안 해야 할 일을 미루고 인스턴트커피를 마시며 창밖을 내
다보았다.

　러마와 소년들이 패트리스가 예전에 살던 집의 페인트칠을 마친
뒤 러마는 셰리나에게 전화를 걸었고, 그녀는 곧바로 나타나 작업을
확인했다. 집 이곳저곳을 재빠르게 살펴본 셰리나는 고개를 저으며
혹독한 평가를 내뱉었다. "난 당신하고 일을 좀 해보려고 했는데, 당
신은 이딴 거지같은 결과로 날 엿 먹이는구나!"

　"내가 한 일은 못해도 260달러어치는 된다구요," 러마가 맞받아 소
리쳤다. "당신을 위해 페인트칠을 하면서 무릎으로 기어 다니고 있어
요! 날 이런 식으로 대하깁니까?"

　셰리나는 화를 내며 나가버렸다. 몇 시간 후 러마는 셰리나의 번

호로 전화를 걸었다. 그는 일을 마무리하게 해달라고, 애들이 빼먹은 곳들도 모두 칠하게 해달라고 셰리나에게 애원했다. "제발요," 그는 말했다. "난 누구한테도 피해를 주고 싶지 않다구요." 셰리나는 러마에게 한 번 더 기회를 주기로 결심했다. 그에겐 그것이 집을 지킬 수 있는 최선의 희망이었다.

러마는 커피를 다 마신 뒤 의족을 끈으로 묶었다. 목발을 집어든 그는 문을 열고 눈을 향해 얼굴을 찌푸린 채 넘어지지 않으려고 계단 난간을 꼭 잡고서 현관으로 나갔다. 패트리스의 아들 마이키가 인도의 눈을 삽으로 치우느라 밖에 나와 있었다. 마이키는 러마가 현관 계단에서 힘겨워하는 모습을 보면서 도와줄지 말지 마음을 정하지 못하고 잠시 서 있었다. 하지만 마이키는 러마를 돕지 않았고, 러마는 혼자 힘으로 계단을 잘 내려왔다. 오히려 러마는 마이키의 삽을 몇 번 밀치기까지 했다. 러마가 위층으로 가는 중이라고 말하자 마이키는 도와줄지 물었다.

"같이 가자, 애야," 러마는 이렇게 대답했다.

위층 안에 들어선 마이키는 자신과 가족들이 퇴거당한 집 안을 둘러보았다.

"어째서 오늘은 학교에 안 갔니?" 러마가 물었다. 그날은 화요일이었다.

"잠들었나 봐요," 마이키가 대답했다. 마이키는 4학년이었다.

"오, 이 녀석, 마이클. 그러다간 아무것도 못 배우게 돼, 애야."

마이키가 고개를 떨구고 말했다. "오늘은 미술 수업이었어요."

"미술로 네가 부자가 될지 어떻게 아니? 예술가나 건축가 같은 사람이 될 수도 있잖아?"

마이키는 함박웃음을 지었고, 러마는 식료품 저장실을 페인트붓으로 칠하기 시작했다. 낮은 선반과 높이를 맞추기 위해 그는 의족을 떼어내고 바닥을 기었다. 마이키는 할 수 있는 한 어떤 식으로든 도왔다. 그는 어찌나 재빠른 동작으로 러마에게 헝겊이며 롤러를 갖다주는지, 일자리를 얻고 싶어 경쟁하는 사람처럼 보일 지경이었다. 러마가 마루에서 꼼짝 못할 때는 마이키가 목발을 갖다주기도 했다.

"엄마랑 다른 애들은 어딨니?" 러마가 물었다.

"엄마요? 데이스에서 나오는 퀘스트 카드 받으러 갔어요." 마이키는 패트리스의 식료품 구매권과 남자친구에 관해 말하기 시작했다. "근데 그 남자가 엄마 카드를 가져가서 엄마는 먹을 게 하나도 없어요. 그래서, 그리고 엄마 카드는…."

"마이클, 알았다," 러마가 부드럽게 아이의 말을 가로막았다. "그냥 엄마가 외출하셨다고 말해도 돼. 다른 사람한테 엄마 일을 다 털어놓지 말거라, 얘야. 넌 내가 친구라고 생각하겠지만, 난 그렇게까지 알고 싶었던 건 아니었어."

마이키는 이해한다는 듯 천천히 고개를 끄덕였다.

러마는 바닥을 분주하게 돌아다녔고, 말없이 깊은 생각에 빠져 붓을 놀렸다. 아침 나절이 끝나갈 무렵 그는 땀이 나면서 숨이 가빠지기 시작했다. 그는 투덜대며 힘을 달라고 기도했다. "예수님, 제가 오늘 하루를 버틸 수 있게 해주소서."

"아저씨, 그건 좀 웃기잖아요." 러마를 위로하듯 마이키는 이렇게 말했다.

"아니야. 얻어먹을 게 있는 사람한테는 얻어먹어야 하는 법이야. 이게 바로 그러려고 하는 거다, 마이클."

일이 끝나자 러마는 의족을 다시 붙이고 자기 아파트로 향했다. 자기 집으로 돌아온 그는 셰리나에게 전화를 걸어 페인트칠을 마쳤다고 말했다. 아무런 약속도 없이 셰리나는 나중에 들러서 보겠다고 했다. 그러고는 러마에게 바닥에 걸레질도 좀 하라고 말했다.

나중에 오후가 되어 벅이 들렀다. 러마의 피부와 옷에 페인트가 묻은 것을 본 벅은 이렇게 물었다. "전 우리가 거기 다 끝낸 줄 알았어요, 아저씨."

"그 여자가 날더러 올라가서 식료품 저장실을 제대로 해놓으라지 뭐냐. 사람들은 만족할 줄 모른다니까."

"그게 다 돈이잖아요, 아저씨!" 벅은 러마와 아들들이 계속 살 수 있다는 생각에 기뻐하며 미소를 지었다.

러마는 한숨을 쉬며 오래되고 친숙한 상처를 문지르듯 무릎 아래를 주물렀다. "그 사람들은 돈을 안 줄거야," 러마가 말했다.

"돈을 줘야죠!"

"그거보다 더 싸게 일해준다는 약쟁이들도 쉽게 구할 수 있어."

러마는 얼마 안 되는 돈에도 일을 해주었다. 하지만 그보다 더 나은 대접을 받으며 일을 할 수 있다는 사실을 모르지 않았다. 배관에 문제가 생기거나 지붕이 새거나 방에 페인트칠을 해야 할 때, 닳고 닳은 빈민가 임대업자들은 배관공이나 지붕수선공·페인트공을 부르지 않았다. 이들에게는 언제든 구할 수 있는 두 종류의 절박한 인력들이 있었다. 그것은 바로 세입자 본인과 실직자들이었다. 임대업을 이제 막 시작한 신참들은 "괜찮은 배관공을 아는지"를 이야기하고, 노련한 임대업자들은 "아는 사람이 있다"라고 얘기하곤 했다. 러마는 셰리나에겐 '사람들이 있고' 자신을 살던 집에 그대로 둘지 아직 결정하지 못했다는 사실을 알고 있었다. 어쨌든 그는 달리 더 나은 선택이 없어서 페인트칠을 해주었다.

벅이 얼굴을 찡그리며 눈을 바라보았다. "안 돼요, 아저씨," 믿기지 않는다는 듯 아이가 말했다.

"약쟁이들!" 러마가 외쳤다. "약쟁이들이 모든 걸 망쳐놨어. 버스 패스를 제대로 된 가격에 팔기도 힘들다니까… 260달러에 그 일을 하는 걸로 그 여자랑 싸웠어야 했어. 100달러면 그 일을 할 녀석들이 쎄긴 했지. 무슨 일이든. 석축 보수하는 일이든 뭐든 말야."

그 다음 주 화요일, 아침에 눈을 뜬 러마는 집에서 훈기를 느꼈다. 겨울의 한기를 몰아내기 위해 밤새 스토브 버너를 켜놓았던 것이다. 보일러가 낡고 외풍이 심한 노스사이드의 두 세대용 아파트에 거주 하는 사람들이 잘 사용하는 편법이었다. 셰리나로부터 아무 연락도 없이 1주일이 흘렀다.

그는 아침 식사로 대부분 인스턴트커피를 마시고 담배 한 대를 폈 다. 하지만 그날은 루크와 에디에게 학교에 가는 대신 집에 있어도 좋다고 허락한 참이었다. 그래서 그는 계란을 부치고 옥수수 가루를 끓이기 시작했다. 베이컨 냄새가 침대에 있던 아이들을 밖으로 끌어 냈고, 얼마 안 가 마치 길을 지나다가 러마의 음식 냄새를 맡기라도 했다는 듯 벅이 들렀다.

뒷문에서 조용히 두드리는 소리가 나서 남자애 가운데 한 명이 문을 열었다. 위층에 새로 이사 온 이웃 카말라였다. 5개월 동안 세 번째로 들어온 세입자였다. 한 구역 떨어진 데서 발견하면 7학년이나 8학년쯤이라고 생각할 만한 여자였다. 카말라는 흔히 하는 말처럼 "자줏빛이라기보다는 검은색" 피부에 체구가 작았다. 마른 몸에 흰색 탱크톱을 걸치고 있었다. 화장도 매니큐어도 하지 않은 상태였다. 유 일하게 인상적인 것은 작은 금속 상자가 달린 가는 금줄을 목에 걸 고 있는 모습이었다. 눈은 졸린 듯 무거워 보였고, 전체적으로 나른

한 사람이라는 인상을 풍겼다. 카말라는 러마에게 담배 한 대만 달라고 했다.

"여기 있어요, 아가씨," 러마가 담배를 건네며 말했다. 그녀를 본 러마는 기분이 좋아졌다.

카말라는 고맙다고 한 뒤 가려고 몸을 돌렸다. "애들 보러 가요. 애들이 우리 집을 쑥대밭으로 만들어놓지 않았는지 보러요." 카말라에게는 딸이 셋 있었다. 세 살, 두 살, 막내는 8개월이었다.

"그러지 말고 좀 있다 가지 그래. 애들한텐 우리 집을 쑥대밭으로 만들라고 하고. 카드 칠 줄 알아요?"

카말라는 러마에게 살포시 웃어 보이고는 계단에 막 올라섰다가 두 살배기 딸을 마주쳤다.

러마는 휠체어를 굴려 두 살배기를 올려다보았다. "우리 예쁜 손녀가 누군지 한번 볼까. 안녕! 뭐하니 아가?"

아이가 뭐라고 말했지만 알아듣기 힘들었다. 아이는 러마가 "배아파"라는 말을 알아들을 수 있을 때까지 같은 말을 몇 번이나 반복해야 했다.

"배가 고프니?" 러마가 물었다. "아이가 살이 좀 더 올라야 할 텐데. 어제 뭐 좀 만들었어요?" 질책이 실리지 않은 느낌의 가벼운 질문이었다.

"네, 하지만 있는 거라곤 전자레인지뿐인 걸요," 카말라는 상냥히 대답했다.

빈민가의 많은 집주인들이 그렇듯 셰리나와 쿠엔틴은 한 집에 들일 수 있는 가전제품의 수를 제한하려 했다. 만일 스토브나 냉장고를 허용 범위에 넣지 않았을 경우 고장이 나도 고칠 수가 없었다.

"흠, 그렇군요." 러마가 휠체어를 굴리더니 식료품 저장실로 들어갔다. 다시 나왔을 때 그의 무릎엔 전기플레이트가 놓여 있었다. 며칠 전 러마가 카말라를 처음 만났을 때, 그는 카말라와 그 가족들과 "그렇게 친해지기는 어려울 것"이라고 말했다. "'설탕 한 컵만 얻을 수 있을까요?' 수준이겠지," 그는 이렇게 말했었다. "우린 그 정도일 거야… 난 내 앞가림이나 하면서 살아야지. 그게 더 나아." 하지만 거기서 그는 카말라에게 설탕 한 컵보다 훨씬 값진 것을 내주고 있었다.[1]

"이건 우리 엄마 거였어요," 러마가 말했다. "그걸로 요리를 열심히도 하셨죠."

"불은 들어와요?" 카말라가 물었다.

"안 될 거예요."

"알았어요. 내가 어떻게 해볼게요. 고마워요."

"고맙긴요. 저녁에 애들 데리고 밥 먹으러 내려와요."

카말라는 전기플레이트와 딸을 데리고 계단을 올랐다.

아침 식사 후 카드와 마리화나를 채운 시거가 나왔다. 패트리스의 남동생 씨제이가 건너와서 게임을 구경했다. 그에게는 한 대 피워보라고 권하지 않았고 그 역시 달라고 하지 않았다. 루크의 여자친구가 나타나자 이 둘은 침실로 들어가 문을 닫았다. 아침은 부연 연기처럼 천천히 흘러갔고, 마리화나의 자극적인 냄새가 방을 가득 채웠다.

러마와 아이들이 마리화나 한 대를 막 끝내고 유쾌한 기분에 젖기 시작할 즈음, 누군가 앞문을 자신 있게 쿵쿵 두드렸다. 손가락 관절로 빠르게 연달아 너댓 번 두드리는 게 집주인이나 보안관의 노크 소리와 비슷했다. 모두 말을 멈추고 서로를 바라보았다.

약간의 시간 간격을 두고 벽이 소리쳤다. "누구세요?"

"콜린이요, 교회에서 왔어요."

"젠장!" 안도감과 짜증을 동시에 느낀 러마가 이렇게 내뱉었다. 아이들은 킥킥대며 숨죽인 웃음을 터뜨렸다. 에디가 창문을 활짝 열자 모두 연기를 밖으로 빼내기 위해 허공에 대고 팔을 미친 듯이 흔들어대며 더 크게 웃었다. "됐어! 됐어!" 러마가 진정하고 정상적으로 행동하라고 손짓하며 속삭였다. 그러고 난 뒤 러마는 에디를 시켜 문을 열게 했다.

콜린은 마리화나 냄새를 맡더라도 아무 말 하지 않았다. 젤을 바르지 않은 머리에 몸가짐이 단정하고 결혼반지를 낀 콜린은 이십대 후반의 백인이었다. 그의 한 손에는 성서와 "은총만으로"라는 제목의 연습장이, 다른 한 손에는 쿠키가 들려 있었다. 루크와 그 여자친구를 제외한 모두가 거실에 자리를 잡고 앉자 루크는 성서를 펼치고 본격적으로 자신의 일에 착수했다. 그는 기초부터 다뤘다. "하나님이 세상을 이처럼 사랑하사…"(요한복음 3장 16절) "하나님이 죄를 알지도 못하신 이를 우리를 대신하여 죄로 삼으신 것은…"(고린도후서 5장 21절). 소년들은 약의 취기를 누르려 애쓰며 말없이 앉아 있었다. 그러자 콜린이 아이들에게 몇 구절을 읽어보라고 권했다. 아이들은 서로를 바라보며 웃더니 손으로 글씨를 짚으며 읽어 내려갔다. 러마는 명상하듯 고개를 끄덕이며 성서 구절을 음미하듯 암송했다.

"모두가 죄를 범하여…"

"신의 영광에서 벗어났으므로," 러마가 말했다.

"나도 이런 생각했는데, 맞아," 벅이 소파 쿠션에 몸을 기대며 입을 뗐다.

"그럼 말해봐!" 러마가 눈을 감은 채 벅을 부추겼다.

"난 사람들이 왜 하나님을 믿지 않는지 모르겠어."

"넌 신도 믿잖아, 그치?" 러마가 물었다.

"난 그들이 하나라고 생각해요. 하지만 별로 알고 싶진 않아요,"

벅이 대꾸했다.

"그리고 지구는 지옥이지," 러마가 덧붙였다.

"글쎄요, 완전히 지옥은 아니죠," 콜린이 바로잡았다.

러마가 눈을 뜨더니 어린 설교자를 쳐다보았다. 순간 적막이 허공을 감쌌고, 그러자 루크의 방에서 어린 남녀가 내는 신음 소리가 들려왔다. 이 소리를 들은 소년들은 눈을 마룻바닥에 붙박고 터져 나오는 웃음을 참느라 온 힘을 다했다. 마무리 기도를 이끌고 러마에게 교회에서 가져다줄 수 있는 물건 리스트(옷가지·담요)를 건넨 콜린이 떠나자 집 안에서는 웃음소리가 터져 나왔다. 루크가 주방에 있는 무리에 합류하자 소년들은 다시 웃음을 터뜨렸다. "우리 네가 들어가는 소리 들었어," 벅이 잠시 웃음을 참으며 루크를 놀렸다. "설교사가 왔었다고. 이 멍충이 녀석아!"

러마는 고개를 흔들며 카드를 돌렸다.

그달 말 쿠엔틴은 13번가에 있는 알린의 아파트 밖에 차를 세운 뒤 경적을 울렸다. 이번에는 알린 때문에 온 게 아니었다. 트리샤의 새 남자친구 크리스 때문이었다. "이봐요, 나 아직 술이 안 깨서 죽을 거 같다구요," 크리스가 트럭에 오르며 말했다. "우리 숙녀께서 하이네켄 여섯 캔하고 빌어먹을 암스테르담 [보드카] 5분의 1병을 가져왔거든요."

쿠엔틴은 트럭을 몰았다. 가운데에서 반으로 나눈 후 뒤에서 두 번 묶은 그의 머리는 한 쌍의 아프로퍼프 스타일을 연출하고 있었다. 삼십대 중반의 크리스는 커다란 겨울 코트를 입고 벗겨진 머리에는 니트 모자를 쓰고 있었다. 감옥에서 출소한 뒤 트리샤와 함께 이사를 들어온 크리스는 쿠엔틴에게 전화해서 일거리를 찾고 있음을 알렸다. 쿠엔틴은 크리스의 유일한 돈줄이었다.

　서버번이 한 아파트 옆에 차를 대자 크리스가 차에서 뛰어내려 또 다른 일꾼 타이니를 데리러갔다. 잠시 후 크리스는 혼자 돌아왔다. "이봐요, 그 녀석이 오지 않겠다는데요."

　쿠엔틴이 어깨를 으쓱했다. "녀석, 게임을 하고 있군."

　쿠엔틴이 셰리나에게 전화를 걸어 타이니가 일을 안 하겠다고 한다고 알리자 셰리나는 이렇게 대답했다. "그 녀석 자리에 다른 사람을 넣으면 되지 뭐." 일할 사람은 그런 식으로 찾고 또 대체할 수도 있었다. 크랙을 습관적으로 복용하는 셰리나의 남동생도 있었고, 몇 시간을 일해서 맥주 값만 벌어도 행복한, 잇몸이 드러나는 얼굴의 알코올중독자인 쿠엔틴의 삼촌 번도 있었다. 세입자들은 종종 일을 시켜달라고 부탁해왔다. 심지어는 외다리 리키마저 연락을 하곤 했다. 게다가 셰리나에게는 "땅콩 한 접시면 일하겠다"라며 달려드는 약쟁이들 한 무더기가 항시 대기 중이었다(그녀는 이들을 "땜빵용 크랙중독자들"이라고 불렀다). 쿠엔틴은 급할 때는 길거리에서 일할 사람을 바로 모으기도 했다. 빈민가에서는 실직한 남자들을 많이 모으는 게 별로 어렵지 않았다. 셰리나와 쿠엔틴은 연장과 자재, 이동 수단을 제공했다. 일꾼들에게는 건당이나 일당으로 돈을 줬다. 액수는 보통 일에 따라 시급 6달러에서 10달러 사이였다. 셰리나는 한번은 이렇게 말하기도 했다. "이런 사람들한테는 액수가 많든 적든 간에 돈은 돈이야. 그래서 이 사람들은 일을 할 거야. 액수가 적더라도 말야."

　교육을 거의 받지 못한 흑인 남성들의 실업률이 높다고 알려져 있지만, 실제로 이들 가운데 많은 사람들은 공식 노동시장이 아닌 곳에서나마 정기적으로 일을 했다. 지하경제에서 억척스럽게 일하는 사람들은 불법적인 거래를 하기도 했지만, 밀워키 시에선 아무리 잘나가는 마약상도 도시의 임대업자들이 현금을 주며 마음껏 갖다 쓸 수 있는 엄청난 양의 노동력을 부러워했으리라.[2]

쿠엔틴은 주택바우처가 있는 여성에게 임대할 계획인 최근에 구입한 집 앞에 크리스를 내려주었다. 쿠엔틴은 섹션8 Section 8 • 주택조사가 실시될 예정이니 계단 난간이 흔들리지 않게 고정시키고 문을 고치라고 일렀다. "임대료 보조가 어떤지 알잖아," 쿠엔틴이 크리스에게 말했다. "모든 게 완벽해야 한다구… 그 사람들이 험악한 목록을 들고 올 거라구."

"좋았어," 쿠엔틴은 크리스와 바이스로드 Vice Lords식 악수를 하며 말했다.

고등학교 때 쿠엔틴은 시카고에서 만들어진 길거리 갱단 바이스로드와 어울렸다. 그는 갱 안에서 그렇게 적극적이지 않았고, 총에 두 번 맞은 적이 있긴 했지만 그건 갱과는 무관했다. 처음으로 총에 맞은 건 열아홉 살 때였다. 그와 친구들이 한 무리의 남자들과 과열된 대치를 하고 있을 때 갑자기 밴 한 대가 뛰어들더니 9밀리미터 총을 땅땅 쏘는 소리가 들렸다. 쿠엔틴은 다리에 총상을 입었다. 두 번째 총상은 1년 뒤 노상강도 사건 때 입었다. 그때는 총알이 어깨뼈에 박혔다. 두 번의 총격 사건으로 쿠엔틴은 "끔찍하게 경계심이 많은" 사람이 되었다. 나중에 의사가 위궤양 진단을 내릴 정도였다. 긴장 푸는 법을 배우는 데 여러 해가 걸렸다. 세입자들이 그를 위협하면 그는 일단 그대로 내버려두려 했다. 하지만 가끔 뭔가 일이 벌어졌고, 그러면 쿠엔틴은 검은 후드티와 검은 청바지를 입었다. 셰리나는 문간에서 그를 쏘아보았지만 일이 그쯤 되면 어떤 말도 소용없다는 사실을 익히 알고 있었기 때문에 아무 말 하지 않았고, 그러면 쿠

• 연방정부가 저소득층에게 임대료를 지원해주는 프로그램.

엔틴은 서버번에 올라타 그의 무리들을 불러낸 뒤 일을 해결하러 갔다. 마지막으로 검은 후드티를 입었을 때는 한 세입자가 앙심을 품고 고의로 심하게 그의 부동산 가운데 하나에 해를 입혔을 때였다.

계산원들과 이름을 부르며 지낼 정도로 친숙한 홈디포와 로스 주거용품점 사이를 분주히 뛰어다니면서 이 일꾼을 태워다주고 저 연장을 나르고 난 뒤 일몰 무렵, 쿠엔틴은 패트리스의 옛날 집에 머리를 들이밀었다. 그의 삼촌 번이 하드우드에 폴리우레탄을 바르고 러마와 소년들이 갈색 테두리에 떨어뜨린 흰 페인트를 보이지 않게 덮으면서 지난 이틀을 그곳에서 보냈다. 러마가 이미 식료품 저장실을 다 칠한 뒤이긴 했지만 쿠엔틴은 러마와의 협상을 엎어버렸다. 쿠엔틴은 러마를 상대하는 일은 세리나에게 맡겼다. 하나는 분명했다. 만일 번 삼촌에게 돈을 줄 경우 러마에게는 주지 않는다는 것이었다. 러마는 또 다른 계획을 제시해야 할 것이다. 그것도 아주 빠르게.

번 삼촌의 기름 낀 머리카락이 그의 볼티모어 레이븐스 모자 밖으로 정신없이 삐져나와 있었다. 삼촌의 바지와 플란넬셔츠는 갈색 페인트로 더럽혀져 있었다. 눈은 흐릿하고 핏발이 선 상태였다. 다 마신 알루미늄 맥주 캔들(스틸 리저브 211, 일명 "캔에 든 크랙")의 구겨진 잔해들이 계단에 어지럽게 널려 있었다.

"내 주스가 더 있어야겠어," 번 삼촌이 쿠엔틴에게 말했다.

쿠엔틴은 주위를 둘러보았다. 일은 조잡하게나마 끝나 있었다. "이제 세입자가 들어와 살아도 되겠는걸요," 그는 이렇게 평가했다.

"흠, 여긴 브룩필드˙가 아니잖아!" 번 삼촌이 백인들이 몰려 사는 교외의 부자 동네를 언급하며 웃었다.

"알잖아요, 그런 건 문제도 아니에요." 쿠엔틴이 말했다. "그 사람

˙ 위스콘신 주 워케샤 카운티의 도시.

들은 전부 난장판으로 만들어버리니까요. 가구를 끌어대고, 테이블을 끌어대고, 애들에, 발톱 달린 개들까지… 우린 시간을 조금도 들일 필요가 없어요. 거기에 비싼 거 처바를 필요도 없구요. 어차피 그 인간들이 다 엉망으로 만들어버릴 텐데." 쿠엔틴이 지갑을 꺼냈다. "정말 수고하셨어요! 지금까지 70정도 되는 거 같네요."

"70이라고? 그럴 리가. 이 방만 30달러는 되는데." 번 삼촌은 커다란 거실을 가리키며 말했다.

"아니죠. 이 방은 20이죠. 어제 같이 얘기한 걸 기억해보라구요."

"아니지. 난 20달러라고 했는데, 넌 방 하나당 10달러라고 했지." 번 삼촌이 신경질적으로 웃었다.

"뭐, 그럼 이건 타이니한테 시켜야겠네요, 뭐!" 이건 일꾼들이 돈을 더 달라고 할 때 쿠엔틴과 셰리나가 일반적으로 하는 대응이었다. 이들은 일꾼들에게 그들이 소모품일 뿐임을 상기시켰다.

번 삼촌이 물러났다. "알았어, 알았다구!"

쿠엔틴은 현금을 세서 주고 난 뒤 삼촌을 주류 판매점에 태워다주었다.

아래층에 사는 힝스턴네 집 사람들은 쿠엔틴과 번 삼촌의 대화를 모두 듣고 있었다. 두 남자가 떠나자 패트리스와 나타샤는 몰래 위층으로 올라가 둘러보았다. 새로 칠한 벽과 바닥을 보면서 두 여성은 부러움을 감추지 못했다. 새로 들어오는 세입자(혹은 최소한 그 돈을 대신 내주는 벌린다)는 패트리스가 몰랐던 것을 아는 것 같았다. 세입자의 영향력이 가장 셀 때는 바로 이사 들어오기 전이라는 점을.

"정말 좋아 보이네." 나타샤가 말했다. "난 그러니까, 미치겠네."

"비현실적이야," 패트리스가 말했다.

"이 위는 완전 꿈의 집이군… 그리고 언니는 쥐구멍에 살고!" 나타샤가 웃었다.

패트리스는 나타샤와 같이 웃지 않았다. 그녀는 셰리나를 생각하며 이렇게 말했다. "그 여자라면 우리 집에서 하루도 못 살걸."

이 동네가 좋아

비행기가 착륙하자 셰리나는 창밖을 내다보며 한숨을 지었다. 그날 아침만 해도 그녀와 쿠엔틴은 자메이카에 있었다. 밀워키는 버려진 행주처럼 차갑고 축축해 보였다. 셰리나가 핸드폰을 다시 켜자 음성 메시지 마흔 개가 들어와 있었다.

자메이카는 굉장했다. 셰리나와 쿠엔틴은 따뜻하고 하얀 해변을 오래 산책했고, 바닥이 유리로 된 배를 전세로 빌렸으며, 제트스키를 타고 카리브해를 누볐다. 쿠엔틴은 지팡이를 사서 각인을 팠다. 셰리나는 머리를 두껍게 두 가닥으로 땋은 뒤 뒤에서 묶었다. 이들은 8일을 머물렀다.

셰리나와 쿠엔틴은 항상 한 달이 시작하는 날 전에 돌아갈 수 있도록 휴가 계획을 잡았다. 매달 첫날은 퇴거통지서를 돌리고 새로 들어오는 사람을 관리하고 월세를 받아야 해서 하루가 길었기 때문이다. 대부분의 세입자들은 은행 계좌가 없었기 때문에 월세는 직접 사람을 만나서 받아야 했다.

　음성메시지 가운데 몇 개는 힝스턴네 집에 매주 방문하는 사회복지사 타바사가 보낸 것이었다. 셰리나가 타바사에게 전화를 걸었더니 타바사는 18번가 라이트로의 배관 문제를 언급하면서 수선을 권했다. 도린이 직접 돈을 내고 배관공을 부른 지 얼마 되지 않아 파이프가 다시 말썽을 부렸던 것이다. 셰리나는 코웃음을 쳤다. "그 꼴을 자초한 건 그 사람들인데 나더러 싱크대가 막혔다고 징징대는 전화를 하다니 믿을 수가 없군요!" 셰리나가 말했다. "그 사람들은 문에서 경첩도 뽑아버렸어요. 옷은 천장까지 쌓여 있죠. 문을 열면 똥 냄새가 진동을 한다니까. 당신네 단체가 그 여자가 집을 그런 꼴로 만들어두는 걸 내버려두다니 믿을 수가 없어."

　그러자 타바사는 실수로 도린이 다른 집을 알아보고 있다는 말을 해버렸다. 셰리나는 전화를 끊고 법원으로 향했다. 도린이 이사 갈 돈을 마련하기 위해 월세를 꿍치고 있는 것이라면 셰리나도 가만히 있을 수 없었다. 셰리나는 비용을 치르고 법원 기일을 받은 뒤 통합 법정 자동화 프로그램으로 도린에게 공개적인 퇴거통지서를 보냈다. 이제 이사는 훨씬 어려워질 것이다. 힝스턴네 집이 이사를 가려고 하면 내 방식을 따르게 하리라, 셰리나는 마음을 굳혔다.

　쿠엔틴이 퇴거통지서를 직접 돌리고 난 뒤 도린이 오해가 있는 것 같다며 셰리나에게 전화를 걸었다. "우린 더 큰 집이 필요한 것뿐이라구요," 도린은 이렇게 말했다. "나타샤가 곧 아기를 낳을 거라, 여기서 이렇게 계속 부대끼며 살 순 없어요. 하지만 당장 옮길 생각은 아니었어요. 한겨울에 이사를 갈 생각도 없구요… 나타샤는 5월쯤에 애를 낳을 거예요. 그래서 그즈음에 더 큰 데를 찾을까 하고 있었죠."

　셰리나는 도린에게 퇴거를 취소하지 않겠다고 말했다.

　"알겠어요," 도린이 말했다. "그럼 당신 돈은 내가 갖고 있죠."

하지만 셰리나는 도린네 가족이 자신의 집에 가하고 있는 스트레스를 언급하며 받아들이지 않았다. "주정부에서 거길 찾아가면 무슨 일이 있을 거 같아요?" 셰리나가 물었다. "그럼 그 사람들은 내 집을 폐쇄해버릴 거고, 우리 모두 곤란해지겠지… 난 내 집에서 사람들이 그런 식으로 살게 둘 순 없어요. 집이 너무 망가진다구." 도린은 셰리나에게 제발 마음을 바꿔서 퇴거법정에서 만나는 일은 없게 해달라고 애원하는 것 말곤 아무것도 할 수 없었다.

그달의 첫날, 셰리나와 쿠엔틴은 자신들이 관리하는 집을 차로 돌며 시시덕거리고 있었다. 이들에게는 아직 자메이카의 여운이 남아 있었다. 피부에는 태양의 입맞춤 자국이 선명했고, 기분은 좀처럼 가라앉질 않았다. 이들은 밖에서 UPS가 딸의 컴퓨터를 배송해주길 기다리고 있는 외다리 리키를 만났다.

"컴퓨터라고?" 쿠엔틴이 서버번에 다시 오르자 셰리나가 물었다.

"응." 쿠엔틴이 미소지었다.

"봐. 보라구! 새 컴퓨터 살 돈은 있으면서 월세 낼 돈은 없다 이거지. 좋았어. 딱 걸렸어. 월세를 올려야겠어." 셰리나는 잠시 뜸을 들인 뒤 강조하듯 말했다. "인플레이션이라구!"[1]

갓길에 세워진 서버번 안에는 웃음소리가 가득했다. 쿠엔틴은 자리를 뒤로 한껏 젖혀놔서 엉덩이가 아니라 허리로 기대고 있는 꼴이었다. 그의 백미러에서는 방향제가 흔들렸고, 둘 가운데 하나가 통화 중이 아니기만 하면 뒤에 있는 커다란 스피커에서는 저음이 쿵쿵 울려댔다. 하지만 둘 중 하나가 통화 중이 아닐 때는 거의 없었다.

밤이 내릴 무렵 쿠엔틴은 블루투스 수신기를 건드려 루밍하우스
rooming house 세입자의 전화를 받았다. 전화를 끊으며 그가 말했다. "애

넨 돈이 주머니에 붙어 있을 날이 없네. 뻔하지, 습관이야."

쿠엔틴은 루밍하우스 앞에 차를 대고 작은 의식을 치렀다. 목걸이를 셔츠 안에 숨기고 새끼손가락 반지를 뺐으며, 두꺼운 팔찌 위에 손목 밴드를 끼웠다. 그가 그동안 배운 것 가운데 하나는 "어떤 사람들은 당신이 사치품을 사기 위해 자기 월세를 받으러온다고 생각한다"라는 것이었다. 어떤 세입자는 최근에 쿠엔틴의 귀금속을 가리키며 이렇게 말하기도 했다. "당신은 그냥 당신 인생을 사느라 내 월세를 받아가고 싶어 하는 거잖소." 쿠엔틴이 셰리나에게 이 이야기를 전하자 셰리나는 어깨를 으쓱하며 말했다 "그럼 다른 이유가 뭐가 있담?" 다 살기 위해서 하는 짓이라는 게 그녀의 말뜻이었다.

루밍하우스의 세입자들은 뭔가를 피워 연기가 남아 있긴 했지만 아직 월세 낼 돈을 탕진하진 않은 상태였다. 그곳에는 음악과 웃음, 그리고 매월 첫날 들어오는 수당이 선사하는 느긋함이 가득했다. 하지만 그 느긋함은 매달 5일 청구서가 도착하면 저 멀리 사라질 덧없는 것이었다. 멀쩡해 보이는 세입자는 들어온 지 얼마 안 된 나이 든 남자뿐이었다. 그는 셔츠 단추를 끝까지 채우고 침대 위에 앉아 있었다. "밤에 왔네, 응?" 미시시피 특유의 느릿한 말투로 그가 물었다.

"월세는 언제 낼 거유?" 쿠엔틴이 응수했다.

"난 준비됐는데. 빚이야 맨날 지는 거니까."

게슴츠레한 눈빛의 다른 세입자가 쿠엔틴에게 다가왔다. "이봐, 검둥이!" 불이 붙지 않은 담배를 든 채 벽에 기대어 쿠엔틴을 불렀다. "나는 재판을 해야 한다구. 그 인간들이 날 엿 먹이는 중이거든!"

"그러셔?" 쿠엔틴이 노인에게 받은 돈을 주머니에 넣고 문을 향하며 말했다.

• 하루 이상 단위로 세를 놓으며, 공용 공간을 공유하도록 하여 하숙집과 유사한 공간.

서버번에 돌아온 쿠엔틴은 셰리나에게 현금 뭉치를 건넸다. 셰리나는 인정하지 않을 수 없었다. "저 크랙중독자들이 월세를 내다니!" 둘은 함께 웃었다.

셰리나는 저녁 아홉 시쯤 쿠엔틴에게 새 임대 희망자의 집에 데려다 달라고 부탁했다. 라도나는 셰리나에게 안으로 들어오라고 했고, 여덟 살 난 아들 너새니얼을 소개했다. 직장을 다니며 아이를 혼자 키우는 라도나는 이사를 하고 싶어 했다. "이 블록 한중간에서 백주대낮에 총을 쏜다니까요." 그녀가 말했다. "2층에는 은신처까지 있어요. 거기로 뛰어 올라가기도 지쳤어요."

"여긴 주 방위군이라도 조직해야겠네." 셰리나가 대꾸했다.

"정말 그래요. 어쨌든 난 떠날 거예요." 그러더니 라도나는 셰리나에게 500달러를 건넸다. "난 그 집을 원해요. 장난하는 게 아니에요. 그러니까 금요일에 100달러를 더 줄게요. 그 다음 금요일에 또 100달러. 그리고 그 다음 주에 나머지 175달러."

셰리나는 쿠엔틴이 시동을 켜고 기다리고 있던 서버번으로 다시 기어올라 왔다. "저 여자 그 집에 살고 싶어서 난리네." 그러더니 이렇게 말했다. "임대료 지원금 주는 사람들이 요즘 나한테 전화를 엄청 많이 해. 당신은 못 믿을걸."

"아, 그 사람들 나한테도 전화해." 쿠엔틴이 말했다.

"싱글 가족 담당자들?"

"다."

라도나에겐 주택바우처가 있었다. 셰리나와 쿠엔틴은 임대료 지원 프로그램의 까탈스런 조사관들을 상대하기가 싫어서 대부분의 부동산에서 임대료 지원금을 받지 않았다. "임대료 지원금은 정말 귀찮다니까." 셰리나가 말했다. 그래도 바우처 소지자들이 임대시장에서 차지하는 비중은 크지 않았고(밀워키 시 임차가구의 6퍼센트밖에 되지 않았다) 골치를 썩을 일도 없었다(반면 "SSI 수급자들, 그게 미개척 시장"이라는 게 셰리나의 생각이었다).

하지만 셰리나는 최근 라도나가 탐내는 어여쁜 2층짜리 집을 구입했고, 그 집은 검사를 통과하리라고 꽤 확신했다. 검사만 통과하면 보상은 상당할 수 있었다. 주택바우처가 있는 라도나는 임대료 가운데 적은 비중(소득의 30퍼센트)만 내면 된다. 나머지는 세금으로 메워질 것이기 때문이다. 셰리나의 임대료는 사실상 보장된 것이었다. 시세보다 더 높은데도 말이다.

모든 대도시 지역에서는 주택도시개발부Department of Housing and Urban Development가 공정시장임대료Fair Market Rent를 정해놓고 있다. 공정시장임대료란 집주인이 연방주택바우처를 소지한 가구에 부과할 수 있는 최대의 임대료를 말한다.[2] 공정시장임대료는 지자체 수준에서 산정되는데, 종종 가까운 교외와 외딴 교외 지역까지 같이 통합적으로 계산에 포함되기도 했다. 이는 가난한 동네와 배타적인 고급 주거 지역을 동일시한다는 뜻이었다. 뉴욕 시의 공정시장임대료 계산에는 소호 지구와 사우스브롱크스가 함께 들어 있었다. 시카고의 계산에는 골드코스트와 사우스사이드 게토 지역이 함께 포함되었다. 이는 원래 한 가정이 바우처를 가지고 도시나 근처 교외의 안전하고 부유한 지역에서 집을 찾게 하기 위한 의도였다. 하지만 이 프로그램은 인종 통합이나 경제적 통합 면에서 큰 성과를 거두지는 못했다. 바우처 소지자들은 조금 더 나은 이동주택단지로 업그레이드하거나 좀 더 조용한 게토 거리로 이사하는 정도에 머물렀다. 하지만 집주인들에게는 큰 이득이었다.[3]

도심 빈민가보다는 교외의 임대료가 더 비쌌기 때문에, 가난한 동네에서는 공정시장임대료가 시세보다 더 높았다. 바우처 소지자들이 이런 도시에 거주할 때 집주인들은 민간시장의 아파트 임대료보다 더 높은 가격을 이들에게 부과할 수 있었다. 라도나가 셰리나의 새 부동산으로 이사를 희망하던 2009년, 밀워키 카운티에서 침실 네 개짜리 집의 공정시장임대료는 1,089달러였다. 하지만 밀워키 시에서 침실 네 개짜리 아파트의 평균 임대료는 그보다 훨씬 적은 665달러였다.[4] 집주인들은 돈을 더 받을 수 있기만 하다면 당연히 그렇게 했다. 셰리나는 주택당국이 최대 액을 승인하지 않으리라고 생각해서 라도나에게 월 775달러를 부과할 계획이었다. 비슷한 집의 평균 임대료보다는 100달러 많은 액수였지만 공정시장임대료 상한선보다는 낮았다. 라도나는 신경 쓰지 않았다. 바우처가 있으면 임대료가 아니라 소득을 기준으로 일부만 내면 되기 때문이었다.[5] 라도나의 임대료 지출액은 아무런 영향을 받지 않았지만 납세자들이 낸 세금의 쓰임새는 영향을 받았다.

밀워키에서 주택바우처가 있는 세입자들은 비슷한 동네의 비슷한 아파트에서 보조금 없이 거주하는 세입자들과 비교했을 때 매달 평균 55달러 더 비싼 임대료를 냈다. 이렇게 바우처 소지자에게 더 많이 부과된 임대료 때문에 밀워키에서만 매년 360만 달러의 세금이 탕진되었다. 이는 어려운 형편에 있는 588가구에 주택 보조금을 줄 수 있는 액수였다.[6]

1930년대에 최초로 '임대자격 프로그램' 개념을 제안한 집단은 워싱턴의 일부 관료들이나 세입자조합 대표들이 아니라 전미부동산협회National Association of Real Estate Boards였다.[7] 이 조직은 나중에 전미부동산업자협회National Association of Realtors로 이름을 바꾸고 100만여 명의 회원을 거느린 최대의 부동산중개인 업종단체가 되었다. 이들의 주장은

임대자격 프로그램이 공공주택보다 더 우수하리라는 것이었다. 임대
업자들과 부동산중개인들은 정부에서 건설·관리하고 특가의 임대
료로 제공하는 건물들을 자신들의 존립 기반과 최저 수입선을 흔드
는 직접적인 위협 요소로 여겼다.[8] 처음에 연방의 정책입안가들은 이
에 동의하지 않고 1950년대 중반쯤에 대대적인 공공주택단지를 건설
하는 데 돈을 쏟아붓기로 결정했다. 하지만 부동산 관련 이익집단들
은 바우처에 우호적인 로비를 줄기차게 했고, 여기에 바우처가 인종
통합을 앞당기리라고 생각한 민권운동가들을 비롯한 다양한 정치집
단들까지 가세했다.[9] 결국 미국의 공공주택 실험은 예산이 취소된 뒤
실패를 선고받았고, 그렇게 한 시절을 마감했다. 주택프로젝트들이
뒤집히자 바우처 프로그램은 저소득 가정을 위한 미국 최대의 주택
보조금 프로그램으로 발돋움했다. 바우처는 정책 집단 내에서는 '민
관 협력'으로, 부동산계에서는 '승리'로 알려졌다.

  셰리나가 라도나에게 임대하려는 그 집을 산 건 자메이카로 휴가
를 떠나기 몇 주 전이었다. 뾰족하고 둥근 첨탑이 있고 현관이 넉넉
한 후기 콜로니얼 양식의 큰 집이었다. 누군가가 거기에 최근 흑백으
로 칠을 해놓았다. 지붕은 새로 단장되어 있었고, 온수기도 나무틀
의 창문도 새것이었다. 앞문을 열고 들어가면 위로 움푹 파인 천장과
복잡한 모자이크 문양의 벽난로가 딸린 거실이 나왔다. 침실은 아래
층에 한 개, 위층에 네 개였고, 위층에 올라가려면 길고 구불구불한
계단을 올라야 했다. 위층의 침실에는 두툼한 카펫이 깔려 있었는데,
페인트로 보건대 두 개의 침실은 아이들이 쓰던 방 같았다. 집이 워
낙 상태가 좋다보니 조사관이 셰리나에게 자기가 이사하고 싶다고
말할 정도였다.

그 흑백집은 도심 빈민가의 조용한 도로가에 있었다. 셰리나가 그 블록이 안정적이라고 판단한 것은 "그곳이 1년 내내 비어 있었는데 망할 창문 하나 깨져 있지 않았기" 때문이었다. 그리고 "사람들이 그 집을 예의 주시하고 있기" 때문이었다. "만일 당신이 [그 집으로] 들어오면 사람들은 마치 '뭐 도와줄 거 없나요?' 하듯 현관을 나와. 사람들은 거리를 주시하며 지내거든." 셰리나는 이 새로운 자부심이자 기쁨을 위해 1만 6,900달러를 썼다. 그걸 다 현금으로 냈다. 그보다 더 적은 가격에(8,000달러나 5,000달러에) 부동산을 구매한 적도 있었지만 이 집만큼 멋진 집은 없었다. 라도나가 이사 오기 며칠 전, 셰리나는 수리 상태를 확인하기 위해 그 집에 들렀다. 그녀는 이 방 저 방을 걸어다니며 믿어지지 않는다는 듯 미소를 지었다. 기분이 절정에 달하자 셰리나는 살짝 춤도 추었다.

압류난 이후, 셰리나는 한 달에 한 채꼴로 노스사이드 전역에서 부동산을 구매했다.[10] 일부 도시에서는 압류된 집 두 곳 가운데 한 곳이 세입자가 거주하던 집이었다. 압류난은 집주인들에게 거의 마법에 가까운 기회를 선사했다. "바로 이런 순간에 백만장자가 수도 없이 만들어지는 거라구," 셰리나가 말했다. "당신이 지금 돈이 있으면 다른 사람들의 실패를 밟고 이윤을 남길 수 있어. 난 부동산을 잡을 거야. 그걸 잡을 거라고."

"당신이 지금 돈이 있으면", 이게 문제였다. 금융 침체기에 모기지 부문은 크게 위축되었다. 2007년 한 해에만 대출업체의 수가 25퍼센트 줄어들었다.[11] 아직 망하지 않은 은행들은 파산이 겁나서 대출 기준을 엄격하게 만들고 완전무결한 신용을 요구하며 계약금의 비중을 늘리는 등 임대와 관련해서는 쩨쩨한 태도로 돌변했다. 〈워싱턴포스트The Washington Post〉는 이렇게 보도하기도 했다. "당신이 올해 대출을 받고 싶다면 더 많이 내야 할 것이다."¹² 집주인들은 자연스럽게 더 속편해졌다. "은행들은 멍청했다가 다시 또 그냥 멍청해졌다"라는 게 집주인들의 평가였다. 즉, 무모했던 은행들이 갑자기 방향을 바꿔 지나치게 조심스러워졌다는 것이었다. 현금이 두둑하지 않은 부동산 투자자들에겐 너무 안 좋은 상황이었다. 미증유의 끝내주는 거래가 넘쳐났기 때문이었다. 압류난으로 치닫는 동안 임대료가 치솟았는데, 이는 대체로 주택 호황과 공격적인 부동산 되팔기flipping 때문에 집주인들이 내야 할 모기지 지불금과 세금이 오를 대로 올라서였다. 부동산 시장이 폭삭 주저앉은 뒤 부동산 가치는 떨어졌지만(그리고 이와 함께 모기지와 세금도 내렸지만) 임대료는 여전히 높았다. 2009년 1월, 밀워키의 부동산 투자자들에게 배포된 무료 압류목록지Free Foreclosure List에는 "감정가보다 3만 달러 이상 싼" 1,400여 개의 부동산들이 게시되어 있었다. 이 부동산들은 최저가에서 최고가 순으로 정렬되어 있었는데, 침실이 두 개인 2,750달러짜리 집부터 시작했다. 열 개쯤 내려가면 침실 세 개짜리 집이 8,900달러였고, 또 열 개쯤 더 내려가면 침실 네 개짜리 집이 1만 1,900달러였다.¹³

셰리나는 그 자리에서 부동산을 살 수가 없는 경우 여러 가지 방법으로 구매 자금을 마련했다. 그녀는 고정 금리의 통상적인 모기지나 심지어는 변동 금리 모기지를 끌어왔다. 괜찮은 매물이 나왔는데 계약금이 없으면 '남의 돈'이나 '하드 머니'를 물색했다. 이는 브룩필드나 쇼어우드 출신의 부유한 백인들이 제공하는, 돈을 깎고 들어가지는 않는 대신 해당 부동산에 유치권을 설정하는 고 이율의 대출을 의미했다. 셰리나는 이런 식으로 말했다. "보통 은행은 이렇게 말하지. '우린 20퍼센트를 깎고 들어가고 싶어요.' 그런데 자기 돈 있는 사람들은 이렇게 말해. '그래, 그 돈을 주지. 근데 당신 이자는 12퍼센트고, 6개월이나 1년 뒤에는 돌려줘야 해.'" 셰리나가 채무를 이행하지 않으면 그 집은 이 개인 대출업자에게 넘어가게 된다.

가난한 흑인 거주 지역에 거주 목적의 자기 집을 갖고 있는 건 별볼일 없는 투자였지만(부동산 가치가 떨어졌기 때문에) 그와 같은 이유에서 가난한 흑인 거주 지역에 세를 놓는 것은 잠재적으로 수익성 높은 투자였다. 밀워키 시의 백인 중산층 거주 지역에서는 비슷한 집의 부동산 가치가 두세 배였지만 임대료는 그렇게까지 높지 않았다. 교외인 워와토사에 있는 침실 두 개짜리 집을 세 놓으면 750달러를 벌 수 있었지만, 우편번호가 53206인 밀워키의 빈민가에서는 비슷한 집이 550달러 정도였다. 하지만 워와토사의 부동산은 집의 내부 상태 관련 기준이 훨씬 높은 것은 말할 것도 없고 내야 할 모기지 지불금과 세금이 훨씬 비쌌다. 투자 수익 문제에 관해서는 도심 빈민가에서 부동산을 보유하는 것 만한 게 없었다. 센트럴시티에 114채의 집을 세놓는 한 임대업자는 이렇게 말했다. "노스사이드에서 집을 사요. 거긴 '현금 흐름'이 끝내준다니까. 브룩필드에서는 밑졌어요. 하지만 당신이 지금 소득이 많지 않은 상태면 안정적인 월수입이 생기는 거죠. 부동산을 감정가에 사면 안 돼요. 미래를 위해서 사두는 게 아니라 지금 당장을 위해 사는 거니까."

셰리나는 비용을 제한 뒤에도 최소 월 500달러의 현금 흐름을 만들어줄 부동산을 물색했다. 라도나가 세 들어 살 집은 쉽게 그 요건을 충족시켰다. 셰리나는 대출 없이 그 집을 소유했고, 수리에는 겨우 1,500달러가 들었으며, 월 임대료는 775달러를 받을 예정이었다. 셰리나가 그 집 때문에 춤이라도 추고 싶었던 건 2년 정도면 모든 투자금을 회수할 수 있으리라는 계산이 나왔기 때문이었다. 셰리나는 이 정도의 수익률에 이미 익숙했다. 그 흑백집을 사고 난 직후 그녀는 키프로에 있는 두 세대용 아파트를 8,500달러에 사서 3,000달러를 들여 수리했다. 이 모든 돈을 회수하려면 8개월이면 충분했다. 그 다음부터는 그야말로 "현금을 토해낼" 것이었다.

셰리나는 자신의 순 자산을 200만 달러 정도로 추정했지만 이 자산은 그야말로 황금알을 낳는 거위였다. 실제 돈은 임대료라는 형태로 만들어졌기 때문이었다. 매달 셰리나가 임대료로 걷는 돈은 2만 달러 정도였다. 매달 들어가는 모기지 대금 8,500달러에 수도 요금을 내고 나면 (도심 빈민가에 30여 개 집을 소유하고 있고, 이 모든 집에 빈곤선 이하의 세입자들을 받고 있는) 셰리나는 매달 1만 달러 정도를 순소득으로 확보했다. 알린과 러마, 그 외 다른 많은 세입자들의 연 소득보다도 많은 액수였다. 셰리나는 이렇게 표현했다. "이 동네가 좋아. 돈이 많거든."

쿠엔틴은 어둡고 황량한 거리에 트럭을 세웠다. 들를 곳이 한 곳더 있었다. 그것은 바로 체리로에 있는 테리의 집이었다. 밀워키의 웨스트사이드, 워싱턴공원과 가깝고 거대한 밀러 양조장까지 걸어서 15분 거리에 있는 이곳은 셰리나의 부동산 가운데서 가장 멀었다. 셰리나는 테리의 집 문을 처음에는 세게, 두 번째는 훨씬 더 세게 두드렸다. 현관 등이 켜지더니 셰리나를 향해 쏟아져 내렸다. 셰리나는 가장자리를 모피로 장식한 코치 부츠에 자메이카에서 산 지갑을 들고 있었다.

"누구쇼?" 걸걸한 목소리가 사납게 말했다.

"집주인이에요."

"아," 집 안의 목소리가 한결 누그러졌다.

"그래야지," 자물쇠가 열리는 동안 셰리나가 혼잣말을 했다.

안에 들어서니 훈훈한 집 안에서 기름으로 튀긴 저녁 식사 냄새
가 났다. 작은 램프 하나가 인색하게 주위를 밝히고 있어서 방 안의
다른 부분은 어둠 속에 가려져 있었다. 셰리나는 나이 든 친척과 꽤
큰 아이들이 있는 자리에서 테리를 찾았다. 어두운 피부색에 길게 땋
은 머리, 그리고 텅 빈 눈빛의 테리는 통통하고 예쁘장한 여성이었다.
그에게는 지적 장애가 있었고, 그 때문에 SSI를 받았다. 문에서 대답
을 했던 남자친구 앤트완(머리를 기름칠해서 반듯하게 빗어 넘긴 말라깽
이 남자)은 불빛의 끄트머리 바로 밖에서 벽에 기대어 서 있었다.

"음, 무슨 일 있어?" 셰리나가 테리에게 물었다.

"돈이 한 푼도 없어요. 그리고…." 테리가 말끝을 흐렸다.

셰리나는 엉덩이에 손을 댄 채 테리에게 몸을 기울였다. "테리," 셰
리나가 엄격한 선생님 같은 목소리로 입을 열었다.

"알아요."

"그냥 그 돈을 나한테 줘… 내가 영수증 줄게."

약간의 뜸을 들인 뒤 테리가 "알았어요," 하더니 지갑을 가져왔다.
이 장면을 본 큰 아이들 몇 명이 그 방을 나갔다.

셰리나는 두툼한 돈뭉치를 받아들었다. "머리는 누가 해줬어?" 셰
리나는 손을 뻗어 테리의 땋은 머리 한 묶음을 돌리며 물었다. "이 머
리가 좋아, 앤트완?"

앤트완은 입에 담배를 물었다. 라이터 불빛이 잠시 그의 얼굴을
밝게 비춰주었다. 굴욕감으로 구겨진 얼굴이었다.

서버번에 다시 올라타며 셰리나가 쿠엔틴에게 말했다. "우리 1,400달
러 벌었어. 이래서 저 여자를 못 내보낸다니까." 테리는 월 725달러에
침대 네 개짜리 집을 빌렸다. 아직도 350달러에 연체료를 더 물어야

했지만 나머지는 내일 주겠다고 했다.

"오, 잘됐군!" 쿠엔틴이 아내를 축하해주었다.

셰리나는 놀라울 정도는 아니었지만 만족감을 느꼈다. 그녀는 세입자의 월급 봉투를 통째로 가져간 적이 수도 없이 많았다. 한번은 어떤 젊은 엄마가 셰리나에게 자신의 직불카드를 준 적도 있었다.

18번가 라이트로, 주방 테이블에 앉은 마이키는 수학 숙제를 하려는 중이었다. 숙제가 어려운 건 아니었지만 집중을 할 수가 없었다. 소음이 너무 많았다. 스쿨버스를 타고 집에 오는 길에 후다닥 숙제를 해치우는 루비는 텔레비전 앞에서 스탱키 레그 춤을 연습하고 있었다. 패트리스의 둘째 아이 제이다는 빈 마운틴듀 병을 가지고 여러 가지 물건들을 두드리고 있었다. 그리고 나타샤는 카일라매의 머리를 빗어주려 하고 있었는데, 이건 보통 세 시간짜리 전쟁이었다.

나타샤의 배는 점점 불러오고 있었다. 초음파검사를 해보니 도린의 추측대로 머리가 큰 남자아이 하나뿐이었다.

마이키의 맞은편에 앉은 도린과 패트리스는 셰리나의 퇴거통지서를 놓고 어떻게 해야 할지 토론 중이었다. 도린은 안타깝게도 다른 집을 찾지 못했다. 〈레드북〉에 나와 있는 번호로 전화를 걸었더니 녹음된 메시지가 자격 조건을 알려주었다. "지난 3년 이내에 퇴거당한 적이 없어야 하고, 집주인에게 돈이 밀리지 않아야 하며, 지난 3년 이내에 범죄로 체포된 적이 없는 사람." 도린이 아무리 배관공 사건 이후 집세를 내지 않고 있긴 했지만 셰리나가 그렇게 빨리 법원 절차를 밟을 줄은 예상하지 못했다. 패트리스는 사회복지사 타바사의 잘못이라고 생각했다. 도린이 패트리스에게 셰리나가 배관 문제를 소홀히 처리한 이유라고 내놓은 설명을 전하자(쿠엔틴이 한 달 동안 트럭

을 누군가에게 빌려주었다는 것이었다) 패트리스는 눈알을 굴리며 이렇
게 말했다. "그 사람들이 자메이카에 있었단 말이지, 우린 목욕도 못
하고 있었는데 말야… 돈은 다 받아놓고 입을 싹 닦는다니까. 내가
그 말을 믿으면 날 때려죽이라구." 패트리스는 손으로 주방 테이블
을 세게 내리쳤고, 이와 함께 마이키의 머리에선 수학 문제가 길을
잃었다.

마이키는 공책을 들고 제이다와 카일라매의 매트리스로 갔다. 마
이키는 다시 숙제를 시작하기 전 특별한 은신처에서 작은 성조기를
꺼내왔다. 오바마가 취임하던 날 선생님이 주신 깃발이었다. 대통령
취임 전 노스사이드는 정치 포스터로 뒤덮여 있었다. 그 암청색 표지
판들*은 잔디 위에 튼튼하게 세워져 있었고, 깨진 유리창에 테이프
로 붙어 있었으며, 사람들의 침실에 압정으로 고정되어 있었고, 어질
러진 인도를 따라 늘어서 있었다. 오바마가 승리한 날 밤에는 라이
트로에서 박수갈채가 터져 나왔다. 동네 사람들은 빗장을 풀고 현관
을 나와 서로 기쁨을 나누었다. 마이키는 천장을 응시한 채 차렷 자
세로 성조기를 들고 매트리스에 길게 누웠다.

퇴거법정 심리가 있는 1월 27일, 도린은 느릿느릿 집을 나와 버스
정류소로 향했다. 머리는 머릿수건으로 감싸고 흰 벨크로 운동화를
신었다. 신발은 마치 다른 사람 것처럼 보였다. 도린은 집 안에 있을
땐 맨발로 지냈는데, 사실 거의 항상 집 안에서 지냈다. 그녀는 마룻
바닥과 문틀 같은 집 안의 영구적인 붙박이 가구가 되어버렸다. 그녀
는 버스를 타고 퇴거법원이 있는 시내로 간다는 건 생각하기도 싫었
다. 게다가 발이 욱신거렸다. 전날 밤 뒷문에 발을 찧었던 것이다. 원
래는 루비가 뒷문이 내려앉지 않게 받치려고 하다가 발을 찧으면서

* 오바마의 선거 포스터를 말함.

문과 땅 사이에 발이 끼게 되었다. 도린은 딸을 빼내주려다가 미끄러졌고, 무거운 문이 그녀의 발을 덮쳤다. 발은 통통하고 물렁하게 부어올랐다. 의사에게 전화를 걸었더니 의사는 응급실에 가라고 조언했지만 도린은 거절했다. "응급실에 가면 밤새 기다리기만 하다가 끝날 거야." 그녀는 이렇게 말했다. 도린은 자신의 아버지가 그랬듯 의사들을 신뢰하지 않았다.[14]

도린은 버스 창 너머로 얼어붙은 도시가 스쳐 지나가는 풍경을 물끄러미 바라보았다. 퇴거법정에 가면 무슨 일이 어떻게 진행될지 아는 바가 없었기 때문에 새로 태어날 아기 생각에 빠졌다. 변덕스럽고 아직 어린 나타샤가 엄마가 된다는 생각에 도린은 웃음을 참을 수 없었다. 도린은 패트리스가 태어났을 때를 회상했다. 패트리스는 너무 커서 제왕절개를 해야 했다. 도린은 개월 수보다 더 큰 아기 옷을 사야 했다. 나타샤도, 씨제이도 컸다. 그래서 루비가 겨우 6파운드로 태어났을 때 어떻게 아이를 다뤄야 할지 난감했다. "그 애 땜에 미칠 것 같았어. 애를 안지도 못했다니까." 나타샤는 최근 W-2를 신청했는데, 도린은 그것 때문에 자신의 수당이 영향을 받지는 않을지, 가족들이 받는 식료품 구매권이 중단되지는 않을지 걱정스러웠다. 나타샤가 그 집에서 그대로 지내면서 생계에 도움을 주면 큰 문제는 없을 것 같았다. 하지만 최근 말릭은 브라운디어에 있는 자신의 어머니 집으로 이사 갈 생각이 없는지 나타샤에게 물어보았다. 나타샤는 절대 그럴 일은 없을 거라고 장담했지만 도린은 나타샤가 진지하게 고민 중임을 직감했다.

차를 몰고 시내로 향하는 셰리나는 전화를 받느라 도린보다 출발이 늦었다. 전화를 건 여성은 셰리나가 휴가를 떠난 동안 랜드마크 신용조합의 시급 10달러 일자리를 때려치웠다고 말했다. "첼시!" 셰리나가 실망이 가득한 목소리로 소리쳤다. "그건 좋은 생각이 아닌 거 같은데… 퇴거법정 갔다 와서 다시 얘기하자구. 근데 내가 가만 안 둘거라는 거 알지?"

"알아요." 첼시가 말했다.

"난 어쩌라고. 죽여버릴 거야, 첼시!"

셰리나는 첼시가 "신용을 쌓을 수 있도록" 돕는 중이었다. 셰리나는 150달러를 자신에게 주면 첼시의 신용평가 보고서를 살펴보고 '긴급 재득점'이라고 하는 기법을 이용해 첼시의 점수를 올려주겠다고 했다. 첼시 같은 고객들은 그 돈만 한 성과를 얻었다. 셰리나는 진정한 결과를 위해 일하는 맹렬한 코치였다. 만일 그게 성공하면 그 다음으로 셰리나는 그 세입자가 사는 집을 내놓은 뒤 자신이 제시한 집세를 대출받을 수 있도록 도움을 줄 것이었다. 연방주택관리청Federal Housing Administration, FHA은 종종 계약금을 집값의 3.5퍼센트만 내도록 했는데, 일자리가 있는 대부분의 세입자들은 세금 환급금으로 충분히 감당할 수 있는 금액이었다. 셰리나는 주택 호황기에는 자신의 부동산 가운데 일부가 값이 두 배로 뛰는 걸 보기도 했지만, 이렇게 부풀려진 평가가 영원히 지속되지는 못하리라는 사실을 알고 있었다. 셰리나는 아무런 융자도 걸려 있지 않은 집을 그 집에 살고 있는 세입자에게 9만 달러에 팔려던 중이었는데, 실제 구입가는 9만 달러에 훨씬 못 미쳤다. 매매가 성사되면 셰리나는 그 현금을 가지고 더 많은 부동산에 재투자할 것이고, 새로운 주택 소유주는 어마어마한 빚을 지게 될 것이었다. 셰리나는 집이 아예 없는 것보단 그게 더 낫다고 말하곤 했다.

수년 전 셰리나는 신용 회복과 주택 대출을 연계한 서비스를 SSI를 수급하는 육체적·정신적 장애인들에게 내놓았다. "그런 사람들한 무더기가 와서 집을 샀지. 결국은 다들 집을 날리긴 했어. 조금만 더 잘 감시하면 되는데… 아무도 '조니야, 모기지 갚아야지!'라는 말을 안 해주거든. 뭐 괜히 정신장애인들이 아니지." 사람들은 압류난이 파워타이를 맨 남자들이 유독한 자산을 거래하고 신용 부도 스와프를 거래하는 월스트리트에서 시작되었다고 말한다. 하지만 게토에서는 긴급 재득점 코치와 아메리칸 드림을 향한 한 방에 굶주린 저소득 세입자들만으로도 충분했다.

도린과 셰리나가 법원에서 만났을 때 셰리나는 기분이 썩 좋지 않았다. 첼시와의 대화 때문에 짜증이 솟구쳤고, 설상가상으로 그 전날 시가 그녀의 은행 계좌에서 2만 달러에 육박하는 수도 요금과 세금을 인출해 갔다. 이 예기치 못한 일 때문에 셰리나의 사업용 계좌에는 정확히 3.48달러가, 개인용 계좌에는 108.32달러가 남았고, 주머니에는 아직 현금으로 바꾸지 않은 수표 몇 장이 전부였다. 셰리나는 돈 없이 지내본 적이 없었고 월세가 들어오는 1일은 아직 며칠 남아 있었다.

400번방 바깥 복도에서 도린은 빨리 이사를 나가버려 셰리나의 뒤통수를 칠 생각이 아니었다고, 그저 미래 계획으로 생각 중이었다고 설명했다. 이미 셰리나가 들었던 이야기였다. 타바사가 도린도 모르는 사이에 그날 아침 셰리나에게 전화를 걸어 고객의 문제를 놓고 간청을 했던 것이다. 힝스턴네를 이 곤경에 빠뜨린 게 타바사였으니 문제 해결을 위한 노력을 안 할 수는 없는 노릇이었다. 셰리나가 약정에 응할 것처럼 보이자 타바사는 "당신은 돈 문제에 관해서는 깡패라니까!"라며 셰리나의 비위를 맞췄다. 이 말에 셰리나는 자랑스러운 웃음을 터뜨렸다.

셰리나는 약정합의서를 작성했다. 도린이 퇴거를 무효화하고 싶으

면 다음 달에 400달러를 추가로 내고 이후 3개월 동안 50달러를 더
내야 했다. 도린은 서류에 서명을 했다. 이사를 위한 저축은 당분간
중단해야 할 것이었다.

일시적인 유대 관계

알린은 집을 비워줘야 하는 전날까지도 복지수당을 받지 못했다. 랩어라운드의 담당 사회복지사는 알린의 아이들에게 크리스마스 선물을 준 적도 있었다. 알린과 아이 아버지들은 아이들에게 선물을 주지 못했다. 삼촌이나 이모들한테서도 뭘 받아본 적이 없는 아이들이었기 때문에 그런 건 기대도 하지 않았다. 알린의 남자 형제 셋과 여자 형제 한 명은 각자 자기 아이들 챙기느라 정신이 없었다. 남자 형제 한 명은 SSI를 받았고, 또 다른 형제는 마약을 팔고 임대업자들이 집수리하는 걸 도왔으며, 마지막 한 명은 실직자였다. 여자 형제는 스쿨버스 감시원으로 일하며 버는 돈으로 세 아이를 키우느라 고생이었다.

머바 아줌마는 돈이 있었다. 아줌마는 알린이 기억할 수 있는 오래 전부터 안정적인 일자리를 유지했고, 어릴 땐 그녀와 형제들에게 먹을 것과 선물을 가져다주곤 했다. "우린 그거 구경도 못했죠," 알린은 이렇게 회상했다. 그녀의 어머니와 양아버지가 먼저 물건들을 골

라냈다. 하지만 알린은 크리스마스 선물이나 월세 같은 시시한 일로
머바 아줌마에게 전화하지 않았다. 수년 동안 알린이 가장 좋아하는
아줌마한테는 정말 위급할 때만 도움을 청해야 한다는 사실을 배웠
고, 퇴거는 거기에 해당하지 않았다. 알린이 너무 자주 혹은 너무 많
이 부탁을 하면 싫은 소리를 듣곤 했다. 머바 아줌마는 일장 연설을
늘어놓거나 최악의 경우 전화를 받지 않을 수도 있었다.

　셰리나는 알린이 "같이 지낼 만한 가족 같은 게" 있다고 생각했다.
하지만 알린의 가족 가운데 누구도 알린과 함께 법원에 가주지 않았
다. 월세를 마련할 수 있도록 도움을 주겠다고 나선 적도 없었고, 알
린과 아들들에게 자신의 집을 내주지도 않았으며, 알린이 다른 거처
를 찾도록 도움을 주겠다고 한 적도 없었다. "그냥 그렇게 웃긴 사람
들이에요," 알린은 이렇게 말했다. "가족은 도움이 안 돼요. 나한테는
도움을 줄 만한 사람이 아무도 없어요. [도움을 줄 만한] 누군가를 찾
을 때까지 계속 알아봐야죠."

　문을 두드리는 소리에 알린이 나가보니 셰리나가 황갈색 겨울 코
트를 입은 한 여자와 함께 현관에 서 있었다. 세입자가 집을 비우기
전에 아파트를 보여주는 습관이 있는 셰리나는 들어가도 되는지 물
었다.[1] 셰리나는 알린의 물건들을 넘어다니며 장래의 세입자를 데리
고 아파트 곳곳을 둘러보았다. 구경이 끝나자 셰리나는 알린이 퇴거
를 당했고 내일이면 집을 비울 거라고 설명했다.

　셰리나를 따라 온 젊은 여자는 알린에게 어디로 가는지 물었고,
알린은 모르겠다고 대답했다. 젊은 여자는 기초가 탄탄한지 가늠해
보려는 듯 벽의 뒷부분을 쳐다보며 한 번 더 주위를 둘러보더니 셰
리나에게 그 집에 살겠다고 말했다. 그리고는 알린에게 그녀와 아이
들이 마땅한 거처를 찾을 때까지 그 집에서 지내도 좋다고 말했다.

알린은 이 여성을 향해 눈살을 찌푸리고 있는 셰리나를 쳐다보았다.
셰리나는 좋을 대로 하라고 말했다.

　다른 사람이 손길을 내밀면 알린은 누구든 마음을 바꾸기 전에
재빨리 행동할 필요가 있었다. 알린은 젊은 여자를 쳐다보았다. 그녀
는 발목까지 오는 긴 치마에 비단 머릿수건으로 잘 차려입은 행색이
었다. 밤색 피부는 광대뼈 주위로 더 어두운 빛을 띠었고, 얼굴은 따
뜻한 인상이었다. 말씨는 부드러웠고, 심술 맞거나 악취가 나거나 누
더기 같은 옷을 입은 사람이 아니었다. 이 여성은 정말로 어려 보였
는데, 알린은 두 사람의 대화에서 그녀가 이 집이 자신의 첫 집이라
고 말하는 것을 들었다. 그리고 이 여성이 화요 성서 공부 모임에 다
녀오는 길이라는 이야기도 들었다. 아마 이 여성은 그렇게 거친 사람
은 아닐 것이었다. 알린은 궁금한 게 많았지만 잘못 틀어지면 쉼터행
이었기에 그저 "고맙다"라고 말한 후 크리스마스가 지난 뒤 얼마나
많은 스트레스에 시달렸는지 이야기하는 데 만족해야 했다.

　"고마워요," 알린이 말했다. 알린도, 처음 보는 여자도 미소를 지었
다. 알린은 작게 흐느끼며 처음 보는 여성을 포옹했다. 그러자 이 젊
은 여성도 울음을 터뜨렸다. 알린은 너무 마음이 놓이고 고마운 생
각이 들어 셰리나까지도 포옹했다. 그러고는 이 처음 보는 여성에게
이름을 물었다.[2]

　크리스털 메이베리는 옷이 든 쓰레기봉지 세 개만 들고 13번가로
이사를 왔다. 가구도, 텔레비전도, 매트리스도, 전자레인지도 없었다.
알린도 짐이 그렇게 많진 않았지만 최소한 그런 세간은 있었고, 크리
스털이 자신과 아이들에게 그 집에서 그대로 지내도 된다고 허락한
이유가 혹시 이 때문은 아닌지 의심스러워졌다. 알린은 조리와 자파

리스를 자신의 침실로 데리고 들어왔다. 크리스털은 다른 침실에 자신의 물건들을 두고 자기만의 영역을 구축했다. 하지만 침대가 없었기 때문에 잠은 거실에 있는 알린의 2인용 안락의자에서 잤다.

알린은 그곳에서 오래 지낼 생각이 아니었기 때문에 크리스털은 알린에게 월세를 나눠 내자고 요구하지 않았다. 대신 수당이 들어오자 알린은 크리스털에게 150달러를 줬고, 전화비와 연체된 전기 요금을 냈다. 그러고도 조리에게 새 운동화를 사줄 수 있을 정도의 돈이 남았다. 알린은 기분이 정말 좋았다.

크리스털은 알린의 큰아들보다도 더 어린 열여덟 살이었다. 그녀를 임신 중이던 어머니가 강도를 당해 등을 열한 번이나 칼에 찔린 직후 진통을 느껴 1990년의 어느 봄날 개월 수를 다 채우지 못하고 태어났다. 어머니와 딸 모두가 목숨을 건졌다. 크리스털의 어머니가 칼에 찔린 건 처음이 아니었다. 크리스털이 기억할 수 있는 오래전부터 아버지는 어머니를 때렸다. 아버지는 크랙을 피웠고, 어머니도 피웠으며, 어머니의 어머니도 피웠다.

크리스털은 다섯 살 때 위탁 가정에 맡겨졌고, 그 후로 수십 집을 전전했다. 로다 아주머니는 크리스털을 5년 동안 데리고 살다가 다시 되돌려 보냈다. 그 뒤로 크리스털이 어딘가에 가장 오래 머물렀던 기간은 8개월이었다. 사춘기가 되자 크리스털은 시설의 다른 여자아이들과 싸움에 휘말리곤 했다. 폭행으로 몇 차례 고발을 당하는가 하면 오른쪽 뺨에는 흉터가 생기기도 했다. 사람들과 이들의 집, 반려동물, 가구, 그릇, 이런 것들은 왔다가 가버리곤 했다. 음식은 그보다는 안정적이었기 때문에 크리스털은 거기서 위안을 찾기 시작했다.

열여섯 살 때, 다니던 고등학교를 그만뒀다. 열일곱 살이 되자 담당 사회복지사가 크리스털이 복지제도의 혜택을 더 이상 받지 못하도록 조치를 취하기 시작했다. 그 즈음 크리스털은 벌써 스물다섯 곳이 넘는 위탁처를 전전한 상태였다. 크리스털은 폭행 고발을 당한 것 때문에 저소득층 주거 시설에서는 한동안 거주할 수 없게 되었다. 하지만 담당 사회복지사는 한 아동복지기관이 보조금을 제공하는 아파트에 들어가 살 수 있도록 주선해주었다. 그 아파트를 유지하려면 크리스털은 일자리를 찾아야 했다. 하지만 크리스털은 쿼드그래픽스에서 한나절씩 교대 근무를 하거나 버거킹에서 어니언링을 요리하는데는 눈곱 만큼도 관심이 없었다. 그녀는 취업신청서를 딱 한 곳에만 제출했다. 게다가 조울증 때문에 SSI 승인을 받은 상태였기 때문에 매달 들어오는 754달러의 수당이 자신이 얻을 수 있는 그 어떤 일자리보다 더 안정적이라고 생각했다. 8개월 뒤 사회복지사는 크리스털에게 아파트를 비워야 한다고 말했다. 크리스털은 위탁의 손길에서 벗어나 노숙자가 되었다.[3] 그녀는 쉼터와 길거리에서 잠을 잤고, 처음에는 자신의 할머니와, 그 다음엔 교회에서 알게 된 한 여성과, 그 뒤엔 사촌과 잠깐씩 같이 살기도 했다.

알린과 크리스털은 기묘한 상황에서 만났지만, 가난한 사람들이 공과금을 내고 아이들에게 먹일 것을 마련하기 위해 일반적으로 사용하는 전략을 자연스럽게 취했다. 특히 도심 빈민가에서 사람들은 끊임없이 낯선 사람과 스쳐 지나가고(길거리에서, 구직센터에서, 복지센터 건물에서) 도움을 청하거나 도움을 줄 수 있는 방법을 찾아냈다. 알린을 만나기 전 크리스털은 버스에서 만난 여성과 한 달을 같이 살았다.[4]

1960년대와 1970년대에 곤궁한 가정들은 종종 확장된 친족 네트워크에 의지해서 어려운 상황을 헤쳐나가곤 했다. 인류학자 캐롤 스택Carol Stack은《모두가 우리의 피붙이All Our Kin》에서 가난한 흑인 가정들은 "의지할 수 있는 많은 피붙이와 친구들로 구성된 가정이라는 망에 발을 깊이 담그고" 있었다고 말했다. 이런 그물망에 엮인 사람들은 하루하루 물건과 서비스를 교환했다. 이는 이런 가정들이 빈곤에서 빠져나오는 데는 아무런 도움이 되지 않았지만, 최소한 빚을 지지 않게 하기에는 충분했다.[5] 하지만 대대적인 사회 변화(크랙의 창궐, 흑인 중산층의 등장, 그 가운데서도 특히 투옥 붐)는 가난한 동네에서 가정의 안전망을 해체시켰다. 친척과 함께 사는 엄마들보다는 혼자 살거나 친척이 아닌 룸메이트와 함께 사는 엄마들에게 더 많은 수당을 줌으로써 '친족 의존성'을 제한하고자 했던 부양아동 가족부조 같은 국가 정책들도 같은 기능을 했다.[6]

가난한 사람들에게 가족은 더 이상 믿을 만한 지원군이 아니었다. 중산층 친척들은 어떻게 도와야 하는지를 모르거나 아니면 아예 도울 생각이 없기도 했다.[7] 그리고 가난한 친척들은 큰 도움을 주기에는 너무 가난하거나 다른 문제가 있거나 [술이나 마약 같은 데] 중독된 상태에 있곤 했다. 법적인 문제 역시 골치였다. 크리스털은 이 때문에 로다 아주머니가 자신이 더 이상 위탁을 받을 수 없는 나이가 되자 자신을 돌려보낸 거라고 믿었다. 로다는 아들의 마약이 자신의 아파트에서 발견되는 바람에 기소되어 2년 동안 보호관찰을 당하는 중이었다. 이는 법 집행관들이 그녀의 아파트를 조사할 수도 있다는 뜻이었다. 이 사실을 알고 있었던 크리스털은 로다에게 현관에서 자면 안 되겠냐고 물었고 로다는 안 된다고 했다.

사람들이 혼자 힘으로 깊은 수렁 같은 가난을 이겨내기란 거의 불가능했다.[8] 가족에게 의지할 수 없을 경우 모르는 사람에게 손을 내밀어 일시적인 유대 관계를 맺을 수도 있다. 하지만 알지도 못하는 사람에게 도움을 요청하는 것은 보통 일이 아니었다.[9]

크리스털이 이사온 지 1주일 뒤, 알린은 주방 테이블에 앉아 '배경 확인'이라는 문구가 포함된 주소는 건너뛰면서 신문과 〈레드북〉에 실린 아파트 목록에 동그라미를 치고 있었다. 자파리스는 쿠엔틴이 두고 간 코킹건*을 가지고 놀았다. 알린의 계획은 1일에 이사하는 것이었다. "다시는 도심 빈민가에 살기 싫어," 그녀는 이렇게 말했다. 크리스털과의 만남이 축복처럼 느껴진 알린은 까탈스러워지기로 결심했다. 그녀가 원하는 곳은 525달러 이하에 침실이 두 개인 시내 아파트였다.

조리가 문을 열고 들어오자 알린은 등을 곧게 폈다. 조리는 새 신발을 신고 고개를 숙인 채 가방을 질질 끌며 주방으로 들어섰다. "선생님이 나한테 전화한 건 다 알고 있겠지," 알린의 목소리가 날카로웠다. 조리가 설명하려 했지만 알린이 말을 가로챘다. "듣기 싫어. 어떤 학교를 가든 매번 문제를 일으키는구나."

"아냐, 걔가, 걔가 내 신발을 밟았어. 난, 난, 난 몸을 돌렸는데, '네가 내 껄 밟았잖아' 그러면서. 그러니까 선생님이 이러는 거야. '너 뭐라고 했니? 뭐라고 했냐고?' 그 학교에선 다들 선생님들이 애들을 갖고 논다고 그래."

"난 네 변명 들을 생각 없어."

"엄만 아무것도 안 믿으니까 그렇지," 조리가 말대꾸를 했다. "그 선생님은 이미 사람들 호구조사를 다 끝냈다구! 그 선생님은 애들한테 욕까지 해."

"너 지금 무슨 소릴 하는 거야, 당장 그만해," 알린이 소리쳤다.

조리는 코를 훌쩍이며 울지 않으려 애를 썼다. 알린은 조리에게 숙제를 하라고 했고, 조리는 볼이 부은 채 침실로 들어갔다.

• 코킹재를 줄눈에 주입하기 위한 기구.

신문을 집어든 알린은 아이들을 크리스털에게 맡긴 채 아파트를 보러나갔다. 밀워키의 노스사이드를 비스듬히 관통하는 주요 간선도로인 튜토니아로로 향한 알린은 눈을 생각했다. 어릴 때 이후로 이렇게 많은 눈은 처음이었다. 튜토니아로에 도착한 알린은 임대 표지판에 적힌 전화번호로 전화를 걸기 시작했다. 전화를 받지 않는 집주인도 있었고, 그녀가 줄 수 있는 것보다 더 많은 임대료를 원하는 사람들도 있었다.

어느덧 알린은 남동생 마틴이 사는 동네에 들어서 있었다. 그곳에도 임대 표지판이 있었지만 건너뛰기로 했다. "마틴은 맨날 우리를 못 잡아먹어서 안달이야," 알린은 이렇게 생각했다. 예전에 알린은 제제의 아빠가 사는 동네에 가본 적이 있었다. 그녀는 그곳 역시 피했다. "거긴 그 남자하고 너무 가까워."[10]

아홉 곳에 전화를 하고 난 뒤 전화가 와서 받으니 크리스털이 비명을 질러댔다. "당신 오늘 밤 내 집에서 꺼져버려. 오늘 밤에! 당신 똥을 치우고 오늘 밤에 나가라구!"

알린은 몇 초 정도 더 전화기를 들고 있다가 끊었다 "이건 너무 웃기잖아." 알린은 혼잣말을 했다. 크리스털은 조리가 무례하다며 이런저런 말을 했지만 알린은 크리스털이 정말로 하려던 말은 "나 배고파"였다고 느꼈다. 집에는 먹을 게 하나도 없었고, 크리스털은 이를 전부터 불평하던 중이었다. 먹을 걸 사는 건 협상 내용에는 없었지만 크리스털은 지금 돈이 한 푼도 없었고 식료품 구매권은 끊어졌다.[11] "우리한테 먹을 게 있기만 하면 크리스털은 괜찮아," 알린은 이렇게 생각했다. "하지만 먹을 게 없으면 이런 식이지."

알린은 가까운 곳에 있는 구멍가게에 들러 99달러짜리 고기 세트를 주문했다. 닭 날개와 다리, 토막 낸 돼지고기, 목뼈, 염장한 돼지고기, 돼지 다리, 칠면조 날개, 베이컨, 기타 손질한 고기 45파운드로 구성된 도심 빈민들의 주식이었다. 전화기에 대고 아랍어로 말을 하던 계산대 뒤의 남자는 토마토 두 봉지를 공짜라며 던져주었다. 돈을 내고 나오려던 알린은 소다와 감자칩을 추가하고 식료품 구매권으로 지불했다(알린은 매달 298달러어치의 구매권을 받았다). 뉴포트 100s 담배 한 갑은 현금으로 지불했다.

알린이 아파트에 들어서자 조리가 기다렸다는 듯이 자기 입장에서 상황을 설명하려 했다. "크리스털이 자파리스한테 옷도 안 입히고, 신발도 안 신기고 발가벗겨서 내쫓는다고 그랬어!"

"자파리스는 자기 발로 나갔어," 크리스털이 재빨리 반격했다. "근데 조리가 이랬지. '개 같은 년, 내가 널 날려버릴 거야! 개 같은 년, 내가 이렇게 할 거야. 개 같은 년, 내가 저렇게 할 거야.'"

알린은 아이들이 싸울 때 엄마가 그러듯 말없이 듣고 있었다. 조리는 크리스털이 자파리스를 밖으로 내보내겠다고 위협해서 자파리스를 지키려고 했던 것이라고 말했다. 크리스털은 장난으로 아이들을 집 밖으로 내보내고 문을 잠그자 조리가 폭발했다고 말했다.

"알았어," 이야기를 충분히 들은 알린이 말했다. "너는 크리스털에게 아무 짓도 하지 않을 생각인 거구나," 알린이 조리에게 말했다. 그리고 난 뒤 알린은 크리스털에게 말했다. "그리고 당신도 우리 아이에게 아무 짓도 하지 않을 생각인 거잖아." 조리가 말을 하려 하자 알린이 말을 끊었다. "그리고 넌 입을 닫고 있어도 돼."

"크리스털은 엄마한테 전부 다를 이야기하지 않았어!" 조리가 애원했다.

"넌 어째서 크리스털한테 개 같은 년이라고 하는 거니, 조리?" 알린이 물었다.

"크리스털이 자꾸 내 이름을 안 부르잖아!"[12]

"너 그거 아니?" 크리스털이 소리쳤다. "그래, 나 개 같은 년이야. 그런데 기억해라. 이 문을 열고 네가 이곳에서 지낼 수 있게 해준 것도 바로 그 개 같은 년이야. 네가 아담과 이브의 자식이 아니란 걸 알면서도 말야. 널 여기서 지낼 수 있게 해준 그 개 같은 년이 바로 나라고! 집주인은 신경도 안 썼어. 신경 쓸 필요가 없지."

"다 알고 있는 사실인데 어째서 그런 소릴 하는지 모르겠네," 알린이 단호하고 분명한 목소리로 대꾸했다. 알린은 조리를 채소 가게로 심부름을 보냈다.

크리스털은 허공에서 자신의 전화기를 흔들었다. "엄마가 나한테 뭐라고 시키든 그대로 할 거예요. 정말 너무 버릇없었어요. 너무 많이!" 크리스털은 '정신적 엄마' 그러니까 어느 수용 시설에서 만난 나이 많은 한 여성의 손에 알린의 운명을 맡겼다. 크리스털은 버튼을 누른 뒤 전화기를 귀에 대고 계속해서 알린에게 이야기했다. "걔가 나한테 그냥 개 같은 년이라고 했으면 상관없었을 거야. 그냥 무시했겠지. 근데 한 시간 동안이나 개 같은 년이라고 부르다니 어쩌라고?"

상대는 전화를 받지 않았다. 크리스털은 한 번 더 전화를 걸었다.

알린은 방으로 들어가서 천장에 대고 분통을 터뜨리기 시작했다. "저 여잔 맨날 먹을 게 없다고 불만이야. 하지만 내 애들만 먹이는 게 잘못은 아니잖아. 내 새끼들 말고 누굴 먹일 수가 있냔 말이지!"

"나한테 똥 같은 걸 사오라고 부탁한 적 없었어," 크리스털이 되받아서 소리쳤다. "왜인 줄 알아? 제발 믿어줬으면 좋겠는데, 제발 말야. 난 내가 필요한 건 뭐든 손에 넣을 수 있거든. 뭐든지 말야. 내가 궁둥이를 팔아야 하든 말든, 크리스털 쉐릴라 쉐로드 메이베리는 자기가 필요한 게 뭐든 손에 넣을 거야! 뭐어든 말야!"

알린은 두 아들을 쳐다보았다. "난 너네 모두한테 지쳤어!" 알린이 소리쳤다. "내가 집에 와서 이런 난리를 겪게 될 줄 알았더라면 안 들어왔을 거야. 지금 내가 뭐하고 있는 거야. 난 다 털린 기분이야. 내가 뭘 그렇게 잘못했어?"

크리스털이 전화를 다시 걸었지만 아무도 받지 않았다. 이번에는 크리스털이 천장을 보고 말할 차례였다. 크리스털은 큰 소리로 기도를 하기 시작했다. "신이시여, 난 지금 당장 해답이 필요해요. 신이시여, 제발. 우리 엄마, 내 감독자한테서 무슨 말이든 좀 들어야 해요. 하나님, 제가 약속할게요, 이런 식으로 사랑하는 법을 배우지 못하게 절 막아주셨으면 좋았을 텐데… 내 인생에서 일어난 그 끔찍한 모든 일에 모질게 굴었어야 하는 건데. 우아, 하나님!"

크리스털은 콧노래를 부르기 시작했다. 콧노래를 흥얼거리고 코로 숨을 들이쉬면서 크리스털은 집 안 여기저기를 돌아다녔다. 이따금 그녀는 멈춰 서서 눈을 감았다. 자신을 다스리는 중이었던 것이다.

알린이 조리를 쳐다봤다. "네가 무례하게 굴어서 크리스털이 우리한테 '나가!'라고 하는구나. 그럼 이제 우린 어디로 갈까?"

"크리스털은…" 조리가 입을 뗐다.

"내가 물어본 말은 우린 어디로 가냐는 거야."

말이 없어진 조리가 울기 시작했다. 알린은 가진 돈을 다 썼기 때문에 크리스털이 이들을 내쫓을 경우 아이들을 데리고 어디로 가야 할지 막막할 뿐이었다. 알린은 자파리스를 바라보았다. 자파리스는 싸움이 이어지는 동안 공책에 그림을 그리는 데 정신이 팔려 있었다. 모자를 쓰고 신발을 신은 두 명의 괴물 그림이었다. 괴물 하나는 크고 다른 하나는 작았다.

"그거 알지," 마침내 크리스털이 입을 열었다. 그녀의 눈에는 눈물이 가득했다. 소리치지 않는 대신 한결 누그러지고 차분한 새로운 목소리로 낮게 이야기하고 있었다. "내가 한마디 할게. 으으으, 하나님, 당신은 저에게 이런 사랑의 정신을 주지 않으셨어야 해요… 내 감정은 당신들 모두로부터 상처받았어. 하지만 난 안 되겠어. 당신들을 내보내지 못하겠어… 왜냐면 내가 말한 것처럼 난 성령으로 충만하고, 그 성령이 나한테 당신들을 내보내지 말라고 말하고 있거든."

"성령으로 충만한 거 치곤 욕을 너무 하잖아," 알린이 숨죽이며 웅얼거렸다. 알린이 보기에 그 메시지를 전달해준 건 성령이 아니라 고깃덩이들과 감자칩, 그리고 2인용 안락의자였다. 싸움이 고조되었을 때 알린은 크리스털에게 쐐기를 박아두었다. "내 물건들을 여기에 놔두고 몸만 나가는 일은 절대 없을 거야."

조리는 침실에 깔린 매트리스 위에 앉았다. 조리는 풀이 죽었고, 알린은 그걸 알고 있었다. 나중에 상황이 모두 해소되었을 때 알린은 조리 옆에 앉아서 이렇게 설명했다. "엄마가 크리스털 말은 들으면서 네 말을 안 들어주니까 뭐 이런 부모가 다 있나 싶지?" 알린이 부드럽게 말했다. "하지만 집이 없으면 이런 상황이 올 수밖에 없어. 이런 상황이 올 수밖에 없다고."

러레인이 자신의 트레일러에 들어와 살고 있다는 사실을 알게 된 비커는 병상에 누운 채로 욕설을 퍼부었다. 화는 나지만 어떻게 할 수 없는 그는 삼중 우회 수술로 생긴 수술 자국을 손으로 더듬었다. 가슴 중간에 불룩하게 튀어나온 9인치 길이의 분홍빛 벌레 같은 상처였다. 비커의 전화를 받은 러레인은 숨을 무겁게 쉬었다. 러레인은 이렇게 말했다. "비커, 우린 새 출발을 할 거야! 지금 다 갖다버리고 있어." 러레인은 그날 아침 내내 주방을 청소하고 먹다 남은 검은 사과 소스와 파리로 뒤덮인 갈비 요리를 버린 뒤 전부, 심지어 통조림 음식까지도 내다 버려야겠다고 생각했다. 벌레가 기어다니지 않는 곳이 없었다. 비커는 러레인에게 그럼 뒤쪽 침실을 쓰라고 했지만 러레인은 너무 더럽다며 거절했다. 러레인은 자신의 스팀 난방기를 꺼내 소파 옆에 틀어놓았다. 러레인은 소파 쿠션 위에서 잠을 잤다. 옆에는 자신의 트레일러에서 건져온 물건들이 쌓여 있었다.

퇴원을 해서 집에 돌아온 비커는 주방 테이블에 자리를 잡고 앉

아 줄담배를 피우며 담배꽁초는 일회용 플라스틱 그릇에 내동댕이쳤
다. 식당에 가면 올리브를 담아주는 그런 용기였다. 비커의 진짜 이
름은 로버트였지만, 모두가 그의 어린 시절 별명으로 불렀다. 반백의
머리를 반듯하게 빗어 넘긴 우울하고 뚱한 느낌의 비커는 시영버스
를 몰다 몇 년 전 건강이 악화되기 시작하자 은퇴했다.

　비커는 러레인에게 집세를 나눠 내자고 제안했지만 러레인은 이글
무빙에 꾸준히 대금을 치러야 해서 안 된다고 말했다. 둘은 다퉜고,
비커는 러레인이 케이블 요금과 전화 요금을 내는 데 만족하기로 했
다. 그 다음에는 텔레비전으로 뭘 볼지로 다퉜다. 비커는 〈아이스로
드 트러커Ice Road Truckers〉 같은 쇼를 좋아했지만, 러레인은 〈유 캔 댄스
So You Think You Can Dance〉를 보자고 우겼다. 그 다음에는 비커가 밀즈 온
휠Meals on Wheels•에서 온 저녁밥을 러레인과 나눠먹지 않겠다고 해서
싸웠다. 비커는 아직도 러레인이 자신의 통조림 음식들을 내다버린
데 화가 풀리지 않았던 것이다. 퇴거 때문에 난리를 치르느라 복지
사무실에서 있었던 약속을 잊어버린 러레인의 식료품 구매권이 중단
되었다. 그래서 이웃들에게 남는 음식을 얻거나 교회 식료품 저장실
을 기웃대기 시작했다.

　이글에 처음 찾아갔을 때 러레인은 모자를 거꾸로 쓰고 금목걸이
를 한 계산대 뒤의 한 흑인 남자에게 자신의 이름을 알려주었다.

　"그러면 내가 돈을 내면 내 물건들을 보러 갈 수 있나요?" 러레인
이 물었다.

　"아니요. 저당 잡힌 보관품이잖아요, 아주머니. 거기는 못 들어가
세요."

　자기 물건을 훑어보고 겨울 옷가지 같은 걸 꺼내오는 것도 할 수

• 노약자에게 도시락을 배달하는 비영리단체.

없었다.

"알았어요."

"반입비용하고 반출비용하고 첫 달 보관료가 있어요." 남자가 말했다. "총 375달러예요. 그 다음엔 매달 125달러가 추가돼요." 남자는 러레인에게 물건을 빨리 가져가는 게 좋을 거라고 했다. 그래야 다음 달에 돈을 또 내지 않아도 될 것이기 때문이다. 하지만 자신의 SSI 수당 절반 이상에 달하는 돈을 남자에게 건넨 러레인은 그게 불가능함을 알았다. 비커와 이글에 돈을 주면서 새 아파트비용을 모으려면 7개월은 걸릴 터였다.

이동주택단지 안에서 러레인은 최대한 티 나지 않게 다니면서 레니와 오피스 수지를 피하려 했다. 러레인이 어디서 지내는지를 알게 되면 이들은 토빈에게 말할 테고, 그러면 토빈은 그녀를 내쫓을지도 모르기 때문이다. 어쩌면 비커까지도.

레니와 오피스 수지는 토빈에게, 그리고 토빈의 세입자들에게 중요한 인물이었다. 이들은 세입자들의 화장실을 고쳐주는 것만큼이나 쉽게 세입자들을 퇴거시킬 수 있었다. 수지는 팸과 스콧을 내쫓도록 압박하기도 했지만 토빈이 누군가에게 돈을 너무 많이 받는다거나 현관 난관 수리를 너무 질질 끈다고 생각되면 캐딜락으로 달려가 토빈에게 소리를 질렀다. 가장 중요한 것은 레니와 수지가 토빈과 세입자들 사이의 간극을 연결시켜주고 토빈이 선을 넘을 때(가령 세입자의 아이에게 너희 아빠가 임대료를 안 냈다고 말할 때 같은) 문제를 원활하게 해주는 문화적인 중개인이라는 점이었다. 레니가 말 그대로 토빈과 분노한 세입자 사이에 놓이게 된 경우는 셀 수 없이 많았다. 외부자인 집주인이 세입자 공동체 안에서 사람을 고용하여 자신의 부동

산을 관리하게 하는 것은 일반적인 관행이었다.[1]

토빈은 도니의 아이에게 네 아빠의 집세가 밀렸다는 이야기를 한 적이 있었다. 약간 뚱뚱하고 면도를 하지 않고 다니는 삼십대 중반의 도니는 이동주택단지 안에 있는 거의 모든 사람들이 좋아했다. 도니는 토빈에게 돈을 내지 않겠다고 버티는 중이었는데, 그건 돈이 없어서가 아니라 자신이 멸시당했다고 느꼈기 때문이었다. 도니는 지붕의 누수와 싱크대 아래 있는 검은 곰팡이를 이유로 집세를 제삼자에게 예탁해놓았다. 도니는 이웃인 로비에게 이렇게 말했다. "토빈이 나한테 뭐라고 했는지 알아? '당신은 그 집을 그 모습대로 임대한 거야.' 토빈은 너무 안하무인이라서 여기엔 사회보장연금을 받으며 살지 못하는 사람도 있단 걸 몰라."

"지당한 말씀!" 로비가 말했다. "나한테 일이 있냐고 묻길래 내가 그랬지. '염병, 노조에서 일한다!'" 로비는 깊은 터널을 뚫는 노동자였고, 지역 노조 113에 가입한 노조원이었다. "날 똥 취급하면 죽어도 돈을 줄 수 없지. 누구든 상관 안 해. 거기 앉아서 날 차별하기만 하라 그래. 무슨 말인지 알지?"

"내가 촌놈이라서 그래."

"트레일러단지에서 사는 게 뭐가 어떻다고. 우리도 인간이잖아. 씨부럴."

레니 역시 촌놈이었고 이 남자들이 어디 출신인지 알고 있었다. 그는 토빈이 제정신이 아니라는 데 동의했다. 하지만 레니도 할 말은 있었다. "많은 사람들이 '토니, 그놈은 개자식'이라고 하지. 하지만 어째서 토니가 개자식이야? 빚이 있는 건 당신이야." 도니와 로비, 그리고 이동주택단지의 나머지 사람들은 레니가 자신들이 내는 임대료와 금전적인 이해관계가 있다는 사실을 몰랐다. 레니는 매달 5만 달러를 걸으면 100달러의 보너스를 받았다. 그 다음으로 2,000달러를 걸을 때마다 100달러씩을 더 받았다.

며칠 뒤 레니는 근린서비스국에서 나온 로저가 누군가와 대화를 마치고 걸어오는 모습을 보았다. 조사관인 로저는 마지막 방문했을 때 적어놓은 내용이 담긴 클립보드를 힐끗 내려다보았다. "보자, W-45는…"

"헛간이요." 레니가 끼어들었다. "거긴 여기서 없애버렸어요."

"아."

"안녕하세요, 로저 씨." 한 세입자가 현관에서 이렇게 외쳤다. "뭐 보러 왔어요?"

"뭐 볼 게 있긴 해요?"

이동주택단지의 거주자 대부분이 로저를 알았고, 그의 명함을 주방 서랍에 넣어놓고 살았다. 집에 어떤 문제가 생겨서 지칠 대로 지쳤을 때 사람들은 근린서비스국에 전화하겠다고 위협하는 게 아니라 콕 집어서 로저에게 전화를 하겠다고 위협했다. 잘 다듬어진 수염에 막 머리가 벗겨지기 시작한 백인 남성 로저는 흰색 근린전화국 폴로셔츠에 33/30 사이즈의 리바이스 청바지를 입고 있었다.

"위반 사항이라도 있나요?" 세입자의 이해를 돕기 위해 질문을 좀 더 명확하게 바꿔서 물어보았다.

"글쎄요, 뭐 전원생활을 하는 데는 아니니까. 그래도 안이 살 만하기만 하면 나한텐 괜찮은 데죠."

"그러면 위반 사항이 없어요?"

로저는 어깨를 으쓱하더니 계속 가던 길을 갔다. 물론 위반 사항은 있었다. 그는 질문을 던진 세입자의 트레일러 뒤에 쌓여 있는 쓰레기 더미와 창문이 있어야 할 곳에 붙어 있는 합판을 알아보았다. 창문에 여러 개의 금이 간 트레일러도 있었고, 야간에 화톳불을 지피기 위해 사용하는 커다란 철제통도 보였으며, 곳곳에 자리 잡은 물웅덩이에는 쓰레기들이 둥둥 떠 있었고, 이동주택단지 양 끝에 있는 두 개의 거대한 쓰레기통에선 쓰레기들이 흘러넘쳤다. 토빈은 개별 쓰레기통비용을 지불할 생각이 없었고, 공용으로 쓰는 거대한 쓰레기통은 수거일이 되기도 전에 가득 차서 너구리와 주머니쥐가 꼬였다. 로저가 찾아오기 며칠 전 한 거주자가 주머니쥐를 칼로 찔러 죽이기도 했다. 레니는 총으로 한 마리를 잡았다. 쓰레기 수거인들이 오면 공용 쓰레기통과 마주보는 위치의 트레일러에 사는 거주자들은 트럭운전사에게 쓰레기통을 다른 곳으로 옮겨달라고 애원하곤 했다. 사람들은 때로 다른 트레일러를 가리키면서 진지하게 "저긴 사람이 안 산다구요!"라고 말하곤 했다.

로저는 한숨을 쉬었다. "이봐요, 당신네들 때문에 내가 이 많은 더러운 걸 적어야 하잖소."

"아이, 그럼 그 손을 좀 쉬시면 되죠," 레니는 로저에게 위반 사항을 기록하지 말아달라는 뜻에서 이렇게 대꾸했다.

"나도 좋은 마음으로 온다고, 레니. 마음이야 잘 봐주고 싶지. 근데 내가 여길 걸어 들어올 때마다 항상 뭔가가 있어." 그리고 밖에서만 봤는데도 그 정도였다. 로저의 조사는 보통 트레일러 밖에서 끝났다. 아마 그가 트레일러 안에 발을 들여놓았더라면 자동차를 들어올릴 때 쓰는 잭으로 받쳐놓은 함몰된 욕조나 환기관과 연결이 끊어진 온수기 같은 것들을 발견할 수 있었을 것이다.

로저는 한 트레일러 앞에 멈춰 섰다. "이 창은 총에 맞은 것처럼 보이는군."

"그러게요." 레니가 대답했다. "이 사람들이 새 창문을 살 돈이 없어요. 그럼 내가 어떻게 했으면 좋겠어요? 난 이 사람들한테 창문을 사줄 생각은 없어요." 그 트레일러는 소유자 점유형이었고, 다시 말해 유지 보수는 거주자의 몫이었다.

"당신이 뭘 해야 한단 게 아닌데."

"그럼 우린 괜찮은 거죠?"

"난 그 문제는 괜찮다고 봐."

다시 사무실로 돌아온 로저는 한숨을 쉬며 머리를 양손에 파묻었다.

토빈은 전화를 끊고 이렇게 말했다. "좋아요. 문제가 뭐요? 우리가 뭐 걸린 게 있소?"

"보세요," 로저가 입을 열었다. "이렇게 상태가 안 좋아 보이는 트레일러들을 당신의 단지 안에 내버려놓고 싶으면 살 만한 곳으로 만들어놔야죠." 로저는 쓰레기, 열려 있는 창고용 헛간, 깨진 창문 같은 큰 문제들 몇 가지를 늘어놓기 시작했다.

레니가 끼어들었다. "혹독한 겨울이었어요."

"그 문제를 적어둘 생각은 없어요," 금이 간 창문을 두고 로저는 이렇게 대답했다. 그는 위반 사항 전부를 기록해두는 건 불가능할 뿐 아니라 반드시 세입자한테 유리하기만 한 것도 아니라고 생각했다.

폐품을 수집하고 다니는 루퍼스가 사무실로 들어오더니 로저에게 물었다. "우리 안전한가요?" 시가 토빈의 면허를 갱신해주긴 했지만 많은 세입자들이 아직도 철거를 걱정했다.

"그래요," 로저가 대답했다.

"잘됐네. 이제 거대한 내 고양이집을 옮길 필요가 없겠구나." 루퍼스의 어머니는 돌아가실 무렵 일흔두 마리의 고양이를 길렀다. 루퍼스는 이 가운데 세 마리를 맡았다.

비에크 관리회사는 이동주택단지를 인수한 지 얼마 되지 않아서 레니와 수지를 해고했다. 레니는 해고통지서를 읽고 난 뒤 지난 12년 동안 일했던 사무실에서 자신의 물건을 정리하기 시작했다. 그는 연장들을 챙기고 벽에 붙어 있던 사슴뿔 장식을 떼어냈다.

문이 열리더니 선글라스를 쓴 남자가 이렇게 물었다. "전기 연장선 있어요?"

레니가 잠시 뜸을 들였다. "몰라요." 그는 마침내 이렇게 말했다. "난 여길 떠납니다."

과거에는 판에 박힌 일상이었던 게 이제는 전혀 확실하지 않은 것들이 되었다. 곤란한 표정이 남자의 얼굴에 드러났다. 그는 사무실을 나서면서 만나는 첫 번째 사람에게 레니의 해고 소식을 알렸다. 소식이 퍼지면서 공포의 전율이 트레일러단지를 휩쓸었다. 새 운영회사가 [서류를 작성하지 않고] 악수하면서 체결된 거래를 존중할까? 임대료가 올라가진 않을까? 퇴거는 어떻게 될까? 레니와 오피스 수지를 싫어하는 세입자들도 있었지만 최소한 이들은 예측 가능한 사람들이었다. "이런 조직에는 재량권이 전혀 없어." 돈은 이렇게 말했다. "사무실에서 일하는 사람들이 사람들하고 같이 일하는 건 우리가 여기서 가난을 면치 못하고 있기 때문이거든." 돈의 이웃이자 임신 7개월에 접어든 약물중독자 탐은 소식을 접하자 사무실로 찾아가 레니를 오래 안아주었다.

마지막 근무 날 오피스 수지는 음성메일 시스템에서 자신의 인사말을 지웠고, 레니는 책상 위에 무거운 열쇠 꾸러미를 올려놓았다.

비에크 관리회사는 레니 자리에 위스콘신대학교 오클레어 캠퍼스를 갓 졸업한 사람을 채용했다. 레니의 아들뻘밖에 안 되는 스물세 살의 후임자는 일도 못하면서 잘난 체만 했고, 게다가 그걸 숨기지도 못했다. 새 관리인은 일주일 만에 이렇게 말하면서 일을 그만뒀다. "그러니까, 여기 있는 집의 99퍼센트가 너무 엉망진창이에요… 내가 7년 동안 이동주택에서 일을 해본 사람인데 이런 덴 처음이에요."

레니와 수지가 없었기 때문에 어떤 문제는 토빈이 직접 해결해야 했다. 그렇다고 그게 그렇게 성가시진 않았다. 그는 언제나 참견하길 좋아하는 집주인이었기 때문이다. 칼리지 이동주택단지를 12년 동안 보유하면서 토빈은 131채의 다 허물어져가는 트레일러에서 이윤을 뽑아내는 법을 터득했다. 토빈에게서 가장 인상적인 것은 완전히 쓰레기 같은 트레일러를 거의 아무것도 들이지 않고 며칠 만에 임대료를 낳는 기계로 탈바꿈시키는 능력이었다.

시어라는 이름의 세입자와 그의 여자친구를 E-24에서 퇴거시키고 난 뒤 토빈은 그 트레일러를 청소해야 했다. 시어는 이동주택단지 안에서 "절대 땀 흘리지 않는 사람", 그러니까 일하지 않는 게으름뱅이로 유명했다. 그의 트레일러는 재난 현장과 다름없었다.

토빈은 그 트레일러를 청소하기 위해 미테스 부인을 고용했다. 처방약을 삼키고 텔레비전 앞에서 고개를 주억거리며 죽을 날만 기다리는 것처럼 보이는 다른 연로한 거주자들 몇몇과는 달리 미테스 부인은 아직도 투지가 넘쳤다. 부인과 그녀의 다 큰 딸 메러디스는 아침에 눈만 뜨면 험한 말들을 입에 올리며 소리치기 시합을 벌였다. 이동주택단지 거주자들은 차를 몰고 출퇴근을 하면서 미테스 부인이 집에서 몇 마일씩 떨어진 곳에서 알루미늄 캔이 산더미처럼 쌓인 쇼핑카트를 밀고 가는 걸 가끔 목격하기도 했다. 부인은 튼튼했고 일하는 법을 알았다.

미테스 부인은 그게 E-24라 해도 추가 수입이 생긴다는 데 고마워했다. 10피트 떨어진 곳에서도 그 트레일러의 냄새를 알아차릴 수 있었다. 안에 들어서니 그런 난장판이 없었다. 바닥에는 재떨이와 담배꽁초가 나뒹굴고 싱크대에는 음식이 눌어붙은 접시들이 높다랗게 쌓여 있었다. 화장실에는 검은 더께가 앉아 있었고, 쓰레기는 사방에 널려 있었으며, 카펫 곳곳은 고양이 오줌으로 축축했다. 천장에서는 누런 파리잡이 테이프가 대롱대롱 매달려 있었다. 시어와 그의 여자친구는 많은 물건을 내버려둔 채 급히 집을 떠났다. 롤러스케이트, 오토바이 헬멧, 소파, 꽉 찬 연장 상자, 장난감 헬리콥터, 운전면허증이 그대로 남아 있었다. 미테스 부인은 모든 걸 끌어내 공용 쓰레기장으로 옮기기 시작했다. 몇 번을 오가던 부인은 오피스 수지에게 고무장갑을 부탁했다.

폐품을 수집하는 루퍼스가 문에 나타났다. "후아," 그가 주위를 둘러보며 입을 열었다. "이런 말 하긴 싫지만 검둥이라도 여기보단 깨끗하겠어."

부인은 "하!"하고 크게 한 번 소리를 내지르고 나서는 계속 일에 전념했다.

루퍼스가 그곳에 간 건 금속 때문이었다. 그는 1984년부터 전일제 폐품수집인으로 일했고, 자신의 삶이 "우편함 주위에서 맴돌지 않는다"라며 자랑스러워했다. 그의 이웃들은 매달 SSI 수당이 들어오는 날만 기다리며 우편함 근처에서 서성댔기 때문이었다. 토빈은 루퍼스에게 전자레인지와 냉장고·드라이기 등 큰 물건들을 가져가라고 했다. 토빈이 들어왔을 때 루퍼스는 식기세척기를 끌어내는 중이었다. 주름이 들어간 카키색 바지와 폴로셔츠를 입은 토빈은 미간을 찌푸렸다. 전에도 이런 난장판을 본 적이 있었기 때문에 당황한 기색은 없었다. "좋아, 루퍼스," 토빈이 말했다. "이 쓰레기들을 여기서 끌어내고 바닥이 좀 드러나게 해보자구."

루퍼스가 모든 물건을 오래된 파란색 쉐보레의 짐칸에 싣는 데는 두 시간이 걸렸다. 토빈은 그에게 한 푼도 주지 않았지만 고철상에 가서 60달러 가까이를 받았다. 미테스 부인은 꼬박 다섯 시간을 일했다. 토빈은 부인에게 20달러를 줬다.

트레일러 청소가 끝나자 토빈은 신문에 광고를 실었다. 얼마 안 가한 커플이 트레일러를 보러왔고, 토빈은 소유자 점유형을 제안했다. 토빈은 트레일러의 상태를 사과했지만(아직도 고양이 오줌 냄새와 담배 냄새가 났고, 창문 몇 개는 깨져 있었으며, 화장실의 검은 더께는 그대로였다) 위로랍시고 제안한 건 두어 달 치 임대료를 공짜로 해주겠다는게 다였다. 시어가 떠난 지 몇 주 만에 토빈은 E-24에 한 쌍의 새 세입자를 들였다. 이 커플은 아낀 임대료를 자신들의 새집을 수리하는데 쓰기 시작했다. 두 달 뒤 이들은 부지 임대료로 매달 500달러를 토빈에게 내기 시작했다.

오피스 수지는 토빈이 미테스 부인을 부당하게 부려먹었다고 생각했지만 아무 말 하지 않았다. 그녀는 맥주 값을 벌기 위해 잔디를 깎거나 쓰레기를 줍는 토빈의 다른 일꾼들을 "이동주택단지의 규칙적인 떠돌이들"이라고 불렀다. 토빈은 비트코프스키 의원이 외부 관리업체를 고용해야 한다는 규정을 명기한 뒤 이 떠돌이들을 해고했지만 일부는 그냥 무료해서, 혹은 토빈이 그래도 뭔가의 보상을 해줄지도 모른다는 희망을 품고 계속 하던 일들을 했다. 깡마른 실직 상태의 오토바이 정비공 트로이 역시 그런 사람들 가운데 하나였다. 그는 오수가 범람해 뉴스거리가 되었을 때도 걸레질을 도울 정도였다. 그일 때문에 그는 사실혼 관계의 부인인 서맨사로부터 잔소리만 한바탕 들어야 했다.

"우리가 왜 그런 일을 해!" 서맨사는 조지 웹 유니폼을 입고 소리를 질렀다. 조지 웹은 위스콘신에 본사를 둔 체인 레스토랑으로 하루 종일 아침 식사를 제공했다. 임대료가 밀린 상태였던 이들은 트로이가 여덟 시간 동안 구역질 나는 일들을 하면 토빈이 아무리 그 일로 트로이를 고용한 게 아니라 해도 뭔가를 탕감해주지 않을까 기대하고 있었다. "당신은 똥을 치웠다고! 사람 똥 말야!"

"내 말 좀 들어봐," 트로이가 말했다. "마구간에서 삽질하면서 말똥을 치운 적도 있고, 닭똥을 치운 적도 있어. 하지만 절대로 사람 똥은 안 치워. 그건 끔찍해."

"나도 알아. 당신 냄새가 너무 심했거든!" 서맨사가 숨을 들이마셨다. "난 개년이야," 서맨사가 말을 이었다. "난 개년이라고. 그리고 트로이, 당신은 절대로 개년 같은 게 돼서는 안 돼."

트로이는 서맨사가 직장에서 가져온 밀크셰이크를 홀짝이며 말없이 동의의 뜻에서 고개를 떨궜다. "토빈은 맨날 징징대면서 울려고만 해," 트로이가 말했다. "그 인간 더럽게 부자면서 아직도 돈이라면 환장해. 이 단지에서 100만 달러도 넘게 버는 데 말야." 그는 줄지어 선 트레일러를 향해 몸짓을 하며 말했다. "계속 쌓기만 하는 거지."

비트코프스키 시의원도 이 이동주택단지의 순소득이 연간 90만 달러가 넘는다고 추정하며 트로이와 비슷한 수치를 인용한 적이 있었다. 트로이와 비트코프스키 모두 토빈이 가진 131개의 트레일러에 평균 월세(550달러)를 곱해서 이 수치를 얻었다. 하지만 그건 토빈에게 다른 지출이 없거나 공실이 없고, 세입자들이 항상 월세를 잘 낸다는 가정에 근거한 엉성한 계산이었다.

토빈은 모기지가 없었다. 1995년에 210만 달러를 주고 이 이동주택단지를 매입해서 9년 뒤에 빚을 모두 갚았기 때문이었다.[2] 하지만 부동산세와 수도 요금, 정기적인 유지비용, 레니와 오피스 수지의 연봉과 임대료 감면 분, 광고비, 퇴거비용 등을 지불해야 했다. 이런 지출과 공실, 세입자들이 내지 않은 비용들까지 계산하면 토빈은 매년 약 44만 7,000달러 정도를 벌었다. 시의원이 보고했던 액수의 절반 수준이었다.[3] 그래도 토빈은 상위 1퍼센트의 소득 수입자에 속했다. 대부분의 세입자들은 하위 10퍼센트에 속했다.

트로이가 밀크셰이크를 다 마셨다. "자기야, 정말 속이 다 시원해지지 않아?" 서맨사가 트로이의 어깨를 어루만지며 물었다.

스콧은 퇴거에 맞서 싸울 생각이 전혀 없었다. 그는 법원 출두일에
도 출석하지 않았고 토빈에게 그에 관해 입도 벙긋하지 않았다. 대신
새로 살 곳을 물색하는 데 전념했다. 여러 차례 전화를 건 끝에 약물
중독자 모임에서 만난 피토와 연락이 닿았다. 임대업자들의 부동산
을 수선하고 그 안을 사람으로 채워주는 일을 하는 피토는, 자신이
알고 지내는 한 임대업자에게 스콧을 소개해주며 보증인이 되어주었
다. 2층에 위치한 침실 두 개짜리 집은 사우스사이드에서 가까운 곳
에 있었다. 작고 가재도구도 없는데다 발코니는 건들거리고 샤워도
할 수 없는 곳이었다. 하지만 집주인은 한 달에 겨우 420달러만 내면
된다고 했고 배경 확인을 한다며 귀찮게 굴지도 않았다.

　그 아파트에는 디피라고 불리는 피토의 조카도 딸려 있었다. 여러
개의 문신과 귀걸이로 치장을 했지만 아기 같은 얼굴에 열아홉 살인
디피는 최근 감옥에서 출소한 상태였다. 엽총의 총신을 톱으로 잘라
냈다는 이유로 무기 소지와 화기 조작으로 복역을 한 것이었다. 디피

는 코브라로 사업을 했는데, 킹코브라가 문제를 일으켰을 때를 대비해 총이 필요했다. 감옥에서 그는 고졸 학력인증서와 "시작BEGINNING"이라고 적힌 문신을 하나 더 얻었다.

어느 날 피토는 다른 임대업자를 통해, 근처 이동주택단지에서 한 노인이 죽었는데 아무도 그의 물건을 찾으러 오는 사람이 없다는 사실을 알게 되었다. 그래서 그는 스콧과 디피를 시켜 그 트레일러를 청소하는 대신 원하는 건 아무거나 가져가도 좋다고 허락했다. 스콧은 죽은 남자의 옷장에서 지퍼 달린 옷가방에 든 주름 잡힌 정장과 가장자리가 실크로 된 수트케이스를 발견했다. 욕실에서는 〈아메리칸 리전American Legion〉 잡지에 붙어 있는 수취인 주소를 보고 남자의 이름을 알게 되었다. 하지만 스콧은 침대 옆에 있는 담배 자국이 가장 많은 것을 알려준다는 사실을 깨달았다. 담배 자국을 본 스콧은 그 남자가 모르핀을 했다고 추측했다. 스콧이 생각하기에 마약은 세상의 많은 것을 설명해주었다. 어째서 이 남자가 혼자 죽었는지, 어째서 팸과 네드가 이동주택단지에서 쫓겨났는지, 어째서 자신이 낯선 사람의 집에서 자신의 아파트로 가져갈 낡은 가구를 고르고 있는지.

새 룸메이트들은 포드 F-150의 기름기가 있는 짐칸에 서랍장과 소파를 실었다. 트럭이 가득 차자 디피는 시동을 걸고 랩 음악을 크게 틀었다. 스콧이었다면 다른 음악을 더 좋아했겠지만(그가 제일 좋아하는 노래는 피터 가브리엘Peter Gabriel의 〈솔즈버리 힐Solsbury Hill〉이었다) 아무 말 하지 않았다.

스콧은 아직도 미라의 직원이었지만 일은 많이 줄어 있었다. 미라는 하루 열두 시간씩 직원들에게 세척기와 건조기, 매트리스와 침대 겸 소파를 나르게 하며 일을 너무 빨리 해치워버렸다. 직원들이 지쳤다거나 쓰라리다고 말하면 미라는 직원들에게 진통제를 팔았다. 하

지만 스콧은 미라가 약값을 너무 많이 챙긴다고 생각했다. 기분 전환
이 필요하면 그는 헤로인 수지에게 어딘가에서 좀 보자고 부탁하곤
했다.

"난 피토 아저씨가 하는 일을 하고 싶어요," 디피가 말했다. "난 집
에 들어가거나 나갈 때 깨끗한 상태이고 싶어요. 서른 살에도 이런
더러운 짓을 하고 있는 모습은 상상하기도 싫어요."

스콧도 몇 년 전, 그러니까 디피의 나이 때만 해도 그랬다.

가구들을 내리고 난 뒤 디피와 스콧은 현관 앞 계단에서 맥주 하
나를 나눠마셨다. 아파트는 동네 사람들이 "케이케이"라고 줄여서 부
르는 키닉키닉로의 서쪽에 있는 워드로에 있었다. 맞은편에는 기찻
길가의 개발되지 않은 토지가 있었고, 몇 년 전 스콧이 아직 간호사
로 일할 때 임대했던, 젊은 전문직과 예술가·힙스터들을 끌어모으던
활기 있는 동네인 베이뷰의 아파트에서 멀지 않았다. 스콧과 디피는
현관에서 성 요사팟 성당의 왕관 모양 지붕을 볼 수 있었다. 100년
전 폴란드 교구민들은 거대한 건물 프로젝트인, '로마 성 베드로 성
당의 축소판'을 짓는 자금을 마련하기 위해 예금을 탈탈 털었다.[1] 스
콧은 맥주를 마시면서 '가난 서약vow of poverty'에 관한 농담을 했다. "난
먹을 거랑 옷이랑 가끔 마약만 살 수 있으면 되거든."

디피는 아무 말 하지 않았다.

"젠장," 약간의 시간이 흐른 뒤 스콧이 말했다. "목이랑 등이 아파
서 죽을 거 같아." 미라와 함께 일하면서 몸에 큰 무리가 오기 시작
했다.

"병원에 가보지 그래요?" 디피가 물었다.

"의사들이 할 수 있는 건 아무것도 없다고 생각해." 스콧이 잠시
뜸을 들였다. "의사들이 퍼코셋을 주면 갈 텐데! 그걸 하루 만에 다

먹어버리다니 어쩜 그럴 수가 있담."

　스콧은 아직도 이동주택단지에서 바이코딘을 구매했다. 그는 과거에도 현재도 마약을 하지 않는 유일한 성인은 미테스 부인뿐이라고 생각했다. 스콧은 마약을 사랑했다. 마약에 취하는 건 인생의 수치에서 '작은 휴가'를 떠나는 것과 같았다. 그는 돈만 있으면 언제든 여행을 떠났다.

　스콧은 팸과 네드가 퇴거통지서를 받고서 소파와 침대·서랍 같은 큰 물건들을 놔두고 급하게 집을 떠나기 직전까지 함께 어울리며 약에 취하곤 했다. 스콧은 네드와 팸이 당연한 벌을 받는 거라고 생각했다. 나락으로 굴러떨어지기 전이었다면 그는 좀 더 동정심을 느꼈을지도 몰랐다. 하지만 이제 그는 동정을 일종의 순진함으로, 미숙한 중산층들이 일정한 거리를 유지한 채 드러내는 감상으로 여기게 되었다. 그는 이동주택단지에서 살지 않는 자유주의자들에 관해 이렇게 말했다. "그 사람들이 동정할 수 있는 건 자기들한테는 다른 선택지가 있기 때문이지." 네드와 팸의 경우, 스콧은 이들의 퇴거는 간단히 말해 크랙 습관 때문이라고 생각했다. 헤로인 수지 역시 스콧과 같은 생각이었다. "모든 퇴거에는 공통분모가 있지," 그녀가 말했다. "나도 거의 퇴거당할 뻔 한 적이 있었어. 돈을 다른 데 썼거든."

　이동주택단지 거주민들은 이웃이 퇴거당할 때 그 사람이 소문난 약물중독자든 그렇지 않든 간에 거의 법석을 떨지 않았다. 퇴거는 개인의 실패가 가져온 당연한 결과로 받아들여졌다. 누군가는 퇴거가 "쓰레기들을 제거하는 데 도움이 된다"라고 말했다. 그 누구보다 가난한 사람들 자신이 가난을 당연하게 여겼다.[2]

　과거에는 세입자들이 임대업자들과 적대적인 관계였고 스스로를 공통된 이해관계와 단일한 목적을 가진 '계급'이라고 여겼다. 20세기 초에는 세입자들이 조직적으로 퇴거와 비위생적인 생활 조건에 맞섰다. 임대업자들이 임대료를 너무 자주, 혹은 너무 과하게 걷으면 세입자들은 임대료 납부 거부를 불사했다. 납부 거부운동 가담자들은 퇴거와 체포, 고용된 폭력배의 구타를 감수하며 임대료를 내지 않고 피켓 시위를 벌였다. 이들은 특별히 급진적인 무리가 아니었다. 대부분이 임대업자는 임대료를 적당히 올리고 공정한 이윤을 가져가야지 '바가지 요금'을 씌워서는 안 된다고 믿는 평범한 부모들이었다. 뉴욕 시에서는 광란의 1920년대[•]에 거대한 임대료 전쟁이 일어나 임대료를 제한하는 주 법안이 만들어졌고, 이 법안은 오늘날까지 미국에서 가장 강력한 법안으로 남아 있다.[3]

서명운동과 피켓 시위, 시민불복종 같은 정치적 동원은 일정한 시각 변화를 요구했다. 사회학자 프랜시스 폭스 피븐Frances Fox Piven과 리처드 클로워드Richard Cloward는 이렇게 말했다. "저항운동이 일상생활의 트라우마를 딛고 일어나기 위해서는, 일반적으로 정당하고 바꿀 수 없는 것으로 인식되던 사회적 계층이 부당하면서도 변화 가능한 것으로 보여야 한다."[4] 이런 일은 보통 거대한 사회변혁이나 경제적 혼란(가령 전후 주택 부족 같은)이 일어나 현 상태를 근본적으로 뒤흔드는 비정상적인 시기에 발생한다. 하지만 부정의를 인식하는 것만으로는 충분치 않다. 대중 저항은 사람들이 자신에게 변화를 일으킬 집단 역량이 있다고 믿을 때만 가능하다. 가난한 사람들의 경우는 스스로를 피억압자로 여겨야 하는데, 대부분의 이동주택단지 거주자들은 절대로 그럴 의사가 없었다.

임대료 납부 거부운동 기간 동안 세입자들은 서로에게 도덕적 의

• 사람들이 활기와 자신감에 넘치던 1920년대를 말한다.

무감을 느꼈다.[5] 세입자들이 과도한 임대료 인상이나 부당한 퇴거에 저항한 것은 이들이 자신의 집과 동네에 [물심양면으로] 투자를 했기 때문이었다. 이들은 자신들이 그곳에 속해 있다고 느꼈다. 하지만 이 동주택단지에서 그런 정서는 거의 죽은 거나 다름없었다. 대부분의 거주자들에게, 그 가운데서도 특히 스콧에게 목표는 그곳을 뜨는 것이지 뿌리를 내리고 변화를 도모하는 것이 아니었다. 일부 거주자들은 스스로를 그냥 "스쳐 지나가는 사람"이라고 표현했다. 아무리 자신들이 거의 평생 동안 스쳐 지나가기만 하고 있어도 말이다. 훔친 전기로 자신의 트레일러에 전력을 공급하는 실직한 세 아이의 아버지는 이렇게 말했다. "우린 가족들이 여기 못 오게 해요. 이건 우리가 아니거든요. 이건 하층계급의 삶이잖아요. 난 이런 곳 출신이 아니에요." 레니와 갈라서고 나서도 사실상 이동주택단지에 밀접하게 간여했던 레니의 전처는 사람들에게 이렇게 말하곤 했다. "당신은 내가 오페라를 보러 다니던 사람이란 걸 잊었군." 임신한 마약중독자 탐은 이 이동주택단지를 '호텔'로 여겼다.

　가난한 동네는 거주자들에게 제법 많은 것을 제공했다. 이동주택단지에서는 케이블을 몰래 끌어다 쓰는 법과 가장 질 좋은 푸드팬트리가 문 여는 시간, SSI 신청법을 알고 있는 사람을 만날 수 있었다. 밀워키 시 전체로 보았을 때, 궁핍한 동네 사람들이 잘사는 지역 사람들에 비해 이웃이 공과금을 내고 식료품을 구입하며 자동차를 고치는 등 도움이 필요할 때 손을 더 잘 내밀었다.[6] 이런 교류는 받는 쪽 사람들에겐 기본적인 물질적 필요를 충족시킬 수 있도록 해주었고, 주는 쪽 사람들에겐 자신이 좀 더 성숙한 인간이라는 기분을 안겨주었다.

　하지만 이런 활기 넘치는 교류가 이루어지기 위해서는 거주자들이 자신들의 필요를 알리고 자신들의 실패를 인정해야 했다. 러레인이 샤워실을 이용해도 되겠는지 이웃에게 물어보기 위해 먼저 자신의 가스가 끊겼다는 점을 설명해야 했던 것처럼 말이다. 이 사실은 러레인이 머리가 젖은 채 자신의 트레일러로 돌아가는 모습을 통해 공개적으로 알려지게 되었다. 로즈라는 세입자가 아동보호서비스에 아이들을 맡기고 오열할 때 이동주택단지 거주자들이 그 옆에 앉아서 위로하며 너무 상심하지 말라고 다독여준 경우도 있었다. 하지만 사람들은 그동안 어떤 일이 있었는지 알고 있었기 때문에 다른 한편으로는 그녀를 재단하기도 했다. "그건 자랑할 만한 일은 못 되지," 돈은 로즈에게 이렇게 말했다. "하지만 주님이 어떤 이유 때문에 아이들을 데려가신 거야."[7]

사람들이 자신의 동네를 궁핍과 부덕이 넘치고 '모든 종류의 부서진 인간'으로 가득 차 있다고 생각하기 시작할 때 정치적 역량에 관한 자신감을 잃게 된다.[8] 동네의 트라우마 수준이 높다고 인식한(즉 동네 사람들이 투옥과 학대·중독 등 끔찍한 일을 겪었다고 믿는) 밀워키의 세입자들은 동네 사람들이 힘을 합쳐 삶을 개선시킬 수 있다고 믿을 가능성이 훨씬 낮았다.[9] 이 같은 신뢰 부족은 동네의 실제 빈곤 및 범죄율보다는 사람들이 주위에서 인지한 밀도 있는 고난의 수준과 더 관계가 있었다. 자신의 고통을 아주 분명하게 알고 있는 지역공동체는 스스로의 잠재력을 감지하기가 어려운 것이다.

토빈의 세입자들은 종종 토빈이 남기는 이윤에 관해 지나가는 말을 던지거나 그를 탐욕스런 유대인이라고 부르곤 했다. "그 캐딜락 테두리가 반짝이잖아. 내가 알기로 그건 10달러도 안 들었어." "그 인간은 주머니에 기름칠만 하면 만사형통이야." 하지만 대부분의 경우 세입자들은 불평등에 높은 관용을 보였다. 이들은 자신들의 가난과 토

빈의 부유함을 가로지르는 널찍한 계곡에 의문을 제기하지도, 어째
서 알루미늄으로 만들어진 낡은 트레일러의 임대료를 내느라 소득의
많은 부분을 희생해야 하는지 따지지도 않았다. 이들의 관심은 그보
다 더 작고 더 구체적인 문제에 집중되었다. 비트코프스키가 토빈의
연소득이 100만 달러에 육박한다고 밝혔을 때 스콧과 같은 편에 사
는 한 남자는 이렇게 말했다. "난 두 가지만 신경 쓸 거야… 토빈이
여기 관습에 따라 질서를 유지하고, 이놈의 빌어먹을 천장이 무너질
까봐 걱정할 필요만 없으면 난 상관 안 해."

　밀워키에서는 대부분의 세입자들이 집주인을 존경했다.[10] 딸내미
가 다시 발이 빠지기 전에 썩어서 구멍 난 마룻바닥을 때워야 하는
데 누가 불평등에 저항할 시간이나 있겠는가? 내가 다시 자립할 때
까지 집주인이 나에게 일을 시켜줄 의향이 있는데 누가 집주인이 얼
마나 버는지 관심을 가지겠는가? 이동주택단지에 사는 것보다 더 나
쁜 상황은, 더 낮은 데로 추락할 여지는 항상 있다. 이동주택단지 전
체가 퇴거 위협을 당할 때 거주자들은 이 사실을 되새겼고, 비에크
관리회사의 남자들이 월세를 걷기 시작했을 때 이 사실을 다시 절감
했다.[11]

　되는 게 없는 1주일이었다. 먼저 스콧은 열쇠를 잃어버리는 바람
에 앞 유리를 주먹으로 깨서 자신의 아파트에 들어가기로 마음을 먹
었다. 그 다음에는 전기가 나갔고, 그 다음에는 미라한테 해고당했
다. 개인적인 건 아니었다. 미라는 약쟁이 일꾼들이 하루 25달러면
기꺼이 일할 의향이 있음을 알고 있었다. 스콧은 약물중독자 모임에
서 사람이 배고프고 화가 나고 외롭고 지쳤을 때 중독에서 더 헤어
나지 못하게 된다고 배웠는데, 스콧의 상황은 이 네 가지 모두에 해

당했다. 미라가 스콧을 해고한 뒤 스콧은 마지막 급료 일부로 친구 집에서 술을 마시고 약에 취해버렸다. 그리고 그 상태로 아이오와 시골 지역에서 병원 잡일꾼으로 일하는 엄마에게 전화를 걸었다. 스콧은 전화에 대고 자신이 술을 마셨고(헤로인 얘기는 하지 않았다) 진통제에 중독되는 바람에 간호사면허를 박탈당했다고 털어놓았다. 엄마는 처음 듣는 사실이었다. 1년 넘게 엄마와 말을 하지 않고 지냈던 것이다.

"엄마," 스콧이 울면서 말했다. "미안해요. 난 엉망이에요. 좆나 엉망이에요."

스콧이 할 말을 다 하기도 전에 엄마가 그의 말을 잘랐다. 평소처럼 일곱 번째나 아홉 번째 번호까지 누르다가 끊어버리지 않고 숫자 열 개를 모두 누르기 위해 있는 힘을 다해야 했다는 사실을 깨닫지 못했던 것이다. 엄마는 친척들이 가득한 밴에 타고 있어서 지금은 이야기를 할 수가 없다고 설명했다. 이들은 미주리 주 브랜슨으로 주말을 보내러 가는 일이었다. "하지만 스콧," 엄마가 말했다. "언제든 집에 와도 된다는 거 알지?"

스콧은 엄마의 제안을 생각해보았다. 차도 없고 기차표 살 돈도 없는데 아이오와까지 어떻게 갈 수 있을까? 그리고 거기서 헤로인은 어떻게 구할까? 하루만 지나면 온몸에서 금단현상이 일어나기 시작했다. 그러면 동정의 대상이 되는 일만 남았다. 스콧은 엄마에게 전화를 건 다음 날 [슈퍼마켓 체인] 픽앤세이브에서 어슬렁거리며 이 문제를 생각했다. 그는 헤로인 수지에게 마약을 한 번만 하게 해주면 자신의 식료품 구매권으로 그녀에게 점심을 대접하겠다고 제안한 상태였다. "그러니까, 난 집에 돌아갈 수 있어, 그렇지만, 젠장, 난 마흔 살이나 처먹었어… 난 돌아가서 말해야 해, 그러니까 내가 인생을 통째로 말아먹었다고 말야." 스콧은 한번도 가족에게 도움을 요청해본 적이 없었다. 스콧은 가족들의 잔디와, 일자리와, 아이들과, 정상적인 일상을 생각한 뒤 이렇게 결론지었다. "뭘 어떻게 해야 할지 모를 거 야… 가족들이 얼마나 큰 도움을 줄 수 있겠어?" 중산층 친척들은 그런 면에서는 쓸모없는지 몰랐다.

계산대 앞에 줄을 선 스콧은 자기 앞에 있는 남자가 로비투신을 사려고 한다는 사실을 알아차렸다.

"감기 걸렸어요?" 스콧이 물었다.

"네," 남자가 말했다. "잘 들을 것 같진 않아요." 남자는 자신의 말 을 증명이라도 하려는 듯 기침을 했다.

"저기요," 스콧이 말했다. 펜과 종이를 꺼낸 스콧은 "비타민C, 아 연, 에키네이셔*"라고 적었다. "이건 내가 추천하는 거예요," 그는 이렇 게 말했다.

스콧은 아이오와로 돌아가지 않았다. 대신 그는 중독 치료를 받기 로 결심했다. 절차에 들어가기로 계획한 날 아침, 스콧은 아직 컴컴 한 이른 새벽에 일어나 면도를 하고 티셔츠를 입었다. 그는 다시 빠져 나오고 싶었다. 긴장됐지만 뭔가 시작할 수 있을 것 같은 기분이었다.

치료소의 문이 열리기 한 시간 전인 오전 일곱 시, 엘리베이터에서 내린 스콧은 자신이 늦었음을 알게 되었다. 열다섯 명이 이미 줄을 서 있었다. 경우에 맞게 차려입은 나이 든 흑인 남성들, 카우보이부 츠를 신은 50줄의 입이 험한 백인 여성, 반듯하게 앉아서 스페인어로 속삭이는 젊은 멕시코계 남성 두 명, 바지를 흘러내리듯 걸치고 있는 이십대 흑인 남성, 앞머리를 눈썹 위로 반듯하게 자르고 소매를 걷어 붙인 우울한 느낌의 백인 십대까지. 스콧은 줄 맨 끝에 벽을 등지고

* 데이지와 유사한 꽃으로 면역력을 높인다고 알려져 있다.

털썩 앉았다.

몇 분 뒤 엘리베이터가 다시 열리더니 나이 든 멕시코계 여성이 내렸다. 길고 검은 머리는 정 가운데 부분만 은발이었다. 다리에는 보행용 석고붕대가 감겨 있었고 홍수 같은 빛깔의 눈은 커다란 안경 위로 주위를 살폈다. 그녀는 스콧 옆에 자리를 잡았다.

이 여성은 스콧에게 자신이 그 전날에도 여기에 왔었지만 사람들이 네 명만 데려갔다고 얘기했다. 사회복지사들이 유리 뒤에 있는 책상에 보이기 시작하자 그녀는 이렇게 말했다. "지금 카운티에 전화해서 오늘은 자리가 얼마나 있는지 물어보는 거예요."

"뭐 때문에요?" 스콧이 냉소적으로 물었다.

"당신 때문에. 당신 치료받으려고 여기 온 거잖아?"

스콧은 천장의 형광등을 올려다보며 천천히, 의식적으로 숨을 들이마셨다. 그는 참으려고 노력 중이었다. "그렇군요."

"저 여자애 좀 봐요." 여성이 십대 백인 여자아이를 몸짓으로 지목했다. "자살 충동이 있는 거 같은데. 내 장담하는데 쟤는 데려갈 거예요. 당신이 기회를 얻으려면 텐트라도 쳐야 할 거요."

스콧은 발로 탁탁 소리를 내기 시작했다.

오전 8시 10분, 금 귀걸이에 실크블라우스를 입은 한 여성이 문을 열더니 오늘은 다섯 명을 데려갈 수 있다고 알렸다. 클립보드를 든 남자가 나타났다. "1번. 2번." 그는 숫자를 세기 시작했다. 줄 서 있던 사람들이 일어서더니 바짝 긴장했다. 스콧은 엘리베이터로 걸어가서 1층 버튼을 눌렀다. 다음 날 다시 도전해볼 수도 있었지만, 그 대신 3일 내리 술을 퍼마셨다.

크리스털과 알린이 싸운 다음 날, 크리스가 쿠엔틴과 일을 하러 나가
자 트리샤는 아래층으로 내려왔다. 트리샤는 크리스털이 좋았다. 크
리스털은 알린보다 훨씬 어리고 유치했다. 그날 아침 두 여자는 시시
덕거리거나 손바닥치기 놀이 같은 걸 하면서 시간을 보냈다. 두 여자
는 이런 노래를 부르면서 손바닥을 마주쳤다.

창피해, 창피해, 창피해.

난 멕시코에 가기 싫어

더 이상은, 더 이상은, 더 이상은.

커다랗고 뚱뚱한 경찰이 있어

우리집 문에, 문에, 문에.

그 사람이 내 멱살을 잡았어.

나한테 10센트를 내라고 했지.

멕시코에는 가기 싫어

더 이상은, 더 이상은, 더 이상은.

알린은 별 감흥 없이 이 모습을 지켜봤다. 그녀는 아파트 목록을 뒤적이며 상단에 굵은 글씨로 "집HOUSE"이라고 적힌 공책에 무언가를 적고 있었다. 알린은 퇴거법원에 다녀온 뒤 쉼터에 가지 않은 것을 후회했다. 하지만 알린은 쉼터가 너무 싫었다. 그렇다고 해서 마음에 드는 거주지가 있는 것은 아니긴 했지만 말이다. 종이를 챙겨든 알린은 크리스털에게 고개를 까닥한 뒤 새로 살 곳을 찾아 집을 나섰다.

알린은 20여 곳을 방문한 뒤 13번가로 되돌아왔다. 성과는 없었지만 패배감은 전혀 들지 않았다. "마음을 굳게 먹으면 집을 찾게 될 거야," 그녀는 스스로에게 이렇게 말했다. 또한 알린은 셰리나가 자신의 퇴거를 기각시켰다고 믿었다. 하지만 실제로는 그렇지 않았다.

알린이 돌아왔을 때 아파트는 조용했고, 크리스털은 뭔가 불안해하는 것 같았다. 크리스가 일터에서 집으로 돌아오고 트리샤가 다시 위층으로 올라간 뒤 크리스털은 크리스가 트리샤에게 자신의 담배를 피우고 자신의 맥주를 마셨다며 고함치는 소리를 들었다. 그 외 다른 소리도 들렸다.

"위층 아가씨가 맞고 있어," 크리스털이 알린에게 말했다.

"누가 신경이나 쓴대? 난 관심 없어," 알린은 이렇게 대답했다. 알린은 생리통 때문에 너무 힘들어서 그냥 눕고만 싶었다. "난 그 남자가 집에 오면 그런 일은 일어나기 마련이라고 생각하는 사람이야." 알린의 머리나 심장에는 트리샤의 문제를 신경 쓸 공간이 없었다. 자신의 문제만으로도 이미 충분했다.[1]

밤이 되자 천장에서는 더 시끄러운 소리가 났다. 둔중하고 낮은

쿵 소리 사이사이로 트리샤가 바닥에 넘어지면서 나는 커다란 쾅 소리가 끼어들었다. 알린은 베개로 머리를 감쌌지만 크리스털은 마음이 조마조마했다. "여자가 남자한테 맞는 꼴은 못 참겠어," 그녀가 말했다. 크리스털은 트리샤를 돕고 싶었지만 워낙 약해보여서 쉽게 무시당할 거라는 느낌을 지우지 못했다. 크리스털은 트리샤가 불쌍하고 무기력하다고 생각했다. "남자가 그런 식으로 때리는데도 다시 받아주는 건, 네가 그걸 좋아한다는 거야," 크리스털은 이렇게 혼잣말을 했다. 어느 시점이 되자 크리스털은 더 이상 참을 수가 없었다. 그녀는 위층으로 이어지는 계단을 올라가 잠긴 문에 대고 소리쳤다. "내가 네 눈을 찔러버릴 거야, 겁나냐, 임마! 그리고 크리스한테 내 목소리가 들리면 좋겠네. 어디 한번 나도 때려보라고 해!"[2] 알린은 크리스털을 아래층으로 끌어 내려야 했다.

크리스털은 셰리나에게 전화를 했지만 받지 않았다. 그러자 그녀는 세 번에 걸쳐 911에 신고를 했다. 마침내 경찰이 나타나서 크리스를 데려갔다. 그들이 떠나자 알린은 크리스털을 쳐다보며 이렇게 말했다. "넌 이 집에서 쫓겨나고 싶은 게 분명해."

다음 날 경찰이 셰리나에게 전화를 걸었다. 여성 경찰관의 목소리는 심각했지만, 셰리나는 이런 일이 처음이 아니었다. 작년 셰리나는 13번가에 있는 같은 아파트 때문에 밀워키 경찰서에서 우편물을 한 통 받았다. "밀워키 법령MCO 80-10절에 따라," 우편물은 이렇게 시작되었다. "나는 당신에게 밀워키 경찰서가 (…) 30일 동안 최소 세 차례에 걸쳐 귀하의 부동산에서 소란 행위에 대응해왔음을 고지합니다." 그러고 난 뒤 편지에는 한 건의 싸움과 한 여성이 면도날로 자해를 한 사건 등의 소란 행위가 열거되었다. 또한 셰리나에게 "앞으로 열거된 위반 행위 관련 집행비용이 발생할 경우 특별 요금이 청구될 것"

임을 알렸다. 시는 911 전화 건당 4달러부터 시작해서 모든 경찰 서비스의 비용을 명세서로 작성해놓은 상태였다. 셰리나는 자신의 부동산에서 발생하는 "소란 행위를 경감할" 계획을 서면으로 제출해야 했다. 그런 행위가 지속될 경우 셰리나는 1,000달러에서 5,000달러 사이의 벌금을 내거나 감옥에 보내질 수 있다고 편지는 끝을 맺었다.

셰리나는 문제의 911 전화는 가정폭력 상황 때문이었음을 설명하는 편지를 밀워키 경찰서로 보냈다. "만일 이런 문제가 지속될 경우 그 집을 비워달라고 요청할 것"이라고 적었다. 지구 책임자는 셰리나의 답장을 읽다가 "요청"이라는 단어에 밑줄을 긋고 옆에다 물음표를 그렸다. "수용 불가," 그는 답장에 이렇게 휘갈겨 적었다.

자신의 경감 계획이 반려되었다는 고지를 받은 셰리나는 경찰에 보내는 두 번째 편지에 퇴거통지서 사본을 동봉했다. 지구 책임자는 이렇게 회신했다. "이 통지서는 귀하에게 당신의 서면 조치가 수용되었음을 알립니다."

그런데 다시 13번가에서 소란 행위가 일어났다. 이번에는 위층과 아래층이 모두 문제였다. 크리스털이 911에 신고를 하는 건 대부분 트리샤를 위해서였지만, 한 번은 알린과 으르렁거리며 말다툼을 하고 난 뒤에 건 것도 있었다. 경찰관은 셰리나에게 전화를 걸어 어째서 이전 세입자와 현 세입자가 같이 살고 있는지 설명해달라고 요청했다. 셰리나는 크리스털과 알린이 어떻게 만났는지 이야기했다. 경찰관이 셰리나에게 어째서 그런 상황을 허용했는지 묻자 셰리나는 알린이 불쌍해서 그랬다고 대답했다. "하지만 둘 다 찢어지게 가난해요," 셰리나는 이렇게 말했다. "그리고 그 상황에서 벗어날 대책도 없는 사람들이죠."

경찰관이 웃음을 터트렸다.

"내 집을 다시 임대하려 하다니 그 여자가 잘못한 거죠," 셰리나가 말했다. "그렇잖아요, 크리스털은 그게 자기 집인 줄 착각하고 있지만 그건 자기 집이 아니죠."

그 통화로 셰리나는 곤란해졌다. "난 이 저질스런 인간들하고 어떻게든 잘 지내보려고 했는데," 셰리나는 전화를 끊고 나서 이렇게 말했다. 그녀는 "알린이 아직 그곳에 있다는 걸 눈감고 지내는 것"에 만족했지만, 이제는 경찰이 끼어들었다. 경찰은 셰리나에게 둘 다 내보내라고 충고했다. 셰리나는 알린부터 처리하기로 결심했다. 셰리나는 알린에게 전화를 걸어 소리부터 지르기 시작했다. "난 이 거지같은 상황에 넌더리가 난다고," 셰리나가 말했다. "이 염병할 상황에 질렸어… 돈도 밀린 주제에 어디서 함부로 까불고 돌아다니는 거야. 애들이 입에 풀칠할 것도 없을 때 교회에 가서 걔네 주려고 음식이랑 우유랑 그런 거 들어 있는 커다란 상자를 얻어온 사람이 누구야? 네가 처음 거기 들어갔을 때 자기 돈을 쓰고도 너한테 갚으라고 하지도 않은 사람이 누구냐고. 그리고 너 말야, 여보세요? 여보세요?"

어느 토요일 셰리나는 경찰의 전화를 받았다. 그녀는 알린이 월요일이면 집을 비울 거라고 말했다. 일요일 아침 알린은 트리샤가 내려다보는 가운데 카펫을 쓸고 있었다. 주방 조리대에는 콘브레드가 아직 팬 위에서 딱딱하게 굳어 있었다. 가장자리는 갈색이고 가운데는 폭신폭신한 노란색이었다. 전날 밤 알린은 머핀도 만들고 강낭콩과 넥본neck bones・을 끓였다. 알린의 남자 형제들이 와서 먹고 담배를 피우고 위층 트리샤의 집에서 스페이드 게임을 하며 놀았다. 이들은 술을 마시면서 알린에게 함께 마시자고 하지는 않았다. 알린은 알코올

・ 감자에 양념을 해서 끓이는 스프로 보통 콘브레드와 같이 먹는다.

을 전혀 마시지 않다시피 했고 술 취한 기분을 싫어했다. "내가 밀워키에서 싫은 부분은 임대료가 너무 비싸다는 점이야," 알린은 이렇게 말했다.

"비싸!" 트리샤가 혀를 차며 맞장구를 쳤다. "위층에는 침실이 하나밖에 없는데 450달러를 낸다니까."

크리스털과 조리는 교회에 가고 없었기 때문에 집 안은 조용했다. 조리는 자기 아빠와 함께 나갔다. 자파리스는 바닥에서 색칠을 하며 말없이 앉아 있었다. 알린은 자신에게 시간이 얼마나 남았는지 계산해보려 했다. 셰리나가 그 다음 날로 영장을 들이대면 "닷새 뒤에 보안관이 쳐들어올 거고, 그 닷새 동안 내 물건들을 밖으로 옮겨야 할 거"였다.

트리샤는 고개를 주억거렸다.

알린은 테이블에 앉아 트리샤와 이야기하며 자파리스를 바라보았다. "우린 이 집에서 지냈어. 그러니까 이사는 생각하지 않았어. 애들 전학 문제도 생각할 필요가 없었어. 그딴 건 하나도 생각할 필요가 없었어. 절대 울지 않을 거야," 자세를 바로잡으며 그녀는 이렇게 말했다. "눈물을 닦고 할 일을 해야지."

알린은 셰리나에게 전화를 걸었다. 입을 열었지만 말이 이어지지 않았다. 그녀의 말은 목구멍에 걸려버렸다. 하지만 그녀는 간신히 셰리나에게 목요일까지 지내도 되겠는지 물어보았다. 셰리나는 안 된다고 했지만 알린은 고집을 부렸다. "그건 크리스털이었다구요! 크리스가 트리샤를 패도 난 절대 경찰한테 전화하지 않았어요. 그건 크리스털이었어요!"

20세기의 마지막 몇 십 년 동안 사법 시스템이 경찰력을 확대하고 수감자 폭증에 기름을 끼얹는 일단의 불쾌한 정책들을 채택하면서, 갈수록 많은 치안 책임이 경찰 배지도 총도 없는 일반 시민들에게 전가되고 있었다.[3] 총을 판매하는 전당포 주인은 어떻게 해야 하는가? 그 역시 살인의 책임을 부분적으로 져야 하는 게 아닌가? 세입자를 걸러내지 못한 부재 임대주는 어떤가? 마약 소굴을 만드는 데 일정한 역할을 한 게 아닌가? 경찰과 법원은 갈수록 이에 그렇다는 대답을 내놓았다.[4] 경찰이 세입자의 행동에 문제가 있을 경우 집주인을 처벌하는 소란부동산조례nuisance property ordinance가 탄생한 건 바로 이런 맥락에서였다.[5] 일정한 시간 범위 안에 911에 전화를 너무 많이 걸었다는 이유로 부동산들이 "소란 장소"라는 지적을 받았다. 밀워키에서는 그 기준이 30일 동안 세 번 이상이었다. 이 조례는 부동산 소유주들이 "소란 행위를 경감시키지 않으면" 그들에게 벌금을 물리거나, 그들의 면허를 취소하거나, 부동산을 박탈하거나, 심할 경우 그들을 투옥까지 시켰다. 조례에 찬성하는 사람들은 이 조례가 있으면 경찰은 우선순위가 높은 범죄에 인력을 투입할 수 있게 되기 때문에 돈을 절약하고 값진 자원을 낭비하지 않을 것이라고 주장했다.

2008년과 2009년 밀워키 경찰은 서른세 시간에 한 번씩 주거용 부동산 소유주들에게 소란부동산 소환장을 발부했다.[6] 가장 흔한 소란 행위는 '주민과의 마찰'이었다. 하지만 이는 주거지를 떠나지 않겠다고 버티며 격론을 벌이는 사람 등, 다양한 사건에 적용되는 너무 두루뭉술한 표현이었다. 두 번째는 소음 불만이었다. 세 번째로 흔한 소란 행위는 가정폭력이었다. 가정폭력 사건의 수(이 가운데 대부분은 물리적인 폭력이나 무기와 연루되어 있었다)는 다른 모든 종류의 폭행과 풍기문란 기소, 마약 관련 범죄를 합친 것보다 많았다. 한 여성이 얼굴에 표백제를 뒤집어쓴 사건도 있었고, 역시 여성이 '음식 캔으로 머리를 맞은' 사건도 있었다. 임신한 여성을 구타한 사건도 두 건이었다. 상자 절단기·칼·총 등이 사용되었다. 어떤 사건에서는 "신고자가 자신의 남자친구가 자신에게 라이터 연료를 분사하고 종이에 불을 붙였다고 진술"하기도 했다.

소란 행위 관련 소환장이 보내지는 곳은 대부분 노스사이드의 부동산이었다. 백인 거주 동네에서는 받을 만한 대상이 되는 부동산 가운데서 실제로 받는 곳은 마흔한 곳 가운데 한 곳뿐이었다. 흑인 거주 동네에서는 대상이 되는 부동산 열여섯 곳 가운데 한 곳이 소환장을 받았다. 도심 빈민가에 사는 여성이 가정폭력을 신고할 경우 집주인이 소환장을 받게 될 가능성은 훨씬 높았다.[7]

대다수 사건(83퍼센트)에서 가정폭력 때문에 소란부동산 소환장을 받게 된 집주인들은 세입자를 퇴거시키거나 앞으로 경찰에 전화하면 퇴거시키겠다고 위협하는 방식으로 대처했다. 커플 모두를 퇴거시킨다는 의미일 때도 있었지만 대부분의 경우 집주인들은 다른 곳에 사는 남성에게 학대를 당한 여성을 퇴거시켰다.[8]

한 임대업자는 밀워키 경찰서에 이런 편지를 쓰기도 했다. "이 여자애는 남자친구와 문제가 있습니다. 오랫동안 좋은 세입자였어요. 남자친구가 얼쩡거리기 전까지는요. 아마 상황은 변하지 않을 거예요. 그래서 오늘 자로 그의 임대를 종료하는 통지서 사본을 동봉하니 확인해주세요." 이런 편지를 쓴 사람도 있었다. "세입자와 그 문제를 이야기했습니다. (…) 세입자의 남자친구가 세입자의 신체에 위해를 가하겠다고 위협해서 신고를 했던 거랍니다. 우리는 그 남자를 건물에 들이지 않기로 합의했고, 만에 하나 그 남자가 저희 집에 들어올 경우 세입자는 건물에 발생할 피해에 책임을 지고 퇴거하기로 했습니다." 이런 편지도 있었다. "첫째, 우리는 경찰에 도움을 청한 신고자 실라 엠을 퇴거시킬 것입니다. 그녀의 '남자'는 그녀를 구타했고 문까지 차서 하루 이틀 감옥에 가게 됐습니다(잡았다가 놓아주는 건 별 소용이 없는 일이긴 하죠). 우린 실라에게 총을 구해서 자기방어 차원에서 그 남자를 죽이라고 제안도 했었지만 분명 그는 그렇게 하지 않았어요. 그래서 우린 그를 퇴거시킵니다."

위 모든 집주인들은 밀워키 경찰서로부터 똑같은 형식의 편지를 받았다. "이 통지서는 귀하가 서면으로 작성한 행동 방침이 수용되었음을 알립니다."[9]

경찰이 셰리나에게 전화한 그해, 위스콘신 주에서는 현 또는 전 애인이나 친척에게 살해당한 피해자가 매주 한 명 이상 발생했다.[10] 그 수치가 발표되자 밀워키 경찰서장은 지역신문에 등장해서는 많은 피해자들이 어째서 경찰에 도움을 요청하지 않았는지 모르겠다며 어쩔 줄 몰라 했다. 심야뉴스 기자는 서장의 관점을 이렇게 요약했다. "그는 만일 경찰에게 더 자주 신고만 했다면 이 피해자들은 미래에 치명적인 상황이 일어나지 않도록 예방할 수 있는 도구를 갖추었으리라고 믿고 있습니다." 서장이 깨닫지 못한, 혹은 드러내지 않은 점은 바로 경찰서의 규정 때문에 구타당하는 여성들이 악마의 선택을 해야 했다는 사실이었다. 입 다물고 지내면서 학대를 견디거나, 경찰에 신고해서 퇴거를 당하거나.[11]

크리스털은 찬 공기와 함께 문을 열고 집 안으로 들어왔다. 집 안에 들어서서도 긴장은 풀리지 않았다. 그녀는 교회에 너무 오래 붙들려 있었기 때문에, 시쳇말로 '배가 등가죽에 붙을 것' 같았다. 캡앤크런치 [씨리얼을] 한 그릇 따라서는 2인용 안락의자에 몸을 파묻었다. 크리스털은 검은색과 금색이 섞인 실크블라우스에 종아리까지

오는 치마를 입고 빨간 머릿수건을 두른 상태였다. 크리스털은 집으로 오는 버스에서 셰리나의 전화를 받았고, 그때서야 알린의 상황을 알게 되었다. 셰리나는 몇 가지 의견을 제시했다. 크리스털이 셰리나의 다른 임대주택 가운데 한 곳으로 이사하겠다고 합의할 경우 알린은 목요일까지 그곳에 머물 수 있었다. 크리스털이 싫다고 하면 알린은 그 다음 날로 집을 비워야 했다.

시리얼을 모두 먹어치웠지만 그래도 크리스털은 배가 고팠다. 크리스털은 알린의 비스킷 몇 개를 오븐에 넣었다. "아가, 너도 좀 먹을래?" 크리스털이 자파리스에게 물었다.

"걘 아무것도 먹기 싫어," 알린이 쏘아붙였다.

"왜 나한테 성질이야. 성질을 내려면 셰리나한테 내야지."

"난 너한테 짜증나. 셰리나한테도 그렇고!"

"집주인이 하는 소리를 나보고 어쩌라고!" 크리스털이 변명하며 끼어들었다. "나는 너네 전부 2월까지 있어도 된다고 말했어. 그것 때문에 네가 나한테 돈도 준 거잖아. 그런데 셰리나가 네가 나가야 된다는 거야. 나는 그건 어떻게 할 수가 없어. 누구한테 150달러 받은 거 때문에 길거리에 나앉을 수는 없잖아." 크리스털은 숨을 깊이 들이마신 뒤 말을 이었다. "난 짜증내기 싫어. 속 시끄러운 것도 싫고, 맘먹은 대로 안 되는 것도 싫어. 엄마한테 전화해서 지금 당장 평화를 얻으려다가 평화를 잃게 될 거라고 말하기도 싫어. 난 평화를 지킬 거야. 평화를 지킬 거라구. 평화를 지켜야지."

"넌 평화를 지켜. 나랑 애들은 나갈 테니까."

크리스털은 입술을 깨물며 천장을 바라보았다.

"난 내일 나갈 수 있어. 그건 중요한 게 아냐! 내 비스킷은 네가 꺼냈던 냉장고에 다시 넣어줘." 알린은 이제 고함을 치고 있었다.

크리스털은 고개를 흔들더니 셰리나에게 전화를 걸었다. "알린이 나갔으면 하는 날이 언제라고 그랬었죠? 월요일? 월요일이라고 그랬어요?"

알린은 방에 대고 혼잣말을 하며 서성거리기 시작했다. "난 정말 이런 상황에 빠지는 게 싫어… 믿을 수 없어, 절대로 믿을 수 없어. 하나님한테 맹세해! 이건 믿을 수 없다고!"

"경찰에 전화한 건 나였어요," 크리스털이 셰리나한테 말하고 있었다. "크리스랑 걔네가 위층에서 너무 시끄럽게 하잖아요. 그 남자가 걔를 위에서 두들겨 패고 있었어요."

알린이 전화를 바꿔달라고 했지만 크리스털은 무시했다.

알린은 몸을 흔들기 시작했다. "봐! 이제 내 애들은 노숙자라고! 갈 데도 없고 땡전 한 푼도 없어! 빌어먹을. 빌어먹을! 빌어먹을!"

크리스털은 이렇게 흐트러진 알린을 한 번도 본적이 없었다. 크리스털은 알린에게 전화기를 건넸다.

알린은 셰리나에게 말했다. "내 말은, 나랑 애들을 이렇게 거리로 내몰아도 되냐는 거예요! 내가 돈이라도 있으면 몰라, 우리한테 뭐라도 있기나 하냔 말이에요. 경찰이 마지막으로 출동하기 전까진 여기서 다 잘 지냈다구요… 나랑 애들한테 해준 건 고맙다는 말밖엔 할 말이 없네요. 목요일 전에 나랑 애들은 나갈 거예요. 약속해요. 그 외 다른 건 당신한테 줄 수가 없어요!"

알린은 몇 초 정도 수화기를 들고 있다가 셰리나가 말을 다 마치기도 전에 전화를 끊어버렸다. "우리가 벌써 익숙해져버린 거 같아. 나랑 애들이 벌써 익숙해졌다고!" 알린은 크리스털을 쳐다보며 말했다. 크리스털은 그날따라 나이 들고 침착해보였다. "내가 지금 좀 마음이 그래," 알린이 사과했다. "내가 너한테 화를 낸 건 열이 받아서… 상황은 이제 빼도 박도 못하는데." 알린은 손등으로 자신의 뺨을 살짝 쳤다.

"하지만 난 네가 어떤 기분일지 알아. 우리 가족도 나한테 그랬어… 너한테 문제가 있다고? 하나님 말곤 아무도 어쩌지 못해."

"나한테 문제가 있다면 신뢰 문제뿐이지. 맨날 신뢰가 문제야." 알린이 앉으며 말했다.

"하지만 문제를 혼자서 짊어지려고 하지 마. 사람들이 다 널 괴롭히기만 하는 건 아냐."

"아니, 사람들은 다 날 괴롭히기만 해… 넌 몰라 그게 어떤 건지. 내가 무슨 일을 겪고 살았는지도 모르잖아. 아빠가 널 추행하고 엄만 신경도 안 쓰고 넌 그런 거 모르잖아!" 알린의 의붓아버지였던 목사를 두고 하는 말이었다. 열 살 때부터 열여섯 살 때까지 알린은 그런 일을 겪었다.

"아냐, 나도 알아," 크리스털이 말했다. "나도 그런 일이 있었다고! 내가 아주 어렸을 때 의붓아빠가 날 추행해서, 그리고 그것 때문에 내가 양육기관에 보내진 거라서, 그게 어떤 건지 정확히 알지. 하나님한테 맹세해. 난 네가 겪은 일을 정확히 잘 알아! 하나님한테 맹세한다고."

알린은 인정했다. 두 여자가 말없이 공감의 순간을 흘려보내고 있는 동안 조리가 자파리스를 데리고 침실로 가서 틀어놓은 음악이 거실을 떠다녔다. 알린과 크리스털은 서로의 고통 가운데 어떤 부분을 잘 알았다. 아이들은 매트리스에 앉아서 리틀을 데리고 놀았다. 알린은 고개를 떨구며 말했다. "상처받는 것도 신물 나."

"맞아, 그거 알아?" 크리스털이 말했다. "난 그 일이 마치 어제처럼 기억 나. 한 달 정도 교회를 다니고 있었는데, 성령이 찾아온 거야. 그

래서 내가 하나님한테 말했지. '나 상처주는 데 지쳤어요. 나 우는 것
도 지쳤어요. 힘들어하는 데도 지쳤고, 사람들한테 상처받는 데도 지
쳤어요.' 하지만 그런 일들은 다 너를 일으켜 세우기 위한 거야. 내가
상처받는 것도, 짐을 지고 힘들어하는 것도, 입방아에 오르는 것도,
학대당하는 것도 다 이유가 있는 거라고. 모든 게 그래. 내가 위탁 양
육을 받으며 지낸 것도, 엄마도 아빠도 없는 것도, 형제자매들도 신
경 안 쓰고, 이모 고모들도 신경 안 쓰고, 삼촌도 신경 안 쓰고, 그
덕에 지금의 내가 있게 된 거지. 내가 널 사랑하길 원한다면 말야, 네
가 날 못 믿는데 내가 어떻게 널 사랑하겠어? 내가 어떻게 위로를 해
줄 수 있겠어? 네가 그렇게 할 수 있게 해주지 않으면 아무도 널 돕
지 못해. 네가 성추행을 당했다고? 나도 그랬어… 열 살 때 그게 생각
나더라. 겨우 다섯 살 때 겪은 일이었으니까. 엄마를 봤는데, 아직도
엄만 마약만 하고 있었지. 그 남자랑 지내면서 말야… 엄만 크랙중독
이었어. 그래 가지고 날 임신했지. 아빠는 엄마를 때렸고, 엄마는 등
을 열한 번이나 찔렸어. 그래서 난 하나님이 내 인생을 통해서 뭔가
이루시려는 일이 있다고 생각해. 근데 내가 하나님이 그렇게 하도록
허락하지 않는다면 어떻게 하실 수 있겠어? 교회는 환상적이었어. 난
하나님의 성령을 볼 수 있었지. 하나님의 성령을 느낄 수 있어. 난 성
령이 교회 안에서 언제 돌아다니는지 알아. 정말 연기 같은 게 떠다
니거든. 그리고 사람들은 내가 그런 걸 믿는다고 미쳤다고 생각할 수
도 있지만 난 있잖아, 그게 내가 믿는 방식이야… 우리 목사님은 우
리 엄마보다도 더 나를 딸처럼 대하셔. 정말 그래. 근데 또 넌 엄마가
없으니까 어떤 기분일지 난 모르겠지만, 근데 또 난 말야… 모든 사
람들이 인생에서 많은 일을 겪잖아. 그리고 너도 계속 겪을 거고. 너
의 상황이 바로 너를 만드는 거야. 그게 너를 세우는 거야… 난 여름

내내 그 일을 겪었어. 여름 내내. 내 주위엔 아무도 없는 것 같았지. 이번 여름엔 크랙이라도 해야겠더라니까. 그런데 난 말야 우리 목사 님이 2년 전에 나한테 해주신 기도를 했어. 말씀 위에 굳건하게 서서 믿음을 가질 수 있게 해달라고. 난 이번에 우리 목사님한테도 엄마가 크랙을 한다고 말 못했어. 우리 목사님이 통로를 따라 걸어와서는 나 한테 손을 얹고 이러는 거야. '엄마가 크랙을 했어. 넌 크랙하면 안 된 다.' 난 그저 울기만 했지."

크리스틸의 마지막 말은 공중에 머물러 있다가 텔레비전에서 나오 는 재잘거림에 파묻혔다. 알린은 멍하니 앉아 있었다. 전화가 울리자 알린이 화들짝 놀랐다. 한 친구가 어떤 아파트의 정보를 알려주었다. "그 사람 뒷배경 확인 같은 거 하니?" [알린이 물었다.]

"이리 와봐," 알린이 전화를 끊자 크리스틸이 말했다. 알린은 그 말 에 순순히 따랐고, 크리스틸은 알린을 안아주었다. "거긴 월세가 얼 마래니?"

"내 정신 좀 봐, 그건 묻지도 않았네." 알린은 다시 전화를 걸어 한 달에 600달러라는 사실을 확인한 뒤 끊었다. "안 되겠다."

크리스틸은 셰리나의 다른 아파트를 살펴보러 집을 나섰다. "다 잘 될 거야," 크리스틸이 알린에게 말했다. "내가 약속할 수 있는 건 없지 만 암튼 다 잘 될 거야. 내 말 믿어."

1일이 되자 셰리나의 은행 계좌에 콤마가 다시 찍혔다. 확실히 보통 때와는 날랐다. 2월에는 세입자들이 세금 공제액을 되돌려받아서 밀린 임대료를 냈기 때문이다. 세금을 현금으로 환급받은 한 세입자는 셰리나에게 2,375달러를 냈다. 도린은 계약 조건에 따라 950달러를 냈다. 러마는 550달러를 냈지만 페인트 일을 해서 얻은 소득이 없었기 때문에 셰리나의 입장에서는 아직도 받을 돈이 더 있었다. 그걸 못 내면 러마는 퇴거당할 수도 있었다.

셰리나와 쿠엔틴은 아마도 최근에 잔고가 바닥났던 기억을 완전히 지우기 위해, 아니면 그냥 재미 삼아 수요일 밤에 카지노에 갔다. 셰리나는 고동색과 금색이 섞인 로카웨어 운동복을 입었다. 쿠엔틴은 지유닛 가죽재킷에 챙이 평평한 검은 모자를 자랑스럽게 쓰고 커다란 분홍색 반지를 꼈다. 포타와토미 카지노 입구 근처에서 장애인 주차 구역을 발견한 그는 백미러에 필요한 허가증을 매달았다. 장애가 있는 세입자한테서 받은 선물이었다.

온갖 기계가 내는 소음의 정글을 지나 식당 겸 바로 가면서 셰리
나는 장난스러운 미소를 지으며 이렇게 말했다. "당신한테 아침 계획
이 없었으면 좋겠네." 셰리나는 쿠엔틴이 잠자러 가버린 뒤에도 새벽
서너 시까지 버티며 카지노에서 몇 날 밤을 지낼 수도 있었다.

버거와 차가운 롱아일랜드 차를 놓고 셰리나가 곧 해야 하는 '더
블클로징 기법'* 발표에 관해 이야기하며 저녁 식사를 마친 뒤 이들
은 블랙잭 구역으로 향했다. 셰리나는 테이블을 천천히 누비다가 두
백인 남자가 있는 테이블을 골랐다. 한 사람은 혼자 앉아 담배를 피
우고 있었고, 다른 한 사람은 뒤에서 응원해주는 금발 여성을 달고
초조해하고 있었다. 셰리나는 테이블에 100달러를 놓고(최소 금액은
25달러였다) 의자를 끌어왔다. 그는 손가락을 톡톡 두드려 딜러에게
카드를 받은 뒤 둘로 갈라 넘기며 조용히 테이블에 앉아 있었다.

그 시각 타운 반대편에 있는 18번가 라이트로에서는 루크, 에디,
벅, 그 외 몇몇 다른 동네 남자애들이 테이블에 모여든 가운데 러마
가 카드를 돌리고 있었다. 매섭게 추운 밤이었고, 사람들의 체온 때
문에 주방 창문에는 김이 서렸다. 게임은 평소 리듬과는 다르게 느
리고 조용한 편이었다. 카말라가 있었기 때문이었다. 러마는 카말라
가 2층에 이사온 뒤 계속해서 스페이드를 치러오라고 했고, 카말라
는 결국 딸들이 자는 동안 자신의 아버지가 봐주도록 한 뒤 알겠다
고 말했다. 카말라에게는 아이들의 아버지이기도 한 데번이라는 남
자가 있었지만 러마는 아랑곳없이 그녀와 가볍게 시시덕거렸다. 여자
한 명이 있는 것만으로도 집 안의 공기가 바뀌었다. 나타샤가 임신하
기 전에는 아름다운 욕망의 대상이 함께 있다는 사실만으로도 테이
블에 긴장이 너무 팽팽해서 러마는 게임을 빨리 끊고 전부 다 내쫓

* 부동산을 판매와 동시에 구매하는 방식.

아버리기도 했다. 하지만 남자애들은 카말라 옆에선 가장 반듯하게 행동했다. 여자 얘기도 별로 하지 않았고, 러마가 면도를 하면 "원숭이 엉덩이"라고 놀리더니 카말라 앞에선 그것도 삼갔다. 카말라는 나타샤보다 두어 살 정도 더 많을 뿐이었고 위엄과 시큰둥함으로 단단하게 무장한 상태였지만 이 애들한테는 훨씬 여자 같아 보였다.[1]

러마의 새해 결심은 "하나님을 찬양하고, 깨끗하게 지내고, 새집을 찾는 거"였다. 셰리나는 집수리를 해달라는 그의 요청을 계속 무시하고 있었다. 주방 싱크대가 1주일 내내 새서 이제는 마룻바닥에까지 물이 흘러넘치고 있었다. 러마는 어쨌든 셰리나가 자신을 그리 오래 내버려두지 않으리라고 생각했다. 어쩌면 오히려 그게 더 나은 결과를 가져올 수도 있는 노릇이었다. 다음에 살게 될 집은 어쩌면 아들 모두에게 안전한 은신처가 되어줄지도 몰랐다. 러마는 셰리나가 왜 자신을 그런 식으로 대했는지 이해할 수 없었다. "당신은 어째서 당신을 엿 먹일 생각도 없는 사람을 그렇게 엿 먹이는 거요?" 그는 의아해했다. 셰리나도 똑같은 점을 의아해했다. 러마는 싱크대가 고장 났다고 말했고, 셰리나는 그가 싱크대를 고장 냈다고 말했다.

쿠엔틴은 셰리나가 있는 블랙잭 테이블에 끼지 않았다. 그는 한 번도 그래본 적이 없었다. 대신 그는 멀리서 지켜보면서 누가 아내에게 화를 내거나 건방지게 굴지 않는지 감시했다. 그가 카지노에 와서 얻을 수 있는 즐거움은 바로 셰리나의 행복한 모습을 바라보는 것뿐이었다. 쿠엔틴은 도박이라면 질색했다. "헐, 한 방에 50달러가 날아갔군," 셰리나가 또 한 번 빈손이 되자 쿠엔틴은 이렇게 중얼거렸다.

카드가 다시 돌아가고 밤이 펼쳐졌다. 쿠엔틴은 전화를 한 통 받고 나서 블랙잭 테이블로 다가갔다. 그는 셰리나의 얼굴 옆에 자신의 얼굴을 갖다대고 18번가 라이트로에 불이 났다고 속삭였다. 그녀는 그 자리에서 칩을 챙기더니 쿠엔틴을 따라 문을 나섰다.

"도린네?" 러마가 쿠엔틴을 따라잡으며 물었다.

"아니. 뒷집."

"러마네?"

"아니. 위층. 카말라네."

쿠엔틴은 재빨리 카지노를 벗어났다. "하나님, 제발, 제발 작은 일이어야 하는데," 셰리나는 서버번이 18번가로 이어지는 뒷길을 내달리는 동안 문손잡이를 꼭 잡고 이렇게 기도했다. 그녀는 고개를 든채 조바심쳤다. "쥐구멍에나 들어가라지… 내 집이 잿더미가 되지는 말아야 할 텐데."

18번가로 빠지려던 쿠엔틴은 바리케이드를 만났다. "이 망할 것들이 여기서부터 벌써 크리스마스처럼 불을 밝혀놨네," 그가 말했다. 쿠엔틴은 카말라의 집 앞에 서 있는 소방차들과 소방차들이 사방으로 뿜어내는 빨간 불빛과 흰 불빛은 볼 수 있었지만 정작 집은 볼 수 없었다. 쿠엔틴은 두 번이나 다른 길로 가보려 했지만 소방차와 앰뷸런스가 주위 도로와 골목들까지 모두 막아버린 상태였다. 쿠엔틴이 서버번을 곡예하듯 몰고 다니는 동안 셰리나는 화재 장면을 살짝 엿보았다. 이웃집들 사이에서 환한 불빛이 확 타올랐던 것이다. 마침내 쿠엔틴은 18번가에서 한 구역 뒤에 있는 뒷골목에 접어들 수 있었다. 서버번 창문에서 바라보니 차고의 그늘진 뒷부분이 눈 덮인 공터로 이어졌고, 카말라의 집이 전체적으로 모습을 드러냈다.

셰리나는 숨이 멎는 것 같았다.

"젠장! 이건 정말 안 좋은데, 셰," 쿠엔틴이 말을 토해냈다.

집은 불길에 휩싸여 있었다. 화염은 지붕에서 솟구쳐 겨울 하늘을 향해 솟아오른 희뿌연 연기와 수증기 기둥 속으로 사라지고 있었다.

쿠엔틴과 셰리나는 이제는 처참한 숯덩이가 되어버린 카말라의 아파트 주위를 뛰어다니는 소방관의 실루엣을 지켜보았다. 타지 않은 것들은 차가운 호스에서 나온 물 때문에 얼어서 번들거렸다.

쿠엔틴은 카말라의 집으로 향했다. 셰리나는 그 자리에 붙박여 있었다. 불을 보니 불만을 품은 모기지 고객이 자신의 사무실 유리창에 사제 폭탄을 던진 사건이 떠올랐다. 그때 이후로 그녀는 불만 보면 불안하고 위축되었다.

쿠엔틴은 무릎 사이에 머리를 박고 울고 있는 러마의 큰아들 루크를 알아보았다. 한 십대 소녀가 도린네 집 계단참에서 아이를 달래고 있었다. 소음 때문에 어떤 말을 하는지는 들리지 않았다. 디젤엔진의 으르렁대는 소리, 물 펌프에서 나는 드릴처럼 윙윙대는 소리, 물이 열기를 만났을 때 나는 치이익 소리, 도끼로 나무를 쪼개는 소리까지. 패트리스 역시 티셔츠 하나에 청바지만 달랑 입고 떨면서 밖에 나와 있었다. 그는 쿠엔틴을 향해 손짓을 한 뒤 목청을 높여 소방관을 향해 고함을 쳤다. "저 사람이 집주인이에요!" 소방관은 고개를 끄덕인 뒤 쿠엔틴에게 다가왔다. 화염이 위로 치솟자 구경꾼들의 얼굴이 어둠 속에서 오렌지색으로 밝게 빛났다. 패트리스는 앰뷸런스 위에 모여 있는 긴급의료원들을 한 번 더 살펴본 뒤 안으로 들어갔다.

러마와 카말라가 살았던 뒷집에서 진흙과 잡초가 무성한 한 뙈기 땅을 겨우 사이에 두고 있는 힝스턴네 집은 사람으로 미어터졌다. 도린은 앞문 근처에 앉아 가장 어린 손녀 카일라매를 어르고 있었다. 나타샤는 담요를 두른 채 루비와 함께 바닥에 앉아 있었다. 힝스턴네 나머지 아이들은 그 순간의 무게에 눌려 눈을 크게 뜨고 매트리스에 한 줄로 앉아 있었다. 러마는 휠체어에 무너지듯 앉아서 머리를 문지르고 눈을 비비고 있었다. 에디와 벅은 러마 옆에 서 있었다. 단단한 모자를 쓴 백인 남자들이 사람들 사이를 힘들게 돌아다니며 양해를 구하고 정보를 얻고 있었다. "죄송합니다만, 성함이 어떻게 되나요?"

어떤 소방관이 흰 시트에 덮인 무언가를 앰뷸런스로 옮기는 것을 본 패트리스는 카말라를 쳐다보았다. 카말라는 "내 아기! 내 아기!" 소리를 지르며 바닥에서 몸부림치고 있었다. 머리카락은 한쪽이 불에 탄 상태였다. 그녀는 등을 활처럼 휜 채 얼굴을 바닥에 내리누르고 있었다. 아무도 신원을 모르는 어떤 나이 든 여성이 그녀를 말리려 했다. "워!" 카말라가 몸부림을 치면 여성은 이렇게 말했다. "워." 이 나이 든 여성이 지쳐서 카말라를 놓아주자 카말라는 통곡을 하며 바닥에 무너져 내렸다.

데번이 젖먹이인 두 딸들을 데리고 집 안으로 들어왔다. 데번은 카말라 주위를 초승달 모양으로 둘러싸고 있는 경찰관들 틈으로 겁먹은 딸들을 밀어넣었다. 카말라가 일어나 앉더니 딸들을 끌어당겼다. 아이들을 꼭 안은 그녀는 아이들의 얼굴에 키스를 퍼부었고, 아이들과 머리를 부비다 아이들의 머리칼 위로 눈물을 쏟았다.

나이 든 소방관 한 명이 힝스턴네 집으로 들어왔다. 그는 카말라 옆에 무릎을 꿇고는 이미 카말라가 알고 있는 사실을 그녀에게 이야기했다. 8개월인 그녀의 막내딸이 세상을 떠난 것이었다. 그녀는 뒤로 물러나더니 다른 세상에서 온 사람 같은 떨리는 신음을 토해냈다.

"그 인간이 내 아기를 죽였어!" 카말라가 부들부들 떨면서 소리쳤다. "죽여버릴 거야! 죽여버릴 거야!"

데번은 주먹을 꼭 쥔 채 방 안을 서성였다. "두 번째야. 두 번째라고." 그는 반복해서 속삭이듯 말했다. 그러더니 동작을 멈추고는 카말라를 쏘아보았다. 방 안이 일순 조용해지며 둘에게 시선이 쏠렸다. 데번은 금방이라도 폭력을 쓸 태세였다. 하지만 그 순간은 지나갔고,

그는 다시 방 안을 서성이며 실성한 사람처럼 중얼거렸다. "두 번째야." 이들은 불과 1년 전에도 갓 낳은 딸을 잃었다. 카말라와 데번은 아이의 유해를 한 쌍의 로켓에 담아 목에 걸고 다녔다.

"오, 하나님," 쿠엔틴으로부터 이야기를 들은 셰리나가 이렇게 말했다. "아이를 혼자 집에 놔두면 어떡해." 셰리나의 마음은 자신이 4학년 담당 교사이고 카말라가 자신의 학생이었던 시절로 되돌아갔다. "학교 다닐 땐 항상 괜찮은 애였는데," 셰리나는 이렇게 말했다.

집으로 돌아온 쿠엔틴과 셰리나는 단서들을 끼워 맞춰보려 했다. "데번과 카말라가…" 쿠엔틴이 문장을 시작했다.

"아래층에 있었지," 셰리나가 문장을 이었다.

"러마랑 카드놀이를 했대. 그리고 어쩌면 뭔가를 켜두고 왔을지 몰라… 그리고 불이 났다는 걸 알고 위층으로 올라가려 했지만 너무 늦었던 거지."

쿠엔틴은 화재 사건이 뉴스에 보도되었는지 확인하기 위해 컴퓨터를 켜고 키워드를 입력했다. 뉴스가 올라와 있었다. "소방관들이 도착했을 때 화재경보기 소리를 듣지 못했다," 쿠엔틴은 뉴스를 읽었다. "화재경보기는 주방에 있는데," 그는 이렇게 말했다.

"원래는 잠자는 데도 하나씩 있어야 해," 셰리나가 대답했다. "난 우리가 그 위에 화재경보기를 몇 개 설치한 줄 알았어. 이젠 기억도 잘 안 나네."[2]

다음 날 셰리나는 화재조사관으로부터 이야기를 들었다. 그는 카말라의 딸 가운데 하나가 침대에서 기어 나와 램프를 쓰러뜨리면서 화재가 시작되었다고 말했다. 카말라의 아버지는 갓난아기를 내버려둔 채 도망을 쳤거나 저녁 무렵 일찌감치 손녀들만 남겨둔 채 떠난 뒤였는데, 아무래도 후자일 가능성이 더 높았다. 카말라와 루크 모두 아이를 구하려고 시도했지만 불길이 너무 번진 뒤였다. 카말라의 다른 두 딸은 불이 걷잡을 수 없이 커지기 전 스스로 걸어나왔다. 화재 경보기 소리는 아무도 듣지 못했다.

화재조사관은 셰리나에게 "걱정할 거 전혀 없다"라고 말했다. 셰리나는 어제 발생한 일에 아무런 책임이 없다는 것이었다. 그러자 셰리나는 카말라와 러마의 월세를 되돌려줘야 하는지 물었다. 화재는 1일에서 겨우 며칠 지난 뒤에 일어났기 때문이었다. 화재조사관이 그럴 필요 없다고 말하자 셰리나는 마음이 진정되는 것을 느꼈다. 셰리나는 카말라와 러마 모두 임대료를 돌려달라고 요구하리라고 생각했고, 그녀의 생각이 옳았다.

셰리나는 그 집을 해체하고 보험금을 챙길 계획이었다. "이 모든 사건 때문에 발생한 유일하게 긍정적인 일은 내가 거금을 얻을 수도 있다는 점이지," 셰리나는 이렇게 말했다. 그리고 하나 더 추가한다면 "러마를 없애는 것." 적십자가 러마와 그 아들들에게 새로운 거처를 알아봐줄 것이고, 그러면 셰리나는 한 건의 퇴거에 관해서는 더 이상 걱정할 필요가 없게 될 것이었다.

이른 아침 도린은 시끄러운 노크 소리에 침대에서 일어났다. 나이트가운을 입은 채 앞문을 여니 카메라와 마이크를 든 기자들이 진을 치고 있었다. 질문 몇 개를 듣고 나서 도린은 문을 닫고 오늘 하루 종일 아무한테도 문을 열어주지 말아야겠다고 혼잣말을 했다. 그녀는 주방을 가로질러 가서 뒤쪽 창문으로 밖을 내다보았다. 2층에 있는 카말라의 아파트는 컴컴한 동굴처럼 보였다. 창문은 깨져 있었고 지붕에는 커다란 구멍이 뚫린 채 지지대만 앙상하게 남아 있었다. 소방물을 뒤집어쓴 외장재에는 회색 더께가 기다란 흔적을 남기고 있었다. 눈이 남아 있던 지면은 재 때문에 검게 변해 있었다. 지붕널과 긴 나무조각, 뼈만 남은 가구와 다른 가재도구들, 완전히 타버린 채 소방 호스에서 나온 거품이 굳으면서 얼룩을 남긴 울퉁불퉁한 고물 자동차 같은 것들이 여기저기 널려 있었다. 물이 얼면서 주위 나뭇가지 끝에는 금방이라도 떨어질 것 같은 수천 개의 얼음 덩어리들이 맺혀 있었다. 도린은 눈을 내리깔고 앞쪽 현관에 크림색 리본이 달린 여섯 송이의 흰 백합을 바라보았다. 죽음의 겨울 속에서도 봄은 고개를 내밀고 있었다.

3부 ——   **쫓겨난 이후**

알린은 13번가의 거실에서 떨고 있었다. 겨울 코트가 없어서 티셔츠를 하나 더 입고 그 위에 큰 후드티를 껴입었다. 밀워키의 기상예보관들은 얼마 전부터 흥분해서 떠들고 있었다. 10년 만에 가장 추운 한 주가 될 것이고, 바람 때문에 체감온도는 최저 영하 40도가 될 것이라고 말했다. 지역 뉴스에는 계속 "동상에 걸리는 시간: 10분"이라는 경고 문구가 번쩍거렸다. 사람들에겐 실내에 있으라고 권장했다. 알린이 새 아파트를 구할 수 있는 날은 사흘뿐이었다.

셰리나는 알린과 크리스털 모두와 끝낸 상태였다. 밀워키 경찰과 대화를 하고 난 뒤 겁을 집어먹은 셰리나는 보안관을 시켜 알린을 내쫓게 하고 크리스털에게 퇴거통지서를 보내기로 마음먹었다. "그 사람들이 거기서 지낸다는 이유로 내가 체포를 당할 수는 없지," 셰리나는 이렇게 말했다. "그 여자들 때문에 경찰이 내 재산에 손대진 못하게 할 거야. 이런 거지같은 꼴에 신물 나.. 알린은 정말 이기적으로 굴고 있어. 자기하고 자기 애들 말고 다른 사람은 안중에도 없나

봐. 나한테도 눈 깜짝 안 한다니까." 셰리나는 크리스털의 퇴거통지서 사본을 밀워키 경찰서에 팩스로 보냈다. 며칠 뒤 그녀는 답장을 받았다. "귀하의 서면 행동 방침이 수용되었습니다."

어떤 임대업자와 약속을 잡은 알린이 그녀의 아파트단지 밖에서 기다리고 있는데 그 여자가 30분 늦게 스바루를 타고 와서 차를 세웠다. 노스페이스 플리스재킷에 새 테이스화를 신은 큰 키의 이 백인 여성은 서둘러 사과의 말을 건넨 뒤 자신을 캐롤이라고 소개했다.

노스사이드 북쪽 끝에 위치한 캐롤의 아파트는 침실 한 개짜리로 작고 평범했으며 월세는 525달러였다. 알린이 집을 둘러보고 계약하겠다고 말하는 데는 30초면 충분했다. 알린은 그 아파트도, 동네도, 두 아들이 그곳으로 이사할 경우 또 전학을 해야 한다는 사실도 마음에 들지 않았다. 하지만 그 모든 건 부차적인 문제였다. "그건 중요한 게 아냐," 알린은 생각했다. "당분간 지낼 곳이니까."

캐롤은 바로 그 자리에서 알린의 신원 조회를 하기로 했다. 그녀는 텅 빈 거실 바닥에 앉아서 알린에게 이름의 철자와 생년월일, 그리고 사회보장번호를 물었다. 캐롤의 실질적인 첫 번째 질문은 "지난 3년 동안 퇴거당한 적 있나요?"였다. "CCAP로 확인할 거니까 거짓말은 하지 않는 게 좋을 거예요." 캐롤에게 자신의 진짜 이름을 알려준 알린은 그 이름으로 어떤 퇴거 기록이 남아 있는지 잘 기억나지 않았다. 그래서 알린은 자신이 물도 나오지 않는 그 허접한 주택에서 강제로 나오게 된 이후 겪었던 일들을 캐롤에게 말하기로 결심했다. 알린은 앳킨슨로의 마약상과 언니의 죽음을 이야기했다. 이것만으로도 상당한 시간이 걸렸다. 이사를 워낙 자주한데다 시시콜콜한 이야기들까지 늘어놓으니 갈피를 잡지 못하던 캐롤은 얼마 안 가 짜증을 냈다. 캐롤은 알린의 말을 자르고 소득을 물었다. "W-2를 받은 지는 얼마나 됐죠? 사유가 뭐예요?"

"그 사람들이 사실 저한테 W-2 T를 하게 해준 건, 그러니까 음, 제가 우울증 상담을 받으러 다니거든요… 한 주에 한 번 치료사한테 가요. 그리고 그 사람들은 저한테 구직 활동도 시켜요. 제가 취업 준비를 하게 도우려고 하면서도 또 SSI 신청을 할 수 있게 해주세요."

"손가락만 빠는 것보단 나으니까," 캐롤은 이렇게 말하며 알린에게 일자리를 구하라고 권했다.

"알아요," 알린이 말했다.

알린은 캐롤에게 사실은 양육지원금도 받는다며 자신의 소득을 부풀렸다. "이 건물엔 애들이 하나도 없어요," 알린은 아이도 자파리스만 언급하며 거짓말을 했다. "지금 당신이 살고 있는 데를 한번 가서 봐야겠어요," 캐롤이 이렇게 말하자 알린은 두어 시간 뒤에 13번가에 들르라고 말했다.

다시 자신의 아파트로 돌아온 알린은 쓰레기를 치우고 카펫을 쓸고 조리의 옷을 모조리 감췄다. 욕조는 거의 어떻게 할 수 없었지만 (막혀버린 욕조에는 물이 고여 있었고, 하수구 역시 막혀 있었다) 전등도 들어오지 않았기 때문에 어쩌면 캐롤은 눈치채지 못할 것이었다. 주방에서는 싱크대에 서서 쌓여 있는 그릇더미를 바라보았다. 리틀이 그녀의 다리에 대고 몸을 비비며 먹을 걸 달라고 야옹거렸다. 주방세제가 떨어져서 크리스텔의 세탁용 세제를 쓸 수밖에 없었다. 알린은 물을 틀고 싱크대에 두 손을 넣은 뒤 냄비를 북북 문지르기 시작했다. 그때 그녀의 전화가 울렸다. "아무것도 아니에요," 수화기에 대고 그녀는 이렇게 말했다. "아무것도 아니라구요. 아무것도." 그러고 난 뒤 그녀는 괴로운 비명을 질렀다.

소파에 앉아 알린이 미친 사람처럼 허둥대는 모습을 지켜보던 크

리스털이 몸을 일으켜 알린을 안았다. 알린은 크리스털의 어깨를 끌
어안고 울부짖었다. 크리스털은 가만히 있었다. 알린이 한 발 물러나
자 크리스털이 말했다. "내가 장담해. 네가 믿기만 하면 살 집을 구할
수 있을 거야."

　캐롤이 나타났을 때 집은 그럭저럭 나쁘지 않은 모습이었다. 알린
은 페브리즈까지 뿌린 상태였다. 재빨리 여기저기 둘러본 캐롤은 유
리로 된 식당 테이블에 앉았다. "솔직히 말해서 그렇게 좋아보이진
않네요," 캐롤이 입을 열었다. "그리고, 음, 언니가 죽고 뭐 그런 건 다
이해해요. 그런데 집주인 문제는 어떻게 된 거죠?"

　"무슨 말씀인지 알아요." 알린은 백인들이 "무슨 말씀인지 알아요",
"이제 착실하게 살면서 멍청한 선택은 하지 않으려구요", "다시 학교
로 돌아가서 고졸학력인증서를 딸 거예요" 같은 말들을 좋아한다고
생각했다. 눈도 가급적이면 많이 마주치는 게 좋다.

　"나도 그게 힘든 일인 건 알아요," 캐롤이 말을 이었다. "하지만 내
말은, 우리 직원 중에도 엄마가 돌아가신 사람이 있어요. 그 여잔 보
험도, 아무것도 없었죠. 카운티에서 돈을 댔어요. 그러니까 카운티에
서 장례비로 300달러 정도를 준단 말이에요. 그리고 그 여잔 그 돈으
로 장례를 치렀구요."

　눈을 마주쳤다.

　"그러면 한 달 만에 나한테 쫓겨나지 않기 위해서 어떤 변화를 보
여줄 생각이죠?" 캐롤이 펜을 톡톡 두드렸다.

　지금까지 알린이 거주 신청을 하거나 찾아가본 아파트는 스물다
섯 곳이었다. 이제 남은 희망은 캐롤뿐이었다. 희망이 스러지고 있다
고 느낀 알린은 자신의 손에 남은 유일한 카드를 던졌다. 알린은 캐
롤에게 W-2에 '벤더 지불vendor payment' 방식을 설정하겠다고 말했다.

이렇게 하면 매달 들어오는 복지수당에서 자동으로 월세가 공제된다. "그러면 저한테 수당이 들어올 때 당신은 이미 받을 걸 받은 상태가 되는 거죠."

"그거 좋네!" 캐롤은 놀란 듯 이렇게 대답했다. "좋은 타협 같은데." 그러고 난 뒤 이렇게 덧붙였다, "저 고양이는 안 돼요."

"알았어요."

"내가 이런 말 해도 될지 모르겠지만 당신하고 당신 애들 먹는 거나 걱정하세요."

"당신을 한번 안아드리고 싶어요, 왜냐면, 그냥 하게 해주세요." 알린이 캐롤을 포옹하자, 캐롤은 얼굴을 붉히며 황급히 문밖으로 나섰다. 알린은 크리스털을 껴안고 난 뒤 사방으로 뛰어다니며 춤을 췄다. "집을 구했어! 믿을 수가 없어! 집을 구했어어어!"

캐롤은 알린에게 1일에 이사를 들어오라고 말했다. 그때까지 알린은 아이들을 쉼터로 보내고 물건들은 창고에 넣어둘 계획이었다. 쉼터 거주자가 되면 보증금을 대신 내주는 적십자 기금에 신청을 할수 있는 자격이 주어졌다. 알린이 캐롤에게 내야 할 돈을 다 줄 수 있는 방법은 그것뿐이었다.[1] 알린은 동네 주류 판매점에서 상자를 주워 와서 짐을 싸기 시작했다.

"내가 갈 때 울면 안 돼," 알린이 상자에 그릇을 담으면서 이렇게 말했다.

"나쁜 년, 영원히 가버릴 것처럼 그러네. 돌아올 거잖아. 이제 나 없이 넌 못 사니까."

"그리고 너도 나 없인 못 살지." 알린이 미소를 지었다.

크리스털이 박수를 치며 노래하기 시작했다. "나는 가지 않으리.

나는 가지 않으리." 그러고 난 뒤 알린의 등을 찰싹 쳤다.

"아우, 크리스털!" 알린이 이렇게 말하고 나서 두 여자는 잠시 웃으며 몸싸움을 벌였다.

알린이 다시 짐을 싸자 크리스털이 물었다. "나한테 그릇 몇 개만 남겨줄 수 있어?" 알린은 몇 개를 따로 빼놓았다.

목요일 해질녘, 하늘은 김빠진 맥줏빛이었다. 오전 나절에는 개똥지빠귀 알 같은 청록색이었다. 잎사귀 한 점 없이 정물화처럼 서 있는 나뭇가지들은 하늘에 생긴 균열처럼 보였다. 자동차들은 [제설용] 소금과 겨울의 더께를 뒤집어쓴 채 느릿느릿 도로를 굴러다녔다. 밀워키의 공립학교들은 한파주의보 때문에 휴교 상태였다. 알린의 아이들은 어쨌든 학교는 가지 않을 예정이었다. 아이들이 있어야 조금이라도 이사에 도움이 되었다. 조리는 가족의 친구가 빌려준 [차량 렌탈업체] 유홀의 트럭에 짐을 실었다. 추위는 사정없이 아이를 공격했다. 조리의 손가락과 귀가 따끔거리기 시작했다. 얼음장 같은 공기가 입 속을 가득 채웠다. 잇몸이 마치 학교 양호실에서 본 플라스틱으로 된 치아 모형처럼 단단해지는 느낌이었다. 조리가 내뿜는 입김은 흡사 두꺼운 흰 거즈처럼 얼굴 주위에 머물렀다. 그 사이로 조리의 웃는 얼굴이 드러났다. 도움이 된다는 게 기뻤던 것이다.

몇 차례 짐을 나르던 조리는 자존심을 구기고 크리스털의 모래 빛깔 코트를 입었다. 크리스털은 교회에서 기증받은 담요를 두른 채 바닥에 앉아서 바나나 푸딩을 먹으며 토크쇼를 보고 있었다.

이사 전날 밤 알린은 새 가발을 접착제로 고정시키고 구두를 닦았다. 그녀는 실제보다 어려 보이고 싶었다. 쉼터나 퍼블릭스토리지 Public Storage·에서 누굴 만날지 모를 일이었기 때문이다. 아직 회신을

· 짐 보관 서비스를 제공하는 곳.

해준 쉼터가 없었기 때문에 알린은 그날 밤 자신과 아이들이 어디서 잘지 아직 모르는 상태였다. 그건 나중에 걱정할 일이었다. 당장은 창고에 최대한 많은 물건을 갖다놓는 게 급선무였다.

퍼블릭스토리지 계산대의 남자는 분홍색 반지를 끼고 있었다. 머리를 뒤로 빗어 넘긴 그에게선 술 냄새와 싸구려 면도 로션 냄새가 났다. 알린의 창고는 10×10피트 크기의 C-33이었다. "당신이 타고 온 트럭이랑 같은 크기죠," 남자가 텍사스 특유의 느린 말투로 이야기했다. "창의성만 좀 있으면 돼요." 모든 게 순조로웠다. 알린은 식료품 구매권 몇 장과 난방기를 팔아서 쉼터 거주자를 위한 할인 요금 21달러를 겨우 긁어모았다(다음 달 요금은 41달러가 될 것이었다). 하지만 열쇠와 8달러짜리 보험을 구입해야 한다는 사실은 미처 몰랐다. 그래서 살 수가 없었다. 텍사스 출신의 남자는 풍상에 찌든 얼굴로 자신도 어려운 시절을 겪었다고 말하며 알린을 위해 열쇠를 하나 찾아주고 보험에도 끼워 넣어주었다. 알린은 그에게 고맙다고 말한 뒤 차가운 콘크리트 구역을 종종걸음으로 벗어나 C-33에 있는 오렌지색 알루미늄문을 닫았다. 최소한 이제 그녀의 물건들에는 집이 생겼다.

그들은 그날 밤과 그 주 주말, 다시 크리스털이 있는 13번가로 돌아와 바닥에서 잠을 잤다.

알린이 로지와 다른 쉼터 여러 곳에 전화를 해보았지만 여전히 만원이었다. 월요일 아침에는 가정폭력 쉼터에 전화를 해서, 1년 전 자파리스의 아빠에게서 도망쳤을 때 묵었던 곳에서 방 하나를 확보했다. 적십자로부터 보증금을 받을 수 있도록 캐롤에게 쉼터의 이름을 알려주기 위해 전화를 건 알린은 캐롤이 그 아파트를 다른 사람에게 임대해버렸음을 알게 되었다. 알린은 이유를 묻진 않았지만 캐롤이 소득이 더 많거나 아이가 없는 더 나은 처지의 세입자를 찾아낸 거라고 생각했다. 알린은 길고 텅 빈 한숨을 내쉬고는 의자에 앉아 몸을 동그랗게 말았다. "다시 원점이네," 그녀는 이렇게 말했다.

기분이 엉망이 된 알린은 아파트에 마지막으로 남아 있던 물건을 모으기 시작했다. 커튼을 떼고 나니 크리스털의 옷장에 있는 더러운 옷가지들이 생각났다. 알린과 자파리스는 리틀을 데리고 위층에 있는 트리샤에게 올라갔다.

"고양이 좀 맡아주세요," 자파리스가 부탁했다.

"알았어, 아가. 약속할게," 트리샤가 대답했다.

자파리스가 잠시 생각하더니 이렇게 말했다. "개한테 먹을 걸 좀 주세요."

알린은 2인용 안락의자를 놓고 갈 생각이었다. 크리스털이 그 위에서 자기 시작하면서 의자는 푹 꺼져버렸다. 그것 말고도 여기저기 널린 옷들과 담요, 깨진 등 때문에 집 안은 황량해보였다. 그러고 난 뒤 알린은 스토브와 가스'선을 연결하는 어댑터를 5달러 주고 샀다는 사실이 생각났다. 그녀는 조리에게 그 부품을 빼라고 했다. 그러면 스토브는 무용지물이 되는데도.

이걸 본 크리스털이 소리를 질렀다. "내 집에서 나가!" 크리스털은 알린의 물건을 주워서 앞문 바깥으로 내던지기 시작했다. "네 똥 같은 거 난 필요없거든! 날 엿 먹이다니!"

"이 구두쇠 같은 나쁜 년!" 알린이 크리스털의 얼굴에다 대고 소리쳤다.

"네가 날 구두쇠라고 하지만 네가 입고 있는 게 지금 누구 옷이야? 내 꺼잖아. 내 셔츠라고! 사흘이나 빌붙어놓고, 귀찮은 년!"

"네 입을 가만 안 둘 거야!" 조리가 크리스털에게 달려들면서 소리쳤다. 아이는 크리스털의 얼굴 바로 앞에서 주먹을 뻗을 준비 동작을 취했다. "내가 아주 뭉개버릴 거야!" 아이는 고함을 쳤다. "내가 망할 경찰 따위 신경 쓸 줄 알아!"

그때 갑자기 쿠엔틴이 방으로 들어왔다. 그는 뒤편의 아파트를 예비 세입자들에게 보여주다가 소란스러운 소리를 듣고 찾아온 것이었다. 쿠엔틴이 열린 문으로 들어와 조리의 셔츠 칼라를 붙잡았다. "야! 야!" 그가 크게 내질렀다.

그런데도 조리는 크리스털에게 덤볐다. "이리 와!" 아이는 주먹을 흔들어대며 소리쳤다. 쿠엔틴이 아이를 뒤로 끌어당겼다. 하지만 이번에는 크리스털이 거리를 좁혔다. "이봐, 꼬마야," 크리스털이 빙그레 웃으며 말했다. "넌 네 생각만큼 용감하지 않아."

"아니야! 아니라구!" 자파리스가 외쳤다. 뭐라도 해보려던 자파리스는 부러진 샤워 막대를 찾아내 그걸로 크리스털을 때리려 했다. 알린은 자파리스를 붙잡고는 문밖으로 끌었다. 쿠엔틴의 재촉에 문밖으로 계속 끌려나가던 자파리스는 크리스털의 콘솔형 텔레비전을 발로 차서 넘어뜨렸다.

알린네가 떠난 뒤 크리스털은 집 앞 현관으로 나가 곳곳에 널려 있는 그들의 물건을 집어던졌다. 집 앞 잔디에는 얼마 안 가 온갖 물건들이 널리게 되었다. 교과서, 프레셔스모먼트 인형, 화장수 병. "누가 너네를 욕하겠니," 크리스털이 날카롭게 소리를 질렀다. "이게 미국이야! 이게 미국이라구!"

알린이 그렇게 큰 스트레스를 받고 있지 않았더라면 그 어댑터를 빼는 게 안 그래도 절망적인 크리스털의 상태에 재 뿌리는 일임을 알았을 것이다. 어쩌면 상황을 그렇게까지 악화시키지 않았을지도 모른다. 더 나은 상황이었다면 그들은 친구가 되었을지 몰랐다. 그들은 배가 적당히 부르고 내일이 어느 정도 확실하기만 해도 만족했다. 하지만 알린은 제 앞가림을 하느라 고갈된 상태였다. 그래서 크리스털이 폭발하자 그녀를 따라 알린도 바로 폭발했던 것이었다.[2]

크리스털은 갑자기 폭력적인 성향이 드러날 수 있는 사람이었다. 알린을 만나기 전해 한 임상 심리학자에게 검사를 받았는데 양극성 장애, 외상 후 스트레스장애, 반응성 애착장애, 경계성 지능장애, 아동 학대와 성적 학대, 경계선 출현형 성격장애 진단을 받았다. 어린 시절이 남긴 흔적들이었다. 검사를 한 심리학자는 보고서에 "크리스털은 자신이 맺는 관계에서 예측된 거부·버려짐·피해에 대단히 민감함"이라고 적었다. "양육·안전·존중을 향한 자신의 욕구에 기꺼이 반응하려 하지 않거나 반응할 줄 모른다고 판단할 경우 중요한 타자들에게 엄청난 분노를 잠재적으로 품고 있음. (…) 좌절이나 불안 같은 것을 많이 인내하는 능력을 제한해왔고, 사전 혹은 사후에 심사숙고하지 않은 채 자신이 느끼는 긴장을 몸으로 해소하려는 경향이 있음. (…) 인격이 아직 약하게 통합되어 있는 것으로 판단함." 보고서는 크리스털의 아이큐를 70 정도로 추정하면서 "공동체 안에서 성인으로서 지내기 위해서는 장기적인 정신 건강 치료와 지원책"이 필요할 것이라고 예측했다.

하지만 이제 그녀는 텅 빈 아파트에 홀로 서 있었다. 크리스털은 알린이 남긴 물건 가운데서 쓸 만한 것을 골라냈다. 주방을 서성이던 알린은 조리가 스토브 부품을 제거하지는 못했지만 전기 코드를 잘라버렸음을 알게 되었다. 크리스털은 어쨌든 오늘은 먹을 계획이 없다고 혼잣말을 했다. 목사님이 금식을 선언하셨던 것이다.

식료품 구매권으로 랍스터를

복지 빌딩을 에워싼 줄은 블리엣가 길이만큼 이어진 뒤 모퉁이에서 꺾였다. 바리케이드가 쳐져 있었고 경찰 예비 인원들이 불려나와 있었다. 밀워키 카운티를 포함한 주의 일부 지역에 홍수를 일으킨 폭풍 피해 가정에 식품바우처를 지급한다는 주지사의 발표가 있자 아침 일곱 시부터 수천 명의 사람들이 몰려들어 자리싸움을 벌였고, 심지어 문의 경첩을 뜯고 안으로 들어가려 하기도 했다.

마샤 P. 코그스 휴먼서비스센터는 거대했다. 크림색 벽돌로 된 이 3층 건물은 17만 평방미터에 커다란 창문이 232개였다. 원래는 슈스터 백화점 건물이었지만, 주변 동네와 도시와 함께 백화점도 20세기 중반에 어려움을 겪게 되었다. 결국 1961년에 문을 닫게 된 백화점은 건물을 카운티에 매각했다. 2000년대 초에 건물을 개조하면서 카운티는 450명의 인력을 동원했다. 캘리포니아를 근거지로 활동하는 한 예술가는 카운티의 의뢰를 받아 "명상contemplation"·"춤dance" 같은 단어가 적힌 창문 위에 밝은 형형색색의 세라믹 타일을 붙였다. 이 예술

가는 자신의 작품을 "커뮤니티 키Commnity Key"라고 명명했다.[1]

오전 여덟 시를 조금 넘긴 시간, 러레인은 순찰을 돌고 있는 보안요원들이나 신청서를 작성하고 복지사를 만나기 위해 사람들을 각층으로 실어나르는 엘리베이터에는 눈길도 주지 않고서 사람들을 지나쳐 안으로 들어갔다. 그녀는 번호표(4023)를 가지고 기다렸다. 러레인이 그곳에 간 것은 식료품 구매권을 복구하기 위해서였다. 얼마 안가 좌석은 모두 다 찼고, 102번방은 아이들 소리와 잡담으로 가득 찼다. 어떤 나이 든 여성은 우산에 기댄 채 잠을 청하기도 했다. 젖먹이의 엉덩이를 토닥이는 엄마도 있었다. 어떤 사람은《너무 사랑하는 여자들》•에 빠져 있었다. 한 시간 40분이 지나서 러레인의 번호가 호명되었다. 복지 빌딩에서 하루 종일 죽치고 있었던 적도 있었으니 이 정도면 나쁘지 않다고 그녀는 생각했다.[2]

"이달 20일에 약속이 있었어요." 러레인은 유리창 뒤에 앉아 여러 가지 업무를 담당하는, 매니큐어 바른 여자에게 이렇게 설명했다. "그런데 제가 전화하기로 예정된 시간에, 제가 퇴거를 당했어요."

"약속 날짜를 다시 잡으셔야 해요." 여자는 이렇게 답했다. 약속을 한 번 더 놓치고 수당이 한 번 더 취소된 것은 모두 퇴거의 결과였고, 모든 것을 송두리째 엉망으로 만들어버렸다. 여자는 러레인에게 서류 몇 가지를 건네주었다. "여기 적힌 것들을 가져오셔야 해요."

"지금 저한테 하나도 없는데요." 목록을 살펴본 러레인이 이렇게 대답했다. 필요한 서류 대부분이 창고에 있었다.

"음, 가진 게 하나도 없으면 아무것도 못 가져오시겠네요." 여자가 미소를 지었다.

러레인은 어리둥절한 표정을 지었다. "하지만 그래도 수당을 받을

• 로빈 노우드 지음, 문수경 옮김, 북로드, 2011.

수 있나요?"

"그래서 약속을 잡으러 방문하셔야 하는 거예요… 제가 푸드팬트리로 연결해드릴 수 있어요. 거기 가보시겠어요?"

러레인은 엘리베이터를 타고 아래층에 있는 푸드팬트리로 가서 캔에 든 쇠고기와 강낭콩, 그 외 그녀가 싫어하는 음식들을 가득 채운 식료품 가방 두 개를 들고 나왔다. 가끔 사정을 제대로 알지도 못하는 가족들이 러레인에게 어째서 전화를 걸어 약속 날짜를 정하지 않는지 물어보곤 했다. 그러면 러레인은 웃으면서 이렇게 물었다. "아, 그 번호로 전화해보고 싶어요?" 러레인이 전화를 걸 때마다 그곳은 항상 통화 중이었다.

뒤늦은 약속 자리에서 러레인은 필요한 서류를 모두 갖추지도 못했지만 월 80달러어치의 식료품 구매권 수당을 복구시키는 데 성공했다. 복지 빌딩을 나선 러레인은 밖에 모여 있는 지치고 따분해하는 사람들과 거리의 알코올중독자들을 종종걸음으로 지나친 뒤, 창문을 막대로 가로질러 놓은 가까운 가구점으로 들어갔다. 안에는 푹신한 리클라이너와 어두운 색 나무로 된 식당용 가구 세트, 황동 램프들이 짜임새 있게 채워져 있었고, 실험 재즈음악이 흐르고 있었다.

중동 억양이 남아 있는 판매원이 러레인에게 다가와서 장식장을 보겠는지 물어봤다. 러레인은 일곱 점의 가구로 구성된 침실 세트를 살펴보았다. 그녀는 62인치짜리 텔레비전을 홀린 듯 바라보았다.

"이거보다 더 작은 텔레비전도 있어요," 판매원이 말했다.

"아뇨, 난 이게 좋아요!" 러레인이 미소 지었다.

"그러면 예약하실래요?"

"예약을 할 수 있군요? 예약 좋죠!"

러레인은 일종의 정화 의식을 치르는 중이었다. 복지 빌딩에서 나

는 씻지 않는 몸들과 더러움의 냄새를 새 가죽 소파의 냄새로 씻어
버리는 것이었다. 또한 자신과 딸들을 위해 좋은 집을 꾸민다는 환상
도 만끽할 수 있었다. 제이미는 결국 출소한 뒤 아파트를 구할 때까
지 러레인과 비커와 함께 지내고 있었다. 그리고 어쩌면 메건이 다시
돌아올 수도 있었다. 예전에 러레인은 딸들의 새 옷에 예약을 걸곤
했었다.

러레인에게 무언가에 예약을 건다는 건 저금과도 같았다. "난 은
행에 돈이 있는 꼴을 못 봐," 그녀는 이렇게 말했다. "SSI로 살아가면
서도 은행에 아주 많은 돈을 넣어둘 수는 있어. 그게 1,000달러 미
만이어야 하지. 왜냐면 그보다 많은 돈이면 그 돈을 쓸 때까지 수당
을 삭감하거든." 러레인은 SSI의 '자원 제한'을 이야기했다. 그녀가 은
행에 넣어둘 수 있는 금액은 그녀의 생각처럼 1,000달러가 아니라
2,000달러까지였다. 어쨌든 그보다 많은 금액이 있을 경우 그녀는 수
당을 못 받게 될 수도 있었다.[3] 러레인은 이 규정이 저축 의지를 꺾는
분명한 조치라고 생각했다. "내가 은행에 돈을 갖고 있을 수가 없으
면 그만 한 걸 사는 게 낫지… 내가 그걸 돈 주고 사면 그건 내 꺼가
된다는 걸 알잖아. 아무도 나한테서 그건 빼앗지 못하지. 내 귀금속
처럼." 하지만 이글무빙만은 예외였다.

러레인이 퇴거당하기 전 비커는 러레인에게 귀금속을 팔아서 토빈
에게 돈을 주지 그러냐고 물었다. "물론 난 그렇겐 못하지," 러레인이
말했다. "나더러 귀금속을 팔라는 건 말도 안 되지… 일생 모은 노후
대책인데 노숙자가 되거나 퇴거당했다고 팔진 않을 거야." 이건 러레
인이 발을 헛디뎌 구덩이에 빠졌다가 툭툭 털고 기어 나오는 것 같은
문제가 아니었다. 러레인은 자신이 죽을 때까지 가난하게 살면서 임
대료에 쪼들릴 거라고 생각했다. 그리고 만일 그게 그녀의 운명이라

면 러레인은 그 보상으로 작은 보석 하나쯤은 가져도 되는 것이었다. 러레인은 레인과 수전이 넘기고 간 낡은 궤짝 같은 텔레비전이 아니라 새 텔레비전과 다른 사람이 잔 적이 없는 새 침대가 있었으면 했다. 향수를 좋아해서 어떤 여자가 지나가면 어떤 향수를 썼는지도 맞힐 수 있었다. "나 같은 사람이라 해도, 우리 같은 사람이라고 신상 좋아하지 말란 법 있나."[4]

러레인은 그날 아무것도 예약을 걸지 않았다. 하지만 식료품 구매권이 들어오자 식료품점에 가서 랍스터 꼬릿살 두 개와 새우, 킹크랩 다리, 샐러드, 레몬머랭파이를 사왔다. 이 모두를 비커의 트레일러로 가져온 러레인은 킹크랩 다리에 케이준 양념을 바르고 랍스터 꼬릿살을 레몬버터에 재워 350도에서 요리했다. 그녀는 혼자 한 자리에서 모든 음식을 먹어치운 뒤 펩시콜라로 마무리를 했다. 이 식사로 그녀는 한 달 치 식료품 구매권을 모두 써버렸다. 그날은 그녀와 글렌의 기념일이었고, 그래서 그녀는 뭔가 특별한 걸 하고 싶었다. "우리 관계가 그렇게 좋진 않았을지 모르지만 어쨌든 그게 우리 관계였으니까," 그녀가 말했다. "결코 다시 그런 걸 누리진 못할 거야." 어쨌든 랍스터는 맛있었다.

러레인이 생필품도 아닌 것에 돈이나 식료품 구매권을 써버리면 수전과 레인의 딸인 조카 새미를 비롯해 그녀 주위에 있는 사람들은 기가 막혀했다.[5] "우리 이모 러레인은 주름을 없애준다는 200달러짜리 미용 크림을 보면 임대료를 내는 대신 그걸 사러갈 사람이에요," 쿠더헤이에서 자신의 미용실을 운영하는 미용사 새미는 이렇게 말했다. "왜 그렇게 헤픈지 모르겠다니까요," 대릴 목사도 러레인은 "[없는 걸 굳이 갖고 싶어 하는] 가난 심리"에 휘둘리기 때문에 돈을 함부로 쓴다고 말하며 똑같은 심정을 표출했다.

새미나 대릴 목사 같은 사람들이 보기에 러레인이 가난한 것은 돈을 막 쓰기 때문이었다. 하지만 진실에 가까운 건 그와 정반대였다. 러레인이 돈을 막 쓰는 것은 가난하기 때문이었다.

러레인이 퇴거당하기 전에는 월세를 내고 나면 164달러가 남았다. [유료] 케이블 텔레비전과 월마트를 멀리하면 이 가운데 일부는 모을 수 있었다. 러레인이 월세를 내고 난 뒤 남는 소득의 3분의 1에 달하는 50달러를 어떻게든 남기면 1년이면 600달러를 모을 수 있었다. 이 돈이면 한 달 치 임대료를 낼 수 있을 정도였다. 여기엔 상당한 희생이 뒤따랐다. 때로 그녀는 온수나 옷 같은 것들을 포기해야 했기 때문이다. 케이블로 지출되는 돈을 아끼는 건 그렇게 어려운 일은 아닐 수 있었다. 하지만 자가용도 없이 도시에서 외따로 고립된 이동주택 단지에서 사는 나이 든 여자에게, 인터넷 사용법도 모르고, 전화도 가끔만 쓰고, 일은 없고, 때로 섬유근육통 발작과 군집형 편두통에 시달리는 나이 든 여자에게 케이블은 소중한 친구였다.

러레인 같은 사람들의 삶에는 복합적인 제약이 워낙 많아서 좋은 행동 혹은 자기통제를 얼마나 많이 해야 가난에서 벗어날 수 있는지 가늠하기가 어렵다. 헤어날 수 없는 가난과 어느 정도 안정된 가난 사이의 거리는 생각보다 너무 멀어서, 어쩌면 밑바닥에 있는 사람들은 아무리 자린고비처럼 굴어도 가난에서 헤어날 가망이 거의 없는지 모른다. 그래서 이런 사람들은 자린고비처럼 굴지 않기로 선택한다. 돈 한 푼에 벌벌 떠니 고통에 즐거움이라는 양념을 곁들여 화려한 생존을 시도한다. 마약에 약간 취하기도 하고 술을 마시거나 도박을 하거나 텔레비전을 사기도 한다. 식료품 구매권으로 랍스터를 살 수도 있다.[6]

러레인이 현명하지 못한 방식으로 돈을 쓴다면 그건 수당이 너무 많아서가 아니라 너무 적어서였다. 러레인은 랍스터 정찬을 먹기 위해 구매권을 써버렸다. 이제 남은 한 달은 얻어온 음식을 먹어야 한다. 그러다 언젠가 허기를 느낄 수도 있다. 그건 그렇게 감당하면 되는 일이다. "나는 내가 한 짓에 만족해," 그녀는 말했다. "그리고 그 때문에 남은 한 달 동안 국수만 먹는다 해도 기꺼이 감당할 거야."

러레인은 자신의 존재 때문에 사과하지 않는 법을 오래 전에 터득했다. "사람들은 온갖 꼬투리를 잡아서 못마땅해하지." 그녀는 [랍스터를 구매할 때] 계산대 직원이 그녀를 웃긴다는 듯 쳐다보는 것도 신경 쓰지 않았다. 14달러짜리 시큼한 발사믹식초나 갈빗살, 세일 중인 스테이크나 닭고기를 살 때도 직원은 똑같은 표정이었다. 러레인은 요리하는 걸 좋아했다. "내겐 살아갈 권리가 있어. 그리고 내가 원하는 대로 살 권리가 있지," 그녀는 말했다. "사람들은 아무리 가난한 사람이라도 맨날 똑같은 것만 먹으면 질린다는 걸 모르나봐. 그러니까 난 핫도그를 말 그대로 증오해. 어릴 때 맨날 핫도그만 먹었거든. 그래서 이렇게 생각하는 거야, '어른이 되면 스테이크 먹어야지.' 이제 어른이 된 거고, 그래서 스테이크를 먹는 거지."

다음 달 8월에 러레인은 비커의 옆 트레일러로 이사온 딱한 가족을 위해 식료품 구매권 일부로 인스턴트 으깬 감자와 햄, 크림처럼 만든 옥수수를 샀다. 여섯 명이나 되는 이 가족은 최근에 퇴거를 당하면서 많은 물건을 잃어버렸고, 트레일러 바닥에서 잠을 잤다. 저녁 식사가 준비되자 러레인이 기도를 이끌었다. "하늘에 계신 하나님, 이렇게 먹을 것을 주셔서 대단히 감사합니다. 그리고 저를 축복해주었던 제 인생의 모든 사람들에게도 감사합니다. 제이미에게 감사합니다. 저의 오빠 비커에게 감사합니다. 가끔 오빠는 절 너무 화나게 하긴 해도, 그래도 전 오빠를 사랑합니다. 부디 저희 오빠를 굽어살펴주세요. 아멘."

이틀 뒤 누군가 문을 두드렸다. 수염을 기르고 칼라가 달린 셔츠를 바지 속에 단정하게 집어넣은 키 큰 백인 남자였다. 그는 밝은 노란색 종이를 들고 있었다.

"안녕하세요. 오늘 아침에 가스가 끊길 거예요." 그가 말했다.

러레인이 종이를 받아 쥐었다. "아, 알았어요." 그녀는 졸린 기색으로 말했다.

"뒷면에 지불액 내용이 있어요. 좋은 하루 보내세요." 남자는 연장 상자를 들고 트레일러 뒤로 갔다.

"비커 삼촌이 가스 요금을 안 내고 있었던 거예요?" 제이미가 마스카라를 칠하며 물었다.

"그런 거 같아." 러레인이 노란 서류를 내려다보며 말했다. 서류에는 내야 할 돈이 2,748.60달러라고 적혀 있었다.

"엄마는 언제 어른이 돼서 밥벌이를 할 거예요? 비커 삼촌은 이제 아이처럼 살지 말고 어른이 돼야 해요. 엄마도 마찬가지고요. 가진 것도 없으면서 그렇게 돈 쓰는 건 정말 문제야. 정말, 이젠 그러지 좀 말아요."

러레인이 딸을 바라보며 이렇게 말했다. "네가 언제 그렇게 귀여워졌나 모르겠다."

가을이 겨울로 넘어가면서 트레일러에서는 온기가 점점 잦아들기 시작했다. 얇은 벽과 부엌 조리대, 물과 서랍에 든 은식기 세트가 차가워졌다. 러레인과 비커는 스웨터를 두 개씩 껴입고 담요를 둘렀으며, 작은 난방기 두 개를 틀었다. 러레인과 비커 모두 체온을 유지하기 위해 잠을 더 많이 잤다. 러레인이 소파에서 잠들면 비커는 여분의 담요를 러레인에게 덮어주곤 했다. 가장 열악한 건 이른 아침이었다. 비커는 두꺼운 코트를 입었지만 러레인의 겨울 옷들은 이글무빙의 담보물품 창고에 있었다. 이 이동주택단지 안에서 첫눈이 오기 전에 가스를 원상 복구시킬 수 없는 세입자는 이들만이 아니었다. 토빈으로 말할 것 같으면 눈을 증오했다. 그는 겨울철에는 더 따뜻한 곳으로 여행을 갔다.

어느 가을날 비커는 러레인에게 자신은 연방 보조금으로 노인과 장애인을 위해 운영되는 생활 원조 시설로 옮길 거라 말했다. 다음 날 아침 그는 실행에 들어갔다. 러레인은 놀라움을 금치 못했다. 이들은 서로 대화하는 법을 한 번도 제대로 배워보지 못했던 것이다.

비커가 떠난 뒤 러레인은 더 이상 숨기만 할 수 없음을 깨달았다. 토빈하고는 아니더라도 최소한 새 관리회사와 새로운 합의를 해야 할 상황이었다. 그녀는 용기를 내어 운동복 바지에 얼룩진 검은 플리스재킷 차림으로 사무실로 찾아갔다.

"난 최대한 빨리 긴급원조를 받아야 해," 러레인이 레니의 후임자인 대학생 애송이에게 이렇게 말했다. "너무 추워… 난방. 난방만 다시 켤 수 있음 좋겠어."

"아, 이런," 대학생 애송이는 올려다보지도 않고 이렇게 말했다. 그는 어쩔 줄 몰라했다. 아직 일을 배우는 중이었기 때문이다. 애송이는 비에크 관리회사에 전화를 걸어 사무실 관리자인 제럴딘을 러레인에게 바꿔주었다. 제럴딘은 비커의 연체된 월세가 거의 1,000달러에 달한다고 말했다. 가스 요금만 내지 못했던 게 아니었다. 러레인은 이마를 손으로 짚은 채 사무실 의자에 앉았다. "제럴딘, 제발요, 당신

의 도움이 필요해요. 제발 좀 봐달라구요." 몇 분 뒤 러레인은 전화를
끊었다. 그녀는 자신이 그곳에 머물 수 있는 가장 좋은 방법은 비커
에게 밀린 월세를 내라고 설득하는 것이라고 생각했다.

비커의 새로운 거처는 머드레이크에서 뻗어나온 도로 건너편에 있
는 칼리지로와 35번가에 있는 우즈아파트였다. 흰 벽에 깨끗한 새것
의 냄새가 나고 따뜻한 곳이었다. 러레인은 비커에게 비에크 관리회
사와의 부채 문제를 해결해달라고 부탁했다. 그러자 비커는 월세를
이중으로 낼 수는 없다고 말했다. 러레인은 자신의 돈은 이미 창고비
를 내느라 써버렸기 때문에 지난달 월세를 낼 수 없다고 말했다. 지
금까지 러레인이 이글무빙에 지불한 돈은 1,000달러였다.[7] 루벤에게
는 러레인의 물건을 보관할 만한 방이 있었고 레인에게는 트럭이 있
었다. 하지만 러레인이 둘에게 도와달라고 하자 두 명 모두 거절했다.

"그러게, 난 네가 창고에 있는 네 물건하고 같이 살았으면 좋겠는
데. 왜냐면 그건 전부…."

비커는 말을 삼켰다. 러레인이 딱해 보였다. 눈 밑에는 짙은 그늘
이 있었고 머리는 산발이었다. 마지막으로 샤워한 지도 며칠이나 지
난 상태였다. 러레인은 레인과 수전의 집에서 샤워를 하게 해달라고
부탁할 생각도 없었다. 비커는 자신의 트레일러가 폐가나 다름없다
는 걸 알았다. 난방도, 온수도, 전화도, 케이블도 모두 끊긴 상태였다.
남매 사이에 무력하고 둔중한 침묵만 흘렀다.

그러다 비커가 입을 열었다. "스웨터 하나 가져 가."

엿새 뒤면 러레인은 비커의 트레일러를 비워야 했다. 비커가 비에
크 관리회사에 이런 편지를 보냈던 것이다. "저는 이사를 할 거고 내
트레일러는 비에크 관리회사에 내야 할 돈이 있으니 그쪽에 넘기겠

습니다. 전 다른 곳으로 갈 거고 내 여동생도 나갈 겁니다." 러레인은
우즈아파트로 오빠를 만나러 갔던 날로부터 사흘 뒤 사무실 전화로
비에크의 부동산관리인과 통화를 하고 난 다음에야 비커의 배신(어
쨌든 러레인은 그걸 배신이라고 느꼈다)을 알게 되었다. 관리자는 러레
인에게 1일까지는 트레일러를 비우라고 말했다. 그녀는 애원했다. "제
발요, 전 갈 데가 없어요. 전 그렇게 나쁜 사람도 아니에요." 그러다
가 결국에는 이렇게 말했다. "알았어요, 알았어. 시간 내서 연락주셔
서 감사해요. 하나님의 은총이 있기를." 러레인은 자리에 주저앉았다.
"뭘 해야 할지, 어디로 가야 할지 정말 모르겠네," 러레인이 말했다.
"정말 모르겠어."

　러레인은 교회 주변에서 새 거처를 찾기 시작했다. 일생일대의 고
비였다. 어쩌면 일생 동안 가장 어려운 집 구하기가 될 수도 있었다.
미끄러운 보도를 조심스럽게 종종거리며 집주인들을 찾아다녔다. 그
러다 결국 그녀는 어린 시절을 보냈던 사우스밀워키의 저소득층 주
택단지에 들러보기로 했다. 사무실에 있던 여자는 러레인에게 빈집
은 없으며 신청도 받지 않는다고 말했다. 하지만 러레인에게 주택도
시개발부 주소를 알려주었다.

　밀워키의 주택도시개발부는 시내에 있는 더 블루 꼭대기 층에 있
었다. 거대한 현대적인 건축물인 더 블루는 전면이 거울로 되어 있고
중간중간 밝은 파란색 유리가 줄지어 있었다. 러레인의 젖은 신발은
로비의 테라초 바닥과 만나면서 찍찍거리는 소리를 냈다. 주택도시개
발부 접수원은 러레인에게 다세대주택 목록을 건넸다. 이 열세 장짜
리 법정 규격의 종이에는 대도시 지역에서 연방의 보조를 받은 모든
임대주택이 나열되어 있었다. "절반은 어디 있는 건지도 모르겠네,"
러레인은 주소와 전화번호로 이루어진 기나긴 목록을 보며 투덜거렸

다. 하지만 그건 별로 중요하지 않았다. 대부분이 신체장애자나 노인 용이었기 때문이었다. 사실 수년 동안 러레인은 대부분의 공공주택 이 노인만을 위한 것이라고 생각했다. "그리고 노인이라 해도 많은 사 람들은 저소득주택에 들어가지도 못했어," 러레인은 이렇게 기억했 다. "그래서 난 노인들이 못 들어가면 나도 못 들어간다고 생각했어." 러레인이 한 번도 공공주택에 지원할 생각을 안 해본 것은 이 때문 이었다.

정치인들은 선거구민들이 빈민들을 위한 공공주택보다는 노인용 주택이라는 아이디어를 덜 혐오한다고 배워왔다. 할머니·할아버지들 의 공감을 이끌어내기 훨씬 쉬웠고, 성인 자녀들에게는 노년주택이 양로원의 대안으로 인식될 수 있었다. 저소득층을 위한 공공주택이 더 이상 건설되지 않게 되자 노년층을 위한 공공주택이 세워지기 시 작했고, 원래는 일반 가족들을 위해 건축된 고층 건물들이 노년층이 사용할 수 있도록 개조되었다.[8]

러레인은 노인이나 장애인이 아닌 사람도 신청할 수 있는 공공주 택의 주소를 주택 목록에서 발견했다. 모두 밀워키 시의 사우스사이 드 끝에 있는 곳이었다. 러레인은 노스사이드는 고사하고 니어 사우 스사이드조차 선택지로 여기지 않았다. 신청서에는 퇴거 경험이 있 는지 묻는 항목이 있었다. 러레인은 '그렇다'에 동그라미를 치고 이렇 게 적었다. "집주인과 약간의 문제가 있어서 집주인에게 퇴거당함."

러레인이 비커의 트레일러를 나와야 하는 날에는 온 도시가 꽁꽁 얼어붙었다. 12월 초에 내린 눈이 녹았는데 기온이 떨어지면서 얼어 붙은 것이었다. 러레인은 주방에 서서 사람들이 차창에서 얼음을 긁 어내는 소리와 문에 붙은 얼음을 깨는 소리를 듣고 있었다. 바닥에는 쓰레기가 한 무더기 있었는데, 주로 비커의 빈 매버릭 담배 상자와 초코우유 병이었다. 주방 싱크대에는 씻지 않은 그릇들이 쌓여 있었다. 러레인은 추위 때문에 소파에서 담요를 뒤집어쓴 채 꼼짝할 수 없었다. 추위와 이제 뭘 해야 하나 하는 고민 때문에. 겨울이 된 이후로는 청소도 거의 하지 않았다. "이젠 아무래도 상관없어," 그녀는 진통제와 항우울제를 삼키며 이렇게 말했다.

러레인이 신청하거나 방문한 아파트는 마흔 곳에 달했다. 개인업자 시장에선 아무런 소득이 없었고, 공공주택에 신청서를 넣은 것은 아직도 처리 중이었다. 러레인은 어디로 가야 할지 알 수 없었다. 같은 이동주택단지에서 혼자 살고 있는 그녀와 같은 나이의 남성 토머스나 '길 건너에 사는 나이 든 여자'라는 것 밖에 모르는 베티 여사에게 가볼까 고민 중이었다. 러레인은 남은 짐을 꾸렸다. 그건 퍼블릭스토리지에 50달러를 주고 보관할 생각이었다.

그날 늦게 러레인은 베티 여사의 트레일러 문을 두드렸다. 수정 같은 눈에 은발이 되어가는 금발머리를 양 갈래로 땋아 어깨 뒤로 넘긴 자그마한 백인 여성이었다. 베티 여사는 앉아서 천천히 담배를 피울 때는 더 어려 보였지만, 한 팔을 꼭 안은 채 등을 구부리고 걸을 때는 영락없는 노인이었다. 두 여성이 서로에 관해 아는 거라곤 지나치며 건넨 인사와 루머를 통해 얻은 게 전부였다. 하지만 러레인이 베티에게 자신이 같이 지내도 되겠는지 묻자 베티는 그러라고 말했다.

"겨울이 지날 때까진 나랑 같이 있어도 돼." 베티 여사는 한쪽 눈썹을 들어올렸다. "맥은 다른 사람들이 말하는 것처럼 그렇게 엄청난 골칫덩어리는 아닌 거 같아."

러레인이 미소를 지었다. "이젠 샤워도 하고 다 할 수 있겠네요," 그녀는 이렇게 말했다.

베티의 트레일러는 이동주택단지를 통틀어 가장 어수선한 곳처럼
보였다. 러레인이 지낼 만한 공간 정도를 빼면 발 디딜 틈도 없었다.
베티는 테이블에 잡지와 오래된 편지, 통조림 음식과 간장병, 사탕을
쌓아놓았다. 거실에는 나무 한 그루가 바닥에 나뭇잎을 떨군 채 창
문을 향해 뻗어 있었고, 예수 그림 옆에 놓인 선반에는 온갖 기념품
들이 엉망으로 쌓여 있었다. 그래도 이 난장판에는 질서가 있었다.
욕실 서랍들은 철물점에 있는 볼트와 너트 진열장과 닮아서, 여행용
치약 튜브와 머리핀과 머리끈과 손톱깎이가 모두 각각의 구획에 들
어 있었다. 주방에는 이런 표지판이 걸려 있었다. "자기통제란 죽어
마땅한 인간을 목 졸라 죽이지 않는 것이다." 러레인은 베티에게 한
달에 100달러를 주기로 합의했다.

베티 여사의 집으로 들어간 지 며칠 뒤 러레인은 공공주택 신청이
반려되었다는 두 통의 편지를 받았다. 각각의 편지에는 러레인의 신
청이 반려된 이유 두 가지가 적혀 있었다. "위스콘신 주에 미납된 세
금"과 "퇴거 경력"이 그 이유였다.

러레인은 "퇴거 경력"은 이해가 됐지만 "위스콘신 주에 미납된 세
금"은 이해할 수 없었다. 자세한 내용을 확인하기 위해 전화를 걸었
더니 부동산세를 내지 않았다는 답변이 돌아왔다. "부동산이라구!"
러레인은 전화를 끊고 웃었다. "내가 어떻게 부동산세가 밀리게 된
건지 정말 알고 싶어 죽겠네."[9]

베티는 러레인이 항소해야 한다고 생각했다. 커다란 안경 너머로
눈을 들어 이렇게 말했다. "댁은 싸워야 해, 러레인. 난 메디케이드
Medicaid ● 때문에 싸워야 했지."

"에너지가 없어요," 러레인은 이렇게 대답했다. "그리고 다시 반려

● 저소득층과 장애인을 위한 의료보장제도.

당할 거 같은 기분이 들어요."[10]

베티는 고개를 끄덕였다. 그 마음을 충분히 이해할 수 있었다.

며칠 뒤 유난히 종교적인 기분에 젖은 러레인은 다니던 교회의 진리 교실에 갔다오더니 기분이 한결 맑아졌다.

"예수님을 보면 뭐가 보여요?" 러레인이 베티에게 물었다.

"화끈한 애인." 베티는 주저하지 않고 이렇게 대답했다. 그녀는 배 밖으로 길게 뻗은 널빤지처럼 아직 불을 켜지 않은 긴 담배를 입술에 물었다.

"오, 베티!" 러레인이 키득거렸다.

베티는 느긋하게 걸어가서 예수 그림을 톡톡 두드렸다. "화끈한 애인." 그녀는 반복해서 말했다. "난 얼굴에 털 많은 남자가 좋더라구."

"짓궂네요, 베티," 러레인이 정답게 말했다.

새로 사귄 두 친구는 밤 늦도록 이야기를 하며 웃음꽃을 피웠다. 둘은 소파에서 동시에 잠이 들었다.[11]

팸이 찾을 수 있는 가장 싼 모텔은 하룻밤에 50달러였다. 그들은 체크인을 한 뒤, 누군가 자신들을 데려가주리라는 희망에서 친구와 친척들에게 전화를 걸기 시작했다. 아무런 소득 없이 이틀이 흐르자 팸은 걱정하기 시작했다. "우리가 아는 모든 사람이 전화를 안 받네. 우리가 지낼 곳이 필요한 걸 아는 모양이야," 그녀가 말했다.

그 와중에 네드는 시간제로 하던 건축 일까지 잃었다. 그의 가족이 이동주택단지에서 이사하는 걸 돕느라 이틀 동안 일을 나가지 못해 해고당한 것이었다. 실직은 퇴거의 원인이 될 수도 있지만 그 역도 가능했다.[1] 퇴거는 세입자의 시간을 축내서 세입자의 실직을 유발할 뿐 아니라 마음에 큰 짐을 안겨 종종 업무상 실수를 촉발시키기도 했다. 노동자에게 과도한 스트레스를 안겨 직업정신을 발휘할 수 없게 만들고, 그러다보면 노동자는 일터에서 점점 더 멀어져 지각이나 결근을 자주 하게 되었다.[2] 네드의 실직은 있을 수 있는 일이었지만 그렇다고 해서 그게 팸에게 위로가 되지는 못했다. 돈이 점점 바닥을 드러내고 있었기 때문이다.

그렇지만 네드는 가족에게만은 전화하지 않으려했다. 전형적이라고 팸은 생각했다. 네드는 집에 전화해서 허풍이나 떨지 뭔가를 부탁하는 일은 거의 없었다. 그래서 전화는 팸이 자신이 아는 거의 모든 사람에게, 심지어는 교회에까지 걸었다. 소득은 없었다. 결국 한 친구가 팸과 네드가 다시 자립할 수 있을 때까지 딸들을 맡아주기로 했다. 그들은 세 딸을 친구에게 보내고 두 살 된 크리스틴은 데리고 있기로 했다. 그러고 나서 밤 10시쯤 네드의 전화가 울렸다. 이동주택단지에서 같이 파티를 하던 트래비스라는 친구였는데, 지금은 근처의 한 아파트단지로 이사해 살고 있었다. 트래비스는 자신의 소파를 내주겠다고 했다. 팸은 안도의 한숨을 내쉬었다. 최소한 팸은 새로 낳을 아기를 싸구려 모텔에 데려갈 필요는 없게 된 것이었다.

트래비스가 하늘이 내려준 첫 번째 선물이었다면 더키는 두 번째 선물이었다. 차고에서 전문가급의 정비소를 운영하는 백발에 근육질 남성인 더키는 네드에게 오토바이를 튜닝하는 비공식적인 일을 줬다. 네드는 정비공인 다른 친구의 소개로 더키를 만난 적이 있었다.

트래비스네 집에서 지낸 지 한 달이 됐을 때 팸과 네드는 트래비스와 지낼 날이 얼마 남지 않았음을 직감했다. 크리스틴이 소란을 피우면 트래비스는 이를 꽉 물고 침실 문을 닫아버리곤 했는데, 그건 다음 날 아침 네 시 반에 일어나서 일하러가야 했기 때문만은 아니었다. 트래비스가 자신의 집에 들인 마지막 사람들은 자신의 형과 조카였는데, 이 두 술꾼들 때문에 트래비스가 퇴거를 당한 경험이 있었다. 네드는 팸에게 아이를 조용히시키라고 했고, 그러면 팸은 그 아이는 네 빌어먹을 애기이기도 하다고 응수하곤 했다.

어느 날 아침, 이들은 크리스틴과 아이의 케어베어를 뒷자리에 벨트를 채워 앉힌 뒤 더키의 차고로 차를 몰았다. 팸의 출산 예정일은 아흐레 뒤였고, 토빈이 이들을 이동주택단지에서 내쫓은 그날과 마찬 가지로 새 거처를 구하는 일은 아직 막막했으며, 어쩌면 니어 사우스 사이드에서 멕시코인들과 함께 어울리며 살아야 할지도 몰랐다. 팸이 스트레스와 공복통을 가라앉히기 위해 담배를 전보다 더 피우다 보 니 네드는 담배가 떨어진 상태였고, 크리스틴은 사랑하는 곰돌이가 퇴거 이후 창고에 던져졌다고 아직도 발작을 일으키고 있었다. 더키 는 네드에게 변속기를 맡기고 싶어 했는데, 그 일을 맡는다는 건 늦 은 밤까지 일할 수도 있다는 뜻이었지만 네드는 팸과 크리스틴이 트 래비스하고만 있어야 하는 게 너무 싫었다. 시끄러운 음악 소리를 따 라가던 네드는 옆 차선의 차에 두 명의 흑인 청년이 탄 것을 보고는 또다시 증오가 치밀었다. "염병할 검둥이들," 네드는 신경질을 냈다.

몇 분 뒤 네드는 백인 노동자 주거지인 웨스트앨리스에서 임대 간 판을 보고 팸에게 전화번호를 적으라고 말했다. 하지만 팸은 전화번 호를 적지 못했다.

"내가 말했잖아," 네드가 말했다. "빌어먹을 전화번호를 알려줬는 데, 그거 하나 못 받아 적어?"

"그렇게 말을 빨리하는데 어떻게 받아 적어!"

"그럼 내가 문제라는 거야?"

이들은 다시 차를 돌려와서 번호를 적었다. "안녕하세요, 76번가 링컨로에 있는 집 때문에 전화했어요. 있잖아요, 침실 두 개짜리 집."

"넵," 상대방 남자가 말했다. "난방까지 포함해서 월 695달러예요."

팸은 전화를 끊지 않았다. 융통성이 있는 사람일지 몰랐다. "좋아 요. 언제부터 살 수 있어요?"

"지금요."

"그래요? 좋네요."

"누구랑 같이 살 거예요?"

"가족들이요." 팸은 잠시 뜸을 들이다가 아이들에 관해 사실대로 말하기로 결심했다. "아이가 셋이고 곧 하나가 더 생겨요. 하지만 다 여자애들이에요!"

"오, 안 돼요, 안 돼. 우린 어른들한테만 집을 빌려주려고 해요."

"아, 알았어요. 고맙습니다." 팸은 전화를 끊었다. "애들은 싫대."

일부러 구멍을 낸 검은색 오지 오스본Ozzy Osbourne 티셔츠에 할리데 이비슨 모자를 뒤로 돌려 쓴 네드는 치아 사이로 휘파람을 불었다. "알아. 네가 망할 애들이 넷이라고 말한 순간 우리가 좆된 거지."

팸 역시 씨도 안 먹힐 걸 알고 있었다. 며칠 전 집을 구하러 다닐 때 두 번이나 아이들 때문에 퇴짜를 맞은 경험이 있었다. 한 집주인 은 이렇게 말했다. "우린 꽤 엄격해요. 큰 소리는 절대 낼 수 없게 해 요." 그렇게 많은 애들을 침실 두 개짜리 아파트에서 살게 하는 건 불 법이라고 말하는 집주인도 있었다. 하지만 팸과 네드는 침실 두 개 이상을 감당할 능력이 없었다. 집주인들과 이야기하면서 팸은 가족 에서 아이들을 빼기 시작했다. 그러다 문득 자신들이 집 없이 지내게 된 가장 큰 원인은 뭘까 궁금해지기 시작했다. 자신이 수년 전 마약 때문에 유죄 판결을 받았던 것 때문일까, 아니면 네드가 도주 중이 라 소득 증명을 할 수가 없어서일까, 퇴거 기록일까, 가난 때문일까, 아니면 아이들 때문일까.

집주인은 아이들이라면 골치 아파했다. 우범 지역의 많은 부모들 은 길거리 범죄가 무서워서 아이들을 집 안에 가둬놓았다. 작은 아 파트에 갇힌 아이들은 커튼을 망토 삼아 슈퍼히어로 놀이를 하고, 장 난감을 변기에 넣고 물을 내렸으며, 수도 요금을 치솟게 만들었다. 아이들은 납중독 검사에서 양성반응을 보일 수도 있었는데, 그렇게 되면 납 경감 명령이 떨어져 돈이 깨질 수도 있었다. 아이들은 아동보호서비스의 감독을 받는 경우도 있었고, 그러면 담당 복지사들이 가족들이 사는 아파트를 방문해서 위생 상태나 위험도 같은 것들을 조사했다. 십대는 경찰의 관심을 끌게 만들 수도 있었다.

　집주인들이 아이들을 자기 집에 들이지 않는 건 오랜 전통이었다. 1940년대 말의 전후 경쟁적인 주택시장에서 집주인들은 관례적으로 아이가 딸린 가족들을 돌려보내고 임신한 세입자들을 퇴거시켰다.³ 아이 엄마들이 작성한 공공주택 신청서를 보면 이 점이 분명하게 드러났다. 한 신청서에는 이렇게 적혀 있었다. "지금은 한 살배기 아기랑 난방이 안 들어오는 다락방에서 살고 있습니다. (…) 어딜 가든 집주인들은 아이를 안 받는대요. 열 살 된 남자아이도 있어요. (…) 집주인들이 아이들을 거부해서 아들은 제가 데리고 있을 수가 없어요. 가구가 하나도 없는 방이나 아파트, 낡은 헛간도 상관없으니 절 어떻게 도와주실 수 없을까요? (…) 극단적인 짓을 저지를 것만 같아서 계속 이렇게는 못 살겠어요." 이런 편지를 남긴 엄마도 있었다. "우리 아이들은 지금 아파서 살이 빠지고 있어요. (…) 살 데를 구하려고 노력도 하고 구걸도 하고 애원도 해봤지만, 항상 '너무 늦었다'거나 '미안하지만 아이는 안 받는다'는 말만 돌아왔어요." 이런 편지도 있었다. "같이 사는 여자가 우리 아이 둘을 3주쯤 전에 밖에 내보내더니 저한테 다시 아이들이 못 들어오게 하라는 거예요. (…) 차고라도 얻을 수 있으면 들어가 살고 싶어요."⁴

　의회가 1968년에 통과시킨 공정주거법에서는 아이가 있는 가정을 보호 대상으로 여기지 않았기 때문에 집주인들은 계속해서 공공연하게 이들을 거부하거나 퇴거시킬 수 있었다. 가족이 많은 집에는 기

본적인 임대료 외에 '아동 피해 보증금children-damage deposits'을 부과하는
방식의 비용 제한을 두는 집주인들도 있었다. 워싱턴디시의 한 주택
단지는 아이가 없는 세입자들에게는 150달러의 보증금을 내게 했지
만, 아이가 있는 집에는 보증금 450달러에 아이당 월 50달러씩을 더
내게 했다.[5] 1980년 주택도시개발부는 문제의 규모를 파악하기 위해
전국적인 연구를 발주하여 임대주택 가운데 가족 단위에 아무런 단
서를 달지 않는 곳은 네 곳 가운데 단 한 곳뿐이라는 사실을 알아냈
다.[6] 8년 뒤 의회는 마침내 아이들과 가족을 상대로 한 주거 차별을
불법화했지만, 팸이 확인했듯 이 관행은 아직도 폭넓게 퍼져 있었다.[7]
아이들이 있는 가정이 집을 구할 때 열 번 가운데 일곱 번은 거절을
당했다.[8]

　네드는 차에서 내려 자신이 아침으로 먹다 남긴 맥도날드 샌드위
치를 크리스틴에게 주었다. "아빠한테 뽀뽀해줘. 아빠 일하러 갈 거
야. 사랑해." 네드는 팸에게도 키스했다.

　팸은 손으로 이마를 짚었다. "곧 애가 나올 건가봐."

　"엄마? 운동장. 놀자!" 크리스틴이 뒷좌석에서 애원했다.

　"안 돼, 크리스틴. 엄만 우리가 살 집 찾아봐야 해서 시간이 없어."

　"아이가 몇 살이에요?" 집주인이 물었다.

　"여섯 살이요."

　"다음 달에 다시 전화하세요."

　알린은 전화를 끊었다. 이제까지 직접 방문하거나 거주 신청을 한
아파트는 무려 여든두 곳이었다. 그 가운데서 그녀를 받아준 곳은
단 한 곳도 없었다. 도심 빈민가의 집마저도 대부분 그녀의 능력 밖
에 있었다. 그리고 알린이 가진 걸 다 내놔야 겨우 감당할 능력이 되

는 집의 주인들은 전화를 준다고 해놓고는 다시 전화하지 않았다.

알린은 다시 마음을 다잡았다. 아직 전화번호는 세 개 더 남아 있다. 하지만 너무 비싸거나 녹음된 메시지로 넘어가거나 "월요일에 다시 전화하라"라는 답만 돌아왔다. 알린은 지난 밤 병원으로 급히 달려가느라 진이 다 빠져 있었다. 하필이면 프레드니손이 다 떨어졌는데 자파리스가 천식 발작을 일으킨 것이었다. 안 그래도 걱정할 게 산더미인 알린이 아들의 천식까지 내다보기는 어려운 노릇이었다. 한번은 아파트를 구하느라 긴 하루를 보내고 아무런 소득 없이 집으로 돌아오다가 자파리스의 호흡 기구가 든 배낭을 버스정류장에 두고 온 사실을 깨닫곤 소스라치게 놀랐지만, 이미 일은 벌어진 뒤였다. 처치를 하지 않고 하루가 지났지만 자파리스는 괜찮아보였다. 하지만 이틀 뒤 아이는 잠자리에서 깨어나 알린에게 "엄마, 기분이 안 좋아," 라고 했다. 아이의 숨에서 쌕쌕거리는 소리를 들은 알린은 앰뷸런스를 불렀다. 그날 아이는 동물원에서 가까운 아동 병원Children's Hospital 으로 실려가서 하룻밤을 보냈다. 이번에는 다행히도 밤 열 시 반까지 쉼터로 돌아올 수 있었고, 당직 근무 중이던 사회복지사는 얼마나 친절한지 병원을 오갈 때 탄 택시비를 내줄 정도였다.

여든다섯 번째 건 전화에 상대방이 대답하자 알린은 "안녕하세요, 잘 지내세요?"라거나, "안녕하세요, 집 때문에 전화했어요" 대신 "안녕하세요. 어떻게 지내세요?"라고 대꾸했다. 알린은 전화를 걸 때마다 다른 억양을 시도하고 목소리를 다른 방향으로 굴절시키고 있었다. 어떤 집주인에게는 이렇게, 다른 집주인에게는 저렇게 말했고, 어떨 땐 쉼터에 있다고 했다가 어떨 땐 그렇지 않다고 했다. 어떨 땐 아이가 둘이었고, 어떨 땐 아이가 하나였으며, 아이들이 보육원에 있을 때도 있고, 그렇지 않을 때도 있었다. 알린은 되는 대로 이야기를 변주시켜 매달리기도 했다가 찔러보기도 했다가 하는 중이었다. 하지만 아무리 그녀가 원한다 해도 시스템을 갖고 노는 법을 알아내기는 어려웠다.

"가족 중에 남자가 있나요?" 여든다섯 번째 집주인이 물었다.

"남자는 한 명도 없을 거예요."

"가끔 한 번씩 남자들이 와서 지내거나 하진 않나요?"

"아뇨. 그냥 저랑 아들만 같이 살 거예요."

"아들은 몇 살이죠?"

여든여섯 번째 집주인은 월 825달러에 조리의 몫으로 25달러를 추가로 원했지만 여든여덟 번째 집은 알린에게 희망을 남겼다.

여든여덟 번째 집은 밀워키 노스사이드 막다른 길의 끝에 있는 커다란 3층짜리 벽돌 건물이었다. "내 생각에 이 건물은 한때 어떤 기관이었던 거 같아요." 건물관리인은 알린에게 이렇게 말했다. "노인용 주택이거나 뭐 그런 거였을 거 같아요."

알린은 정신병원이었을 거라고 짐작했다. 내부는 깨끗하고 조용했다. 벽은 황백색이나 베이지가 아니라 병원의 흰색, 돈 많은 사람의 치아 같은 인공적인 흰색이었다. 청동 숫자가 달린 어두운 나무 문을 여니 천장이 낮은 긴 복도가 이어졌다. 알린과 두 아들이 건물관리인을 따라 걷는데 신발에서 끽끽대는 소리가 났다. 관리인의 등 뒤에서 조리가 자파리스에게 덤비자 자파리스는 높이 뛰어올랐고, 두 아이는 킥킥대며 숨죽여 웃었다. 덕분에 조심스럽게 걷기만 하던 일행의 분위기가 한결 가벼워졌다.

"내 이름은 알리예요," 건물관리인이 말했다. "'고귀한 가문'이라는 뜻이죠." 챙이 없는 갈색 쿠피 모자에 등이 곧은 흑인 남성 알리는 베이지색 바지와 거기에 어울리는 베이지색 셔츠를 입고 단추를 끝까지 채우고 있었다. 그는 알린을 첫 번째 집으로 안내했다. "우리 세 입자들에게는 문제가 한두 가지씩 있어요." 그가 말했다. "하지만 그게 다죠. 사람들 중엔 헉스터블* 문화를 따라가지 못하는 사람도 있게 마련이잖아요. 그런 사람들의 문화는 중남부에 더 가깝죠. 그리고 난 그런 문화가 싫어요."

알린은 아파트를 둘러보았다. 장식이라곤 〈코스비가족 만세〉가 방영되기 이전에 나온 것으로 보이는 가구 몇 점이 듬성듬성 놓인 게 전부였다.

"있잖아요." 알리가 말을 이었다. "인생을 산다는 건 어쩔 수 없이 산다는 거랑 비슷하잖아요. 공과금을 내듯 말이에요." 알리는 목청을 가다듬으며 이번에는 더 강하게 이야기했다. "헌신적인 인간관계가 있으면 말이에요. 그땐 인생을 함부로 살지 못하죠. 나한텐 흑인 여자들이 걸려 있어요. 근데 있잖아요, 헌신적인 관계가 하나도 없이, 그러니까 애 딸린 싱글맘으로 산다는 건 말이에요… 가족을 생각해 보자구요. 당신이 가족에 관해 별 생각이 없으면 나도 여기 있는 자매님한테 뭐 어떤 식으로든 도와준다든가, 뭐 그런 신경은 안 써요… 난 가족을 생각하는 사람이에요. 뭐가 옳은지 좋은 일인지에 대해서 두요."

알린은 알리의 이야기를 들으며 그를 향해 미소 짓고 있었다. 알리는 그때서야 알린의 미소를 눈치챘다. 그는 재밌는 사람이었다.

"음, 이 집이 좋아요? 아니면 다른 집 보여줄까요?"

"그런 건 상관없어요. 그냥 지낼 데만 있으면 그뿐이에요."

침실 한 개에 임대료는 500달러였다. 전등 요금은 알린 이름으로

* 1980년대 중후반 시트콤에서 다룬 코스비 헉스터블 가족이 상징하는 미국 중상류 흑인 가정을 말한다.

별도로 청구될 것이었다. 거주신청서를 작성하면서 "이전 임대인"란 에 알린은 "셰리나 타버"라고 적었다. "이사 사유"란에는 "악덕 집주 인"이라고 적기로 결정했다. 알린은 잠시 망설이다 마음을 먹고 고양 이를 키워도 되는지 물었다.

"사람들은 안 된다고 하는데, 사실 난 개인적으로 고양이를 참 좋 아해요. 개는 싫지만요. 그러니까 그 문제는 기꺼이 협상의 여지가 있을 거 같네요."

"아, 감사해요. 음, 그리고 우리는, 음." 알린은 조리를 바라보았다. 이건 대부분 조리를 위해서였다. 아이도 그걸 알고 있었다. 아이의 커 다란 갈색 눈에 그게 나타났다. "울지 마, 조리. 네가 울면 엄마도 울 고 싶어지잖아!" 조리가 재빨리 몸을 틀어 창문으로 걸어갔다.

알린은 사촌 제이피를 보러 잠시 들르기로 했다. 알린은 넓적한 얼굴에 편안한 표정을 한 제이피를 아주 좋아했다. "집주인이 받아들 일지 한번 지켜보자구," 그녀는 이렇게 말했다. 알리는 좋은 사람이 었지만 거주신청서에 승인하는 사람은 알리가 아니라 집주인이었다. 알린은 26번가 체임버스로에 있는 제이피의 집에서 지내는 아들 부 시가 잘 지내는지 한번 살펴보고 싶기도 했다. 그곳은 게토의 한복 판이라고 할 만한 곳이었다.

래리가 집을 나간 지 얼마 안 되어 아동보호서비스국은 알린이 돌 보던 제제와 부시, 그리고 다른 세 아이들을 데려가버렸다. "그냥 책 임을 포기했던 거죠," 알린은 이렇게 기억했다. "래리가 집을 나갔을 때 정말, 정말 상처를 받았어요. 내가 더 강한 사람이었더라면 좋았 을 텐데." 이후 수년 동안 알린의 아이들은 수시로 위탁 양육을 받 으면서 성장했다. "그런데 부시는 절대 집으로 돌아오려고 하지 않았죠," 알린은 이렇게 말했다. 알린은 부시가 열다섯 살 때 아동보호서 비스국에 전화를 걸어 복지사에게 아이들이 자기들끼리만 방치되어 있다고 이야기한 걸로 기억했다. "그래서 사람들이 와서 다시 내 애들을 데려갔어요." 알린은 그때까지 자파리스를 데리고 있었다. 당시 자파리스는 두 살이었고 조리는 열 살이었다. 두 아들은 나중에 다시 알린과 같이 살게 되었지만, 래리와 낳은 알린의 두 아이들과 부시는 아동복지 시스템의 관리를 받으며 남아 있었다. 알린은 그 이유를 알지 못했다. 아이들의 위탁 가정이 자신보다 돈이 더 많다는 건 알고 있었다. 아이들에게 새 옷을 사주고, 매일 밤 맛있는 음식을 먹여주고, 각자의 침대를 마련해줄 수 있을 것이다. 하지만 다른 동생들과 다르게 부시는 아동복지 시스템의 관리를 오래 받지 못했다. 열일곱 살이 되던 해 위탁 가정을 나오고 고등학교를 중퇴했으며, 크랙을 팔기 시작했다.

어두운 계단을 따라 올라가 문을 여니 밝은 아파트가 나왔다. 집 안은 따뜻했고 계란과 소시지 냄새가 났다. 야구 모자를 뒤집어쓰고 군살이 전혀 없는 부시는 소파에 있었다. 알린과 동생들을 알아본 그는 권총과 대단히 흡사하게 만든 공기총을 쥐더니 자파리스를 향해 장전했다. 부시는 총을 자파리스의 등에 갖다대더니 옆에 있는 침실의 매트리스로 넘어뜨리며 몸싸움을 걸었고, 그 바람에 누군가 읽다 말고 접어둔 《캐롤라이나의 사생아》•가 바닥에 떨어졌다. 자파리스는 웃으면서 몸부림쳤지만 빠져나오지는 못했다.

"이봐, 너 여섯 살짜리 깡패본 적 있어?" 부시는 웃으면서 자파리스를 풀어준 뒤 총을 건넸다.

자파리스는 미소를 머금고 총을 살펴보았다.

• 도로시 앨리슨 지음, 신윤진 옮김, 이매진, 2014.

"됐어, 꼬마 검둥이, 다시 내 총 줘."

알린은 고개를 저었고, 부시는 엄마를 향해 고개를 끄덕이는 걸로 응수했다.

알린은 제이피에게 그의 집주인한테 전화를 좀 해달라고 부탁했고 제이피는 그 부탁을 들어주었다. 집주인은 아래층 집이 비어 있다고 말했다. 알린은 그 집을 나오기 전에 다음 날 아래층 집을 볼 약속을 정했다.

"부시 못된 놈 같으니라구!" 밖으로 나온 알린이 조리에게 분통을 터뜨렸다. "그 뼈밖에 안 남은 꼴이라니! 금단현상이 있거나 애한테 밥을 안 주는 거야." 알린의 얼굴은 엄마 특유의 걱정으로 무거워졌다. 그녀는 고개를 가로저으며 말했다. "지금은 그런 걸 걱정할 여유가 없어."

"그 집에 살 거야?" 조리가 기대에 부풀어서 이렇게 물었다.

알린은 아래층 집을 잠시 생각하는 것 같았다. "모르겠어. 여긴 사건이 너무 많은데," 그녀는 경찰과 마약을 생각하며 이렇게 말했다.

그녀는 계속해서 노스사이드를 맴돌았다. 어머니가 돌아가신 검박한 파란 집과 그녀가 "크랙중독자 도시"라고 부르는 앳킨슨가의 아파트들을 지나, 예전에 살았던 오래된 불량 주택에서 잠시 발걸음을 멈췄다. 19번가 햄프턴로에 있는 그 집은 땅딸막하고 조용했으며, 아직도 페인트칠이 반밖에 되어 있지 않았다. 앞문에는 이런 표지판이 붙어 있었다. "이 건물은 불법으로 점유되었거나 인간의 거주지로는 부적합하므로 비워둬야 합니다."

"하나님, 난 이 집에서 살던 때가 그리운데," 알린은 이렇게 말했다. 자파리스가 나서서 우편물을 확인해보겠다고 하자 알린은 아이를 향해 미소를 지었다. "피, 우리한테 우편물이 와 있을 리 없잖아."

알린이 결국 시에 전화를 할 수밖에 없었던 것은 물 문제 때문이 아니었다. 물이 잘 나오지 않으면 이들은 근처 가게에서 몇 갤런씩 물을 날라서 썼다. 하지만 결국 집주인이 공구 상자를 들고 와서 욕실 벽에 난 구멍들을 보더니 파이프에 뭔가를 했고, 그러자 누수가 일어났다. 알린의 기억에 따르면 그녀가 집주인에게 전화를 걸어 불평하자 집주인은 이렇게 말했다. "뭐, 내가 가진 집은 50개도 넘어요. 당신이 기다리지 못하겠으면 이사를 가든지." 알린이 건물조사관에게 전화를 건 건 그때였다. "내가 멍청했지."

네드는 온종일 변속기에 매달려 있었고, 팸은 온종일 집을 구하는 데 매달렸다. 워낙 많은 집에 전화를 걸다보니 어디에 전화를 걸었는지도 헷갈려서 이미 거절한 집주인에게 또 전화한 경우도 있었다. 정신이 혼미한 오후에는 웨스트앨리스의 집주인에게 또 전화를 했다. "아줌마, 우린 아이를 받지 않는다구요." 그는 짜증을 내며 이렇게 말했다.

팸은 집주인이 뒷배경을 확인하지 않는다는 사실을 떠올리고 친구가 "크랙과 창녀들"이 들끓는다고 말한 아파트단지에 전화를 걸어보기로 결심했다. 하지만 집주인은 침실 세 개짜리 집에 895달러를 달라고 했다. 팸은 어이가 없었다. "이 시궁창 같은 집에 사는데 그 돈을 내라구?" 바로 그때부터 그는 히스패닉 사우스사이드로 눈을 돌리기 시작했다. 그는 한숨을 쉬며 이렇게 말했다. "뭐, 선택의 여지가 없는 거 같네."

팸은 서른여덟 곳의 아파트에 전화를 했지만 집을 보러갈 약속을 잡은 건 두 곳뿐이었다. 하나는 쿠더헤이에 있는 백인 노동계급의 교외 주거지로 서쪽 경계에는 공항이 있었고, 다른 한 곳은 사우스사이드에 있었다. 쿠더헤이의 아파트는 패커드로에 있는 침실 두 개짜리 집이었다. 난방비를 포함한 월세는 640달러였다. 처음 집을 알아보기 시작했을 때 팸은 겨우 500달러짜리 집을 구한다는 야무진 꿈에 젖어 있었다. "나랑 네드가, 그러니까 무슨 일이 일어날지는 아무도 모르는 거니까." 하지만 그건 불가능에 가까웠다.' 팸은 이웃 대부분이 백인이 아닌 구역에 사느니 차라리 자신이 가진 모든 것을 집주인에게 털어넣는 게 나을 것 같았다.

네드와 팸은 패커드로 아파트 밖에서 초조하게 기다렸다. 네드는 팸에게 자기가 이야기할 테니 입을 다물고 있으라고 했다. 팸한테는 그게 좋았다. 조만간 출산을 하게 될 거라 그냥 침대에서 뒹굴고 싶을 뿐이었다.

"기도하고, 기도하고, 또 기도하라구," 팸이 속삭였다.

"저 위엔 어차피 하나님도 없는데 뭐 하러 기도를 해," 네드는 침을 뱉으며 말했다.

집주인이 도착하자 네드는 그에게 되는 대로 지껄이기 시작했다. "전 근 20년이나 건축 일에 쩔어 지냈어요… 여기도 손볼 데가 좀 있지 않나요." 아파트는 새것이라 깨끗했고 거기엔 딸아이들이 모두 들어갈 수 있을 정도로 큰 방도 있었다. 모든 게 순조롭게 돌아가는 것 같았다. 집주인이 이들에게 신청서를 작성하라고 하기 전까진. 네드는 바로 현금을 내겠다고 했지만 집주인은 신청서를 작성하라며 고집을 부렸다.

"통과하기가 어려운가요?" 네드가 물었다.

"우린 신용 확인이랑 그런 비슷한 걸 좀 하죠," 집주인이 말했다.

"음, 우리 신용이 최고 등급은 아닌데."

"유죄 선고나 퇴거 경험만 없으면 상관없어요."

두 번째 약속 장소는 35번가 베허로였다. 주로 히스패닉들이 사는 동네의 조용한 거리였다. 집주인은 침실 세 개짜리 집에 630달러를 달라고 했다.

"좋아," 네드가 주변을 두리번거리며 말했다. "멕시코 사람들하곤 같이 살 수 있어. 하지만 검둥이들하곤 못 살아. 걔네는 돼지야." 그는 옛일을 떠올리며 씩 웃었다. "에, 팸, 당신이 흑인이라면 절대로 참을 수 없는 그게 뭐지? 내가 힌트를 줄게. n으로 시작해서 r로 끝나잖아. 이웃neighbor!"[10]

네드는 낄낄거렸고 팸은 억지웃음을 지었다. 때로 팸은 네드에게 발끈했는데, 특히 블리스와 샌드라 앞에서 이런 종류의 농담을 하거나, 이들에게 이들의 검은 곱슬머리가 보기 싫다고 말할 때가 그랬다. 하지만 팸도 이웃 사람들 문제와 관련해서는 네드와 크게 다르진 않았다. 그녀는 "게토에서 사느니 차라리 모텔 방에서 살겠어"라고 말하기도 했다. "최소한 이동주택단지에선 백인이 많았어. 쓰레기 같은 백인들이었지만, 어쨌든." 그녀가 생각하기에 게토에는 다른 인종이 하나도 없었다. 그곳은 그저 하나의 거대한 '흑인 마을'이었다.

집주인(벨트 버클이 커다란 은발의 남자)이 도착해서는 팸과 네드에게 집 안을 보여주었다. 아파트는 굉장히 훌륭했다. 나무로 된 마룻바닥에서는 광이 났고, 창문은 새것이었으며, 페인트칠은 갓 해놓은 상태였고, 침실은 널찍했다. 팸은 뒤쪽 유리로 백인 아이들이 잘 관리된 뒤뜰에서 노는 모습을 구경했다. 집주인은 심지어 "몇 가지 가전 기기를 거저 주겠다"라고 제안했다.

네드와 팸은 이 벨트 버클의 농담에 웃음을 터뜨렸고 그에게 잘 보이기 위해 애쓰기 시작했다. "제가 보니까 콘크리트 작업을 좀 하셔야 할 것 같네요," 네드가 말했다. "전 합리적인 가격에 일을 잘해드려요." 팸도 끼어들더니, 만일 청소부를 구한다면 몇 주만 있으면 자신이 일을 할 수 있다고 말했다.

신청서를 작성할 때가 되자 네드는 작전을 바꿨다. "이게 뭐죠? 신용 조회인가요?" 네드가 물었다.

"그건 그냥 비워둬요," 집주인이 대답했다.

"우리가 여기엔 거래 은행이 없는데 어쩌죠? 우린 그린베이에서 이사온 지 얼마 안됐거든요."

"그럼 그것도 비워둬요."

집주인과 헤어진 뒤 팸이 네드에게 말했다. "아무리 저 동네가 후진 데라고 해도 최소한 집은 정말 좋은데. 업그레이드된 게토에 살 수도 있겠다."

"내가 거기서 콘크리트 일을 얻게 되면 아마도?" 네드가 반신반의하며 말했다.

"내가 거기서 청소 일을 얻게 되면 아마도?"

네드는 말보로 레드에 불을 붙였다.

"우리가 정말로 들어가 살 만한 데처럼 보이더라," 팸이 덧붙였다.

네드도 똑같은 기분이었다. 그는 팸에게 이제 더 이상 임대 표지판을 보고 전화번호를 베껴오지 말라고 했다. "걱정하지 마, 팸. 곧 집이 생길 거야."

그날 저녁 트래비스는 네드와 팸에게 집을 나가달라고 말했다. 이들은 싸구려 모텔에 들어갔다. 팸은 침대 끄트머리에, 따끔거리는 재질의 물 빠진 이불 위에 앉아서 천천히 호흡하면서 아기에게 말을 걸었다. "조금만 참아라. 우리가 임대계약서에 서명할 때까지 조금만 참아야 해." 하지만 아기는 말을 듣지 않았다. 팸의 양수가 터졌고, 모텔에서 기거하던 나이 든 여성이 그녀와 네드, 그리고 크리스틴을 병원까지 태워다주었다. 아이는 7파운드 10온스˙였다. 네드는 여자아이 치고는 크다고 생각했다. "이건 흡연이 저체중아와 무관하다는 증거야." 그는 이렇게 말하며 웃었다. 이들은 의사의 지시에 따라 병원에서 이틀 밤을 보냈고, 모텔방은 짐 보관용으로만 쓰게 되었지만 어쨌든 모텔비는 내야 했다.

아이가 태어나고 나흘 뒤, 벨트버클이 전화를 걸어 신청서가 승인되었다는 소식을 전했다. 팸에게는 두 건의 퇴거가 기록으로 남아 있고, 그는 유죄 선고를 받은 중죄인이었으며, 복지수당을 수급했다. 네드에게는 아직 유효한 체포 영장이 발부되어 있었고, 뚜렷한 소득이 전혀 없었으며, 난폭 운전과 은닉 무기 소지 같은 여러 차례의 비행뿐 아니라, 세 번의 퇴거와 마약 관련 중죄의 유죄 판결 등 기록이 한두 건이 아니었다. 게다가 이들에게는 딸이 다섯이었다. 하지만 백인이었다.

팸은 패커드로의 아파트가 더 마음에 들긴 했다. 크기는 더 작았지만 그래도 위치가 쿠더헤이였기 때문이었다. 하지만 그 집주인은 받아주지 않았다. 퇴거 기록과 유죄 판결 기록 때문에 백인 동네에서 쫓겨나 노스사이드에 사는 가족 단위의 사람들이 이주를 꿈꾸는 지역으로 떠밀려가게 된 것이다.

게다가 네드는 그 기회마저 탕진해버렸다. 이사를 들어온 지 사흘째 되던 날 네드는 위층 사람들과 술에 취해 언쟁을 벌였다. 집주인은 1주일을 줄 테니 새 거처를 찾으라고 했다. 그 정도 시간이면 충분했다. 네드는 더키의 차고에서 가까운 백인 노동계급 거주 지역에서 월 645달러의 침실 두 개짜리 깨끗한 아파트를 찾아냈다. 앞에는 배나무도 한 그루 있었다. 네드는 팸과 그녀의 두 흑인 딸들은 임대계

˙ 약 3.5킬로그램.

약에서 빼놓고 혼자서 임대 신청을 했다. "사람들은 혼자 애 키우는 아빠를 좋아해," 그는 팸에게 이렇게 말했다. 집주인은 네드의 신청을 받아주었다.

"집주인이 나랑 두 애들에 관해서는 모른다고?" 팸이 물었다.

"몰라, 하지만 시간을 좀 주라고. 난 집을 얻어야 했고, 그리고 1주일 내에 이곳을 우리 걸로 만들었어." 네드는 박수갈채를 받는 사람처럼 두 손을 들어올렸다. "봐, 좋은 사람들한텐 좋은 일이 생긴다구."

이사한 지 얼마 안 되어 한 이웃이 네드에게 건축 일을 맡겼고 팸은 의료보조원으로 일하기 시작했다. 네드는 블리스와 샌드라에게 혹시 집주인을 만나 질문을 받게 되면 거기 살지 않는다고 얘기하라고 했다. 네드는 블리스와 샌드라에게 많은 말을 늘어놓았다. 가령 "너네는 너네 아빠처럼 멍청해"라거나 "너는 반은 검둥이인 고자질쟁이야" 같은 소리들을 말이다. 어느 날은 여자애들 전부에게 "백인 짱!"이라고 외치며 집 주위를 돌게 만들고는 혼자 재미있어하기도 했다.

이런 일들은 팸의 속을 뒤집어놓았다. 팸은 이런 일들이 장기적으로 딸들에게 상처를 남기지 않기를 기도했다. 그녀는 용서를 바라는 기도를, 엄마로서 실패한 데 대한 기도를 했다. 하지만 그녀는 상황 때문에 어쩔 수 없이 네드에게 매어 지낼 수밖에 없다고 느꼈다. "이런 인생은 끔찍해," 그녀는 이렇게 혼잣말을 했다. "우린 크랙은 안 하고 있지만 지금도 그거랑 다를 바 없는 거지같은 짓들을 하고 있지… 난 한 번도 떠나는 쪽이어 본 적이 없었어." 그녀가 할 수 있는 최선은 네드가 없을 때 딸들에게 네드가 악마라고 말하는 것이었다. 어떤 밤에는 잠들기 전에 아이들을 노숙자쉼터나 구름다리 밑으로 데려가야 하는 건 아닌가 고민하기도 했다. "우리가 같이 있는 한 우린 행복하고 긍정적인 이야기를 해요. 그리고 난 아이들에게, 내 딸들은 세상에서 가장 강인한 어린 숙녀들이니까 너흰 아름답다고 말하고 싶어요."

알린은 실버 스프링 드라이브에 있는 큰 아파트단지를 알아보기로 했다(여든여덟 번째 집의 알리는 답을 주지 않았다). 알린은 전화를 걸었고 건물관리인은 그 자리에서 집을 보여주겠다고 했다.

"우리 집이 생겼어, 자파리스!" 조리가 미소를 지으며 소리쳤다.

"자파리스한테 그렇게 말하지 마," 알린이 말했다.

"이게 우리 집이야, 맨!" 조리는 동생을 팔꿈치로 치면서 다시 농담을 했다.

"그렇게 말하지 말라니까!" 이번에는 알린이 애원하듯 소리쳤다.

또다시 집을 보고, 또다시 신청서를 작성한 뒤 이들은 다시 보도를 걸었다.

"배고파," 자파리스가 말했다.

"입 다물어, 자파리스!" 알린이 쏘아붙였다.

잠시 후 알린은 주머니를 뒤져 충분한 동전을 찾아낸 뒤 맥도날드에 들러 자파리스에게 프렌치프라이를 사줬다.

알린과 두 아들이 13번가에 있는 옛집에 도착한 건 하루가 거의 저물 무렵이었다. 그곳에 알린의 신발을 두고 왔던 것이었다. 집에 다가가자 집 밖에서 앞발로 문을 긁으며 눈 속에 있는 리틀이 보였다. 조리와 자파리스는 리틀에게 달려갔다. 조리가 리틀을 안아 올려 자라피스에게 건네자 자파리스는 리틀을 끌어안으며 입을 맞췄다.

"내려놔, 아이 참!" 알린이 소리쳤다. 알린이 자파리스의 팔을 뒤로 낚아채자 리틀이 땅에 떨어졌다.

알린은 혼자 있으면 가끔 리틀이 간절하게 보고 싶었다. 하지만 그녀는 정작 아이들에게는 작은 걸 사랑하라고, 가질 수 없는 건 밀어내라고 가르치고 있었다. 알린은 두 아들과 자기 자신을 보호해야 했다. 아이들을 부양하기도 벅찬 싱글맘에게 이보다 더 나은 자기방어가 있을까? 가난한 아버지가 가정을 지키지 못하면 래리처럼 가정을 떠났다가 어느 정도 시간이 지났을 때 재기를 시도해볼 수 있다.[11] 하지만 가난한 어머니들은 (어쨌든 대부분은) 이 실패를 껴안고, 이 실패와 함께 살아야 했다.

알린의 아이들에게는 가끔 집이 없을 때가 있었다. 먹을 게 없을 때도 있었다. 알린은 아이들에게 항상 안정을 주지는 못했다. 안정을 주려면 너무 많은 돈이 들었다. 위험한 거리에서 아이들을 항상 지켜주지도 못했다. 그런 거리는 사실 알린의 거리였다. 알린은 아이들을 위해 희생했고, 최대한 좋은 음식을 먹였으며, 자기에게 있는 것으로 옷을 입혔다. 하지만 아이들이 그녀가 해줄 수 있는 것 이상을 원하면 때로는 섬세한 방식으로, 때로는 그렇지 못한 방식으로 너희는 그걸 누릴 수 없다고 이야기했다. 조리가 대부분의 십대가 원하는 새 신발이나 헤어 제품을 원하면, 알린은 조리에게 넌 이기적이라거나 그냥 나쁜 애라고 말하곤 했다. 자파리스가 울면 알린은 때로 "젠장, 이런 고집쟁이야. 눈물 닦지 못해!"라거나, "엉덩이 맞기 싫으면 그만해, 자파리스! 네놈 하는 짓거리에 질렸어"라고 소리치곤 했다. 어떨 때는 자파리스가 배고프다고 하면 "네가 배 안 고픈 거 다 아니까 주방에서 얼쩡대지 마라"라거나 너무 살이 찌고 있으니 먹을 것도 없는 찬장에서 손 떼라고 말하곤 했다.

"미안, 내가 해줄 수 있는 게 없네"라는 말만 숱하게 하다가는 결국 자신이 무력한 사람으로 느껴지기 시작하고 점점 한계를 향해 치닫게 될 수도 있다. 그래서 사람들은 "아니, 난 안 도와줄 거야"라고 말하는 방법을 찾음으로써 반사적으로 스스로를 보호하려 한다. 난 널 도울 수가 없다. 그러니까 난 널 도움받을 가치가 없는 사람으로 여길 거다.[12]

흑인 동네에 있는 목사와 교회의 부인들, 사회복지사와 정치인들, 교사와 이웃들, 경찰과 가석방담당관들은 당신이 그렇게 하는 것이 옳고, 이런 어린 흑인 애들에게 필요한 건 가혹한 손길이라고 말하곤 한다. 매를 아끼지 마라. 이렇게 생존을 위해 시작된 일이 문화라는 이름으로 지속되었다.[13]

리틀과 쓰레기가 되어버린 자신들의 물건을 눈밭에 흩뿌려놓은 채 13번가에서 걸어 나오면서 자파리스는 손을 벌려 귀걸이 한 쌍을 보여주었다.

"너 이거 어디서 났니, 자파리스?" 알린이 물었다.

"크리스털한테서 훔쳤어요."

"오, 와우." 잠시 말이 없던 알린은 이렇게 말했다. "이건 재밌지 않네. 좋은 일도 아냐, 자파리스. 너 내가 하는 말 듣고 있니?" 자파리스는 고개를 떨궜다. 아이는 그저 엄마가 좋아할 만한 일을 하고 싶었을 뿐이었다. 알린도 그것을 알았기에 마음이 움직였다. 그녀는 나중에 귀걸이를 돌려줄 생각이었지만, 그 순간만큼은 귀걸이를 착용했다. 자파리스의 얼굴에 미소가 번졌다.

들를 곳은 하나 더 있었다. 하늘이 잉크를 풀어놓은 듯한 파란색으로 바뀌고 기온이 떨어질 무렵, 알린은 플란넬셔츠에 연장 벨트를 두르고 침실 두 개짜리 아파트를 수리하고 있는 백인 집주인을 만났다. 그가 어찌나 스트레스와 다급함을 드러내던지 알린은 건물조사관이 다음 날 들이닥치기라도 하는 모양이라고 생각할 정도였다. 알린은 신청서를 작성했고, 자파리스는 화장실을 썼다. 아이가 변기 물

이 내려가지 않는다는 사실을 알았을 때는 이미 늦은 뒤였다. 알린
은 집주인에게 감사하다고 말한 뒤 자파리스의 손을 잡고 황급히 밖
으로 나왔다.

　잠시 후 알린의 전화가 울렸다. "이런 무례한 경우가 어딨소!" 집주
인이 소리쳤다. "그리고 난 그런 애들은 좋아하지 않소."

　알린과 두 아들이 앞으로 쉼터에서 머물 수 있는 날은 29일이 남
아 있었다.

노스사이드를 원하는 사람은 없다

로지는 시내와 가까운 7번가 바인로의 모퉁이에 있었다. 그곳에서
지내는 사람들은 허구한 날 입구 근처에 모여 잡담을 하거나 담배를
피우거나 아이들을 잡으러 뛰어다녔다. 크리스털은 그곳에서 2월 이
후 대부분의 시간을 보내고 있었다. 셰리나는 크리스털의 퇴거법원
서류에서 "집주인은 다음 이유로 퇴거를 희망함"에 체크를 하고 이렇
게 적어 넣었다. "위층과 아래층 세입자들과 상당한 분란을 일으킴(경
찰도 개입). 그리고 승인도 받지 않고 퇴거당한 세입자에게 재임대함."
크리스털은 모든 과정이 혼란스러웠다. 셰리나는 처음부터 크리스털
이 알린에게 방을 내주기로 한 사실을 알고 있었는데 어떻게 알린이
"승인받지 않았다"라고 할 수 있는 걸까? 크리스털은 두 개의 깨끗한
쓰레기봉투에 물건을 담은 뒤 법정에 출석하지 않고 집을 나왔다. 그
렇게 하면 자신의 이름이 기록에 남지 않을 거라 오해했던 것이다.
   크리스털은 로지에서 나오는 음식이 너무 싫었다. 게다가 관리인
남자들 가운데는 입주자들에게 성관계를 해주면 깨끗한 시트와 과

자, 추가분의 샴푸 같은 걸 주겠다고 치근덕대는 사람들이 있었다.[1] 하지만 배정된 방은 마음에 들었다. 따뜻하고 깨끗했으며, 무료였다. 크리스털은 이렇게 말했다. "550달러나 낼 필요가 없어서 거저 먹는 거 같다니까." 게다가 크리스털은 새 친구를 찾는 중이었는데, 친구를 찾기에는 로지만 한 데가 없었다. 로지에서는 특히 처참한 상태에 놓인 사람 수십 명이 달랑 지붕 하나 아래 모여 있었다. 쉼터 거주자들의 표현에 따르면 모두 "어떤 일을 겪은" 사람들이었다.[2]

사람들은 크리스털에게 매력을 느꼈다. 크리스털은 사교성에 재치를 갖춘 사람이었고, 끊임없이 손뼉을 치며 스스로를 놀림감으로 삼는 습관이 있었다. 그는 로지 문밖에서 경배의 의미로 두 손을 올리고 찬송가를 부르며 한가롭게 거닐곤 했다. 크리스털에게 관심을 보이는 남자가 몇 명 있긴 했지만 그가 새로운 친구들로부터 무엇보다 원했던 것은, 그리고 그가 알린에게서 원했던 것은 바로 어머니 같은 존재였다. 크리스털은 바네타에게서 자신이 원하던 것을 찾았다.

바네타 에번스는 1월부터 로지에서 지내고 있었다. 스무 살인 바네타는 크리스털보다 나이가 그렇게 많지는 않았지만 일찍 조숙해졌다. 바네타는 열여섯 살 때 첫 아이 켄들 주니어를 낳았고, 그 다음 해에는 딸 템비를 낳았으며, 바로 그 다음 해에는 셋째 아들 보보를 얻었다. 시카고의 악명 높은 공공주택단지인 로버트 테일러 홈즈 Robert Taylor Homes에서 어린 시절을 보낸 바네타는 어머니에게 정신장애가 있어서 "일리노이와 위스콘신에 있는 거의 모든 노숙자쉼터"를 전전했고, 그녀와 그녀의 피붙이들은 어머니를 별 애정도 없이 쇼트케이크라고 불렀다. 하지만 어쨌든 크리스털은 바네타의 행동거지가 좋았다. 항상 머리를 뒤로 바짝 당겨서 작은 망아지 꼬리처럼 묶고 다니는 바네타는 믿음직한 인상이었다. 마치 임대업자들처럼 핸드폰을 벨트에 걸치는 작은 주머니에 걸고 다니기도 했다. 바네타의 암갈색 피부는 크리스털의 피부색과 어울렸고, 라운지가수lounge-singer 같은 걸걸한 목소리로 아이들을 일렬로 세워놓고 엄하게 타이르기는 해도 아이들에게 소리를 지르는 법이 거의 없었다. 켄들 주니어가 말썽을 부렸을 때 바네타는 아빠인 빅 켄들에게 전화를 거는 시늉을 했다. 아이는 엄마가 그냥 그런 척하는 것뿐임을 알면서도 차분해졌다. 보보가 발작을 일으킬 때는 아이를 데리고 병원으로 달려갔다.[3]

두 여성은 주고받은 뉴포트*의 수를 기억하면서 서로 담배를 빌려 피는 사이가 되었다. 그러다가 액수를 키워 상당히 빠른 속도로 호혜 관계를 형성하기 시작했다. 이들은 과자를 나눠먹더니 작은 금액의 요금을 대신 내주었고, 그러다가 패스트푸드점에서 사온 식사를 함께 먹는 사이가 되었다. 지나가는 말을 통해 이들은 서로의 성격과 기질뿐 아니라 소득원도 알게 되었다(바네타는 매달 복지수당 673달러와 식료품 구매권 380달러어치를 받았다). 크리스털과 바네타는 서로를 "자매"라고 부르기 시작했다.[4] 일주일 뒤 이들은 집을 같이 알아보기로 결정했다. 노숙자쉼터 안에서 룸메이트로 지내면 밖에 나가서도 룸메이트로 지내는 경우가 종종 있었다.

크리스털은 곧 있을 바네타의 선고공판은 걱정할 필요가 없다고 생각했다. "기도는 강력하거든," 그녀는 이렇게 말했다. 바네타는 예수님이 아니라도 자신이 투옥을 피할 가능성은 어느 정도 된다고 생각했다. 초범이었기 때문이었다.

문제는 올드컨트리뷔페가 바네타의 근무시간을 대폭 줄여버리면서 시작되었다. 주 5일 일하던 바네타는 겨우 하루 일하는 데 그치게 되었다. 매니저는 불경기를 탓했다. 그리고 나니 바네타는 전기 요금

---

* 담배 브랜드.

을 낼 수가 없었다. 위에너지는 705달러를 내지 않으면 전기를 끊어 버리겠다고 위협했다. 하지만 전기 요금도 월세도 낼 방법이 없었다. 게다가 전기와 가스가 끊겨버리면 아동보호서비스국이 아이들을 데 려가버릴까봐 걱정이 됐다. 아이들을 잃을지 모른다는 생각에 바네 타는 속이 뒤틀릴 지경이었다. 그러다 그녀는 결국 월세를 내지 못해 퇴거통지서를 받았다. 그녀는 뭘 해야 할지도 모른 채 그저 두려움에 사로잡혔다. 역시 퇴거통지서를 받은 그녀의 친구도 같은 심정이었 다. 어느 날 바네타의 남자친구와 함께 밴에 앉아 있던 이 두 여성은 마치 블록버스터 영화에서 튀어나온 듯한 다른 두 여성이 지갑을 들 고 지나가는 모습을 보게 되었다. 누군가 이 두 여성을 털고 돈을 나 눠갖자고 했고, 그러다가 갑자기 정신을 차려보니 실제로 그걸 실행 에 옮기고 있었다. 바네타의 남자친구는 총알을 뺀 총을 바네타의 친 구에게 넘겼고, 친구는 밴에서 달려나가 이 여성들에게 총구를 겨눴 으며, 뒤따라간 바네타는 이들의 지갑을 빼앗았다. 그리고 두어 시간 뒤 이들은 경찰에게 잡혔다.[5]

경찰에게 범죄를 자백하면서 바네타는 이렇게 말했다. "전기 요금 과 월세를 내야겠다는 생각에 극단적인 상태였고, 초조하고 겁이 났 어요. 아이들이 깜깜한 데서 지내거나 길거리에 내쫓기는 걸 보고 싶 지 않았어요." 바네타는 열여덟 살이 되면서 공공주택 신청자 명단 에 이름을 올려놓은 상태였다. 강력 범죄로 유죄 선고를 받게 되면 신청 승인이 떨어질 가능성은 거의 없는 거나 마찬가지였다.[6]

탄원심리에서 판사는 바네타에게 "10만 달러 이하의 벌금이나 40년 이하의 투옥, 혹은 두 가지 모두의 처벌"을 받을 수 있다고 말했다. 바네타는 이를 생각하지 않으려고 애썼다. 심리 이후 해고와 퇴거가 이어졌고, 그래서 그는 결국 아이들을 로지로 데려온 것이었다.

크리스털과 바네타는 히스패닉 사우스사이드에서만 아파트를 찾아보기로 의견을 모았다. 신이 자신들에게 미소 짓고 있다고 느낄 때는 백인 거주 지역도 살펴보기도 했다. 하지만 노스사이드는 고려 대상에 넣지 않았다. "이 흑인 개새끼들하고는 상종을 안 하는 게 좋을 거야." 크리스털은 이렇게 말했다.[7] 이들은 매일 버스를 타고 사우스사이드에 가서 임대 표지판이 걸린 집들을 방문하기 시작했다. 아무리 온라인에 아파트 목록이 다 뜨는 시대지만 변변찮은 임대 표지판들이 아직도 가시적이고 효과적인 신호등 같은 역할을 했고, 특히 소수자 거주 지역에서는 더 그랬다. 흑인 세입자가 집을 구할 때 인터넷에 의존하는 경우는 15퍼센트뿐이었다. 크리스털과 바네타는 인쇄물이나 온라인 리스트를 참고하지 않고 때로는 흐린 버스 창 너머 자기들이 직접 눈으로 볼 수 있는 것으로 선택지를 좁혔다.[8]

새로 사귄 두 친구는 침실 두 개짜리 작은 집을 보았지만 집주인이 흡연을 허락하지 않는다는 사실을 알고는 신청서를 작성하지 않았다. 어떤 집주인은 스페인어로 전화를 받아서 그냥 끊었고, 어떤 집주인한테는 크리스털이 "침실 두 개짜리 집에 650달러를 달라구요? 당신 미친 거 아냐?"라고 말하기도 했다. 십여 군데의 아파트에 전화를 해본 뒤 바네타는 어포더블렌탈Affordable Rentals에 한번 가보자고 제안했다. 사우스사이드의 주요 자동차 전용 도로인 내셔널로에 점포가 딸린 작은 사무실을 갖고 있는 어포더블렌탈은 사람들 눈에 그렇게 잘 띄는 편은 아니지만 밀워키의 저소득 임대시장에서는 큰 손이었다. 이 회사는 300채의 임대주택을 보유했고, 500채 이상을 관리했다.[9]

"거기서 게토 같은 델 얻진 말자." 문으로 걸어가면서 바네타는 크리스털에게 한 번 더 상기시켰다.

안에 들어선 이들이 예치금을 내놓자 접수 담당자가 두꺼운 유리
뒤편에서 마스터키를 건네주었다. 이 키가 있으면 직접 집을 돌아다
니면서 살펴볼 수가 있었다. 뒷마당에 기저귀와 타이어가 널린 집만
빼면 집들은 작긴 했지만 깨끗했다. 그 가운데 백미는 월세가 445달
러인 침실 두 개짜리 아파트였다. 그 아파트에는 욕조도 있었다. 바네
타는 아이들이 목욕할 수 있는 욕조를 원했다. 두 여성은 황급히 접
수 담당자에게 돌아가서 신청서를 작성했다. 벽에는 어포더블렌탈의
심사 기준을 알리는 종이가 붙어 있었다.

다음 사유에 해당될 때는 신청을 거부합니다:
1. 연대보증인 없이 처음으로 집을 임대하는 경우
2. 지난 3년 이내에 한 번이라도 퇴거당한 적이 있는 경우
3. 지난 7년 이내에 마약이나 폭력 관련 중범죄로 유죄 판결을 받
   은 경우
4. 지난 3년 이내에 마약이나 풍기문란 관련 경범죄로 기소를 당
   한 경우
5. 소득을 입증할 수 없거나 불충분한 경우
6. 임대 경력을 입증할 수 없거나 이전 임대인으로부터 좋지 못한
   평가를 듣게 될 경우

크리스털과 바네타는 종이에는 전혀 신경 쓰지 않았다. 바네타는
신원보증인에 쌍둥이 오빠를, 크리스털은 정신적 엄마를 적어넣었다.
  어포더블렌탈의 답변을 기다리면서 바네타는 이들이 정해놓은 한
도인 550달러 이상인 집들도 살펴봐야 하는 게 아닐까 잠시 고민했
다. 하지만 바네타는 그 이상으로 돈을 올리고 싶진 않았다. 크리스

털이 돈을 잘 간수할 수 있을지 확신이 없었기 때문이었다. 로지에서
바네타는 크리스털이 옷과 패스트푸드, 심지어는 카지노 슬롯머신에
탕진하는 모습을 본 적이 있었다. "아가씨, 네 아가리를 날려버린다,"
바네타는 이렇게 분통을 터뜨리곤 했다. 게다가 크리스털은 매달 첫
일요일만 되면 헌금함에 상당한 돈을 털어 넣기까지 했다.

"난 씨를 뿌리는 거야," 크리스털은 조지웹 식당에 앉아서 이렇게
말했다. 크리스털이 한턱 내려간 거였다. 전날 밤 크리스털은 포타와
토미 카지노에서 450달러를 벌었다. 양육기관에서 생일 선물로 보내
준 40달러를 가지고 슬롯머신을 돌려 딴 돈이었다. 크리스털이 뜨거
운 물을 부탁하자 웨이트리스가 가져다주었다. 그녀는 물컵에 식기
를 넣고 소독을 시켰다. "지난번에 내가 설명했던 거 기억 나? 네가
농부야. 그래서 옥수수랑 채소 같은 걸 얻으려고 씨를 뿌리고 물을
주고 돌보면 작물이 나오는 거지. 내가 교회에서 씨를 뿌릴 때 난 그
것도 그런 식으로 생각해. 난 하나님한테서 뭔가를 얻고 싶어. 그래
서 씨를 뿌리는 거야… 난 집이 필요해. 재정적 돌파구도 필요하고.
물건을 통한 치유도 필요해. 완전한 사람이 되어야 하기도 하지. 그래
서 돈을 갖다주는 거야."

바네타는 냉랭한 표정이었다. "그래서 내가 너네 교회에 가서 알랑
대지 않는 거야. 그 사람들은 너한테 아무것도 안 해주면서 말만 많
잖아. 난 그런 게 싫어. 그니까 거기 가서 네가 어떤 상황에 처해 있
는지 말해봐. 사람들은 신경도 안 쓸걸."

크리스털은 자기가 시킨 음식을 쳐다보았다. "모르겠어," 그녀는 말
했다. "그게, 그냥 이사 갈 때까지 기다려보고." 크리스털은 주제를 바
꿔보려고 했다. "그 치즈케이크 때깔 좋네."

하지만 바네타는 아직 할 말이 남아 있었다. "대충 뭉갤 생각 하지

마," 바네타가 말했다. "네가 십일조를 내면 그 개새끼들은 너한테 미소를 날리지."

"아, 왜 이래!" 크리스털이 고개를 저었다.

"네가 걔네 헌금통에 돈을 다 쓸어 넣고 있잖아! 그러고도 '아, 왜 이래' 같은 소리가 나오냐. 일요일에 내가 가서 다 봤거든."

바네타는 크리스털에게 교회가 얼마나 큰 의미를 갖는지 알고 있었다. 바네타는 크리스털이 바버 목사님이며 주교들이며 성령 같은 것들에 관해 떠들어대는 얘기들을 들어주었고, 크리스털이 일요일·화요일·금요일마다, 때로 특별예배가 있으면 토요일에도 교회에 드나드는 모습을 지켜보았다. 갈보리산의 펜테코스트파* 신도들은 크리스털의 가족이나 마찬가지였다. 하지만 바네타 입장에서 이들은 최대의 적수일 뿐이었다. 크리스털이 헌금함에 씨를 뿌릴 때마다 바네타가 크리스털과 함께 싹을 틔운 가정에서는 그만큼 돈이 줄어들었다. 바네타는 같은 날 저녁쯤 크리스털이 전화기에 대고 울부짖으며 "에흐 샨타, 에흐 샨타"라며 방언 기도를 하는 모습을 보고는 자신의 말이 아무런 효과가 없었음을 알게 되었다.

늦은 오후가 되자 바네타는 고졸학력인증시험 대비반 수업에 돌아가봐야 했다. "가지 마." 크리스털이 말했다.

"빠지면 안 돼. 난 고졸학력인증서가 필요해," 바네타가 대답했다.

"빠질 수 없다고?"

"정말 위급할 때 아니면."

"망할, 넌 집을 구하는 중이야. 이게 진짜 위급한 상황이라고."

바네타는 미소를 짓더니 가버렸다.

크리스털은 계속 집을 알아보기로 되어 있었지만 그 대신 교회에

---

* 20세기 초 미국에서 창시된 근본주의에 가까운 오순절 교회 종파.

들르기로 했다. 갈보리산 펜테코스트파 교회는 사우스웨스트사이
드 끝 쪽 60번가 내셔널로에 있었지만, 그래도 버스로 갈 수 있는 곳
이었다. 번듯한 벽돌 건물에는 스테인드글라스 유리창과 빨간 소방
차색으로 칠한 빗물받이 통이 달려 있었다. 월요일 밤이었고, 그래서
교회의 식품저장실이 열려 있었다.

크리스털은 식료품이 든 가방 하나를 집었고, 목사님에게서 핫도
그를 하나 받았다. 딕슨 주교는 크리스털이 예배 시간에 문자를 작성
했다고 놀렸고, 크리스털은 이 나이 든 남자에게 축복을 드리다가 이
가 빠진 적은 없는지 물어보는 걸로 응수했다. 크리스털은 아탈리아
자매에게 개를 한번 교회에 데려오라고 말했다. "안 될 이유가 없잖
아. 개도 하나님 말씀을 이해할지 몰라." 이들은 함께 웃었다. 그 자리
에 있던 존슨 장로는 설교조의 분위기를 고수하고 있었다. 그는 이렇
게 말했다. "우리가 영혼으로 예수님을 정말 받아들이면, 난 당신의
고통을 느낄 수 있고 당신들도 내 고통을 느낄 수 있게 될 거요."

하지만 존슨 장로는 크리스털의 고통을 느끼지 못했다. 그건 바네
타의 생각처럼 그가 관심이 없어서가 아니라 몰랐기 때문이었다. 존
슨 장로, 딕슨 주교, 아탈리아 자매 모두 크리스털이 로지에서 지낸
다는 걸 몰랐다. 그 사실을 아는 건 바버 목사뿐이었다. 크리스털은
교회 사람들이 자신을 낮춰보는 게, 동정의 대상으로, "가난하고 고
아가 된" 사람으로 여기는 게 싫었다. 자신을 크리스털 자매로, 성체
의 일원으로, 하나님의 총애자로 봐주기를 원했다. 크리스털은 어쩌
다 한 번씩 식료품 가방을 받아갔고, 신도들은 하루나 이틀 정도 자
신의 집에서 그녀를 재워주기도 했다. 하지만 그녀의 교회는 크리스
털의 그 많은 필요를 충족시킬 여건은 하나도 갖추지 못했다.[10] 교회
가 그녀에게 줄 수 있는 건 평화뿐이었다.

"자매님, 가장 좋아하는 구절이 뭐예요?" 존슨 장로가 물었다. 그는 크리스털이 가까이 있는 성서를 집어드는 걸 본 적이 있었다.

"절 곤란하게 하시려는 건 아니겠죠?" 그녀는 미소를 지은 뒤 이렇게 말했다. "그분께서 나를 죽이실지라도, 난 그분을 믿을 것이오."

크리스털과 바네타는 계속 살 곳을 알아보았다. 바네타는 어떨 때는 아이들을 데리고 다녔고, 어떨 때는 주간 보육 시설이나 언니 에보니에게 맡겼다. 바네타가 크리스털과 함께 15번가 매디슨로에 있는 서른두 번째 아파트를 방문했을 때는 아이들을 데리고 다니고 있었다. 집주인은 사브에서 내리더니 침실 두 개짜리 작은 집의 문을 열어주었다. 집을 저녁에 보여주기로 한 건 낮에는 집주인이 매디슨에서 공무원으로 일했기 때문이었다. 영양 상태가 좋아 보이는 푸에르토리코 출신의 이 남자는 주름이 들어간 바지에 드레스셔츠를 입고 있었다.

집은 작고 우중충한데다 욕조도 없었다. 집을 돌아본 뒤 바네타는 집주인에게 욕조가 있는 다른 집은 없느냐고 물어보았다. 그는 있다고 하더니 다른 아파트를 설명하기 시작했다. 막 바네타와 크리스털에게 보여준 것보다 더 크고 좀 더 좋은 집인데 임대료는 똑같다고 했다. 그러더니 갑자기 뭔가를 잊어버린 듯 말을 멈췄다. 그리고는 손을 주머니로 가져가더니 핸드폰에 대고 말을 하기 시작했다. 바네타와 크리스털의 눈에는 전화를 건 사람이 없는 게 분명했지만 집주인은 이야기를 하는 척 했다. 전화를 끊고 나더니 집주인은 파트너가 전화를 했는데 더 크고 좋다는 그 집이 막 다른 사람에게 임대되었다고 말했다.

두 여성은 길가에 서서 사브가 떠나는 모습을 지켜보았다. 크리스털은 오래된 MP3 플레이어를 꺼내더니 헤드폰을 썼다. 바네타는 몸을 떨고 있었다. "너무 화가 나는데," 그녀는 이렇게 속삭였다.

"진정하라, 넌 심장을 치유해야 하느니," 크리스털은 눈을 감고 몸을 앞뒤로 흔들며 노래를 불렀다.

"이건 뭐, '아, 걔넨 흑인이지. 그럼 집을 엉망으로 만들어놓을 거야.' 하는 게 뻔하잖아." 바네타는 재빨리 눈물을 훔치더니 떨리는 아랫입술을 깨물었다. 아이들은 혼란스러운 표정으로 바네타를 올려다보았다.

"진정하라, 너는 날 수 있다, 날 수 있어." 크리스털의 목소리가 높아졌다.

대부분의 밀워키인들은 밀워키 시가 인종적으로 분리되어 있는 건 사람들이 그걸 더 선호하기 때문이라고 믿었다. 하지만 [가난한 흑인들이 주로 모여 사는] 게토는 언제나 사람들의 선호보다는 사회적 설계의 산물에 가까웠다.[11] 그건 결코 현대 도시의 부산물도, 산업화와 도시화가 우발적으로 일으킨 안타까운 사고도 아니었고, 누군가가 이득을 얻기 위해 의도한 것이었다. 게토는 언제나 많은 토지를 소유한 자본의 중요한 특징이었고, 토지의 희소성과 낙후된 주택, 인종의 분리에서 돈 냄새를 맡을 줄 아는 사람들에게는 황금알을 낳는 거위나 마찬가지였다.

게토의 기원은 15세기 말 전쟁 무기와 관련되었다고 볼 수 있다. 쇠로 된 포탄이 발명되면서 도시들은 더 이상 해자와 소박한 성벽만으로는 공격을 물리칠 수가 없게 되었다. 복잡한 방어 시스템을 구축하는 한편, 도시 자체를 높은 담 뒤에 수직 높이 올려야 했다. 그래서 제네바와 파리는 6층짜리 공동주택을 올렸다. 에든버러는 그보다 두 배 더 높은 공동주택을 세웠다. 농민 가정들이 토지에서 밀려나 점점 혼잡한 도시로 몰려들면서 공간 경쟁이 일어나 지가와 임대료가 치솟았다. 도시의 지주들은 슬럼을 만들어내면 돈방석에 앉을 수 있다는 사실을 재빨리 간파했다. "충분히 돈이 있는 사람들에게 일등급 주거지를 제공하는 데서가 아니라, 한두 푼에 벌벌 떠는 사람들을 위한 복작대는 슬럼 주거지에서 최대의 이윤이 만들어졌다."[12] 16세기부터는 부랑자와 거지, 도둑뿐 아니라 많은 인구 집단을 수용하기 위한 슬럼 주거지가 별도로 마련되었다.

미국은 도시화가 급속하게 일어나던 시기에 이 모델을 수입했다. 식민지 소유주들은 잉글랜드의 땅 많은 젠트리들의 제도와 법규를 많이 채택했는데, 그 가운데는 임대료 절대책임원칙 같은 것도 있었다. 이 원칙에 따르면 세입자는 아무리 화재나 홍수 같은 일이 발생하더라도 임대료를 분명히 책임져야 했다. 18세기와 19세기 내내 미국의 빈민들은 지하실, 다락, 가축우리, 창문 없는 방에서 여러 가구가 뒤섞여 살았다.[13] 기초적인 지자체 서비스와 동네 우물에서 완전히 단절된 슬럼도 있었다. 이런 경우에는 마을의 다른 지역에 가서 물을 구걸했다.[14] 생활 조건이 악화되어도 임대료는 꾸준히 상승했다. 얼마 안 가 많은 세대가 주거비를 감당할 수 없게 되었다. 이런 일이 일어나면 집주인들은 손실된 이윤을 회복하기 위해 세입자의 재산을 압류·판매할 권한을 부여하는 '압류 특권privilege of distress'을 요구할 수 있었다. 이 관행은 20세기까지 버젓이 이어졌다.[15]

광범위한 토지 개척을 가능하게 해준 것은 인종차별이었다. 노예제가 있던 시절 흑인 노예들은 맨땅에서 이윤을 만들어내고도 토지에 대한 권리를 전혀 주장하지 못했다. 남북전쟁 이후 해방된 노예들은 토지소유권 속에 진정한 해방의 가능성이 있다는 사실을 알았지만, 남북전쟁 이후 재건시대를 거치는 동안 남부연합군이 몰수했거나 버렸던 땅들이 다시 원래 소유주에게 되돌아가면서 부유한 백인 들이 사실상 땅의 독점권을 유지하게 되었다. 대농장의 소작인으로 되돌아간 흑인 가정들은 자급 농업과 부채의 악순환에 서서히 빠져 들었고, 백인 농장주들은 꾸준히 부를 쌓았다.[16] 노예의 판잣집이 들 어서면 예외 없이 대농장의 저택도 들어섰다.

20세기 초반 몇 십 년 동안 자유와 번듯한 일자리를 원했던 아프 리카계 미국인 가정들은 대이동Great Migration 물결에 참여하여 남부의 시골에서 시카고·필라델피아·밀워키 같은 도시들로 대거 이동했다. 이들은 도시의 게토에서 바글거리며 모여 살았고, 대다수는 임대업 자들이 빌려준 집에서 살았다.[17] 게토의 집주인들에게는 특정 인종으 로 한정된 포로나 다름없는 세입자 집단이 있었고, 무너져가는 집을 손봐줄 이유가 전혀 없었다. 이들은 가지고 있는 부동산을 간이 주 방이 딸린 작은 집들로 나누기 시작했고, 합판 벽을 얼마나 많이 세 웠는지 아파트는 '토끼 사육장'처럼 보일 지경이었다. 난방과 제대로 된 배관이 안 된 집들이 많았다. 그래서 흑인 가정들은 겨울 코트를 입고 요리를 해서 먹었고, 옥외 변소나 직접 만든 화장실에서 볼일 을 봤다.[18] 이들은 기침 소리만 들어도 결핵 환자인지 알 수 있었다. 1930년 밀워키에 사는 흑인의 사망률은 도시 전체 사망률보다 60퍼 센트 가까이 높았는데, 대체로 불량한 주거 환경이 원인이었다.[19] 뉴 딜 정책은 미국 역사상 최초로 백인 가정에 내 집 장만이 꿈이 아닌 현실이 되게 해주었지만, 흑인 가정들은 이런 혜택을 누리지 못했다. 연방정부가 흑인 동네는 너무 위험해서 보험이 포함된 모기지를 적 용하지 못하게 한데다, 짐크로Jim Crow•에 충실한 관료들이 흑인 퇴역 군인들은 군인 모기지를 이용하지 못하게 막았기 때문이었다.[20] 300

• 과거 미국의 흑인 차별 정책.

년에 걸쳐 체계적으로 토지에서 흑인들을 몰아낸 결과 반영구적인 흑인 임대 계층이 만들어졌고, 도심 빈민가 아파트의 수요는 인공적으로 높게 유지되고 있다.[21]

1950년대에는 백인 부동산중개인들이 민간주택시장에 진입할 길이 막힌 흑인 가정을 겨냥해서 선진적인 착취 기법을 개발했다. 민간 투자자들은 접이 지역에서 초조해하는 백인 주택 소유주에게서 헐값에 집을 산 뒤, 이런 집을 감정가의 두세 배에 '단서를 달아' 흑인 가정에 팔곤 했다. 흑인 구매자들은 상당한 금액의 계약금을 내야 했는데, 부동산 가격의 25퍼센트 이상으로 부풀려진 경우도 많았다. 흑인 가정들이 이런 집에 이사를 하고 나면 아무런 권리도 누리지 못한 채 집에 대한 모든 책임을 떠안았다. 게다가 월 납입금이 자꾸 오르거나 어쩔 수 없는 주택 유지비 때문에 경비를 지출하고 나면 많은 사람들이 월 납입금을 내지 못했고, 그러면 집이 압류되어 계약금만 날리고 퇴거를 당하기도 했다. 여기서 뽑아낸 이윤은 믿을 수 없을 정도로 엄청났다. 1966년 시카고의 한 집주인은 단 한 채의 부동산에서 임대료로 4만 2,500달러를 벌었고, 유지비로는 2,400달러만 썼다고 법정에서 진술했다. 과도한 이윤 때문에 고발을 당하자 해당 집주인은 간단히 이렇게 대답했다. "내가 그것 때문에 그 건물을 산 거요."[22]

1968년 공민권법은 주거 차별을 불법으로 규정했지만 미세한 형태의 차별은 여전히 팽배했다. 크리스털과 바네타는 게토를 떠나고 싶었지만, 15번가의 집주인 같은 사람들은 이들의 진입을 막았다. (어포더블렌탈처럼) 분명한 기준을 설정하고 모든 신청자에게 동일한 잣대를 들이댐으로써 차별을 피하려고 노력하는 부동산 관리회사와 집주인들도 있었다. 하지만 아무리 평등한 대우를 해도 사회가 불평등한 이상 여전히 불평등을 양산하는 데 기여할 수 있었다. 투옥의 경험은 흑인 남성들에게, 퇴거의 경험은 흑인 여성들에게 기형적으로 집중되었기 때문에 최근 범죄 기록이나 퇴거 기록이 있는 사람의 주거 신청을 균등하게 거부하는 경우라도 여전히 아프리카계 미국인들이 과도한 영향을 받을 수밖에 없었다. 크리스털과 바네타 역시 어포더블렌탈로부터 자신들의 체포와 퇴거 이력 때문에 신청이 거부되었다는 답을 들었다.

퇴거 그 자체는 왜 어떤 가정은 안전한 동네에 사는데 어떤 가정은 위험한 동네에 사는지, 왜 어떤 아이들은 좋은 학교에 다니는데 어떤 아이들은 그렇지 못하는지를 종종 설명해주었다. 강압으로 집에서 쫓겨난 트라우마와 퇴거 기록이라는 오점, 그리고 새로운 거처로의 힘들고 황급한 이사는 퇴거당한 세입자들을 더 침체된 위험한 지역으로 내몰았다.[23] 아직 바네타와 크리스털에게는 이 같은 현실이 시작되진 않았다. 이들은 그냥 집을 구하는 들뜬 첫 번째 국면에서 막 벗어나는 중이었다. 크리스털과 바네타는 쉰여 곳의 아파트를 찔러본 뒤에야 마지못해 도심 빈민가를 돌아다니기 시작했다. 새로 친구가 된 두 여성은 다시 게토로 돌아가는 중이었지만 거기에 전적으로 매달리진 않았다.

크리스털은 감정을 누르려고 애쓰고 있었다. 그래서 월요일 밤에는 집을 알아보는 대신 교회에 들르기로 했다. 15번가의 집주인으로부터 불쾌한 대우를 받고 난 뒤 음악으로 귀를 막고 노래를 불렀던 것도 그런 이유 때문이었다. "스트레스가 많아도 너무 많아. 하지만 내가 아프게 내버려둘 수는 없으니까," 그녀는 이렇게 말했다. 크리스털은 결국 쉼터의 관리인 가운데 하나가 깨끗한 아마천을 주지 않겠다고 하자 결국 그에게 화풀이를 했다. 그녀는 이미 의무적인 직업 교육 때문에 수면장애를 겪고 있었다. 그녀는 수면무호흡증 탓을 했다. 관리인과 언쟁을 벌이고 난 뒤 크리스털은 이튿 날 아침 식사 때까지 방을 비우라는 명령을 받았다.

크리스털은 다음 날 종일 전화기를 붙들고 자신을 재워줄 수 있는 사람을 찾으려 애썼다. 아무런 소득도 없이 밤이 되자 크리스털은 한숨을 쉬며 바버 목사에게 전화를 걸었고, 목사는 신도 가운데서 도움을 주겠다고 나선 연로한 부부를 찾아냈다. 크리스털은 그날 밤을 이 두 노인의 레이지보이 리클라이너에서 보냈다.

다음 날 저녁 갈보리산 교회에서 성서 공부가 끝난 뒤 크리스털은 다시 노부부의 집으로 돌아갔다. 어둡고 텅 빈 거리에는 비가 세차게 내리고 있었다. 겨울이 봄으로 넘어가면서 처음으로 얼음이 녹아서 내리는, 쓰라릴 정도로 차가운 비였다. 크리스털은 문을 두드렸고, [노부부 가운데] 남편이 체인을 벗기지 않은 채 문을 빼꼼히 열었다. 그 집이 있는 14번가 버레이로는 밀워키 시에서 가장 범죄가 많은 지역 가운데 하나였다. 크리스털을 알아본 남자는 체인을 팽팽히 유지한 채 크리스털의 물건이 든 작은 가방을 건네준 뒤 문을 닫았다.

크리스털은 자신이 이들의 손에 뭘 쥐어주지 않아서 그런 거라고 생각했다. 하지만 사촌에게 카지노에서 딴 돈 400달러를 빌려주고 나니 가진 돈이 하나도 없었다. 사촌은 월세 낼 돈이 필요했다. 바네타는 이 소식을 듣더니 이렇게 말했다. "크리스털, 내가 거기 있었더라면 너 대신 그 얼뜨기 같은 인간을 후려 패줬을 거야! 지금 너도 지낼 데가 없잖아. 그 사람들이 네 가족이든 아니든 그런 건 상관없어. 넌 오랫동안 지낼 데도 없잖아. 네 머리 위에도 지붕이란 게 있어야 한다구."

크리스털은 가끔 음식을 마음껏 먹지 못했다. 그녀와 바네타가 점심을 먹으러 맥도날드에 갔는데, 한 남자아이가 들어왔던 그때도 그랬다. 더러운 옷을 입고 머리가 헝클어진 그 아이는 아홉 살이나 열 살쯤으로 보였다. 얼굴 한쪽은 부어 있었다. 아이는 계산대로 가지 않고 남은 음식을 찾아 이 테이블에서 저 테이블로 천천히 어슬렁거렸다.

크리스털과 바네타의 눈에 아이가 들어왔다. 크리스털은 자신의 주머니를 뒤지며 바네타에게 물었다. "뭐 가진 거 있어?" 두 여성은 아이에게 저녁을 사주려고 가진 돈을 모았다. 크리스털은 메뉴를 살펴보는 동안 마치 자신이 아이의 큰누나라도 되는 것처럼 아이를 팔로 감쌌다. 그녀는 아이에게 괜찮으냐고 물어보고는 음식을 건넸고, 포옹을 한 뒤 보내주었다.

"어릴 때 생각이 나네," 바네타가 몸을 떨며 말했다.

크리스털은 아이가 곧장 길을 건너는 모습을 바라보았다. "나한테 집이 있었으면 좋았을 텐데. 그럼 저 아이를 집에 데려갔을 텐데."

버레이로에서는 비바람이 옆으로 세차게 몰아쳤다. 노란 가로등 불빛 속에 비는 빛을 뚫고 내리꽂히다 웅덩이처럼 고인 주변의 어둠으로 사라져버리는, 끝없는 은빛 물고기 떼처럼 보였다. 크리스털은 핸드폰을 살펴보았다. 거의 밤 열한 시가 다 되어가고 있었다. 저장되어 있던 번호에 전화를 걸었다. 그녀에게 돈을 빌린 사촌은 전화를 받지 않았다. 다른 번호로 전화를 걸었다. 위탁모는 집에 사람이 꽉 찼다고 했다. 또 다른 번호로 전화를 걸었다. 전화를 걸고, 걸고, 걸고, 또 걸었다.

머리가 큰 소년

셰리나는 러마와 카말라가 살았던 불 탄 건물을 불도저로 밀어버렸다. 셰리나는 보험금으로 두 세대용 아파트 두 채를 새로 구입해서 화재로 잃었던 집보다 두 배 더 많은 집을 얻게 되었다. 힝스턴네가 뒤쪽 창문으로 내다보면 보이는 건 공터뿐이었다. 그날 밤을 기억나게 하는 가시적인 물건은 카말라와 그녀의 가족이 만든 임시 추모물이 전부였다. 이들은 죽은 아이를 기리기 위해 면으로 된 도르래 줄로 동물 인형과 사진들을 나무에 묶어놓았다. 가장 눈에 띄는 사진에서는 부활절 드레스를 입은 아기가 작은 얼굴에 크고 차분한 눈을 하고 있었다. 동물 인형으로 그들이 고른 건 토끼·곰·거위·라쿤·하마였다. 나무둥치 주위에는 유리로 된 꽃병과 콜라 캔에 담긴 초가 원을 그리고 있었다.

나타샤는 친구가 교회 식료품 저장실에서 골라온 아기 옷이 담긴 쓰레기봉투에서 옷들을 선별하고 있었다. 그녀는 손을 부드럽게 움직이며 미니어처처럼 작은 물건 하나하나를 보고 미소를 지었다. 엄마가 된다는 생각이 그녀 안에서 점점 커지고 있었다.

"내 아기가 날 닮았음 좋겠어," 나타샤가 말했다. "아기가 말릭처럼 생기진 않았음 좋겠어. 말릭은 눈만 커다란 게 늙은 사슴 같아."

"무슨 그런 못된 소릴!" 도린이 말했다.

"말릭은 완전 까매."

커즌즈서브 유니폼을 입은 패트리스는 이야기를 흘려들으며 식당으로 건너갔다. "네 애기는 엄청나게 많은 사람을 닮은 모양으로 나올 거야," 패트리스는 이렇게 놀렸다.

"아냐!" 나타샤가 웃음을 터뜨렸다.

패트리스는 한숨을 쉬며 주제를 바꿨다. "가족 여러분, 우리 이 변기 좀 어떻게 해야겠어." 변기가 다시 막혔다. 잿빛 물이 가득하고 그 안에는 녹빛 오렌지 막이 형성된 주방 싱크대도 그랬다. 누군가 주기적으로 그 물을 퍼내고 있었다. 그래서 설거지가 어려워졌고, 더러운 냄비와 접시들이 조리대에 쌓이기 시작했다. 바퀴벌레 같은 벌레들도 더 늘어났다.

도린은 배관 문제로 셰리나에게 전화하지 않았다. 길고 긴 잔소리를 듣기 싫었고, 아직도 월세가 밀려 있기 때문에 어쨌든 셰리나는 도움이 안 될 거라고 생각했다. 배관공에게도 전화하지 않았다. 돈 문제가 아니라 해도 그건 셰리나만 도와주는 꼴이라는 기분이 너무 강하게 들었기 때문에 아무도 배관 문제를 해결하는 데 관심을 두지 않았다. 특히 며칠 전 패트리스가 법원에서 통지서를 받은 다음부터는. 통지서에는 패트리스가 내야 할 돈이 2,494.50달러라고 적혀 있었다. 셰리나에게 고소를 당해 2차와 3차까지 재판을 진행한 결과였다.[1]

"난 그 집에서 4개월을 살았어," 패트리스가 말했다. "근데 그 여자는 내가 2,400달러를 내야 한다는 거야!"

"그건 네가 월세를 하나도 안 냈다는 뜻인데," 도린이 말했다.

"아냐! 이젠 엄마까지 말도 안 되는 소리를 지어내기야?" 패트리스는 청구서를 쳐다보았다. 내야 할 돈이 900달러는 되는 것 같았다.

"어쩔 거야?"

"내가 뭘 할 수 있나 모르겠어."

힝스턴네 사람들은 월세로 내는 돈보다 더 많은 걸 집주인에게 기대했다. 이들은 가장 큰 지출 항목이 월세였기 때문에 그 보상으로 호사스럽진 않아도 기본적인 기능들이 원활한 집을 원했고, 고장이 나면 고쳐주기를 바랐다. 하지만 셰리나가 자신의 소유 재산을 수리하지 않으면 이들도 그렇게 할 이유가 없었다. 집은 이 세입자들을 실망시켰고, 그래서 세입자들도 집을 실망시켰다.[2]

힝스턴네 집이 상태가 악화될수록 모든 사람들이 더 뒤로 물러나 무력해지는 것 같았고, 그러면 문제는 더 나빠지기만 했다. 나타샤는 말릭의 집에서 점점 더 많은 시간을 보내기 시작했다. 도린은 더 이상 음식을 하지 않았고, 아이들은 저녁으로 시리얼을 먹었다. 패트리스는 잠이 늘었다. 아이들의 성적은 떨어졌고, 마이키의 선생님은 전화를 걸어 마이키가 숙제를 너무 안 해와서 유급을 할 수도 있다고 전했다. 아무도 청소를 하지 않았고, 주방 바닥에는 쓰레기가 널려 있었다. 기준 미달의 주택은 사람들의 심리적 건강에 타격을 준다. 습기와 곰팡이·과밀이 우울증을 유발할 수 있을 뿐 아니라 끔찍한 주거 환경이 거주자의 자존감에 영향을 미치기 때문이다.

가난한 사람들은 "자신들이 얼마나 부적절한 존재인지를 확인시켜주는 증거에 꾸준히 노출"된다고 이야기하기도 한다.[3] 특히 (백인 거주 지역 가운데 가장 열악한 동네와도 격차가 너무 큰, 극심한 폭력과 가난에 찌든 동네에서 살아가는) 가난한 아프리카계 미국인 가정이 위험한 동네에서 열악한 주택에 산다고 했을 때, 그것이 더 넓은 사회에서 이들이 어디 속하는가와 관련해 던지는 메시지는 분명했다.[4] "솔직히 말해서 이 집은 판잣집이지," 도린은 이렇게 말하기도 했다. 그로부터 얼마 되지 않아 루비가 밖에서 들어오더니 "어떤 남자가 금방 가게 바로 앞에서 살해당했다"라고 전하기도 했다. 게토에 있는 판잣집에서 성장한다는 것은 그런 환경을 견디는 법을 배움과 동시에 전혀 그럴 필요가 없는 사람들도 있다는 사실을 배우는 것이기도 했다. 자기가 사는 집을 혐오하는 사람들, 자기 집을 전혀 통제할 수 없다고 느끼는 사람들, 그럼에도 소득의 대부분을 집에 털어넣어야 하는 사람들은 자존감이 낮았다.[5]

머리가 좀 굵은 아이들은 잠시 집을 나와 센터로에 있는 공공도서관에서 유예의 시간을 갖기도 했다. 씨제이와 루비·마이키는 컴퓨터를 가지고 노는 게 제일 좋았다. 루비는 그곳에 가면 먼저 제너럴 밀스General Mills에서 만든 마케팅 도구인 밀스베리Millsberry라는 무료 온라인 게임에서 조금씩 만들고 개선시킨 '자신의 집'에 접속했다. 루비의 집은 골든밸리의 바운티 드라이브에 있었다. 조명이 반사되는 깨끗한 바닥에, 침대에는 시트와 베갯잇이 있었고, 숙제를 할 수 있는 책상도 하나 있었다. 도린이나 패트리스가 도서관에 올 수 있었더라면 인터넷에서 새집을 찾을 수 있었을지 모른다. 하지만 이들은 절대 도서관에 오지 않았다. 세리나에게 돈을 갚으려면 교통비도 아껴야 할 정도인데다가, 대부분의 흑인 세입자들처럼 이들은 온라인으로 집을 구하지 않았으며, 가족 전체가 뿌연 우울증의 늪에 빠져 있었기 때문이다.

패트리스는 집이 자신들의 기를 빨아먹는다고 느꼈다. "우린 그냥 이 집과 함께 진창에 빠진 거야," 그녀는 이렇게 말했다. "근데 아무도 더 나은 상황을 만들려고 노력하지 않지. 그래서 나도 더 나아진다는 건 기대도 안 해. 맨날 아무것도 바라는 게 없는 사람들에 둘러싸여 있다 보면 결국 나도 아무것도 하고 싶지 않게 돼." 이제까지 테네시 주의 느린 억양이 그녀에게 이렇게 잘 어울린 적이 없었다.

때가 되었다는 소식을 접한 말릭은 나타샤를 보기 위해 직장에서 병원으로 내달렸다. 휘턴 프란시스칸 성 요셉 캠퍼스는 챔버스와 49번가에 있었다. 나타샤는 준비는 되었지만 겁먹은 것 같았다. 한 손으로는 침대 레일을, 다른 한 손으로는 말릭의 손을 꼭 잡고 있었다. 말릭이 일어서려고 하면 나타샤는 다시 끌어내리곤 했다. 말릭은 미소를 지으며 나타샤의 등을 어루만져주었다. 나타샤는 출산 교실에서 연습했던 대로 호흡에 집중했다. 배 위에 팔짱을 낀 도린은 흔들의자에 앉아 다 안다는 듯 이 모습을 지켜보았다.

아기는 밤 열한 시 10분에, 8파운드 3온스의 무게로 태어났다. 둥근 얼굴에 머리카락은 완전히 부스스했으며, 분홍빛이 도는 갈색 피부에 힝스턴네 사람들 특유의 넓은 코를 가진 남자아이였다.

다음 날 아침 패트리스는 잠들어 있는 나타샤의 귀에 대고 "이봐, 애 엄마,"라고 속삭였다. 나타샤는 아직 눈도 뜨지 못한 상태로 미소를 지었다.

아기가 꼼지락대자 나타샤는 아기를 내주지 않으려 했지만 다들 돌아가면서 아기를 한 번씩 안아보았다. 나타샤는 하루 종일 아기를 안고 코와 이마에 부드럽게 입을 맞췄다. 말릭의 얼굴에서 자랑스러움을 읽은 패트리스는 바로 그 자리에서 아기의 이름을 말릭 주니어라고 하기로 결정했다.

이튿날 나타샤는 작디작은 그 소중한 아기를 단단히 싸서 쥐구멍 같은 집으로 데려갔다.

4월, 바네타는 로지 곳곳에 부활절 달걀 모양의 캔디를 숨겨놓고 아이들이 찾게 했다. 켄들은 템비와 보보에게 그걸 찾아오라고 시켰다. 가끔 이 꼬마는 이미 유년기가 끝난 것처럼 보였다. 네 살 때 켄들은 엄마의 손을 잡지 않으려 했고 유치원 수업에서 노래 부르는 것도 좋아하지 않았다. 파리한 입술에 에스프레소 빛깔의 눈을 가진 이 잘생긴 소년은, 엄마에게 걱정거리가 많다는 것을 직감했다. 물론 이 역시 바네타의 걱정거리였다.

부활절이 되기 며칠 전, 템비가 화재경보기를 건드렸다. 누구의 짓인지 알게 된 관리인들은 바네타에게 다음 날 로지를 나가라고 명령했다. 바네타는 여기에 맞설 겨를이 없었다. 게토의 심장부로 직행한 그녀는 아파트를 알아보기 시작했다. 집의 상태나 동네는 따지지도 않고 눈에 띄는 임대 표지판에 쓰인 번호로 닥치는 대로 전화를 걸었다. 벽에는 금이 가고 천장은 기름때에 절었으며 주변에는 버려진 집들과 갱단의 그래피티가 어지럽게 널려 있는 더러운 아파트를 둘러

본 바네타는 그 집이 너무 싫었지만 임대신청서를 작성했다.

"아가씨, 애들 때문에 쫓겨나는 거야?" 크리스털이 물었다. 그 추운 날 밤 현관에서 덜덜 떨던 크리스털은 결국 사촌과 연락이 닿았고, 그 집에서 하룻밤 묵을 수 있게 되었다. 그 뒤에는 휘턴 프란시스칸을 "성 요셉 병원"이라고 부르며 대기실에서 잠을 자거나, 새로 리모델링한 시내의 암트랙Amtrak* 역에서 기차를 기다리는 승객들과 섞이려 애쓰며 잠을 자기 시작했다. 어느 날은 버스정류장에서 패트리샤라는 한 여성을 만났는데, 그날로 둘은 룸메이트가 되었다. 크리스털은 지낼 곳이 필요했고, 폭력 남편에게 한 방 먹일 방법을 궁리하던 패트리샤는 남편의 소득을 대신할 돈이 필요했다. 크리스털보다 나이가 두 배 더 많은 패트리샤에게는 십대인 딸 하나가 있었고, 집은 노스사이드의 조용한 구역에 있는 단독주택이었다. 크리스털은 패트리샤를 "엄마"라고 부르기 시작했다.[1]

다음 날 바네타는 로지를 나온 뒤 물건을 언니의 아파트로 가져갔다. 에보니는 히스패닉 미션Hispanic Mission에서 가까운 주택가인 오차드가의 침실 세 개짜리 작은 집에서 남편과 세 아이, 그리고 바네타의 여동생과 함께 살았다. 베이지색 카펫에는 얼룩이 져 있고, 거의 모든 방에는 매트리스가 깔려 있었으며, 작은 주방이 뒤편에 겨우 한 자리 차지하고 있는 에보니의 집은 전체적으로 어수선하고 낡아보였다. 바네타는 거기서 오래 지낼 생각이 아니었다. 그녀는 언니에게 50달러를 주고 아이들을 작은 침실 가운데 한 곳으로 옮긴 뒤, 디션의 재수감 심리에 참석하기 위해 법원이 있는 시내로 향했다.

디션은 보보의 아빠였고, 바네타는 자신이 그를 사랑한다고 생

---

* American과 track의 합성어로 전미 여객 철도공사National Railroad Passenger Corporation를 가리키며, 미국 전 지역 역에서 여객 철도 운송업을 하는 준공영 기업이다.

각했다. 술을 마시지 않았을 때 디션은 좋은 아빠였다. 6개월 전 경찰은 마약 소지 등에 대한 가석방 규정 위반으로 그를 잡아갔다. 죄의 무게를 가늠하던 판사는 디션이 난폭해졌을 때 바네타가 여러 차례 걸었던 911 신고 전화를 인용했다. "그리고 나서 10월 10일에 바네타 에번스가 신고 한 건. 그 다음 10월 19일에 에번스 부인이 또 신고." 당황한 바네타는 두 손으로 얼굴을 가리고 엉엉 울었다. 바네타는 자신이 했던 신고를, 그녀가 디션을 집 밖으로 내쫓고 난 뒤 일어났던 일들을 모두 기억하고 있었다. 나중에 술에 취해 집에 돌아온 그는 문을 때려 부수고 그녀를 구타했다. 그녀의 기억에 따르면 그 사건 이후 집주인은 월세를 챙긴 뒤 그녀에게 28일 '무소송' 퇴거통지서를 건넸다. 재수감심리에서 판사는 디션에게 18개월을 선고했다. 바네타는 술을 거의 마시지 않았지만 그날 밤엔 뉴 암스테르담 진 한 병을 샀고, 아이들 옆에서 술에 취해 정신을 잃었다.

바네타는 크리스털의 전화에도 깨지 못했다. 그래서 크리스털은 전화를 끊고 사촌과 의자매들에게 전화를 걸었다. 패트리샤와 크리스털이 했던 약속은 결렬된 상태였다. 패트리샤의 열네 살짜리 딸이 크리스털의 핸드폰을 학교에 가져가서 잃어버리거나 팔아버렸다. 크리스털은 보상을 요구했지만 패트리샤는 이를 거절했다. "내 집에서 쫓겨나고 싶은 모양이구나!" 와인과 E&J 브랜디를 섞어 마신 패트리샤가 술에 취해 소리쳤다. 크리스털은 지원군들에게 전화를 걸었고, 크리스털의 지원군들은 차에서 기다렸다. 크리스털과 패트리샤는 언쟁을 하며 집 밖으로 나왔고, 패트리샤가 균형을 잃고 바닥에 넘어졌다. 패트리샤를 내려다보던 크리스털은 패트리샤의 얼굴을 발로 밟았다. 밟고, 또 밟고. 이를 본 크리스털의 의자매 하나가 달려 나와 패트리샤를 망치로 내리쳤다. "망할 년. 어디서 까불어!" 그녀는 이렇

게 소리친 뒤 크리스털을 끌고 달아났다. 패트리샤는 통증 때문에 보
도에 가만히, 아기처럼 웅크린 자세로 누워 있었다. 크리스털은 성 요
셉 병원에 내려달라고 한 뒤 그곳에서 그날 밤을 보냈다.[2]

바네타와 크리스털은 일흔두 곳의 집에 연락을 해본 뒤 결국 침
실 두 개짜리 아파트를 월 500달러에 얻었다. 손봐야 할 곳들이 방치
되어 있어도 신경 쓰지 않을 정도로 절박한 세입자들이 퇴거와 범죄
기록을 신경 쓰지 않을 정도로 절박한 집주인을 찾아낸 것이었다. 나
무로 된 바닥에는 끈적한 때가 앉아 있었고, 앞문은 제대로 잠기지
도 않았으며, 침실은 너무 작아서 트윈베드 한 쌍 이상은 놓을 수도
없었다. 주방의 경우 싱크대는 막혀 있었고, 바닥 타일은 부서져 있
었으며, 벽 대신 방수 종이로 문이 열리지 않게 봉해놓은 캐비닛들
이 서 있었다. 스토브와 냉장고가 있어야 할 자리는 비어 있었다. 하
지만 욕조가 있었다. 그리고 니어 사우스사이드의 7번가 메이플로에
위치해 있어서 주방 창문으로 성 스태니슬라우스 교회의 쌍둥이 첨
탑을 볼 수 있었다. 바네타는 그곳이 위험한 동네라고 생각했다. 어
릴 때부터 그 길모퉁이에 마약상이 있다는 걸 알고 있었다. "끔찍한
곳이지만 이젠 집 알아보는 것도 신물 나," 바네타는 이렇게 말했다.
"그 집은 싫지만… 그것 말곤 할 수 있는 선택이 없네."

두 친구는 옷과 장난감이 든 쓰레기봉투 몇 개를 들고 이 아파트
로 이사했다. 대부분의 물건을 패트리샤의 집에 두고 온 크리스털은
그 물건들을 영영 되찾지 못할 거라고 생각했다. 그 집에서 유일한
가구는 누군가 버리고 간 낡은 흔들의자였다.

바네타와 크리스털은 그곳에서 1년 동안 지낼 계획이었다. 하지만
이사한 지 얼마 되지 않아 바네타와 크리스털이 로지에서 알게 된

클라라라는 여자가 놀러 와서 크리스털의 핸드폰 잔여 통화 시간을 바닥내버렸다. 그러자 크리스털은 그녀를 아파트 창밖으로 밀쳤다. 경찰이 나타나자 크리스털은 집 밖에서 먹을 샌드위치를 몇 개 만들었다. 바네타는 쉼터에서 모은 돈을 거의 모두 털어 부서진 유리창을 변상하는 데 썼고, 크리스털에게는 다시 오지 말라고 했다. 바네타와 아이들이 그 집에서 계속 살려면 그 방법밖엔 없었다.

며칠 뒤 아동보호서비스국에서 에보니의 아파트로 전화를 걸어 바네타를 찾았다.[3] 에보니가 바네타에게 전화를 걸어 조심하라고 일러주자 바네타는 크리스털을 의심했다. "이년을 죽여버릴 거야," 바네타는 엄마에게 분통을 터뜨렸다. "그 망할 년이 사회복지국에 날 신고하다니!"

"네가 그 여자한테 소금을 쳤잖아. 그래서 이제 그 여자가 너한테 소금을 치는 거야," 바네타의 엄마는 이렇게 말했다.

"우리 애들한테 소금을 치고 있잖아!" 바네타가 소리를 질렀다.

바네타는 아동보호서비스국 소식에 마음이 불안해졌다. 스토브도 냉장고도 없는 아파트에서 아이들이 지내게 놔둘 것 같지가 않았다. 바네타는 돈이 하나도 없었지만 어쨌든 중고 가전을 파는 길모퉁이 가게로 갔다. 중고 식기세척기와 드라이기 등의 가전제품이 어수선하게 널려있는 곳에서 스페인 음악이 흘러나왔다. 가게 주인인 로드리게스 씨는 굵은 모발에 통통한 멕시코 남자로, 작은 가게에 쌓여 있는 제각각의 물건을 교사용 지시봉처럼 생긴 막대기로 짚어서 골라냈다.

"여기서 제일 싼 스토브랑 냉장고는 얼마예요?" 바네타가 물었다.

"빵 구울 수 있는 거요? 없는 거요?" 로드리게스가 굵직한 말씨로 물었다.

바네타는 고개를 저어 의사를 밝혔다. 고장 난 오븐이라도 별 상관은 없었다.

로드리게스는 작은 가스 스토브 방향으로 막대기를 찔렀다.

"얼마예요?" 바네타가 물었다.

"90이요."

바네타가 다시 고개를 저었다. "너무 비싸요. 얼마까지 해줄 수 있어요?"

로드리게스는 어깨를 으쓱했다.

한동안 흥정을 하다 바네타는 로드리게스에게 별도 판매하는 호스 부품까지 끼워서 80달러에 해달라고 말했다. 다른 가게에서 냉장고를 찾아낸 바네타는 가격을 60달러로 깎았다. 돈은 친구에게 빌린 뒤 1일에 갚겠다고 약속했고, 마지막 쇼핑은 알디*에서 했다. 계산대에 선 바네타는 식료품 구매권 한도를 넘어서 뭔가를 포기해야 할 때를 대비해, 아이스크림 샌드위치와 다른 정크푸드들을 컨베이어벨트 끝에 놓았다.

집으로 돌아와 장 본 식료품을 내려놓은 바네타는 흔들의자에 지친 몸을 털썩 내려놓은 뒤 담배에 불을 붙였다. 이제 아동보호서비스국에서 찾아올 때를 대비한 준비가 모두 끝났다.

그러자 다른 생각들이 떠올랐다. 그녀는 자신이 강도 행위로 수감될 경우 아이들을 누구에게 맡길지 아직 결정하지 못한 상태였다. 최근에는 아이들의 주간 보육 시설에 있는 한 여성으로 마음이 기울고 있었다. "난 미쳐버릴지도 몰라. 하지만 최소한 애들이 누군가의 돌봄을 받고 있단 걸 알면 마음은 좀 놓이겠지," 바네타는 이렇게 혼잣말을 했다. 그 다음 문제는 곧 치러지게 될 켄들의 유치원 졸업식이

* 글로벌 할인마트.

었다. 바네타는 어떻게든 돈을 마련해서 그 중요한 날을 위해 아이에게 새 신발을 사주고 싶었다. 아이가 자신이 특별하고 충족된 사람이라는 기분을 느끼게 해주고 싶었다. 도심 빈민가에서는 유년기에 벌어지는 큰 사건들이 대체로 인생을 결정했다. 더 크고 난 뒤에는 손에 꼽을 만한 좋은 일이 전혀 없을 수도 있었다.

선고심리가 있는 날 아침, 바네타는 잠에 취한 아이들을 깨워 밥을 먹이고 옷을 입힌 뒤 거실 바닥에서 자신이 입을 옷을 다시 한번 다리기 시작했다. 스토브와 냉장고를 들여놓은 것 말고는 더 할 수 있는 것이 없어서 아파트는 사람이 살지 않는 곳처럼 휑했다. 켄들은 거실에 있는 엄마 옆에서 황갈빛 아침 햇살을 받으며 손을 허리에 짚고 서 있었다. 바네타는 아이에게 빨간 칼라가 달린 셔츠를 입히고 새 신발을 신겼다. 몇 피트 떨어진 벽난로 선반에는 유치원 졸업식 날 모자와 가운을 갖추고 찍은 아이의 사진이 놓여 있었다.

"엄마," 켄들이 말했다. "아이들은 법정에 가는 거 아니래요. 아이들은 어린이집하고 학교에 가는 거래요." 아이는 토라진 것이 아니라 이 세상의 어떤 생경함을, 가지런한 질서에서 벗어난 어떤 것을 관찰하는 중이었다. 켄들은 이렇게 말했을 수도 있었으리라. "개는 고양이를 좋아하는 거 아니래요." 또는 "4월에는 눈이 오는 게 아니래요."

바네타는 다리미를 내려놓고 숨을 들이쉬었다. "켄들, 엄마랑 같이 법원에 갈래?" 바네타는 전날 밤과 똑같이 아이에게 물었다.

켄들은 엄마가 자신을 필요로 한다고 생각했다. "엄마, 난 엄마랑 같이 법원에 갈 거예요," 아이는 단호하게 말했다.

"사람들이 엄마한테 벌을 주면 난 뭘 해야 해요?"

"동생들하고 같이 있어. 동생들 잘 챙겨주고. 나의 티티 말 잘 들어야 돼."

마지막 순간 바네타는 만일 자신이 수감될 경우 언니에게 아이들을 봐달라고 부탁하기로 했다. 그 이유는 자신도 딱 잘라서 말할 수가 없었다.

법원에 일찍 도착한 바네타는 보수적인 느낌의 검은 스웨터에 거기에 어울리는 바지를 입고 말없이 몸을 떨었다. 화장을 하고 귀걸이를 착용했으며, 머리는 단정하게 뒤로 꽉 묶고 있었다. 그녀는 판사에게 할 말을 생각해내려 애쓰며 복도를 서성거리다, 오렌지색 죄수복을 입고 수갑을 찬 채 무거운 발걸음을 옮기는 흑인 남자들을 보기 위해 주기적으로 움직임을 멈추곤 했다. 니트 모자에 겨울 코트를 입은 엄마 쇼트케이크가 바네타의 쌍둥이 남자 형제와 여동생과 함께 나타났다. 에보니는 집에서 템비와 보보, 그 외 나머지 아이들을 보고 있었다. 나중에 바네타가 다니는 올바이블 침례교회에서 온 전도사 부인과 또 다른 백인 여성이 니트 스웨터에 두꺼운 안경을 쓰고 와서 합류했다.

시간이 되자 바네타는 담당 국선변호인 옆에 앉았다. 백인 남성인 국선변호인은 평범한 검은 정장을 입고 발을 떨고 있었다. 법정은 텔레비전에서 보는 것처럼 발코니가 있고 천장에는 커다란 팬이 매달려 있으며, 나무로 된 긴 벤치형 의자에 사람들이 우글거리는 야외 극장 같은 그런 곳이 아니었다. 작은 공간에 두꺼운 유리벽이 있어서 청중과 분리되어 있었고, 천장의 스피커로 참관인들에게 진행 과정을 알려주는 방식이었다.

탄탄한 체격에 얼굴은 분홍빛인데다 머리숱이 적고 깔끔하게 수염을 정리한 지방검사 보조가 먼저 검찰 측 진술을 했다. 그는 바네타의 여러 가지 면에서 깊은 인상을 받은 듯 했다. 이제까지 한 번도

체포된 적이 없었고, "몇 차례 고용 이력"도 있었기 때문이다. "그녀
는 분명 11학년까지 학교를 다녔습니다. 거기에 애석한 점도 없진 않
지만 더 질 좋은 교육 배경을, 우리가 접하는 많은 피고들보다 더 나
은 교육 배경을 지녔습니다." 그는 이렇게 말을 이었다. "그녀에겐 가
족의 지원이 있습니다. 그건 좋습니다. 안타깝게도 이 범행이 일어난
시기에도 동일한 수준의 감정적 지원과 가족들의 지원이 가능했습니
다. 그런데 그것만으로는 충분치 않았던 겁니다. 저는 범행 결정이 절
박한 상황 때문에 어쩔 수 없이 이루어졌다는 사실을 의심하지 않습
니다만, 상황이 절박했다고 해서 피해자에게 미친 영향이 줄어드는
것은 아닙니다." 피해자 가운데 한 명은 더 이상 지갑을 들고 다니지
않았고, 동네에서도 안전하다고 느끼지 못한다고 검사는 보고했다.
"다른 사람의 물건을 빼앗기 위해 총을 사용하면 감옥에 간다는 사
실을 사람들에게 알려야 한다는 것이 주의 입장입니다."

그 다음에는 바네타의 국선변호인이 일어나 다소 두서없지만 절
박하게 선처를 호소했다. 바네타는 지금도 양심의 가책을 느끼고 있
고, 범죄 사실을 모두 자백했다고 그는 말했다. 다른 공범들보다 나
이도 어리고 "세상물정에도 별로 밝지 못했다." 총을 든 건 친구였다.
상황이 워낙 꼬여서 일어난 범죄였다. "저는 지역사회 차원에서도 처
벌을 할 수 있다고 믿습니다," 국선변호인은 이렇게 마무리했다. "저
는 반드시 그녀를 투옥시켜야 한다고는 믿지 않습니다."

다음은 바네타의 발언 순서였다. 그녀는 자신의 행동에 "모든 책
임을 지고" 피해자와 법정에 사과했다. "그 상황이 있었던 시기에 나
와 내 아이들은 인생에서 어려운 시간을 보내고 있었습니다. 퇴거를
눈앞에 두고 있었고 조명은 이미 끊어져 있었습니다. 저는 어려운 상
황에 굴복해버렸습니다. 하지만 그게 제가 한 짓에 대한 변명은 되지

않겠죠… 지금 저는 저에게 선처해주시기를, 특히 아이들에게 선처해주시기를 부탁드립니다."

그 다음은 사람들이 바네타를 위해 발언할 차례였다. 전도사의 부인은 이렇게 말했다. "저는 어려운 환경 속에서도 그녀 내면에 말 없는 평온함이 깃들어 있는 걸 봤어요." 엄마는 네 문장 정도의 말만 했다. 바네타의 쌍둥이 남자 형제는 이들이 "겨우 스물한 살"이었고, 바네타의 아이들에게는 이모나 삼촌이 아니라 엄마의 손길이 필요하다고 말했다.

마지막은 판사의 차례였다. 나이 든 백인 남성인 판사는 막 들은 내용을 정리하기 시작했다. "그러니까 이제까진 범행의 본질을 전반적으로 논의했습니다. 기본적으로 그건 일탈이었고, 절박함에서 비롯된 범죄였다는 거죠. 저도 이해합니다. 하지만 그때부터 지금까지 사실상 아무것도 변하지 않았다는 게 마음에 걸리기도 하네요. 전반적인 경제 상황이 개선되지 못했다는 말입니다. 어떤가요, 변호인?"

"나아지지 못했습니다," 국선변호인이 대답했다. 그는 바네타가 구직 활동을 하고 있다고 주장하긴 했다. 하지만 매일 아침 다섯 시에 일어나는데도 새로 살 집을 구하고, 고졸학력인증시험 대비반 수업을 듣고, 아이들을 돌보면서 일자리를 알아볼 시간이 거의 나지 않는다는 사실은, 혹은 고용주들은 보통 최근에 중범죄를 저질렀다고 자백한 사람은 고용하지 않는다는 사실은 지적하지 않았다.

"나아지지 못했군요," 판사가 같은 말을 되풀이했다. "그리고 좀 솔직히 말해서 전 그때 이후로 상황이 좋아진 게 있는지 모르겠어요. 이후 일어난 일들을 보면, 그러니까 집에서 쫓겨나고 여기저기 전전한 걸 보면 조금 더 나빠졌다고 할 수 있겠죠."

판사의 말을 추리면 이런 거였다. 우리는 모두 당신이 그 폭력적

이고 상처 주는 행동을 했을 때 가난하고 겁먹은 상태였다는 건 알
겠다. 당신이 스프 냄비를 다시 채우고 엎질러진 냉동 요구르트를 걸
레로 훔치면서 올드컨트리뷔페에서 한 주에 닷새씩 계속 일을 했더
라면 지금 여기에 우리가 모여 있는 일은 없었을 거다. 만일 그랬다
면 당신은 돈을 모아서 마약상 대신 안전한 학교가 있는 동네의, 납
이 제거된 깨끗한 아파트로 옮길 수 있었을지 모른다. 시간이 흐르
면 발작을 자주 일으키는 보보에게 필요한 치료를 받게 해줄 수도 있
었을 것이고, 항상 바라던 대로 간호사가 되기 위해 야간 수업을 듣
기 시작했을지도 모른다. 그리고 누가 알겠는가, 당신은 실제로 간호
사가, 유니폼을 입고 모든 것을 갖춘 진짜 간호사가 되었을지도 모른
다. 그럼 당신은 당신의 엄마가 당신에게 준 것과는 차원이 다른 유
년기를 아이들에게 줄 수 있었을 것이다. 만일 그런 상황이 되었다
면 당신은 고개를 높이 쳐들고 이 차가운 도시를 당당하게 걸어다녔
을 것이고, 어쩌면 마침내 당신이 가치 있는 사람이라고, 당신에게 강
도질을 하라고 총을 빌려주는 것과는 다른 방식으로 당신을 도와주
는 남자나 최소한 문을 부수고 들어와 아이들 앞에서 당신을 구타하
지 않을 남자를 만날 자격이 있는 사람이라고 느꼈을지 모른다. 어쩌
면 당신은 안정된 직업을 가진 누군가를 만나 작은 교회에서 결혼식
을 올렸을 수도 있다. 신랑 앞에는 켄들이 자랑스럽게 서 있고, 당신
이 항상 꿈꾸던 대로 템비는 화려하게 옷을 입혀 화동을 시키고, 보
보는 활짝 웃는 모습으로 반지를 들고 아장아장 걸어다녔을 것이다.
그리고 그날부터 당신의 신랑은 당신을 '내 아내'로 소개했을 것이다.
하지만 그건 현실이 아니었다. 현실에선 당신의 근무시간이 단축되었
고, 전기가 끊기기 일보 직전이었으며, 당신과 당신의 아이들은 집에
서 쫓겨날 참이었고, 당신의 친구가 지나가는 여성의 얼굴에 총을 겨

눈 상태에서 당신은 그녀의 지갑을 빼앗았다. 그리고 만일 범죄의 원인이 가난이라면, 당신이 다시 범죄를 저지르지 않으리라고 누가 장담할 수 있을까? 당신은 그때도 가난했고 지금도 가난하다. 우리 모두 근본적인 원인을 알고 있고 이 법정에서 매일 그걸 확인하지만, 사법 시스템은 자선기관도, 취업 프로그램도, 주택당국도 아니다. 우리가 잡초를 뿌리까지 뽑아낼 수 없다면 최소한 줄기 아래쪽을 잘라낼 수는 있다.

판사는 한숨을 쉬었고, 잠시 적막이 흘렀다. 법원 속기사가 키보드 위에 손을 올린 채 선고를 기다렸다. 할머니의 무릎에서 잠든 켄들은 소리 없이 숨을 쉬었다. 판사가 판결을 내렸다. "이건 보호관찰 대상 사건이 아닙니다. 저는 주의 수감 시스템 안에서 81개월을 보낼 것을 선고합니다. 처음 15개월 동안은 감옥에서 지낼 것이고 그 다음 66개월은 확대보호감시를 받게 될 겁니다."

집행관이 바네타에게 다가가 수갑을 채워야 하니 일어서라고 말했다.

"오, 하나님," 바네타의 어머니가 이렇게 내뱉었다. 바네타의 엄마는 켄들을 흔들어 깨우더니 아이를 유리창으로 데려갔다. "잘 가라고 손 흔들어주렴, 아가."

바네타는 팔을 등 뒤로 보내면서 몸을 돌렸다. 눈물이 그녀의 뺨을 타고 흘러내리고 있었다. 켄들은 엄마한테서 배운 대로 씩씩하게 무표정한 얼굴로 엄마를 바라보았다.

크리스털은 신도들과 주교들, 그리고 결국은 목사와 여러 차례 갈등에 휘말리고 난 뒤 갈보리산 교회를 떠나 부활국제부Restoration International Ministries라고 하는 도심 빈민가 교회에 다니기 시작했다. 41번

가와 버레이로에 있는 단조로운 2층짜리 사무실 건물에 입주한 교회
였다.

크리스털은 일요일마다 앞줄에서 세 번째 의자에 앉아 음악에 맞
춰 손뼉을 치기 시작했다. 단추를 반쯤 끄르고 지퍼를 반쯤 열어야
몸에 맞는 검은 셔츠와 녹색 바지를 입었다. 목사는 머리카락이 파도
처럼 굽이치며 어깨까지 흘러내리는 흑인 여성으로, 금장식이 들어
간 흰 예복을 입었다. 목사는 여왕의 위엄을 갖추고 서성이다 성령이
이끌면 걸음을 멈췄다. "하나님은 내가 곧 진리요 빛이라 말씀하십니
다." 그녀는 이렇게 말했다. 피아노를 치는 젊은 남자가 손을 빠르게
놀렸고, 드럼 뒤에 앉은 훨씬 젊은 남자가 심벌즈를 가지고 놀기 시
작했다. "진리! 그리고 빛! 내 말이 들립니까?"

"아멘." 크리스털이 말했다. 바네타와 함께 지내던 아파트에서 쫓겨
난 뒤 크리스털은 노숙자쉼터로 들어갔다. 그 다음에는 진저리 쳐지
는 과정을 거쳐 다시 원점으로 돌아간 뒤(친구를 사귀고, 친구를 이용
하고, 친구를 잃고) 단기간에 몰아쳐서 건조하고 따뜻한 잠자리를 찾
아냈다. 하지만 이런 잠자리를 연결해준 다리들이 끊겨버리면 크리스
털은 다시 거리의 노숙자로 전락해 성 요셉 병원이나 암트랙 역으로
되돌아갔다. 가끔은 밤새 거리를 걸어다니다가 아침이 오면 버스에
서 잠을 잤다. 하지만 이 모든 일을 겪으면서도 교회는 거의 빠지지
않았다.

"샤라라라 야바쇼타 타마마마." 목사는 마이크에 대고 기도를 했
다. 목사의 입에서 나오는 소리는 시작은 약하게, 그 다음은 세게 강
조했다가 떨리는 소리가 조금씩 잦아드는 것이 심장박동의 형태와
닮아 있었다. "열과 성을 다하고 계십니까? 예수님을 영접하기 위해
군중 속으로 온 힘을 다해 몸을 던지고 있습니까? 후아!" 목사는 마

치 보이지 않는 힘에 부딪히기라도 한 것처럼 뒤로 휘청거렸다.

"네, 목사님!" 크리스털이 소리쳤다. 크리스털은 일해서 받는 급료보다 SSI가 더 안정적인 소득원이라는 믿음을 항상 간직하며 지냈다. SSI에는 해고의 위험도, 근무시간 단축의 가능성도 없었다. "SSI는 항상 들어와요." 그녀는 이렇게 말했다. 하지만 어느 날부터 SSI는 더 이상 들어오지 않았다. 크리스털은 미성년자 신분으로 SSI 수급 승인을 받았지만, 성인이 되어 재평가를 받으면서 부적격 판정을 받았다. 이제 크리스털의 유일한 소득원은 식료품 구매권뿐이었다.[4] 크리스털은 혈장 기증을 시도해보았지만 정맥이 너무 작아서 잡히지가 않았다. 영적인 엄마, 위탁해서 키워준 엄마, 심지어는 생물학적 엄마에게 돈을 부탁하기도 했지만 이들이 크리스털에게 줄 수 있는 정도의 돈은 금방 바닥났다. 교회에는 아무것도 부탁하지 않았다. 그랬다간 "맨날 문제가 발생하기" 때문이었다. 그밖에 뭘 어떻게 해야 할지 알 수 없었던 크리스털은 '거리에 나가' 성을 팔기 시작했다. 이제까지 한 번도 아침형 인간으로 지내본 적이 없는 크리스털이었지만, 얼마 안 가 출근 중인 남자들을 붙들 수 있는 아침이 성매매를 하기 가장 좋은 시간이라는 걸 알게 되었다.

"엄마는 괜찮으세요?" 목사가 물었다. 목사는 두 사람이 부축하고 있는 나이 든 여성을 바라보았다.

"아뇨."

"그럼 우리 모든 일을 멈추고 어머니를 위해 기도합시다." 목사는 나이 든 여성 앞에 무릎을 꿇었다. 십수 명의 신도들이 주위를 둘러쌌다. 일부는 의자에 앉아 있었고, 일부는 나이 든 여성의 머리 위에 손을 얹었다. "이렇게 손을 뻗고 기도하세요!" 목사가 명령하자 신도들이 명령을 따랐다. 아이들까지도. "오, 예수님!" 목사가 마이크에 대고 외쳤다. "오, 보혈로, 오 당신의 죽음과 영혼이여, 당신께서 영혼을 어루만지나니, 밖으로 나오라!"

크리스털은 "당신의 채찍으로, 주여, 당신의 채찍으로"라고 연호하며 몸을 들썩이고 손을 어깨에서 엉덩이로 가져갔다.

"보혈로," 목사가 기도했다. "피여! 샤밥마샷탈라! 내가 당신을 포박하는도다. 돌아오세요, 엄마. 돌아오세요!"

음악이 뭔가를 기다리는 듯 낮게 들끓었다. 나이 든 여성을 둘러싸고 있던 사람의 장막이 허물어지면서 그녀의 지치고 핏기 없는 얼굴이 드러났다. 그녀는 잠이 들었거나 죽은 것처럼 보였다. 그러더니 다시 사람들이 그녀가 보이지 않게 간격을 좁혔다. 잠시 뒤 여자를 둘러싸고 있던 사람들이 시끌시끌하더니 밖으로 물러나며 목사가 여성의 얼굴과 손에 키스를 퍼붓는 모습이 나타났다. 여자가 자리에서 일어서자 사람들은 박수를 치기 시작했다.

"하나님을 찬양하라!" 목사가 말했다. 목사는 마이크에 대고 의기양양한 비명을 내지르더니 무릎을 꿇고 기도했다. 피아노와 드럼 소리가 드높아졌고, 교회는 폭발할 듯 들끓었다. 사람들은 복도를 아래위로 뛰며 소리 지르고 노래하기 시작했다. 탬버린을 찾아서 마구 두들기는 사람도 있었다. 드럼 연주자는 심벌즈를 사정없이 내려쳤고, 피아니스트는 계속 고음을 연주했다. 한 여성은 땀범벅인 얼굴로 소리치며 제자리에서 전력 질주를 했다. "여기서는 장례식 같은 건 절대 치르지 않을 겁니다!" 목사가 자랑스럽게 선언했다.

그곳에서 크리스털은 두 손을 들고 손가락을 펼친 채 활짝 웃으며 춤을 추고 있었다. "하나님이 나를 택하셨다," 그녀는 이렇게 외쳤다. "하나님이 나를 택하셨다!"

스콧은 여드레째 술을 마시지 않고 버티다 알코올중독자 갱생회에
서 운영하는 평온클럽을 찾았다. 담배 연기가 자욱하고 나무판으로
실내장식을 한 평온클럽에서는 맛없는 커피와 루트비어 플로트*를
팔았다. "이것도 중독성이 있어," 매일같이 클럽을 드나드는 한 전과
자는 루트비어 플로트를 이렇게 말했다. "하지만 이것 때문에 강도질
을 하진 않거든." 발언 시간이 되자 검은 스카프에 비닐재킷을 입은
밝은 피부의 한 푸에르토리코 여성이 연단에 올랐다. 안나 알데아라
는 이름의 이 여성은 한때 환각제인 LSD를 복용하고 코카인을 흡입
했으며 거칠게 오토바이를 타고 다녔지만 이제는 알코올중독자 갱생
회의 위대한 여사제로 다시 태어난 인물이었다. 몇 달만 있으면 금주
10년 기념 칩을 받게 되는 안나는 그동안 프로그램으로 수십 명의
중독자를 도왔다. 그녀는 자신의 발언 시간에 최신 프로젝트를 언급
했다.

• 생강 등 식물의 뿌리로 만든 무알콜 탄산음료에 아이스크림을 띄운 것.

"사랑해요, 스콧," 그녀가 말했다. "계속 나오세요. 효과가 있을 거예요."

"당신이 하기에 달렸지," 방에 있던 사람들이 토를 달았다.

한 주 전 스콧은 사흘 내리 술을 퍼마시다 돈도 다 떨어지고 숙취에 찌든 채 눈을 떴다. 스콧은 신경을 안정시키기 위해 옷을 입고 아파트를 나왔다. 토요일 이른 아침, 스콧은 아직 잠들어 있는 도시를 걸었다. 그 길로 온 힘을 다해 피토의 집에 가서 자고 있는 그를 깨웠다. 2년 동안 술을 입에도 대지 않은 피토는 새 인생을 살고 싶은 마약중독자가 해독을 위해 뭘 해야 하는지를 알고 있었다. 많은 양의 물, 커피, 비타민, 담배, 음식, 그리고 무엇보다 지속적인 모니터링이 필요했다. 피토는 그날 하루 종일 스콧과 함께 지내다 저녁 무렵 (14년 동안 술을 마시지 않은) 자신의 형인 데이비드와 그의 아내 안나를 만나게 해주었다. 안나는 뒷마당 구덩이에 불을 피우고 술집이 문을 닫는 새벽 두 시까지 스콧과 함께 앉아 있었다. 욕지기와 통증이 치밀고 스트레스가 극도로 심한 하루였다. 그리고 스콧이 수년 만에 처음으로 마약을 하지 않은 날이었다.

닷새째는 다른 의미에서 처참했다. 스콧은 피토의 집에서 흐느끼며 하루를 보냈다. "난 내 몸이 더 나아지고 있는 걸 느낄 수 있어," 그는 이렇게 말했다. "하지만 네가 술하고 마약에서 아무것도 느끼지 못하고 수년을 보냈으면 그건 네가 이미 맛이 갔단 소리거든."

알코올중독자 갱생회는 술을 끊으려는 사람들을 위해 자체적으로 90일 동안 아흔 번의 모임을 떠들썩하게 열어주었다. 중독자 네트워크를 대체할 수 있는 지원 구조로 아기(신참을 의미하는, 이들의 은어다)를 둘러싼다는 게 기본적인 발상이었다. 그리고 절대 아기를 혼자 둬서도 안 되었다. 그래서 스콧은 주류 판매점이 문을 여는 오전 여덟 시 전에 스콧의 집에 갔다가 마지막 주문을 받는 시간이 지날 무렵 안나의 모닥불 옆에서 하루를 마감하기 시작했다.

스콧이 술을 안 마신 지 3주쯤 되었을 때, 집주인이 집을 비워달라고 말했다. 디피가 새로 데려온 핏불이 집 밖을 나가 어떻게 아래층 아파트로 몰래 들어갔던 것이다. 아래층 사람들은 경찰에 전화를 했고, 경찰은 집주인에게 전화를 했으며, 오랜 세입자를 놓치고 싶지 않았던 집주인은 스콧과 디피를 잘라내기로 했다. 그 즈음 스콧은 기본적인 생활은 데이비드와 안나의 집에서 하고 있었다. 이들은 스콧에게 자기네 집에서 잠도 자도 된다고 말했다.

데이비드와 안나가 사는 노동계급 주택은 만인의 소유물 같은 그런 곳이었다. 사람들은 노크도 없이 문을 열고 들어와 묻지도 않고 냉장고를 열곤 했다. "여긴 알데아 갱생원이야," 안나는 이렇게 말하곤 했다. "지금 여기 없는 사람도 언젠가는 찾아오지." 그녀는 항상 커다란 그릇에 쌀과 콩을 채워놓았고, 절대 문을 잠그지 않았다.

스콧은 알데아의 침대에서 잠을 자고 이들의 아이들을 학교에 데려다주기 시작했다. 얼마 안 가 스콧은 데이비드와 함께 일했다. 프리랜서 석공인 데이비드는 일이 없을 때는 고철을 모으러 다녔다. 가끔 쓰레기통을 뒤져야 할 때도 있었지만 스콧은 데이비드와 함께 하는 일이, 그 가운데서도 특히 알루미늄이나 강철 조각을 사냥하러 다니는 도시 속 모험이 좋았다. 가슴이 나무통처럼 불룩하고 눈이 가늘며 언제든 잘 웃는 푸에르토리코 남자 데이비드는 스콧에게 보수를 줄 때도 있고 그렇지 않을 때도 있었다. 하지만 스콧은 불평하지 않았다. 데이비드와 안나가 그에게 베푼 일을 생각하면 불평은 상상도 할 수 없었다.

스콧은 처음엔 평온클럽을 청소하는 일이 좋았다. 보수는 시급 7.15달러라 한 주면 100달러 정도밖에 안 되는 형편없는 수준이었지만, 밤 열 시부터 새벽 한 시까지 주로 밤 시간에 혼자 일했기 때문에 생각할 시간이 생겼다. 그는 파트너를 찾는 일을 생각했다. 게이바를 빼면 어디서 시작해야 할지 막막하긴 했지만 말이다. 크레이그리스트Craiglist*는 어떨까? 여동생의 결혼식도 생각했다. 어쩌면 결혼식을 핑계로 집에 갈 수도 있을 것이다. 그는 기도했다. "제발 나에게 내일이 없게 하소서."

하지만 대부분의 경우 그는 간호사로 되돌아가는 꿈을 꾸곤 했다. 간호사 일은 "자신의 가난하고 한심한 상태가 아니라 다른 사람들을 생각하게 만들기 때문에 맨 정신으로 버틸 수 있는 훌륭한 방법"인 것 같았다. 하지만 그러려면 끝없는 가시밭길을 통과해야 할 것만 같았다. 간호사위원회는 스콧의 면허를 박탈해버렸다. 이 때문에 그가 다시 자격증을 획득하기는 당연히 하늘에서 별 따기였다. 일단 "1년에 56회 이상 소변 샘플 테스트 결과"를 제출해야 했는데, 그 비용만 수천 달러였다. 5년 동안 약물이 검출되지 않아야 하고 알코올중독자 갱생회 모임에 격주로 참여해야 했다.[1] 스콧은 자신의 나약함을 잘 알았다. 만일 간호사위원회가 면허 회복을 그렇게 어렵게 만들어놓지 않았더라도 과연 이미 몇 년 전에 자신이 정상적인 생활을 유지하기 위해 더 열심히 노력했을지 확신할 수 없었다. 어떤 일이 불가능해 보일 때는 포기하는 게 더 쉬웠다.

"결함이 있는 전문직" 모임 역시 스콧의 기를 꺾어놓았다. 한 간호사는 2년 동안 어떤 약물에도 손대지 않고 모든 요건을 통과했는데

•   주택에서부터 잡동사니까지 모든 물건과 구인·구직·즉석만남까지도 거래되는 미국 최대의 온라인 생활 정보 사이트.

도 일자리를 찾는데 1년 이상 걸렸다고 말했다. 석사학위도 있는 사람이었다.

취소된 간호사면허를 갖고 있는 것과 모든 권한이 살아 있는 면허를 갖고 있는 것 사이에는 여러 가지 단계가 있었다. 하지만 제한된 면허(가령 마취제는 다루지 못하게 하는 면허)를 가지고 간호사 일을 얻기란 거의 불가능했다. 스콧에게도 인맥은 있었다. 그는 수년 동안 여러 간호사 친구들과 연락하며 지냈고, 이 가운데 몇몇은 영향력 있는 지위에 올랐다. 심지어 스콧의 친척 아주머니 중에는 근처에 있는 큰 주립대학에서 간호대학장을 하는 분도 있었다. 하지만 이런 사람들과 연락을 하며 지낸다는 것은 약물과 알코올에 중독되었다는 사실과 가난을 숨긴다는 뜻이었기 때문에, 이들에게 도움을 청하기는 곤란했다. 스콧은 지역 양로원의 책임자로 있는 한 친구와 마지막으로 연락하면서 자신은 잘 지내고 있다고 말했다. "그래서 이제는 다시 돌아가서 '아, 아니야, 나 사실은 잘 못 지내고 있어. 나 아직도 약쟁이야. 너한테 완전 거짓말했던 거야'라고 말해야 하는 거지… 내 망설임은 많은 부분 거기서 비롯되는 거 같아요." 스콧은 그 어떤 부탁 전화도 하지 못하겠다는 생각에 젖어 있었다.[2]

넉 달 동안 딱 하룻밤만 쉬고 클럽을 매일 같이 청소하던 스콧은 점점 지치기 시작했다. 맨 정신이다 보니 지루하기도 했다. 재떨이를 비웠고, 변기를 닦았고, 일이 끝날 때는 자기가 한 일에 A-, C+하며 점수를 매겼다. 그러고 나서 스물한 시간이 지나면 다시 같은 일의 반복이었다. 최소한 약쟁이였을 땐 마약을 구한다는 목표를 가지고 살았다. 지금은 따분한 작은 쳇바퀴를 돌리는 기분이었다. 안나는 소파에서 잠을 자게 해주는 대신 매달 200달러를 내게 했고, 그의 식료품 구매권으로 장을 보러갔기 때문에 돈을 많이 모으기도 어려웠다.

클럽에 가는 건 단순하게 일 때문만은 아니었다. 하지만 초반에 맨 정신으로 느꼈던 황홀경이 가시자 스콧은 알코올중독자 갱생회 전반에 흥미를 잃기 시작했다. 이런 신혼 직후 같은 기분은 워낙 일반적이어서, 알코올중독자 갱생회에서는 이걸 "분홍빛 구름에서 추락한다"라고 표현할 정도였다.

"애증의 감정이 적대감으로 바뀐 거지," 스콧은 이렇게 말했다. 볼 장 다 본 주정뱅이와 약쟁이들과 접이식 의자에 반원형으로 둘러앉아 스티로폼 컵에 담긴 폴저스 커피를 마시며 공포담을 나누다 당혹감을 느끼게 된 것이었다. 그는 처방전(그러니까 메타돈)으로 중독에 맞서 싸운다는 건 헛소리라는 평온클럽 사람들의 믿음은 말할 것도 없고, 판에 박힌 의식儀式과 자신의 어깨에 손을 얹는 낯선 사람들, 맥 빠진 표현들("그러나 신의 은혜로 말미암아", "가서 신을 영접하라")에 염증을 느끼기 시작했다. 스콧은 카운티의 보건소에 가서 술을 향한 갈망과 우울증을 진정시켜줄 뭔가를 얻어볼까 고민했다. 하지만 안나나 데이비드에겐 말할 수 없었다. 자신의 몸에서 독을 빼내기 위해 토하고 몸을 부들부들 떨고 울기까지 했지만 정신을 차려보니 자신은 아직도 집도 돈도 없이 알코올중독자 갱생회에 나와 시간을 죽이고 야밤에는 양동이에 걸레나 빠는 신세였다. "망할 중독자, 망할 주정뱅이들," 그는 접이식 의자가 제자리에 놓여 있지 않은 빈 방에 대고 이렇게 소리치곤 했다. "정말 미칠 거 같아!"

아침 7시 37분, 스콧은 밀워키 카운티 행동서비스 분할접근 클리닉Milwaukee County Behavioral Services Division Access Clinic에 이름을 올렸다. 이 클리닉은 보험이 없거나 밀워키 카운티의 공공보험인 GAMP만 있는 주민을 위한 곳이었다. 벽에는 이런 안내문이 붙어 있었다. "최초 방문자는 약속까지 세 시간에서 다섯 시간 정도 걸릴 수 있습니다." 돈 이 없는 사람은 돈 대신 시간으로 때울 수 있었다. 간호사와 사회복지 사들은 할 일 없이 복도를 서성이며 대기하고 있는 환자들을 지나치 며 부산하게 오갔다. 스콧은 이런 클리닉에서 빠른 걸음으로 돌아다 니며 일하는 것도 나쁠 거 없다고 생각했다. 하지만 그날 그가 거기에 간 것은 약 때문이었다. 그가 보기에 알코올중독자 갱생회의 전향자 들은 헤로인을 사용해본 적이 없기 때문에 그의 몸에 동기와 에너지 를 불어넣어줄 만한 뭔가가 육체적으로 필요하다는 사실을 이해하지 못했다. 스콧은 아편중독을 치료하는 데 사용하는 서복손Suboxone을 구할 수 있기를 빌었다. 약 세 시간 뒤 스콧의 차례가 되었다. 그는 드 디어 자신의 차례가 왔다는 데 안도하며 자리에서 일어섰다.

정신과 의사는 상고머리에 목소리가 작고 살이 없는 아시아계 남 자였다. 그는 벽장을 키워놓은 것처럼 생긴 밋밋한 직사각형의 방으 로 스콧을 안내했다. 스콧이 소파에 앉자 의사는 낡은 책상에 구부 정하게 앉아 스콧의 파일을 읽었다. 책상은 벽 쪽으로 붙어 있어서 소파에 앉은 스콧에게는 의사의 옆모습이 보였다.

"우울하다고 느끼신 건 얼마나 됐나요?" 파일을 들여다본 채 의사 가 물었다.

"오래 됐죠," 스콧이 대답했다.

"그럼 증세는 어떠세요?"

"그냥 정말 에너지가 하나도 없어요… 서복손이면 어떨까 생각해 봤어요. 금단증상이 다 지나갔는지는 모르겠어요."

"약물을 얼마나 오랫동안 하셨죠?"

"그러니까, 한, 한 7년 정도요."

"그리고 약을 끊은 지는 얼마나 됐나요?"

"4개월이요."

스콧이 약물 사용과 관련한 질문에 모두 대답하고 나자 의사가 잠시 뜸을 들인 후 다음 질문을 이어갔다. "음, 여기 보니까 어릴 때 성적인 학대를 받았다고 쓰여 있는데요."

"맞아요." 스콧이 코를 훌쩍였다.

"몇 살 때였죠?"

"어릴 때 였어요. 네 살 때부터," 스콧은 잠시 생각했다. "열 살 때까지요."

"가해자가 누구였나요?"

스콧은 대답했다.

"그래서 어떻게 끝났나요? 누군가에게 이야기했나요?"

"아뇨. 아무한테도 말 안 했어요."

"그 문제로 치료받은 적이 있나요?"

"아뇨."

"치료에 관심은 있으신가요?"

"아니요."[3]

스콧은 항우울제 두 병을 받아들고 클리닉을 나섰다. 하루 두 번 졸로프트 100밀리그램을, 자기 전에 아미트리프탈린 50밀리그램을 복용하라는 처방을 받았다.[4] 스콧이 "욕구를 억누르는 데 도움이 될 만한 건 없을까요?"라고 묻자, 의사는 서복손 대신 치료 프로그램을 언급했다. 스콧은 의사의 반응에 "약간 상심"했지만 두 가지 약이라도 얻었으니 그리 나쁜 건 아니었다. 밖으로 나오니 바람이 불지 않는 영하 1도의 날씨라 추웠다. 스콧이 부츠를 신은 발로 눈을 밟자 뽀드득 소리가 났다.

* * *

3개월 뒤 데이비드와 안나 알데아의 열두 살짜리 딸은 동전을 찾으려고 여기저기를 뒤지다 스콧의 수영복 안에서 주사기를 발견했다. 최근 다시 집으로 돌아온 알데아의 큰아들 오스카는 그게 오래된 바늘일지 모른다고 추측했는데, 실제로 그럴 가능성이 높았다. 스콧이 처음 안나의 집에 들어왔을 때 그는 한동안 입지 않던 청바지나 운동복 주머니에서 예전에 쓰던 마약 관련 용품들을 주기적으로 발견하곤 했다. 한번은 크랙 파이프를 발견한 적도 있었는데, 마치 세탁기에서 글씨가 다 지워진 티켓 쪼가리를 발견했을 때처럼 그것을 한참 들여다보며 기억을 떠올려야 했다. 하지만 데이비드와 안나는 가차 없었다. 그날 밤 스콧이 클럽 청소를 마치고 돌아와보니 알데아의 현관에 메모와 함께 그의 물건들이 나와 있었다. 문을 열어보려 했지만 잠겨 있었다. 7개월 동안은 그의 집이기도 했던 곳이었다.

스콧은 결백을 주장하려 애쓰지 않았다. 그는 대립을 피했고, 만일 그렇지 않았다 해도 데이비드와 안나는 그의 말을 믿지 않으려 했을 것이었다. "그 사람들한테는 그게 그 아이 게 아니라 내 거라고 생각하는 게 훨씬 쉽지," 스콧은 이렇게 생각했다. 게다가 이제 막 아빠가 된 오스카는 해독할 시간도 없었다. 스콧이 생각하기에는 차라리 오스카가 계속 약을 하게 해야 여자친구와 막 태어난 딸 곁에 있을 수 있을 테니 그게 더 나을 것 같았다.

스콧은 그 바늘이 오스카 거라는 걸 알았다. 전에도 오스카와 함께 주사를 맞은 적이 있었기 때문이었다. 스콧은 '재발'이라는 표현을 쓰지 않으려 했다. 그보다는 "그냥 그걸 하면 내가 정상적인 상태가 되었다"라고 말하곤 했다.

몇 가지 일이 동시에 터졌다. 먼저 스콧은 그가 앉아서 버텨낸 알코올중독자 갱생회의 모든 모임과, 그보다 훨씬 진절머리 났던 모든 집단치료 모임이 간호사면허를 복구하는 데는 무용지물이라는 사실을 알게 되었다. 간호사위원회에는 자체 절차가 있었는데, 스콧은 이를 따르지 않았기 때문이었다. 또한 위원회에는 소변검사를 할 수 있는 자체 실험실이 있었는데, 스콧은 그곳을 이용하지 않았기 때문에 이제까지 쌓아둔 모든 깨끗한 소변검사 결과 역시 다 물거품이 되었다. "가서 컵에다 오줌을 싸는 짓을 몇 주나 했어요. 그리고 마침내 모든 게 문제가 없는지 확인하려고 위원회에 연락한 거예요. 근데 그 사람들이 그렇게 하면 안 된대."

모든 일이 틀어졌음을 알게 되고 며칠 후, 스콧은 헤로인 수지와 빌리가 있는 주유소로 달려갔다. 이들은 조용한 반란 행위를 제안했고, 스콧은 받아들였다. 이건 어쩌면 가파른 오르막을 기어오르고 있는 사람을 아래로 살짝 밀치는 별개의 사건이었는지도 모르지만 어쨌든 그 다음에는 오스카가 옛날 버릇을 버리지 못한 채로 집에 다시 들어와 살았다. 둘은 주말마다 함께 어울리며 약에 취하기 시작했다. 소변검사가 금요일이었기 때문에 스콧은 월요일에는 약을 하지 않았다. 그때까지만 해도 상담에도 가고 알코올중독자 갱생회 모임에도 나갔다. 하지만 두어 달 뒤부터는 일정을 빼먹었고, 할 수 있으면 언제든지 약에 취하기 시작했다.

새벽 두 시, 알데아 갱생원의 현관에 옷 가방 하나와 추억 상자를 들고선 스콧은 자연스럽게 다음 단계로 넘어가서 수지와 빌리에게 전화를 걸었다. 그는 그날 밤을 수지와 빌리의 트레일러에서 보냈다. 스콧은 이렇게 출발점으로 다시 되돌아와 있었다.

며칠 뒤 수지가 사과파이를 굽고 있을 때 스콧은 엄마 조앤에게 전화를 걸었다. 스콧은 메타돈으로 치료를 받아봐야겠다고 결심했는데, 그러려면 두 가지가 필요했다. 하나는 몸 안에 헤로인이 남아 있어야 했는데 그건 있었고, 두 번째는 150달러였는데 그건 없었다. 한 달 전 스콧은 이틀 일정으로 고향을 찾았다. 엄마의 작지만 위엄 있는 집에서 지내며 양로원에 계신 할머니를 방문했고, 십대 조카들과 비디오게임을 하고 여동생이 새 웨딩드레스를 만드는 걸 구경했다. 엄마를 본 건 2년 만이었다. "내가 도시에서도 운전을 할 수 있으면 차를 몰고 널 보러 갈 텐데," 엄마는 사과 아닌 사과를 했다. 고향 방문은 즐거웠다. 마지막 방문 때 엄마는 스콧이 사육장에 들어 있는 토끼처럼 초조해한다고 느꼈는데, 그때와 달리 이번에 스콧은 편안하고 차분했다. "그땐 1분에 1마일 정도는 다리를 떨었을 거야," 엄마는 그렇게 기억했다. 조앤은 모든 친척들이 스콧을 볼 수 있도록 특별한 점심 식사와 성대한 저녁 식사를 준비했다. 스콧은 사랑받는 기분을 안고 밀워키로 돌아갔고, 그 기억 덕분에 엄마에게 다시 전화를 걸 수 있었다.

"메타돈 클리닉이라는 게 있어요," 스콧이 말했다. "그게 뭔지 아세요? 제가 거기 매일 가서 약물 치료를 받을 거예요. 그게 아편중독하고 우울증을 낫게 해줄 거예요… 엄마한테 말씀 안 드리고 어떻게든 이겨보려고 노력해봤어요. 식구들한테 이런 걸 전부 다 알게 하고 싶진 않았어요, 알잖아요. 그런데 그런 식으론 효과가 없네요." 스콧이 숨을 들이마셨다. "엄마, 제가 하는 말 이해하시겠어요?"

조앤이 이해한 건, 이제까지 한 번도 뭘 부탁해본 적이 없는 아들이 도움을 바라고 있다는 게 전부였다. 엄마는 150달러를 내놓았다.

다음 날 아침 스콧은 10번가에 있는 메타돈 클리닉에서 차례를 기다리며 앉아 있었다. 클리닉은 크게 네 구역으로 나뉘었다. 접수

대에서는 돈을 받았고, 수합처에서는 소변을 받았다. 간호사들은 정
기적으로 방문하는 사람들을 별명이나 번호로 불렀다. "이봐, 디노!"
"오늘 운이 좋군, 3322." 세 번째 구역은 소변을 바꿔치기하진 않는지
감시하는 카메라가 장착된 욕실이었다. 마지막 구역에는 전자레인지
를 못 참겠다는 듯 응시하는 한 남자의 사진과 함께 "모든 게 너무
오래 걸린다"라는 헤드라인이 달린 〈디 어니언The Onion〉의 기사를 집
게로 고정시켜 놓은 육중한 문 뒤로 메타돈 지급기가 놓여 있었다.
환자들은 일단 도착하면 이 문을 지나 방으로 들어가 지급기에 자신
의 숫자를 눌렀고, 그러면 씁쓸한 빨간 액체가 작은 플라스틱 컵에
찍 하고 나왔다.

　스콧은 밀워키에서 가장 다채로운 장소는 아침 일곱 시의 메타
돈 클리닉일거라고 생각했다. 디자이너 지갑을 들고 화장을 완벽하
게 한 이십대 백인 여성, 보행기에 기대어 앓는 소리를 내는 멕시코
남성, 신생아를 안은 백인 여성, 스콧의 눈을 즐겁게 해준 귀걸이를
한 키 큰 흑인 남성, 뚱뚱한 화가, 건장한 건설노동자, 다림질 주름이
선명한 바지에 분홍색 블라우스를 입은 백인 여성, 회계사들이 즐겨
입는 정장을 입은 남성이 문을 밀고 들어갔다가 나왔다. 팔십대로 보
이는 등이 굽은 중국 여성이 발을 끌며 클리닉에 들어서자, 지팡이
를 든 한 푸에르토리코 여성이 다가가서 그녀를 끌어안았다.

　"처음 오셨어요?" 누군가가 물었다.

　스콧이 돌아보니 이스트고등학교 육상팀 소속 같은 외모의 젊은
백인 여자가 눈에 뜨였다. 하나로 묶은 머리에 얼굴에는 주근깨가 있
고 치아에는 교정기를 단 여자는 열여덟 살쯤으로 보였다.

　스콧은 그렇다는 의미로 고개를 끄덕였다.

　"음, 제가 조언을 하자면요," (여자아이가 스콧에게 가까이 다가왔다)

"이런 건 시작하지 말아요. 그러니까 여기 사람들은 아저씨가 새 출발을 하려면 일단 여기 등록하는 게 좋다고 말할 거예요. 근데 다 뻥이에요. 그냥 아저씨 돈 때문이에요. 내가 여기 얼마나 오래 다녔는지 몰라요. 근데 아직도 100밀리그램을 먹고 있다니까요."

마지막으로 메타돈을 시도해봤을 때 100밀리그램을 먹고 병원에 실려 갔던 게 기억난 스콧은 이맛살을 찌푸렸다. 그의 기억이 맞다면 스콧은 클리닉을 나온 직후 100밀리그램의 메타돈을 자낙스와 섞어 들이키고는 지나가는 차들 앞에서 고꾸라졌다. 출동한 경찰이 주사한 나르콘* 때문에 그는 발작성 금단현상을 일으켰고, 그래서 중환자실에 실려갔다.

"돈은 얼마 냈니?" 스콧이 물었다.

"370달러요." 여자아이가 한 달 치 계산서를 보고서는 이렇게 대답했다.

스콧은 고개를 끄덕이고는 다음번엔 어떻게 돈을 낼지 생각에 잠겼다.

스콧의 차례가 되자 그는 빨간 물약을 삼킨 뒤 약간의 물을 컵에 받아 흔든 다음 그 물도 마셨다. 그 마지막 몇 방울을 마시고 안 마시고가 어떤 차이를 만들어낼 수도 있었다.

스콧은 클리닉을 떠나기 전 메타돈 상담사를 만났다. 스콧 또래의 흑인 남자였다.

"지난 30일 동안 헤로인을 몇 번 사용하셨나요?" 상담사가 물었다.

"서른 번이요." 스콧은 상담사에게 엄마한테 150달러를 빌렸다는 이야기를 털어놓았다. "엄마를 과소평가한 건 내 잘못인 거 같아요."

• 아편의 효과를 억제하는 데 사용하는 약물로, 아편 의존도가 높은 사람에게 사용할 경우 부작용이 있을 수 있다.

그는 이렇게 말했다. "어쩌면 내가 엄마를 그냥 만사에서 배제시킨 건지도 모르겠어요."

"비밀이 많으면 그만큼 더 아프답니다," 상담사가 말했다.

스콧은 평온클럽에서 번 돈으로 메타돈과 월세를 모두 감당할 수 없었기 때문에 노숙자 신세가 되었다. 그는 게스트하우스라고 부르는 침대 여든여섯 개짜리 쉼터에 들어갔다. 매일 아침 그는 버스를 타고 메타돈 클리닉에 갔고, 매일 저녁에는 커다란 방에서 다른 노숙자 남성들과 함께 2층 침대에서 잠을 잤다. 메타돈을 복용하고 난 뒤부터 스콧은 자꾸 땀을 흘리고 살이 쪘다. 그리고 메타돈은 그의 리비도를 완전히 빼앗아버렸다. 하지만 효과는 있었다.[5]

메타돈 치료를 시작한 사람들은 대부분 1년 이내에 나가 떨어졌다.[6] 하지만 스콧은 버텨냈다. 시간이 지나면서 그는 게스트하우스의 입주관리인이 되었고, 다시 사람들에게 도움을 주기 시작했다. 한 주에 나흘 동안 그는 게스트하우스의 위성 쉼터 한 곳에서 일을 했다. 조용한 사우스사이드 지역에 자리한, 돌출형 창이 있는 별 특징 없는 3층짜리 주택이었다. 그는 표백제로 욕실을 청소했고, 노인들을 데리고 뒤뜰의 피크닉 테이블로 가서 함께 둘러앉아 담배를 피우며 재를 폴저스 커피 캔에 털어넣었다.

1년 동안 약 4,700달러를 쓰고 나자 카운티는 스콧의 메타돈 비용을 도와주기로 뜻을 모으고는 월 청구액을 35달러로 낮춰주었다. 그 다음에 스콧은 버는 돈의 3분의 1을 월세로 지불하기로 하고 게스트하우스가 제공하는 영구주택 프로그램을 통해 자기만의 집으로 이사했다. 그가 고른 집은 그랜드 애비뉴몰 바로 옆에 있는 위스콘신로의 마제스틱 로프트 아파트였다. 전부터 시내에 살고 싶었기도 했고, 밀워키에 처음 온 뒤부터 꾸준히 그랜드 애비뉴몰을 드나들었던 스콧에게는 자연스러운 선택이었다. 당시 아이오와의 농장 출신 꼬마에게는 최소한 그랜드 애비뉴몰이 활기 넘치는 사교 현장이었다. 14층짜리 마제스틱은 원래는 사무실과 뮤직홀용으로 1908년에 지어진 건물이었다. 주거용 아파트로 전환된 뒤에는 개발업자들이 피트니스 센터와 실내 농구장, 작은 개인 영화관, 인조 잔디가 딸린 골프 연습장 같은 시설들을 만들었다.

스콧의 아파트는 10층에 있었다. 밀과 같은 색깔의 카펫은 깨끗했고, 흰 벽에는 얼룩 하나 없었으며, 사람 키만 한 창에는 미니 블라인드가 달려 있었고, 욕실은 널찍했으며, 스토브와 냉장고는 모두 잘 돌아갔다. 게스트하우스는 이 아파트에 기본 가구로 어두운 갈색 2인용 소파와 거기에 어울리는 긴 의자, 전등 몇 개, 넉넉한 크기의 침대를 제공했다. 스콧은 전등갓의 비닐 포장을 벗기지 않고 조심스럽게 사용했고, 침대는 거의 쓰는 법이 없었다. 긴 의자에서 잠드는 게 습관이 되어버렸기 때문이다. 심지어 세탁기와 건조기까지 있었다. 너무 좋아서 진짜인가 싶을 정도였다. 처음에는 게스트하우스에서 실수가 있었다며 전화를 걸어오진 않을까 조마조마했다. 원래 이 아파트의 임대료는 월 775달러였지만 스콧은 141달러만 냈다.

한 달이 족히 지난 다음에야 스콧은 이 아파트를 자기 것으로 인정할 수 있게 되었다. 내 아파트라는 생각이 들자 그는 욕실 깔개와 네이비블루색의 침대보, 손비누, 향초, 장식용 쿠션, 구강청결제, 그릇, 그리고 신발을 놓을 현관용 매트를 구입했다. 아파트 덕에 스콧은 긍정적인 기분, 뭔가 더 나은 것을 누려도 된다는 기분을 느끼게 되었다. 그리고 아파트는 스콧에게 동기를 부여했다. 어느 날 스콧은 빈첸시오 아 바오로회에서 준 자석으로 종이 한 장을 냉장고에 붙였다. 거기에는 이렇게 적혀 있었다.

5년 계획

- 간호사로 돌아간다
- 돈을 훨씬 많이 번다
- 최대한 적은 돈으로 살아간다
- 저축을 시작한다

간호사면허를 잃은 지 2년 3개월 만에 스콧은 마침내 다시 간호사가 되려면 거쳐야 하는 실험실 테스트 비용을 마련하기 위해 돈을 아끼기 시작했다. 심지어 이를 위해 동전을 주방 항아리에 모으기도 했다.

이동주택단지에 있을 때는 옴짝달싹할 수 없는 기분이었다. "어떻게 해야 할지 아무것도 모르겠더라구요," 그는 이렇게 회상했다. "마치 도시의 다른 곳은 하나도 존재하지 않는 것처럼, 거기에서 지구의 종말을 맞아야 하는 기분이었어요." 그 시절 스콧은 종종 자살을 생각했다. 엄청난 양의 헤로인이 있었더라면 실행에 옮겼을 수도 있었다. 하지만 돈이 부족했다. 스콧의 새집은 전에 살던 트레일러와 그곳이 상징하는 모든 것들과는 너무나도 딴판이라서, 그는 이동주택단지에서 살던 시절을 문명에서 동떨어진 "큰 캠핑 여행"으로 회상하기 시작했다. 가끔 그 시절과 그가 잃어버린 모든 것들이 떠오르면 그는 아파트를 나와 마제스틱의 좁고 침침한 복도를 걸어 문에 이른다. 이 문을 열면 마치 비밀의 통로를 지나기라도 한 듯 그랜드 애비뉴몰 한복판에 서게 된다. 그러면 스콧은 몰의 이곳저곳을 돌아다니며 조명과 음악, 음식 냄새, 그리고 사람들을 온몸으로 느끼면서 도시가 아직 경이로움과 약속으로 가득했던 수년 전 느꼈던 감정을 떠올리곤 한다.

아무리 해도
이 수렁에서 벗어나지 못해

알린은 전화를 걸면서 조리에게 "곧 새로운 일이 시작될 거야"라는 표정을 지어보였다. 아흔 번째 집주인이 자신에게 전화를 달라는 음성 메시지를 남겼던 것이다. 정확히 말해서 메시지를 남긴 것은 알린에게 그 집을 보여준 집주인의 아들이었다. 모자를 거꾸로 쓰고 머리를 땋은 뒤 하나로 묶은 그는 이십대 초쯤으로 보였다. "나 파나예요, 전화 줘요." 그는 이렇게 말했다. 2003년에 알린은 이 청년 아버지의 건물에서 살았던 적이 있었다. 당시에는 535달러를 내고 침실 두 개짜리 집에서 살았다. 그런데 이제 그때와 똑같은 집이 월 625달러였다. 그래서 이번에는 월 525달러에 침실 한 개짜리 집을 신청했다. 6년 만에 이 정도 차이가 날 수도 있었다.

전화가 울렸고, 알린은 자신이 파나에게 뭐라고 말했는지를 떠올렸다. 그녀는 아동부양지원금을 한 달에 250달러 받는다고 소득과 관련해 거짓말을 했지만 퇴거 이력은 솔직하게 털어놓았다. 전체적으로 알린은 파나에게 거의 구걸하다시피 했다. 알린은 집을 보지도 않고 그 집에서 살겠다고 했다. 동네나 집의 상태는 많이 생각하지도 않았다. "얻을 수 있는 데가 내 집인 거지," 그녀는 이렇게 생각했다. "나 지금 쉼터에서 지내요. 제발요," 이렇게 말하기도 했다.

파나가 전화를 받았다. "예, 그래서 우리가 당신을 확인해봤어요. 모든 게 얘기한 대로 더라구요. 그래서 당신하고 하려구요."

알린이 펄쩍 뛰며 "그렇지!"라고 낮게 소리 질렀다.

"근데 있잖아요, 지금은 문제가 있어서 방이 없어요."

"알아요."

"고정소득이 있으시잖아요. 그러니까 월세를 내야 문제가 없을 거예요."

알린은 파나에게 고맙다고 했다. 전화를 끊은 뒤 그녀는 예수님에게도 고맙다고 했다. 알린은 미소를 지었다. 미소를 지으면 완전히 다른 사람처럼 보였다. 상황이 절박할 땐 통제력마저 약해졌다. 알린은 집주인 여든아홉 명으로부터 거절을 당한 뒤 결국 한 명의 승낙을 받아냈다.

조리는 엄마의 하이파이브를 받아쳤다. 조리와 자파리스는 또 학교를 옮겨야 했지만 조리는 상관하지 않았다. 조리는 맨날 학교를 옮겨 다녔다. 7학년과 8학년 사이에는 다섯 곳의 학교를 다녔다. 그때는 그래도 학교에 열심히 다닐 때였다. 알린은 학교를 급할 거 없는 문제로, 그러니까 집을 구한 뒤에 걱정할 일로 여겼다. 게다가 조리는 큰 일꾼이었다. 조리는 거리를 뛰어다니며 임대 표지판에 적힌 숫자들을 외우거나 알린이 집 문제로 외출할 때 자파리스를 봐주었다. 조리는 분위기를 명랑하게 만드는 데도 재주가 있었다. 상황이 암담해 보이면 아이는 버스를 타고 가면서 (엉망이긴 하지만) 즉흥적으로 노래를 불러 엄마를 웃게 하려고 애쓰곤 했다.

예, 예, 예

날 위해 찾아요, 이사 갈 집을

거긴 내가 다니던 학교

거긴 내가 살던 동네

거긴 내가 아는 주유소

우린 집을 찾아다녀요

조리는 집을 알아보는 게 걱정이 돼도 절대 내색하지 않았다.

자파리스는 쉼터를 떠날 때 사회복지사가 작별 선물로 준 엘모 인형과 원격조종 자동차를 끌어안고 울었다. 차가 출발하자 아이는 "못 보겠어"라고 말했다. 알린은 아이의 머리를 어루만지며 쉼터를 떠나니까 앞으로는 행복할 거라고 말했다. 자파리스는 그 이유를 이해하지 못했다. 쉼터는 조용하고 따뜻했으며, 거기엔 장난감도 있었다.

새 아파트 건물은 노스사이드의 좀 더 공업적인 분위기의 동네에 있는 튜토니아와 실버스프링의 번잡한 교차로에 자리했다. 조리와 자파리스가 삐걱거리는 엘리베이터를 타고 킬킬대며 3층에 있는 아파트로 올라가는 동안 알린은 계단을 걸어 올라갔다. 안에 들어서니 벽은 페인트칠한 지 얼마 안 된 상태였고, 두껍고 깨끗한 회색 카펫이 깔려 있었다. 모든 조명은 붙박이식이었고 에어컨도 한 대 있었다. 작은 주방에는 밝은 색 나무 찬장이 있었는데, 손잡이가 모두 달려 있었다. 뜨거운 물도 나왔다. 알린은 시간을 들여 집 이곳저곳을 살펴봤지만 문제를 찾을 수가 없었다. 창문을 열고 지나가는 자동차들과 길 건너에 있는 아우어 철강난방 물류센터를 내다보았다. 기분이 "좋으면서도 피곤"했다.

옷이 든 쓰레기봉투들과 통조림 식품이 든 상자를 모두 집 안으로 들이고 난 뒤 알린은 바닥에 앉았다. 알린은 말랑한 가방을 하나 찾아낸 뒤 거기에 등을 기댔다. 평화롭고 편안한 기분이었다. 셰리나와 퇴거심리에 갔던 게 두 달 전이었다. 조리는 알린 옆에 앉아서 그녀의 어깨에 머리를 파묻었다. 자파리스도 이에 질세라 알린의 배에 머리를 기대고 알린의 다리 위에 누웠다. 이들은 그 상태로 오래도록 가만히 있었다.

조용한 며칠을 보내고 난 뒤 알린은 테런스(모두가 그냥 "티"라고 불렀다)가 죽었음을 알게 되었다. 티는 래리 쪽 가족 가운데서 알린이 유일하게 연락하며 지내는 사람이었다. 역시 알린이 좋아하는 티의 사촌 피에이가 그를 쐈다고 했다. 언쟁을 하다가 티가 도끼 손잡이로 피에이의 머리를 쳤고, 그러자 피에이가 총을 가지러 갔다. 다시 돌아온 피에이는 티의 엄마에게 전화를 걸어 내가 당신 아들을 죽일 거라고 말했다. 그러고 난 뒤 그는 자신의 말을 행동에 옮겼다.

티의 죽음은 다른 이의 죽음과 다르지 않은 방식으로 알린의 삶을 흔들어놓았다. 그를 위해 울던 알린은 옛 친구들이 떠올랐고, 장례식에 다녀오는 동안 자파리스를 예전 위탁모의 집에 맡기기로 했다. 자파리스는 너무 어려서 갈 수가 없다고 생각했기 때문이다. 몇몇은 장례식이 끝나면 폰데로사 스테이크하우스에 가자는 이야기를 하고 있었다. 돈이 없는 사람은 혈장을 기증하면 테이블에서 한 자리를 차지할 수 있다고 했다.

알린과 조리는 노스웨스트사이드 폰두랙로 근처에 있는 티의 길거리 추모 현장을 찾았다. 추모 물품들이 놓인 그 자리에서 알린은 꽃과 솜 인형들을 정돈했다. 커다란 크림색 리본과 시, 인조 장미, 흰색과 노란색 데이지·카네이션·알스트로에메리아가 섞인 여러 개의 꽃다발로 장식한 멋진 추모 현장이었다. 알린은 티의 집까지 걸어가서 계단을 올랐다가, 다시 추모 현장으로 되돌아갔다가, 다시 계단으로 걸어갔다.

"시간 참 빠르게 흘러, 그치?" 조리가 말했다. "근데 우리가 장례식에 가면 시간이 천천히 갈 거야. 내가 장담한다."

장례식 날 아침 알린은 어두운 색 청바지에 로카웨어 브랜드의 티셔츠와 모자 달린 파란 웃옷을 입었다. 알린과 조리는 아파트 계단을 내려가다가 계단을 올라오고 있는 파나를 만났다.

"얘기 좀 해요," 그가 말했다. "이틀 전날 밤 얘기 말이에요."

알린이 빠르게 기억을 더듬었다. 그날은 자파리스가 천식 발작을 일으켜 911에 전화를 건 날이었다.

"여긴 말썽이 많은 건물이에요," 파나가 말했다. "경찰이 여기 들이닥치면 안 된단 말이에요."

"소방서랑 구급차만 왔었어요," 알린이 말했다. "천식 발작 때문에 경찰이 출동하진 않아요."

하지만 문제는 그게 다가 아니었다. 한 이웃이 알린의 친구가 문을 두드리고 마리화나를 달라고 했다며 불평했던 것이다(트리샤였다. 그날 트리샤는 두 아이들을 봐주러 와 있었다). 그리고 자파리스는 3층 창문에서 뭔가를 떨어뜨리다가 걸렸다. "계속 문제를 일으키면 나가라고 할 거예요."

아파트 밖을 나와 뉴피츠 장례식장으로 향하면서 알린은 고개를 저었다. "하나가 괜찮으면 다른 게 말썽이야." 파나의 신경을 거스르지 않고 지내려 애쓰는 와중에 식료품 구매권에 문제가 생겼다. 필요한 주소 변경 서류를 제출했는데 처리가 지연되었던 것이다. 그 다음에는 물건을 창고에서 꺼내오는 데 문제가 생겼다. 하루빨리 물건들을

창고에서 집으로 옮겨오지 않으면 다음 달 1일에는 돈을 내지 못할
수도 있었다. 그러니까 창고에 있는 물건들을 해결하지 않으면 월세도
밀리게 되는 것이었다. 그리고 이제는 티가 떠났고, 어떤 점에선 피에
이 역시 마찬가지였다. 가난은 눈덩이처럼 불어날 수도 있었다. 가난
을 살아낸다는 것은 뒤엉킨 잡목 덤불처럼 서로 연결되어 있는 불행
들을 헤쳐나가면서도 미치지 않기 위해 정신을 바짝 차리는 것을 의
미하는 경우가 종종 있었기 때문이다. 평온의 순간들도 있기는 했지
만 균형 잡힌 삶은 산 너머 산이었다.¹ 그래도 아직은 최소한 알린에
겐 집이, 그러니까 자기 몸을 눕힐 자기만의 방바닥이 있었다.

  알린은 장례식장 문 앞에서 망설였다. 1930년대에 지어진 이 장례
식장은 노스사이드의 웨스트캐피톨 드라이브에 있었다. 프렌치 리
바이벌 스타일*로 지어진 래넌사의 석조 건물인 이 장례식장은 팔각
형의 계단 타워와 좁고 우아한 창문들, 인도까지 뻗어 나와 있는 어
두운 밤색의 입구 캐노피, 그리고 직선이 강조된 지붕의 선들과 우뚝
솟은 굴뚝 등의 장식미가 돋보였다. 조리는 엄마 곁에 찰싹 달라붙었
고, 둘은 같이 걸어 들어갔다. 장례식장 안은 만원이었다. 십대와 꼬
맹이들은 티의 얼굴, 혹은 어린 나이에 세상을 떠난 다른 누군가의
얼굴이 그려진 맞춤 티셔츠를 입고 자기들끼리 모여 있었다. 할머니
와 할아버지들은 크림색과 갈색 정장에, 거기에 어울리는 펠트 모자
를 쓰고 그 자리를 지켰다. 티의 형인 빅 씨는 빳빳한 파란색 티셔츠
와 거기에 어울리는 반다나와 선글라스를 쓰고 앞을 지켰다. 링크 아
저씨는 반쯤 피다만 담배를 귀에 꽂고 나타났다. 한 키 큰 남자가 천
천히 복도를 걸어 들어왔고, 그의 아내는 남편의 등에 얼굴을 묻고

• 제1차 세계대전에 참전했던 미군들이 유럽에서 봤던 프랑스 시골집을 본 따 20세기 전반기에
   건축했던 양식.

흐느꼈다. 알린은 가족 내에서의 자기 지위를 고려해서 뒤쪽에 자리를 잡았다.

검은색 긴팔 티셔츠를 입고 새로 산 오클랜드 레이더스 모자를 쓴 티는 신수가 좋아보였다. 마흔이 다 된 나이였다. 목사가 그를 내려다보았다. "제가 이곳에 올 때마다 저랑 비슷하게 생긴 누군가가 관에 누워서 너무 일찍 세상을 떠났다는 사실을 알게 되는 것 같습니다." 넥타이를 윈저노트 스타일로 통통하게 맨 목사가 고개를 저으며 말했다. 그러더니 그는 쉰 목소리에 열정을 담아 크게 소리쳤다. "우리들의 사랑에 무슨 일이 일어난 겁니까? 우리의 마음에 무슨 일이 일어난 겁니까? 우리 자신 말고는 그 누구도 우릴 돕지 못합니다!"

"아멘!"

"맞습니다."

"아이고 내 새끼!"

장례식이 끝난 뒤 알린은 건물 밖에서 링크 아저씨 등 몇몇 일행과 섞였다. 누군가 올드잉글리시 맥아주 한 캔을 건네자 알린은 티를 위해 눈 위에 술을 따라 울퉁불퉁하게 원을 그렸다. 식사 때가 되자 가족들은 30번가 블리엣로에 있는 위스콘신 아프리카계 미국 여성센터 지하실에서 닭튀김과 빵, 야채, 마카로니치즈를 먹었다. 식사가 끝난 뒤 알린은 사람들과 포옹과 키스를 나누며 인사했다. 그녀는 사람들이 자신을 붙잡아준다는 느낌이 들었다. 막상 머물 곳이나 난방비가 필요할 땐 별로 도움이 되지 않는 사람들이었지만, 그래도 이들은 장례를 치르는 법을 알았다.

다음 날은 아무에게서도 전화가 오지 않았고, 알린은 다시 아파트를 집으로 꾸미는 일로 돌아갔다. 두 아들을 새 학교에 등록시킨 뒤 창고에서 물건들을 꺼내왔고, 벽에 그림을 걸었다. 이웃에게서 소파도 얻었다. 13번가에 있던 예전 아파트는 늘 지저분했다. 창문은 깨지고, 카펫은 해지고, 욕실은 제 기능을 못해서 청소가 아무런 소용이 없었기 때문이었다. 하지만 파나의 아버지는 좋은 집을 갖고 있었다. 알린이 계속 좋은 상태를 유지한다면 꽤 괜찮아 보일 만한 곳이었고, 알린은 실제로 그렇게 했다. 알린은 싱크대 위에 조리에게 작은 메모를 남겨두었다. "네가 있던 곳을 깨끗이 치우지 않으면 우리에게 문제가 생길 거야." 주방 조리대 위에는 어려운 상황의 수호 성자인 성 유다를 위한 초를 올려놓았다. 알린의 아파트에 온 사람들은 "집이 참 예쁘네요"라고 말하곤 했다. 들어와서 살면 안 되겠냐고 물어보는 사람도 있었다. 알린은 뿌듯해하며 그건 안 된다고 말했다.

조리는 새 학교에 적응하려고 애썼다. 절차상으로는 8학년이었지만 7학년이라고 해도 무방할 정도로 뒤처져 있었다. 그건 아이에게 좌절을 안겼다. 그리고 무엇보다 티의 죽음이 아이를 흔들어놓았다. 피에이가 티의 엄마에게 전화를 걸었을 때 사용한 전화기가 바로 래리의 것이었다는 사실이 알려졌기 때문이었다. 경찰은 래리를 심문한 뒤 풀어주었다. 하지만 여전히 조리의 내면은 혼란스러웠다. 어째서 아빠가 그날 밤 피에이와 함께 있었던 걸까? 장례식을 치른 지 정확히 2주가 되던 날 한 교사가 조리에게 잔소리를 하자 조리는 이를 맞받아치며 교사의 정강이를 발로 차고는 집으로 도망갔다. 이 교사는 경찰에 연락을 취했고, 결국 경찰이 집으로 조리를 따라왔다.

이 소식을 들은 파나는 알린에게 거래를 제안했다. 일요일까지 집을 비우면 집세와 보증금을 돌려주고, 그렇지 않을 경우에는 돈을 돌려주지 않고 퇴거시키겠다는 것이었다. 아이가 있다고 해서 그 가족이 퇴거로부터 보호받지는 않았다. 오히려 퇴거에 노출되는 계기가

되었다.[2]

알린은 거래를 받아들였고, 파나는 이사를 돕겠다며 친절을 베풀었다. 알린은 깨끗한 찬장에서 식기를 꺼내고 벽에서 장식물을 떼어냈다. 알린이 모든 물건을 쓰레기봉투와 재생 상자에 담자 파나는 이를 자신의 트럭에 싣고 바로 다시 창고로 가져갔다.

알린은 예쁜 집을 잃게 되었고, 비참함을 느꼈다.[3] "어째서 나한테는 저주가 내린 것만 같을까?" 알린은 생각에 잠겼다. "난 아무리 해도 이 수렁에서 벗어나지 못할 거 같아. 아무리 기를 쓰고 노력해도 말야."

알린은 트리샤에게 전화를 걸어 집주인이 트리샤가 옆집 문을 두드리며 마리화나를 얻으러 다녔다는 걸 알고 얼마나 화가 났는지를 전했다. 실제로 알린의 가족들에게 타격을 입힌 건 조리의 도발로 인한 경찰의 방문이었지만, 수년 동안 진창을 구르면서 알린은 도움을 얻는 법을 배웠다. 그 가운데서 특히 효과적인 방법은 상대방의 죄의식을 건드려 만일 그 사람이 부탁을 거절할 경우 자신이 정말 나쁜 인간이라고 느끼게 만드는 것이었다.[4] "최소한 너 때문에 내가 집에서 쫓겨났으면 넌 날 도울 수 있어야 하잖아."

트리샤는 알린에게 자기 집으로 오라고 했다.

13번가에는 못 보던 길거리 추모 장소가 생겼다. 그걸 알아본 건 자파리스였다. "누가 저기서 총 맞았어." 여섯 살배기 목소리로 아이가 말했다. 예전 집에 도착한 아이들은 리틀이 보고 싶어서 트리샤의 아파트로 달려갔다. 하지만 리틀은 이 세상에 없었다. 자동차가 인도로 올라와 리틀을 짓밟은 것이었다. 트리샤가 이 소식을 조리에게 전하자 아이는 울지 않으려고 애를 썼다. 아이는 트리샤의 아파트를 어슬렁거리면서 코에서 흘러내리는 콧물을 소매로 훔쳤다. 그러다가 발포고무로 된 마네킹의 머리를 찾아냈다. 트리샤의 집에는 항상 그렇게 뜬금없는 물건들이 널려 있곤 했다. 조리는 마네킹 머리 옆에 무릎을 꿇더니 얼굴을 위로 돌렸다. 그리고는 주먹을 꽉 쥐고 마네킹의 얼굴을 내리쳤다. 그렇게 마네킹을 계속 내리치던 조리는 얼마 안 가 씩씩대기 시작했고, 주먹질은 더 빠르고, 더 세고, 더 시끄러워졌다. 결국 알린과 트리샤는 아이에게 그만하라고 소리를 질렀다.

트리샤는 매매춘을 시작했다는 사실을 굳이 숨기지 않았다. 어차피 숨기고 싶어도 숨길 수도 없었다. 남자들이 불쑥 집으로 찾아왔고, 그러면 트리샤는 알린에게 "이봐, 나 담뱃값 좀 벌고 올게"라고 말하고는 남자를 데리고 침실로 들어가곤 했다. 그러고는 좀 있다 8달러나 10달러를 들고 다시 나타났다. 한번은 조리가 방에 들어갔다가 트리샤와 함께 침대에서 뒹굴고 있는 남자를 발견한 적도 있었다. 남자의 팬티는 바닥에 널브러져 있었고, 트리샤의 립스틱은 번져 있었다. 비좁은 집 안에는 독립적인 공간이란 게 없었고, 아이들은 순식간에 어른들의 삶의 방식을 배워갔다.

트리샤는 새 남자친구가 같이 들어와 살기 시작한 뒤에도 매매춘을 그만두지 않았다. 알린은 오히려 그가 트리샤를 부추긴다고 느꼈다. 또 트리샤에게 알린의 월세를 60달러에서 150달러로 올리라고 말한 것도 남자친구라고 생각했다. 남자는 별명이 여러 개였다. 트리샤는 남자를 써니라고 불렀다. 서른 살의 이 남자는 마약 판매로 5년을 복역한 뒤 막 출소한 상태였다. 걸음걸이가 단정하고 깡마른 그는 다섯 명의 다른 여자에게서 아홉 명의 아이를 얻었다고 떠벌렸고, 트리샤에게 주걱을 갖다준 걸 가지고 실없는 소리를 하기도 했다. 트리샤가 매춘을 하고 돈을 받으면 써니가 그걸 가져가곤 했다. 트리샤가 길거리에서 써니를 부르면 그는 모른 척 했다가 나중에 "공개적인 데서 '자기'라고 부르지 마"라며 화를 냈다. 그러면 트리샤는 옷을 입은 채 침대에 웅크리고 있거나 창틀에 앉아서 담배에 불을 붙였다. 담배 연기는 마치 이제 살날이 얼마 남지 않아 절박한 영혼처럼 산들바람 속에 살아 움직였다.

알린이 트리샤의 집에 들어온 지 얼마 되지 않아 써니의 부모와 여자 형제까지 들어왔다. 처음부터 상태가 양호하지 못했던 트리샤의 침실 한 개짜리 작은 아파트가 여덟 명의 무게에 눌려 우그러지기 시작했다. 화장실 변기가 고장 났고, 주방 싱크대에서 물이 새기 시작했다. 누수는 너무 심해져서 조리가 밟으면 잔물결이 일 정도로 바닥 가득 물이 고였다. 조리는 물을 흡수시키려고 낡은 옷들을 바닥에 펼쳐두었다.

"슬럼이랑 다를 게 없잖아," 알린이 말했다. "주방도 완전 엉망이고, 바닥도 완전 엉망이야. 화장실은 또 어떻고." 알린은 이제 어째야 할지 생각해봤다. "이 다음엔 뭐가 있지? 무슨 일이 더 일어날까? 이보다 더 나쁠 순 없어."

그 다음에는 '벨 부인'을 찾는 아동보호서비스국 복지사가 나타났다. 평소 알린의 담당 복지사도 아니었고, 전에 한 번도 만난 적 없는 사람이었다. 그런데 이 사람은 알린이 그곳에 산다는 사실과 (이건 세리나도 모르는 거였다) 변기와 싱크대에 관해서도 알았다. 복지사는 냉장고 문을 열더니 인상을 썼다. 알린은 그날이 월말임을 상기시켰다. 장을 보러간 적은 있었지만, 먹어야 할 입이 여덟이었다.[5]

아동보호서비스국 복지사는 다시 오겠다는 말을 남겼다. 알린은 걱정 때문에 속이 메스꺼울 정도였고, 트리샤가 신고한 게 아닐까 몰래 의심했다. 어쨌든 알린은 여기서 빠져나가야 했다. 그래서 제이피에게 전화를 걸었다. 이 믿음직한 사촌은 알린을 차에 태우고는 마리화나를 한 대 말아주었다. 효과가 있었다. 그러자 제이피는 한 대 더 말아주었다. 알린은 다음 날 이렇게 말했다. "제이피는 항상 내가 모든 스트레스를 잊게 도와주지."

　마침내 도시엔 봄이 찾아왔다. 눈이 녹고 나자 축축한 길 가장자리엔 질척이는 쓰레기만 남았다. 바로 그날 게토 전체는 집 밖을 나설 때 더 이상 옷깃을 꼭꼭 여밀 필요가 없음을 알아차렸다. 들뜬 사람들은 서슴없이 과장된 반응을 보였다. 남자아이들은 웃통을 드러낸 채 돌아다녔고, 여자아이들은 아직 날이 더워지려면 한참 남았는데도 다리에 선크림을 발랐다. 현관에는 다시 의자가 놓이고 웃음꽃이 피어났다. 아이들은 줄넘기 줄을 꺼내왔다.
　알린과 아이들은 최근 며칠 동안 트리샤의 아파트에서 자기들끼리만 지냈다. 알린은 평화와 고요를 만끽했다. 트리샤와 써니, 그리고 써니의 가족들은 말없이 사라졌다. 알린은 친척이나 친구 집에 간 모양이라고 생각하고 별로 신경 쓰지 않았다. 하지만 5월 1일, 운송업체 직원들이 트리샤의 아파트에 들이닥쳤다. 손에 장갑을 끼고 일할 준비를 다 하고 온 이들은 당황한 채 서로를 바라보며 뭘 포장하고 뭘 버릴지 생각하려 애썼다. 이들과 계약을 한 건 트리샤의 대리수령인 벌린다였다. 나중에 벌린다는 자동차 대리점의 임시 번호판이 달린 신형 포드엑스페디션 XLT를 끌고 진행 상황을 확인하러 왔다. 석방된 크리스가 트리샤를 찾으러 아파트에 찾아왔고, 벌린다는 자신의 고객인 트리샤가 더 이상 13번가에서 안전하지 못하다는 판단을 내렸던 것이었다.
　알린은 앞 유리로 바깥을 내다보았다. "이건 너무하잖아," 알린은 이렇게 중얼거렸다. 트리샤의 집에서 지낸 지 한 달 반 정도가 지났을 무렵이었다.

자파리스가 머리 한쪽을 땋은 채 학교에서 집으로 돌아왔다. 아이는 운송업체 직원들이 매트리스와 서랍장을 밖으로 나르고 얼마 안 되는 옷가지를 검은 쓰레기봉투에 담는 모습을 지켜봤다. 이런 광경을 보면서도 아무런 반응을 하지 않았다. 울거나 질문을 하지도, 건질 만한 물건이 있는지 살피러 뛰어다니지도 않았다. 아이는 그저 한 바퀴 돌더니 밖으로 나갔다.

알린의 가족들은 알린의 언니 집에서 한동안 지냈다. 언니는 알린과 아이들에게 따로 방도 주지 않으면서 한 달에 200달러를 내라고 했다. 거기서 지내는 동안 알린은 창고에 보관했던 모든 것, 유리 식탁, 13번가에 있을 때 산 장식장과 침실 서랍장, 에어컨을 다 잃게 되었다. 부시에게 보관료를 내달라고 돈을 맡겼는데, 그 돈을 잃어버린 것이었다. 아니면 훔쳤거나. 그리고 난 뒤 알린의 복지수당이 끊겼다. 통지서가 이번에도 퇴거당한 예전 주소로 가버려서 약속을 세 번이나 지키지 못했기 때문이었다. "이렇게 무너질 순 없지," 알린은 말했다. 결국 34번가 클락로의 마스터락 공장 옆에서 다 쓰러져 가는 아파트를 찾아냈다. "어쩌면 이번 집이 마지막이 될 수도 있어," 그녀는 이렇게 혼잣말을 했다. 알린은 일자리를 알아볼 정도로 충분히 안정을 찾았다. 하지만 아비스에서 면접을 본 지 얼마 되지 않아 강도가 들었다. 두 남자가 아파트에 난입해서 조리의 얼굴에 총을 들이댄 것이었다. 알린의 담당복지사는 그 집이 더 이상 안전하지 않다고 말했고, 그래서 알린은 다시 쉼터로 피난을 갔다. 그 와중에도 월세는 꾸준히 올랐다. 그 다음에 얻은 아파트는 복지수당으로 매월 받는 628

달러에서 600달러를 가져갔다. 전기가 끊기는 건 시간문제였다. 결국 전기가 끊기자 조리는 래리의 집으로 보냈고, 아동보호서비스국은 자파리스를 알린의 언니 집에 배정했다.

알린은 흐트러지기 시작했다. "영혼이 망가진 기분이에요." 그녀는 이렇게 말했다. "어떨 때 보면 내가 몸을 떨고 있는 거예요. 피곤한데 잠도 못 자고. 신경쇠약이 아닌가 싶어요. 몸이 스스로 멈추려고 하는 거 같아요."

하지만 알린은 다시 일어섰다. 머바 아주머니에게서 돈을 빌려 전기를 다시 들어오게 만든 뒤 아이들을 다시 데려왔다. 이번에는 태버내클 커뮤니티 침례교회 근처의 타마락로에서 다른 아파트를 얻었다. 이 아파트에는 스토브도 냉장고도 없었지만, 전기냄비에 핫도그를 끓여서 데우거나 세인트 벤스에 가서 술주정뱅이들과 함께 비프 스트로가노프를 먹었다.

가끔 알린이 푸드팬트리에 가려고 하면 자파리스가 이렇게 묻곤 했다. "엄마, 케이크 좀 갖다줄 수 있어요?"

그러면 알린은 미소를 지으며 이렇게 말했다. "있으면 노력해볼게."

조리는 미래를 생각하고 있었다. 아이는 목수가 돼서 엄마에게 집을 지어주고 싶었다. "사람들은 내가 못 할 거래요. 하지만 두고 보세요." 아이는 이렇게 말했다.

알린이 조리를 보며 미소를 지었다. "내 인생이 좀 달랐다면 좋았을 텐데." 그녀는 이렇게 말했다. "나이가 들었을 때 느긋하게 앉아서 아이들을 바라볼 수 있었으면 좋겠어요. 아이들은 다 자라 있고, 그리고 아이들은, 그러니까 뭔가가 되어 있는 거예요. 지금의 나보다 더 나은 무언가가. 그리고 우린 모두 같은 자리에서 웃음꽃을 피우는 거예요. 그리고 이날을 회상하며 같이 웃는 거죠."

집, 그리고 희망

집은 삶의 중심이다. 직장의 격무, 학교의 스트레스, 길거리의 위협으로부터 몸을 숨길 수 있는 피난처다. 우리는 집에서 '우리 자신이 될 수 있다'고 말한다. 다른 곳에서 우리는 다른 누군가다. 집에서 우리는 비로소 가면을 벗는다.

집은 개인의 특성이 시작되는 곳이기도 하다. 우리의 정체성이 뿌리와 꽃을 얻는 곳이자 어린 시절의 우리가 상상하고, 뛰놀고, 질문하는 곳이며, 사춘기가 되어서는 칩거하는 곳이기도 하다. 나이가 들면서 우리는 한 장소에 정착하여 가족을 꾸리거나 직업적인 성취를 추구한다. 자신을 이해하려고 할 때 종종 우리는 우리가 성장했던 집의 특성을 살피는 데서 출발한다.

전 세계에서 사용하는 언어에서 '집home'이라는 단어는 쉼터라는 뜻뿐 아니라 온기, 안전, 가족, 그리고 자궁이라는 뜻까지 포괄한다. 고대 이집트 상형문자에서 집은 종종 '어머니'를 대체하는 의미로 사용되었다. 중국어의 '家'는 가족과 집 모두를 의미한다. 영어의

'shelter'는 옛 영어 단어 scield(shield)와 truma(troop)에서 유래했는데, 두 단어를 합하면 보호막 안에 함께 모여 있는 가족의 이미지가 만들어진다.[1] 집은 예나 지금이나 생명의 근원적인 단위다. 우리는 집에서 끼니를 나눠 먹고, 소리 없는 습관을 빚어내며, 꿈을 고백하고, 전통을 창조한다.

　시민으로서의 생활 역시 집에서 시작된다. 집은 우리가 지역사회에 뿌리를 내리고 주인의식을 갖게 하고, 지역정치에 참여할 수 있게 하며, 연대와 관용의 정신으로 이웃들에게 손을 내밀게 해준다. 알렉시스 드 토크빌Alexis de Tocqueville은 이렇게 말한 적이 있었다. "어떤 사람이 자기 이익에서 눈을 돌려 국가 전체의 문제에 관심을 갖도록 강제하기는 어렵다. 하지만 만일 자신의 집 앞을 지나는 도로를 놓는 문제라면, 그는 이 작은 공적인 문제가 자신의 가장 거대한 사적인 이익에 관계된다는 사실을 단박에 이해하게 된다."[2] 어떤 도로를 '우리의' 도로로, 어떤 공원을 '우리의' 공원으로, 어떤 학교를 '우리의' 학교로 보기 시작한 다음에야 우리는 우리의 시간과 자원을 가치 있는 대의에 헌납할 수 있는 참여시민이 될 수 있다. 마을방범대에 참여하는 것도, 운동장 미화 활동에 자발적으로 함께 하는 것도, 학교 운영위원회를 위해 일하는 것도 그래야 할 수 있는 일들이다.

　공공선을 위해 일하는 것은 지역사회와 도시, 주, 그리고 궁극적으로는 국가에 필수적인 민주주의의 엔진과도 같다. 스웨덴의 경제학자 군나르 뮈르달Gunnar Myrdal은 이는 "미국인들이 지닌 이상주의와 도덕주의의 발로"라고 했다.[3] 이 충동을 "국가를 향한 사랑"이나 "애국심", "미국 정신"이라고 부른 사람들도 있었다. 하지만 그 이름이 무엇이든 간에 그 토대는 집이다. 국가의 구성단위가 도시와 마을이 아니라면, 도시와 마을의 구성단위가 동네가 아니라면, 동네의 구성단위가 집이 아니라면 무엇이겠는가?

미국은 우리 자신과 가족, 우리가 속한 공동체를 번영시킬 수 있는 곳이어야 한다. 하지만 이것이 가능하려면 우리에게 안정된 집이 필요하다. 게스트하우스의 영구주택 프로그램으로 적당한 가격의 아파트를 제공받은 스콧은 헤로인을 멀리하고 노숙인들을 위한 주거관리인으로 의미 있는 일을 하며, 독립적인 삶을 위해 노력할 수 있게 되었다. 지금도 그는 안정된 주거지에서 술과 마약을 멀리한 채 살고 있다. 힝스턴네 사람들은 어떤가. 말릭 주니어가 태어난 뒤 패트리스와 도린은 결국 인구 만여 명의 테네시 주 브라운스빌로 옮겼다. 그곳에서 이들은 침실 세 개짜리 좋은 집을 구했다. 패트리스는 그 쥐구멍만 한 집을 벗어나 고졸학력인증서를 땄고, 선생님을 크게 감명시켜 올해의 성인 학습자라는 영예까지 안았다. 패트리스는 지역 커뮤니티 칼리지에 등록해서 언젠가 가석방담당관이 되겠다는 꿈을 안고 컴퓨터와 형사행정학 수업을 온라인으로 들었다. 그녀는 이런 말을 반쯤 농담 삼아 즐긴다. "나한테 있는 많은 범죄자 친구들한테 곧 내 도움이 필요할 거야!"

미국의 끈질기고 잔혹한 가난은 사람들의 용기를 빼앗고 해법에 부정적인 시각을 갖게 만들 수도 있다. 하지만 스콧과 패트리스가 보여주듯 좋은 집은 가장 든든한 발판이 될 수 있다. 살 곳이 생긴 사람들은 더 좋은 부모가, 노동자가, 시민이 된다.

알린과 바네타가 소득의 70~80퍼센트를 임대료로 갖다 바칠 필요가 없다면 이들은 아이들을 먹이고, 입히고, 길거리에 나앉지 않게 지킬 수 있을 것이다. 한 동네에 정착하여 한 학교에 아이들을 등록시키고 친구들과, 롤모델과, 선생님들과 오랜 관계를 형성할 기회를 줄 수 있을 것이다. 저축 계좌를 만들거나 아이들에게 장난감과 책,

어쩌면 가정용 컴퓨터를 사줄 수 있을지 모른다. 임대료를 구하느라, 퇴거를 지연시키느라, 노숙자가 되었을 때 새로운 거처를 찾느라 쏟 아붓는 시간과 감정적 에너지는 커뮤니티 칼리지의 수업이나 운동, 괜찮은 일자리 찾기, 어쩌면 괜찮은 남자 찾기 같은 우리 삶을 더 풍 요롭게 해줄 수 있는 것들에 대신 사용될 수도 있을 것이다.

하지만 우리의 현 상황은 "더 나은 것을 위해 태어난 사람들을 빈 곤으로 격하시킨다."[4] 거의 한 세기 동안 미국 내에는 가구별로 소득 의 30퍼센트 이상을 주택에 지출해서는 안 된다는 폭넓은 합의가 있 었다.[5] 최근까지도 대부분의 임차가정들은 이 목표를 달성했다. 하지 만 밀워키에서, 그리고 미국 전역에서 시대가 바뀌었다. 미국에서는 매년 자신의 집에서 퇴거당하는 사람이 수만 명도, 수십만 명도 아 니고 수백만 명에 달한다.[6]

최근까지 우리는 이 문제가 얼마나 엄청난지, 혹은 그 결과가 얼 마나 심각한지 알지 못했다. 우리가 직접 그 고통을 겪어보기 전까지 는. 수년 동안 사회과학자·언론인·정책입안가 거의 모두가 퇴거 문 제를 나 몰라라 했고, 그 결과 퇴거는 가난한 가정의 삶에 영향을 미 치는 과정 가운데서도 가장 연구가 적은 분야로 남아 있었다. 하지 만 새로운 데이터와 기법들 덕분에 우리는 퇴거가 얼마나 폭넓게 만 연했는지를 가늠하고 그 영향을 기록할 수 있게 되었다. 우리는 가난 한 동네에서는 퇴거가 일상적이고, 또한 이 퇴거는 가정과 지역사회, 그리고 아이들에게 심각한 타격을 입힌다는 사실을 알게 되었다.

거주 안정성은 일종의 심리적 안정성으로 이어져 사람들이 자신 의 집과 사회적 관계에 투자할 수 있게 하고, 학교에서의 안정성으로 이어져 아이들이 뛰어난 능력을 발휘하고 졸업할 수 있는 기회를 확대하며, 지역사회 안정성으로 이어져 이웃들이 강력한 유대를 형성하고 자신의 구역을 돌볼 수 있게 독려한다.[7] 하지만 가난한 가정들은 워낙 빠른 속도로 퇴거를 당하기 때문에 이런 것들을 거의 누리지 못한다. 저소득 가정들이 이사를 자주 한다는 사실은 익히 알려져 있다. 하지만 연구자들과 정책입안가들은 그 이유를 두고 당혹해 왔다. 가난한 동네의 퇴거 빈도를 간과했던 게 문제였다.[8] 2009년부터 2011년까지 밀워키에서 가장 가난한 세입자들이 했던 이사의 약 4분의 1이 비자발적이었다. 이런 강제적인 이주(퇴거·집주인의 압류)를 제외하고 나면 저소득 가정의 이사는 다른 모든 가정의 이사와 빈도가 유사해진다.[9] 다른 도시 퇴거법정의 기록을 살펴봐도 마찬가지로 놀라운 수치를 확인하게 될 것이다. 캔자스 시의 절반을 포함해서 미주리 주 잭슨 카운티에서는 2009년과 2013년 사이에 공식적인 퇴거가 하루 열아홉 건이었다. 뉴욕 시 법원에서는 2012년 매일 약 80건의 임대료 미납 퇴거 사건이 통과되었다. 같은 해 클리블랜드에서는 거주 중인 임차가구 아홉 곳 가운데 한 곳이, 시카고에서는 열네 곳 가운데 한 곳이 퇴거법정에 소환되었다.[10] 가난하다고 해서 반드시 불안정한 것은 아니다. 가난한 가정들이 이사를 그렇게 많이 하는 것은 어쩔 수 없는 상황에 내몰렸기 때문이다.

퇴거는 불안정뿐 아니라 상실을 초래한다. 퇴거당한 가족들은 집과 학교·동네뿐 아니라 가구·옷·책 같은 자신들의 소지품까지 잃게 된다. 온전한 집을 갖추려면 많은 돈과 시간이 든다. 그런데 퇴거는 이 모든 것을 일순에 날려버릴 수 있다. 알린은 모든 것을 잃었다. 러레인과 스콧도 마찬가지였다. 퇴거는 직장이 있는 사람들에게서 일자리를 빼앗을 수도 있다. 퇴거를 경험했던 노동자가 해고를 당할 가능성은 그렇지 않은 사람에 비해 15퍼센트 정도 더 높다. 주거 불안이 고용 불안으로 이어질 경우 이는 집에서 쫓겨나면서 쌓인 스트레스와 그 소모적인 성격이 직장에서의 업무 수행 능력을 짓밟아놓았기 때문일 수 있다.[11] 퇴거당한 가족들이 공공주택의 수혜를 누릴 수 있는 기회를 빼앗기는 경우도 적지 않다. 주택당국이 신청서를 검토할 때 퇴거와 부채를 감점 요인으로 여기기 때문이다. 그래서 그 결과 주택 원조가 가장 필요한 사람들(월세 부담을 진 사람들과 퇴거당한 사람들)이 체계적으로 그 원조에서 밀려나게 되는 것이다.[12]

소지품·일자리·주택의 상실과 정부 원조에 접근할 수 있는 기회의 상실은 어째서 퇴거가 사회과학자들이 말하는 "물질적 곤란material hardship"(이는 결핍의 성격을 가늠하는 하나의 척도다)에 그렇게 확연한 영향을 미치는지를 설명하는 데 보탬이 된다. 물질적 곤란은 가령 어떤 가족이 돈이 없어서 굶주림이나 질병을 겪는지나, 난방·전기·전화 없이 지내는지를 평가하는 기준이 된다. 퇴거를 당한 지 1년이 지난 가족들은 퇴거 경험이 없는 유사한 가족들과 비교했을 때 물질적 곤란을 겪을 가능성이 20퍼센트 더 높다. 이들은 음식 없이 버티고, 질병과 추위를 감내한다. 퇴거당한 가족들은 퇴거 이후 최소 2년 동안 물질적 곤란을 겪을 가능성이 꾸준히 더 높다.[13]

이런 가족들은 종종 평균 이하의 주거 조건을 어쩔 수 없이 받아들여야 한다. 밀워키에서는 비자발적인 이사 경험이 있는 세입자들의 경우, 그보다는 덜 어려운 환경에서 이사한 유사한 세입자들과 비교했을 때 장기적인 주택문제를 겪을 가능성이 25퍼센트 더 높았다.[14]

또한 집에서 강제로 쫓겨난 가족들은 가난한 동네에서 더 가난한 동네로, 우범 지역에서 그보다 더 위험한 지역으로, 꾸준히 달갑잖은 동네로 밀려간다. 알린이 가장 좋아하는 집은 흑인 노동계급 동네에 자리 잡고 있었다. 시에서 그 집에 거주 부적격 판정을 내리고 알린의 가족들을 쫓아낸 뒤, 알린은 마약상들이 득실대는 아파트단지로 이사했다. 아무리 다수의 중요한 요인을 관리하고 있다 해도, 강제 이주를 경험한 가족들은 그보다 압박이 덜한 환경에서 이사한 가족들에 비해 더 열악한 동네로 이주할 가능성이 높다.[15] 어떤 동네에 사는지는 어떤 직업 기회를 얻을 수 있는지에서부터 아이들이 어떤 학교에 다니는지에 이르기까지 삶의 무척 많은 부분들을 결정하기 때문에, 가난과 폭력이 집중된 동네에 산다는 건 고스란히 그 동네의 상처를 떠안는다는 의미가 된다.[16]

그러므로 퇴거는 한 사람의 정신에도 악영향을 미친다. 강제 이주의 폭력성은 사람들을 우울증과, 극단적인 경우에는 자살로 몰고 갈 수 있다. 최근 퇴거를 경험한 아이 엄마는 두 명 가운데 한 명 꼴로 여러 만성 우울증 증상을 겪는 것으로 나타났는데, 이는 퇴거 경험이 없는 유사한 수준의 엄마들보다 두 배 더 많은 수치다. 수년이 지난 뒤에도 퇴거 경험이 있는 엄마들의 경우 그렇지 않은 엄마들보다 행복 지수와 낙천성·활기가 떨어진다.[17] 일군의 정신과 의사들은 일부 환자들이 퇴거를 며칠 앞두고 스스로 목숨을 끊자 〈정신의학 서비스Psychiatric Services〉에 퇴거를 "자살의 의미 있는 전조"라고 지목하는 편지글을 발표했다. 이 편지는 자살한 환자 가운데 그 누구도 노숙을 받아들이지 못했고, 이에 해당 편지를 쓴 정신과 의사들은 자살의 원인이 퇴거라고 보게 되었음을 강조했다. "퇴거는 정신적 외상을 초래할 수 있는 배제의 경험이자, 인간으로서 가장 기초적인 필요를 부정당한 것이며, 몸서리쳐지게 부끄러운 경험으로 봐야 한다"라고 이들은 말했다. 퇴거와 압류로 인한 자살은 주택비용이 치솟은 2005년부터 2010년 사이에 두 배로 늘어났다.[18]

퇴거는 해당 가족들이 떠난 뒤 남은 지역사회에도 영향을 미친다.

이웃들 사이에 서로 협력과 신뢰가 쌓이면 길거리는 더 안전하고 풍
성해진다. 하지만 그러려면 시간이 필요하다. 새로운 사람이 빠르게
들고나는 동네에서는 지역의 화합을 구축하고 지역사회에 투자하기
위한 노력들이 좌절될 수밖에 없다. 퇴거는 이런 식으로 이웃들이 서
로 남남처럼 지내고, 범죄를 근절하고 시민 참여를 북돋는 집합적인
노력을 사장시키는 데 기여함으로써 한 지역사회의 구조를 모래 알
갱이처럼 흩어놓을 수 있다.[19] 밀워키의 경우 어떤 해에 퇴거율이 높
았던 동네는 아무리 과거의 범죄율과 기타 관련 요인들을 통제해도
그 다음 해에 범죄율이 더 높아졌다.[20]

　집과 소지품, 때로는 일자리까지 잃고, 퇴거 기록이 남아 정부의
주택 원조에서 제외되며, 점점 더 가난하고 위험한 동네로 옮기면서
주거지의 질이 떨어지고, 늘어만 가는 물질적 곤란과 노숙·우울증과
질병에 시달리는 것, 이 모두가 퇴거의 후유증이다. 퇴거는 가난한
가족들을 캄캄한 계곡에 밀어 넣는 데서 끝나지 않는다. 힘겹긴 하
지만 삶의 여정을 상대적으로 간단하게 우회시키는 데서 그치는 것
이 아니라 완전히 다른, 그리고 훨씬 어려운 경로로 몰아넣어 근본적
으로 새로운 방향의 길을 가게 만든다. 퇴거는 가난의 조건일 뿐 아
니라 원인이기도 하다.

　퇴거는 노인과 청년, 환자와 장애인들에게 나쁜 영향을 미친다. 하
지만 가난한 유색인종 여성과 그들의 아이들에게 퇴거는 일상이 되
어버렸다. 미국 어느 도시든 주거법원에 들어가보라. 그러면 이들이
딱딱한 벤치에 앉아 자신의 사건이 호명되기를 기다리고 있는 모습
을 보게 될 것이다. 밀워키의 세입자들 중에서 성인이 된 이후 퇴거
를 겪은 적이 있다고 답한 흑인 여성은 다섯 명 가운데 한 명 이상이
었지만, 히스패닉 여성은 열두 명 가운데 한 명, 백인 여성은 열다섯

명 가운데 한 명 꼴이었다.[21]

밀워키에서는 퇴거당한 대부분의 가정에 아이가 있고, 미국 전체로 보았을 때 퇴거 경험이 있는 많은 아이들이 결국 노숙자가 된다. 퇴거당한 많은 가정이 어쩔 수 없이 옮겨가야 하는 함량 미달의 주택과 안전하지 못한 동네는 아이들의 건강과 학습 능력·자존감을 떨어뜨릴 수 있다.[22] 또한 퇴거가 엄마의 우울증에 장기적인 영향을 미쳐 엄마의 활기와 행복을 축낼 경우, 아이들 역시 그 쓸쓸한 기운을 감지하게 된다. 알린과 바네타 같은 부모들은 아이들에게 안정감을 느끼게 해주고 싶었지만 퇴거 때문에 아이들이 이 학교에서 저 학교로, 이 동네에서 저 동네로 전전하게 되면서 그 꿈은 산산조각 났다. 이런 엄마들이 결국 또 다른 거처를 찾았다 해도 이번에도 역시 소득의 대부분을 집주인에게 줘야 했기 때문에 아이들에게 쓸 돈은 거의 없었다.[23] 가난한 가족들은 감당할 능력이 안 되는 아파트에서 능력 밖의 삶을 살고 있다. 다시 말해 이런 아파트들은 이미 시장의 밑바닥까지 내려와 있다.[24] 미국 도시들은 이미 극빈 가정에서는 더 이상 경제적으로 감당할 수 없는 곳이 되어버렸고, 이 문제는 다음 세대에 깊고 날카로운 상처를 남기고 있다.

이 모든 시련은 창피하고 불필요하다. 불필요하다는 것은 희망이 있다는 뜻이기도 하다. 이런 문제들은 풀기 힘들지도, 끝이 없지도 않다. 다른 종류의 사회는 가능하며, 우리 모두가 힘을 모은다면 강력한 대책도 수립할 수 있다.

하지만 이런 해법들은 우리가 이 질문에 어떻게 답하는지에 좌우된다. 미국인이 된다는 것은 적정한 곳에 거주할 권리를 얻는 것이기도 하다는 믿음이 우리에게 있는가?

미국은 인간에게는 '생명과 자유, 행복 추구 같은 어떤 양도할 수 없는 권리'가 있다는 숭고한 이상을 발판으로 건국되었다. 양도할 수 없는 이 세 가지 권리(이는 미국인의 성격과 떼려야 뗄 수 없는 관계다 보니 건국자들은 이를 천부의 권리로 볼 정도였다)는 모두 안정적인 집이 있어야 실현 가능하다.

생명과 집은 워낙 불가분의 관계라서, 하나가 없는 다른 하나를 생각하기는 거의 불가능할 정도다. 집은 프라이버시와 개인적 안정을 마련해준다. 보호와 양육의 기능도 맡는다. 자유라는 이상에는 항상 종교적 자유와 시민으로서의 자유뿐 아니라 번영의 권리, 즉 어떤 종류의 선택을 하든 간에 생계를 꾸리고 새로운 기술을 습득·개발할 권리까지 포함되어 있었다. 안정된 집은 우리가 자립을 위해 노력하고 개성을 표출할 수 있게 유급 일자리를 찾고 개인적인 자유를 만끽할 수 있게 해준다.

행복은 어떤가? 행복은 알린이 조리에게 새 운동화를 사줄 수 있게 되자 조리의 얼굴에 번지던 미소 속에, 그럴싸한 요리로 식사를 차릴 수 있게 된 러레인이 흥얼거리던 교회 찬송가에, 훈훈한 장난 뒤에 힝스턴네 집에서 터져 나오던 웃음 속에 깃들어 있었다. 행복의 추구에는 물질적 안녕의 추구, 그러니까 최소한 기본적인 생필품의 확보가 포함된다는 것은 누구도 부정할 수 없다. 이 땅에서 가난이 확산되고 안정된 기본 거처를 모든 시민에게 제공하지 않기로 집단적인 결정을 내리면서 얼마나 많은 행복이 유실되었는지, 얼마나 많은 능력들이 공중분해되었는지를 생각하면 기가 막힐 뿐이다.

우리는 기본적인 노인 복지와 12년간의 공교육, 기초 영양 공급이 모든 시민의 권리임을 인정한다. 인간의 존엄은 이런 근본적인 인간 필요의 충족에 좌우된다는 사실을 인식하고 있기 때문이다. 그리고 주거가 인간에게 근본적인 필요가 아니라고 주장하기는 어렵다. 기본적인 조건이 충족된 적정 가격의 주택은, 미국에서 만인의 기본 권이 되어야 한다. 이유는 간단하다. 안정된 쉼터가 없으면 모든 것이 다 허물어지기 때문이다.

어떻게 하면 이 과제를 달성할 수 있을까? 다행히도 많은 것들이 이미 준비되어 있다. 미국은 주택문제와 관련하여 수년간 상당히 인 상적인 행보를 이어왔다. 빈민들은 지난 수세대에 걸쳐 많은 집에 화 장실과 온수·난방이나 창문도 구비되지 않은 형편없는 슬럼에 빽빽 하게 몰려 살았다.[25] 죽음과 질병이 판을 치는 건 당연한 결과였다. 하지만 몇 세대를 지나며 주거의 질이 극적으로 개선되었다. 그리고 적정 가격의 주택을 마련하기 위해 과감하고 실효성 있는 프로그램 들이 개발되었다. 20세기 중반에는 주택이 진보적인 의제의 전면에 배치되었다. 때로 한 방에 대대적으로 슬럼을 대체하기 위해 고층 주 거지 프로젝트가 만들어지기도 했다. "새로운 공공주택 프로젝트를 위해 리본을 자르는 것은 기념할 만한 일이었다"라고 작고한 주거경 제학자 루이스 위닉Louis Winnick은 회상했다. "대도시 시장과 시의회 의 원들은 자신들의 지역구 내에 높은 공공주택 프로젝트를 유치하겠 다는 공약으로 유권자들의 환심을 사려 했다." 공공주택 거주자들은 자신들의 아파트를 보고는(하나 같이 높이 솟은 새 건물에, 광활한 잔디 밭과 운동장에 둘러싸인 단지 내에 자리 잡고 있는) 전율을 느꼈다. "거대 한 호텔 리조트처럼 정말 아름다운 곳이에요," 한 주민은 이렇게 말 했다.[26]

하지만 얼마 안 가 슬럼을 대체하기 위해 우뚝 들어선 거대한 타 워들은 슬럼 그 자체가 되었다. 정치인들이 자금줄을 끊어버리자 공공주택은 처참할 정도로 황폐한 상태로 전락해버렸다. 창문은 깨지고, 배관은 말썽을 일으키며, 엘리베이터는 고장 난 채 그대로 버려졌다. 집 밖에는 하수관 틈새들이 벌어진 채 방치되었고 쓰레기가 쌓여 있었다. 이사를 할 수 있는 집들은 도시에서 가장 가난한 거주지를 버리고 다른 곳으로 옮겨갔다. 얼마 안 가 공공주택단지는 혼돈과 폭력에 빠져들었다. 그 결과 세인트루이스의 프루트아이고 타워Pruitt-Igoe Towers 같은 곳은 경찰이 출동을 거부하는 지경에 이르렀고, 결국 최초 주민이 입주한 지 불과 18년 만에 텔레비전 시청자들이 보는 가운데 철거되었다. 시카고의 로버트 테일러 홈즈나 애틀랜타의 맥대니얼글렌 홈즈McDaniel-Glenn Homes 같은 다른 도시의 악명 높은 주거프로젝트들 역시 고립되고 황막한 지역에 활기 없는 그림자만 드리우다 결국 철거를 면치 못했다. 이런 공공주거 프로젝트들이 어떤 상태로 전락했던가를 생각해보면 철거는 단순히 저렴한 선택지이기만 한 것이 아니라 가장 인간적인 대책이었다. 입에 담을 수 없는 일이 발생한 집을 불도저로 밀어버리는 것처럼 말이다.[27]

이런 폐허 속에서 바우처 프로그램이 탄생하게 되었다. 바우처는 최소한 프루트아이고나 로버트 테일러 같은 도시 폭력과 비참한 가난, 정책 실패와 동의어가 된 다른 모든 공공주택단지와는 달랐다. 오늘날 연방에서 재원을 제공하는 주거선택 바우처 프로그램Housing Choice Voucher Program은 가족들이 민간임대시장에서 기본 요건을 갖춘 집을 안정적으로 확보할 수 있게 도와준다. 210만여 가구가 그 수혜를 받고 있는 이 프로그램은 미국 내에서 가장 큰 저소득 가정 대상 주거 보조 프로그램이 되었다. 그와 별도로 120만 가구가 공공주택에서 거주한다.[28] 필라델피아·시애틀·오클랜드 같은 도시들은 공공주택을 여러 동네에 흩어진 저층의 매력적인 건물 등으로 재이미지화하기도 했다. 대체로 공공주택 거주자와 바우처 소지자는 모두 소득의 30퍼센트만을 임대료로 지불하고 나머지 비용은 정부 기금으로 충당된다.[29]

저소득 가정에 경제적으로 감당할 수 있는 기본 요건을 갖춘 집들을 제공하는 공공계획들은 미국에서 가장 의미 있고 실효성 있는 빈곤 퇴치 프로그램에 속한다. 모든 공공주택 거주자나 바우처 소지자들이 가난한 건 아니지만(많은 수가 노인이나 장애인이며, 중간 소득인 경우도 있다) 매년 임대보조 프로그램들은 약 280만 명을 가난에서 벗어나게 해준다. 이런 프로그램들은 노숙자를 감소시키며, 가정에서 더 많은 자원을 건강과 통신, 그리고 식품에 쓸 수 있게 해준다.[30] 수년 동안 대기목록에 올랐다가 마침내 주택바우처를 수령하게 된 가족들이 이제 자유롭게 쓸 수 있게 된 소득으로 가장 먼저 직행하는 곳은 식료품점이다. 이들은 그 돈으로 냉장고와 찬장을 채우고, 영양 공급이 원활해진 아이들은 더 튼튼해져 빈혈에서 해방된다.[31]

하지만 가난한 가정 대다수는 그렇게 운이 좋지 못하고, 임대료가 소득을 가장 먼저 먹어치우다 보니 가난한 집의 아이들(조리·켄들·루비 같은)은 충분한 음식을 먹지 못하고 있다. 2013년 가난한 세입자 가운데서 임대료 규제 주택에 사는 비중은 1퍼센트뿐이었고, 공공주택에 사는 경우는 15퍼센트였으며, 주로 임대료 감면 바우처의 형태로 정부 보조금을 받는 경우는 17퍼센트였다. 나머지 67퍼센트(가난한 임차가구 세 곳 가운데 두 곳)는 연방의 원조를 전혀 받지 못했다.[32] 이 같은 정부 원조의 극심한 부족과 임대료 및 공과금 상승에 소득 침체까지 더해지다 보니 대부분의 가난한 임차가정들은 오늘날 소득의 대부분을 주거비로 지출하게 되었다.[33]

실업보험이나 사회보장연금이 그 혜택이 절실한 대부분의 가정에

제공되지 않는다고 생각해보라. 식료품 구매권을 신청한 가정 대다
수가 외면당해 배를 곯아야 한다고 생각해보라. 우리는 거처를 원하
는 대부분의 가난한 가정들에게 바로 이런 대우를 하고 있는 것이다.

　적정가격주택의 위기 같은 거대한 문제는 그만큼 거대한 해법을
요구한다. 적정 가격의 주택은 미국 내 정책 의제에서 가장 우선적으
로 고려되어야 한다. 이 문제가 해결되지 않으면 가난한 가정들은 경
제적으로 파산하게 되고, 심지어는 중간 소득의 가정들마저 집어삼
키기 시작할 것이기 때문이다. 오늘날 미국의 모든 임차가구 다섯 집
가운데 한 집 이상이 소득의 절반을 주택비용으로 지출한다.[34] 미국
은 도시를 다시 한번 살 만하게 만들 수 있고 또 그래야 한다.
　의미 있는 변화는 다양한 형태와 규모로 일어날 수 있다. 근본적
인 개혁 같은 어떤 해법들은 느리고 비용이 많이 들겠지만, 그보다
더 작은 해법들은 즉각 실행에 들어갈 수도 있다. 법적인 문제를 생
각해보자.
　빈민에 대한 법적 원조는 레이건 재임 이후로 꾸준히 감소하다 대
침체기Great Recession에는 완전히 종적을 감추게 되었다. 그 결과 전국의
많은 주거법정에서 집주인의 90퍼센트는 변호사의 변론을 받지만 세
입자의 90퍼센트는 그렇지 못한 형편이다.[35] 퇴거 위기에 놓인 저소
득 가정은 변호인의 도움을 받을 권리를 전혀 보장받지 못한다. 하지
만 세입자들이 변호사의 도움을 받게 되면 집을 지킬 수 있는 기회
가 극적으로 증가하게 된다.[36] 주거법원에서 저소득 가정에 공공재원
으로 법률 서비스를 제공할 경우, 노숙자를 방지하고 퇴거를 줄이며
가난한 가정에 공정한 기회를 제공하는 비용 효율적인 조치가 될 수
있다.

1963년의 기념비적인 사건인 기드온 대 웨인라이트Gideon v. Wainwright
에서 대법원은 변호사 없이는 공정한 재판이 불가능하다는 근거로
형사사건에서 가난한 피고가 변호인의 도움을 받을 권리를 만장일
치로 제정했다. 18년 뒤 한 민사재판에서 애비 게일 래시터Abby Gail
Lassiter라는 노스캐롤라이나 출신의 가난한 흑인이 변호인 없이 출두
했다가 친권을 박탈당하는 일이 벌어졌다. 이번에는 재판부의 의견
이 갈려서 피고는 육체적 자유를 상실할 위험이 있는 경우에만 변호
인의 도움을 받을 권리를 가진다는 판결이 내려졌다. 투옥이 고통이
라는 건 말할 것도 없지만, 민사사건의 결과 역시 대단히 파괴적일
수 있다. 래시터 부인의 사례가 바로 여기에 해당한다.

　좋은 변호사는 세입자가 종종 펼치지 못하는 변론을 제기할 수도
있다. 일반적으로 세입자들은 알지 못하거나, 아니면 알린처럼 너무
긴장하고 겁이 나서 강력한 주장을 펼치지 못하기 때문이다. 또한 변
호사는 경솔하게 이루어지는 퇴거와 아무런 제재를 받지 않던 악습
들을 억제하고 세입자가 불리한 조항에 서명을 하지 않도록 도움을
줄 수도 있다. 만일 누군가를 퇴거시키는 게 그렇게 쉽지 않다면 도
린과 패트리스 같은 세입자들은 보복의 두려움 없이 위험하거나 불
법적인 환경을 신고할 수 있을 것이다. 만일 세입자에게 변호사가 있
다면 법원에 갈 필요도 없을 것이다. 변호사가 자신의 사건을 맡아
처리하는 동안 세입자들은 직장에 나가거나 아이들과 함께 집에 있
을 수 있다. 그리고 그런 경우의 처리를 진짜 처리라고 말할 수 있을
것이다.

　법원은 퇴거 위기에 몰린 세입자 대다수가 법정에 출두하지 않는
문제를 해결하는 데는 거의 관심을 보이지 않고 있다. 굳이 따진다면
오히려 이들은 이런 상황을 다행으로 여기고 있다. 매일 새로운 퇴거

소송이 산더미처럼 쌓이기 때문이다. 그리고 아무리 공감 능력이 있
는 사람이라 해도 주거법원에서 일하는 모든 사람의 목표는 이 산더
미를 해치우는 게 전부다. 다음 날이면 또 다른 산더미가 기다리고
있을 것이기 때문이다. 정당한 법 절차라는 원칙이 소송을 어떻게든
처리한다는 단순한 절차로 바뀌어버린 것이다. 세입자가 변호사의
도움을 받게 될 경우 이는 달라질 것이다. 여기에는 변호사 수임료라
는 비용뿐 아니라, 사법 업무를 처리할 수 있는 더 많은 행정관들과
판사·직원을 고용하는 비용까지 들게 될 것이다. 모든 주거법원이 쾅
쾅 도장만 찍어주는 퇴거 공장이 아니라 진정한 법원으로 기능할 수
있으려면 적절한 재원이 뒷받침되어야 할 것이다.

　이는 우리가 살고 있는 도시와 아이들에게 가치 있는 투자가 될
수 있다. 몇 시간의 법률 서비스라는 형태로 원조를 근본적인 단계
로 끌어올릴 경우, 거기서 파생된 결과들의 비용을 낮출 수 있다. 가
령 2005년부터 2008년까지 사우스브롱스에서 시행된 한 프로그램
은 1,300여 세대에 법률 원조를 제공하여 소송의 86퍼센트에서 퇴거
를 막았다. 여기에 들어간 비용은 약 45만 달러였지만 뉴욕 시는 이
를 통해 쉼터비용만 70만 달러 이상 아낀 것으로 추정되었다.[37] 퇴거
의 결과는 숱하게 많고, 그로 인해 공공 역시 막대한 재정적 부담을
져야 한다.[38]

　민사사건에서 변호인의 도움을 받을 권리는 이미 전 세계적으로
확립되어 있다. 프랑스와 스웨덴뿐 아니라, 우리가 우리보다 진보적이
지 못하다고 여기기 쉬운 아제르바이잔·인도·잠비아 등 많은 나라
에서 이미 법적으로 보장되어 있다.[39] 미국이 변호인의 도움을 받을
권리를 주거법정으로 확장시킬 경우, 이는 보다 공정하고 평등한 사
회로 나아가기 위한 중요한 조치가 될 것이다. 하지만 이것만으로는

미국에서 만연한 퇴거의 근본적인 원인, 바로 급속하게 공급이 줄어 들고 있는 적정가격주택이라는 문제를 해결하지는 못할 것이다.

만일 우리가 주택이 모든 미국인의 기본권임을 인정한다면, 가정 에 주택을 제공함으로써 최대한 많은 돈을 버는 권리, 그리고 특히 운이 별로 좋지 않은 사람들로부터 과도한 이윤을 뽑아낼 권리라는 또 다른 권리에 대한 생각을 바꿔야 한다. 건국 이래 많은 미국의 선 지자들이 더욱 균형 잡힌 관계, 프랭클린 루스벨트Franklin Roosevelt의 표 현을 빌자면 "개인주의를 파괴하는 게 아니라 보호하기 위해" 이윤 동기로부터 사람들을 보호하는 관계를 꾸준히 요구해왔다.[40] 아동노 동법과 최저임금, 작업장 안전 규정, 그 외 오늘날 우리가 당연시하 는 보호 장치들은 우리가 돈보다 사람의 행복을 우선시하기로 결정 했을 때 이 세상에 존재하게 되었다.

승자와 패자가 존재한다. 패자가 있는 건 승자가 있기 때문이다. 마틴 루서 킹은 이렇게 말했다. "모든 조건이 존재하는 건 누군가 그 존재에서 이익을 얻기 때문이다. 이 같은 경제적 착취는 슬럼가에서 구체적인 형태를 얻는다."[41]

착취. 빈곤 논쟁에서 지워져버린 단어가 이제 등장했다.[42] 이 단 어는 가난이 저소득의 산물이기만 한 것은 아니라고 지적한다. 가난 은 착취적인 시장의 산물이기도 하다. 가령 최저임금이나 공공복지 를 끌어올려 가난한 사람들의 소득을 늘리는 건 절대적으로 중요하 다. 하지만 이렇게 추가된 소득이 모두 가난한 사람들의 주머니에 얌 전히 남아 있지는 않을 것이다. 아무리 임금이 인상된다 해도 임대 료가 올라가면 그 효과는 반감될 것이다. 마치 도심 빈민가의 식료품 점이 가격을 비싸게 매기면 식료품 할인권의 가치가 떨어지듯 말이

다(실제로 한 추정에 따르면 도심 빈민가의 식료품점은 40퍼센트나 더 비싸
다).⁴³ 가난은 양면적이다. 소득과 지출, 투입과 산출이 공동으로 연출
한 문제이기 때문이다. 그리고 착취의 세상에서 만일 우리가 이 평범
한 사실을 무시할 경우 가난을 효과적으로 개선할 수 없을 것이다.

   이 점은 역사가 증명한다. 1830년대에 미국의 노동운동이 임금 인
상을 요구하며 불타올랐을 때, 지주자본은 산업자본과 손을 잡지 않
았다. 대신 지주들은 노동자를 응원했다. 임금이 올라가면 자신들은
임대료를 더 많이 걷을 수 있기 때문이다. 100년 뒤, 파업으로 노동
자들이 얻어낸 임금이 임대료 상승으로 재빠르게 상쇄되면서 역사
는 되풀이되었다. 제1차 세계대전과 제2차 세계대전 사이 산업노동
시장이 확대되었지만 주택시장, 특히 흑인들을 위한 주택시장은 확대
되지 않았고, 덕분에 임대업자들은 노동자들의 소득 증가분을 빼앗
을 수 있었다. 오늘날 1년 중 2월에 퇴거가 가장 적게 이루어지는 것
은 도시의 많은 근로빈곤층들이 근로소득세 환급액의 일부 혹은 전
부를 밀린 임대료를 갚는 데 갖다 바치기 때문이다. 많은 경우 이렇
게 매년 들어오는 환급액은 저소득 노동가구뿐 아니라 임대업자들
에게도 큰 힘이 된다.⁴⁴ 우리는 가난한 사람들과 그 지역사회에 없는
것(양질의 일자리·튼튼한 안전망·역할모델)에만 거의 배타적으로 초점
을 맞추면서 착취가 가난의 영속에 기여하고 있는 중요한 방식들을
간과해왔다. 우리는 임대업자들이 결코 드러내지 않는 하나의 사실,
벼룩의 간으로도 큰돈을 벌 수 있다는 점 역시 간과해왔다.⁴⁵ 빈민들
이 사는 동네가 정말 좋긴 좋았던 것이다.

   주택과 음식 같은 생필품 문제로 들어가면 착취가 판을 친다. 페
이데이론ₚₐᵧday loan이라고 하는 고리의 단기 대출을 받는 1,200만의 미
국인 가운데 대부분은 사치품 구매나 예기치 못한 지출이 아니라 임

대료나 가스 요금을 납부하고 식료품을 구입하는 등 일상적인 지출
을 위해 돈을 빌린다. 페이데이론 외에도 과도 인출 수수료, 영리 대
학의 학자금 대출 등 가난한 사람들의 주머니를 갈취하기 위해 전문
적으로 고안된 금융 기법은 수두룩하다.[46] 가난한 사람이 주택과 음
식·내구재·신용을 위해 더 많이 지출할 경우, 그리고 교육과 모기지
로 얻는 수익이 상대적으로 더 적을 경우(수익이 있다고 가정했을 때)
이들의 소득은 보이는 것보다 훨씬 적어진다. 이는 완전히 부당하다.

지금의 상황을 이용해서 돈을 버는 사람(그리고 여기에 무관심한 사
람)이라면 주택시장은 알아서 규제되도록 내버려둬야 한다고 말할 것
이다. 하지만 이들의 말을 액면 그대로 믿어서는 안 된다. 주택시장
내에서의 착취는 정부 지원 덕에 가능하기 때문이다. 임대업자들이
원하는 만큼 많은 돈을 세입자에게 청구할 수 있는 권리를 법적으로
보장해주고 지켜주는 것도, 고급 아파트 건설에 보조금을 주고 임대
료를 올리며 가난한 사람들에게는 훨씬 적은 선택지를 남기는 것도,
일회적 혹은 지속적인 주택 원조로 어떤 가구가 돈을 내지 못할 때
임대업자들에게 돈을 쥐어주는 것도, 무장한 법 집행관을 보내 임대
업자의 요청에 따라 한 가정을 강제로 내쫓는 것도, 임대업자와 부채
추징기관에 대한 서비스의 일환으로 퇴거를 기록하고 그 자료를 공
개하는 것도 모두 정부다. 경찰과 교도소가 실업률 상승이 도심 빈민
가에 미친 부작용을 정도에 따라 선별하여 처리하듯, 민사법원과 보
안관sheriff deputies, 노숙자쉼터는 주택비용 상승이 도시 빈민들에게 미
치는 부정적인 영향을 처리하고 저소득 주택시장을 사유화할 수 있
도록 관리해준다.[47]

집주인들은 자신들을 특수한 집단으로 묘사하기를 좋아한다. 하
지만 빈민들을 이용해서 생계를 유지하는 건 이들뿐이 아니며, 나머

지 우리들과 크게 다르지도 않다. 대규모 역사적·구조적 변화들 덕
에 도시 임대업자들은 악전고투 중인 가정에 법이 공정하고 정당하
다고 여기는 가격으로 주택을 제공함으로써 많은 돈을, 때로는 어마
어마한 돈을 벌어들일 기회를 얻게 되었다. 만일 우리에게도 이들과
같은 기회가 주어진다면 손에 쥘 수 있는 돈의 반값으로 아파트 가
격을 책정하거나 아예 포기하고도 임대료 납기일이 되었을 때 수천
달러를 날려버렸다는 사실에 신경 쓰지 않을 수 있는 사람이 얼마나
될까? 착취의 중요성을 강조한다고 해서 집주인이 탐욕적이라거나
비정하다는 뜻은 아니다. 이는 정책입안가들이 빈곤의 근본 원인을
도외시한 채 가난한 세대를 도우려고 할 때 나타나는 비효율성과 아
이러니를 폭로하려는 것이다. 또한 이는 어째서 집주인과 세입자들이
(그리고 우리 자신들이) 극도의 불평등을 받아들이는지를 이해하려는
시도이기도 하다.

　집주인들이 부동산을 어떻게 소유하게 되었든지 간에(땀·지능·독
창성의 덕을 본 사람도 있겠고, 유산이나 운·사기의 덕을 본 사람도 있을 것
이다) 임대료 상승은 집주인들에게는 더 많은 돈을, 세입자들에게는
더 적은 돈을 의미한다. 이들의 운명은 서로 연결되어 있고, 이해관계
는 배치된다. 도시 임대업자들의 이윤이 변변치 못한 경우도 있을 수
있다. 하지만 많은 경우 그렇지가 않다. 미국에서 네 번째로 가난한
도시의 가장 열악한 이동주택단지를 소유한 임대업자의 연소득은 최
저임금을 받으며 전일제로 일하는 그의 세입자보다 서른 배가, 복지
수당이나 SSI를 수령하는 세입자보다는 쉰다섯 배가 더 많다. 여기서
두 가지 자유, 즉 임대료에서 이윤을 얻을 자유와 안전하고 적정한
가격의 주택에서 살 자유는 상충한다.[48]

* * *

이 두 가지 자유의 균형을 재조정할 수 있는 방법이 하나 있다. 그
것은 바로 모든 저소득 가구가 수혜를 받을 수 있도록 주택바우처
프로그램을 크게 확대하는 것이다. 지금 우리에게 가장 필요한 것은
불운한 대다수(민간시장에서 아무런 원조를 받지 못하고 고군분투하는
수백만의 가난한 가정들)를 위한 주택 프로그램으로 우리 대다수가 지
지하는 가치, 즉 안전·공정함·동등한 기회라는 가치들을 증진시키
는 것이다. 보편적인 주택바우처 프로그램은 돈을 벌고자 하는 임대
주의 욕망과 그저 살고자 하는 세입자의 욕망 사이에 적정한 제3의
경로를 놓아줄 것이다.

기본 개념은 간단하다. 일정한 소득 수준 이하의 모든 가정에 주
택바우처를 받을 자격을 부여하는 것이다. 마치 식료품 구매권이 있
으면 사실상 아무 데서나 식료품을 구매할 수 있듯, 이 바우처가 있
으면 주택이 너무 비싸거나 크거나 호화롭거나, 반대로 지나치게 허
름하고 황폐한 경우가 아닌 이상 원하는 어디서든 살 수가 있다. 이
들의 집은 대단하지는 않아도 품위 있고 가격이 적정해야 할 것이다.
프로그램 관리인들은 민간시장에서 일반적으로 사용하는 알고리즘
등의 수단을 차용하여 정교한 분석을 진행하고, 이를 통해 집주인들
이 너무 높은 집세를 매기거나 저소득 가정들이 필요 이상의 큰 집
을 선택하지 않도록 예방할 수 있다. 바우처를 소지한 가구들은 소
득의 30퍼센트만 주거비로 지출하고 나머지는 바우처로 부담한다.

이 보편적인 바우처 프로그램을 시행할 경우 미국에서 가난의 면
모를 바꿔놓을 수 있다. 퇴거가 급감해 희귀한 사건이 될 것이며, 노
숙자는 거의 사라질 것이다. 저소득 가정들은 소득 증대를 즉각 피부
로 느끼며 충분한 음식을 구매하고 학교나 직업 훈련 등 자신과 아

이들에게 투자할 것이며, 많지 않더라도 저축을 시작할 수도 있다. 이로써 안정을 느끼고 자신들이 사는 집과 지역사회에 주인 의식을 갖게 될 것이다.

보편주거 프로그램은 선진국 전역에서 이미 성공적으로 이행되고 있다. 이런 프로그램을 갖춘 나라에서는 일정 소득 이하이면서 기본적인 프로그램 요건을 충족시키는 모든 가구에 주택 보조를 받을 권리가 주어진다. 영국의 주택수당Housing Benefit은 워낙 많은 가구들이 그 수혜를 받고 있어서 최근 이 프로그램에 관해 보도한 한 언론인은 "어쩌면 누가 이 수당을 받지 않는지를 물어보는 게 더 쉬울지 모른다"라고 표현할 정도였다. 정말로 그렇다. 대부분의 경우 집주인들에게 바로 송금되는 이 수당은, 한 가정이 임대료를 내느라 빈곤의 늪에 빠지는 일이 없도록 해준다. 네덜란드의 주거급여Housing Allowance 역시 이와 비슷한 방식으로 세입자의 약 3분의 1에게 양질의 주택을 공급하는 데 도움을 준다. 이는 특히 네덜란드의 극빈자들에게 주거지를 마련해주는 데 유익한 역할을 했다.[49]

이들 국가들이 바우처에 의지하게 된 데는 이유가 있다. 바우처가 항상 가장 효율적인 선택지인 것은 아니지만(특히 물가가 비싼 도시에서는) 국가적인 규모의 프로그램을 이행하는 데는 최상의 방법이기 때문이다. 이론적으로 우리는 공공주택과 세금 공제, 내 집 장만 프로그램이나 개발업자 인센티브를 확대하는 방식으로 해법을 제시할 수도 있다. 하지만 이 모든 선택지들은 곧바로 규모의 문제에 직면한다. 바우처는 공공주택이든 보조금을 받는 민간 개발 프로그램이든 간에 신규 건설보다는 훨씬 비용 효율적이다. 신규 건설로는 탈출구를 찾을 수가 없다. 점점 늘고 있는 규제비용과 건설비용을 고려했을 때, 모든 저소득 가정에 공공주택에서 살 기회를 제공한다는 계획은

터무니없이 많은 비용을 쏟아붓게 만들 수 있다. 설사 그렇지 않다
해도 그렇게 많은 공공주택을 건설한다는 발상은 나라의 극빈층들
을 같은 건물 안에 모아 인종적 분리와 가난의 집중을 유도함으로써
과거의 실패를 반복하게 될 위험이 있다.[50]

　보편적인 주거 프로그램이 노동 의욕을 꺾게 되지는 않을까? 이는
정당하고도 중요한 질문이다. 주거 원조가 노동시간과 소득을 약간
감소시킨다는 한 연구 결과도 있지만, 아무런 영향이 없다고 결론 내
린 연구들도 있다.[51] 사실 어떤 주거 프로그램을 시행해도 지금보다
는 빈민 가구의 자활에 도움이 될 것이다. 높은 주거비용 때문에 생
활이 파탄 난 가정의 구성원들은 직업 교육이나 추가적인 학업을 통
해 새로운 기술을 배울 여력이 없으며, 개중에는 한 장소에 충분히
오래 머물면서 같은 직장을 유지할 수 있는 사람도 많지 않다. 적정
가격주택은 직업 프로그램이나 교육과 다를 바 없는 인적 자본에 대
한 투자이며, 미국의 노동력을 더욱 탄탄하고 안정적으로 만들어줄
것이다. 대체로 빈민들은 시궁창 같은 삶을 원하지 않는다. 시스템을
가지고 장난을 치거나 근근이 연명하고 싶은 생각도 없다. 이들은 자
신이 원하는 삶을 살며 무언가에 기여하고 싶어 한다. 바네타의 경우
는 간호사가 되고 싶어 했고 알린의 경우는 자선단체를 직접 운영하
고 싶어 했다. 안정된 집은 이런 꿈을 실현할 수 있는 기회를 이들에
게 열어줄 것이다.

　대부분의 주에서 집주인들은 주택바우처가 있는 가정을 받아야
할 의무가 없으며, 많은 경우 추가적인 건물 규정의 적용이나 행정적
인 번거로움이 싫어서 주택바우처를 받지 않는다. 보편적인 바우처
프로그램은 이들의 우려를 진지하게 고려할 것이다. 기본적인 수준
을 유지하는 안전한 주택을 유지하는 데 중요한 건물 규정도 있지만

그렇지 못한 경우도 있다. 바우처 소지자들이 사는 아파트에 엄격한 건물 규정을 이행하는 것은 집주인에게 불필요한 짐을 지우고 비용을 상승시킬 수 있다.[52] 하지만 규정 이행과 프로그램 관리가 훨씬 합리화되고 임대주에게 우호적으로 바뀐다 해도 일부 부동산 소유주(특히 잘나가는 지역에 부동산을 소유한 사람들)는 바우처 소지자들을 돌려보낼 수 있다. 그저 '이런 사람들'을 집에 들이고 싶지 않아서 말이다. 만일 우리가 이런 종류의 차별을 계속 허용할 경우 결국 바우처 소지자들은 특정 지역에 부동산을 소유한 특정 집주인들에게 몰리게 될 것이다. 이는 저소득 가정에게 경제적으로 건강하고 안전한 동네로 이사할 기회를 박탈하고, 사회정책으로 통합을 촉진할 수 있는 능력을 질식시켜버리게 된다. 따라서 보편적인 바우처 프로그램은 집주인들의 참여를 유도하기 위해 애쓰는 걸 넘어 참여를 의무화해야 할 것이다. 우리가 인종이나 종교 차별을 범죄시하듯 보편적인 바우처 프로그램이 시행되면 바우처 소지자 차별 역시 범죄로 간주되어야 한다.

설계가 훌륭한 프로그램이라면 인플레이션 수준으로 증가하는 임대료를 합리적인 정도로 보장하는 한편, 집주인들이 적정한 수익을 얻을 수 있는 유연한 조항들을 포함시킬 것이다. 또한 집주인들은 이를 통해 더욱 안정적인 임대 소득을 확보하고, 회전율은 낮아지며, 퇴거도 줄어들게 될 것이다. 민간임대시장이 대부분의 저소득 가정들을 유치한다 해도 수익성은 유지되어야 한다. 125년 전 제이콥 리스Jacob Riis는 이런 글을 남겼다. "가난한 사람들에게 집을 마련해주는 일을 뭐라고 불러야 한다면, 마치 우리 아버지들이 그 자리에 있게 한 것이 비즈니스이듯 그것은 비즈니스여야 한다. 자선사업이나 여가, 혹은 일시적인 유행으로 시행하려 했다간 언제든, 어디서든 참혹

하게 실패할 것이다."[53] 하지만 다른 한편으로 주택은 근본적인 인간의 필요이자 아이들의 건강과 발달에 너무 중요하며, 경제적 기회를 확대하고 지역사회를 안정시키는 데 워낙 중요하기 때문에 단순한 비즈니스로, 조야한 투자 수단으로, 그저 현금을 뽑아내는 어떤 것으로 다뤄서는 안 되는 부분도 있다.

보편적인 주거 프로그램을 최대한 효율적으로 만들려면 규제비용이 필요하다. 임대료를 안정시키지 않고 주택바우처를 확대하는 것은 납세자들에게 집주인들의 수익을 보태주라고 요구하는 꼴밖에 되지 않는다.[54] 오늘날 임대업자들은 단지 아무런 제한이 없다는 이유만으로 바우처 소지자들에게 더 많은 월세를 부담시킨다. 바우처 소지자들이 거주할 가능성이 높은 낙후한 동네에서 프로그램 운영자들이 설정한 대도시 임대료 상한선에 따라 임대업자들이 바우처 소지자들에게 부과할 수 있는 금액은 시중 임대료보다 더 높다. 따라서 주거선택 바우처 프로그램은 시가 기준보다 수백만도 아니고 수십억 달러나 더 많은 비용을 탕진할 가능성이 있고, 그 결과 수십만 가구에 어쩔 수 없이 도움을 주지 못하게 된다. 실제로 경제학자들은 우리가 만일 과도한 임대료를 예방하고 효율성을 높이기만 한다면 추가적인 지출 없이도 지금의 주택바우처 프로그램들이 미국의 모든 빈민 가정으로 확대될 수 있다고 주장해왔다.[55]

설사 우리가 바우처 프로그램의 비용 효율성을 높이기 위해 아무런 일을 하지 않는다손 쳐도 이 중요한 수당을 미국의 모든 저소득 가정에 제공할 능력이 있다. 2013년 초당파 정책센터Bipartisan Policy Center는 지역 내에서 중간 소득이 30퍼센트 이하인 모든 임차가정에 주택바우처를 확대할 경우 225억 달러만 더 있으면 되는데, 그러면 주택원조 총 지출액이 약 600억 달러로 늘어나게 된다고 추정했다. 이 추정치에는 프로그램이 확대될 경우 노숙자 감소, 건강비용 감소, 그 외 다른 적정가격주택 위기로 인해 나타날 수 있는 값비싼 결과들의 억제라는 형태로 나타나게 될 잠재적인 절약은 포함되지 않았기 때문에 실제 수치는 훨씬 더 적을 수 있다.[56] 적은 돈이라고는 할 수 없지만 그래도 우리가 가진 역량으로 충분히 감당할 수 있는 규모다.

우리는 우리가 가진 돈을 어떻게 지출할지에 관한 결정을 한번 내린 적이 있다. 수년 동안 양당의 모든 입법가들은 빈민 주택 원조는 제한하면서 주택 소유주 세금 혜택이라는 형태로 오히려 부자들에게 주택 원조를 확대했다.[57] 오늘날 주택과 관련된 조세 지출은 주택 원조와 관련된 지출을 훨씬 웃돈다. 알린이 13번가에서 퇴거당했던 2008년, 연방의 직접적인 주택 원조 지출은 총 402억 달러에 미치지 못했지만 주택 소유주 세금 혜택은 1,710억 달러가 넘었다. 이 1,710억 달러라는 수치는 교육부와 보훈부·국토안보부·법무부·농업부의 2008년 예산을 모두 합한 액수에 해당한다.[58] 매년 우리는 보편적인 주택바우처를 시행할 수 있는 돈의 세 배를 주택담보대출 이자 감면과 자본이익 배제 같은 방식으로 주택 소유주의 이익을 위해 지출하고 있다.

연방의 주택 보조금으로 혜택을 보는 집단 대부분이 소득이 수십만 달러에 달하는 가정들이다.[59] 만일 우리가 대부분의 공공자금을 이미 부유한 이들에게 지출하고자 한다면(최소한 주택문제와 관련해서) 이런 결정을 내리게 된 배경을 솔직하게 털어놔야지, 지구상에서 가장 부유한 나라인 미국도 더 이상은 감당할 능력이 안 된다는 정치인들의 헛소리를 앵무새처럼 따라 해서는 안 될 것이다. 미국에서 가난이 지속된다면 그건 자원이 부족해서가 아닌 것이다.

* * *

보편적인 바우처 프로그램은 내가 제안할 수 있는 잠재적인 정책 권고 사항 가운데 하나일 뿐이다. 다른 방법들도 얼마든지 있다. 미국에서 주거 기본권을 확립하는 일은 대단히 다양한 방식으로 실현될 수 있고, 또 어쩌면 그래야 한다. 뉴욕에서 가장 잘 먹혔던 방법이 로스앤젤레스에서 실패할 수도 있기 때문이다. 급성장하는 휴스턴·애틀랜타·시애틀 같은 곳의 주거 해법이 러스트벨트Rust Belt*의 황량한 대도시나 플로리다의 가난한 교외, 점점이 떨어져 있는 작은 마을들에서 가장 필요한 것과 같을 수는 없다. 건설을 해야 하는 도시가 있으면 무너뜨려야 하는 도시도 있다. 도시와 마을이 독특한 질감과 스타일, 장점과 문제를 가진 다채로운 곳이면 해법 역시 다채로워야 한다.

우리가 이 난장판에서 어떤 식으로 빠져나오든지 간에 한 가지는 확실하다. 그 어떤 미국적인 가치로도 이렇게 심각한 불평등을, 기회의 박탈을, 기초적인 필요에 대한 냉정한 거부를, 무의미한 고통에 대한 이 같은 공모를 정당화할 수 없다. 어떤 도덕률이나 윤리적 원칙, 성서의 어떤 말씀이나 성스러운 가르침을 소환해도 이 나라가 처하게 된 지금의 상황을 변명하지는 못한다.

• 미국 북부의 사양화된 공업지대

이 프로젝트에 관하여

어린 시절, 아버지는 전도사였고 부지런한 어머니는 항상 일을 했다. 돈은 항상 빠듯했다. 가끔 가스가 끊겼고, 그러면 엄마는 나무로 불을 지펴 저녁을 지으셨다. 조지아 주 컬럼버스의 고물상 앞마당에서, 그리고 나중에는 샌프란시스코의 악명 높은 포드 호텔에서 자란 어머니는 만족하는 법을 알았다. 어머니는 자신을 위해 더 나은 선택을 해왔고, 자식들 역시 같은 일을 하기를, 그러니까 아무리 어머니와 아버지가 돈을 보태주지 못하더라도 대학에 진학하기를 기대했다. 아버지는 자기만의 방식으로 이 지점을 아프게 파고들었다. 차를 타고 가다가 땡볕에서 고된 노동을 하며 땀 흘리는 등이 굽은 사람들을 지나칠 때마다 아버지는 우리를 돌아보며 이렇게 물었다. "남은 일생을 저런 일을 하며 살고 싶니?"

"아니요."

"그럼 대학에 가거라."

약간의 대출과 장학금 덕분에 나는 내 고향 원슬로우에서 차로

네 시간 거리에 있는 애리조나주립대학에 다닐 수 있었다. 그때는 변호사가 되고 싶어서 커뮤니케이션과 역사·정의正義에 관한 수업을 들었다. 이런 수업을 들으며 부모님과 주일학교 선생님, 보이스카우트 부대 지휘자들이 내게 알려준 미국의 이미지와는 동떨어진 것들을 배우기 시작했다. 이 나라의 깊고 넓은 가난은 선진국과는 거리가 먼 모습 아닐까? 아메리칸드림은 소수 특권층만이 실현할 수 있는 게 아닐까? 일이나 공부를 하지 않을 때는 내 나라는 어떤 성격을 지녔는가에 관한 답을 찾기 위해 도서관에서 책을 뒤지곤 했다.

내가 어린 시절 살던 집을 은행에 뺏긴 것은 바로 그 즈음이었다. 나는 친구 한 명과 네 시간 동안 차를 몰고 가서 부모님의 이사를 도왔다. 너무 슬프고 당혹스러웠던 기억이 지금도 생생하다. 이 일을 어떻게 받아들여야 할지 도무지 알 수 없었지만, 아마 그때 무언가가 내 안에서 움직이기 시작했던 것 같다. 다시 캠퍼스로 돌아온 나는 몇 주 동안 여자친구가 해비타트Habitat for Humanity와 함께 집을 짓는 일을 돕고 있었기 때문이었다. 그 다음에는 한 주에 몇 날 밤을 템페스 밀로 주위에 있는 노숙자들과 어울리기 시작했다. 나는 거리에서 젊은 사람과 나이 든 사람, 재미있는 사람과 진정성이 있는 사람, 문제투성이인 사람들을 만났다. 졸업할 때가 되자 미국의 빈곤을 이해할 필요가 있다고 느끼게 되었다. 빈곤은 숱한 고난의 시발점으로 보였기 때문이다. 이를 위해서 가장 적합한 전공은 사회학이라고 생각했다. 그래서 나이 든 밀워키 사람들이 "현실에 둘러싸인 30평방미터"라고 부르는 메디슨에 있는 위스콘신대학교 박사과정에 등록했다.

대학원에 입학해서 빈곤을 공부하면서 나는 불평등이 두 가지로 나뉘어 설명된다는 사실을 알게 되었다. 첫 번째 설명은 우리가 통제할 수 없는 것처럼 보이는 '구조적 힘' 그러니까 가령 차별의 역사적 유산이나 경제의 거대한 변화를 지목했다. 두 번째 설명은 혼외 가족 같은 '문화적' 행위에서부터 낮은 교육 수준 같은 '인적 자본'의 부족에 이르기까지 개인들의 결함을 강조했다. 진보적인 사람들은 첫 번째 설명을, 보수적인 사람들은 두 번째 설명을 좋아했지만 내 경우 두 가지가 모두 마땅찮게 보였다. 두 설명 모두 저소득 가정이 마치 격리된 삶을 사는 듯 다루었기 때문이다. 싱글맘·갱단 조직원·노숙자를 다룬 책을 보면 사회과학자나 언론인들은 가난한 사람들이 마치 나머지 사회와 단절되어 있다는 듯 묘사했다. 가난한 사람들은 눈에 보이지 않거나 '다른 미국'의 일원인 듯 이야기되었다. 게토는 '도시 내부의 도시'처럼 다뤄졌다. 마치 우리가 부유한 계급과 중간계급의 생계는 뒤얽혀 있지만 가난한 사람들과 그 외 나머지는 그렇지 않다고 믿기라도 하는 것처럼, 가난한 사람들은 불평등 논쟁에서 버려져 있었다. 저소득 가정과 저소득 지역사회의 삶에 막대한 영향력을 행사하는 부자들은 어디 있는가? 그리고 이들이 그런 권력을 휘두름으로써 누가 부유해지는가? 어째서 우리는 가난한 사람들이 내야 하는 각종 요금이 그렇게 비싼지, 이들의 돈은 어디서 어디로 흘러가는지는 묻지도 않고 이들이 어떻게 생계를 유지하는지를 기록하고 있는가? 나는 그런 것들이 궁금했다.

　나는 가난한 사람이나 가난한 장소에만 초점을 맞추지 않은 가난에 대한 책을 쓰고 싶었다. 가난은 가난한 사람과 부유한 사람이 모두 얽혀 있는 관계라고 생각했기 때문이었다. 가난을 이해하려면 그 관계를 이해할 필요가 있었다. 그래서 나는 가난한 사람과 부유한 사람이 상호 의존성과 상호 투쟁으로 묶여 있는 과정을 찾아나섰다.[1]

　내가 토빈의 이동주택단지에 들어가 살기 시작한 건, 그곳의 거주자들이 대대적인 퇴거를 당할 수도 있다는 기사를 신문에서 읽은 뒤인 2008년 5월이었다. 그런 대대적인 퇴거는 일어나지 않았지만(토빈은 결국 이 이동주택단지를 팔았고, 레니와 오피스 수지는 다른 곳으로 옮겨 갔다). 나는 어쨌든 거기서 계속 지냈다. 이 이동주택단지가 퇴거 통지서를 받아든 사람들을 만나기에 안성맞춤인 장소였기 때문이었다. 또한 그곳에서 지내면 토빈과 레니와도 시간을 보낼 수 있었다.

내 트레일러는 단지 안에서 가장 괜찮은 곳 가운데 하나로 손꼽혔다. 벽은 나무 패널로 덧대져 있고, 바닥에는 오렌지빛이 도는 적갈색의 두꺼운 카펫이 깔려 있는 깨끗한 트레일러였다. 하지만 아무리 요청을 해도 토빈과 레니가 온수기로 이어지는 연통을 손봐주지 않아서 내가 그곳에서 지냈던 4개월의 대부분을 온수 없이 지내야 했다. 내가 그들에 대한, 그리고 그들의 이동주택단지에 대한 책을 쓰는 작가라고 말을 했는데도 이들은 신경도 쓰지 않았다. 온수를 쓸 수 있을 때도 온수기는 내 트레일러 안으로 곧장 일산화탄소를 토해내곤 했다. 오피스 수지가 한번 그걸 고쳐보려고 했던 적도 있었다. 그녀는 온수기 밑에 나무 판을 밀어 넣고는, 아직 온수기에서 굴뚝까지 2인치 정도나 벌어져 있는데도 이제는 괜찮다고 선언했다.

내게 문화기술지란 다른 사람들의 삶이 나의 삶에 최대한 충분히, 그리고 진실되게 영향을 미치는 것을 허용함으로써 다른 사람들을 이해하려고 노력하려는 행위를 의미한다. 이를 위해서는 더 잘 알고 싶은 사람들과 친밀 관계rapport를 형성하고, 장시간에 걸쳐 이들을 따라다니면서 이들이 하는 일을 관찰·경험하며, 이들과 노동 및 유희를 함께하고 최대한 많은 행동과 상호작용을 기록해서 나 역시 이들의 방식대로 움직이고, 이들의 방식대로 말하며, 이들의 방식대로 생각하고, 이들이 느끼는 것을 같이 느끼는 단계에 이르도록 한다. 이런 종류의 작업을 할 때는 '현장에서' 생활하는 것이 큰 도움이 된다. 이는 몰입의 경험을 할 수 있는 유일한 방법이다. 현실적으로 중요한 일이 언제 터질지 알 수 없기 때문이다. 이동주택에 세 들어 살면서 나는 수십 명을 만나 루머를 수집하고, 세입자들의 걱정과 관점을 흡수하며, 매 시시각각 일상생활을 관찰할 수 있었다.

이동주택단지에서의 현장연구를 시작할 때는 내 이웃 몇몇이 대부분의 시간을 보내는 사무실에서 빈둥대며 보냈다. 러레인이 퇴거 전담팀으로부터 받은 경고장을 움켜쥐고 흔들며 사무실로 들어왔던 저녁에도 난 그곳에 있었다. 나는 러레인이 토빈에게 줄 수 있는 돈을 지불한 뒤 축 쳐져서 자신의 트레일러로 돌아가는 모습을 지켜보다가 러레인을 따라갔다. 러레인은 셔츠 끝자락으로 눈물을 훔치며 문을 열어주었다. 우리는 그렇게 만났다. 내가 퇴거를 경험한 사람들과 이야기하는 데 관심 있다는 소문이 퍼지자 팸은 내 전화번호를 입수해서 내게 전화를 걸어왔다. 우리가 만난 지 며칠 지난 뒤부터 나는 그녀와 그녀의 가족들이 새 거처를 찾아다닐 때 따라다니기 시작했다. 팸이 스콧에게 내 프로젝트를 이야기하자, 그는 내게 자신의 트레일러에 한번 들르라고 했다. 어느 날 아침 내가 그의 트레일러에 들르자 그는 밖으로 나와 "같이 걷자"라고 말했다. 그러면서 "그러니까, 탁 트인 데서 이야기해요. 난 간호사로 몇 년 일했던 사람이에요. 하지만 그러다가 진통제에 중독되고 모든 걸 잃었죠. 내 일자리·차·집 모두."

어째서 어떤 사람들은 공책과 펜을 든 낯선 사람 앞에서 이렇게 이야기를 풀어놓는지, 어째서 문을 열고 나를 안으로 들이는지 그 진짜 이유는 아무도 모른다. 노숙 위기에 몰린 세입자들의 경우 자동차와 전화 같은 걸 얻어 쓸 수 있다는 물질적인 혜택과 심리적인 이득 같은 게 있었다. 몇몇은 나를 자신들의 정신과 의사라고 부르기도 했으니 말이다. 하지만 또 다른 진실도 있다. 삶의 밑바닥까지 내려간 어떤 사람들은 더 이상 자신들에겐 잃을 게 없다고 생각한다. 스콧이 두어 달 술과 마약을 끊고 지냈던 알데아 갱생원에서 어느 날 저녁 그는 내가 공책에 휘갈겨 적는 모습을 지켜보며 고개를 끄덕이더니 알코올중독자 갱생회의 여사제 안나 알데아에게 물었다. "맷이 여기 있으면 신경 쓰이지 않아요?"

"망할, 신경은 무슨 신경," 안나는 말했다. "내 인생은 펼쳐진 책이나 마찬가지야."

그러자 스콧이 이렇게 말했다. "나도 마찬가지예요. 있잖아요, 나한텐 자존심 같은 건 눈꼽만큼도 남아 있지 않아요."

가을이 되면서 스콧과 러레인, 팸과 네드가 이동주택단지에서 모두 퇴거당하게 되자 나는 노스사이드에서 새로운 거처를 찾아다니기 시작했다. 어느 날 토빈이 비트코프스키 시의원의 요구 사항을 들어주기 위해 어쩔 수 없이 고용한 보안요원 가운데 한 명인 우 경관에게 이 사실을 언급했다. 우의 진짜 이름은 킴벌이었지만 그는 모든 사람에게 어린 시절 별명으로 불러달라고 했다. 이동주택단지의 모든 사람과 친구처럼 지내려고 애를 쓰던 사교적인 이 흑인 남성은 불용 군수품 가게에서 고른 보안요원 배지에 사이즈 6짜리 특대 티셔츠를 입었다.

"실버스프링 근처로 이사를 간다는 소리예요?" 밀워키의 도심 흑인 빈민가가 글렌데일과 브라운디어 같은 북부 교외 지역으로 바뀌는 곳을 떠올린 우가 이렇게 물었다.

"도시 중심부를 고려 중이에요," 난 내 뜻을 조금 더 분명하게 밝혔다.

"마켓Marquette 근처로 가려구요?" 도심에 자리한 예수회대학교를 가리키며 우가 다시 물었다.

"마켓 근처는 아니구요. 도심 빈민가 동네를 찾고 있어요."

잘못 들은 거라고 생각한 우는 실눈을 뜨고 나를 바라보았다. 내가 그가 살고 있는 동네인 노스사이드에서, 교외인 워와토사처럼 길거리 표지판이 파란색이 아니라 녹색인 곳에서 살고 싶어 한다는 사실을 우에게 이해시키기 위해서는 약간의 대화가 더 필요했다. 상황을 파악한 우는 1번가 로커스트로에 있는 하숙집에서 자기와 함께 살자고 제안했다. 월세는 공과금 포함 400달러였다. 나는 이 제안을 받아들이고 집주인인 셰리나와 쿠엔틴에게 월세를 냈다.

두 세대용 건물의 2층에 위치한 이 하숙집은 녹색 테두리에 흰색 집이었다. 우와 나는 거실과 화장실·주방을 같이 썼다. 주방 찬장에는 다른 룸메이트들이 [우리 음식을] 먹지 못하도록 자물쇠를 채울 수 있었다. 내 방에는 두꺼운 담요가 쳐진 창문이 하나 있었고, 풀사이즈의 침대 아래에선 클래식 아이스빈 캔, 약물중독자 모임 팸플릿, 발톱깎이, 단단한 플라스틱 케이스에 든 타자기를 찾아냈다. 집 뒤편에는 서투른 갱스터 디사이플스Gangster Disciples● 그래피티가 그려진 골목과, 5월이 되면 색종이를 흩뿌리는 것처럼 부드러운 꽃잎을 날리는 체리나무와 잡풀이 있는 작은 뒷마당이 있었다. 그 하숙집에서 나는 2009년 6월까지 살았다.

우는 셰리나에게 내가 "집주인과 세입자에 관한 책을 쓰는 중"이라고 말해두었다. 셰리나는 설득 끝에 인터뷰에 동의했다.

"셰리나, 당신의 견습생 같은 걸로 지낼 수 있다면 더없이 좋겠어

● 1960년대 말 시카고에서 결성된 범죄 집단.

요," 내 목표는 "최대한 그녀의 입장이 되어보는 것"이라고 설명하면서 나는 이렇게 말했다.

셰리나는 시원시원했다. "난 여기에 헌신하는 사람이에요," 그녀는 이렇게 말했다. "사람 제대로 골랐네." 그녀는 자신의 일을 사랑했고, 또 자랑스러워했다. 그녀는 사람들이 "집주인이 어떤 일을 겪어야 하는지"를 알아주기를, 자신의 세계를 한번도 진지하게 생각해본 적 없는 더 많은 대중들과 공유하기를 원했다.

나는 토빈과 레니를 따라다녔듯 셰리나와 쿠엔틴이 부동산을 구매하고, 세입자들의 배경을 조사하고, 하수구관을 뚫고, 퇴거통지서를 전달할 때 그 곁을 그림자처럼 따라다녔다. 셰리나를 통해 알린과 러마, 그리고 힝스턴네 가족들을 만났다. 그 다음에는 알린을 통해 크리스털을, 그리고 크리스털을 통해 바네타를 만났다. 외롭게 지내던 도린은 말벗이 생겼다며 좋아했다. 러마는 내가 패트리스의 낡은 집을 칠하는 일을 도운 뒤부터 나를 좋게 보기 시작했다. 나중에 나는 대학 시절 소방수로 일하면서 낮 시간이면 빼놓지 않고 하던 스페이드 게임에서 너무 많은 점수를 내지 않는 방식으로 러마의 호의에 화답했다.

알린은 다른 사람들보다 훨씬 어려웠다. 처음에는 나와 거리를 유지했고, 내가 프로젝트를 설명해도 묵묵히 듣기만 했다. 내가 어떻게든 침묵을 메우려고 하면 내 말을 자르며 "계속 말하려고 애쓰지 말아요."라고 하곤 했다. 그녀는 내가 아동보호서비스국에서 일하는 사람이 아닌지를 가장 우려했다. 초반에 나와 대화를 나누던 중 알린은 이렇게 말했다. "당신이 어떤 사람이라서가 아니라, 내가 겪었던 모든 일들이 문제예요. 난 [아동복지] 시스템 안에 워낙 오래 있어봐서 이젠 더 이상 사람들을 믿지 않아요." 난 내 발표 논문 몇 가지를 그녀에게 건네며(이런 상황을 위해 난 논문을 차에 항상 구비하고 있는 게 좋다는 걸 알게 되었다) 이해한다고 말했고, 나중에는 아주 천천히 한 번 만날 때마다 질문을 몇 가지씩만 하는 방식으로 알린에게 맞춰주었다.

내가 경찰관이라 여긴 사람, 혹은 이동주택단지에서는 시의원의 첩자라고 생각한 사람도 있었고, 마약중독자거나 기둥서방쯤 된다고 생각한 사람도 있었다(한동안 우와 내가 하숙집에서 성노동자들과 함께 살긴 했다). 셰리나는 나를 자신의 조수라고 소개했다. 토빈에게 난 아무런 의미가 없는 존재였다.

내가 집주인과 한통속이라고 의심한 세입자들은 자기 집주인을 "네 친구"라고 불렀다. 몇 번은 이런 사람들이 내가 자기 집주인의 악행을 인정하게 만들려고 애를 쓰기도 했는데, 가령 러마는 셰리나가 "슬럼가의 악덕 집주인"이라고 인정하라며 나를 압박했다. 내가 이를 거절하자 셰리나의 염탐꾼이라며 나를 비난했다. 집주인 가운데서도 어떤 세입자의 문제를 상세하게 이야기하지 않거나 반대로 내게 특정 상황을 거론하며 의중을 떠보는 사람들이 있었다. 내 방침은 최대한 적게 개입하는 것이었지만(아래서 설명하겠지만 나는 나중에 이 방침을 두 가지 이유에서 폐기했다) 집주인들은 종종 억지로 밀어붙이곤 했다. 내가 기억하는 한 내가 어떤 사건에 실제적인 영향을 미쳤던 경우는 셰리나가 알린 문제로 보안관을 불러야 할지 내게 재삼 물었을 때였다. 결국 나는 그러지 말라고 말했고, 셰리나는 그렇게 하지 않았다. 나중에 셰리나는 내게 이렇게 말했다. "당신이 끼어들지 않았더라면 솔직히, 사실, 난 서류를 처리하고 보안관을 기다렸을 거야… 당신이 개입하지 않았으면 알린은 끝장이 났을 건데." 그래서 알린의 물건들은 이글무빙이 가져가지 않고 알린이 퍼블릭스토리지에 맡겼고, 그러다 결국 보관료가 밀려서 쓰레기처럼 버려졌다.

얼마 후 세입자와 입주인들 모두 나를 받아들이고 함께 잘 지내게 되었다. 이들에겐 걱정해야 할 중요한 문제가 많았다. 난 퇴거법정에서 세입자들 옆에 앉아 있었고, 이들이 이사하는 걸 도왔으며, 쉼터와 폐가로 이들을 따라다녔고, 아이들을 봐주었으며, 이들과 싸웠고, 이들의 집에서 잠을 잤다. 이들과 함께 교회에 갔을 뿐 아니라 상담과 알코올중독자 갱생회 모임, 장례식, 탄생의 순간도 함께 했다. 한 가족을 따라 텍사스에 가기도 했고, 스콧과 함께 아이오와를 방문하기도 했다. 사람들과 많은 시간을 보내면서 신뢰 비슷한 무언가가 생겼다. 아무리 그것이 부서지기 쉽고 대단히 제한적인 신뢰라 해도 말이다.[2] 첫 만남 이후 몇 년이 지난 뒤에도 알린은 잠시 말이 없다가 내게 아동복지서비스국에서 일하는지 묻곤 했다.

노스사이드로 이사하는 게 처음에는 우를 어리둥절하게 만들었다면, 이동주택단지의 이웃들은 깊이 충격을 받았다. 내가 러레인에게 소식을 전하자 그녀는 거의 울부짖었다. "안 돼, 맷. 넌 거기가 얼마나 위험한지 몰라." 비커도 끼어들며 거들었다. "거기선 백인이라고 봐주지 않는다구."

하지만 사실 백인들은 게토에서도 특혜를 누린다. 내 경우, 우리 집 앞문밖에서 두 차례의 총격 사건이 일어난 뒤에도 경찰은 내가 다가가면 즉각 별로 거슬리지 않는 태도로 반응했다. 한번은 경찰관 한 명이 알린의 큰아들인 제제 옆에 차를 세우고는 "야, 너 죽으려고 환장했구나!"하고 소리치는 걸 본 적이 있었다(제제는 학습장애가 있어서 말과 행동이 느렸다). 내가 더 자세히 보려고 아파트 밖으로 나오자 경찰관은 나를 보더니 차를 몰고 가버렸다. 내가 공책을 든 백인 남자가 아니었다면 아마 그는 다른 방식으로 행동했을 것이다.

　이와 비슷한 순간들이 몇 번 더 있었다. 크리스털과 바네타가 15번 가의 그 차별적인 집주인과 만났던 일도 그 가운데 하나였다. 그 일 이 있었을 때 나는 바네타의 아이들을 봐주느라 차에 있었다. 두 여 성은 바로 차로 돌아와서 내게 이야기를 전했다. 나는 임대 표지판을 보고 집주인의 번호를 적어두었다가 다음 날 그에게 전화를 걸었다. 바네타와 크리스털이 봤던 집에서 그를 만나서 한 달에 1,400달러 정 도(바네타와 크리스달의 합산 소득) 짜리 집을 구하는데 (바네타처럼) 아 이가 셋이고, 욕조가 딸린 집을 진심으로 원한다고 이야기했다. 그 랬더니 그 집주인은 다른 집이 아직 비어 있다고 말하더니 심지어는 날 자신의 사브에 태우고는 그 집까지 함께 갔다. 나는 공정주거위원 회Fair Housing Council에 그를 신고했다. 이들은 내 신고를 받아놓고는 한 번도 다시 내게 연락하지 않았다.

　도심 빈민가 주민들은 내가 이용당하지 않도록 지켜주려고 신경 을 썼다. 마치 러마가 남자애들이 내게 푼돈을 달라고 하면 "헛짓거 리 그만두지 못해!"라고 호통치듯 말이다. 어느 날은 하숙집에서 아 래층에 사는 이웃인 씨씨가 쓰레기봉지를 사려고 내게 몇 달러만 빌 려달라고 했다. 난 별 생각 없이 돈을 빌려주고는 다시 글을 쓰러 들 어갔다. 하지만 당시 우리와 함께 살고 있던 우의 어린 질녀 케이샤 가 씨씨를 뚫어지게 보고 있다가 그녀가 떠나자 자기가 씨씨가 마약 상에게 전화하는 걸 봤다고 주장했다. 이 사실을 전혀 몰랐던 나는 바로 가게로 향했다. 우가 집에 돌아오자 케이샤는 그에게 그간의 일 을 이야기했고, 그는 내게 화가 나서 전화를 했다. "맷, 다시는 개한 테 아무것도 주지 말라구!" 그는 이렇게 말했다. "걔네는 네가 우리하 고 다르니까, 네가 여기 출신이 아니니까, 그런 식으로 널 등쳐먹어도 된다고 생각한단 말야… 내가 바로 그리 갈 테니까 네 그 망할 돈 돌려달라고 말해."

"있잖아, 우, 그러니까…"

"아냐. 아냐, 맷."

우는 이러고는 전화를 끊었다. 난 우가 씨씨에게 정확히 뭐라고 말했는지는 모른다. 하지만 내가 집에 돌아왔을 때 그녀는 가발에 너덜너덜한 반바지와 어깨가 드러나는 홀터탑을 입고 끈으로 된 힐을 신은 상태로 나와 밖에서 마주쳤다. 씨씨는 내게 돈을 건넸고, 나는 어떻게 그 돈을 구했냐고 묻지 않았다.

기분이 엉망이었다. "날 너무 과잉보호하는 거 아냐," 위층으로 올라간 나는 우에게 이렇게 말했다.

그는 셔츠를 입지 않은 채 설거지를 하느라 주방 싱크대에 몸을 숙이고 있었다. "넌 교외 출신이고 우린 이런 동네 출신이잖아," 그가 이런 순간이면 즐겨 쓰는 아들을 대하는 아버지 같은 낮은 목소리로 이렇게 말문을 열었다. "그리고 넌 여기 내려와서 나와 함께 이 동네에 살 기회를 얻었지. 그건 나한텐 정말 영광이었어. 그리고 난 네가 여기 있는 동안 책임감을 느껴. 난 절대 너한테 무슨 일이 일어나지 않게 할 거야."

도심 빈민가에 살면서 그에 관한 글을 쓰는 백인은 유달리 위협에 노출되는 것이 아니라 오히려 유달리 그런 위협으로부터 보호를 받게 된다. 그리고 도심 빈민가 주민들은 때로 내 앞에서 뻣뻣해지곤 했다. 사람들은 종종 처음 만나는 내 앞에서 변명을 하거나 몸단장을 하기도 했다. 이십대 후반이었던 나는 우리 동네에 들어와서 눈치를 보는 다른 구역의 어린 불량배들한테서 가끔 "선생님" 소리를 듣긴 했지만(이 역시 결국은 내가 백인이었기 때문이다), 그보다 훨씬 더 많이 셀 수 없을 정도로 "선생님" 소리를 들었다. 삶을 실제 있는 그대로 기록하려고 애쓰는 사람에게 이는 결코 사소하지 않은 문제다. 이럴 때 할 수 있는 건 최대한 현장에서 많은 시간을 보내며 나 자신을 신기한 사람에서 영구 거주 중인 이방인으로 탈바꿈시키는 것뿐이다. 사람들은 보통 충분한 시간이 지나면 긴장을 풀고 자기 할 일을 한다. 어떤 상황이 되면 다시 긴장을 하고 가면을 쓸 수 있긴 하지만 말이다.

이미 언제 귀를 기울여야 하는지, 무엇을 눈여겨봐야 하는지를 배운 케이샤 같은 사람들 옆에서 돌아가는 상황을 파악하는 법을 배우는 데도 역시 시간이 걸린다. 내가 밀워키에서 만났던 사람들은 관찰하는 법에 관한 모델을 제시하고 내가 본 것을 이해하는 법을 몸소 보여줌으로써 내 시각을 훈련시켜 주었다. 하지만 나는 특히 초반에 많은 것을 놓쳤음을 알고 있다. 이는 내가 외부자였기 때문인 것도 있지만, 꾸준히 확대 분석하려는 경향을 보였기 때문이었다. 내 안의 소란스러운 독백들이 종종 나를 안으로 끌고 들어가, 바로 내 앞에서 펼쳐지는 삶의 열기에 주의를 기울이지 못하게 만들곤 하기도 했다. 우리의 관념들은 우리가 사회적 삶을 길들이고 그것을 분류 체계와 이론에 맞게 줄 세우게 한다. 수전 손택Susan Sontag의 경고처럼 이 안락함은 "세계를 고갈"시키고 눈앞에 놓인 것을 보지 못하게 가로막을 수 있다.[3]

이 책을 위해 조사를 진행하면서 나는 많은 시간을 여성들과 종종 그들의 집에서 보내게 되었고, 이 때문에 의심을 받기도 했다. 남성들이 자신의 여자친구와 내가 잤다고 의심한 사건이 두 번 있었다. 첫 사건은 네드와 팸이 술에 취해 말싸움을 하다가 일어났다. 네드는 갑자기 폭발하면서 이렇게 말했다. "너 맷하고 얘기하는 거 다 봤어. 그 망할 심리학자랑… 가서 그놈이랑 붙어먹지 그래." 네드가 진정하고 난 뒤 팸은 내게 이렇게 말했다. "네드는 우리가 붙어먹는 줄알아. 정말 한심하지 않아?" 싸움이 사그라들고 네드는 의심에서 한발 물러났지만, 그 일이 있고 나서 여러 주가 지나도록 난 팸과 거리를 유지하는 대신 최대한 네드와 많은 시간을 보내려고 애썼다. 또한번은 바네타가 수감 선고를 받기 전달에 바네타를 보러 잠시 들렀더니 얼이라는 남자가 와 있었다. 그는 바네타가 로지에서 만난 나이든 남자였다. 얼은 바네타에게 강한 연정을 품고 있었고 그녀 역시그의 관심을 즐기고 있었는데, 내가 나타나자 그는 불쾌해하며 이렇게 말했다. "잘 들어둬. 이 여잔 내 여자야. 그리고 난 내 여자가 무슨짓을 하고 있는지 알아야겠어." 나는 시간을 들여 얼에게 내 일을 설명하고 나서 과거 진행했던 연구를 보여주었다. 나는 그가 바네타를해칠 수도 있다고(그는 가정폭력으로 기소된 적이 있는 전과자였다), 아니면 최소한 그녀를 버리고 자신의 재향군인 수령금을 가져가버릴 수도 있다고 생각했다. 결국 얼은 내게 사과했지만 언쟁의 뒤끝이 너무찜찜했다. 바네타의 집을 나온 나는 바네타의 언니 에보니에게 바네타가 괜찮은지 확인을 부탁했고 에보니는 그렇게 했다. 그리고 다음날 아침 난 무슨 일이 없었나 확인 전화를 걸었다. "어쨌든 난 하나도겁 안 나," 바네타는 내게 이렇게 말했다. 그러니까 얼이 겁을 주긴 줬다는 뜻이었다. 바네타가 출소하고 나서 얼과 헤어진 뒤 누군가 바네타와 아이들이 지내고 있던 에보니의 아파트에 총을 쐈다. 모두 얼을의심했다.

난 항상 문화기술지학자로서 내 첫 번째 의무는 내 일이 날 자신의 삶 속으로 초대해준 사람들에게 피해를 주지 않도록 하는 것이라고 생각했다. 하지만 무엇이 피해를 유발하는지 처음부터 항상 분명하지만은 않기 때문에 이는 복잡 미묘한 문제일 수 있다.[4] 특히 가난한 동네에서는 공짜가 없다. 호의를 베푼 사람은 어떤 식으로든 보상을 받는다. 네드와 얼은 자신의 여자친구들이 집을 보러가고 처리할 일이 있어서 외출할 때 내가 차를 태워주면 그 보상으로 내게 뭘 해줘야 한다고 생각했다. 난 물론 이야기라는 형식으로 보상을 받았다. 하지만 그들에게 나는 해괴한 인간일 뿐이었다. 이들의 의심은 완벽하게 타당했고, 난 이들의 우려를 진지하게 받아들였다.

사람들은 젠더에 따라 내 앞에서 말과 행동이 평상시와 달라지기도 했다. 출소 후 바네타는 조지웹 식당에서 서빙 일을 얻었고, 트럭 운전사가 되고 싶어 하는 벤이라는 새 남자를 만났다. 어느 날 이들이 사는 아파트에서 벤이 갑자기 나가버렸다. "너희들 잘 지내는 거야?" 내가 물었다.

"별로 그렇지 못해." 바네타가 한숨을 쉬었다. "벤은 내가 너무 남자처럼 행동한대."

"그게 무슨 소리야?" 내가 물었다.

"내가 너무 아는 척을 한대… 벤은 맨날 이래. '넌 남자처럼 굴잖아. 그니까 넌 맨날 모든 문제의 답을 알고 있어야 하잖아.'"

"그래서 일부러 모르는 척 한 적도 있어?"

"이따금씩."

바로 그 순간 나는 바네타가 나와 함께 있을 때 얼마나 자주 입을 열지 않고 있었을지, 얼마나 자주 숙녀처럼 보이려고 무지를 가장했는지 궁금해졌다.

인종·젠더·출신 지역과 양육 방식·기질과 성향 등 나의 모든 것이 내가 만나는 사람에게, 나에게 고백하는 이야기에, 나에게 보여주는 것들에, 내가 본 것을 해석하는 방식에 영향을 미칠 수 있다. 나의 정체성은 어떤 문은 열었지만 어떤 문은 닫아버렸다. 결국 우리는 가장 중요한 질문을 끝까지 붙들고 자아의 파편들이 연구에 어떻게 문제가 되는지를 유심히 관찰하면서 지금의 우리 모습 그대로 할 수 있는 최선을 다할 뿐이다.[5]

밀워키에서 지내는 동안 나는 전일제 현장연구자였다. 거의 매일 녹음기를 켠 채 갖고 다녔다. 덕분에 나는 사람들이 하는 말을 그대로 담아둘 수 있었다. 또 작은 공책을 갖고 다니면서 본 것과 대화한 것이 있으면 따로 기록해두었다. 내가 최대한 많이 기록하려고 노력하는 작가라는 사실은 한 번도 숨긴 적이 없었다. 보통 저녁과 이른 아침 시간에 공책에 흘려 쓴 글들을 타이핑하고 그날의 사건에 관해 적으며 몇 시간씩 보내곤 했다. 사진도 수천 장 찍었다. 임대업자 서른 명을 비롯해서 이 책에 등장하지 않는 사람들과 100여 건의 인터뷰도 진행했다. 법원 직원, 사회복지사, 건물감독관, 부동산관리인, 이동주택단지나 도심 빈민가에 사는 여러 사람들과 이야기를 나누고 관찰도 했다.

현장을 떠나면서 나는 녹취를 푸는 기나 긴 작업을 시작했다. 몇몇이 도움을 주기도 했지만 상당량은 혼자서 했다. 모든 걸 종이에 옮겨보니 내 노트는 행간·여백 없이 장장 5,000여 페이지에 달했다. 난 기록을 찬찬히 들여다보고, 사진을 보고 기억을 떠올리며, 일하러 가는 길에, 혹은 갓 태어난 아기를 재우며 녹음을 듣기 시작했다. 집필에 들어갈 준비가 되었다는 느낌이 들 때까지 모든 걸 여러 번에 걸쳐 읽고 또 읽었다.[6] 나는 최대한 원 자료를 있는 그대로 드러내고 이야기와 장면에서 일종의 2차 몰입을 경험하고 싶었다. 그리고 난 모두가 보고 싶었다. 밀워키 노스사이드에서 매사추세츠 케임브리지(일반인들과는 동떨어진 부유한 동네)로 이사하면서 난 큰 혼란을 경험했다. 처음에는 그저 이동주택단지나 도심 빈민가로 되돌아가고만 싶었다. 그리고 최대한 자주 그곳으로 돌아갔다.

이 책을 쓰면서 나는 직접 관찰한 사건을 가장 우선시했다. 내가 못 본 중요한 일이 일어났을 때는 가능할 때마다 해당 사건에 관해 여러 사람에게 물어보고 신문 기사나 의학 기록, 법원 기록, 모기지 장부 같은 다른 자료를 토대로 세부 사항을 확인했다. 나는 공책에 간접적인 설명을 토대로 구성한 모든 사건을 따로 표시해두었다. 누군가가 무엇을 "생각했다"라거나 "믿었다"라는 표현은 직접 나한테 그렇게 말했을 때로 한정시켰다. 과거에 일어났던 일을 쓸 때는 누군가가 그 일을 어떤 식으로 "기억했다", 혹은 "회상했다"라고 적었다. 세부 사항을 확인하기 위해 나는 수년에 걸쳐 같은 사람에게 같은 질문을 여러 번 하곤 했다. 이는 엄청나게 유익한 방법인 것으로 확인되었는데, 처음에 내게 말했던 일이 나중에는 그렇지 않았던 것으로 판명나기도 했기 때문이다. 때로 진실은 천천히 그 모습을 드러낸다.

나는 최대한 제삼자의 힘을 빌어 이 책에 담긴 내용을 확인했다. 그러다 보면 어떨 때는 뭔가 다른 가능성을 염두에 둬야 하는 상황이 나타나기도 했다. 가령 나는 위스콘신 아동가족부를 통해 알린이 겪은 복지 제재가 그렇게 드문 일이 아니라는 걸 확인할 수 있었다. 난 알린이 그 제재에 관해 셰리나에게 설명하는 걸 듣게 되었고, 알린이 세부 사항들을 처리하러 복지사를 만났을 때 알린을 따라가기도 했다. 하지만 그래도 이메일 두어 통과 전화 몇 번이면 확인할 수 있는 일이었기에 그렇게 해보았고, 결국은 눈으로 본 게 얼마나 결함이 많고 불완전한지를 알게 되었다. 피고 측 변호사라면 당연하게 생각할 일이긴 하지만 말이다. 평범한 관찰 이면에는 무언가가 숨어 있고, 잘못 짚을 가능성은 항상 존재한다. 나는 확인할 수 없는 이야기는 이런 식으로 모두 제외했다. 한번은 나타샤 힝스턴이 학생 식당에서 총격 사건이 있은 후 고등학교를 그만 다니기로 했다고 이야기한 적이 있었다. 이 이야기를 도린과 확인한 후 여기에 매력을 느껴 어딘가에 넣고 싶었는데, 이런 충동일수록 믿어서는 안 된다는 것을 나는 알고 있었다. 그래서 밀워키공립학교 행정관 세 명과 따로 이야기를 해봤지만 누구도 그 시기에 나타샤가 말했던 총격이 일어났던 게 사실이라고 확인해주지 못했다. 아마 뭔가 일어나긴 일어났을 수도 있고 행정관들이 틀린 거였을 수도 있다. 나타샤가 했던 이야기의 골자(세부 사항은 아니더라도)는 진실일 수도 있지만 그렇지 않을 수도 있다. 뭐가 맞든지 간에 나는 이 이야기와 같은 방식으로 확인할 수 없었던 다른 두 이야기는 빼기로 했다. 초고를 완성한 뒤 나는 사실 확인을 전문으로 하는 프리랜서를 고용했다.[7] 그리고 마무리를 짓기 위해 밀워키와 테네시 주 브라운스빌에도 다시 방문했다.[8]

사람들은 내게 종종 이런 연구를 어떻게 '감당하는지'를 묻곤 한다. 이런 질문의 진짜 뜻은 이런 가난과 고통이 내게 개인적으로 어떤 영향을 미쳤는지 궁금하다는 것이다. 나는 사람들이 이 질문이 얼마나 거칠고 사적인지 미처 모르기 때문에 이런 질문을 한다고 생각한다. 그래서 나는 몇 가지 정직하지 않은 대응을 개발해놓고, 마치 마술사가 눈에 띄지 않게 무대 밖으로 미끄러져 나가고 싶을 때 사용하는 연기 폭탄처럼 써먹고 있다. 하지만 정직하게 대답한다면 이 연구는 가슴이 먹먹한 작업이었고, 이로 인해 난 수년 동안 침울하게 지냈다. 우리는 어려운 상황을 잘 헤쳐나가는 사람들을 통해 어려움을 헤쳐나가는 법을 배운다. 몇몇으로부터 "날 그런 눈으로 보지 말아요"라는 소리를 들은 뒤 나는 트라우마적인 사건으로 받는 충격을 억누르는 법을 배웠다. 별 거 아닌 가난과 진짜 위기를 구별하는 법을 배웠고, 빈곤선보다 훨씬 높은 곳에 자리한 누군가에게는 게으르거나 비사회적으로 보이는 어떤 행동이 실은 자신에게 맞는 속도를 찾는 기법일 수 있음을 배웠다. 크리스털이나 러레인 같은 사람들은 오늘 닥친 위기 상황을 해결하는 데 모든 에너지를 쏟지 못한다. 그랬다간 내일 닥칠 위기 상황에 쓸 에너지가 모두 바닥나버릴 테니 말이다. 나는 이동주택단지와 도심 빈민가에서 회복의 힘과 용기, 반짝반짝 빛나는 총기를 보았고 많은 웃음소리를 들었다. 하지만 많은 고통도 목격했다. 내 현장연구가 끝날 무렵, 난 일기장에 이렇게 적었다. "이런 이야기들과 고난을 무수한 전리품처럼 수집하는 내 자신이 추잡한 인간으로 느껴진다." 현장연구를 진행하는 동안 내가 느꼈던 죄의식은 떠난 후 오히려 더 깊어졌다. 내 자신이 어떤 이름할 수 없는 죄를 고백할 준비가 된 사기꾼·배반자처럼 느껴졌다. 대학 행사 때 내 앞에 놓인 와인 한 병, 어린이집 고지서를 보고도 밀워키에서의 일들이 떠오를 정도였다. 이런 종류의 작업은 어떤 인상을 남긴다. 이런 일을 직접 겪었다면 감히 그런 질문을 할 수 있을까.

세입자와 집주인들과 많은 시간을 보내면서 나는 내 자신이 내 현장연구의 범위를 벗어나는 기본적인 질문의 답을 구하고 있음을 알게 되었다. 퇴거는 얼마나 현저한가? 그 결과는 무엇인가? 퇴거당하는 사람들은 누구인가? 집 안에서 많은 시간을 보내는 가난한 가족들이 집을 빼앗기면 어디로 가게 될까? 그래서 난 이런 문제에 답을 제시한 연구들을 살펴보았다. 도시 빈곤·지역사회·슬럼, 이 모두가 미국 사회학의 초기부터 기본적인 주제들이었다. 그리고 관련 연구를 했던 사람은 분명히 있었다.

　하지만 난 내 질문을 제대로 해결해주는 연구와 데이터는 하나도 찾을 수 없었다. 밀워키에서 매일 같이 내가 목격하는 일들을 생각해보면 이건 이상한 일이 아닐 수 없었다. 난 어떻게 연구 집단에서 미국의 빈곤에서 그렇게 근본적인 문제, 즉 민간주택시장의 동학을 도외시할 수 있었는지 의아했다. 나중에서야 나는 주택연구 방식에 문제가 있다는 걸 깨달았다. 대체로 빈곤연구자들은 공공주택이나 다른 주택 정책에 협소하게 초점을 맞춰왔다. 그런 경우가 아니면 주택에는 별로 신경을 쓰지 않았다. 왜냐하면 사람들은 도시 근린의 성격, 그러니까 가령 주거지의 인종적 분리 정도나 젠트리피케이션을 향한 저항에 더 관심이 많았기 때문이다.[9] 하지만 대다수의 빈민들이 사는 곳은 민간임대시장이었다. 그리고 이 민간임대시장은 내가 밀워키에서 알고 있는 가족들의 삶에서 대단히 두드러진 중요한 역할을 하고 있다. 이들의 소득 대부분을 탕진시키고 빈곤과 결핍을 가중시키며, 퇴거와 불안·노숙의 삶을 야기하고 이들이 사는 장소와 함께 사는 사람들을 결정하며, 사는 동네의 성격과 안정성에 지대한 영향을 미치면서 말이다. 그런데 이와 관련해 아는 게 거의 없다니.

　나는 모든 시간을 현장에서 세입자와 집주인들과 보내고 싶은 마음에 이 문제는 무시하려고 애썼다. 하지만 이런 질문들이 좀처럼 머릿속을 떠나지 않았고, 그래서 결국 직접 데이터를 수집하기 시작했다. 먼저 밀워키의 민간주택 부문에 있는 세입자에 대한 설문조사를 설계했다. 처음에는 작게 시작된 조사였지만 맥아더재단의 지원으로 더 커지게 되었다. 나는 이 연구를 〈밀워키지역 세입자연구Milwaukee Area Renters Sturdy〉, 줄여서 〈MARS〉라고 불렀다. 2009년부터 2011년까지 위스콘신대학교 설문조사센터가 교육과 감독을 맡고 내가 진행 과정을 확인하는 가운데, 전문적인 조사원들이 약 1,100명의 세입자 집으로 찾아가 인터뷰를 진행했다. 밀워키에 사는 모든 임차인구에 추정치를 일반화할 수 있도록 시 전역의 가구를 인터뷰 대상으로 삼았다. 조사원들은 클립보드와 레노버 싱크패드 노트북을 손에 들고 밀워키에서 가장 열악한 동네를 누비고 다녔다. 개에게 물리고 나중에는 강도까지 당한 조사원도 있었다.

위스콘신대학교 설문조사센터의 영웅적인 노력 덕분에 〈MARS〉는 이사를 대단히 자주하는 빈민들을 대상으로 경이로운 설문 응답률(84퍼센트)을 기록했다. 내가 현장연구에서 배운 것들이 〈MARS〉의 250개 문항을 작성하는 데, 그러니까 묻는 내용뿐 아니라 묻는 방식에 큰 영향을 미쳤다. 가령 나는 이동주택단지에 살면서 어째서 이사를 하게 되었는지를 묻는 건 결코 간단한 문제가 아니라는 걸 배우게 되었다. 세입자들은 이사를 설명할 때 종종 자신의 자유의지를 극대화하곤 했다. 그리고 비자발적인 이동에 관해 질문할 경우 그와 관련된 복잡다단한 문제들이 같이 튀어나왔다. 세입자들은 퇴거 개념을 엄격하게 사용하는 경향이 있었기 때문이다. 가령 이동주택단지에서 내 이웃이었던 로즈와 팀의 경우를 예로 들어보자. 로즈와 팀은 팀이 직장에서 허리 부상을 당한 뒤 트레일러를 어쩔 수 없이 떠나게 되었다. 이들은 법원에는 가지 않았지만 명백하게 퇴거를 당했다(퇴거기록부에는 이들의 이름이 올라 있다). 그렇지만 이들은 그렇게 생각하지 않았다. 로즈는 이렇게 설명했다. "당신이 '퇴거'라는 말을 쓰면 난 보안관이 와서 사람을 끌어내고, 열쇠를 바꾸고, 이글무빙 직원들이 물건들을 길바닥에 내동댕이치는 게 떠올라요. 그게 퇴거지. 우린 퇴거당하지 않았어요." 만일 어떤 설문조사에서 로즈와 팀에게 "당신들은 퇴거를 당했던 적이 있습니까?"라고 묻는다면 이들은 아니라고 답했을 것이다. 따라서 이 문항을 그대로 설문조사에 사용할 경우 집에서 비자발적으로 쫓겨나게 된 사람들의 규모를 크게 과소평가하게 된다. 나는 세입자들이 퇴거를 이해하는 방식을 고려하여 질문을 다르게 제시하는 방법을 터득했고, 이에 맞춰 설문조사를 설계했다.

〈MARS〉는 주택과 주거 이동성·퇴거·도시 빈곤에 관해 새로운 데이터를 입수했다. 이 데이터는 도시 세입자들 내에서 주거지에서 비자발적으로 쫓겨난 빈도를 개략적으로만 추정한다. 수치를 돌려본 나는 밀워키의 세입자 여덟 명 가운데 한 명이 설문조사를 진행하기 전 2년 동안 최소 한 번의 강제 이주(공식적 퇴거와 비공식적 퇴거, 집주인의 압류, 건물의 주거지 부적합 판정)를 경험했다는 사실을 발견하고는 경악했다.

이 설문조사는 또한 강제 이주의 거의 절반(48퍼센트)이 비공식적인 퇴거였음을 보여주었다. 이는 집주인이 돈을 주며 나가라고 하거나 건달 몇 명을 고용하여 세입자를 쫓아낼 때와 같은, 법원을 거치지 않은 비공식적인 추방 같은 것을 말한다. 공식적인 퇴거는 그보다는 적어서 강제 이주의 24퍼센트를 차지한다. 강제 이주의 23퍼센트는 집주인의 압류 때문이었고, 나머지 5퍼센트는 건물의 주거지 부적합 판정이 차지했다.[10]

다시 말해 사법 시스템을 통해 한 건의 퇴거가 집행되면 법원의 영향력이 미치지 않는 곳에서 정당한 절차를 거치지 않고 두 건의 퇴거가 집행되는 것이다. 이는 비공식 퇴거를 포함하지 않은 추정치가 우리가 살아가는 도시의 위기를 과소평가하고 있음을 의미한다. 정책입안가들이 어떤 문제가 광범위하게 퍼졌다고 인식했을 때 그 결과물로서 공공의 관심과 자원이 만들어지는 것이라면, 인위적으로 퇴거율을 낮게 만들어낸 연구 작업들은 그냥 틀리기만 한 게 아니라 사회적으로 해롭기까지 하다.

〈MARS〉의 가장 중요한 발견 내용 가운데 몇 가지는 퇴거의 부작용과 관련이 있다. 이 데이터는 퇴거가 주거 불안정의 고조, 함량 미달의 주택, 동네 질의 하락, 심지어는 실업과도 연관이 있음을 보여주었다. 이 결과를 보고 국가표본데이터집합(〈취약 가정과 아동복지연구 Fragile Families and Child Wellbeing Study〉)에서 퇴거의 결과를 분석해보았더니, 퇴거를 당한 아이 엄마들은 물질적 곤란함의 증가와 심신 건강의 하락에 시달리는 것으로 나타났다.

이렇게 비공식적인 퇴거가 만연하긴 하지만 퇴거법원의 기록부에서는 아직 우리가 건질 만한 게 있다. 기록부에는 도시 내에서 발생하는 공식 퇴거의 빈도와 위치가 정확히 표시되어 있다. 그래서 나는 2003년부터 2013년 사이에 밀워키에서 발생했던 모든 퇴거 건의 기록을, 그 수십만 건의 기록 가운데 일부를 발췌했다. 이 공식 기록에 따르면 매년 밀워키에서 법원의 명령을 받아 공식적으로 진행되는 퇴거의 거의 절반이 주로 흑인들이 거주하는 동네에서 일어나고 있었다. 그리고 그 가운데서도 남성보다 여성이 퇴거당할 가능성이 두 배 이상 더 높다.[11]

마지막으로 나는 어째서 어떤 사람들은 퇴거를 피하고 어떤 사람들은 그러지 못하는지를 이해하는 데 도움이 될 만한 설문조사를 하나 더 설계했다. 〈밀워키 퇴거법원연구Milwaukee Eviction Court Study〉는 2011년 1월과 2월 6주 동안 퇴거법정에 출두한 250명의 세입자를 대상으로 현장에서 직접 설문조사를 실시했다(응답률 66퍼센트). 세입자의 법원 심리 직후에 시행된 이 인터뷰는 밀워키에서 퇴거를 경험한 집단의 단면을 엿볼 기회를 제공했다. 데이터는 밀워키 퇴거법정에 출두한 세입자의 중위연령이 33세임을 보여준다. 가장 어린 사람은 열아홉 살이었고, 가장 나이 든 사람은 예순아홉 살이었다. 월 중위 가계 소득은 935달러였고, 밀린 월세의 중위액수 역시 그 정도였다. 〈밀워키 퇴거법원연구〉는 퇴거당한 사람과 그럴 뻔한 사람을 가르는 것은 단순히 밀린 월세가 아니라는 점도 보여주었다. 이 데이터를 분석하면서 나는 세입자가 집주인에게 월세를 내지 못한 이유(그리고 가계 소득과 인종 같은 다른 요인들)가 모두 확인된 이후에도 집에 아이가 있으면 퇴거 판결을 받을 가능성이 거의 세 배 이상 높아진다는 점을 알게 되었다. 아이를 데리고 사는 것이 퇴거 판결을 받는 데 미치는 영향은 월세를 넉 달 밀린 것과 동일했다.[12]

이 책에 사용된 다양한 기법들과 여러 데이터 원 자료들은 서로에 중요한 영향을 미쳤다. 내가 이 프로젝트를 시작할 때는 한 묶음의 질문이 있었지만, 현장연구를 진행하면서 여러 갈래의 질문들이 나타났다가 사그라들었다. 내가 현장에 발을 들이지 않았더라면 전혀 떠오르지 않았을 질문도 있었다. 하지만 법원 기록물과 설문조사 자료를 분석하고 난 뒤에서야 나는 가난한 동네의 퇴거 규모를 파악하고, 불균형을 규명하고, 강제 이주의 결과들을 목록으로 작성하면서 더 큰 그림을 볼 수 있었다. 정량적인 작업들은 또한 내 정성적인 관찰들이 얼마나 전형적인지를 평가할 수 있게 해주었다. 가능할 때마다 나는 내 현장에서의 관찰들을 가지고 일종의 통계적인 확인을 거치며, 내가 현장에서 보고 있는 것들이 더 큰 인구 집단 내에서도 감지 가능한지를 판별하고자 했다. 집합과의 비교를 통해 어떤 생각을 분명하게 버리거나 정제하고 난 뒤 나는 다시 내 연구 노트로 돌아가 그 수치 이면에 있는 메커니즘을 확인하곤 했다. 이렇게 각 기법들의 상호적인 협업을 통해 각각의 방법은 다른 방법들을 더욱 풍성하게 만들었고, 각각은 다른 방법들의 정직성을 유지시켜 주었다.

큰 규모의 노력들(원 설문조사 시행과 법원 기록물에서 얻은 빅데이터 분석) 외에도 나는 나의 관찰에 타당성을 부여해주고 내가 문제를 더 깊이 이해할 수 있게 해줄 다양한 증거들을 찾아다녔다. 나는 밀워키 경찰에게서 받은 2년 치 부동산 소란 행위 소환장을 분석했고, 100만여 건의 911 신고 기록을 입수했으며, 임대 장부와 법원 속기록, 공공부동산 기록물, 학교 파일들, 심리학 평가지들을 수집했다.

이 모든 자료는 민간주택 부문이 가난한 미국 가정과 그 지역사회의 삶을 어떻게 마음껏 주무르고 있는지를 보여주는 새로운 그림을 제시하고 있다. 이 자료들은 빈곤에 고질적으로 딸린 문제들(주거 불안정, 심각한 결핍, 불이익이 집중된 동네, 건강 격차, 심지어는 실업)이 도시 내 적정가격주택의 결핍에서 기인함을 보여주었다. 나는 이 모든 연구 자료를 하버드 데이터버스 네트워크Harvard Dataverse Network에 공개해놓았다.[13]

이 책의 배경은 밀워키다. 위스콘신 최대의 도시 밀워키의 문제를 모든 도시의 문제로 일반화할 수는 없다. 하지만 미국의 도시 경험을 상징하는 아이콘과도 같긴 하나 한줌도 안 되는 예외에 가까운 장소들에 비하면 그렇게 독특한 편이라고 할 수도 없다. 모든 도시가 고유한 생태계를 만들어내지만 이게 훨씬 도드라진 도시들도 있다. 밀워키는 상당히 전형적인 중간 크기의 대도시 지역으로, 사회경제적 특성과 주택시장, 세입자 보호 장치들이 모두 상당히 전형적이다.[14] 인디애나폴리스, 미니애폴리스, 볼티모어, 세인트루이스, 신시내티, 게리, 롤리, 유티카 등 국가적인 논의에서 배제된 도시들은 오히려 미국에서 가장 성공한 곳(샌프란시스코·뉴욕)도 가장 실패한 곳(디트로

이트·뉴어크)도 아니라는 점에서 이런 곳에서 거주하는 도시인들의 경험을 재현하는 게 훨씬 더 적합하다고 볼 수 있다.

그렇긴 해도 어쨌든 내가 밀워키에서 발견한 것들이 다른 장소에서도 그대로 적용되는지를 판단하는 건 결국 미래 연구자들의 몫이다. 아직 수천 가지 질문들이 그대로 남아 있다. 우리에겐 정책과 공공주택을 향한 협소한 관심을 넘어서는 탄탄한 주거사회학이 필요하다. 퇴거의 횡행과 그 원인 및 결과를 기록하는 새로운 강제 이주의 사회학이 필요하다. 그리고 어쩌면 가장 중요하게는 착취와 약탈적인 시장을 진지하게 연구하는 헌신적인 불평등의 사회학이 필요하다.

하지만 나는 연구 결과가 다른 곳에도 적용되는지 물어올 때 실제로 뭐가 알고 싶은 건지 의아할 때가 있다. 피츠버그에서 일어났던 일이 앨버커키나 멤피스·더뷰크에서는 절대 일어나지 않을 거라고 정말 믿는 걸까? 특히 도시 빈곤과 지나치게 많은 비용이 드는 주택처럼 크고 폭넓게 만연한 문제의 경우, 지금까지 수집한 근거들로 보았을 때 정반대의 상황에 더 무게가 실린다. 이 연구가 수행된 곳은 폴란드인들이 사는 오지 마을이나 덤불에 뒤덮인 몬태나의 어떤 소읍, 아니면 달이 아니라 미국 대도시의 심장부였다.[15] 밀워키에서 이루어진 퇴거의 건수는 다른 도시의 건수와 동일했고, 밀워키에서 주거법정에 소환된 사람들은 찰스턴과 브루클린에서 소환된 사람들과 대단히 유사한 모양새다. 어쩌면 이 연구를 '일반화'할 수 있는지 물어볼 때 진짜로 하고 싶은 말은, '정말 모든 곳에서 상황이 이렇게까지 나쁠까요?' 내지는 '내가 굳이 이 문제에 관심을 기울여야 할까요?' 인지도 모른다.

최근 문화기술지는 거의 전부 일인칭으로 서술되고 있다. 이는 솔직하고 효과적인 글쓰기 방식이다. 문화인류학자 클리퍼드 기어츠 Clifford Geertz는, 문화기술지학자가 사람들이 자신의 말을 진지하게 받아들이길 원한다면 독자들에게 자신이 '거기에 있었다'는 확신을 심어줘야 한다고 말한 적이 있었다. "그러면 이로써 우리는 이런 실생활의 기적이 실제로 일어났다고 설득당하게 되고, 글은 생명력을 얻게 된다."[16] 이를 위해 선택된 수단이 일인칭이었다. 내가 거기 있었다. 내가 그 일이 일어나는 걸 봤다. 그리고 내가 그걸 봤으니까 당신은 그걸 믿어도 된다. 문화기술지학자들은 현장에서는 자신을 축소시키지만 지면상에서는 확대시킨다. 일인칭 서술로 경험을, 그리고 권위를 전달하기 때문이다.

하지만 우리가 쓸 수 있는 기법이 일인칭 서사뿐인 것은 아니다.[17] 사실 어쩌면 일인칭 서사는 '나'를 통해 모든 걸 걸러버리기 때문에 사회 세계의 정수를 포착하기 가장 부적당한 수단인지 모른다. 일인칭 서사에서는 연구 대상과 저자가 모두 항상 시야에 들어와 있기 때문에, 모든 관찰에는 관찰자에 대한 반응이 뒤따라오게 된다. 저자가 아무리 조심한다 해도 일인칭으로 기술된 문화기술지는 연구자의 관찰 대상에 관한 것이기도 하지만 그만큼 현장연구자에 관한 것이기도 하다. 나는 원래의 연구 대상과는 아무런 관련이 없고 저자의 결정이나 실수, '윤리적 특성' 같은 것만 다루는 르포나 문화기술지 연구에 관한 숱한 이야기를 알고 있다. 그리고 내가 이 책을 소재로 했던 거의 모든 학술 발표에서 난 "그걸 봤을 때 기분이 어땠어요?", "어떻게 그런 식으로 접근했어요?" 같은 질문을 받았다. 이런 것도 좋은 질문이지만 이보다 더 큰 표적을 놓쳐서는 안 된다. 이 풍요의 땅에는 어마어마한 고통과 빈곤이 넘실대고 있다. 불평등을 통제할 수 없고 고난이 만연한 시대에, 굶주림과 노숙이 미국 도처에서 확인되는 시기에, 나는 이와는 다른 더 시급한 대화를 하고 싶다. '나'는 중요하지 않다. 여러분이 이 책을 이야기할 때는 셰리나와 토빈을, 알린과 조리를, 러레인과 스콧·팸을, 크리스털과 바네타를, 당신이 살고 있는 도시 어딘가에서 한 가족이 막 퇴거를 당했고 이들의 세간이 길거리에 높이 쌓여 있다는 사실을 먼저 이야기했으면 한다.

일인칭을 포기할 경우 여러 가지 대가가 따른다. 이 연구의 맥락에서는 내가 사소하지 않은 방식으로 언제 개입했는지를 숨기게 된다. 이 책에서는 그런 사례가 두 번 있었다. 한 "친구"가 알린이 13번가에서 이사할 수 있도록 유홀의 트럭을 빌려줬을 때, 그리고 바네타가 아동복지서비스국에서 집을 보러올까봐 "친구"에게 돈을 빌려 스토브와 냉장고를 살 때, 그 친구가 바로 나였다. 이 책에 나오는 세입자 누구에게도 차가 없었다는 사실 역시 중요한 점이다. 대신 내게 차가 있었고, 그래서 난 가끔 사람들이 집을 알아보러 다닐 때 태워주곤 했다. 내가 차를 태워주지 못할 때 사람들은 밀워키의 불규칙한 버스 시스템을 이용하거나 걸어다녔다. 내 차(혹은 전화)를 쓸 수 없을 경우, 이사할 집을 찾는 데 훨씬 더 오랜 시간이 걸렸다.

난 사람들이 인터뷰를 해주거나 시간을 내줬다고 해서 돈을 주지는 않았다. 사람들이 내게 돈을 빌릴 수 있는지 물어봤던 건 모든 사람에게 그렇게 했기 때문이었다. 나는 지갑을 놓고 다니기 시작했고, 내 주위의 모든 사람들처럼 거절하는 법을 배웠다. 수중에 몇 달러가 있으면 가끔 그냥 주기도 했다. 하지만 큰돈은 그냥 주지 않는다는 게 내 원칙이었다.

밀워키에서는 사람들이 내게 먹을 걸 사주면 나도 사람들에게 먹을 걸 사줬다. 사람들이 내게 선물을 사주면 나도 선물을 사줬다. 한번은 힝스턴네 사람들이 보일러를 고칠 수 있는지 봐달라며 나를 지하실로 내려 보낸 적이 있었다. 내가 수확 없이 돌아왔을 때는 생일 케이크가 날 기다리고 있었다. 알린은 내게 쿠키 한 통과 웃긴 노래가 나오는 카드를 사준 적이 있었다. 우린 그걸 내 차에 놔두고 웃고 싶을 때면 열어보곤 했다. 스콧은 노숙자 시절부터 지금까지 내 큰아들 생일이 되면 생일 카드에 10달러 지폐를 끼워서 보내준다.

현장연구자에게는 현장에 들어가는 것보다 어려운 게 떠나는 것이다. 그리고 도와달라는 부탁을 받았을 때보다 오히려 너무 많은 것을 받았을 때 어떻게 반응해야 할지가 더 어려운 윤리적 딜레마다. 난 밀워키에서 만난 사람들이 베풀어준 셀 수 없는 선의의 행동으로 축복이 뭔지 알게 되었다. 그 모든 행동은 이들이 고난 앞에 무릎 꿇기를 얼마나 우아하게 거부하는지를 내게 상기시켜 준다. 가난이 아무리 만연했다 해도 그들의 뿌리 깊은 인간성까지는 건드리지 못했다.

감사의 말

내가 밀워키에서 만났던 사람들에게 모든 것을 고맙게 생각한다. 인내와 용기·관용과 성실이 무엇인지 아는 여러분들은 나를 여러분들의 집과 직장으로 초대해주었고, 내가 여기 담지 못하는 많은 것들을 내게 가르쳐주었다.

편집자 어맨다 쿡Amanda Cook은 이 책의 초고를 여러 차례 읽고 행간·여백 없이 장장 30쪽에 달하는 논평을 해주었다. 뛰어난 독서 실력과 폭넓은 시야, 일에 대한 무시무시한 열정을 보유한, 무엇보다 이책을 받아준 어맨다에게 감사의 말을 전한다. 그리고 심각한 논픽션에 열정을 보여준 몰리 스턴Molly Stern과 세심한 눈을 가진 에마 베리Emma Berry 같은 크라운 출판사의 다른 팀원들에게도 감사의 말을 전하고 싶다.

생각이 깊고 단호한 나의 에이전트 질 니림Jill Kneerim은 나와 긴밀하게 공조하면서 하나의 구상에 불과했던 안을 엄정하고 분명한 일로 진전시켰다. 질과 니림 앤 윌리엄스에서 일하는 모두에게 엄청난

454

고마움을 전한다.

내가 이 프로젝트를 시작한 것은 매디슨 위스콘신대학교에서 사회학을 공부할 때였다. 내 논문 지도교수이자 충실한 사회학자인 무스타파 에머바이어Mustafa Emirbayer는 묵묵히 내 연구를 검토하고 나를 채찍질하는 데 많은 시간을 쏟아주었다. 세심한 기법들을 많이 가르쳐준 무스타파에게 감사의 말을 전한다. 로버트 하우저Robert Hauser는 위스콘신에서 마지막 학기를 보낼 때 내 연구비를 알아봐주는 등 숱한 방법으로 이 연구를 지원해주었다. 루스 로페즈 털리Ruth Lopez Turley와 펠릭스 엘워트Felix Elwert는 통계학을 비롯한 많은 것들을 내게 가르쳐주었다. 티머시 스미딩Timothy Smeeding은 내 아이디어와 연구 결과들을 공공정책과 연결시켜 주었다. 채드 골드버그Chad Goldberg, 미라 막스 페리Myra Marx Ferree, 더글러스 메이너드Douglas Maynard, 패멀라 올리버Pamela Oliver는 각자 자신들의 시간을 내어 내가 앞으로 갈 길을 안내해주었다.

위스콘신대학교 설문조사센터University of Wisconsin Survey Center는 〈밀워키지역 세입자연구〉와 〈밀워키 퇴거법원연구〉를 설계하고 이행할 수 있게 도와주었다. 설문조사센터에 있는 모두에게, 그 가운데서도 특히 주어진 과제 (그리고 내게 주어진 예산) 이상의 일을 해준 케리앤 디로레토Kerryann DiLoreto, 찰리 팰릿Charlie Palit, 제시카 프라이스Jessica Price, 존 스티븐슨John Stevenson에게 감사의 말을 전한다.

이 책을 쓰는 동안 하버드의 동료와 학생들로부터 이루 말할 수 없는 도움을 받았다. 브루스 웨스턴Bruce Western은 이 책의 원고를 다 읽고 내가 미국의 가난과 정의正義를 생각하는 방식을 근본적으로 다져주었고, 로버트 샘슨Robert Sampson은 도시와 범죄·사회과학의 목적에 대한 나의 관점을 더욱 심화시켜주었으며, 윌리엄 줄리어스 윌슨

William Julius Wilson은 의제를 설정하고 내가 매 단계를 넘을 때마다 격려해주었다. 캐스린 에딘Kathrin Edin은 믿음직한 조언과 전염성 있는 낙천성으로 나를 고무시켜주었고, 크리스토퍼 젠크스Christopher Jencks는 결코 쉽지 않은 질문들을 받아주었으며, 데버 페이저Devah Pager는 명료한 정신과 관대한 마음이 무엇인지를 알게 해주었다. 크리스토퍼 윈쉽Christopher Winship은 이론과 방법론, 그리고 차이를 만들어내기에 관한 대화의 물꼬를 터주었고, 미셸 러몬트Michele Lamont는 불평등에 관한 나의 이해를 이 나라 밖으로 확장시켜주었다. 또한 나는 윌리엄 아프가William Apgar, 매리 조 베인Mary Jo Bane, 제이슨 벡필드Jason Beckfield, 로렌스 보보Lawrence Bobo, 알렉산드라 킬리월드Alexandra Killewald, 제인 맨스브리지Jane Mansbridge, 올랜도 패터슨Orlando Patterson, 제임스 콴James Quane, 마리오 스몰Mario Small, 매리 워터스Mary Waters의 통찰력에서 많은 것을 배웠다. 데버라 드 로렐Deborah De Laurell은 원고 논평을 비롯해 무수한 방식으로 도움을 주었고, 낸시 브랜코Nancy Branco와 도티 루카스Dotty Lukas는 연구비 관리를 적절하게 해주었다. 그리고 브리즈번의 한 택시운전사에게 각별한 고마움을 전한다.

　나는 이 프로젝트를 진행하면서 믿을 수 없을 정도로 훌륭한 많은 연구보조원 및 협력자들과 함께 일을 했다. 웨이화 안Weihua An, 모니카 벨Monica Bell, 토머스 페리스Thomas Ferriss, 칼 저쉔슨Carl Gershenson, 레이철 톨버트 킴브로Rachel Tolbert Kimbro, 바버라 키비엇Barbara Kiviat, 조너선 미즈스Jonathan Mijs, 크리스틴 퍼킨스Kristin Perkins, 트레이시 숄런버거Tracey Shollenberger, 애덤 트래비스Adam Travis, 니콜 밸디즈Nicol Valdez, 네이트 윌머스Nate Wilmers, 리첼 윙클러Richelle Winkler에게 고마움을 전한다. 재스민 샌델슨Jasmin Sandelson은 원고 전체를 읽고 영리한 논평을 해주었다.

　하버드 명예교우회Harvard Society of Fellows는 글을 쓰고 생각을 다듬을 시간뿐 아니라, 따스함과 에너지 넘치는 지적 환경을 조성해주었다. 교우회 회원들 가운데서도 특히 대니얼 애런Daniel Aaron, 로렌스 데이비드Lawrence David, 월터 길버트Walter Gilbert, 조애나 굴디Joanna Guldi, 노아 펠드먼Noah Feldman, 세라 존슨Sarah Johnson, 케이트 맨Kate Manne, 일레인 스캐리Elaine Scarry, 아마티아 센Amartya Sen, 마우라 스미스Maura Smyth, 레이철 스턴Rachel Stern, 윌리엄 토드William Todd, 글렌 윌Glen Weyl, 위니 웡Winnie Wong, 누르 옐먼Nur Yalman에게 큰 도움을 받았다. 나를 환대해주며 이 책을 그린하우스에서 탈고할 수 있게 해준 켈리 카츠Kelly Katz와 다이애나 모스Diana Morse에게 감사의 말을 전한다.

하버드 법대에서는 에스미 캐러멜로Esme Caramello와 작고한 (그리고 영웅에 가까운) 데이비드 그로스먼David Grossman이 내게 빈곤법의 전망과 함정을 가르쳐 주었다. 앤 해링턴Anne Harrington, 존 듀랜트John Durant, 그리고 포르츠하이머 하우스Pforzheimer House의 모두가 내 가족과 내게 공동체를 마련해주었다.

이 프로젝트는 포드재단, 미국철학회American Philosophical Society, 전미과학재단National Science Foundation, 미국 주택도시개발부US Department of Housing and Urban Development, 호로위츠 사회정책재단Horowitz Foundation for Social Policy, 빈곤연구소Institute for Research on Poverty, 윌리엄 F. 밀튼 재단 William F. Milton Fund, 하버드 주택연구센터Joint Center for Housing Studies, 하버드 문리대Harvard University's Faculty of Arts and Sciences, 케네디 공공정책대학원 산하 말콤 위너 사회정책센터Malcolm Wiener Center for Social Policy뿐 아니라, 존 D.와 캐서린 T. 맥아더재단John D. and Catherine T. MacArthur Foundation의 '어째서 주택이 중요한가How Housing Matters' 이니셔티브의 큰 도움을 받았다.

법원데이터 테크놀로지Court Data Technologies의 배리 위데라Barry Widera는 수십만 건의 퇴거 기록을 수집할 수 있도록 도와주었고, 하버드 지오그래픽 분석센터의 제프리 블라섬Jeffrey Blossom은 엄청난 데이터 집합을 인구 추정치와 통합하여 지리 정보로 가공해주었다. 크리시 그리어Chrissy Greer와 라이자 캐러캐시언Liza Karakashian은 쉽지 않은 문화 기술지 자료들을 정확하게 전사해주었다. 위스콘신에서는 팀 볼러링 Tim Ballering, 데이비드 브리튼David Brittain, 에이프릴 하트먼April Hartman, 마이클 키에니츠Michael Kienitz, 마우드웰라 커켄돌Maudwella Kirkendoll, 브래들리 워긴츠Bradley Werginz가 각자의 전문 지식을 제공해주었다.

지칠 줄 모르고 꼼꼼히 사실을 확인해준 질리언 브러실Gillian Brassil 덕분에 이 책의 신뢰도가 한층 향상되었다. 마이클 칼라이너Michael Carliner는 주택 데이터와 정책에 관한 여러 질문에 답을 해주었다. 매리언 포케이드Marion Fourcade는 내가 한 주 동안 파리정치대학에서 지내면서 커다란 종이에 이 책의 개요를 구상할 수 있게 해주었다. 지적인 안내와 지원을 해준 일라이자 앤더슨Elijah Anderson, 하비에르 우이에로Javier Auyero, 제이콥 에이버리Jacob Avery, 비키 빈Vicki Been, 로저스 브루베이커Rogers Brubaker, 메건 컴퍼트Megan Comfort, 카일 크로우더Kyle Crowder, 존 디드리히John Diedrich, 미첼 더나이어Mitchell Duneier, 잉그리드 굴드 엘런Ingrid Gould Ellen, 러셀 엥글러Russell Engler, 조지프 "피코" 이우드지 주니어Joseph "Piko" Ewoodzie Jr., 대니얼 페터Daniel Fetter, 게리 엘런 파인Gary Alan Fine, 허버트 건즈Herbert Gans, 필립 고프Phillip Goff, 마크 그래노베터Mark Granovetter, 수지 홀Suzi Hall, 피터 하트브린슨Peter Hart-Brinson, 체스터 하트먼Chester Hartman, 크리스토퍼 허버트Christopher Herbert, 닐 플리그스타인Neil Fligstein, 콜린 제롤맥Colin Jerolmack, 니키 존스Nikki Jones, 잭 캐츠Jack Katz, 샤무스 칸Shamus Khan, 에릭 클리넨버그Eric Klinenberg, 아이사 콜러-하우스만Issa Kohler-Hausmann, 존 레비 마틴John Levi Martin, 케이트 맥코이Kate McCoy, 알렉산드라 머피Alexandra Murphy, 팀 넬슨Tim Nelson, 어맨다 팰라이스

Amanda Pallais, 앤드류 패패크리스토스Andrew Papachristos, 매리 패틸로Mary Pattillo, 빅터 리오스Victor Rios, 에버 로즌Eva Rosen, 메건 샌델Megan Sandel, 바버라 사드Barbara Sard, 힐러리 실버Hilary Silver, 애덤 슬레즈Adam Slez, 다이앤 본Diane Vaughan, 로익 바캉Loïc Wacquant, 크리스토퍼 와일드만Christopher Wildeman, 에버 윌리엄스Eva Williams, 롭 윌러Robb Willer에게도 감사의 말을 전하고 싶다.

이 책을 검토해준 사람들과 관련 학술 논문을 읽고 논평해준 수십 명의 익명의 심사자들에게도 감사의 말을 전한다. 이 프로젝트의 일부를 다음 기관에 제출하여 유용한 피드백을 받았던 데도 고마움을 표하고 싶다. 공공정책 분석관리협회Association for Public Policy Analysis and Management, 미국사회학회American Sociological Association, 호주국립대학교Australian National University, 브랜다이스대학교Brandeis University, 영국사회학회British Sociological Association, 브라운대학교Brown University, 주거정책센터Center for Housing Policy, 컬럼비아대학교Columbia University, 듀크대학교Duke University, 하버드대학교Harvard University, 하버드 비즈니스스쿨Harvard Business School, 하버드 로스쿨Harvard Law School, 하버드대 보건대학원Harvard School of Public Health, 주거정의네트워크the Housing Justice Network, 킹스칼리지런던King's College London, 런던정치경제대학London School of Economics, 전국저소득층주거대책연합 입법포럼National Low Income Housing Coalition Legislative Forum, 마케트대학교Marquette University, 막스플랑크연구소 포센터Max Planck-Sciences Po Center, 메사추세츠 공과대학교Massachusetts Institute of Technology, 뉴욕 로스쿨New York Law School, 뉴욕대학교 로스쿨New York University Law School, 노스웨스턴대학교Northwestern University, 미국인구협회Population Association of America, 퍼듀대학교Purdue University, 라이스대학교Rice University, 스탠포드대학교Stanford University, 뉴욕주립대학교 버펄로 캠퍼스the State University of New York at Buffalo, 파리대학교Université de Paris, 오르후스대학교University of Aarhus, 암스테르담대학교University of Amsterdam, 캘리포니아대학교 버클리 캠퍼스와 볼트 로스쿨University of California at Berkeley and the Boalt Law School, 캘리포니아대학교 로스앤젤레스 캠퍼스University of California at Los Angeles, 시카고대학교University of Chicago, 조지아대학교University of Georgia, 미시건대학교University of Michigan, 펜실베니아대학교University of Pennsylvania, 퀸즈랜드대학교University of Queensland, 텍사스대학교 오스틴 캠퍼스University of Texas at Austin, 워싱턴대학교University of Washington, 위스콘신대학교 매디슨 캠퍼스University of Wisconsin at Madison, 요크대학교University of York, 도시정책협회Urban Affairs Association, 웨스트코스트 빈곤센터West Coast Poverty Center, 예일대학교와 예일대학교 로스쿨Yale University, and the Yale Law School.

이 책을 순수한 호기심과 빈민들을 향한 마음으로 내게 꾸준히 영감을 불어넣어준 내 누이 미셸Michelle에게 바친다. 부단한 지원과 사랑을 보여준 쉐이본Shavon, 닉Nick, 매건 데스몬드Maegan Desmond에게도 감사의 마음을 전한다. 그리고 나의 빛, 나의 기쁨, 스털링Sterling과 월터Walter에게도 고마움을 전하고 싶다.

테사Tessa, 당신에게는 무슨 말을 할 수 있을까? 나를 붙들어주고 이 연구에 힘을 불어넣어준 당신에게 고마움을 전하고 싶다. 매순간 당신은 그곳에 있었고, 난 당신의 지혜와 희생·사랑에 대한 감사를 어떻게 표현해야 할지 모르겠다. "그대의 확고함은 나의 원을 완성시키고 / 내가 시작한 곳에서 끝낼 수 있도록 하리라."•

• 존 던John Donne, 〈슬픔을 금하는 고별사A Valediction: Forbidding Mourning〉. [원 저자 주]

주註

프롤로그: 차가운 도시

1) Frances Fox Piven and Richard Cloward, *Poor People's Movements: Why They Succeed, How They Fail* (New York: Vintage, 1979), pp.53~55; St. Clair Drake and Horace Cayton, *Black Metropolis: A Study of Negro Life in a Northern City* (New York: Harcourt, Brace, and World, 1945), pp.85~86; Beryl Satter, *Family Properties: How the Struggle over Race and Real Estate Transformed Chicago and Urban America* (New York: Metropolitan Books, 2009). 전국적인 규모의 대표성 있는 역사적 퇴거 데이터는 부재하지만, 20세기 전반기의 역사적 설명들은 퇴거를 회귀하고 충격적인 사건으로 묘사한다. 하지만 20세기 후반기의 일부 지역연구는 미국 도시에서 비자발적인 강제 이주가 심상찮은 속도로 일어나고 있음을 기록하고 있다. Peter Rossi, *Why Families Move*, 2nd ed. (Beverly Hills: Sage, 1980 [1955]); H. Lawrence Ross, "Reasons for Moves to and from a Central City Area", *Social Forces* 40 (1962): pp.261~263.

2) Rudy Kleysteuber, "Tenant Screening Thirty Years Later: A Statutory Proposal to Protect Public Records", *Yale Law Journal* 116 (2006): pp.1344~1388.

3) 이 추정치는 〈미국주택조사, 1991~2013American Housing Survey, 1991~2013〉에 근거한 것이다. 이 추정치는 소득이 없거나 마이너스인 사람들뿐 아니라 현금 소득이 전혀 없다고 보고한 세입자 가구들을 제외하고 있기 때문에 보수적이다. 〈미국주택조사〉의 기록에는 주거비용이 가계 소득의 100퍼센트를 초과한다고 밝힌 임차가구들도 있

다. 일부 가구의 경우 이 시나리오는 응답 오차에 해당하지만, 저축에 의지해 사는 가정이나 임대료와 공과금이 실제로 소득보다 더 큰 가정 등과 같은 경우에는 응답 오차가 아니다. 주거비 부담이 가계 소득의 100퍼센트를 초과한다고 밝힌 세입자 가구들을 검토한 분석에 따르면, 이런 가구 중 극히 일부만이 임대료나(11퍼센트) 공과금(5퍼센트) 보조를 어느 정도 받고 있었다. 이런 보조는 지속될 수도 있고 일회적인 것일 수도 있다. 주거비 부담이 가계 소득의 100퍼센트를 초과한다고 밝힌 가구들을 포함시킬 경우, 2013년 가난한 임차가구의 70퍼센트가 소득의 절반을, 53퍼센트가 소득의 70퍼센트 이상을 주거비용에 쏟아 붓고 있었다. 이런 가구들을 제외할 경우, 가난한 임차가구의 51퍼센트가 소득의 절반 이상을, 그리고 약 4분의 1이 소득의 70퍼센트 이상을 주거비용에 쏟아 붓고 있었다. 정확한 수치는 이 두 추정치 중간 어디쯤일 것이다. 즉, 2013년 가난한 임차가구의 50퍼센트에서 70퍼센트가 소득의 절반을, 25퍼센트에서 50퍼센트가 최소 70퍼센트를 주거비용에 지출했다.

1991년부터 2013년 사이에 세입자 가구의 총 세대수는 약 630만 가구로 성장했음에도 소득의 30퍼센트 이하를 주거비용으로 쓴 세입자가구의 수는 1991년 130만 가구에서 2013년 107만 가구로 줄어들었다. 같은 기간 동안 소득의 70퍼센트 이상을 주거비용으로 지출한 세입자 가구의 수는 (가계 소득의 100퍼센트 이상을 주거비용으로 부담한다고 밝힌 가구를 포함할 경우) 240만 가구에서 470만 가구로, 혹은 (그런 가구를 포함하지 않을 경우) 90만 1,000가구에서 130만 가구로 늘어났다.

주거비용에는 계약 임대료, 공과금, 재산손해보험, 이동주택 주차비용이 포함된다. 여기서 소득은 모든 임금, 급여, 수당, 그 외 주택 거주자와 동거 친척, 같은 세대에 거주하지만 친척 관계가 아닌 '중요한 개인'을 대상으로 한 일부 현물 원조(식료품 구매권)의 총합을 말한다. 주거 부담을 계산할 때 〈미국주택조사〉는 "누구의 소득이 주거를 비롯한 다른 공유된 생활비로 가용한지를 어림잡기 위해" 가구 소득 household income 대신 가계 소득family income이라고 하는 이 소득 척도를 선택했다 (하지만 〈미국주택조사〉의 빈곤 지위 정의는 가구 소득을 근간으로 삼고 있다). Frederick Eggers and Fouad Moumen, *Investigating Very High Rent Burdens Among Renters in the American Housing Survey* (Washington,DC: US Department of Housing and Urban Development, 2010); Barry Steffen, *Worst Case Housing Needs 2011: Report to Congress* (Washington, DC: US Department of Housing and Urban Development, 2013).

4) Milwaukee County Eviction Records, 2003~2007, and GeoLytics Population Estimates, 2003~2007; Milwaukee Area Renters Study, 2009~2011. 방법론에 대한 자세한 설명은 다음을 볼 것. Matthew Desmond, "Eviction and the Reproduction of Urban Poverty", *American Journal of Sociology* 118 (2012): pp.88~133; Matthew Desmond and Tracey Shollenberger, "Forced Displacement from Rental Housing: Prevalence and Neighborhood Consequences", *Demography*, 근간. 이 책 전반에서 나는 밀워키의 임

차인구에 일반화할 수 있는 추정치를 가능하게 하기 위하여 맞춤형 설계 가중치를 사용한다. 〈밀워키지역 세입자연구〉에 근거한 모든 기술 통계에는 가중치가 주어져 있다.

〈미국주택조사〉는 "당신이 마지막 거주지에서 이사한 이유는 무엇입니까"라는 문항을 가지고 세입자들이 이사하게 된 이유에 관한 데이터를 모은 뒤, 전년도에 이사한 세입자들의 가장 최근 이사 관련 항목에서 이 정보를 공개하고 있다. 2009년 〈미국주택조사〉(표 4-11)에 따르면 직전 해에 이사를 했던 전국의 세입자들 가운데서 사적인 강제 이주(가령 집주인이 들어와 산다거나 콘도미니움으로 전환되어서)나 정부에 의한 강제 이주(가령 해당 주거지가 거주지로 부적합하다는 판정을 받아서), 혹은 퇴거 때문에 나오게 된 경우는 2.1퍼센트에서 5.5퍼센트 사이였다(2.1퍼센트라는 추정치는 세입자가 '이사의 주된 이유'라고 밝힌 경우에 해당하는데, 이는 비자발적으로 집을 나오게 되었지만 이사의 '주된'이유로는 다른 요인[가령 열악한 주거 환경]을 꼽은 사람들은 이 수치에서 제외되었다는 점에서 너무 제한적이다. 5.5퍼센트라는 추정치는 이사를 하게 된 모든 이유를 근거로 한 것이기 때문에 강제적인 이사를 하게 된 복수의 이유를 꼽는 일부 세입자들이 이중으로 계산되었을 수 있다. 따라서 가장 적절한 수치는 이 두 추정치 사이 어딘가가 될 것이다). 〈밀워키지역 세입자연구, 2009~2011〉에 따르면, 전년도에 이사를 했던 세입자들 가운데서 가장 최근의 이사가 강제적이었던 경우는 10.8퍼센트였다. 나의 추정치는 이보다 더 큰데(그리고 이것이 더 정확하다고 생각하는데), 〈밀워키지역 세입자연구〉는 비공식적인 퇴거까지 포착했기 때문이다. 비공식적인 퇴거를 제외할 경우 나의 추정치는 3퍼센트로 떨어지는데, 이는 〈미국주택조사〉의 추정치와 유사하다. 물질적인 곤경을 다룬 대부분의 연구들과 〈미국주택조사〉는 많은 세입자들이 '퇴거'라고 생각하지 않는 비공식적인 퇴거를 적절하게 포착할 수 없는 포괄적인 문항에 의지하고 있기 때문에, 세입자 내 비자발적인 이주의 규모를 크게 과소평가하고 있다.

5) 임대료 전액을 지불할 능력이 안 되어 곧 퇴거당할 거라고 생각하는 가난한 임차가구 비중의 전국적인 수치는 〈미국주택조사, 2013〉(Table S-08-RO)에서 가져왔다. 이 자료에 따르면 미국 내 280만여 임차가구가 향후 두 달 이내에 퇴거당할 가능성이 '아주 높다'거나 '다소 있다'고 믿는 것으로 나타났다. Chester Hartman and David Robinson ("Evictions: The Hidden Housing Problem", *Housing Policy Debate* 14 [2003]: pp.461~501, p.461)은 매년 퇴거당하는 미국인의 수는 "수백만 명에 달할 것"이라고 추정한다. 다음도 볼 것. Kathryn Edin and Laura Lein, *Making Ends Meet: How Single Mothers Survive Welfare and Low-Wage Work* (New York: Russell Sage Foundation, 1997), p.53.

주 규모 내에서의 퇴거 추정치와 관련해서는, 위스콘신대학교 로스쿨 이웃 법률상담소The Neighborhood Law Clinic at the University of Wisconsin Law School가 주 수준의 퇴거 신청 건들을 기록하기 시작했다(퇴거 신청filings[퇴거법정에 출두 요청을 받는 것]은 퇴거 판결judgements[집을 나가라는 명령을 법원으로부터 받는 것]과 다르다. 모든 도시에서 판결보다 더 많은 신청 건들이 있다. 밀워키의 공식적인 법원 명령을 받은 퇴거 비율 관련 나의 추정치는 판결을 기준으로 하는데, 밀워키의 경우 다른 도시들에 비해 자료를 입수하기도, 결과의 타당성을 입증하기도 훨씬 더 어렵다). 2012년 여러 주의 수치는 아래와 같다. 앨라배마 법원 퇴거 신청 건은 2만 2,824건(인구 480만 명), 미네소타 법원 퇴거 신청 건은 2만 2,165건(인구 540만 명), 오리건 법원 퇴거 신청 건은 2만 3,452건(인구 390만 명), 워싱턴 법원 퇴거 신청 건은 1만 8,060건(인구 690만 명), 위스콘신 법원 퇴거 신청 건은 2만 8,533건(인구 570만 명). 밀워키 외 다른 도시의 퇴거 추정치에 대해서는 에필로그를 참고할 것. 비자발적인 이주를 계산하는 법은 다음을 볼 것. Desmond and Shollenberger, "Forced Displacement from Rental Housing"; Hartman and Robinson, "Evictions: The Hidden Housing Problem."

1. 도시를 소유하는 사업

1) 밀워키 세입자들의 연 가구 소득 중간 값은 3만 398달러로, 도시 전체 인구의 가구 소득 중간 값보다 5,500달러 가까이 적다. Nicolas Retsinas and Eric Belsky, *Revisiting Rental Housing* (Washington, DC: Brookings Institution Press and the Harvard University Joint Center for Housing Studies, 2008).

2) 사람들이 도시 어디에서 집을 사는지는 그 사람이 어떤 사람인지, 특히 어떤 인종인지에 좌우되었다. 밀워키의 집주인들은 십중팔구 세입자들과 인종 정체성이 동일했다. 밀워키 시 대부분의 백인 세입자(87퍼센트)는 백인 집주인으로부터 집을 빌렸고, 대부분의 흑인 세입자(51퍼센트)는 흑인 집주인으로부터 집을 빌렸다. 전체적으로 밀워키 시 세입자 대다수(63퍼센트)는 백인 집주인으로부터 집을 빌렸다. 하지만 다섯 명 가운데 약 한 명꼴로 흑인 집주인으로부터 집을 빌렸고, 아홉 명 가운데 약 한 명꼴로 히스패닉 집주인으로부터 집을 빌렸다.
    히스패닉 세입자 가운데서는 약 절반가량이 히스패닉 집주인으로부터, 또 다른 절반이 백인 집주인으로부터 집을 빌렸다. 그리고 밀워키에 있는 히스패닉 세입자의 41퍼센트가 자신의 집주인이 미국 바깥에서 태어났다고 생각했다. 오래 전부터 이민자들은 주거 임대업으로 미국 중산층에 진입했다. 20세기 초 밀워키의 폴란드 이민자들은 자신들의 집을 잭으로 들어 올려 지하 아파트를 짓고 이로써 임대업을 했다. 밀워키의 사우스사이드가 폴란드인들에게서 히스패닉에게로 넘어가면서 멕시코와 푸에르토리코 이민자들이 이런 '폴란드식 집'을 임대하게 되었다. 다음을 볼 것. John Gurda, *The Making of Milwaukee*, 3rd ed. (Milwaukee: Milwaukee County Historical Society, 2008 [1999]), p.173.
    전형적인 도심 빈민가의 집주인이 백인이었던 지난 수십 년과는 달리, 도심 빈민가

로 깊숙이 들어갈수록 집주인이 흑인일 가능성이 더 높아졌다. 거주자의 3분의 2 이
상이 아프리카계 미국인인 동네에서 흑인 집주인으로부터 집을 빌린 세입자는 4분의
3에 달했다. 지난 시절 흑인 동네의 백인 집주인들에 관해서는 다음을 볼 것. St. Clair
Drake and Horace Cayton, *Black Metropolis: A Study of Negro Life in a Northern
City* (New York: Harcourt, Brace, and World, 1945), p.718.

　밀워키의 세입자들은 대부분 남성으로부터 집을 빌렸다(밀워키 세입자의 82퍼센트가
부부가 아닌 한 명의 개인에게서 집을 빌렸다고 답했고, 이 한 명의 집주인은 62퍼센트가 남성
이었다). 셰리나는 이런 흐름을 단호하게 거부했다. 하지만 셰리나가 러마의 집 앞에
차를 세우고 흑인 집주인으로서 흑인 세입자들을 만나는 모습은 여느 임대인과 별반
다르지 않았다. Milwaukee Area Renters Study, 2009~2011.

3) 나는 개인적으로 이 사건을 직접 목격하지는 못했다. 이 장면은 셰리나, 쿠엔틴, 커뮤
니티 지지자들 소속 사회복지사들과 인터뷰하여 재구성했다.

4) 이 가운데 실제로 중단된 집은 일곱 집 가운데 약 한 집 꼴이었다. 위험한 동네에서
다 허물어져가는 집을 임대한 가정은 시내의 호화로운 고급 주거지에 사는 부유층
보다 임대료는 더 적게 냈지만 공과금은 동일하게 내는 경우가 종종 있었다. 경우에
따라 최하위층 세입자들이 최상위층 세입자들보다 더 많은 공과금을 지불하기도 했
는데, 이는 두꺼운 단열재·이중창·에너지 효율이 높은 가전제품 등에 투자할 여력
이 없었기 때문이었다. 전국적으로 공과금을 부담해야 하는 세입자 가구 가운데서
소득이 1만 5,000달러 이하인 경우 한 달 평균 공과금으로 116달러를 지출하는 반
면, 소득이 7만 5,000달러 이하인 경우는 한 달 평균 151달러를 지출한다. Bureau of
Labor Statistics, *Consumer Price Index*, 2000~2013; American Housing Survey, 2013,
Table S-08-R0; Michael Carliner, *Reducing Energy Costs in Rental Housing: The
Need and the Potential* (Cambridge: Joint Center for Housing Studies of Harvard University,
2013).

5) 밀워키뿐 아니라 위스콘신의 여러 지역과 미시건의 어퍼 페닌술라에 서비스를 제공
하는 위에너지는 매년 약 4,000건의 절도를 처리한다(개인적인 소통, 브라이언 맨데이
Brian Manthey, 위에너지, 2014년 7월 22일). 다음을 볼 것. Peter Kelly, "Electricity Theft:
A Bigger Issue Than You Think", *Forbes*, April 23, 2013; "Using Analytics to Crack
Down on Electricity Theft", *CIO Journal*, *Wall Street Journal*, December 2, 2013에서
가져옴.

6) 중단 금지 조치는 가스와 전기난방원 모두에 적용된다. 서비스 중단 추정치는 위에
너지의 브라이언 맨데이와 2014년 7월 24일 개인적으로 소통해 얻은 것이다. 월별 퇴
거 추이는 다음을 볼 것. Matthew Desmond, "Eviction and the Reproduction of Urban
Poverty", *American Journal of Sociology* 118 (2012): pp.88~133, Figure A2.

2. 월세 만들기

1) John Gurda, *The Making of Milwaukee*, 3rd ed. (Milwaukee: Milwaukee County Historical Society, 2008 [1999]), pp.421~422; 다음도 볼 것. pp.416~418; Sammis White et al., *The Changing Milwaukee Industrial Structure, 1979~1988* (Milwaukee: University of Wisconsin-Milwaukee Urban Research Center, 1988).

2) William Julius Wilson, *The Truly Disadvantaged: The Inner City, the Underclass, and Public Policy*, 2nd ed. (Chicago: University of Chicago Press, 2012 [1987]); Marc Levine, *The Crisis Continues: Black Male Joblessness in Milwaukee* (Milwaukee: University of Wisconsin-Milwaukee, Center for Economic Development, 2008).

3) Jason DeParle, *American Dream: Three Women, Ten Kids, and the Nation's Drive to End Welfare* (New York: Penguin, 2004), p.16, pp.164~168.

4) State of Wisconsin, Department of Children and Families, *Rights and Responsibilities: A Help Guide*, 2014, p.6.

5) 러마와 복지사 사이의 대화를 직접 목격하지는 못했다. 이 인용구는 러마의 설명에서 가져온 것이다. 페인트칠 장면도 직접 목격하지 못했다. 대신 러마와 그의 아들들, 그리고 동네 남자애들과 대화한 후 재구성했다.

6) 임대업은 미국의 가족자본주의를 엿볼 수 있는 최후의 자취에 속한다. 임대 부동산은 아버지에서 아들로 대물림되고, 2대째, 심지어는 4대째 대를 이어 임대업을 하는 사람을 만나는 건 그렇게 드문 일이 아니다. Daniel Bell, *The End of Ideology: On the Exhaustion of Political Ideas in the Fifties* (New York: Collier Books, 1961), chapter 2.

7) 1960년대의 한 연구에 따르면 뉴저지 주 뉴어크의 임대 부동산에서 소유주의 소득 가운데 임대료가 4분의 3 이하인 경우가 열 곳 중 여덟 곳이었다. George Sternlieb, *The Tenement Landlord* (New Brunswick, NJ: Rutgers University Press, 1969).

8) 같은 기간 미국 전체 노동력은 겨우 50퍼센트 성장했다. David Thacher, "The Rise of Criminal Background Screening in Rental Housing", *Law and Social Inquiry* 33 (2008): pp.5~30.

9) 저자의 계산은 Library of Congress call number HD1394(rental property, real estate management)를 토대로 한 것이다. 이 아이디어는 Thacher, "Rise of Criminal Background Screening in Rental Housing"에서 얻었다.

10) 2009년 밀워키 도심 빈민가의 침실 두 개짜리 아파트 시세는 공과금 별도 550달러였다. 같은 동네의 셋방 하나 시세는 공과금 포함 방 하나에 400달러였다. 셋방 주택의 이윤 마진이 더 나을 때가 종종 있었다. Milwaukee Area Renters Study, 2009~2011.

3. 따뜻한 물

1) 예전 학술 발표물에서는 이 이동주택단지를 익명으로 처리했지만 여기서는 실제 이름을 사용했다.

2) Patrick Jones, *The Selma of the North: Civil Rights Insurgency in Milwaukee* (Cambridge: Harvard University Press, 2009), p.1, pp.158, pp.176~177, p.185; "Upside Down in Milwaukee", *New York Times*, September 13, 1967.

3) 밀워키 히스패닉의 역사는 다음을 볼 것. John Gurda, *The Making of Milwaukee*, 3rd ed. (Milwaukee: Milwaukee County Historical Society, 2008 [1999]), p.260. 인종구분은 다음을 볼 것. John Logan and Brian Stults, *The Persistence of Segregation in the Metropolis: New Findings from the 2010 Census* (Washington, DC: US Census, 2011); Harrison Jacobs, Andy Kiersz, and Gus Lubin, "The 25 Most Segregated Cities in America", Business Insider, November 22, 2013.

4) 이 수치는 2008년 4월부터 7월까지 이 이동주택단지의 임대료 장부를 근거로 계산한 것이다(나는 레니 로슨의 허락을 받아 이 장부를 복사했다). 이 연체 임대료 추정치는 체납과 퇴거가 최고조에 달하는 여름 몇 달의 자료를 근거로 삼은 것이기 때문에 부풀려졌다.

5) 나는 이 상황을 직접 목격하지는 못하고 제리, 레니, 그 외 다른 거주자들과 대화하면서 세부 사항들을 재구성했다. 인용구는 제리의 기억에 따른 표현이다.

6) 나중에 토빈은 매달 월세를 꼬박꼬박 내고 있던 필리스를 퇴거시킬 방법을 찾게 되었다. 레니는 개를 키운다는 이유로 퇴거통지서를 보내자고 제안했다. 장장 세 쪽에 걸쳐 모두 대문자로 빼곡하고 흐리게 타이핑이 된 토빈의 임대계약서에는 분명 이렇게 명시되어 있었다. "개나 가축은 금지함." 하지만 많은 거주자들이 토빈과 레니에게서 그래도 된다는 말을 듣고 반려동물을 데리고 있었다. "나는 모른 척 하는 편이지," 토빈은 이렇게 말하곤 했다. 레니는 말로 떠들어대던 것은 시치미를 떼고 서류로 작성한 것을 들이밀자고 제안했다. 계약서에는 이동주택단지의 지면에서 알코올류를 마시는 것도 금지시키고 있었다.

4. 근사한 수집품

1) 미국 역사 전반에서 시의 정치인들은 마치 근본적인 문제는 빈곤의 만연이나 적정가격주택의 부족이 아니라 무질서와 비효율이라는 듯, (슬럼 소개에서부터 건물 규정 이행에 이르기까지) 규정을 마련함으로써 임대주들의 권력을 억제하고 세입자들의 생활을 개선시키려 노력해왔다. 이는 오히려 세입자들의 곤란을 부추기는 예기치 못

한 결과를 가져오곤 한다. Marc Bloch, *Feudal Society*, vol. 1, *The Growth of Ties of Dependence* (Chicago: University of Chicago Press, 1961), p.147; Beryl Satter, *Family Properties: How the Struggle over Race and Real Estate Transformed Chicago and Urban America* (New York: Metropolitan Books, 2009), pp.135~145.

2) 토지 주권을 가장 강력하게 표현하는 방법은 거기에 있던 사람들을 추방하는 것이다. 어쩌면 인류 역사에 기록된 최초의 퇴거는 아담과 이브의 낙원 추방인지 모른다. Lewis Mumford, *The City in History: Its Origins, Its Transformations, and Its Prospects* (New York: MJF Books, 1961), pp.107~110. 주권과 축출 사이의 연관성은 다음을 볼 것. Hannah Arendt, *The Origins of Totalitarianism* (Orlando: Harcourt, 1968).

3) 집을 소유하고자 하는 지극히 미국적인 욕망은 중산층 내에서 뿐 아니라 빈민들 내에서도 유별나다. 개척자 시절 이후로 자유와 시민 정신, 그리고 토지 소유는 미국인들의 마음을 동시에 사로잡았다. 미국인이 된다는 것은 주택 소유주가 된다는 뜻이었다. 토머스 하트Thomas Hart는 1820년 의회에서 주택 임대는 "자유에 적합하지 않다"라고 말했다. "주택 임대는 사회의 질서가 제각각으로 흩어지게 만들고 애국심을 훼손시키며 독립 정신을 약하게 한다." Lawrence Vale, *From the Puritans to the Projects: Public Housing and Public Neighbors* (Cambridge: Harvard University Press, 2000), p.96에서 인용.

4) 가령 300~349달러에 임대되는 집의 전국 공실률은 2004년 약 16퍼센트에서 2011년 6퍼센트 이하로 떨어졌다. 저자의 계산은 〈현재인구조사, 2004~2013Current Population Survey, 2004~2013〉을 바탕으로 한 것이다.

5) 이동주택단지의 공실률은 레니의 임대료 장부를 바탕으로 계산한 것이다(2008년 4월부터 7월).

6) 이 사건은 내가 현장 조사를 시작하기 전에 있었던 일이기 때문에 직접 목격하지 못했다. 인용문은 팸의 회상을 토대로 한 것이다.

5. 13번가

1) 1997년 밀워키의 연방 공정시장임대료(시의 임대료 분포에서 40분위를 반영하는 임대료와 공과금)는 침실 한 개짜리 아파트의 경우 466달러였다. 알린이 이런 아파트를 임대했을 경우에는 매달 162달러가 남게 된다. 10년 뒤 동일한 아파트의 공정시장임대료는 608달러였고 알린의 복지수당은 여전히 628달러였으므로, 한 달을 20달러로 어떻게든 버텨야 하는 상황이었다. 공정시장임대료와 복지수당 데이터는 미국 주택도시개발부, 위스콘신 아동가족부, 위스콘신 주 평등권분과State of Wisonsin Equal Rights Division에서 가져왔다. 복지수당만으로 살아가기는 사실상 불가능하다는 사

실과 관련해서는 다음을 볼 것. Kathryn Edin and Laura Lein, *Making Ends Meet: How Single Mothers Survive Welfare and Low-Wage Work* (New York: Russell Sage Foundation, 1997).

2) 2013년 밀워키에서 공공주택에 사는 가구는 약 3,900세대였고, 주택바우처는 약 5,800세대가 받았다. 밀워키 시의 임차가구는 약 10만 5,000세대였다. Georgia Pabst, "Waiting Lists Soar for Public Housing, Rent Assistance", *Milwaukee Journal Sentinel*, August 10, 2013.

3) Adrianne Todman, "Public Housing Did Not Fail and the Role It Must Play in Interrupting Poverty", Harvard University, Inequality and Social Policy Seminar, March 24, 2014.

4) 많이 빈곤한 사람들에게는 설상가상으로 연방의 주택 원조가 부족할 뿐 아니라 취업 중심의 사회안전망이 등장하면서 근로소득 세액공제 제도 같은 프로그램이나 저소득 일자리를 가진 부모들에게 별도로 제공되는 공공주택 같은 것들로 근로 가정에 원조가 쏠리고 있다. 그 결과 빈곤선보다 약간 높거나 낮은 수준의 가정들은 20년 전보다 상당히 더 많은 도움을 받게 되었지만, 빈곤선에 한참 못 미치는 가구들은 전보다 훨씬 적은 원조를 받고 있다. 심각하게 가난한 가정들의 경우 소득과 주거 지원을 받는 규모 모두가 축소되었다. 지출 패턴은 다음을 볼 것. Janet Currie, *The Invisible Safety Net: Protecting the Nation's Poor Children and Families* (Princeton: Princeton University Press, 2008); Robert Moffitt, "The Deserving Poor, the Family, and the US Welfare System", *Demography* 52 (2015): pp.729~749. 주거 원조와 필요의 간극과 관련해서는 다음을 볼 것. Danilo Pelletiere, Michelle Canizio, Morgan Hargrave, and Sheila Crowley, *Housing Assistance for Low Income Households: States Do Not Fill the Gap* (Washington, DC: National Low Income Housing Coalition, 2008); Douglas Rice and Barbara Sar, *Decade of Neglect Has Weakened Federal Low-Income Programs: New Resources Required to Meet Growing Needs* (Washington, DC: Center on Budget and Policy Priorities, 2009).

5) 나는 이 사건을 직접 목격하지는 못했다. 이 장면은 알린과 트리샤와 인터뷰해 재구성했다.

6) 밀워키 주택당국에서 원조를 원하는 일반 빈민 가정을 위한 공공주택 목록은 정원이 모두 차서 처리가 밀려 있었지만, 장애인과 노년 저소득층 목록에는 꾸준히 자리가 남아 있었다. 하지만 주택당국은 전과나 마약 문제, 임대료 체납 기록이 있을 경우 등 여러 이유를 들어 이런 지원자들조차 거부할 수도 있다. Housing Authority of the City of Milwaukee, *Admissions and Continued Occupancy Policy (ACOP)*, October 2013, Section 7.4: "Grounds for Denial."

7) 원조가 필요한 사람들에 대한 주 당국의 서비스가 축소되자 벌린다의 업체와 같

은 사회서비스업체들이 미국 전역의 빈민가에 우후죽순처럼 생겨나 공백을 채웠
다. 이런 업체 가운데는 비영리단체도 있지만 영리 벤처들도 있다. Lester Salamon,
"The Rise of the Nonprofit Sector", *Foreign Affairs* 73 (1994): pp.111~124, p.109; John
McKnight, *The Careless Society: Community and Its Counterfeits* (New York: Basic
Books, 1995); Jennifer Wolch, *The Shadow State: Government and Voluntary Sector
in Transition* (New York: The Foundation Center, 1990). 1960년대와 1970년대에 발표된
도시문화기술지는 놀라울 정도로 사회서비스업체를 언급하지 않는다. 이런 설명들을
읽고 나면 50년 전 도시 빈민들의 삶에서 사회복지사들은 별로 중요한 존재가 아니었
다는 결론에 이르지 않을 수가 없다. 캐롤 스택의 *All Our Kin: Strategies for Survival
in a Black Community* (New York: Basic Books, 1974)는 단 한 명의 사회복지사를 언급
하고 아동복지 서비스나 유사업체는 거의 이야기하지 않는다. 그리고 (주로) 실직한
흑인 남성을 다루는 책 Elliot Liebow, *Tally's Corner: A Study of Negro Streetcorner
Men* (Boston: Little, Brown and Company, 1967)에는 구직센터나 취업상담사가 전혀 등장
하지 않는다.

8) 입법가들은 복지 개혁을 하면서 주에 TANF 수령자에 가할 제재를 만들어내라고 요
구했고, 그 결과 필요한 절차를 이행하지 않는 수령자의 수당은 전액 또는 일부가 지
급 유예되었다. W-2가 위스콘신에서 시작되었을 때 이 프로그램에 발을 들인 사람
의 약 3분의 2가 첫 4년 내에 제재를 받았다. Chi-Fang Wu, Maria Cancian, Daniel
Meyer, and Geoffrey Wallace, "How Do Welfare Sanctions Work?", *Social Work
Research* 30 (2006): pp.33~50; Matthew Fellowes and Gretchen Rowe, "Politics and
the New American Welfare States", *American Journal of Political Science* 48 (2004):
pp.362~373; Richard Fording, Joe Soss, and Sanford Schram, "Race and the Local
Politics of Punishment in the New World of Welfare", *American Journal of Sociology*
116 (2011): pp.1610~1657.

6. 쥐구멍

1) 모델과 방법론에 관한 완전한 설명은 다음을 볼 것. Matthew Desmond, Carl
Gershenson, and Barbara Kiviat, "Forced Relocation and Residential Instability Among
Urban Renters", *Social Service Review* 89 (2015): pp.227~262. 〈밀워키지역 세입자연
구〉의 표본 세입자들은 인터뷰하기 전해에 다음 문제들에 시달렸을 경우 장기적인
주택 문제를 경험했던 것으로 나타났다. (a) 스토브 등 가전제품의 고장, (b) 창문 파
손, (c)현관문이나 열쇠 고장, (d) 쥐 등 유해 동물, (e) 3일 이상 전선이 노출되어 있
거나 그 외 다른 전기 문제, (f) 난방 중단, (g) 수도 중단, (h) 24시간 이상 배관 부위

가 막힘. 강제 이사가 주거의 질에 미치는 영향을 추정하기 위해 우리는 적확 매칭 coarsened exact matching을 채택하여 이중 로버스트 회귀모델을 사용했다. 이 분석에는 바우처를 가진 세입자들도 포함되었다.

2) 비자발 이주는 당연히 주거 불안정을 야기하고, 퇴거 직후 재정착 이후에도 강제 이 사는 주거 불안정에 꾸준히 영향을 미칠 수 있다. 주거 불만은 퇴거로 인한 직접적인 (비자발적) 이주와 그 이후 이어지는 간접적인(자발적) 이주를 연결하는 핵심 메커니 즘이다. 어쩔 수 없이 다른 곳으로 옮기게 된 사람들은 함량 미달의 주택을 받아들 이고 난 뒤 더 나은 환경으로 이사하려고 하기 때문이다. 적확 매칭으로 처리한 데이 터 집합에 관해 이중 로버스트 회귀모델을 채택한 〈밀워키지역 세입자연구〉의 분석 에 따르면, 강제 이사를 경험한 세입자는 강제 이주를 경험하지 않은 세입자와 비교 했을 때 강제 이사 직후 자발적인 이사를 경험할 가능성이 24퍼센트 더 높았다. 또한 강제적인 이사 이후 비강제적인 이사를 경험한 세입자의 53퍼센트가 최근의 [비강제 적인] 이사는 더 나은 집이나 동네로 이사하고 싶어서라고 응답한 반면, 비강제적인 이사를 두 번 연달아 했던 세입자들은 34퍼센트만이 같은 대답을 했다. 다시 말해서 비자발적인 이사를 했다가 다시 비강제적인 이사를 한 사람들은 비강제적인 이사만 두 번 경험했던 사람들과 비교했을 때 집이나 동네 문제로 이사를 했다고 답할 가능 성이 훨씬 높았다. 가난한 세입자들은 비자발적인 이사를 다른 집단에 비해 과도하게 경험할 뿐 아니라 비자발적인 이사는 그 자체로 이후에도 계속 거주지를 옮겨 다니게 만든다. 다음을 볼 것. Desmond et al., "Forced Relocation and Residential Instability Among Urban Renters."

3) Jane Jacobs, *The Death and Life of Great American Cities* (New York: Random House, 1961), pp.31~32; Robert Sampson, *Great American City: Chicago and the Enduring Neighborhood Effect* (Chicago: University of Chicago Press, 2012), 특히 p.127, pp.146~147, p.151, p.177, pp.231~232. 공공장소의 사용 관련 문화기술지적 연구는 다음을 볼 것. Mitchell Duneier, *Sidewalk* (New York: Farrar, Straus and Giroux, 1999).

4) Jacobs, *Death and Life of Great American Cities*, p.271, 강조는 저자.

5) 세입자들이 변기의 누수처럼 셰리나와 쿠엔틴의 손익계산서에 부정적인 영향을 미치 는 주거 문제마저 알리지 않을 경우 이 전략은 오히려 역효과를 낳기도 했다.

6) 집주인들은 미래의 세입자들과 임대계약을 체결하기 전에 규정 위반 사항들을 모두 공개해야 했다. City of Milwaukee, *Landlord Training Program: Keeping Illegal and Destructive Activity Out of Rental Property*, 7th ed. (Milwaukee: City of Milwaukee, Department of Neighborhood Services, 2006), 12; Wisconsin Administrative Code, ATCP134.04, "Disclosure Requirements."

7) 밀워키의 세입자들 사이에서는 주거 문제가 상당수의 이사에 동기를 제공한다. 가령 '반응 이사responsive moves'는 강제적인 이사도(예컨대 퇴거나 건물의 거주 부적격 판정),

완전히 자발적인 이사(더 나은 거주지를 찾아가기 위해)도 아닌 그 사이 어디쯤에 해당한다. 〈밀워키지역 세입자연구〉의 데이터에 따르면 2009년부터 2011년까지 밀워키의 세입자들 내에서 가장 일반적인 반응 이사는 주거 문제 때문에 촉발된 것이었다. 이런 이사는 조사 시점까지 2년 동안 세입자들이 했던 모든 이사의 7퍼센트를, 그리고 반응 이사의 23퍼센트를 차지했다. 이런 이사는 긍정적인 동기(더 큰 아파트로 이사)가 아니라 부정적인 동기(주거 조건이 열악해져서 집을 나와야 할 필요)에 의해 촉발되었다. Desmond et al., "Forced Relocation and Residential Instability Among Urban Renters."

8) 주택 거품이 터지면서 손실을 보게 된 수천 명의 주택 소유주들은 블랙홀에 돈을 던져버리는 것보다는 차라리 채무를 이행하지 않는 것이 훨씬 이성적인 행위일 수 있음을 배우게 되었다. Timothy Riddiough and Steve Wyatt, "Strategic Default, Workout, and Commercial Mortgage Valuation", *Journal of Real Estate Finance and Economics* 9 (1994): pp.5~22; Lindsay Owens, "Intrinsically Advantaged? Middle-Class (Dis)advantage in the Case of Home Mortgage Modification", *Social Forces* 93 (2015): pp.1185~1209.

9) Milwaukee Area Renters Study, 2009~2011. 2009년부터 2011년 사이 침실 한 개짜리 아파트의 임대료 중간 값은 550달러, 침실 세 개짜리 아파트는 775달러였다.

정보 기술의 확산과 함께 임대시장이 전문화되면서 경쟁 혹은 가격 조정으로 도시 내에서 임대료의 차이가 줄어들게 되었는지도 모른다. 대규모 부동산관리인들은 종종 레인메이커 엘알오Rainmaker LRO, 렌트푸시RentPush, 렌트맥시마이저 RENTmaximizer 같은 이름의 상품에 의지한다. 이런 상품들은 과거와 현재의 수백 가지 시장 지표로 임대 가격을 매일, 심지어는 매시간 조정하는 복잡한 알고리즘이다. 전 세계에서 800만여 채의 임대주택에 사용되는 렌트맥시마이저는 집주인들이 "시장 조건에 한층 빠르게 조정할 수 있게 함으로써 수입을 증대"시켜준다(www.yardi.com). 이런 상품의 힘을 빌지 않고 혼자서 할 수 있게 도와주는 부동산 관련 책자들은 집주인들에게 매달 시장조사를 하라고 조언했다. 가령 브라이언 차비스 Bryan Chavis는 *Buy It, Rent It, Profit! Make Money as a Landlord in Any Real Estate Market* (New York: Touchstone, 2009), p.51에서 "가까운 아파트단지에 전화를 걸어 임대료가 얼마인지 확인해보는 것이 당신의 임대료를 너무 높지도 낮지도 않게 유지하는 확실한 방법"이라고 조언한다. 주변 지역에서 어떤 아파트의 임대료가 높고 낮은지를 실시간으로 보여주는 웹사이트들도 있으니 굳이 전화까지 걸 필요도 없다(www.rentometer.com).

10) 〈밀워키지역 세입자연구, 2009~2011〉에, 〈미국 지역사회 조사American Community Survey(2006~2010)〉의 동네 수준 데이터와 〈밀워키 경찰Milwaukee Police Department 범죄 기록(2009~2011)〉을 혼합함. 또 다른 통계도 살펴볼 만하다. 밀워키에서 가장 위험한 동네(폭력 범죄율이 75분위 이상인 동네)에서 침실 두 개짜리 아파트의 임대료 중간

값은 575달러였고, 가장 위험하지 않은 동네(폭력 범죄율이 25분위 이하인 동네)에서는 600달러였다.

11) Jacob Riis, *How the Other Half Lives: Studies Among the Tenements of New York* (New York: Penguin Books, 1997 [1890]), p.11; Allan Spear, Black Chicago: *The Making of a Negro Ghetto, 1890~1920* (Chicago: University of Chicago Press, 1967), pp.24~26; Joe William Trotter Jr., *Black Milwaukee: The Making of an Industrial Proletariat, 1915~45*, 2nd ed. (Urbana: University of Illinois Press, 2007), p.179; Thomas Sugrue, *The Origins of the Urban Crisis: Race and Inequality in Postwar Detroit* (Princeton: Princeton University Press, 2005), p.54; Marcus Anthony Hunter, *Black Citymakers: How the Philadelphia Negro Changed Urban America* (New York: Oxford University Press, 2013), p.80.

12) 이 현장연구를 수행할 당시 커뮤니티 지지자들의 임대료 삭감 지침에 따르면 세입자는 집에 문이 없거나 바퀴벌레가 있을 경우 임대료의 5퍼센트를, 변기가 고장 났을 때는 10퍼센트를, 난방이 들어오지 않을 때는 25퍼센트를 내지 않을 수 있었다.

13) 셋집이 비었을 때 임대업자들은 임대료를 낮출 수도 있지만 차라리 공실인 상태를 더 선호하는 사람들도 있었다. 한번은 셰리나가 네 세대가 사는 건물의 1층집을 임대하고 싶어하는 트럭운전사에게 보여준 적이 있었다. 그 집은 두 달 동안 비어 있었다. 남자는 개가 물어뜯어놓은 카펫의 구멍들을 보았고, 경첩이 떨어져 나간 찬장을 손으로 짚었으며, 때 묻은 주방 바닥에 신발을 문지르며 찍찍 소리를 냈다. "난 이런 데는 살아본 적이 없는데. 380달러로 하는 게 어때요?" 남자는 이렇게 말했다.

"안 돼요." 셰리나는 불쾌해하며 이렇게 말했다.

수익을 한 푼도 내지 못하고 비워두는 것보다는 380달러라도 받는 게 더 나을 수도 있지만, 이럴 경우 같은 건물에 있는 다른 집들의 임대료까지 내려갈 수가 있었다. 같은 건물에 있는 다른 셋집에는 월 600달러를 내는 세입자들이 살고 있었다. 셰리나가 이 트럭운전사의 제안을 받아들였다면 다른 세입자들이 이 사실을 알고는 임대료를 깎아달라고 했을 것이다. 이를 받아들이게 되면 셰리나의 소득은 세 집에서 600달러를 받는 것보다 더 줄어들 수가 있다. 이를 거절할 경우 떠나는 세입자가 생길 수도 있고, 이 때문에 공실이 늘어나게 될 수 있다. 결국 셰리나는 이 트럭운전사를 내보낸 뒤 문을 잠갔다.

14) 정확히는 44퍼센트였다. 심각하고 지속적인 주택문제에 관한 정의는 앞에 나와 있다 (6장, 주 1). Milwaukee Area Renters Study, 2009~2011.

15) 〈밀워키지역 세입자연구, 2009~2011〉에서 침실 두 개짜리 집들을 비교함. 1970년대와 1980년대에 임대료가 상승한 것은 주로 주택의 질이 향상되었기 때문이었다. Christopher Jencks, *The Homeless* (Cambridge: Harvard University Press, 1994), pp.84~89를 볼 것. 하지만 그 이후로 미국 전역에서 주택의 질은 사실상 아무런 변화 없이 유

지된 반면(오히려 2000년대에는 전국적으로 주택의 질이 소폭 하락했다) 임대료는 치솟았
다. 〈미국주택조사〉에 따르면 1993년 심각한 물리적 문제가 있는 세입자 거주 주택은
약 90만 9,000채였다. 이 숫자는 2011년 120만 채로 늘어났다. 심각한 물리적 문제가
있는 임대주택의 비중은 지난 20년 동안 큰 변동 없이 유지되었다(약 3퍼센트). 다른
척도로 주택의 질을 평가해도 상황은 다르지 않다. 가령 1993년에는 세입자의 9퍼센
트가 난방이 고장 나서 "24시간 불편할 정도로 추운 적이 있었다"라고 밝혔다. 2011년
에는 이 수치가 10퍼센트였다. 2000년대에는 미국 전역에서 임대료가 상승했지만 여
기에 걸맞게 임대주택의 질이 극적으로 상승하지는 않았다.

16) 벌금이 너무 많아지거나 돈을 들여 수리를 하지 않으면 안 되는 상황이 발생해서 이
런 부동산들이 더 이상 현금을 토해내지 못하게 되면 셰리나는 "시에서 다시 가져가
게 내버려"두곤 했다. 이는 시에서 결국 세금 압류로 이 부동산들을 가져갈 때까지
이들 부동산에 매기는 세금을 내지 않는다는 뜻이었다. 셰리나는 각각의 부동산을
다른 유한책임회사Limited Liability Company에 등록시킴으로써 일체의 개인 책임으로
부터 스스로를 보호했다. 법의 관점에서 보면 세금을 체납한 건 셰리나가 아닌 그 회
사였다. 밀워키에서는 매년 1,100채에서 1,200채의 부동산이 세금 체납으로 압류를
당했다. 시는 이런 다 낡아서 버려진 집들을 넘겨받으면 매각하거나 허물었기 때문에
적정가격주택은 더 줄어들었다. 셰리나의 입장에서 이런 식으로 부동산을 유실하는
것은 실수도, 재정적 실패의 결과도 아니었다. 이는 셰리나의 사업 모델에서 기본에
속했다. 그녀는 이렇게 말했다. "어떤 부동산에 싫증이 나면 난 그냥 넘어가게 내버려
둬. 뭐 하러 아까운 돈을 그 꼴사나운 데 계속 처넣어?"

셰리나는 위스콘신금융기관부Wisconsin Department of Financial Institutions를 통해
유한책임회사를 온라인으로 만들어냈다. 금융기관부는 각 유한책임회사의 등록 대
리인은 기록했지만 소유자의 이름이나 위스콘신 세금 정보는 기록하지 않는다(www.
wdfi.org). 밀워키의 세금 체납 압류 건수 추정치는 검사Assistant City Attorney 케빈 설
리번Kevin Sullivan(개인적인 소통, 2015년 8월 13일)으로부터 얻었다.

빈민의 주택 문제에 관심을 가지는 정책입안가와 연구자들은 대부분 도린이 사는
곳과 같은 아파트에는 발 한 번 들여놓은 적도 없으면서 미국이 빈민 주택의 질을 크
게 향상시켜왔다고 종종 지적한다. 가령 알렉스 슈워츠Alex Schwartz는 지배적인 관점
을 그대로 드러내며 "오늘날에는 물리적인 조건이나 과밀 문제보다는 주택의 적정한
가격이 훨씬 더 큰 문제"라고 적고 있다(Alex Schwartz, *Housing Policy in the United
States*, 2nd ed. [New York: Routledge, 2010], 26). 이 관점이 틀렸다고 볼 수는 없지만 마
치 두 문제가 서로 독립적이라는 인상을 준다. 마치 시에서 다세대주택을 모두 밀어
버리고 납페인트를 불법화했으니 이제는 적정가격주택 부족에 맞서기만 하면 된다는
식이다. 하지만 두 문제(불량한 주택 상태와 높은 가격)는 서로 얽혀 있다. 주택시장의
맨 밑바닥에서는 한 가지 문제가 다른 한 가지 문제를 야기하는 환경을 조성한다.

17) Kenneth Clark, *Dark Ghetto: Dilemmas of Social Power* (New York: Harper and Row, 1965), p.72; Carol Stack, *All Our Kin: Strategies for Survival in a Black Community* (New York: Basic Books, 1974), pp.46~47; Kathryn Edin and Timothy Nelson, *Doing the Best I Can: Fatherhood in the Inner City* (Berkeley: University of California Press, 2013), chapter 2.

18) 사회학자 린다 버턴Linda Burton은 청년들이 어른의 세상에 일찍 노출되는 과정을 "유년기의 어른화childhood adultification"라고 일컫는다. 다음을 볼 것. Linda Burton, "Childhood Adultification in Economically Disadvantaged Families: A Conceptual Model", *Family Relations* 56 (2007): pp.329~345.

19) 나는 이를 직접 목격하지는 못했지만 부서진 테이블을 보았고, 도린·패트리스·나타샤·패트리스의 아이들과 이 문제로 의견을 나누었다. 패트리스의 열 살된 아들 마이키는 그 사건을 이렇게 해석했다. "있잖아요, 어떤 사람들은 그냥 스트레스를 받아요. 모든 사람들이 스트레스를 받고 때로 미치기도 하죠. 그리고 스트레스를 받으면 그걸 풀어야 해요." 마이키는 그 사건을 겪으면서 "우리 가족이 한 묶음으로 어떻게 보일지 신경이 쓰여서 당황"스러웠다고 말했다.

7. 환자

1) 1990년대 초 이후로 미국에서 마약성 진통제의 처방이 세 배로 늘어났고, 약물 과다 복용도 그만큼 늘었다. Centers for Disease Control, *Policy Impact: Prescription Pain Killer Overdoses* (Washington, DC: Centers for Disease Control, 2011); National Institutes of Health, *Analysis of Opioid Prescription Practices Finds Areas of Concern* (Washington, DC: NIH News, US Department of Health and Human Services, 2011).

2) Stacey Mayes and Marcus Ferrone, "Transdermal System for the Management of Acute Postoperative Pain", *Annals of Pharmacotherapy* 40 (2006): pp.2178~2186.

3) 해당 인용구와 스콧의 간호사 시절 마약 복용 관련 사건들은 위스콘신 간호위원회에 제출된 스콧의 징계 절차 기록을 참고했다. 세부 사항은 스콧의 확인을 거쳤다.

4) Wisconsin Statutes 19.31~19.39 and 59.20(3)을 볼 것.

5) City of Milwaukee, *Landlord Training Program: Keeping Illegal and Destructive Activity Out of Rental Property*, 7th ed. (Milwaukee: City of Milwaukee, Department of Neighborhood Services, 2006).

6) 그 이후 렌트그로우는 야디 거주자 사전 조사Yardi Resident Screening로 바뀌었는데, 이곳은 "테러리스트, 마약 밀거래, 성범죄자, 사회보장연금 사기를 사전 조사"해준다 (www.yardi.com). 미국에는 약 650곳의 세입자 사전 조사 회사가 있다. 이들이 작성

하는 보고서에는 종종 오류가 있지만 임대업자들은 갈수록 이들의 보고서에 의존한다. Rudy Kleysteuber, "Tenant Screening Thirty Years Later: A Statutory Proposal to Protect Public Records", *Yale Law Journal* 116 (2006): pp.1344~1388; Matthew Callanan, "Protecting the Unconvicted: Limiting Iowa's Rights to Public Access in Search of Greater Protection for Criminal Defendants Whose Charges Do Not End in Convictions", *Iowa Law Review* 98 (2013): pp.1275~1308.

7) 윌버 부시Wilbur Bush는 내게 "이런 세입자들은 많은 경우에 인형의 집에 들어 있는 돼지들 같아요"라고 말했다. 상고머리에 가죽 잠바를 입고 금으로 된 십자가 목걸이를 한 나이 든 아프리카계 미국 남자인 부시는 1960년대부터 임대업을 하고 있다. 부시는 개인적으로 임대 신청자들의 현 아파트를 살펴보고 냉장고까지 열어보았다(나는 그가 아파트 사전 조사를 하러 갈 때 동행했고, 그가 세입자 면접을 할 때 사무실에 앉아 있었다). 그는 이렇게 말을 이었다. "내가 여기서 하는 건, 말하자면 최악 가운데서 최선을 선별하는 거죠… 내가 있는 곳에선 공든 탑이 무너지는 일이 허다하거든요."

8) 그 토요일 아침에 언급되지 않은 사전 조사 기법들도 있었다. 아버지 역시 임대업자였던 한 임대업자는 다음과 같은 전략을 사용한다고 내게 말했다. 먼저 아이가 딸린 여성의 신청서가 들어오면 먼저 그녀의 소득이나 이전 거주지가 아니라 비상 연락처를 살펴본다. "연락처에 엄마와 아빠가 모두 올라 있으면 난 임대를 해도 아무런 문제가 없을 걸 알아요." 하지만 엄마만 올라가 있으면 신청자의 성을 살펴본다. 만일 신청자의 성이 어머니의 성과 다르면 신청자가 이혼을 했거나 재혼을 했거나 둘 다일 거라고 추론한다. 성이 동일하면 신청자가 싱글맘을 둔 싱글맘일 거라고 생각하고 보통은 거절한다.

9) 선별 행위를 하는 사람, 즉 집주인들에게 관심을 갖는 관점은, 어떤 사람들이 어떤 동네에 어떻게 선별되어 들어가는지를 이해하는 데서 기존의 관점과는 크게 다른 이해 방식이다. 시카고학파에게 도시는 정서의 공간이자 물리적·사회적 분리의 패턴이 나타난 공간이었고, 이는 주로 누가 어디에 가장 잘 어울리는지 개별적인 수만 건의 결정들로 이루어진 결과였다. 로버트 팍Robert Park은 이렇게 적었다. "장기적으로 모든 개인은 도시 생활의 다양한 발현들 사이 어딘가에서 자신이 편하게 확장하거나 느낄 수 있는 종류의 환경을 찾아낸다." 다음을 볼 것. Robert Park, "The City: Suggestions for the Investigation of Human Behavior in the Urban Environment", in *The City*, eds. Robert Park, Ernest Burgess, and Roderick McKenzie (Chicago: University of Chicago Press, 1925), p.41. 도시생태학적 관점이 근거로 삼았던, 식물의 식생 같은 정서적인 동네는 만능의 지각을 갖게 되어 거기에 속하는 것들을 끌어모은다. 알디 멕켄지R. D. McKenzie라면 거주지 선별은 "그 자신에게로 적절한 인구 요소들을 끌어들이고 부적합한 개체들을 쫓아냄으로써 한 도시 인구의 생물학적·문화적 세부 구역들을 만들어내는 [다양한 동네에서 발산하는] 선별의 힘 혹은 자석과도 같은 힘"에 조종되는 것

이라고 설명했을 것이다. R. D. McKenzie, "The Ecological Approach to the Study of the Human Community", in Park, Burgess, and McKenzie, eds., *The City*, pp.63~79, p.78.

주거 이동성에 관한 가장 영향력 있는 관점(주거성취 모델)은 이동성과 동네 선별을 다루는 시카고학파의 관점에 깊이 영향을 받았다. 하지만 이 전통 안에서 연구하는 사람들은 감수성과 도덕성 같은 시카고학파가 강조하는 시각을 도구성과 경제적 발전에 초점을 둔 관점으로 대체하고 있다. 주거성취 모델은 이동성을 사회적 상승의 결과로 인식하고, 도시를 고립된 도덕적 세상들의 조각 모음이 아니라 유리와 불리의 지리로 바라본다. 이 관점에 따르면 사람들은 이동하면서 경제적 자본을 주거 자본으로 바꾸는 상향 이동을 시도한다. 다음을 볼 것. John Logan and Richard Alba, "Locational Returns to Human Capital: Minority Access to Suburban Community Resources", *Demography* 30 (1993): pp.243~268; Scott South and Kyle Crowder, "Escaping Distressed Neighborhoods: Individual, Community, and Metropolitan Influences", *American Journal of Sociology* 102 (1997): pp.1040~1084.

이 관점들은 모두 도시의 동네들은 도심 빈민가의 경우 주로 그 안에서 살지 않는 사람들이 소유한 시장이라는 중요한 사실을 간과하고 있다. 따라서 동네 선별과 이동성에 관한 이론을 정립할 때는 일반적으로 시장 행위자들(특히 임대업자들)을 핵심 주자로 바라봐야 한다. 다음을 볼 것. John Logan and Harvey Molotch, *Urban Fortunes: The Political Economy of Place* (Berkeley: University of California Press, 1987), pp.33~34.

10) 동네의 차이 관련해서는 다음을 볼 것. Robert Sampson, *Great American City: Chicago and the Enduring Neighborhood Effect* (Chicago: University of Chicago Press, 2012); Peter St. Jean, *Pockets of Crime: Broken Windows, Collective Efficacy, and the Criminal Point of View* (Chicago: University of Chicago Press, 2007).

11) 다음을 볼 것. John Caskey, *Fringe Banking: Check-Cashing Outlets, Pawnshops, and the Poor* (New York: Russell Sage Foundation, 2013); Gary Rivlin, *Broke, USA: From Pawnshops to Poverty, Inc.* (New York: Harper, 2010).

8. 400번방의 크리스마스

1) Matthew Desmond, "Eviction and the Reproduction of Urban Poverty", *American Journal of Sociology* 118 (2012): pp.88~133.

2) 2013년 밀워키 카운티는 약 6만 4,000건의 민사사건을 처리했는데, 이는 형사사건의 두 배에 달하는 수치다. 전국적으로 2010년에 새로 접수된 민사사건은

1,380만 건이었던 반면 형사사건은 1,060만 건이었다. Wisconsin Circuit Court, *Caseload Summary by Responsible Court Official, County Wide Report* (Madison, WI: Wisconsin Courts, 2014). Court Statistics Project, *National Civil and Criminal Caseloads and Civil/Criminal Court Caseloads: Total Caseloads* (Williamsburg, VA: National Center for State Courts, 2010).

3) 저소득층 지역에 약 100채의 집을 보유한 밀워키의 한 임대업자는 내게 자신이 매달 세입자의 약 30퍼센트에게 5일 퇴거통지서를 준다고 말했다. 이 통지서에는 50달러의 연체 수수료가 포함되어 있었다. 그는 어림잡아 이런 건의 90퍼센트가 약정 합의로 해결된다고 말했다. 나머지 10퍼센트는 퇴거를 당했다. 이는 그가 퇴거시키지 않은 세입자들로부터 매달 약 1,350달러의 연체 수수료를 챙긴다는 뜻이었다. 1년으로 환산하면 연체 수수료만 한 해에 1만 6,000달러가 넘었다.

4) Milwaukee Eviction Court Study, 2011. 인터뷰 진행자들은 세입자들을 대상으로 설문조사를 했을 뿐 아니라 2011년 1월 17일부터 2월 26일까지 주중 매일(하루 빼고) 퇴거법정에 출석했다. 이 6주 동안 1328건 가운데 세입자가 법정에 출석하지 않은 경우는 945건이었고, 대부분이 퇴거 판결을 받았다. 법원에 출석한 세입자들 가운데서 3분의 1이 약간 넘는 사람들이 약정 합의에 서명을 했다. 이 가운데 일부는 나중에 퇴거를 당했고, 일부는 퇴거를 당하지 않았다. 4분의 1은 서류상의 오류 때문에, 아니면 사건이 너무 복잡해서 판사를 직접 만나야 하기 때문에 한 번 더 법원에 출석해야 했다. 12퍼센트는 사건이 기각되었고, 나머지 29퍼센트는 퇴거 판결을 받았다.

다른 시와 주의 서류상 채무 불이행률은 35퍼센트에서 90퍼센트 사이다. 다음을 볼 것. Randy Gerchick, "No Easy Way Out: Making the Summary Eviction Process a Fairer and More Efficient Alternative to Landlord Self-Help", *UCLA Law Review* 41 (1994): pp.759~837; Erik Larson, "Case Characteristics and Defendant Tenant Default in a Housing Court", *Journal of Empirical Legal Studies* 3 (2006): pp.121~144; David Caplovitz, *Consumers in Trouble: A Study of Debtors in Default* (New York: The Free Press, 1974).

5) 나는 조너선 미즈스와 함께 2011년 1월 17일부터 2월 26일까지(밀워키 퇴거법원연구 기간)의 모든 퇴거법정 기록들을 퇴거 기록에 적힌 주소에 지리 정보를 입혀 가공한 뒤 얻은 세입자의 동네 관련 여러 정보들과 통합시켰다. 하버드 지오그래픽 분석센터와의 협력으로 나는 세입자들의 주소지와 법원 사이의 거리(마일로 환산된 운전 거리와 시간)도 계산했다. 그러고 난 뒤 세입자의 사건과 이 세입자가 사는 동네의 여러 측면들을 근거로 해당 세입자가 법원에 출두할 가능성을 설명하려는 시도에서 하나의 통계 모델을 만들어냈다. 하지만 이 모델을 돌려서 도출한 결론들은 아무런 의미가 없었다. 세입자가 집주인에게 얼마나 많은 돈을 줘야 하는지, 법원까지 오는 데 얼마나 많은 시간이 걸리는지, 성별이 무엇인지 같은 요인들 모두 법원 출두와 의미 있는 관

계가 전혀 없었다. 나는 퀄석을 설명하는 데 세입자가 사는 동네의 여러 측면들(가령 퇴거·빈곤·범죄율)이 영향을 미치는지도 조사했지만, 그 어떤 것도 중요하지 않았다. 내가 시도했던 설명 변수 가운데 그 어떤 것도 퇴거법원에 출두하는 것과 통계적인 상관이 없었다. 데이터에 분명한 패턴이 나타나지 않는다는 것은 퀄석이 임의적이라 는 의미를 갖는다. 커뮤니티 지지자들의 주택전문가들을 비롯한 다른 연구자들 역시 유사한 결론에 도달했다. 한 전문가는 내게 이렇게 말했다. "법원 출두에 한해서는… 글쎄요, 사람들은 밥을 먹어야 하고, 버스를 타야 하고, 아이들을 봐줄 사람을 찾아 야 해요. 모든 게 그 순간에 좌우된다고 볼 수 있죠." 다음을 볼 것. Barbara Bezdek, "Silence in the Court: Participation and Subordination of Poor Tenants' Voices in Legal Process", *Hofstra Law Review* 20 (1992): pp.533~608; Larson, "Case Characteristics and Defendant Tenant Default in a Housing Court."

6) Milwaukee Eviction Court Study, 2011. 〈밀워키 퇴거법원연구〉 관련 더 많은 정보는 다음을 볼 것. Desmond, "Eviction and the Reproduction of Urban Poverty"; Matthew Desmond et al., "Evicting Children", *Social Forces* 92 (2013): pp.303~327. 2013년 〈미 국주택조사〉(Table S-08-RO)에 따르면, 최근 3개월 내에 퇴거통지서를 받았다고 밝힌 가난한 임차가구의 71퍼센트가 임대료를 제때 내지 못해 퇴거통지서를 받았다.

7) Milwaukee Eviction Court Study, 2011. 2013년 〈미국주택조사〉는 모든 세입자들에게 퇴거가 일어날 경우 어디로 갈지를 물었다(Table S-08-RO). 대부분은 상당히 낙관적 으로 "새집"으로 갈 것이라고 밝혔다. 하지만 가설이 아닌 현실로 나와서 막 퇴거 판 결을 받은 세입자에게 어디로 갈 계획인지를 물어보면 대부분은 실마리조차 없다.

8) Milwaukee Eviction Court Study, 2011.

9) 밀워키에서 매년 법원을 통해 퇴거당하는 사람의 수는, 가장 가난한 흑인 동네에서 는 남성 세입자 서른세 명 가운데 한 명, 가장 가난한 백인 동네에서는 남성 세입자 134명 가운데 한 명, 여성 세입자 150명 가운데 한 명 꼴이었다. 여기서 '가장 가난 한 동네'라 함은 최소 40퍼센트의 가구가 빈곤선 이하에서 살고 있는 센서스상의 구 역 집단을 말한다. '백인 동네·흑인 동네'라 함은 주민의 최소 3분의 2가 백인·흑인 인 구역 집단을 말한다. 퇴거 기록에는 성별을 알 수 있는 정보가 담겨 있지 않기 때 문에 성별을 알아내기 위해 두 가지 기법을 채택했다. 첫째, 두 명의 연구보조원이 이 름을 근거로 각 사람에게(9만여 명) 성을 부여했다. 둘째, 펠릭스 엘워트의 도움을 받 아 미국 출생자들을 위한 사회보장연금 카드 신청서로 성별을 판별했다. 두 방법의 추정치는 사실상 동일했다. 연간 퇴거 가구의 비율은 한 해의 퇴거 건수를 그해에 점 유된 임대주택 추정치로 나눠서 계산했다. 또한 각 동네(구역 집단)에서 남성 세입자 와 여성 세입자의 퇴거 비율은 한 성의 퇴거자 수를 임대주택에서 살고 있는 동일한 성의 성인의 수로 나누어서 추정했다. 모든 통계 수치는 매년 매 구역 집단에 적용 해 계산했다. 그러고 난 뒤 결과를 모아 연평균을 계산했다. 위 추정치에 이르기 위해

사용한 기법과 관련한 더 자세한 설명은 다음을 볼 것. Desmond, "Eviction and the Reproduction of Urban Poverty."

2003년부터 2007년 사이에는 평균적으로 매년 법원 명령에 의한 퇴거가 주로 히스패닉들이 거주하는 동네에서는 276건, 백인 동네에서는 1,187건, 흑인 동네에서는 2759건 발생했다. 흑인 동네와 마찬가지로 히스패닉 동네에서는 여성들의 퇴거율이 높았다. 평균적으로 빈곤율이 높은 히스패닉 동네에서 매년 법원을 통해 퇴거당하는 세입자는 남성의 경우 여든여섯 명 가운데 한 명, 여성의 경우 마흔 명 가운데 한 명 꼴이었다. 비공식적인 퇴거와 임대업자의 압류까지 감안한 추정치는 이보다 훨씬 충격적이었다. 2009년부터 2011년 사이 밀워키에서는 히스패닉 세입자의 약 23퍼센트가 이전 2년 사이 어느 시점에 공식·비공식적인 퇴거, 임대업자의 압류, 건물의 거주 부적격 판정 등으로 집에서 강제로 쫓겨났다. 강제 이주의 비율이 이렇게 비정상적으로 높은 것은(이는 흑인 세입자의 두 배에 가깝다) 압류난이 밀워키의 히스패닉 세입자들을 특히 심하게 강타했기 때문이었다. 임대업자의 압류를 비자발 이주의 추정치에서 제외할 경우, 2년 이내에 강제 이사를 경험한 세입자의 비중은 13.2퍼센트에서 10.2퍼센트로 떨어졌다. 마찬가지로 임대업자의 압류를 제외할 경우 백인 세입자와 흑인 세입자의 강제 이사 경험 비중도 각각 9퍼센트에서 7퍼센트, 12퍼센트에서 10퍼센트로 떨어졌다. 하지만 임대업자의 압류가 줄어들고 난 뒤 히스패닉 세입자의 비자발 이주가 23퍼센트에서 14퍼센트로 떨어진 데서 알 수 있듯 가장 큰 영향을 미친 요인은 압류였다. 〈밀워키 카운티 퇴거법정 기록, 2003~2007〉; Milwaukee Area Renters Study, 2009~2011.

10) 가난한 흑인 지역사회에서 여성들은 남성에 비해 공식적인 경제 안에서 일할 가능성이 더 높은 반면, 남성의 경우 범죄 기록 때문에 실업률이 높았다. 많은 집주인들이 직업이 없거나 범죄 기록이 있는 사람의 임대 신청을 받아주지 않았다. 도심 빈민가에서 여성들은 집을 얻을 때 월급 명세서나 복지 같은 공적 보조 확인서 같은 걸로 필요한 소득 서류를 제출할 가능성이 더 높았다. 밀워키에서는 노동 연령의 흑인 남성 절반이 실직 상태였고, 삼십대의 절반에게 투옥 경험이 있었다. 이 두 사실은 서로 무관하지 않았다. WUMN, *Project Milwaukee: Black Men in Prison*, Milwaukee Public Radio, July 16, 2014; Marc Levine, *The Crisis Continues: Black Male Joblessness in Milwaukee* (Milwaukee: University of Wisconsin-Milwaukee, Center for Economic Development, 2008). 회계 감사 관련 연구들은 밀워키의 고용주들이 아무런 범죄 기록이 없는 흑인 구직자보다는 범죄 기록이 있는 백인 구직자를 채용할 가능성이 더 높음을 보여주었다. 따라서 범죄 기록이 있는 흑인 구직자들은 이중으로 불리하다. Devah Pager, "The Mark of a Criminal Record", *American Journal of Sociology* 108 (2003): pp.937~975.

법원 기록에 계약자 이름만 올라갈 경우 가난한 흑인 동네의 여성들이 남성에 비해 더 높은 비율로 퇴거를 당한 것으로 나타나지는 않았겠지만, 계약서에 이름을 올리지 않고 아파트에 거주하는 흑인 남성에 비해서는 퇴거 기록을 보유할 가능성이 조금 더 높았을 것이다. 하지만 흑인 동네에서 계약서에 이름이 올라가지 않은 성인들까지 모두 공식 퇴거 기록에 포함시키고 나면 젠더 차이는 여전했다. 〈밀워키 퇴거법정 연구(2011)〉는 소환장과 고소에 이름이 올라가지 않은 사람들을 포함해 한 세대에 사는 모든 성인을 포함시켰다. 그렇게 했더니 여전히 흑인 여성이 다른 모든 집단보다 수가 더 많았다. 이들은 퇴거법정에 출두한 가구에서 살고 있는 모든 성인의 절반을, 퇴거 판결을 받은 가구에서 살고 있는 모든 성인의 44퍼센트를 차지했다. 흑인 여성들은 퇴거율이 높을 뿐 아니라 실제로도 높은 비율로 집에서 쫓겨났다. 기계적인 조사만을 가지고는 흑인 여성들이 왜 이렇게 높은 비율로 퇴거를 당하는지 쉽게 설명할 수가 없었다.

한 가지 더 고려할 점은, 도심 빈민가에서는 여성들이 남성 세입자보다 임대료를 마련하는 데 더 어려움을 겪는다는 점이었다. 많은 흑인 남성들이 일자리에서 소외되어 있는 것은 사실이지만 일자리가 있는 흑인 남성들은 흑인 여성 노동자에 비해 더 오래 일했고, 급료도 더 나았다. 2010년 밀워키의 전일제 노동자의 연소득 중간 값은 흑인 남성의 경우 3만 3,010달러, 흑인 여성의 경우 2만 9,454달러였다. 이 차이는 평균적인 밀워키 아파트의 5개월 치 임대료에 해당했다. 도심 빈민가의 많은 여성들은 지출 역시 남성보다 더 많이 했다. 편모 가정인 경우가 특히 그런데, 밀워키에서는 흑인 가구의 대다수가 편모 가정이었다. 편모들은 종종 아이들의 아버지로부터 정기적인 지원을 받을 수 없었고, 아이들 때문에 더 크고 비싼 집을 구해야만 했다. 반면 아이를 양육하지 않는 아버지들은 누군가의 소파에서 잠을 자거나 방 한 개만 빌릴 수도 있었다. 셰리나는 도심 빈민가에 있는 셋방을 월 400달러(공과금 포함)에 임대했는데, 이는 알린과 다른 편모들이 월 550달러(공과금 미포함)에 빌린 침실 두 개짜리 집보다 부담 없는 가격이었다. 많은 임대업자들은 침실 한 개에 두 명이 최대 수용 인원이라고 암묵적으로 생각하기 때문에 편모들에게 작은 집을 임대하려 하지 않았다. 아이들이 많으면 침실이 많아야 했고, 그러면 임대료도 늘어났다. 다음을 볼 것. City of Milwaukee Code of Ordinances, Chapter 200: Building and Zoning Code, Subchapter 8: "Occupancy and Use." Desmond, "Eviction and the Reproduction of Urban Poverty."

11) Manny Fernandez, "Still Home for the Holidays, When Evictions Halt", *New York Times*, December 21, 2008.

12) "두 번째 소송 사유"는 밀린 월세를, "세 번째 소송 사유"는 부동산 피해를 다룬다. 법원에서는 두 사유가 동시에 처리되기 때문에 법률 용어가 "두 번째와 세 번째 소송 사유"로 굳어졌다.

13) 2006년부터 2010년까지 밀워키 소액법원은 매년 약 1만 2,000건의 퇴거를 처리했지만 채권 차압 통고는 200건뿐이었다. 2009년에는 차압 통고 건수가 537건으로 비정상적

으로 높아서 이 추정에서는 제외시켰다. 퇴거와 차압 통고 기록은 다음을 볼 것. State of Wisconsin, *2010 Annual Report: Milwaukee County Circuit Court, First Judicial District*, 2. 차압통고와 집행법령에 대해서는 *Wisconsin Statues* §814와 §815를 볼 것.

14) 밀워키 임대업자 교육 과정에서는 집주인들에게 판결을 소송 사건 일람표에 남겨놓으라고 강력하게 권고했다. "제가 여러분께 권하는 것 가운데 가장 중요한 건, 5달러를 더 써서라도 법원 서기와 함께 판결을 일람표에 남겨놓으라는 겁니다." 강사 캐런 롱은 이렇게 조언했다. "여러분은 그 사람들이 여러분에게 줘야 할 돈이 있다는 걸 만천하에 알 수 있도록 그걸 신용보고서에 담고 싶으시잖아요. (…) 사람들의 신용보고서를 조회할 필요가 있는 우리 모두를 위해 여러분들은 그렇게 하셔야 해요. (…) 그리고 또 지금부터 2~3년 뒤에 이런 전화를 받을 수도 있잖아요. '저는 조지 존스예요. 절 기억하세요?' '아뇨.' '그니까 제가 3년 전에 당신 집에 살았었어요. 당신이 저한테 750달러를 받을 돈이 있다는 판결을 받았잖아요. 제가 이 차를 사야 하는데, 저한테 500달러만 받고 없었던 일로 해주실 수 있을까요?'" 캐런은 집주인들에게 세입자에게 소송 사건 일람표 이야기를 하라고 조언하기도 했다. "이걸 당신 신용 기록에 올릴 거예요. 그러면 당신이 나한테 돈을 주기 전까진 아무도 당신한테 돈을 빌려주지 않을 거예요. 아무것도 안 빌려주겠지. 그러니까 있잖아요, 이게 어떻게 해서라도 당신 기록에 올라가지 않게 해야 하지 않겠어요?"

15) 렌트 리커버리 서비스는 집주인이 피해액 판결을 받지 않았더라도 주요 신용기관에 세입자들의 정보를 보낼 수 있었다(www.rentrecoveryservice.com).

16) 밀워키와 미국의 많은 도시에서 법은 임대료가 밀린 세입자는 거의 보호해주지 않는다. 임대업자들 사이에서는 "'어째서'가 아니라 '무엇'이 중요하다"라고 말하곤 한다. 다시 말해서 법원은 보통 세입자가 어째서 임대료를 내지 못했는지에는 관심이 없고, 오직 임대료를 내지 못했다는 사실에만 관심을 가진다. 알린은 자신의 주거 문제를 분명하게 밝힐 수도 있었고, 사진을 가져올 수도 있었지만, 그렇게 했다 해도 아마 별 차이는 없었을 것이다. 한번은 퇴거당한 한 나이 든 여성이, 집주인이 배선 수리를 너무 더디게 하는 바람에 한 달 동안 전기 없이 살았다는 사실을 알게 된 법원행정관은 바로 이렇게 반응했다. "그건 오늘 우리가 해결하려는 문제가 아니잖아요." 또 한번은 한 세입자가 막힌 욕조며 썩은 마룻바닥 이야기를 늘어놓자 이를 참을성 있게 듣고 있던 주거법정 판사가 이렇게 대답하기도 했다. "당신은 당신이 월세를 제대로 낸다는 소리는 안 하고 온갖 딴 소리만 하는군요."

17) 세입자들은 옳은 주장이어도 제대로 표현하지 못하는 경우가 많았다. [주장이] 너무 간단하거나 너무 구구절절해서, 아니면 [그들이] 너무 화가 나 있거나 너무 온순하기 때문이었다. 세입자와 집주인, 법원 행위자들 간의 계급·젠더·인종적 역학 관계 때문에 이런 고려 사항들이 묻혀버린다고 생각하는 건 어쩌면 순진한 발상인지도 모른다. 임대주 교육 과정에서는 부동산 소유주들에게 "가장 목소리 크고, 시끄럽고, 성

질 급한 사람이 진다. 그러니까 혀를 깨물고 참아내라"라고 이야기한다. 그리고 아무리 퇴거가 처음인 집주인이라 해도 법원 직원·행정관·판사와 마찬가지로 교육받은 중산층이며, 이들은 서로 유사한 계급적 지위 때문에 동일한 언어를 쓰고 동일한 방식으로 발화한다.

18) 내가 만났던 밀워키의 거의 모든 임대업자들과 건물관리인들이 이 점에 뜻을 같이 할 것이다. 이들은 법원 시스템이 터무니없을 정도로 세입자 편이고 부동산 소유주들에게 불리한 '기울어진 운동장'을 닮았다거나, 행정관들이 배상 영장을 발행해야 할 때 우리 한번 거래를 해보자는 식으로 나오기를 좋아한다고 느꼈다. 레니 로슨만은 예외였다. 레니는 내게 법원 시스템이 "한때는 세입자들을 위했지만, 더 이상은 그렇지 않다"라고 말했다.

9. 포장 음식도 주문하세요

1) 커뮤니티 지지자들의 업무책임자 마우드웰라 커켄돌에 따르면(2014년 12월 19일, 개인 소통), 2013년에는 946가구가 노숙예방 프로그램의 혜택을 받았다. 그해의 프로그램 연간 예산은 64만 6,000달러로, 모두 주택도시개발부의 재원을 주와 시가 받아서 나눠주는 것이었다.

2) 보안관 사무실에서 세입자들에게 보내는 고지서에는 이렇게 적혀 있다. "운반원들은 당신의 냉장고나 냉동고에 남아 있는 음식을 가져가지 않습니다." 물건을 압류 창고로 옮길 때는 음식을 가져가지 않지만 길바닥에 내놓을 때는 음식을 꺼내간다.

3) Jacob Riis, *How the Other Half Lives: Studies Among the Tenements of New York* (New York: Penguin Books, 1997 [1890]), p.129. 결핍의 상태에 관한 심리학의 견해는 Sendhil Mullainathan and Eldar Shafir, *Scarcity: Why Having So Little Means So Much* (New York: Times Books, 2013)를 볼 것.

4) 압류난 이후로 일부 주에서는 집주인들이 압류된 부동산에서 살고 있는 세입자들에게 사전통지서를 보낼 것을 요구하는 법을 통과시켰고, 2009년 5월 의회는 압류 주택 관련 세입자보호법Protecting Tenants at Foreclosure Act을 통과시켰다. 이 법에 따라 압류로 부동산을 획득한 집주인은 기존 임대계약을 존중해야 한다. 하지만 나는 2014년 밀워키의 퇴거팀과 함께 다니면서 집주인이 누구인지도 모르는 세입자 몇 명을 만났다. 압류난으로 도시의 임대 부동산들은 많은 기관·부동산회사·부동산 관리업체·민간 투자자의 손에 이리저리 농락당했고, 그 결과 세입자들은 어리둥절해 할 뿐이었다. 다음을 볼 것. Vicki Been and Allegra Glashausser, "Tenants: Innocent Victims of the Foreclosure Crisis", *Albany Government Law Review* 2 (2009): pp.1~28; Creola Johnson, "Renters Evicted En Masse: Collateral Damage Arising from the Subprime

Foreclosure Crisis", *Florida Law Review* 62 (2010): pp.975~1008.

5) 이 단락의 퇴거 장면들은 존 보안관과 몇몇 운반원들이 내게 이야기해준 것이다.

6) 〈밀워키지역 세입자연구〉의 결과에 따르면, 일부 저소득 가정은 궁핍한 동네에서 사는 동시에 네트워크마저 빈곤한 "이중의 불리" 때문에 고통을 받는 반면, 쉽게 말해서 상대적으로 열악한 동네에 살지만 네트워크는 양호한 가정도 있고, 상대적으로 좋은 동네에 살지만 네트워크는 형편없는 가정도 있는 것으로 나타났다. Matthew Desmond and Weihua An, "Neighborhood and Network Disadvantage Among Urban Renters", *Sociological Science* 2 (2015): pp.329~350. 다음도 볼 것. Kathryn Edin and Laura Lein, *Making Ends Meet: How Single Mothers Survive Welfare and Low-Wage Work* (New York: Russell Sage Foundation, 1997), p.189; Xavier de Souza Briggs, "Brown Kids in White Suburbs: Housing Mobility and the Many Faces of Social Capital", *Housing Policy Debate* 9 (1998): pp.177~221; Matthew Desmond, "Disposable Ties and the Urban Poor", *American Journal of Sociology* 117 (2012): pp.1295~1335; Carol Stack, *All Our Kin: Strategies for Survival in a Black Community* (New York: Basic Books, 1974), pp.77~78.

7) Jacob Rugh and Douglas Massey, "Racial Segregation and the American Foreclosure Crisis", *American Sociological Review* 75 (2010): pp.629~651; Signe-Mary McKernan et al., *Less Than Equal: Racial Disparities in Wealth Accumulation* (Washington, DC: Urban Institute, 2013); Thomas Shapiro, Tatjana Meschede, and Sam Osoro, *The Roots of the Widening Racial Wealth Gap: Explaining the Black-White Economic Divide* (Waltham, MA: Institute for Assets and Social Policy, 2013).

8) 레니의 임대료 장부에 따르면, 러레인이 월세를 내지 못한 그달에 다른 47세대도 월세를 체납하고 있었다. 가장 적은 금액은 3.88달러였고, 가장 큰 금액은 브리트니의 것이었다.

9) 내가 집주인들에게 퇴거를 진행하기로 결정하는 데는 어떤 요인들이 영향을 미치는지 물었을 때, 이들은 일반적으로 재정적인 측면밖에 없다는 판에 박힌 대답을 내놓았다. 하지만 내가 상당 시간을 집주인들과 보내고 난 뒤 배운 사실에 따르면 현실은 그보다 훨씬 어지럽고 제멋대로였다.

10) 남성 집주인과 남성 세입자들은 지위는 동등하지 않지만 모두 남성성의 리듬과 태도에 익숙해져 있기 때문에 서로 이해할 수 있는 방식으로 관계를 맺을 수 있었다. 밀워키 퇴거 기록에 나타난 집주인들 가운데는 남성이 거의 3대 1의 비율로 여성보다 많았다. Milwaukee County eviction court records, 2003~2007.

11) 나는 일부 여성들이 퇴거통지서를 받고 난 뒤 집주인들을 대면하는 것도 목격했고, 역시 퇴거통지서를 받고 난 뒤 집주인을 피하는 남성 세입자도 본적이 있다. 하지만 젠더가 워낙 강력하게 개인에게 적절한 행동 방식과 관련된 기대를 제시하면서 상

호 관계를 이끌다보니, 집주인을 공격적으로 대하는 여성은 일반적으로 무례한 사람으로 취급받거나 열외로 젖혀졌다. 가난한 동네에서 수십 채의 부동산을 보유한 20년차 임대업자인 밥 헬프곳Bob Helfgott이 레즈비언이 세입자로는 힘든 상대라고 믿는 것은 이 때문인지 모른다. 그는 한숨을 쉬며 이렇게 말했다. "게이 여자들, 그 성질 나쁜 레즈비언들은 날 미치게 해. 정말 끔찍하지. 맨날 불평만 하고." 다음을 볼 것. Cecilia Ridgeway, "Interaction and the Conservation of Gender Inequality: Considering Employment", *American Sociological Review* 62 (1997): pp.218~235.

12) Lewis Mumford, *The City in History: Its Origins, Its Transformations, and Its Prospects* (New York: MJF Books, 1961), p.107, p.110.

13) 토빈과 레니는 이미 충분히 받을 만큼 받은 상태였다. 하지만 러레인이 예전처럼 가족에게서 돈을 빌려 퇴거를 거의 피할 뻔 했다는 사실이 중요하다. 지인이나 친구·가족에게 도움을 청하는 일은 때로 효과가 있었다. 하지만 흑인 여성의 경우에는 상황이 그렇게 녹록치 않았다. 흑인 여성들이 백인 여성들보다 더 많이 '꽁무니를 뺀다'면 그건 이들의 사회적 네트워크 자원이 훨씬 빈약했기 때문이었다. 백인 여성들은 더 나은 지위에서 도움을 줄 만한 더 많은 사람들과 연결되어 있었기 때문에 퇴거를 피할 공산도 더 컸다. 다음을 볼 것. Colleen Heflin and Mary Pattillo, "Poverty in the Family: Race, Siblings, and Socioeconomic Heterogeneity", *Social Science Research* 35 (2006): pp.804~822; Matthew Desmond, "Eviction and the Reproduction of Urban Poverty", *American Journal of Sociology* 118 (2012): pp.88~133.

14) 나는 이 사건을 직접 목격하지는 못했다. 이 장면은 러레인과 데이브 브리튼, 그리고 이글무빙 직원들과 다른 이동주택단지 거주자들과 수차례 인터뷰하여 재구성했다.

15) 새로운 법(Wisconsin Act 76, Senate Bill 179) 덕분에 위스콘신의 집주인들은 이제 자신이 적당하다고 생각하는 방식대로 퇴거당한 세입자의 물건들을 처분할 수 있게 되었다. 이제 이들은 세입자의 개인적인 소지품을 굳이 저장할 필요 없이 알아서 없애버려도 괜찮게 되었다. 이 법과 관련된 논쟁이 진행 중일 때 브리튼 형제들은 사재를 털어 법안의 통과에 반대하는 주민들을 지지했다. 하지만 이들 앞에는 큰돈이라는 장애물이 있었다. 남서위스콘신 아파트협회Apartment Association of Southwestern Wisconsin, 위스콘신 부동산업자모임Wisconsin Realtors, 위스콘신 아파트협회Wisconsin Apartment Association가 세를 규합하여 자신들이 작성에 도움을 주었던 법안을 지지하고 나섰던 것이다. 한 논평가는 이렇게 말했다. "이 새로운 법은 집주인들과 '좋은' 세입자들에게는 유리할 것이다. '나쁜' 세입자(가령 월세를 제때 내지 못하는…)는 이 새 법을 좋아하지 않을 것이다." 다음을 볼 것. Tristan Pettit, "ACT 76—Wisconsin's New Landlord-Tenant Law—Part 1: Background and Overview", *Tristan's Landlord-Tenant Law* (blog), November 21, 2013.

10. 일하는 약쟁이들

1) 가난한 동네에서는 "난 내 앞가림이나 해야지"라는 선언을 쉽게 들을 수 있다. 하지만 가난한 동네에서 실제로 앞가림을 하는 실천은 쉽게 찾아보기 어렵다. 알렉산드라 머피는 자신의 논문 "'I Stay to Myself': What People Say Versus What They Do in a Poor Black Neighborhood", working paper, University of Michigan, Department of Sociology에서 이 긴장을 파헤치고 있다.

2) 지하경제에서는 많은 일들이 마약 거래나 성매매에 집중되어 있다. 하지만 마약을 몰래 파는 꼬마나 길거리 매춘부가 한 명이라면 집주인의 부동산을 손봐주며 현금이나 임대료 감면을 바라는 공식적으로 실업자인 남자들은 수십 명에 달한다. 미국 도시의 공식 경제와 비공식 경제를 구분하는 애매한 경계와 관련해서는 다음을 볼 것. Sudhir Venkatesh, *Off the Books: The Underground Economy of the Urban Poor* (Cambridge: Harvard University Press, 2006).

11. 이 동네가 좋아

1) 연구자와 법학자들은 일반적으로 월세는 시장 압력(시의 공실률)이나 정책 개입(법적인 도움의 마련)에 반응한다고 생각한다. 하지만 때로 집주인들은 세입자가 더 낼 수 있다는 걸 직감할 때 임대료를 올린다. 외다리 리키가 돈을 내지 못할 경우에는 벌린다가 낼 수 있었다. 셰리나는 이렇게 말하곤 했다. "리키는 자기가 무례했다는 걸 깨닫게 될 거야. 임대료가 올라갈 테니까. 난 상관 안 해. 이사를 갈 수도 있겠지만 벌린다가 더 많은 세입자들을 데리고 올 거라는 걸 확신하거든. 나는 그 사람 월세를 50달러 올릴 거야."

2) 엄밀히 따지면 바우처 소지자가 차액을 지불할 의향이 있고 주택이 임대 타당성 조사를 통과하기만 하면 임대료 총액은 공정시장임대료를 초과해도 상관없다.

3) Deborah Devine, *Housing Choice Voucher Location Patterns: Implications for Participant and Neighborhood Welfare* (Washington, DC: US Department of Housing and Urban Development, 2003); George Galster, "Consequences from the Redistribution of Urban Poverty During the 1990s: A Cautionary Tale", *Economic Development Quarterly* 19 (2005): pp.119~125.

4) Milwaukee Area Renters Study, 2009~2011; US Department of Housing and Urban Development, *Final FY 2008 Fair Market Rent Documentation System*.

5) Robert Collinson and Peter Ganong, "Incidence and Price Discrimination: Evidence from Housing Vouchers", working paper, Harvard University and the US Department

486

of Housing and Urban Development, 2014; Eva Rosen, *The Rise of the Horizontal Ghetto: Poverty in a Post-Public Housing Era*, PhD diss. (Cambridge: Harvard University, 2014).

6) 나는 〈밀워키지역 세입자연구〉를 통해 표본에 보조금을 받는 세입자와 보조금을 받지 않는 세입자가 포함되어 있다는 이유로 바우처 소지자들이 과도한 요금을 내고 있는지를 알아볼 수 있는 특별한 기회를 얻었다. 나는 크리스틴 퍼킨스와 함께 〈밀워키지역 세입자연구〉 데이터 집합에 나와 있는 주소를 부동산 기록과 통합시켰다. 이를 통해 우리는 정확한 면적, 건축 연한, 평방피트당 자산 가치, 건물 유형(두 세대용·한 세대용), 부대시설(벽난로·에어컨·창고), 주거 문제 등 주거의 질과 관련된 상세한 정보를 얻었다. 또한 지역의 빈곤율, 인종 구성, 주택의 중간 값 등 동네의 질에 관한 몇 가지 척도를 모았다. 그 다음 우리는 가장 가까운 공원·버스정류장·식료품점까지의 거리 같은 동네의 부대시설들과, 주소지에 있는 학교의 평균 시험 점수를 통제했다. 세입자에 대한 일련의 인구학적 변수들도 포함시켰다. 바우처 소지와 임대료 사이의 의미 있는 관계는 헤도닉 회귀모델로 추정했고, 바우처 프리미엄은 모델의 사양에 따라 추가로 월 49달러에서 70달러로 설정했다. 바우처 소지자들은 주거 문제 역시 더 많이 경험했는데, 이는 바우처 소지자들이 더 많은 임대료를 내는 것은 데이터에 포착되지 않은 신형 가전제품이나 다른 특전들 때문이라는 주장에 의문을 제기한다(모델에 대한 완전한 설명은 다음을 볼 것. Matthew Desmond and Kristin Perkins, "Are Landlords Overcharging Voucher Holders?", working paper, Harvard University, June 2015). 2010년 밀워키에서는 5,455세대가 임대료 감면 바우처로 주거비용 보조를 받았다. 스물일곱 개의 통제 변수를 포함하고 바우처 소지자에게 월 55달러의 임대료 프리미엄을 주는 제1모델의 결과를 가지고, 우리는 주거선택 바우처 프로그램이 매년 밀워키에서만 360만 달러의 추가적인 비용을 소모하고 있다고 추정했다(55달러×12개월×5455개의 바우처). 밀워키 시에 따르면 바우처 지원을 받는 가정의 평균 주택당 비용은 2010년 월 511달러였고, 이를 1년으로 환산하면 6,126달러였다. 이 6,126달러로 360만 달러를 나누면 바우처 소지자들이 월세를 더 비싸게 내지만 않으면 약 588세대에 추가로 원조를 더 제공할 수 있다는 결론이 나온다. 일부 부동산 관련 책자에는 바우처 소지자들의 임대료에서 이윤을 남길 수 있는 방법을 별도로 소개하는 부분이 실려 있다. 가령 다음을 볼 것. Carleton H. Sheets, *Real Estate: The World's Greatest Wealth Builder* (Chicago: Bonus Books, 1998), p.121.

7) Charles Orlebeke, "The Evolution of Low-Income Housing Policy, 1949 to 1999", *Housing Policy Debate* 11 (2000): pp.489~520, p.502.

8) 의회가 태프트 엘렌더 와그너Taft-Ellender-Wagner 법안 관련 논쟁을 하고 있을 때(이 법안은 결국 1949년 주택법Housing Act of 1949이 된다), 전미부동산협회 대표는 공공주택을 "공산주의의 최전선"이라고 불렀다. 협회는 맹렬한 전투를 벌였고(라디오 광고에 돈

을 대고 사설을 써댔으며, 회원들을 동원하여 국회의원에게 전화를 걸도록 했다), 만일 콘크리트를 퍼붓고 싶어서 안달 난 건설업계와 건설노조가 세를 과시하지만 않았더라면 승리했을지 모른다. 법안은 다섯 표 차이로 통과되었다. 만일 통과되지 않았더라면 연방에서 준비하던 공공주택은 모두 사라졌을지 모른다. 다음을 볼 것. Louis Winnick, "The Triumph of Housing Allowance Programs: How a Fundamental Policy Conflict Was Resolved", *Cityscape* 1 (1995): pp.95~118, p.101; Lawrence Vale, *From the Puritans to the Projects: Public Housing and Public Neighbors* (Cambridge: Harvard University Press, 2000), pp.238~241.

20세기 중반 부동산 개발업자들이 공공주택 정책을 지원하여 민간사업으로 탐낼 만한 도시 토지를 넘긴 것은 상식적인 행동이라기보다는 예외에 가깝다. 게다가 이 개발업자들은 공공주택 그 자체는 지지하지 않았다. 이들은 공공주택을 슬럼 정리와 토지 수탈을 집행하는 데 필요한 수단으로 여겼다. Arnold Hirsch, *Making the Second Ghetto: Race and Housing in Chicago, 1940~1960* (New York: Cambridge University Press, 1983), pp.104~134.

9) 다음을 볼 것. Philip Tegeler, Michael Hanley, and Judith Liben, "Transforming Section 8: Using Federal Housing Subsidies to Promote Individual Housing Choice and Desegregation", *Harvard Civil Rights-Civil Liberties Law Review* 30 (1995): pp.451~486; Housing and Community Development Act of 1974, Pub. L. No. 93~383, § 101(a)(1), (c)(6), p.88 Stat. 633, pp.633~634.

10) 임대 부동산 압류와 관련해서는 다음을 볼 것. Gabe Treves, *California Renters in the Foreclosure Crisis, Third Annual Report* (San Francisco: Tenants Together, 2011); Vicki Been and Allegra Glashausser, "Tenants: Innocent Victims of the Foreclosure Crisis," *Albany Government Law Review* 2 (2009); Matthew Desmond, "Housing Crisis in the Inner City", *Chicago Tribune*, April 18, 2010; and Craig Karmin, Robbie Whelan, and Jeannette Neumann, "Rental Market's Big Buyers", *Wall Street Journal*, October 3, 2012. 부동산 투자 지침서들은 경제 침체 훨씬 이전부터 압류된 부동산이나 하자가 있는 부동산에 투자하라고 부추겼다. "부실한 부동산들은 말 그대로 당신을 부자로 만들어줄 수 있습니다." 1998년에는 이렇게 광고하는 글도 있었다. "은행들은 압류를 좋아하지 않습니다. 하지만 부동산 투자자들은 좋아하죠. 압류품은 재빨리 값싸게 구입할 수 있거든요." Sheets, *Real Estate*, p.231, p.234.

11) Dwight Jaffee, Anthony Lynch, Matthew Richardson, and Stijn Van Nieuwerburgh, "Mortgage Organization and Securitization in the Financial Crisis", in Restoring Financial Stability: How to Repair a Failed System, eds. Viral Acharya and Matthew Richardson (Hoboken: John Wiley & Sons, 2009), pp.61~82.

12) Kenneth Harney, "Even with Great Credit and Big Down Payment, Home Loans Will

Cost More in 2011", *Washington Post*, January 8, 2011.

13) 어떤 추정에 따르면 압류로 인한 할인 폭은 평균적으로 부동산액의 27퍼센트에 이른 다. John Campbell, Stefano Giglio, and Parag Pathak, "Forced Sales and House Prices", *American Economic Review* 101 (2011): pp.2108~2121.

14) 나는 문이 루비와 도린을 차례로 덮쳤을 때 그 자리에 없었다. 나중에 경첩이 떨어져 나간 문과 도린의 부풀어오른 발을 보았고, 힝스턴네 가족들과 이야기를 확인했다.

12. 일시적인 유대 관계

1) 아파트를 얼마 동안이라도 비우지 않으려고 이렇게 했다.

2) 나는 이 사건을 직접 목격하지는 못했고, 알린과 크리스털·셰리나와 이야기를 나눈 뒤 장면을 재구성했다.

3) 최근 한 연구에 따르면 위탁 대상 연령을 넘긴 청년의 3분의 1에서 절반가량이 스 물여섯이 될 무렵 노숙을 경험한다. Amy Dworsky, Laura Napolitano, and Mark Courtney, "Homelessness During the Transition from Foster Care to Adulthood", *American Journal of Public Health* 103 (2013): pp.S318~323.

4) 이동주택단지와 도심 빈민가의 사람들은 일상 대화에서 자신은 친구가 하나도 없다 고 했다가 많다고 하기도 하고, 따뜻한 피붙이들이 주위에 널렸다고 했다가도 이들과 소원하게 지낸다고 말하기도 했다. 때로 분위기에 따라 자신의 사회적 유대와 지원에 관한 설명은 매일 크게 달라졌다. 나는 이런 말들을 자신의 사회적 관계에 관한 정확 한 평가라기보다는 그 자체로 일종의 데이터로 보고 거리를 두게 되었다. 어떤 사람 의 네트워크 안에 누가 있는가를 판단할 때도 그렇지만 그 사람들이 무슨 일을 실제 로 했는가를 물어볼 때도 문제가 있었다. 베푸는 건 자존감을 높이는 반면, 받는 건 자존감을 낮추기 때문에(구세군에 참여해서 수프를 떠줄 때의 기분과, 구세군이 떠주는 수 프를 받을 때의 기분은 천지 차이다), 사람들이 자신들이 베푸는 지원의 양은 과장하는 반면, 받는 지원의 양은 축소한다고 생각하는 건 충분히 합리적이다. 나는 문화기술 지 연구로 행동에 대한 설명과 행동 그 자체를 구분하게 되었고, 무엇보다 퇴거는 사 람들이 친구와 가족에게서 받는 지원을 이야기하는 것과 이들이 힘든 시기에 실제 로 받는 지원을 비교할 수 있는 각별한 기회를 마련해주었다. 퇴거는 유대를 촉진하 고, 관계를 시험하며, 헌신을 드러냄으로써 눈에 보이지 않고 종종 가라앉아 있던 것 을 수면 위로 끌어올리는 기회가 되었다. Matthew Desmond, "Disposable Ties and the Urban Poor", *American Journal of Sociology* 117 (2012): pp.1295~1335.

5) Carol Stack, *All Our Kin: Strategies for Survival in a Black Community* (New York: Basic Books, 1974), p.93, p.33, p.43.

6) SSI와 식료품 구매권 같은 공공 프로그램들도 꾸준히 혼자 살도록 부채질하고 있
다. 만일 당신이 다른 사람의 집에 얹혀살면서 그 집에서 밥을 먹으면 당신의 SSI 소
득은 3분의 1까지 줄어든다. 세대원이 많을수록 식료품 구매권을 더 많이 받지만 세
대원이 각각 따로 살 경우 받을 수 있는 것만큼 많지는 않다. 가령 하나의 세대로 등
록한 커플은 매달 최대 347달러어치의 식료품 구매권을 받을 수 있다. 하지만 별도
의 세대로 등록한 커플은 한 명당 매달 최대 189달러어치를 받을 수 있기 때문에
둘을 더하면 378달러가 된다. 일부 예외가 있긴 하지만 다른 사람들과 같이 살 경
우, 개인이 별도로가 아니라 한 세대로 같이 보충영양 지원 프로그램Supplemental
Nutrition Assistance Program에 신청해야 한다. 다음을 볼 것. US Department of
Agriculture, Food and Nutrition Service, Supplemental Nutrition Assistance Program,
Applicants and Recipients, December 30, 2013. SSI 가구 형태 요건에 대해서는 다음
을 볼 것. US Social Security Administration, "Simplifying the Supplemental Security
Income Program: Options for Eliminating the Counting of In-Kind Support and
Maintenance", *Social Security Bulletin* 68 (November 4, 2008); Brendan O'Flaherty,
Making Room: The Economics of Homelessness (Cambridge: Harvard University Press,
1996), p.222. 친족 의존성과 AFDC에 대해서는 다음을 볼 것. M. Lisette Lopez and
Carol Stack, "Social Capital and the Culture of Power: Lessons from the Field", in
Social Capital and Poor Communities, eds. Susan Saegert et al. (New York: Russell
Sage Foundation, 2001), pp.31~59. 밀워키에서 SSI를 수급하는 세입자들은 소득을 통
제한 뒤에도 같은 조건의 다른 세입자들에 비해 세대원 수가 적다. Milwaukee Area
Renters Study, 2009~2011.

7) 기초적인 필요의 충족에 관해서는 중산층 친척보다는 차라리 가난한 피붙이들이 항
상 더 큰 도움을 주었다. Desmond, "Disposable Ties and the Urban Poor"; Stack, *All
Our Kin*, pp.77~78.

8) 알린 같은 싱글맘들은 복지수당만으로는 생계를 꾸릴 수 없었다. 평균적으로 복지
수당과 식료품 구매권, SSI 수당으로는 싱글맘의 지출 가운데 5분의 3정도밖에 감당
하지 못했다. 부업을 하거나 기관의 도움으로 어떻게든 나머지를 메꿔보려고 발버둥
을 치더라도, 많은 사람들은 배를 곯거나 겨울 옷을 갖추지 못하거나 병원에 가지 못
하는 등 심각한 곤란함을 견뎌야 했다. Kathryn Edin and Laura Lein, *Making Ends
Meet: How Single Mothers Survive Welfare and Low-Wage Work* (New York: Russell
Sage Foundation, 1997).

9) 가령 다음을 볼 것. Lee Rainwater, *Behind Ghetto Walls: Black Family Life in
a Federal Slum* (Chicago: Aldine, 1970), p.73; Sandra Susan Smith, *Lone Pursuit:
Distrust and Defensive Individualism Among the Black Poor* (New York: Russell
Sage Foundation, 2007). 확장된 논의는 다음을 볼 것. Desmond, "Disposable Ties

and the Urban Poor." 그 외에도 가난한 동네의 유사한 네트워크 동학을 기록한 문
화기술지 연구들이 있다. 다음을 볼 것. Elliot Liebow, *Tally's Corner: A Study of
Negro Streetcorner Men* (Boston: Little, Brown and Company, 1967), pp.163~165, p.182:
Rainwater, *Behind Ghetto Walls*, p.73. 물론 이런 동학들은 사회의 모든 수준에서 목
격할 수 있다. 가령 소위 '비행기에서 만난 낯선 사람' 현상이 증명하듯, 정서적 편안
함을 위해 완전히 낯선 사람에게 의존하는 경향은 중산층 내에서 상당히 보편적이
다. 일시적인 유대에 의지하는 가난한 사람들의 전략이 낯선 사람에게 의지하는 부
유한 사람들의 경향과 본질적으로 다르지 않다 해도 종종 정도의 차이는 있다. 기초
적인 인간의 필요를 충족시키기 위해 정기적으로 일시적인 유대에 의지하는 건 가난
한 사람들뿐이다.

10) 사람들은 동네를 학군과 일반적인 생태적 지표를 훨씬 넘어서는 어떤 것으로 여긴다.
사람들은 정량화하기에는 너무 사적이지만 이들을 끌어당기거나 도시 전체에서 밀어
내기에 충분한 힘을 가진 것들을 감지한다.

11) 크리스털은 그 직전 해에 할머니가 돌아가신 뒤 식료품 구매권이 소멸되도록 그냥 내
버려두었다. 크리스털은 할머니가 돌아가신 뒤 자신이 컴컴한 우울증에 빠졌다고 기
억했다. "난 아무것도 안 했어요. 종일 잠만 자고, 비를 맞고 돌아다니다 밥을 먹고,
다시 집으로 돌아와서 잠을 잤죠. 난 만사에, 모든 사람에게 문을 닫아버렸어요." 이
는 정신적 외상이 가난을 어떻게 더 악화시킬 수 있는지를 보여주는 또 하나의 사례
에 해당한다.

12) 크리스털이 조리의 이름을 부르는 대신 욕을 했다는 뜻이었다.

13. E-24

1) 노스사이드에서 백인 집주인들은 종종 흑인 부동산관리인들을 고용했다. 셰리나는
이렇게 말했다. "브룩필드에서 여기로 온 백인 남자들이 많아요. 이 사람들은 이 도
심 빈민가를 통째로 구입하다시피하지. 그리고 이 사람들은 흑인 부동산관리인을 고
용해서 일을 처리하게 할 거야. 백인 남자들이 흑인 남자를 고용하는 건 어쩌면 좀 비
열해보일 수도 있긴 한데 그래야 일을 할 수 있거든. 그 사람들은 호통을 칠 수 있으
니까. 쉽게 할 수 있지." 셰리나의 말은 세입자들이 돈을 내지 못했을 경우 흑인 부동
산관리인은 주저하지 않고 세입자들에게 고함을 칠 수 있다는 뜻이었다. 다음을 볼
것. Jennifer Lee, "Cultural Brokers: Race-Based Hiring in Inner-City Neighborhoods",
American Behavioral Scientist 41 (1998): pp.927~937.

2) 모기지와 양도 기록은 밀워키 카운티 등기과Milwaukee County Register of Deeds에서
구했다.

3) 토빈과 레니의 임대료 기록에 따르면 대부분의 달에 비어 있는 트레일러는 다섯 대였고, 월세를 내지 못하는 세입자는 마흔 명이었으며, 이들이 내지 못한 월평균 금액은 340달러였다. 한 달에 다섯 개의 트레일러가 비게 되면 126개의 트레일러가 평균 550달러의 월 임대료를 냈다. 여기에서 받지 못한 임대료 총액 16만 3,200달러(40×340달러×12)를 빼면 토니가 1년 동안 임대료로 얻는 소득의 총액이 나오게 된다. 하지만 두 가지 이유에서 이 금액을 제하는 건 너무 과한 건지도 몰랐다. 첫째, 토빈은 매달 퇴거를 40건씩이나 진행시키지 않았다. 따라서 대부분의 사람들은 부채를 해결할 방법을 찾아냈다. 둘째, 받지 못한 임대료 추정액은 체납과 퇴거가 절정에 달하는 여름철의 현황을 근거로 삼은 것이다(2008년 4월부터 7월까지의 임대료 장부). 그럼에도 나는 보수적인 추정을 위해 이 부풀려졌을지도 모르는 감축 분을 유지했다. 토빈의 경비는 레니와 수지의 연봉과 이들의 임대료 감면액으로 구성되는데, 이는 5만 달러에 조금 못 미쳤다. 레니의 연봉과 임대료 감면액은 총 4만 2,600달러(3만 6,000달러6,600달러)였고, 수지의 연봉과 임대료 감면액은 총 6,400달러였다(토빈은 수지를 시간제 직원으로 간주하여 주 20시간 근무에 월 5달러를 지불했다. 따라서 [5달러/시간×20시간×52주]1,200달러의 임대료 감면액). 유지와 관련해서는 20대의 트레일러를 제외한 전부가 세입자 소유였고, 그 말뜻은 세입자가 대부분의 수리비를 대야 한다는 것이었다. 고정 유지비용 추정액은 잔디깎이나 쓰레기 청소에 들어가는 돈을 포함시켜도 월 5,000달러를 넘는 일이 거의 없었다. 하지만 나는 이 부풀려졌을지 모르는 추정치 역시 유지했다. 2008년 토빈의 부동산세는 4만 9,457달러였고, 수도 요금은 2만 6,708달러였다(두 수치는 공식 기록에서 얻었다). 가스와 전기 요금은 세입자가 지불했다. 퇴거법정 비용은? 토빈의 월 평균 공식 퇴거는 세 건이었고, 사건이 까다롭지 않은 이상 변호사를 고용하지 않았다. 이는 퇴거법정, 보안관, 변호사 수수료로 연간 7,000달러 이하를 지출했다는 뜻이다(만일 토빈이 월 평균 세 명의 세입자를 퇴거시켰을 경우, 연간 법원 비용 최저선은 3,222달러[89.50달러×세 건×12개월]였다. 나는 부정기적으로 들어갈 보안관·운반원·변호사 수수료를 감안해서 이 수치를 두 배로 곱한 후, 약 7,000달러로 산출했다). 쓰레기 처리 비용은? 레니는 내게 두 개의 쓰레기통을 관리하는 데 들어가는 비용은 월 800달러(연 9,600달러)라고 했다. 조명은? 토빈은 밤에 이동주택단지를 밝히는 옥외 조명(전신주에 달린) 비용을 냈다. 위에너지의 표준 요금에 따라, 나는 이 비용(과 사무실 전기 요금)이 연간 5,000달러가 되리라고 계산했다. 부대비용은? 나는 광고와 레니의 임대료 징수 보너스에 추가로 1만 5,000달러가 들어간다고 계산했다. 그랬더니 1년에 44만 6,635달러가 남았다. 나는 이 계산에서 규모가 큰 일회성 유지비용은 제외했다(토빈이 이동주택단지 안에 과속방지턱을 설치하는 비용 같은). 이런 건 드문데다가 부정기적이었기 때문이다. 레니는 내 추정액이 너무 낮다고 생각했다. 그는 토빈이 1년에 '60만 달러 이상'을 번다고 믿었다.

492

14. 높은 관용

1) John Gurda, *The Making of Milwaukee*, 3rd ed. (Milwaukee: Milwaukee County Historical Society, 2008 [1999]), p.174.

2) 내 경험상 가난한 동네의 특징은 '적대적인 문화'의 존재도, 그런 문화의 확연한 부재도 아니었다.

3) Robert Fogelson, *The Great Rent Wars: New York, 1917~1929* (New Haven: Yale University Press, 2014), p.85, p.86.

4) Frances Fox Piven and Richard Cloward, *Poor People's Movements: Why They Succeed, How They Fail* (New York: Vintage, 1979), p.12, p.4.

5) Fogelson, *Great Rent Wars*, p.88.

6) 이런 결과는 〈밀워키지역 세입자연구, 2009~2011〉 전체 샘플에 음이항 회귀모형을 적용하여 얻은 것이다. '지역사회의 지원'을 측정하기 위해 우리는 응답자들에게 지금 사는 동네의 누군가가 (a) 필요한 비용을 지불하거나 식료품을 구매할 때, (b) 일자리를 구할 때, (c) 집이나 차를 고칠 때, (d) 감정적으로 도움이 필요할 때, (e) 아이들을 봐줄 사람이 없을 때 도움을 준 적이 있는지 물었다. 동네의 궁핍함은 가구 소득 중간 값, 폭력 범죄율, 빈곤선 이하에 있는 가족의 비율과, 열여덟 살 이하 인구, 고졸 학력 이하 거주민, 공적 원조를 받는 주민, 비어 있는 집의 수로 구성된 요인 탑재 척도로 측정했다. 웨이화 안과 쓴 논문에서 나는 동네의 궁핍함은 지역사회의 지원·순소득·교육·거주지 이동성·인종·연령·젠더·취업 상태, 네트워크 구성과 양의 상관관계가 있음을 확인했다. 궁핍한 동네에 살면서 주택 소유주 및 대학 졸업자들과 강력한 유대 관계를 맺고 있는 주민들은 그런 유대가 없는 사람들과 같은 정도로 이웃에게 도움을 주는 것으로 나타났다. 이는 곤궁한 동네에서는 지역적인 선물 교환이 강력하게 존재하며, 이는 사람들의 확장된 네트워크 구성에 상대적으로 별 영향을 받지 않음을 시사한다. 다음을 볼 것. Matthew Desmond and Weihua An, "Neighborhood and Network Disadvantage Among Urban Renters", *Sociological Science* 2 (2015): pp.329~350.

7) 가난한 동네에서 유기적으로 나타나는 지원 시스템은 사람들이 밥을 먹고 상황을 헤쳐나갈 힘을 얻도록 도움을 주긴 하지만 사람들을 무거운 트라우마, 때로는 폭력에 노출시키기도 한다. Bruce Western, "Lifetimes of Violence in a Sample of Released Prisoners", *Russell Sage Journal of the Social Sciences*, forthcoming.

8) Harvey Zorbaugh, *The Gold Coast and the Slum: A Sociological Study of Chicago's Near North Side* (Chicago: University of Chicago Press, 1929), p.70.

9) 이런 결과는 〈밀워키지역 세입자연구, 2009~2011〉에 순서형 로지스틱 회귀모델을 적용하여 얻은 것이다. 결과변수는 정치적 역량이다. 응답자들에게는 이렇게 질문했다.

"이 동네에 사는 사람들이 조직을 꾸리거나 힘을 합쳐 이 지역사회와 각자의 삶을 개선시킬 가능성은 얼마나 될까? 전혀 없다, 아주 조금, 조금, 상당히, 아주 많이." 주요 설명변수는 동네에서 인지된 트라우마의 정도이다. 응답자에게는 이렇게 질문했다. "이 동네에 사는 동안 (a) 퇴거를 당하거나, (b) 투옥되거나, (c) 폭력적인 관계에 놓여 있거나, (d) 마약에 중독되거나, (e) 사회서비스기관이 아이들을 데려가거나, (f) 가까운 가족이나 친구가 살해를 당하는 이웃을 본 적이 있습니까?" 대답은 모두 더했다. 완전한 모델은 과거의 정치적 참여, 동네 거주 기간, 동네의 빈곤 및 범죄율, 여러 인구학적 요인들을 통제할 경우 정치 역량과 동네에서 인지된 트라우마 사이에는 상당한 음의 관계가 있음을 나타낸다. 다음을 볼 것. Matthew Desmond and Adam Travis, "Perceived Neighborhood Trauma and Political Capacity", unpublished manuscript, Harvard University, 2015. 무질서 그 자체보다 더 중요한 사회적 무질서 인지와 관련해서는 다음을 볼 것. Lincoln Quillian and Devah Pager, "Black Neighbors, Higher Crime? The Role of Racial Stereotypes in Evaluations of Neighborhood Crime", *American Journal of Sociology* 107 (2001): pp.717~767; Robert Sampson, *Great American City: Chicago and the Enduring Neighborhood Effect* (Chicago: University of Chicago Press, 2012).

10) 〈밀워키지역 세입자연구〉를 진행하면서 응답자들에게 이렇게 물었다. "당신의 집주인을 가장 잘 묘사하는 두 단어는 무엇입니까?" 두 명의 독립적인 연구원들이 각 단어에 1점부터 10점까지 값을 매겼다. "악덕 집주인"과 "개자식" 같은 단어에는 1점을, "훌륭한"과 "사랑하는" 같은 단어에는 10점을 부여했다. 이보다 좀 누그러진 비판이나 칭찬에는 중간 범위의 값을 할당했다. 그리고 난 뒤 연구원들이 매긴 점수에 평균을 내서 전체적인 순위를 매겼다. 이 순위에 따르면 밀워키의 평균적인 세입자들은 자신의 집주인에게 6점을 주고 있다. 주거비 부담이 극심한 세입자들이라고 해서 다른 세입자들보다 집주인을 더 나쁘거나 더 좋게 평가하지 않았다. 하지만 주거 문제를 겪었던 세입자들은 자신의 집주인을 상당히 더 부정적으로 평가했다.

11) 세입자들은 이동주택단지가 문을 닫을지도 모른다는 소식을 접하자마자 똘똘 뭉쳤다. 이는 이들에게 '예외적인 상황'이었다. 하지만 그 상황이 지나자 평상시로 다시 돌아갔다. 사람들은 임대료에 이의를 제기하거나, 더 나은 주거 조건을 위해 싸우거나, 퇴거에 정치적인 서사를 입히지 않았다. 사람들의 불만 대상은 집주인이 아니라 시의원이었던 것이다. 한번은 세입자들이 서명지를 돌린 적이 있었다. 절도를 비롯해서 여러 가지 문제를 일으키는 여성을 내보내라고 요구하는 내용이었다. "우리는 사태가 악화되기 전에 S12 트레일러의 그레이스를 퇴거시킬 것을 요구합니다." 서명지에는 이렇게 적혀 있었다. "우리는 이 문제를 해결할 수 있는 유일한 방법은 누군가 나서기 전에 그레이스를 내보내는 것이라고 생각하며, 그러면 그런 일이 발생할 필요가 없게 됩니다." 그레이스 반대 서명이라는 이름의 그 서명에는 40명이 참여했다.

494

15. 소란 행위

1) 심리학자들은 자기보호가 공감과 맞붙을 경우 보통은 공감이 패배한다는 사실을 보여주었다. Keith Campbell et al., "Responding to Major Threats to Self-Esteem: A Preliminary, Narrative Study of Ego-Shock", *Journal of Social and Clinical Psychology* 22 (2003): pp.79~96.

2) "네 눈을 찌른다"라는 건 눈에 멍이 들게 하겠다는 의미다. "겁나냐"라는 건 이런 상황에선 겁쟁이 같다는 뜻이다.

3) 미국이 근대화를 겪고 경찰력을 확대하던 20세기 내내 시민들은 현장에서 얼씬대지 말고 노란 테이프 뒤에서는 줄을 서라는 지시를 받았다. 범법자를 좇고 벌할 권리는 주에서 알아서 할 일이었다. 하지만 1960년대에는 반전운동가들이 경찰의 곤봉에 맞아 피를 흘리기 시작했고, 시민들은 소수자 사회에서 야만적으로 행동하는 경찰에 반대하여 목청을 높였으며, 뿌리 깊은 부패와 관련된 이야기들이 보도되었고, 로스앤젤레스의 와츠라는 동네에서 흑인들의 폭동이 일어났으며, 폭력 범죄가 늘고 있었다. 이런 일련의 변화를 지켜보던 미국인들은 형사 사법 시스템에 환멸을 느끼기 시작했다. 이런 상황에서 1974년 로버트 마틴슨Robert Martinson이 231개의 관련 연구를 검토한 뒤 〈퍼블릭 인터레스트The Public Interest〉에 "지금까지 보고된 갱생의 노력들은 재범을 예방하는 데 주목할 만한 영향을 전혀 미치지 못했으며, 예외는 없는 것과 다를 바 없다"라고 결론을 내린 것이 결정적 한 방으로 작용했다. "아무것도 소용없다"라며 정치인들과 범죄학자들은 한숨지었다. 사법 시스템은 자신들의 권위가 위협받자, 한편으로는 경찰에 더 많은 권력과 자원을 쥐어주면서 다른 한편으로는 비경찰 행위자들을 범죄 통제업무에 끌어들이는 식으로 자기 분열적인 대응을 했다. 제삼자 치안 행위의 등장과 그 성격에 관한 자료는 다음을 볼 것. Matthew Desmond and Nicol Valdez, "Unpolicing the Urban Poor: Consequences of Third Party Policing on Inner-City Women", *American Sociological Review* 78 (2013): pp.117~141; David Garland, *The Culture of Control: Crime and Social Order in Contemporary Society* (Chicago: University of Chicago Press, 2001); Lorraine Mazerolle and Janet Ransley, *Third Party Policing* (Cambridge: Cambridge University Press, 2005).

4) Reinier Kraakman, "Gatekeepers: The Anatomy of a Third-Party Enforcement Strategy", *Journal of Law, Economics, and Organization* 2 (1986): pp.53~104.

5) Desmond and Valdez, "Unpolicing the Urban Poor", Table S1. Mazerolle and Ransley, *Third Party Policing*.

6) 소란 법령은 마약 전쟁에서 효과적인 무기로 치켜세워지기도 했다. 하지만 2008년부터 2009년까지 밀워키에서 발부된 모든 소환장에 열거된 1,666건의 소란 행위 가운데 마약 관련 범죄는 4퍼센트뿐이었다. 이 추정치를 도출한 방법론 관련해서는 다음

을 볼 것. Desmond and Valdez, "Unpolicing the Urban Poor", pp.122~125.

7) 여기서 "백인·흑인 거주 동네"란 주민의 3분의 2 이상이 흑인·백인인 센서스상의 구역집단을 말한다. 그리고 "소란 행위 소환장을 받을 수 있는 부동산"이란 30일 동안 911에 세 번 이상 신고한 곳들을 말한다. 대부분의 소환장이 흑인들이 주로 거주하는 동네의 부동산으로 보내지는 것은, 이런 동네에서 범죄가 많이 일어나기 때문이 아니라 이런 동네에 흑인들이 더 많기 때문이다. 범죄율과 911신고 건수, 동네의 빈곤율, 그 외 관련 요인들을 통제한 뒤에도 차이는 여전했다. 두 여성이 동시에 경찰에 전화를 걸어 가정폭력 신고를 했는데, 한 여성은 흑인이 80퍼센트인 동네에 살고 다른 한 여성은 흑인이 20퍼센트인 동네에 산다고 가정해보자. 부동산에서 걸린 가정폭력 신고율과 한 동네의 가정폭력 발생률을 통제한 뒤에도 첫 번째 여성의 집주인은 소란 행위 소환장을 받을 가능성이 3.5배 이상 더 높았다. Desmond and Valdez, "Unpolicing the Urban Poor."

8) 이 때문에 최근 가정폭력이 줄어든 것은 가족 학대를 점점 더 범죄시하는 상황 때문인지, 아니면 신고를 망설이게 하는 소란부동산 법령의 확산 때문인지 의심스러워졌는지도 모른다. Cari Fais, "Denying Access to Justice: The Cost of Applying Chronic Nuisance Laws to Domestic Violence", *Columbia Law Review* 108 (2008): pp.1181~1225.

9) 세입자들에게 911에 신고하지 말라고 만류하는 방식으로 소란부동산 소환장에 대처한 집주인들도 있었다. 어떤 집주인들은 경찰 대신 자신들에게 전화를 걸라고 지시하기도 했다. '장애인' 거주 시설을 운영하는 한 집주인은 다음과 같은 문구를 건물 주위에 붙여놓았다. "911에 전화하기 전에 잠시만 / 위급하지 않은 전화를 걸었다는 이유로 경찰이 당신을 찾아올 수도 있습니다. / '414- - #'로 전화하세요. / 던을 찾으세요." 어떤 집주인들은 다시 한번 911에 신고하면 퇴거를 시키거나 벌금을 물리겠다고 협박했다. 소환장을 받은 한 집주인은 다음과 같은 편지를 세입자들에게 돌렸다. "밀워키 경찰서에 소란 행위로 신고를 하거나 911에 전화를 건 세입자에게는 (…) 건당 50.00달러의 벌금을 부과할 것입니다."

10) Wisconsin Coalition Against Domestic Violence, *Wisconsin Domestic Violence Homicide Report: 2009* (Milwaukee: Wisconsin Coalition Against Domestic Violence, September 2010).

11) 밀워키 시는 내가 나의 연구 결과를 경찰서와 시 대리인, 주택 변호사들과 공유한 직후인 2011년에 이 조례를 수정했다. 이제 소환장에는 "소란 행위"에는 가정폭력·성폭력·스토킹은 포함되지 않는다고 명시되어 있다. 이를 통해 밀워키 시는 시카고, 위스콘신의 매디슨, 뉴저지의 필립스버그, 그리고 뉴욕의 이스트로체스터 마을 등과 함께 소란부동산 조례를 통해 가정폭력 때문에 수차례 신고했다고 해서 소환장을 발부하지 못하게 금하는 얼마 안 되는 지자체가 되었다. 하지만 이들은 예외에 해당한다. 소

란 행위 목록에서 가정폭력을 빼놓는다고 해서 구타당하는 여성들이 조례의 피해를 당하지 않게 충분히 보호할 수 있을까? 다음 두 가지 이유에서 그렇지 못할 가능성이 높다.

첫째는 가정폭력 사건은 (전 남자친구가 문을 발로 찰 때 같은) 부동산 피해나, (남편이 두 개의 커터칼을 아내에게 휘두를 때 같은) 무기 소지자 같은, 맥락을 지워버리는 다른 죄목 뒤에 종종 숨어버린다. 가정폭력·성폭력·스토킹은 원래부터 밀워키의 소란 행위 목록에 들어가 있지 않았고, 맨 처음에 언급되는 경우도 절대 없었다. 조례에는 지금도 서른두 가지 소란 행위에 구타·희롱·긴급 전화번호의 남용 같은 것들이 들어 있기 때문에 여전히 이런 죄목이 가정 내 범죄에 적용될 수 있다.

시의 발 빠른 조정책이 안고 있는 두 번째 문제는 엄청난 액수의 벌금이라는 위협을 받고 있는 집주인에게 소란 행위가 가정폭력과 관련이 있는지 밝히도록 한다는 데 있다. 경찰에게 이 문제를 알릴 집주인도 있겠지만 자체적인 발 빠른 조정책을 이행하여 세입자를 그냥 퇴거시킬 수도 있다. 부동산 소유주 열 명 가운데 약 여덟 명이 정확히 어떤 상황이었는지에 관계없이 세입자를 퇴거시키거나, 다시 한번 경찰에게 연락할 경우 퇴거하겠다고 위협함으로써 소란 행위를 진압했다. 다른 개선 방안들을 제시할 수도 있지만(경찰 교육을 늘리면 도움이 될 수도 있고, 시에서 조례의 목적을 마약 행위나 소음에만 둘 수도 있다), 법보다 주먹이 더 가까운 곳에서 이는 쉽게 바뀌지 않을 것이다. 소란부동산 조례는 상당한 피해를 초래할 수 있을 뿐 아니라, 자원이 희소할 때 지방정부들이 얼마나 시민의 권리를 도외시하고 사법 절차를 피하려 하는지를 보여준다. '소란 세입자'는 확실한 유죄가 아니다. 유죄와 무죄의 문제는 법원의 권한 밖에서 작동하도록 설계된 정책 앞에서는 무력하기 때문에 세입자들은 확실한 그 무엇도 아니다. 세입자가 심각한 소란을 피우지 않았다 해도 그 증거는 결코 법원 안에 들어가보지도 못한다. 법학자들은 정당한 절차의 권리에 이처럼 우려를 표하는 데서 더 나아가, 소란부동산 조례가 헌법이 정한 보호(4차 개정법을 생각해보라)와 법이 정한 보호(공정주거법을 생각해보라)를 위배한다고 주장해왔다. 케일럽 푸트Caleb Foote가 약 60년 전 미국의 부랑자법과 관련해 했던 말은 오늘날 소란부동산 조례에도 그대로 적용될 수 있을 것 같다: 우리가 이들을 용인해야 하는 단 하나의 이유는, 저소득 주택시장에서 생계를 꾸리느라 고군분투하는 가정들은 자신들의 명백한 권리를 주장하기에는 너무 가난하거나 너무 취약하기 때문이다. 다음을 볼 것. John Blue, "High Noon Revisited: Commands of Assistance by Peace Officers in the Age of the Fourth Amendment", *Yale Law Journal* 101 (1992): pp.1475~1490; John Diedrich, "Domestic Violence Victims in Milwaukee Faced Eviction for Calling Police, Study Finds", *Milwaukee Journal Sentinel*, August 18, 2013; Caleb Foote, "Vagrancy-Type Law and Its Administration", *University of Pennsylvania Law Review* 104 (1954): pp.603~650; Karen Phillips, *Preliminary Statement, Grape v. Town/Village of East*

주註   497

Rochester, No. 07 CV 6075 CJS (F) (W.D.N.Y. March 16, 2007).

16. 눈 위의 재

1) 난 이날 저녁 셰리나와 쿠엔틴과 함께 카지노에 있었다. 러마와 카말라가 카드 놀이 하는 장면은 러마, 루크, 에디, 그리고 동네 남자아이 몇몇을 인터뷰해 재구성했다. 또 한 검시관과 화재·안전 전문가들의 보고서 및 법원 기록 또한 검토했다. 이날 저녁 나머지 사건들은 직접 목격한 것이다.

2) 한 세기 전 너무 비싸다는 이유로 방화 시설을 하지 않은 다세대주택들에서는 화재 로 아이를 잃은 엄마들의 울부짖음이 울려 퍼지곤 했다. 그리고 20세기 내내 도시의 게토 주택들이 화염에 휩싸이거나 너무 낡아 붕괴되면서 역시 아이를 잃은 엄마들이 울부짖곤 했다. 1947년부터 1953년까지 시카고에서만 화재로 180여 명의 슬럼 거주자 들이 목숨을 잃었는데, 이중 예순세 명이 열 살 미만이었다. 화재의 원인이 된 상황(과 밀·엉성한 건축) 때문에 가족들은 대피하기도 힘들었다. 1960년대와 1970년대 초에는 보험금을 타기 위해 자신의 건물에 불을 지르는 집주인들도 있었다. 빈 건물일 때도 있었지만 그렇지 않을 때도 있었다. 오늘날은 평균 이하의 주거 시설에 사는 아이들 은 괜찮은 수준의 안전한 집에서 사는 아이들에 비해 화재로 사망할 가능성이 열 배 이상 더 높다. 제이콥 리스는 야간 화재는 "인간의 경험 가운데 최고의 공포"라고 말 했다. 인용문의 출처는 다음과 같다. Riis, *How the Other Half Lives: Studies Among the Tenements of New York* (New York: Penguin Books, 1997 [1890]), p.88, pp.35~36. 슬 럼의 화재와 관련해서는 다음을 볼 것. Jacob Riis, *Battle with the Slum* (Mineola: Dover Publications, 1998 [1902]), p.89; Marcus Anthony Hunter, *Black Citymakers: How the Philadelphia Negro Changed Urban America* (New York: Oxford University Press, 2013), chapter 3; Arnold Hirsch, *Making the Second Ghetto: Race and Housing in Chicago, 1940~1960* (New York: Cambridge University Press, 1983), pp.25~26; Thomas Sugrue, *The Origins of the Urban Crisis: Race and Inequality in Postwar Detroit* (Princeton: Princeton University Press, 2005), p.37; Beryl Satter, *Family Properties: How the Struggle over Race and Real Estate Transformed Chicago and Urban America* (New York: Metropolitan Books, 2009), p.335; Douglas Parker et al., "Fire Fatalities Among New Mexico Children", *Annals of Emergency Medicine* 22 (1993): pp.517~522.

17. 이게 미국이다

1) 수당을 받기 위해 '노숙자가 되는 것'과 관련해서는 다음을 볼 것. Adrian Nicole LeBlanc, *Random Family: Love, Drugs, Trouble, and Coming of Age in the South Bronx* (New York: Scribner, 2004).

2) 사람들은 야만적인 상황에선 야만적으로 행동한다. 심리학자 매슬로우A.H.Maslow는 이렇게 말했다. "만성적인 굶주림을 한 번도 경험해보지 못한 사람들은 그 영향을 과소평가하는 경향이 있다. 먹을 것과 잘 곳을 걱정을 할 필요 없는 사람들이 더 큰 필요의 지배를 받게 되면, 이 필요는 가장 중요한 것처럼 보이게 될 것이다." 결핍과 고통을 견딜 수 있는 인간 역량의 한계를 생각하지 않은 채 가난한 동네에서 발생하는 폭력을 설명하려고 하는 많은 사상가들과 권위자들이 이런 경우에 속한다. 먹을 게 풍부할 때는 완벽하게 평화롭던 이웃들이, 가뭄이 들었을 때 식료품 트럭에서 빵 한 덩어리만 던져줘도 서로 어떻게 할퀴고 밟고 물어뜯는지를 보라. 혹은 매슬로우의 표현처럼 "인간이 빵만으로 산다는 건 상당한 진실이다. 그러니까 빵이 하나도 없을 땐 그렇다는 말이다." 저소득 지역의 공격성을 이야기하면서 가난의 통렬한 고통과 심각한 결핍에 동반된 심리적·인지적 부담을 설명하지 않을 경우, 알린과 크리스털 같은 사람들의 생생한 경험을 절대 포착하지 못한다. A. H. Maslow, "A Theory of Human Motivation", *Psychological Review* 50 (1943): pp.370~396, p.387, p.375. 극단적인 상황에 놓인 인간의 행동에 관한 설명은 가령 다음을 볼 것. Elie Wiesel, *Night* (New York: Bantam Books, 1982 [1960]), p.95; Tim O'Brien, *The Things They Carried* (New York: First Mariner Books, 2009 [1990]), pp.64~81.

사람들은 음식의 부족이나 밀도 높은 불이익 같은 구조적인 조건에 설명 가능한 방식으로 반응한다. '빈곤의 문화' 개념을 대중화시킨 인류학자 오스카 루이스Oscar Lewis는 이런 패턴화된 행동과 믿음 그 자체가 의식을 가지게 되어, 원래 그것들을 만들어낸 조건들을 강화하는 데 도움을 준다고 생각했다. 바로 이런 지각의 순간에 이런 행동과 믿음이 좀 더 일시적이고 정황상 필요한 어떤 것이 아니라 '문화(지속적이고 공유된 관점과 행위)' 같은 무언가를 구성하게 된다는 것이다. 이 모델에는 사람들과 구조적인 조건 사이의 공간을 점유하면서 사람들의 언어와 습관·신념 체계·실천 속에 불이익을 심어놓는 제도들이 누락되어 있다. 저소득 지역의 자원이 부족한 학교에 다니는 아이들은 많은 경우 언어와 비판적 사고 기술이 수준 미달이다. 이 아이들이 나중에 안전하고 더 살기 좋은 동네로 이사하더라도 이런 결함들은 남게 된다. 이런 학교를 통해 조건화된 언어 패턴과 신념 체계를 '빈곤의 문화'의 증거로 생각하는 것은, 저소득 가정들이 통과하는 망가진 문화적 제도들의 영향을 간과하는 것이다. 부자들이 부유한 건 이들이 '풍요의 문화'를 만들어냈기 때문이 아니라 이들이 자신들의 행동과 습관·세계관을 변형시키는 엘리트 제도들을 통과했고, 이런 기술들과 존재 양식들의 배열은 다시 이들이 다른 엘리트 제도들에 진입하기 용이하게 만들어주기 때문이다. '풍요의 문화'는 그냥 풍요다. 그리고 캐롤 스택이 *All Our Kin: Strategies for Survival in a Black Community* (New York: Basic Books, 1974), 23쪽에서 날카롭게 지적한 것처럼 "빈곤의 문화의 특징이라고 일컬어지는 많은 것들이 (…) 그냥 빈곤 그 자체다." 빈곤의 문화와 관련해서는 다음을 볼 것. Oscar Lewis, *Five Families: Mexican Case Studies in the Culture of Poverty* (New York: Basic Books, 1959); Michèle Lamont and Mario Luis Small, "How Culture Matters: Enriching Our Understanding of Poverty", in *The Colors of Poverty: Why Racial and Ethnic Disparities Persist*, eds. David Harris and Ann Lin (New York: Russell Sage Foundation, 2008), pp.76~102; Mustafa Emirbayer and Matthew Desmond, *The Racial Order* (Chicago: University of Chicago Press, 2015), chapter 6; Matthew Desmond, "Relational Ethnography", *Theory and Society* 43 (2014): pp.547~579.

18. 식료품 구매권으로 랍스터를

1) Jason DeParle, *American Dream: Three Women, Ten Kids, and the Nation's Drive to End Welfare* (New York: Penguin, 2004); John Gurda, *The Making of Milwaukee*, 3rd ed. (Milwaukee: Milwaukee County Historical Society, 2008 [1999]).

2) 빈곤의 생생한 경험으로서의 기다림에 관해서는 다음을 볼 것. Javier Auyero, *Patients of the State: The Politics of Waiting in Argentina* (Durham: Duke University Press, 2012).

3) Social Security Administration, *Understanding Supplemental Security Income SSI Resources* (Washington, DC: SSA, 2014).

4) "내가 이걸 글로 남기면 사람들이 이해하기 좀 어려워할지도 몰라요." 나는 이렇게 말했다.

"이 얘기를 당신 책에 넣을 거라고?" 러레인이 물었다.

"네, 그럴까 생각해요. 사람들은 이렇게 말하겠죠, '저 여잔 뭘하고 있는 거야? 막 퇴거를 당했잖아. 사실상 노숙자야. 오빠랑 같이 살고 있지만 앞으로 어떻게 될지 누가 알아. 이제 막 식료품 구매권을 재발급받는 약속에 갔다 왔잖아. 근데 대체 이 여자는 1,500달러짜리 62인치 텔레비전을 예약하네 마네 하면서 뭐하는 거야?' 이런 식으로 말할 거예요."

"글쎄, 사람들이 그걸 다 이해할 필요는 없어. 나도 다른 사람들이 하는 많은 짓을 이해 못 하지만, 그 사람들은 그냥 하잖아."

"사람들이 바로 여기 앉아서 '러레인, 왜 그런 짓을 하는 거야?'라고 물어보면 뭐라고 말할래요?"

"그냥 하고 싶어서 한다고 말하겠지."

5) 일부 중산층들은 저소득 가정에 들어가서 커다란 텔레비전이나 문가에 놓인 새 나이키 운동화를 보면 그 자리에서 이게 뭔가 하면서 어쩌면 화까지 낼지 모른다. 보수적인 싱크탱크와 언론 매체들은 "평면 텔레비전이 있는 사람이 가난하다고?"라거나 〈에어컨, 케이블 텔레비전, 그리고 [마이크로소프트사 게임기] 엑스박스: 미국에서 가난은 무엇인가?〉 같은 제목의 기사를 내놓는다. 진보적인 사람들은 화제를 전환하여 자신들이 보고 싶지 않은 행동과 관련된 이야기는 하지 않으려 한다. 쥐가 끓는 아파트에 이런 사치스런 텔레비전이라니? 학교에서 무료 급식을 먹는 아이가 새 운동화라니? 사람들이 보유한 이런 물건들은 아직 할부가 끝나지 않았을 수도 있다. 50달러면 멋진 텔레비전을 준다는 광고도 있고 동네 가게에서도 할인된 나이키 신발을 발견할 수 있다. 도심 빈민가 옷 가게의 가격표는 흥정하는 법을 모르는 교외의 백인 꼬마들을 위한 것이다. 그 대형 화면 텔레비전 옆에도 뭔가 감춰진 것이 있지만 그걸 알아차리기는 더 어렵다. 가난한 집이든 부유한 집이든 텔레비전 대수는 거의 비슷하다. 하지만 대부분의 가난한 미국 가정에는 컴퓨터가 없다. 특별 만찬을 먹었던 러레인의 경우에도 핸드폰조차 없었다. 다음을 볼 것. Tami Luhby, "Are You Poor If You Have a Flat-Screen TV?", *CNN Money*, August 13, 2012; Robert Rector and Rachel Sheffield, *Air Conditioning, Cable TV, and an Xbox: What Is Poverty in America?* (Washington, DC: The Heritage Foundation, 2011); US Energy Information Administration, *Residential Energy Consumption Survey*, 2012.

가난의 고약하고 당황스런 측면들을 모른 체하는 건 진보주의자들의 오랜 전통이다. 그리고 캐롤 스택의 표현을 빌자면(*All Our Kin: Strategies for Survival in a Black Community*, New York: Basic Books, 1974, p.24) 진보적인 논평가들과 연구자들은 가난의 이런 측면을 냉정하게 들여다보지 않기 때문에 그저 사과밖에 할 줄 모른다. 하지만 윌리엄 줄리어스 윌슨이 *The Truly Disadvantaged: The Inner City, the Underclass, and Public Policy*, 2nd ed. (Chicago: University of Chicago Press, 2012 [1987]), p.6, p.12에서 주장했듯, 가난한 사람들을 "낙인찍거나 이들에게 우호적이지 않다고 이해될 수 있는 어떤 행위를 묘사하지 않고 피해가는 것은 진보적인 주장의 실효성을 떨어뜨린다." 미국 대중들은 해당 행위에 대한 질문의 답을 원하기 때문이다. 다음 두 가지는 인간을 인간답게 못하게 만든다. 하나는 사람들의 모든 좋은 점을 없애버리는 것, 다른 하나는 사람들의 모든 죄를 지워버리는 것.

6) 사람들에게 가난을 벗어날 진짜 기회를 주면 다르게 행동할까? 그럴 거라고 기대할 수 있는 이유는 충분하다. 행동경제학자와 심리학자들은 "가난 그 자체는 마음에 큰 부담을 줘서" 사람들의 지적 능력을 떨어뜨리고 충동적인 행동을 하게 만든다는 점을 보여주었다. 게다가 가난한 가족에게 의미 있는 경제적 희망을 제공하면 이

들은 종종 자산을 모으고 부채를 갚는 식으로 반응한다. 최근의 한 연구는 1,000달러가 넘는 근로소득세 환급액을 받은 부모의 약 40퍼센트는 이 가운데 상당량을 저축했고, 약 85퍼센트는 이 환급액을 부채를 해결하는 데 썼음을 보여주었다. 환급액이 들어올 거라는 기대는 부모들이 희망을 품게 만들었고, 이들은 가난에서 벗어난다는 목표를 향해 저축으로 대응했던 것이다. 다음을 볼 것. Sendhil Mullainathan and Eldar Shafir, *Scarcity: Why Having So Little Means So Much* (New York: Times Books, 2013), p.60, p.66; Abhijit Banerjee and Sendhil Mullainathan, "The Shape of Temptation: Implications for the Economic Lives of the Poor", National Bureau of Economic Research Working Paper, No. 15973 (2010); Ruby Mendenhall et al., "The Role of Earned Income Tax Credit in the Budgets of Low-Income Households", *Social Service Review* 86 (2012): p.367, p.400.

7) 퇴거당하는 데도 돈이 들기 때문에 세입자들이 새로 이사할 곳의 첫 달 월세와 보증금을 모으지 못할 때가 종종 있다.

8) 공공주택 거주민의 대다수는 장애인이거나 노인이다. 노인용 주택의 등장과 관련해서는 다음을 볼 것. Lawrence Vale, *From the Puritans to the Projects: Public Housing and Public Neighbors* (Cambridge: Harvard University Press, 2000), pp.285~290. 공공주택 거주민 구성에 관해서는 다음을 볼 것. Alex Schwartz, *Housing Policy in the United States*, 2nd ed. (New York: Routledge, 2010), chapter 6.

9) 퇴거 기록과 다른 민사 집행 절차들을 근거로 주택 원조를 거부하는 관행은 숱한 심각한 문제를 야기한다. 러레인의 경우처럼 법원의 기록은 부정확할 수 있다. 잘못된 퇴거 기록을 게시할 수도 있고, 집주인의 판단을 그대로 드러냄으로써 싱글맘이나 가정폭력 피해자 같은 일부 집단에게 불리한 영향을 미칠 수도 있다. 민사법원 기록의 의심스러운 정확성 수준과 관련해서는 다음을 볼 것. Rudy Kleysteuber, "Tenant Screening Thirty Years Later: A Statutory Proposal to Protect Public Records", *Yale Law Journal* 116 (2006): pp.1344~1388; David Thacher, "The Rise of Criminal Background Screening in Rental Housing", *Law and Social Inquiry* 33 (2008): pp.5~30.

10) 빈곤 논쟁은 거부의 경험이 한 사람의 자신감과 에너지에 미치는 강력한 영향을 좀 더 면밀하게 인식할 필요가 있다. 아파트나 일자리에 신청했다가 열 번, 스무 번, 마흔 번 거절을 당하게 되면 사람은 너덜너덜해진다. 동네 선정이나 실직과 관련된 이론들은 종종 저소득층들이 득실을 따질 줄 알고 분명한 선택을 하는 '합리적인 행위자'라고 가정한다. 하지만 현실에서 많은 저소득층들은 시도와 시도, 실패와 실패 때문에 마음을 다치고 진이 빠져버린 뒤 곤궁한 동네의 불량한 주거나 밑바닥 인생, 혹은 불법적인 일을 받아들이는 '탈진한 정주자들'이다. 거부당했을 때 느끼는 민망함은 지금 당장 바람직하지 못한 환경을 받아들일 수밖에 없다는 압력으로 작용할

뿐 아니라, 이들이 미래에 더 나은 무언가를 위해 노력하려는 의지를 꺾어버릴 수 있다. 첫 직장을 구할 때 거부의 경험과 관련해서는 다음을 볼 것. Philippe Bourgois, *In Search of Respect: Selling Crack in El Barrio* (New York: Cambridge University Press, 1995), chapter 4; Katherine Newman, *No Shame in My Game: The Working Poor in the Inner City* (New York: Vintage, 1999), chapter 3.

11) 몇 달 뒤 베티는 토빈으로부터 러레인을 재워준다는 이유로 퇴거 위협 편지를 받았다. 러레인은 토빈이 그녀가 체불한 월세와 법원 비용이라며 계산한 금액을 지불함으로써 이에 대응했다. 이 액수는 법원 기록에 러레인이 내야 한다고 적힌 액수의 두 배였다. 이 때문에 러레인은 이글무빙에 돈을 내지 못하게 되었고, 그래서 거기에 맡겨두었던 모든 물건을 잃게 되었다. 가구·사진·예약구매한 보석류가 묻지마 판매 행사에서 일부 저가 물품 사냥꾼들에게 팔려가거나 쓰레기장에 버려졌다.

19. 리틀

1) 저소득 노동자들 사이에서 주거 불안정은 취업 불안정의 큰 원인이다. 나는 칼 저쉔슨과 함께 〈밀워키지역 세입자연구〉 데이터 집합에 이산형 위험모델discrete hazard model과 매칭 기법을 적용하여 비자발적으로 집을 잃게 된 저임금 노동자들은 일자리를 잃게 될 가능성이 상당히 높음을 알아냈다. 상대적으로 안정된 직업 경력을 가진 세입자들과 상당히 불안정한 취업 상태에 있는 세입자 두 집단을 놓고 강제로 집에서 쫓겨났을 때 받는 영향을 검토해보았더니 강제적인 이주는 두 집단 모두에서 실직의 원인이 된다는 점을 알아냈다. Matthew Desmond and Carl Gershenson, "Housing and Employment Insecurity Among the Working Poor", *Social Problems*, forthcoming.

2) 티나의 경우를 생각해보자. 세 아이를 둔 싱글맘 티나는 조경회사에서 데이터를 입력하고 고객 서비스 전화를 하면서 시간제로 일했다. 토빈은 티나에게 퇴거통지서를 보낸 뒤 직장으로 전화를 걸어 600달러를 내지 않으면 퇴거를 집행하겠다고 위협하기 시작했다(티나는 줄 돈이 100달러밖에 안 된다고 주장했다). 퇴거에 맞서 싸우면서 티나는 여러 차례 법원 심리에 참석했고, 그러면서 가끔은 출근을 하지 못했다. 티나의 사건이 아직 계류 중일 때 보안관들과 이글무빙 직원들이 티나의 트레일러에 나타났다. 십대인 티나의 딸은 티나가 도착해서 상황을 설명할 때까지 이들을 붙들고 있었다. 티나는 다른 살 곳을 알아보기 시작했지만 퇴거 소송이 공개되고 신용도 불량해서 여러 차례 집주인들로부터 거절을 당했다. 얼마 안 가 티나의 업무 수행 능력도 흔들리기 시작했다. 우울감과 상황에 압도된 티나는 아프다며 결근을 하기 시작했다. 직장에 출근해서도 서비스 전화를 시스템에 입력하는 걸 까먹는 등의 실수를 하

기 시작했다. 티나는 그건 모두 퇴거 소송으로 인한 스트레스 때문이라고 했다. 하루는 근무 중 사무실에 앉아서 동료들과 상사들이 지켜보는 가운데 티나는 갑자기 흐느끼기 시작했다. 판사는 티나가 과도한 비용을 청구당했다는 데 동의할 테지만 어쨌든 퇴거당했다. 그후 티나는 쉼터에서 지내면서 친구들과 가벼운 관계의 지인들에게 의지하기 시작했고, 결국은 그녀에게 로맨틱한 관심을 보인 남자의 집으로 딸들과 함께 들어갔다. 그의 집은 티나의 직장과 거리가 상당히 멀었고, 티나의 차는 상태가 좋지 않았다. 이 때문에 티나는 지각과 결근이 더 잦아졌다. 늦가을, 티나는 해고당했다. 티나의 사건은 퇴거와 실직을 연결시키는 다양한 메커니즘을 보여준다. 퇴거의 소모적이고 파괴적인 성격 때문에 티나는 결근을 했고 업무 수행능력에도 부정적인 영향을 받았다. 자신의 상황을 거의 통제하지 못한 채 강압으로 집을 나오게 된 티나는 직장에서 멀리 떨어진 곳으로 옮기게 되었고, 이로 인해 지각과 결근의 위험이 높아졌다. 그리고 쉼터에서 가벼운 관계의 지인들에게 의지하면서 새로운 대인 관계상의 문제와 요구들이 발생하게 되었다.

3) Thomas Sugrue, *The Origins of the Urban Crisis: Race and Inequality in Postwar Detroit* (Princeton: Princeton University Press, 2005), p.53.

4) 이 편지는 1946년부터 1948년까지 디트로이트에서 아이 엄마들이 작성한 공공주택 신청서의 내용이다. Detroit Housing Commission, *"Children Not Wanted": The Story of Detroit's Housing Shortage Victims Told in Their Own Words* (Detroit: Detroit Housing Commission, 1948).

5) Jim Buchanan, *Fair Housing and Families: Discrimination Against Children*, Public Administration Series, Bibliography, P1732 (Monticello: Vance Bibliographies, 1985).

6) Mary Ellen Colten and Robert Marans, "Restrictive Rental Practices and Their Impact on Families", *Population Research and Policy Review* 1 (1982): pp.43~58, p.49.

7) Edward Allen, "Six Years After Passage of the Fair Housing Amendments Act: Discrimination Against Families with Children", *Administrative Law Journal of American University* 9 (1995): pp.297~359.

8) 인종이나 젠더 차별과는 달리, 대부분의 미국인들은 아이에 대한 차별이 불법이라는 사실은 인식조차 하지 못한다. Rigel Oliveri, "Is Acquisition Everything? Protecting the Rights of Occupants Under the Fair Housing Act", *Harvard Civil Rights-Liberties Law Review* 43 (2008): pp.1~64, p.5. 전국의 미국인 샘플로 조사를 진행한 한 보고서에 따르면, 응답자의 대다수가 인종·종교·능력으로 차별하는 것은 불법이라고 인식했지만, "아이가 있는 집과 아이가 없는 집을 다르게 대우하는 것이 불법임을 인지한" 사람들은 38퍼센트에 불과했다. 다음을 볼 것. Martin Abravanel and Mary Cunningham, *How Much Do We Know? Public Awareness of the Nation's Fair Housing Laws* (Washington, DC: US Department of Housing and Urban Development,

2002), p.10. 다음도 볼 것. US Department of Housing and Urban Development, *Live Free: Annual Report on Fair Housing* (Washington, DC: US Department of Housing and Urban Development, 2010). Fair Housing of Marin, *Discrimination Against Families with Children in Rental Housing* (San Rafael: Fair Housing of Marin, 2002); Gulf Coast Fair Housing Center, *An Audit Report on Race and Family Status Discrimination in the Mississippi Gulf Coast Rental Housing Market* (Gulfport: Gulf Coast Fair Housing Center, 2004).

9) Milwaukee Area Renters Study, 2009~2011.

10) 네드는 그냥 노숙자로 지내며 도주 중인 상태로 있을 수도 있었지만, 두보이스W.E.B DuBois의 표현처럼 흑인들을 폄하하는 "심리적 임금"으로 보상을 받았다. *Black Reconstruction in America* (Cleveland: Meridian Books, 1969 [1935]), 700쪽을 볼 것.

11) 사회학자들은 가난한 흑인 동네의 많은 관계가 왜 파탄 나는지를 수치의 무게로 설명할 수 있다고 생각해왔다. 특히 실직한 남성들의 경우, 빈곤으로 가족들을 대면해야 하는 치욕이 워낙 커서 차라리 가족들을 버리는 게 덜 수치스럽게 느껴질 정도에 이르렀다. 헌신적인 관계를 유지하는 것은 "당신의 실패를 느끼면서 살아가는 것, 하루가 시작하고 끝날 때마다 그 사실을 대면해야 하는 것이었다. (…) 남편들은 자기방어를 위해 길거리를 쏘다녔다." 대부분의 싱글맘들은 절대 길거리로 도망치지 않았다. Elliot Liebow, *Tally's Corner: A Study of Negro Streetcorner Men* (Boston: Little, Brown and Company, 1967), pp.135~136. 다음도 볼 것. Kathryn Edin and Timothy Nelson, *Doing the Best I Can: Fatherhood in the Inner City* (Berkeley: University of California Press, 2013).

12) Orlando Patterson, *Rituals of Blood: Consequences of Slavery in Two American Centuries* (New York: Basic Civitas Books, 1998), p.134; Nancy Scheper-Hughes, *Death Without Weeping: The Violence of Everyday Life in Brazil* (Berkeley: University of California Press, 1992), p.276.

13) Carl Nightingale, *On the Edge: A History of Poor Black Children and Their American Dreams* (New York: Basic Books, 1993), pp.76~77; Patterson, *Rituals of Blood*, pp.133~134.
     노예제와 소작제가 있던 시절, 흑인 부모들은 종종 "아이들이 모든 흑인은 행동거지를 조심해야 하는 백인 지배 세상에서 살아갈 준비를 할 수 있도록" 아이들을 호되게 훈육시키곤 했다. Jacqueline Jones, *Labor of Love, Labor of Sorrows: Black Women, Work, and the Family from Slavery to the Present*, rev. ed. (New York: Basic Books, 2010), p.96. 나중에 흑인 차별 정책이 시행되던 시기에는 흑인 부모들은 종종 아이들에게 순종적이고 말을 잘 들어야 한다고 가르쳤다. 한 관찰자는 이렇게 말했다. "계급이 낮은 [흑인] 가족 내에서 아이들은 자신이 '깜둥이'이며, 자신은 백인들

을 위해 일을 해야 하므로 말을 잘 들어야 한다고 배운다." 이 시기 흑인 가족 내에
는 이런 말도 있었다. "여긴 백인 남자들의 세상이야. 깜둥이, 넌 여기서 그냥 들러리
고." Jennifer Ritterhouse, *Growing Up Jim Crow: How Black and White Southern
Children Learned Race* (Chapel Hill: University of North Carolina Press, 2006), p.98.

오늘날 가난한 엄마들은 아이들의 필요와 욕구·꿈에 더 무심하고 감정적으로 투
자하지 않으며 이를 세심하게 고려하지 않는다. 아이들을 안아주는 일도, 칭찬도 더
적다. 심각한 경제적 박탈을 경험하는 엄마들은 아이들을 더 자주 때리고 꾸짖는
다. 사회학자 올랜도 패터슨은 "아프리카계 미국인 하층 계급들은 갈수록 아이들에
게 폭력적인 부모가 되고 있다"라고 말할 정도다. 이런 곤란한 패턴과 관련한 기본적
인 설명은 보통 이런 식이다: 가난은 엄마들에게 짜증과 우울·걱정을 안겨주기 때문
에 부모 역할에 확신을 가지고 아이들을 지원해줄 수 있는 개인의 역량을 감소시킨
다. 부모가 짜증과 우울·걱정에 시달리면 이는 부드러운 양육 방식 대신 체벌의 경
향을 더 강화한다. 우리가 '가난'이라고 부르는 불이익과 트라우마의 군집은 엄마의
즐거움을 고갈시켜버릴 수 있다. 하지만 짜증과 우울·걱정에 시달리는건 가난한 엄
마들만이 아니다. 이런 조건은 가난의 고유한 성질이 아니다. 가난의 고유한 성질은
바로 가난이다. 결핍 속의 부모 노릇이라는 경험 자체가 알린 같은 엄마를 때로 냉
혹한 양육자로 몰아세운다. 이들의 날카로운 냉정함은 가난이라는 어려운 조건에서
갖춰야 할 보호 장치이자 방어기제다. Patterson, *Rituals of Blood*, p.133. 부드럽지 않
고 가혹한 양육 스타일과 아이들의 낮은 자존감, 공격성, 반사회적 행동 사이의 관
계와 관련된 방대한 문헌이 있다. 다음을 볼 것. Robert Bradley and Robert Corwyn,
"Socioeconomic Status and Child Development", *Annual Review of Psychology* 53
(2002): pp.371~399; Elizabeth Gershoff, Rashmita Mistry, and Danielle Crosby, eds.,
*Societal Contexts of Child Development: Pathways of Influence and Implications
for Practice and Policy* (New York: Oxford University Press, 2013); Vonnie McLoyd,
"How Money Matters for Children's Socioemotional Adjustment: Family Processes and
Parental Investment", *Health Disparities in Youth and Families* 57 (2011): pp.33~72.

개도국에서는 가난 때문에 병약한 영아를 둔 엄마들이 자신들의 아기는 "이미 죽
고 싶어 하는 상태"로 태어났다고 말하는가 하면 "작은 생명체에는 감정이 없다"라
며 자신들의 무심함을 정당화한다. 인류학자 낸시 쉐퍼 휴즈Nancy Scheper-Hughes는
브라질의 한 판자촌과 관련해 이런 글을 남기기도 했다. "여기서는 좋은 엄마가 되려
면 거의 초인적인 노력이 필요하다." Scheper-Hughes, *Death Without Weeping*, p.342,
p.128, p.361.

506

20. 노스사이드를 원하는 사람은 없다

1) 나는 관리인 남성들이 쉼터 거주민들에게 이런 제안을 하는 것을 한번도 직접 목격
    하진 못했지만 크리스털, 바네타, 그리고 내가 로지에서 만난 다른 여성들은 이런 일
    이 있었다고 말했다. 이후 진행된 인터뷰에서 구세군 직원들은 자신들의 손님과 일꾼
    들 사이에 그런 관계가 있는지는 전혀 아는 바가 없다고 말했다.

2) 빈민관리기관, 즉 절박함이 유사한 사람들을 한데 모아놓은 기관들은 특히 일회적
    인 유대가 형성되기 유익한 토양이었다. 복지사무소, 무료급식창고, 구직센터, 알코
    올중독자 갱생회, 메타돈 치료센터, 노숙자쉼터, 심지어는 퇴거법정의 대기실 같은
    장소에서 규칙적으로 일회적인 유대가 맺어졌다. 네트워크 형성에서 조직의 역할과
    관련해서는 다음을 볼 것. Mario Small, *Unanticipated Gains: Origins of Network
    Inequality in Everyday Life* (New York: Oxford University Press, 2009).

3) 바네타에 따르면 보보의 발작은 한 보육교사가 보보를 떨어뜨려 보보가 머리를 다친
    뒤 시작되었다.

4) Elliot Liebow, *Tally's Corner: A Study of Negro Streetcorner Men* (Boston: Little,
    Brown and Company, 1967); Matthew Desmond, "Disposable Ties and the Urban Poor",
    American Journal of Sociology 117 (2012): pp.1295~1335.

5) 바네타의 법원 기록과 바네타 자신의 설명을 참조했다.

6) 밀워키 시 주택당국의 입주 허가 및 지속거주정책(2011)에는 "가구 구성원 가운데 누
    구든 사람이나 재산을 상대로 한 물리적 폭력 범죄를 비롯한 여타의 범죄 행위에 관
    련된 신청인은 도와줄 의무가 없다"(16쪽)라고 명시되어 있다.

7) 인종 통합에 대한 사람들의 수용이나 거부와 관련해 우리가 알고 있는 대부분은 연
    구실에서 진행된 우아한 연구에서 비롯된 것이다. 이런 연구들은 흑인들은 통합을
    강력하게 지지하고 백인들은 분리를 옹호한다고 줄기차게 이야기한다. 한 논문은 대
    부분의 흑인 참가자들은 이상적인 동네는 흑인과 백인이 반반인 곳이라고 밝힌 반
    면, 대부분의 백인들은 이런 동네에서는 살지 않겠다고 말했다고 밝히기도 했다. 만
    일 우리가 연구실을 빠져나와 실제로 거주할 집을 찾는 가족들을 만나보면 이와는
    다른 더 생경한 어떤 것을 느끼게 될 것이다. 백인들은 집을 구할 때 흑인 동네에 강
    한 반감을 나타내는데, 이는 흑인 역시 마찬가지다. 나는 흑인 세입자가 '통합된' 동
    네로 이사 가고 싶다고 말하는 걸 한번도 들어보지 못했다. 이들이 흑인이 대부분인
    동네에서 다른 곳으로 이사하는 것만으로도 인종 통합에 기여하긴 하겠지만 말이다.
    대신 나는 크리스털이 그랬듯 흑인들이 "이 망할 흑인 놈들하고 떨어져 지내고" 싶다
    고 이야기하는 것은 들어보았다. 알린은 도심 빈민가 바깥에서 집을 구할 때 이렇게
    말하기도 했다. "내가 상대하기 어려운 사람들은 나와 같은 피부색인 사람들뿐이에
    요." 나타샤는 이렇게 말했다. "흑인들은 자기가 어떻게 행동해야 하는지를 모른다니

까… 내가 선택할 수만 있으면 나도 [교외로] 이사가버릴 거야! 아무도 여기서 살고 싶어 하지 않아. 맨날 총소리가 들린다니까." 이런 정서에는 통합을 향한 (긍정적인) 열망이 아닌, 대다수가 흑인인 동네를 향한 (부정적인) 거부감이 깃들어 있다. 인종적 선호와 관련된 우아한 연구로는 다음을 볼 것. Reynolds Farley et al., "Stereotypes and Segregation: Neighborhoods in the Detroit Area", *American Journal of Sociology* 100 (1994): pp.750~780; Reynolds Farley et al., "Chocolate City, Vanilla Suburbs: Will the Trend Toward Racially Separate Communities Continue?", *Social Science Research* 7 (1978): pp.319~344.

8) 2009년부터 2011년 사이 모든 밀워키 세입자의 절반이 사회적 네트워크를 이용해서 집을 구했고, 45퍼센트가 집을 직접 알아보았다. 주택당국이나 다른 사회서비스기관을 통해 집을 구한 세입자는 5퍼센트 정도밖에 되지 않았다. 직접 집을 구한 세입자들 가운데서 백인 세입자의 약 절반이 인터넷에 의지했고, 나머지 3분의 1은 임대 표지판을 보고 집을 구했다. 직접 집을 알아본 흑인 세입자의 3분의 1은 임대 표지판을 보고 집을 구했고, 또 다른 3분의 1은 신문이나 〈레드북〉 같은 다른 인쇄 매체를 통해 집을 구했다. 온라인으로 알아본 세입자는 15퍼센트였다. 대부분의 흑인 세입자들에게 집을 구하는 일은 디지털로 할 수 있는 일이 아니었다. 흑인 세입자는 58퍼센트가, 백인 세입자의 경우는 41퍼센트가 사회적 네트워크를 통해 집을 구했다. 네트워크를 통해 집을 알아본 세입자들의 대다수가 친척과 친구들에게 의지했고, 백인 세입자의 경우 가족보다 친구에게 두 배 더 많이 의지했다. 흑인 구직자들은 다른 집단에 비해 사회적 유대에서 도움을 적게 받는다고 암시하는 구직 관련 연구와는 정반대로 〈밀워키지역 세입자연구〉에서는 집을 구하는 흑인들이 사회적 유대에서 더 많은 도움을 받는 것으로 나타났다. 다음과 비교할 것. Sandra Susan Smith, *Lone Pursuit: Distrust and Defensive Individualism Among the Black Poor* (New York: Russell Sage Foundation, 2007).

9) 소유주인 팀 밸러링Tim Ballering에 따르면, 어포더블렌탈은 2014년 7월 기준 322채를 보유했고, 그와 별도로 484채를 관리했다.

10) 러레인이 흠모하는 대릴 목사는 이렇게 말했다. "우리 정부는 가난하고 배고픈 사람들을 돌보기 위해 존재할 필요가 없어요. 그건 교회에서 할 일이거든요." 보수적인 정치인들도 이와 유사한 신념을 종종 표출한다. 2013년 공화당 국회의원 더그 라말파Doug LaMalfa는 저소득 미국인들은 "교회를 통해" 도움을 받아야 하며 "그 이유는 그게 신분이나 지시 사항 때문이 아니라 심장에서 우러나와서 하는 일이기 때문"이라는 주장을 폈고, 당 내 많은 이들이 동의하는 정서를 표출했다. 하지만 러레인과 크리스털 같은 사람들이 교회로부터 도움을 구하는 모습을 지켜보고 나면 이렇게 무겁고 지속적인 어려움을 가진 사람들, 당장 약간의 먹을 것과 몇 백 달러 정도를 여기저기서 얻는다고 끝나는 게 아닌 사람들을 품을 정도로 우리 심장이 정말로 큰지 의심하

지 않을 수 없다("사회복지에 대한 내 지식은 거의 전무한 거나 다름없죠." 대럴 목사는 이렇게 말했다). 초기 교회들은 성경 말씀에 근거해 신도들이 "재산과 소유물을 팔아 필요한 사람에게 준"(사도행전 2장 44절) 뒤에야 빈민들을 구제했다고 말할 수 있었다. 현대의 신도들은 이렇게까지는 희생을 하지 않으려 한다. 대럴 목사는 러레인의 "가난 정신"과 "허리띠를 조르고" "재정을 관리하지" 못하는 무능력을 언급하며 당황스러워했다. 바버 목사 역시 크리스털에게 전화를 걸어 늦게까지 자지 않는 등, 열여덟 살짜리나 할 행동을 한다며 잔소리를 했다. 두 성직자 모두 과거에는 도움의 손길을 뻗쳤지만 앞으로는 도움을 주지 말아야겠다고 생각했다. 정부의 지시 사항이나 지원 정책은 결코 완벽하진 않지만 인간이 가진 공감 능력의 한계에 덜 휘둘린다. 라말파의 말은 다음에서 인용했다. Michael Hilzik, "Families on Food Stamps Would Suffer While Farms Get Fat", *Los Angeles Times*, June 14, 2013. 오늘날 도심 빈민가에서 흑인 교회가 하는 역할과 관련해서는 다음을 볼 것. Omar McRoberts, *Streets of Glory: Church and Community in a Black Urban Neighborhood* (Chicago: University of Chicago Press, 2003). 종교적인 경험과 관련해서는 다음을 볼 것. Timothy Nelson, *Every Time I Feel the Spirit: Religious Experience and Ritual in an African American Church* (New York: NYU Press, 2004).

11) Douglas Massey and Nancy Denton, *American Apartheid: Segregation and the Making of the Underclass* (Cambridge: Harvard University Press, 1993); Camille Zubrinsky Charles, "The Dynamics of Racial Residential Segregation", *Annual Review of Sociology* 29 (2003): pp.167~207.

12) Lewis Mumford, *The City in History: Its Origins, Its Transformations, and Its Prospects* (New York: MJF Books, 1961), p.417. 다음도 볼 것. Lewis Mumford, *The Culture of Cities* (New York: Harcourt, Brace, and Company, 1938).

13) Elizabeth Blackmar, *Manhattan for Rent, 1785~1850* (Ithaca: Cornell University Press, 1989), p.199.

14) Mumford, *City in History*, p.462~463; Blackmar, *Manhattan for Rent*; Jacob Riis, *How the Other Half Lives: Studies Among the Tenements of New York* (New York: Penguin Books, 1997 [1890]).

15) 집주인들이 얼마나 심하게 이 특권을 행사했던지 판사가 압류에서 생계 수단 같은 일부 품목들을 제외해야겠다는 압박을 느낄 정도였다. Frank Enever, *History of the Law of Distress for Rent and Damage Feasant* (London: Routledge and Sons, 1931); David Caplovitz, *The Poor Pay More* (New York: The Free Press, 1967), pp.162~163.

16) Jacqueline Jones, *The Dispossessed: America's Underclasses from the Civil War to the Present* (New York: Basic Books, 2001), chapter 1.

17) 1928년, 밀워키 흑인의 99퍼센트가 조 윌리엄 트로터 주니어Joe William Trotter Jr.에

게서 집을 임대했다. *Black Milwaukee: The Making of an Industrial Proletariat, 1915~45*, 2nd ed. (Urbana: University of Illinois Press, 2007), p.70.

18) Arnold Hirsch, *Making the Second Ghetto: Race and Housing in Chicago, 1940~1960* (New York: Cambridge University Press, 1983), chapter 1; Marcus Anthony Hunter, *Black Citymakers: How the Philadelphia Negro Changed Urban America* (New York: Oxford University Press, 2013), chapter 3; Allan Spear, *Black Chicago: The Making of a Negro Ghetto, 1890~1920* (Chicago: University of Chicago Press, 1967), chapter 8; Thomas Sugrue, *The Origins of the Urban Crisis: Race and Inequality in Postwar Detroit* (Princeton: Princeton University Press, 2005), pp.51~55; Alex Schwartz, *Housing Policy in the United States*, 2nd ed. (New York: Routledge, 2010), p.21.

19) Beryl Satter, *Family Properties: How the Struggle over Race and Real Estate Transformed Chicago and Urban America* (New York: Metropolitan Books, 2009), p.6; 다음도 볼 것. Spear, *Black Chicago*, p.148; Trotter, *Black Milwaukee*, p.180.

20) Michael Bennett, *When Dreams Come True: The GI Bill and the Making of Modern America* (McLean: Brassey's Publishing, 1966); Ira Katznelson, *When Affirmative Action Was White: An Untold History of Racial Inequality in Twentieth-Century America* (New York: Norton, 2005).

21) 오늘날 미국에서 흑인의 주택 자가 소유 비율은 43퍼센트로 가장 낮다. 백인은 73퍼센트로 가장 높다. Robert Callis and Melissa Kresin, *Residential Vacancies and Homeownership in the Third Quarter 2014* (Washington, DC: US Census Bureau, October 2014), Table 7; Ta-Nehisi Coates, "The Case for Reparations" *The Atlantic*, June 2014.

22) Satter, *Family Properties*, p.430n7.

23) 트레이시 숄런버거와 나는 〈밀워키지역 세입자연구, 2009~2011〉을 근거로 세입자들의 과거 동네 빈곤율과 범죄율로 지금 살고 있는 동네의 빈곤율과 범죄율을 추정하는 시차 OLS 모델을 설계했다. 지난 2년 동안 이사를 했던 모든 세입자의 가장 최근 이사를 검토하면서 우리는 몇 가지 중요한 인구학적 요인들(인종·교육·가족 구성·주거 지원)과 동네 선택에 관련된 것으로 볼 수 있는 몇 가지 핵심적인 사건들(실직·아이의 출산)을 추려냈다. 일련의 중요한 요인들과 과거 동네의 성격들을 통제한 뒤에도 강제 이사의 경험은 자발적인 이사에 비해 동네의 빈곤율과 범죄율 모두의 3분의 1 이상의 표준편차 증가와 관련이 있는 것으로 나타났다.

21. 머리가 큰 소년

1) 셰리나는 패트리스를 '이중 피해'로 고발했다. 밀워키의 집주인들은 퇴거 고지 기한이 지난 뒤에도 세입자가 버티고 있을 경우 하루 단위로 두 배의 임대료를 물릴 수 있었다(704.27, Wis. Stats.) 이는 퇴거당한 세입자들이 나가지 않고 버티면서 집주인들이 다른 사람에게 임대하지 못하게 방해할 경우 손해본 임대 소득을 만회하기 위해 설계된 것이었다. 셰리나는 보통은 이 방법을 쓰지 않았지만 패트리스에게만은 예외적인 행동을 취했다. "패트리스가 우리를 너무 열 받게 하잖아! 갠 말만 번드르르하게 한다구," 셰리나는 이렇게 말했다.

2) 다음을 참고할 것. Elliot Liebow, *Tally's Corner: A Study of Negro Streetcorner Men* (Boston: Little, Brown and Company, 1967), p.63.

불량한 주거 상태는 천식·납 중독·호흡기 질환·발달 지체·심장병·신경계 질환과 연결되어 있으며, 이 때문에 한 저명한 의학 저널은 주거에 부적합한 주거를 "공중 보건의 위기"라고 부르기도 했다. 함량 미달의 환경에 제한적으로만 노출되어도 건강에 지속적인 문제가 발생할 수 있다. 특히 아이들의 경우 더욱 그렇다. 주거와 건강의 관계와 관련해서는 다음을 볼 것. Samiya Bashir, "Home Is Where the Harm Is: Inadequate Housing as a Public Health Crisis", *American Journal of Public Health* 92 (2002): pp.733~738; Gary Evans, Nancy Wells, and Annie Moch, "Housing and Mental Health: A Review of the Evidence and a Methodological and Conceptual Critique", *Journal of Social Issues* 59 (2003): pp.475~500; James Krieger and Donna Higgins, "Housing and Health: Time Again for Public Health Action", *American Journal of Public Health* 92 (2002): pp.758~768; Wayne Morgan et al., "Results of a Home-Based Environmental Intervention Among Urban Children with Asthma", *New England Journal of Medicine* 351 (2004): pp.1068~1080; Joshua Sharfstein et al., "Is Child Health at Risk While Families Wait for Housing Vouchers?", *American Journal of Public Health* 91 (2001): pp.1191~1192.

3) Lee Rainwater, *Behind Ghetto Walls: Black Family Life in a Federal Slum* (Chicago: Aldine, 1970), p.476.

4) Robert Sampson, *Great American City: Chicago and the Enduring Neighborhood Effect* (Chicago: University of Chicago Press, 2012); Patrick Sharkey, *Stuck in Place: Urban Neighborhoods and the End of Progress toward Racial Equality* (Chicago: University of Chicago Press, 2013).

5) Julie Clark and Ade Kearns, "Housing Improvements, Perceived Housing Quality and Psychosocial Benefits from the Home", *Housing Studies* 27 (2012): pp.915~939; James Dunn and Michael Hayes, "Social Inequality, Population Health, and Housing:

A Study of Two Vancouver Neighborhoods", *Social Science and Medicine* 51 (2000):
pp.563~587. "영역적인 낙인찍기territorial stigmatization"와 관련해서는 다음을 볼 것.
Loic Wacquant, *Urban Outcasts: A Comparative Sociology of Advanced Marginality*
(Malden, MA: Polity Press, 2008), chapter 6.

22. 사람들이 엄마한테 벌을 주면

1) 크리스털은 패트리샤와 사는 동안 누구든 물어보기만 하면 "엄마"와 지내고 있다
고 말하곤 했다. 아마 설문조사원들에게도 같은 대답을 했을 것이다. 지금 우리가
쓰는 분석 도구는 아무리 네트워크 분석에서 흰색으로 칠해진 단어들을 모두 동
원한다 해도 크리스털 같은 사람들을 에워싸고 있는 관계의 복잡성을 포착하기에
는 역부족이다. 다음을 볼 것. Nan Lin, *Social Capital: A Theory of Social Structure
and Action* (New York: Cambridge University Press, 2002); Mario Small, *Unanticipated
Gains: Origins of Network Inequality in Everyday Life* (New York: Oxford University
Press, 2009); Matthew Desmond, "Disposable Ties and the Urban Poor", *American
Journal of Sociology* 117 (2012): pp.1295~1335.
2) 나는 이 사건을 직접 목격하지 못했다. 나는 크리스털과 여러 차례 인터뷰를 한 뒤
이 장면을 재구성했다.
  사실상 처음 보는 사람들 사이의 허약하지만 강렬한 관계가 좋지 못한(때로 폭력적
인) 결말에 이르면, 이는 동료와 이웃들 사이의 깊은 의혹을 양산하고 지역사회와 네
트워크의 안정성을 좀먹는다. 일회적인 관계에 의해 이용당하거나 피해를 본 기억은
사람들이 서로를 의심하도록 부추긴다. 그러므로 일회적인 관계에 의존하는 것은 사
회적 불안에 대한 대응물이자 그 원인이기도 하다.
  크리스털의 사촌과 의자매들은 크리스털과 비슷한 또래였다. 이들은 크리스털에게
잠잘 곳도, 많은 돈도 줄 수 없었지만 싸움이 벌어지는 동안 크리스털의 곁으로 빠르
게 달려갈 수는 있었다.
3) 가난한 흑인 가정의 생활에서 아동보호서비스국의 존재와 관련해서는 다음을 볼
것. Christopher Wildeman and Natalia Emanuel, "Cumulative Risks of Foster Care
Placement by Age 18 for U.S. Children, 2000~2011", *PLOS ONE* 9 (2014): pp.1~7;
Dorothy Roberts, *Shattered Bonds: The Color of Child Welfare* (New York: Basic
Books, 2002).
4) 2010년 〈뉴욕타임스〉는 미국인 가운데 소득이 식료품 구매권밖에 없는 가정에서
거주하는 사람은 쉰 명 가운데 한 명 꼴이라고 보도했다. Jason DeParle, "Living on
Nothing but Food Stamps", *New York Times*, January 2, 2010.

23. 평온클럽

1) 위스콘신 간호사위원회에 제출된 스콧의 징계 공식 기록을 바탕으로 했다.

2) 가난한 사람들은 괜찮은 직장과 대학 졸업장이 있는 주택 보유자 친구나 친척과는 연계가 없다는 집합적인 가정하에 중대하고 비용이 많이 드는 정책 결정들이 내려졌다. 혼합소득주택은 "저소득 거주자들을 취업 기회와 사회적 역할 모델에 노출시켜주려는" 의도를 담고 있다. 기회로의 이동Moving to Opportunity 같은 동네 재배치 프로그램은 저소득 가정들을 더 "친사회적이고 부유한 사회적 네트워크"에 연결시켜주려는 목적에서 설계되었다. 하지만 많은 빈민들이 자수성가한 사람들과 많은 관계를 맺고 있다. 밀워키의 세입자 가운데서 평균보다 더 열악한 조건의 동네에서 살지만 평균보다 더 나은 네트워크에 연결된 사람은 여섯 명 가운데 약 한 명꼴이었다. 하지만 중산층과 연결고리가 있다는 점만으로는 충분치 않다. 아마 연구자들은 '사회적 자본'이라는 용어의 인기 때문에 중요한, 혹은 자원이 풍부한 사람들과의 친사회적인 관계를 그 사람이 '가지고' 있어서 마치 돈처럼 원할 때 언제든지 사용할 수 있는 것으로 생각하는 경향이 있는 듯하다. 하지만 현실에서는 스콧의 경험이 보여주듯, 이런 관계는 그것을 활성화시킬 수 있는 상태에 있을 때만 의미가 있다. '사회적 고립'에 맞서기 위해 설계된 사회 프로그램들과 관련해서는 다음을 볼 것. US Department of Housing and Urban Development, *Moving to Opportunity for Fair Housing Demonstration Program: Final Impacts Evaluation* (Washington, DC: Office of Policy Development and Research, 2011); US Department of Housing and Urban Development, *Mixed-Income Housing and the HOME Program* (Washington, DC: Office of Policy Development and Research, 2003). 공간적 고립(주거지의 게토화)이 사회적 고립(네트워크의 게토화)을 야기한다고 주장하는, 빈곤과 공동체 생활에 관한 고전적인 이론과 관련해서는 다음을 볼 것. William Julius Wilson, *The Truly Disadvantaged: The Inner City, the Underclass, and Public Policy*, 2nd ed. (Chicago: University of Chicago Press, 2012 [1987]); Douglas Massey and Nancy Denton, *American Apartheid: Segregation and the Making of the Underclass* (Cambridge: Harvard University Press, 1993). 동네와 네트워크의 열악함을 다룬 자세한 분석은 다음을 볼 것. Matthew Desmond and Weihua An, "Neighborhood and Network Disadvantage Among Urban Renters", *Sociological Science* 2 (2015): pp.329~350.

3) 스콧은 마약을 복용하던 시절 때로 마약을 "자가 치유용"이라고 하곤 했다. 그건 그냥 간호사식의 농담이 아니었다. 뿌리가 곪아버린 썩은 것을 가리는 데 도움이 되는 많은 단어와 표현들이 있다. 나는 임기응변이 많은 경우 문화라는 오해를 받는다고 생각한다.

4) 의사는 스콧에게 이렇게 물었다. "바로 졸로프트 200을 처방해드릴까요, 아니면 200

밀리그램으로 조금씩 복용량을 늘릴까요?"

"바로 200으로 해주세요." 스콧은 이렇게 대답했다. 전에도 200을 복용했었기 때문에 아무리 높다 해도 복용량을 줄인다는 건 말도 안 된다고 생각했던 것이다.

5) 메타돈에 대한 뉴스는 보통 좋지 못한 것들이었다. 스콧이 치료 프로그램을 시작하던 해에 메타돈은 마약성 진통제 처방의 2퍼센트 미만을 차지했지만, 마약성 진통제 복용 과다로 인한 사망의 약 3분의 1을 차지했다. 의료계는 메타돈 관련 사망이 이상할 정도로 늘어나는 것은 중독이 아니라 통증 치료용 마약의 사용이 늘었기 때문이라고 지적했다. 메타돈은 1964년에 도입된 이후로 헤로인 중독과 헤로인의 넓은 사회적 영향을 치료하는 데 효과가 좋았다. 완전한 아편 작용제full opioid agonist로 알려진 메타돈은 복용량만 적당하면 중독자의 갈망을 진정시켜주고 장애 없이 정상적인 기능을 할 수 있게 해준다. 이와 관련한 증거는 일관된다. 메타돈은 헤로인 복용을 감소시켜주고, 마약 복용과 관련된 범죄뿐 아니라 과잉 복용도 줄여주며, 환자의 건강을 증진시키고 많은 사람들이 충만하고 생산적인 삶을 살도록 도와준다. 헤로인 중독에서 메타돈은 알코올중독자 갱생회처럼 절제만을 강조하는 프로그램보다 훨씬 효과가 좋다. 한 전문가는 이렇게 말했다. "메타돈 관련해서는 안 좋은 소리만 들릴 거예요. 하지만 수만, 혹은 수십만 명이 매일 메타돈을 복용하면서 일을 하고, 전반적으로 자신들의 습관을 다스린 데다 정상적인 삶을 산다는 이야기는 못 들어보셨겠죠." 스콧 역시 그런 사람 가운데 한 명이 되는 중이었다. Peter Friedmann, 다음에서 인용, Harold Pollack, "This Drug Could Make a Huge Dent in Heroin Addiction. So Why Isn't It Used More?", *Washington Post*, November 23, 2013. 다음도 볼 것. Herman Joseph, Sharon Stancliff, and John Langrod, "Methadone Maintenance Treatment (MMT): A Review of Historical and Clinical Issues", *Mount Sinai Journal of Medicine* 67 (1999): pp.347~364; Centers for Disease Control, "Vital Signs: Risk for Overdose from Methadone Used for Pain Relief? United States, 1999~2010", *Morbidity and Mortality Weekly Report* 61 (2012): pp.493~497.

6) Sally Satel, "Happy Birthday, Methadone!", *Washington Monthly*, November · December 2014.

24. 아무리 해도 이 수렁에서 벗어나지 못해

1) 이 말은 도시 빈민을 불안정한 집단과 안정된 집단, 가난해 마땅한 집단과 그렇지 않은 집단, 그럭저럭 품위를 유지하는 집단과 길거리를 전전하는 집단으로 양분하는 것은 일시적이고 미약한 것을 굳건하게 불변하는 것으로 오해한 데서 비롯된다는 뜻이다. 안정성과 불안정성은 고정된 상태라기보다는 가난한 가족들이 다양한 기간 동

안 경험하는 일시적인 조건이다. 문제는 서로 맞물려 있다. 사랑하는 사람의 피살은 우울증으로 이어지고, 우울증은 실직으로 이어지며, 실직은 퇴거로, 퇴거는 노숙으로, 노숙은 우울증의 강화로 이어지는 식이다. 정책입안가들과 연구자들은 이런 문제 가운데 하나만 겨냥하는 경향이 있다. 하지만 한 가지 정책을 시행해도 효과가 폭넓게 확산될 수 있다면 좋을 것이다. 저소득 가정의 연쇄적인 불행과 관련해서는 다음을 볼 것. Timothy Black, *When a Heart Turns Rock Solid: The Lives of Three Puerto Rican Brothers On and Off the Streets* (New York: Vintage, 2009); Matthew Desmond, "Severe Deprivation in America", *Russell Sage Journal of the Social Sciences*, forthcoming; Kristin Perkins and Robert Sampson, "Compounded Deprivation in the Transition to Adulthood: The Intersection of Racial and Economic Inequality Among Chicagoans, 1995~2013", *Russell Sage Journal of the Social Sciences*, forthcoming; Bruce Western, "Lifetimes of Violence in a Sample of Released Prisoners", *Russell Sage Journal of the Social Sciences*, forthcoming.

2) 빈곤율과 인종 구성, 그 외 많은 여러 가지를 감안해도 밀워키에서는 아이가 있는 동네에서 더 많은 퇴거가 일어났다. 2010년, 아동이 인구의 10퍼센트 미만을 구성하는 동네에서는 123세대 가운데 한 곳의 임차가구가 퇴거를 당했다. 반면 아동이 인구의 40퍼센트 이상을 구성하는 동네에서는 열두 세대 가운데 한 세대 꼴로 퇴거를 당했다. 다른 모든 상황이 동일할 경우, 한 동네에서 아이들의 비중이 1퍼센트 늘어나면 이 동네의 퇴거는 약 7퍼센트 늘어날 것으로 예측된다. 이 추정치는 2010년 1월 1일부터 2010년 12월 31일까지 밀워키 카운티에서 일어난 법원 명령에 따른 퇴거 기록을 근거로 삼았다. 한 동네의 아동 비중과 퇴거 건수 사이의 연관성을 평가하는 통계 모델은 영과잉 포아송 회귀모델 zero-inflated Poisson regression이며 이와 관련한 자세한 설명은 다음에 나와 있다. Matthew Desmond et al., "Evicting Children", *Social Forces* 92 (2013): pp.303~327.

3) 이런 비참함은 주위에 들러붙을 수도 있다. 알린 같은 아이 엄마들은 퇴거를 당한 뒤 최소 2년은 동료 집단보다 우울증에 시달릴 확률이 상당히 높았다. Matthew Desmond and Rachel Tolbert Kimbro, "Eviction's Fallout: Housing, Hardship, and Health", *Social Forces* (2015), in press. 다음도 볼 것. Marc Fried, "Grieving for a Lost Home", in *The Urban Condition: People and Policy in the Metropolis, ed. Leonard Duhl* (New York: Basic Books, 1963), pp.151~171; Theresa Osypuk et al., "The Consequences of Foreclosure for Depressive Symptomatology", *Annals of Epidemiology* 22 (2012): pp.379~387.

4) 또 다른 방식은 사람에게 접근하기 전에 먼저 그 사람의 자원을 조사하는 것이다. 가난한 동네에서 거절하는 가장 일반적인 방식은 "해주고 싶어도 지금은 불가능해"라고 말하는 것이기 때문에, 사람들은 때로 아예 그런 방식은 염두에 두지도 않는다.

따라서 가령 "나 좀 태워줄 수 있어?"라고 묻는 대신 "차에 기름 있어?"라고 묻고, "먹을 것 좀 얻을 수 있을까?"라고 묻는 대신 "식사했어?"라고 묻는다. 사람들이 당신의 차에 기름이, 또는 냉장고에 음식이 있음을 알게 되면 부탁을 거절할 만한 이유를 찾기가 어려워진다. 가난한 사람들은 정치적인 모금 전문가들과 개발 담당관들이 수백만 달러를 들여 알아낸 사실을 일상적인 교류 속에서 터득했다. 그것은 바로 '부탁'에는 섬세한 기교가 필요하다는 점이었다. 부탁하는 법(그리고 언제 도움을 확대 혹은 중단할지)을 아는 것은 가난을 관리하는 데 반드시 필요한 기술이다.

사회복지사들에게 도움을 부탁하는 데는 몇 가지 규칙이 따른다. 공짜로 부탁하려 해서는 안 된다. 그러면 아무것도 못 받게 될 수 있다. 너무 절박하고, 너무 배고프고, 너무 궁지에 몰린 상태로 찾아가서도 안 된다. 그랬다간 얼마 안 가 아동보호서비스국이 당신을 찾아갈 수도 있기 때문이다. 내가 만났던 한 여성은 십대인 두 딸을 둔 서른세 살의 아이 엄마였는데, 술을 많이 마셨다. 그녀는 자신의 음주는 어릴 때 있었던 트라우마적인 사건 때문이라고 했다. "난 지금도 기억나요. 그 냄새까지."

"상담사를 만나본 적 있어요?" 내가 물었다.

"아뇨. 생각은 해봤죠. 그런데 그 사람들은 남의 일에 너무 깊이 끼어들어요. 어떤 사람은 캘리포니아에서 아동서비스를 끼고 내게 잘못된 혐의를 둔 적이 있었어요. 그 사람들은 결국 아무것도 못 찾아냈지만 누군가가 우리 집 문을 열고 들어와서 (…) 애들하고 따로 이야기를 하고 (…) 트라우마를 남기긴 똑같았어요."

그녀가 누군가에게 자신이 얼마나 피해를 받았고 어떻게 대처를 했는지를 이야기했다면 아이들을 데리고 있으라는 허가를 받았을까? 이 엄마는 알지 못했고 알아낼 생각도 없었다.

5) 나는 이 광경을 직접 목격하지 못했다. 이 소식을 전해준 건 알린이었다.

에필로그: 집, 그리고 희망

1) Lewis Mumford, *The City in History: Its Origins, Its Transformations, and Its Prospects* (New York: MJF Books, 1961), p.13; 어원 연구와 관련된 통찰을 제공해준 로완 플래드Rowan Flad와 샤무스 칸에게 특히 감사의 말을 전한다.

2) Alexis de Tocqueville, *Democracy in America* (New York: Perennial Classics, 2000), p.511.

3) Gunnar Myrdal, *An American Dilemma*, vol. 2, *The Negro Social Structure* (New York: McGraw-Hill Publishers, 1964 [1944]), p.810.

4) Plato, *The Republic* (New York: Penguin Classics, 1987), p.312. 나는 원래 표현에서 "남자"를 "사람"으로 바꿨다.

5) Mary Schwartz and Ellen Wilson, *Who Can Afford to Live in a Home? A Look at Data from the 2006 American Community Survey* (Washington, DC: US Census Bureau, 2007).

6) Chester Hartman and David Robinson, "Evictions: The Hidden Housing Problem", *Housing Policy Debate* 14 (2003): pp.461~501.

7) Gary Evans, "The Environment of Childhood Poverty", *American Psychologist* 59 (2004): pp.77~92; Shigehiro Oishi, "The Psychology of Residential Mobility: Implications for the Self, Social Relationships, and Well-Being", *Perspectives on Psychological Science* 5 (2010): pp.5~21; Robert Sampson, *Great American City: Chicago and the Enduring Neighborhood Effect* (Chicago: University of Chicago Press, 2012).

8) 사실 이사는 의도적이고 계획적이라는 연구자들의 가정에서 우리는 강력한 중산층 편향을 감지할 수 있다. 거주지 이동 연구에서 의도성 편향과 관련된 더 자세한 설명은 다음을 볼 것. Matthew Desmond and Tracey Shollenberger, "Forced Displacement from Rental Housing: Prevalence and Neighborhood Consequences", *Demography*, forthcoming. 빈민 가정 내에서 높게 나타나는 거주지 이동률과 관련해서는 다음을 볼 것. David Ihrke and Carol Faber, *Geographical Mobility: 2005 to 2010* (Washington, DC: United States Census Bureau, 2012); Robin Phinney, "Exploring Residential Mobility Among Low-Income Families", *Social Service Review* 87 (2013): pp.780~ 815.

9) 이 결과는 가구 소득·인종·교육·젠더·가족 상황·연령·범죄 기록, 그리고 최근에 일어난 세 가지 생활상의 충격(실직·관계 해체·퇴거)을 조건으로 설정하고, 지난 2년 동안 세입자들이 했던 이사의 수를 추정하는 음의 이항 모델에서 얻은 것이다. 분석 결과 저소득 가정은 비자발적인 이사를 통제한 뒤에만 이동성이 더 높게 나타났고, 다른 모든 상황이 같을 경우 강제 이사를 경험한 세입자는 비자발적인 이사를 겪지 않은 세입자보다 이동률이 1.3배 더 높은 것으로 나타났다. 다음을 볼 것. Matthew Desmond, Carl Gershenson, and Barbara Kiviat, "Forced Relocation and Residential Instability Among Urban Renters", *Social Service Review* 89 (2015): pp.227~262. "밀워키에서 가장 가난한 세입자"는 소득이 최하위 4분위(1만 2,204달러 이하)에 있는 임차 가구라는 뜻이다. Milwaukee Area Renters Study, 2009~2011.

10) 미주리 주 잭슨 카운티와 관련해서는 다음을 볼 것. Tara Raghuveer, "'We Be Trying': A Multistate Analysis of Eviction and the Affordable Housing Crisis", *B.A. thesis* (Cambridge, MA: Harvard University, Committee on the Degrees in Social Studies, 2014). 2012년 뉴욕 시 주거법원은 2만 8,743건의 퇴거 판결과, 21만 7,914건의 체납으로 인한 퇴거 신청을 처리했다. 다음을 볼 것. New York City Rent Guidelines Board, *2013*

Income and Affordability Study, April 4, 2013. 세입자 가구가 약 9만 5,702세대인 도시 클리블랜드에서는 2012년에는 1만 1,072건의 퇴거 신청이, 2013년에는 1만 1,031건의 퇴거 신청이 접수되었다. 이는 세입자 가구의 약 12퍼센트가 매년 퇴거법정에 소환된다는 뜻이다. 다음을 볼 것. Northeast Ohio Apartment Association, *Suites* magazine, "Eviction Index", 2012~2013; American Community Survey, 2013. 2012년 시카고에서는 약 3만 2,231건의 퇴거 신청이 접수되었는데, 이는 이 도시의 임차가구 7퍼센트에 해당한다. 다음을 볼 것. Kay Cleaves, "Cook Eviction Stats Part 5: Are Eviction Filings Increasing?", StrawStickStone.com, February 8, 2013.

11) Matthew Desmond and Carl Gershenson, "Housing and Employment Insecurity Among the Working Poor", *Social Problems*, forthcoming.

12) 퇴거는 임대료를 상승시킴으로써 퇴거가 발생하는 데 가장 큰 책임이 있는 문제를 악화시키기도 한다. 집을 자율 임대주택으로 내놓으려고 임대료 규제주택에서 세입자들을 퇴거시키는 경우가 여기에 해당한다. 하지만 오랜 세입자보다는 새로운 세입자를 상대로 임대료를 올리기가 더 쉽기 때문에 임대료 규제주택에서도 퇴거는 정상적으로 진행된다. 밀워키에서는 다른 모든 상황이 동일할 경우 세입자가 한 집에 1년 더 오래 살았을수록 연간 약 58달러 정도의 임대료를 적게 내고 있다. 세입자 교체는 임대료 상승을 부추기고, 퇴거는 세입자 교체로 이어지는 식이다. Matthew Desmond and Kristin Perkins, "Are Landlords Overcharging Voucher Holders?", working paper, Harvard University, June 2015. 샌프란시스코에는 엘리스법 퇴거(임대료 규제주택을 콘도나 자율 임대주택으로 변경하기 위해 종종 사용된다)가 2010년 3월부터 2013년 2월까지 170퍼센트 늘어났다. Marisa Lagos, "San Francisco Evictions Surge, Report Finds", *San Francisco Gate*, November 5, 2013.

13) Matthew Desmond and Rachel Tolbert Kimbro, "Eviction's Fallout: Housing, Hardship, and Health", *Social Forces* (2015), in press.

14) Desmond et al., "Forced Relocation and Residential Instability Among Urban Renters."

15) 기술적으로, 시차 종속변수 회귀모델의 결과들은 강제 이사 경험은 자발적인 이사에 비해 동네의 빈곤율과 범죄율의 표준편차 3분의 1이상의 증가와 관련이 있음을 보여주었다. 모든 모델에서 더 나쁜 동네로의 이사를 예측할 수 있는 가장 강력하고 지속적인 요인은 인종(세입자가 아프리카계 미국인인지의 여부)과 이사 형태(강제적인 이사인지)이다. Desmond and Shollenberger, "Forced Displacement from Rental Housing."

16) Sampson, *Great American City*; Patrick Sharkey, *Stuck in Place: Urban Neighborhoods and the End of Progress toward Racial Equality* (Chicago: University of Chicago Press, 2013).

17) 이 결과는 레이철 킴브로Rachel Kimbro와 공동 저자로 작성한 〈퇴거의 부작용 Eviction's Fallout〉이라는 연구에 기록되어 있다. 이 연구에서 우리는 엄마들의 우울증

상을 측정하기 위해 이원적인 지표에 의존한다. 엄마들에게는 약식 복합 국제진단 인터뷰Composite International Diagnostic Interview Short Form를 바탕으로, 지난 12개월 동안 있었던 경험에 초점을 맞춘 일련의 질문을 했다. 응답자들에게는 불쾌감(우울)이나 쾌감의 상실(일반적으로 유쾌한 것을 즐기지 못함)을 경험했는지, 그랬다면 그 증상이 하루 대부분 지속되었고 2주 동안 매일 나타났는지 물어보았다. 그랬다면 이들에게 다음과 관련한 더 구체적인 질문을 던졌다. (a) 흥미 상실, (b) 피로감, (c) 체중 변화, (d) 수면 장애, (e) 집중력장애, (f) 쓸모없다는 느낌, (g) 죽음에 대한 생각. 엄마들이 불쾌감이나 쾌감의 상실을 인정하고 여기에 위 질문의 여러 증상 가운데 두 가지를 인정할 경우(약식 복합 국제진단 인터뷰 점수 3점 이상), 우울증일 가능성이 있는 것으로 분류되었다. 결과는 우울증 증상의 수를 추정하는 음의 이항모델뿐 아니라, 우울증 척도를 위한 차단점을 다양하게 하는 데도 유용하다. 다음을 볼 것. Ronald Kessler et al., "Methodological Studies of the Composite International Diagnostic Interview (CIDI) in the US National Comorbidity Survey (NCS)", *International Journal of Methods in Psychiatric Research* 7 (1998): pp.33~55

18) Michael Serby et al., "Eviction as a Risk Factor for Suicide", *Psychiatric Services* 57 (2006): pp.273~274. Katherine Fowler et al., "Increase in Suicides Associated with Home Eviction and Foreclosure During the US Housing Crisis: Findings from 16 National Violent Death Reporting System States, 2005~2010", *American Journal of Public Health* 105 (2015): pp.311~316.

19) Sampson, *Great American City*.

20) 이 결과는 밀워키 2005~2007년의 동네 수준 데이터를 근거로 삼았다. 나는 시차반응 모델을 사용해서 가난한 가족의 비중, 동네에서 아프리카계 미국인들의 비중, 열여덟 살 이하 인구 비중, 고졸 이하의 학력을 가진 주민의 비중, 주택 보조를 받는 가구의 비중뿐 아니라 전년도의 폭력 범죄율과 퇴거율을 통제한 후 한 동네의 한 해 폭력 범죄율을 예측했다. 최종 모델에서는 한 동네의 폭력 범죄율과 전년도 퇴거율 사이에는 상당한 연관 관계가 있는 것으로 나타났다. (B = .155; p < .05). 다음을 볼 것. Matthew Desmond, "Do More Evictions Lead to Higher Crime? Neighborhood Consequences of Forced Displacement", working paper, Harvard University, August 2015.

21) Milwaukee Area Renters Study, 2009~2011.

22) United States Conference of Mayors, *Hunger and Homelessness Survey* (Washington, DC: United States Conference of Mayors, 2013); Martha Burt, "Homeless Families, Singles, and Others: Findings from the 1996 National Survey of Homeless Assistance Providers and Clients", *Housing Policy Debate* 12 (2001): p.737~780; Maureen Crane and Anthony Warnes, "Evictions and Prolonged Homelessness", *Housing Studies* 15 (2000): pp.757~773.

함량 미달의 주택과 안전하지 못한 동네가 아이들의 건강에 미치는 영향과 관련해서는 다음을 볼 것. Julie Clark and Ade Kearns, "Housing Improvements, Perceived Housing Quality and Psychosocial Benefits from the Home", *Housing Studies* 27 (2012): pp.915~939; Tama Leventhal and Jeanne Brooks-Gunn, "The Neighborhoods They Live In: The Effects of Neighborhood Residence on Child and Adolescent Outcomes", *Psychological Bulletin* 126 (2000): pp.309~337.

23) Joseph Harkness and Sandra Newman, "Housing Affordability and Children's Well-Being: Evidence from the National Survey of America's Families", *Housing Policy Debate* 16 (2005): pp.223~255; Sandra Newman and Scott Holupka, "Housing Affordability and Investments in Children", *Journal of Housing Economics* 24 (2014): pp.89~100.

24) 다른 시장에서는 상품이 너무 비싸면 적게 살 수 있다. 석유 가격이 치솟으면 차를 적게 몰면 된다. 옥수수 수확량이 적어서 소고기 값이 뛰면 햄버거를 적게 먹으면 된다. 하지만 임대료와 공과금이 치솟을 경우 대부분의 가난한 미국인들은 더 싸거나 더 작은 집을 소비할 선택을 하지 못한다. 이들이 사는 도시에는 그런 집이 존재하지 않기 때문이다. 2013년 〈미국주택조사〉(Table C-02-RO)에 따르면, 빈곤선 이하의 임차가구 가운데 약 98퍼센트가 침실이 한 개 이상인 아파트에서 살고, 68퍼센트는 침실이 두 개 이상인 집에서 산다. 밀워키에서는 임차가구의 97퍼센트가 침실 한 개, 두 개, 혹은 세 개인 집에서 산다. Milwaukee Area Renters Study, 2009~2011. 이보다 더 작은 집은 미국 도시에서 사라져버렸다. 1970년대와 1980년대에 백만여 호의 원룸형 주택이 신규 건물 규정에 따라 사라지거나 형편이 더 좋은 세입자들을 들이기 위한 시설로 상향 전환되었다. Whet Moser, "The Long, Slow Decline of Chicago's SROs", *Chicago magazine*, June 14, 2013; Brendan O'Flaherty, *Making Room: The Economics of Homelessness* (Cambridge: Harvard University Press, 1996), pp.142~147; James Wright and Beth Rubin, "Is Homelessness a Housing Problem?", *Housing Policy Debate* 2 (1991): pp.937~956; Christopher Jencks, *The Homeless* (Cambridge: Harvard University Press, 1994), chapter 6.

저소득 세입자들이 주택을 축소할 수 있는 유일한 방법은 직장과 친구, 가족과 지역사회에서 멀어지는 것을 제외하면 하숙생을 들이는 것 밖에 없다. 하지만 많은 집주인들이 이를 허락하지 않는다. 이들이 최대 수용 인원 규정을 무시한다 해도 한 집에 사람이 늘어난다는 것은 유지비용과 수도 요금이 늘어난다는 뜻이다. 밀워키 임차가구의 다수(75퍼센트)가 수도 요금을 내지 않는다. 집주인과 주택관리인들이 수용 인원과 관련 비용을 어떻게 생각하는지와 관련된 통찰을 얻기 위해서는, 도심 빈민가에 거주하면서 일하는 백인 건물관리인 조 패러진스키Joe Parazinski의 말을 살펴보는 것이 도움이 될 것이다. "만일 내가 사람을 더 들이면 갑자기 거기 사는 사람이 열

명이 돼버려요. 그러면 하루에 샤워하는 사람이 열 명이 되는 거고… 화장실을 생각
해보면 하루에 스무 번 물을 내리는 게 아니라 이제는 200번 물을 내리게 되는 거죠.
그럼 이제 세탁기에는 얼마나 많은 부하가 걸리겠어요? 빌어먹을 사람들을 추가하기
시작하면 그건 장난이 아니에요."

주거 변호사들은 '[거주 인원] 두 배로 늘리기'가 문제라고 생각하는 경향이 있지만
가난한 세입자들은 두 배로 늘리기가 해법이라고 생각한다. 과밀 때문에 문제가 생기
긴 하겠지만 그보다 더 큰 문제는 사람이 너무 적어서 능력 밖의 주택을 어쩔 수 없
이 너무 많이 소비하는 것이기 때문이다. 전국적으로 가난한 임차가구 대다수는 과
밀하지 않다. 침실 당 1.5명 이상인 가구는 24퍼센트밖에 되지 않는다. 밀워키의 경우
모든 임차가구 가운데 침실 당 두 명 이상인 곳은 8퍼센트 밖에 되지 않는다. 과밀의
정의에 따르면(침실 당 두 명 이상) 밀워키에서는 백인 세입자의 4퍼센트, 흑인 세입자
의 8퍼센트, 히스패닉 세입자의 16퍼센트가 과밀한 아파트에서 살고 있다. 밀워키에
서는 모든 성인 세입자의 약 절반이 다른 성인과 같이 살지 않는다. 밀워키에서 아프
리카계 미국인 세입자들은 특히 생활상의 측면에서 고립되어 있다. 다른 성인과 함께
사는 세입자는 백인이 58퍼센트, 히스패닉이 69퍼센트인데 반해 흑인은 35퍼센트 밖
에 되지 않는다. 밀워키의 세입자 전체를 대상으로 했을 때 혼자 사는 세입자는 32퍼
센트, 아이들하고만 함께 하는 세입자는 16퍼센트, 다른 성인과 함께 사는 세입자는
53퍼센트였다. 흑인 세입자의 39퍼센트가 혼자 사는 반면 백인 세입자는 33퍼센트,
히스패닉 세입자는 14퍼센트가 혼자 살고 있다. 흑인 세입자의 26퍼센트는 아이들하
고만 사는 반면 백인 세입자는 9퍼센트, 히스패닉 세입자는 17퍼센트가 아이하고만
함께 살고 있다. 일부 세입자들은 집주인들이 알까봐 같이 살고 있는 다른 성인들을
노출시키지 못했을 가능성도 있었다. 〈밀워키 퇴거법원연구(2011)〉에서 인터뷰 진행
자들은 세입자들에게 같이 사는 모든 성인들을 열거해달라고 부탁했다. 이들의 정보
가 어떤 식으로 기밀 유지가 될지에 관해 설명한 후 참가자들에게 이렇게 말했다. "나
는 당신이 함께 살고 있는 모든 성인에 관심이 있습니다. 이들이 계약서상에 올라가
있지 않더라도, 집주인이 이들에 관해 알지 못하더라도 말이에요." 퇴거법정의 세입
자들은 동거 중인 성인 375명을 열거했는데, 이 가운데 70명은 계약서상에 올라가 있
지 않았다. 소환장과 고소에 이름이 올라가지 않은 성인 가운데 가장 큰 집단은 흑인
남성이었고(N=32), 그 다음은 흑인 여성이었다(N=24). 혼자 사는(혹은 다른 성인 없이
사는) 흑인 세입자의 비중과 관련된 나의 추정은 약간 부풀려졌을 수도 있다. 하지만
정책입안가들과 분석가들 내에서의 과밀과 관련된 우려가 실제 세입자들의 과밀한
정도와 불일치한다는 점은 달라지지 않는다. American Housing Survey (2013), Table
C-02-RO; Milwaukee Area Renters Study, 2009~2011.

집 안의 과밀함과 그 부정적인 영향의 관계를 기록한 연구들도 있지만 과밀의 영
향과 관련된 인과적인 증거가 그렇게 탄탄하지는 않다. Gary Evans, Susan Saegert,

and Rebecca Harris, "Residential Density and Psychological Health Among Children in Low-Income Families", *Environment and Behavior* 33 (2001): pp.165~180; Dominique Goux and Eric Maurin, "The Effect of Overcrowded Housing on Children's Performance at School", *Journal of Public Economics* 89 (2005): pp.797~819; Claudia Solari and Robert Mare, "Housing Crowding Effects on Children's Well-Being", *Social Science Research* 41 (2012): pp.464~476.

25) Alex Schwartz, *Housing Policy in the United States*, 2nd ed. (New York: Routledge, 2010), p.23.

26) Louis Winnick, "The Triumph of Housing Allowance Programs: How a Fundamental Policy Conflict Was Resolved", *Cityscape* 1 (1995): pp.95~118, p.97. 인용문은 차드 프리드리히Chad Freidrichs 감독의 다큐멘터리 〈프루이트 아이고The Pruitt-Igoe Myth(2011)〉에서 가져온 것이다.

27) Alex Kotlowitz, *There Are No Children Here: The Story of Two Boys Growing Up in the Other America* (New York: Random House, 1991); Arnold Hirsch, *Making the Second Ghetto: Race and Housing in Chicago, 1940~1960* (New York: Cambridge University Press, 1983).

28) 공공주택의 양은 1991년 이후 약 20퍼센트까지 떨어졌다. Peter Marcuse and W. Dennis Keating, "The Permanent Housing Crisis: The Failures of Conservatism and the Limitations of Liberalism", in *A Right to Housing: Foundation for a New Social Agenda*, eds. Rachel Bratt, Michael Stone, and Chester Hartman (Philadelphia: Temple University Press, 2006), pp.139~162; Rachel Bratt, Michael Stone, and Chester Hartman, "Why a Right to Housing Is Needed and Makes Sense: Editor's Introduction", ibid., pp.1~19; Schwartz, *Housing Policy in the United States*.

29) 좀 더 전문적으로 말해서 바우처는 나머지 비용들을 이 수당을 집행하는 지방의 주택당국이 설정한 한도인 '지불 기준'까지 해결해준다. 이 프로그램은 소득이 지역의 중간 소득 30퍼센트 이하이거나 빈곤선 이하(둘 중 더 높은 쪽)인 가정에 바우처의 4분의 3을 할당하고, 나머지 4분의 1은 소득이 지역의 중간 소득 80퍼센트 이하인 가구에 나눠줄 수 있다.

30) Joint Center for Housing Studies of Harvard University, *America's Rental Housing: Evolving Markets and Needs* (Cambridge: Harvard University, 2013); Abt Associates Inc. et al., *Effects of Housing Vouchers on Welfare Families* (Washington, DC: US Department of Housing and Urban Development, 2006); Michelle Wood, Jennifer Turnham, and Gregory Mills, "Housing Affordability and Family Well-Being: Results from the Housing Voucher Evaluation", *Housing Policy Debate* 19 (2008): pp.367~412.

31) Abt Associates Inc. et al., *Effects of Housing Vouchers*; Alan Meyers et al., "Public

Housing Subsidies May Improve Poor Children's Nutrition", *American Journal of Public Health* 83 (1993): p.115. 다음도 볼 것. Sandra Newman and Scott Holupka, "Housing Affordability and Investments in Children", *Journal of Housing Economics* 24 (2014): pp.89~100.

32) American Housing Survey, 2013, Table C-17-RO. 이 추정치에는 "다른소득확인"(빈 곤선 이하 세입자가구의 3퍼센트)과 "보조금에 대한 정보 없음"(빈곤선 이하 세입자가구 의 1퍼센트)으로 분류된 가구는 제외되어 있다. 이런 가구가 원조를 받았는지 여부가 불확실했기 때문이다. Matthew Desmond, "Unaffordable America: Poverty, Housing, and Eviction", *Fast Focus: Institute for Research on Poverty* 22 (2015): pp.1~6.

33) 공공주택 자본의 필요성과 관련해서는 다음을 볼 것. Meryl Finkel et al., *Capital Needs in the Public Housing Program*, Contract C-DEN-O2277-TO001, Revised Financial Report#, prepared for the US Department of Housing and Urban Development (Cambridge: Abt Associates Inc., 2010).

34) 이 추정치는 〈미국주택조사〉, 〈미국 지역사회조사the American Community Survey〉, 〈소 득 및 프로그램 참여조사the Survey of Income and Program Participation〉, 그리고 〈소비 자 지출조사the Consumer Expenditure Survey〉 같은 다양한 국가 데이터 집합과 맞아떨 어진다. Frederick Eggers and Fouad Moumen, *Investigating Very High Rent Burdens Among Renters in the American Housing Survey* (Washington, DC: US Department of Housing and Urban Development, 2010).

경제적으로 감당하기 어려운 주택은 미국만의 문제가 아니다. 지난 수십 년 동안 전 세계 수십만 명이 농촌에서 도시로 이동했다. 1960년대에는 지구상의 약 3분의 1 이 도시 지역에서 살았고, 지금은 절반 이상이 살고 있다. 도시는 실질소득 상승을 경 험했고, 이는 전 세계에서 빈곤을 줄여주었다. 하지만 그 안에는 문제가 있다. 도시의 성장은 지대와 주택비용의 무시무시한 상승 역시 동반했기 때문이다. 도시 주택비용 은 전 세계, 특히 부동산시장을 통해 전 세계 자본이 유입되고, 그 결과 주택 가격이 치솟아 저소득 주민들을 몰아낸 '슈퍼스타급 도시'에서 크게 상승했다. 아프리카 최 대의 도시 라고스에서는 주민의 약 60퍼센트가 월 소득의 반 이상을 임대료에 털어 넣는다. 주민의 다수가 원룸형 주거에서 살고 있는데도 말이다. 델리의 비즈니스 지 역 임대료는 이제 맨해튼 중간 지대의 임대료와 맞먹는다. 최근 한 보고서는 전 세계 의 주택 지불능력 격차affordability gap는 6,500억 달러, 그러니까 전 세계 GDP의 1퍼 센트에 달하는 것으로 추정했다. 전 세계적으로 약 3억 3,000세대에 달하는 도시 가 구가 소득의 30퍼센트 이상을 집어삼키는 수준 미달의 집 또는 능력 밖의 집에서 살 고 있다. 이주 추이와 전 세계 소득 추정치를 근거로 했을 때, 2025년이 되면 이 수치 는 4억 4,000만 세대의 16억 명으로 늘어나게 될 것으로 예상된다. 세계는 도시화되어 가고 도시는 세계 모든 곳의 수백만 명에게 능력 밖의 장소가 되어가고 있다. Joseph

Gyourko, Christopher Mayer, and Todd Sinai, "Superstar Cities", *American Economic Journal: Economic Policy* 5 (2013): pp.167~199; McKinsey Global Institute, *A Blueprint for Addressing the Global Affordable Housing Challenge* (New York: McKinsey, 2014); Pedro Olinto and Hiroki Uematsu, *The State of the Poor: Where Are the Poor and Where Are They Poorest?* (Washington, DC: World Bank, Poverty Reduction and Equity, 2013).

35) Russell Engler, "Pursuing Access to Justice and Civil Right to Counsel in a Time of Economic Crisis", *Roger Williams University Law Review* 15 (2010): pp.472~498; Russell Engler, "Connecting Self-Representation to Civil Gideon", *Fordham Urban Law Review* 37 (2010): pp.36~92.

36) D. James Greiner, Cassandra Wolos Pattanayak, and Jonathan Hennessy, "The Limits of Unbundled Legal Assistance: A Randomized Study in a Massachusetts District Court and Prospects for the Future", *Harvard Law Review* 126 (2013): pp.901~989; Carroll Seron et al., "The Impact of Legal Counsel on Outcomes for Poor Tenants in New York City's Housing Court: Results of a Randomized Experiment", *Law and Society Review* 35 (2001): pp.419~434.

37) Seedco, *Housing Help Program, South Bronx, NYC* (New York: Seedco Policy Center, 2009).

38) 밀워키 세입자들에게 발생하는 모든 강제적 이사 가운데 약 절반이 비공식적인 퇴거, 즉 법원을 통해 처리되지 않은, 기록이 남지 않은 이사다. 비공식 퇴거가 이미 세입자들을 내보내는 수단으로 집주인들의 사랑을 받고 있기 때문에 가난한 가정들이 법률 지원을 받게 될 경우 집주인들은 이 전략에 더 많이 의지할 수도 있다. 세입자들은 법원 심리를 고집할 수도 있지만 공식 기록이 남지 않는다는 이유로 세입자들 역시 비공식 퇴거를 선호한다. 이 때문에 법률 원조 계획을 어떤 식으로 마련하든지 간에 현행 법원 기록 보유 관행을 검토할 필요가 있다.

임대업계의 퇴거 기록과 공개 관행은 법률 시스템을 크게 변화시켰다. 집주인과 판사 모두 법원 안팎에서 세입자에게 퇴거 기록이 남을지도 모른다는 위협을 일상적으로 들먹이며 세입자들이 심리를 받을 권리를 박탈하고자 한다. 세입자들이 법원에 가서 직접 탄원을 해서 이 때문에 집을 나가라는 명령을 받고 퇴거가 기록에 남게 되니 차라리 집주인이 나가라고 할 때 법원을 거치지 않고 조용히 나가는 게 더 합리적이라는 건 우리 사법 시스템이 한참 잘못되어 있다는 뜻이다.

가난한 흑인 부부 마이샤Myesha와 체스터Chester의 경우를 생각해보자. 이들의 집주인은 여러 가지 위험하고 열악한 문제가 산적한 집에서 이들을 퇴거시키려고 했다. 세입자들에 따르면 집주인은 자신이 문제를 모두 수리하기 전까진 그 집에서 공짜로 살아도 된다는 데 합의했다. 하지만 집주인에 따르면 그런 거래는 한 적이 없었다. 그

524

집의 끔찍한 상태(전선은 노출되어 있고, 몇몇 방은 바닥이 움푹 꺼져 있었으며, 비가 오면 빗물이 집 안으로 흘러들어왔다)는 논쟁의 대상이 되지 않았다. 집 안 사진을 본 행정관은 사건을 판사에게 인계했다. 판사 앞에서 재판을 받을 날짜가 되자 집주인과 집주인의 변호사는 세입자에게 집을 나갈 것을 요구하는 약정 합의를 제시했다. 하지만 마이샤와 체스터에게는 학교에 다니는 십대의 두 딸이 있었고, 그냥 그곳에서 지내면서 집을 고치고 싶었다. 그래서 이들은 배심원단 앞에서 자신의 사건을 두고 다툴지 고민 중이었다. 판사는 이들의 선택지를 다음과 같이 설명했다. 이들이 약정에 서명하고 집을 비운다는 데 동의할 경우 "[집주인이 주장한] 퇴거문제는 기각될 것입니다. 따라서 모든 사람들이 볼 수 있는 당신들의 기록에는 퇴거당했다는 사실이 남지 않을 것입니다. (…) 만일 당신들이 정말로 임대료를 냈다고 생각하거나 법적으로 정당한 다른 이유가 있다면, 그에 관해 전부 나에게 이야기할 수 있습니다. 그것은 당신들이 선택할 수 있는 한 가지 방법입니다. 당신들이 할 수 있는 또 다른 선택은 그냥 집을 비운다는 데 합의하고 [집주인은 물론] 궁극적으로는 여러분 자신이 골머리를 앓지 않는 것입니다. 왜냐하면 (…) 여러분들이 임대계약이 더 이상 존재하지 않은 뒤에 집을 비워주지 못할 경우, 그래서 집주인이 보안관 출동 비용을 내고 실제로 여러분들의 물건을 거리에 내다놓을 경우, 그 비용은 집주인이 물게 될 것이고 집주인은 그걸 당신들에게 청구할 것입니다. 그래서 그런 식으로 내쫓기는 건 정말 힘들고, 불쾌하고, 안타깝고, 불편하고, 끔찍하게 소란스러운 상황인 거죠."

"질문이 있는데요." 체스터가 말했다. "우리가 집주인이 집을 고쳐줄 때까지 임대료를 내지 않아도 된다는 데 합의했다면 어떻게 되는 건가요?"

"그럴 땐, 음, 재판을 받으세요. 우린 진실을 찾아내서 판결을 내릴 겁니다." 판사는 이렇게 답했다.

마이샤와 체스터는 상의를 할 수 있게 몇 분만 달라고 했다. "우린 이미 잃었어." 마이샤가 속삭였다. "이젠 얼마나 잃느냐가 관건이지."

이들은 제안을 받아들였다.

퇴거나 체포를 당해본 적이 없는 사람들은 법원 기록이 공개되어야 "자유롭고 개방적인 사회"를 촉진할 수 있다고 말하곤 한다. 이들은 법원 기록 접근 제한은 국가의 비민주적인 관행들(비밀 경찰, 문서화되지 않은 체포, 비밀 감옥, 그 외 신밖에 모르는 것들)에 길을 열어주는 꼴이라고 주장한다. 이런 기록들이 사람들의 삶을 훨씬 어렵게 만드는 데 사용되고 있다는 엄연한 현실에도 불구하고 이런 추상적인 우려들은 전혀 통제되지 않는 것 같다. 법원 기록은 한 번도 범죄를 저질러 본 적이 없는 수백만에 이르는 미국 빈민들의 기회를 심각하게 제약한다. 실제로 일어나지도 않은 상상 속의 문제들이 아니라 우리가 가진 진짜 문제를 처리하자.

39) Martha Davis, "Participation, Equality, and the Civil Right to Counsel: Lessons from Domestic and International Law", *Yale Law Journal* 122 (2013): pp.2260~2281; Raven

Lidman, "Civil Gideon as a Human Right: Is the U.S. Going to Join Step with the Rest of the Developed World?", *Temple Political and Civil Rights Law Review* 15 (2006): pp.769~800.

40) Cass Sunstein, *The Second Bill of Rights: FDR's Unfinished Revolution and Why We Need It More Than Ever* (New York: Basic Books, 2004), 3에서 인용.

41) Beryl Satter, *Family Properties: How the Struggle over Race and Real Estate Transformed Chicago and Urban America* (New York: Metropolitan Books, 2009), p.215 에서 인용.

42) 윌리엄 줄리어스 윌슨의 *The Truly Disadvantaged: The Inner City, the Underclass, and Public Policy*, 2nd ed. (Chicago: University of Chicago Press, 2012 [1987])에는 "착취"라는 표현이 정통 마르크스주의를 설명할 때 단 두 번 나온다. 역시 윌슨의 *When Work Disappears: The World of the New Urban Poor* (New York: Knopf, 1996)에도 이에 관한 흑인들의 반감을 설명할 때 "착취"라는 표현이 단 두 번 나온다. *Loïc Wacquant's Urban Outcasts: A Comparative Sociology of Advanced Marginality* (Malden, MA: Polity Press, 2008)에서는 "착취"의 네 가지 사례가 나오는데, 부자에 대한 빈민의 착취를 일컫는 건 단 한 번뿐이다(p.123n7). 더글러스 매시Douglas Massey와 낸시 덴턴Nancy Denton의 *American Apartheid: Segregation and the Making of the Underclass* (Cambridge: Harvard University Press, 1993)에는 "착취"가 도심 빈민가 주민들 사이의 성관계를 언급하면서 176쪽에 단 한 번 나오고, 수디르 벤카테시Sudhir Venkatesh의 *American Project: The Rise and Fall of a Modern Ghetto* (Cambridge: Harvard University Press, 2000)에는 갱에게 착취당하는 주거 프로젝트 세입자들을 언급하면서 150쪽에 한 번 나오며, 해링턴Harrington의 *The Other America*(32쪽)에도 한 번 나온다. 캐스린 에딘Kathryn Edin과 로라 레인Laura Lein의 *Making Ends Meet: How Single Mothers Survive Welfare and Low-Wage Work* (New York: Russell Sage Foundation, 1997)에서부터 찰스 머래이Charles Murray의 *Coming Apart: The State of White America, 1960~ 2010* (New York: Random House, 2012)에 이르기까지, 빈민의 곤경을 다루는 다른 많은 현대 고전에는 "착취"라는 표현이 한 번도 나오지 않는다.

43) 가난한 동네의 식품 가격과 관련해서는 다음을 볼 것. Chanjin Chung and Samuel Myers, "Do the Poor Pay More for Food? An Analysis of Grocery Store Availability and Food Price Disparities", *Journal of Consumer Affairs* 33 (1999): pp.276~296; Marianne Bitler and Steven Haider, "An Economic View of Food Deserts in the United States", *Journal of Policy Analysis and Management* 30 (2011): pp.153~176.

44) Lizabeth Cohen, *A Consumers' Republic: The Politics of Mass Consumption in Postwar America* (New York: Knopf, 2008), p.40; Elizabeth Blackmar, *Manhattan for Rent, 1785~1850* (Ithaca: Cornell University Press, 1989), pp.237~238; Jacob Riis, *How*

the Other Half Lives: Studies Among the Tenements of New York (New York: Penguin Books, 1997 [1890]), p.30; Allan Spear, *Black Chicago: The Making of a Negro Ghetto, 1890~1920* (Chicago: University of Chicago Press, 1967); Matthew Desmond, "Eviction and the Reproduction of Urban Poverty", *American Journal of Sociology* 118 (2012): pp.88~133. 대니얼 패트릭 모이니핸Daniel Patrick Moynihan은 누구보다 인종화된 도시 빈곤을 이해하는 데 착취가 중요함을 인식했다. 훗날 유명해진 미국 노동부 제출 보고서에서 그는 이렇게 썼다. "백인들은 흑인의 상황을 보통 눈에 들어오는 차별과 빈곤의 관점에서 인지한다. (…) 하지만 백인들이 300년에 걸친 착취가 흑인 사회의 구조 자체에 남긴 영향을 인지하기는 어렵다. (…) 진짜 상처는 바로 이런 식으로 남았다. 이 피해가 복구되지 않을 경우, 차별과 빈곤·부정의를 종식시키기 위한 모든 노력이 아무런 성과를 남기지 못하리라는 모습으로." Daniel Patrick Moynihan, *The Negro Family: The Case for National Action* (Washington, DC: US Department of Labor, 1965).

45) 이 점은 새터Satter의 *Family Properties*에서 도움을 받았다.

46) 갈취 기법들과 관련해서는 다음을 볼 것. Alan Andreasen, *The Disadvantaged Consumer* (New York: The Free Press, 1975); Michael Lewis, *The Big Short: Inside the Doomsday Machine* (New York: Norton, 2010), p.20; David Caplovitz, *The Poor Pay More* (New York: The Free Press, 1967). 페이데이론과 관련해서는 다음을 볼 것. Pew Charitable Trust, *Payday Lending in America: Who Borrows, Where They Borrow, and Why* (Washington, DC: Pew, July 19, 2012); Gary Rivlin, *Broke, USA: From Pawnshops to Poverty, Inc.* (New York: Harper, 2010).

47) 국가와 사회적 관계 안에 배태되어 있는 시장과 관련해서는 다음을 볼 것. Mark Granovetter, "Economic Action and Social Structure: The Problem of Embeddedness", *American Journal of Sociology* 91 (1985): pp.481~510; Karl Polanyi, *The Great Transformation: The Political and Economic Origins of Our Time* (Boston: Beacon Press, 2001 [1944]). 가난과 치안의 관계 관련해서는 다음을 볼 것. Megan Comfort, "When Prison Is a Refuge: America's Messed Up", *Chronicle of Higher Education*, December 2, 2013; David Garland, *The Culture of Control: Crime and Social Order in Contemporary Society* (Chicago: University of Chicago Press, 2001); Loïc Wacquant, *Punishing the Poor: The Neoliberal Government of Social Insecurity* (Durham: Duke University Press, 2009); Bruce Western, *Punishment and Inequality in America* (New York: Russell Sage Foundation, 2006); Alice Goffman, *On the Run: Fugitive Life in an American City* (Chicago: University of Chicago Press, 2014).

48) Oliver Cromwell Cox, *Caste, Class, and Race: A Study in Social Dynamics* (New York: Doubleday and Company, 1948), p.238.

49) Katie Dodd, *Quarterly Benefits Summary* (Newcastle-upon-Tyne: Department for Work and Pensions, 2015); Hugo Priemus, Peter Kemp, and David Varady, "Housing Vouchers in the United States, Great Britain, and the Netherlands: Current Issues and Future Perspectives", *Housing Policy Debate* 16 (2005): pp.575~609; "Housing Benefit: How Does It Work?", BBC News, November 9, 2011.

50) 주택바우처에 비해 프로젝트 기반 원조가 더 적은 비용으로 동등한 질의 주택을 공급할 수 있음을 보여주는 연구는 하나도 없다. 바우처와 공공주택의 비용 비교와 관련해서는 다음을 볼 것. Janet Currie, *The Invisible Safety Net: Protecting the Nation's Poor Children and Families* (Princeton: Princeton University Press, 2006), chapter 4; Amy Cutts and Edgar Olsen, "Are Section 8 Housing Subsidies Too High?", *Journal of Housing Economics* 11 (2002): pp.214~243.

　　공공주택 주민들과 바우처 소지자들의 동네 질을 비교한 연구로는 다음을 볼 것. Sandra Newman and Ann Schnare, " '⋯ And a Suitable Living Environment': The Failure of Housing Programs to Deliver on Neighborhood Quality", *Housing Policy Debate* 8 (1997): pp.703~741; Edgar Olsen, "Housing Programs for Low-Income Households", in *Means-Tested Transfer Programs in the United States*, ed. Robert Moffitt (Chicago: University of Chicago Press, 2003), pp.365~442.

51) Brian Jacob and Jens Ludwig, "The Effects of Housing Assistance on Labor Supply: Evidence from a Voucher Lottery", *American Economic Review* 102 (2012): pp.272~304; Mark Shroder, "Does Housing Assistance Perversely Affect Self-Sufficiency? A Review Essay", *Journal of Housing Economics* 11 (2002): pp.381~417; Sandra Newman, Scott Holupka, and Joseph Harkness, "The Long-Term Effects of Housing Assistance on Work and Welfare", *Journal of Policy Analysis and Management* 28 (2009): pp.81~101.

52) 보편적인 주택 프로그램을 보유한 나라에는 미국의 제한적인 바우처 프로그램이 갖고 있는 것 같은 최소 주거 기준이 없다는 점은 시사하는 바가 크다. 모든 사람이 기본 요건을 갖춘 집의 비용을 감당할 능력이 있다면 최소 기준은 필요 없다. 뒤가 든든해진 세입자들이 자신의 바우처를 다른 곳에서 쓰면 되기 때문이다. Priemus et al., "Housing Vouchers in the United States, Great Britain, and the Netherlands", p.582.

53) Riis, *How the Other Half Lives*, p.201.

54) 보편적인 바우처 프로그램이라고 해서 이 모든 문제를 해결하지는 못할 수 있다. 특히 빡빡한 시장에서 바우처는 임대료 인플레이션으로부터 세입자들을 완전히 보호하지는 못할 수 있다. 이를 할 수 있는 건 상당한 정부 규제(임대료 통제 같은)나 시장 변화(주택 공급 확대)뿐이다.

　　실제로 현행 바우처 프로그램이 모든 사람의 임대료를, 그러니까 바우처 소지자들뿐 아니라 아무런 보조를 받지 않는 세입자들의 임대료까지 상승시킬 수 있다는 약간의 증거가 있다(아직 희박하긴 하다). 주요 이유는 간단하다. 가난한 사람 수백만 명이 민간시장을 빠져나가 공공주택으로 옮기게 되면 수요가 낮아지고 시장 밑바닥의 임대료 역시 낮아질 것이다. 이런 사람들이 다시 바우처를 들고 민간시장에 재진입하게 되면 수요가 올라가면서 임대료 역시 함께 상승할 것이다. 주택바우처가 많은 도시일수록 임대료가 더 가파르게 상승했고, 전체적으로 바우처가 원조를 받는 가족에게 절약해주는 비용보다 이 때문에 원조를 받지 않는 가족들이 더 지불하게 되는 비용이 많다는 연구 결과도 있다(다음을 볼 것. Scott Susin, "Rent Vouchers and the Price of Low-Income Housing", *Journal of Public Economics* 83 [2002]: pp.109~152). 그리고 집주인용 안내서에는 이런 조언이 있다. "나도 공공주택을 위해서, 그러니까 가령 정부 재원의 임대 보조금 같은 걸 위해서 현행 요금을 억제하는 게 좋아요. 당신이 임대료로 제시할 수 있는 것의 기준 같은 걸 두는 거죠." (Bryan M. Chavis, *Buy It, Rent It, Profit! Make Money as a Landlord in Any Real Estate Market* [New York: Touchstone, 2009], p.70.) 바우처 소지자의 집중과 임대주택의 전반적인 가격 사이에는 아무런 관계가 없음을 보여주는 연구들도 있다. 가령 주택수당 시범사업Experimental Housing Allowance Program, EHAP은 주택바우처가 시장 전체 임대료에 미미한 영향을 미침을 보여주었다. 윌리엄 아프가는 이런 결과가 나오게 된 것은 시장에 바우처가 충분하지 않고, 해당 연구 기간 동안 임대료가 인공적으로 낮게 떨어져 있었던 것 때문이라고 지적했다. 전국경제조사국National Bureau of Economic Research과 도시연구소Urban Institute에서 진행한 시뮬레이션 연구들은 주택수당 시범 사업의 연구 결과를 바탕으로 "주택수당은 프로그램 기준을 충족시키지 못한 집에 대한 투자 철회와 폐기를 촉진할 뿐 아니라 수령자와 비수령자에게 상당한 가격 상승을 유발할 수 있음을 제기했다." William Apgar Jr., "Which Housing Policy Is Best?", *Housing Policy Debate* 1 (1990): pp.1~32, p.9. 다음 역시 볼 것. Michael Eriksen and Amanda Ross, "Housing Vouchers and the Price of Rental Housing", *working paper*, University of Georgia, 2015.

55) Matthew Desmond and Kristin Perkins, "Are Landlords Overcharging Voucher Holders?", working paper, Harvard University, June 2015; Cutts and Olsen, "Are Section 8 Housing Subsidies Too High?"; Olsen, "Housing Programs for Low- Income Households." 주택비용 규제 관련해서는 다음을 볼 것. Tommy Andersson and Lars-Gunnar Svensson, "Non-Manipulable House Allocation with Rent Control", *Econometrica* 82 (2014): pp.507~539; Richard Arnott, "Time for Revisionism on Rent Control?", *Journal of Economic Perspectives* 9 (1995): pp.99~120.

미국 주택도시개발부는 최근 "우편번호에 따라 차이가 있고, 기존의 규제로 달성할 수 있는 것보다 더 폭넓은 지불 기준을 지지하는 소지역 공정시장임대료Small Area Fair Market Rents"를 제안함으로써 "국지적인 임대시장을 더 잘 반영하는 보조금을" 바우처 소지자들에게 제공할 계획을 발표했다. 다음을 볼 것. US Department of Housing and Urban Development, "Establishing a More Effective Fair Market Rent (FMR) System: Using Small Area Fair Market Rents (SAFMRs) in Housing Choice Voucher Program Instead of the Current 50th Percentile FMRs: Advanced Notice of Proposed Rulemaking", *Federal Register* 80 (June 2, 2015): pp.31332~31336.

56) Bipartisan Policy Center, *Housing America's Future: New Directions for National Policy* (Washington, DC: Bipartisan Policy Center, 2013), chapter 4. 비용 추정과 관련된 전 문적인 내용은 다음을 볼 것. Larry Buron, Bulbul Kaul, and Jill Khadduri, *Estimates of Voucher-Type and Emergency Rental Assistance for Unassisted Households* (Cambridge, MA: Abt Associates, 2012). 2012년 주택 소유주에 대한 연방의 지출액은 약 2,000억 달러에 달했다. 다음을 볼 것. Will Fischer and Barbara Sard, *Chart Book: Federal Housing Spending Is Poorly Matched to Need* (Washington, DC: Center for Budget and Policy Priorities, 2013). 공개등록 주택바우처 프로그램의 또 다른 비용 추정은 다음을 볼 것. William Grigsby and Steven Bourassa, "Section 8: The Time for Fundamental Program Change?", *Housing Policy Debate* 15 (2004): pp.805~834. 이 연구는 주택바우처를 해당 지역의 중위소득 50분위 이하의 임차가구로 확대할 경우 430억 달러의 추가 비용이 필요할 것이며, 이는 해당 시기 연방 지출의 2.5퍼센트에 달한다고 추정했다.

57) Schwartz, *Housing Policy in the United States*, pp.45~47.

58) Ibid. Executive Office of the President, *Budget of the United States Government: Fiscal Year 2008* (Washington, DC: Office of the President, 2008).

59) Harrington, *The Other America*, pp.157~158. A. Scott Henderson, *Housing and the Democratic Ideal: The Life and Thought of Charles Abrams* (New York: Columbia University Press, 2000): Peter Dreier, "Federal Housing Subsidies: Who Benefits and Why?", in *A Right to Housing: Foundation for a New Social Agenda*, eds. Rachel Bratt, Michael Stone, and Chester Hartman (Philadelphia: Temple University Press, 2006), pp.105~138.

이 프로젝트에 관하여

1) 더 자세한 설명은 다음을 볼 것. Matthew Desmond, "Relational Ethnography", *Theory and Society* 43 (2014): pp.547~579. 다음도 볼 것. Mustafa Emirbayer, "Manifesto for Relational Sociology", *American Journal of Sociology* 103 (1997): pp.281~317; Eric Wolf, *Europe and the People Without a History* (Berkeley and Los Angeles: University of

California Press, 1982); Stanley Lieberson, *Making It Count: The Improvement of Social Research and Theory* (Berkeley and Los Angeles: University of California Press, 1985).

2) Mitchell Duneier, *Sidewalk* (New York: Farrar, Straus and Giroux, 1999), pp.337~339.

3) 이는 문화기술지가 '방법'이라는 생각이다. 우리가 문화기술지를 그런 식으로 보게 되면 그에 대한 방법론적인 질문들을 던지게 된다. 내 프로젝트가 어떻게 IRB의 승인을 받게 할까? 언제 현장 기록을 써야 할까? 나는 문화기술지를 감수성, 그러니까 인류학자 해리 울컷Harry Wolcott이 말한 것처럼 "보는 방식"이라고 생각하는 편이다. 이는 문화기술지는 우리가 다가가거나 행하는 어떤 것이 아니라는 뜻이다. 이는 이 세상에서 살아가기 위한 근본적인 존재 방식이다. 우리가 문화기술지를 이런 식으로 생각할 경우, 다른 질문을 던지게 된다. 어떻게 처음 보는 사람하고 이야기를 할 수 있을까? 어떻게 하면 관찰력을 더 키울 수 있을까? 문화기술지를 감수성으로 보게 되면 우리는 실제로 현장에 들어가기 훨씬 전부터 일단의 기술 연마나 훈련을 시작할 수가 있다. 매일 매일 자신을 문화기술지 연구자로 훈련하면 현장에 발을 들일 때가 되었을 때 이미 문화기술지 연구자가 되어 있을 수도 있다(스마트폰은 없애는 게 도움이 될 것이다). Harry Wolcott, *Ethnography: A Way of Seeing* (Lanham: Rowman Altamira, 1999). 해석의 폭력성과 관련해서는 다음을 볼 것. Susan Sontag, "Against Interpretation", in *A Susan Sontag Reader* (New York: Farrar, Straus and Giroux, 1982), p.99.

4) 이동주택단지에서 살았을 때 나는 당시 스콧이 약물 과잉 복용으로 자살을 계획할 정도로 우울증이 심했다는 사실을 몰랐다. 한번은 그가 내게 큰돈을 부탁했던 적이 있었다. 그때는 거절했지만 만약에 부탁을 들어줬다면 무슨 일이 일어났을지 소름이 끼친다.

5) Mustafa Emirbayer and Matthew Desmond, "Race and Reflexivity", *Ethnic and Racial Studies* 35 (2012): pp.574~599.

6) 정량적인 데이터 소프트웨어는 사용하지 않았다.

7) 사실 확인 전문가는 질리언 브러실이었다. 질리언이 비공개서약에 서명을 한 뒤 나는 모든 현장기록지를 질리언에게 제공했다. 질리언은 내 현장기록지와 사진·디지털녹음기의 녹취록뿐 아니라 공개적인 기록들을 검토하고 약 30건에 달하는 별도의 인터뷰와 그 외 배경조사(가령 경찰 자료·법률 문서)를 수행함으로써 설명을 확인해주었다. 질리언은 이 책에 기록된 몇 가지 세부 사항에 관한 기록 자료를 요청했을 뿐 아니라, 이 책의 초고에서 10퍼센트를 임의 선발하여 현장기록지에서 관련 장면이나 관찰이 어디에 나오는지를 보여달라고 요청하기도 했다. 종종 주장을 입증하기 위해 사진이나 공식 문서를 요청하기도 했다.

8) 나는 책에 중요하게 등장하는 모든 사람들에게 초고를 보여주었다(원고 전체 혹은 관련 장 몇 개). 세부 사항을 확인하기 위해 사람들에게 관련된 부분을 내가 읽어주기도 했다.

9) 정책통들과 빈곤연구자들은 이런저런 주택 정책의 세부 사항을 두고 절대 지치지 않고 논쟁을 벌인다. 도시 빈민들에게 별 도움도 되지 않는 정책들을 놓고 이들은 100가지 질문을 던진다. 구글 스칼러Google Scholar에 따르면, "기회를 찾아가는 이동"이라는 문구가 들어가는 학술 논문과 책은 4,800개가 넘는다. 어려운 처지의 동네를 벗어나도록 설계된 이런 동네 재배치 계획은 과감하고 중요한 프로그램이었고, 그 결과 약 4,600가구가 도움을 받았다. 다시 말해서 이들의 프로그램을 언급하는 연구가 기회를 찾아가는 이동에서 혜택을 받은 지금까지의 모든 가구당 하나씩 있는 것이다. 인구 2퍼센트 미만에게 제공되는 공공주택 관련 연구는 게토 빈민의 주거 대다수를 차지하는 도심 빈민가 집주인들과 이들의 부동산 관련 연구보다 훨씬 많다. 저소득 가정 가운데서 운 좋은 소수만 누리는 주택바우처 관련 연구는, 저소득 가구 대다수가 민간임대시장에서 아무런 원조도 없이 어떻게 생계를 유지하는가와 관련된 연구보다 훨씬 많다. 1995년 리처드 애넛Richard Arnott은 이렇게 말했다. 경제학자들이 "임대료 통제에 초점을 둔 탓에 더 중요한 주택정책문제를 향한 관심이 분산되었다. (…) 지난 10년 동안 한 유명한 저널에는 저소득 주택문제를 다루는 논문이 단 한 편도 실리지 않았다." Richard Arnott, "Time for Revisionism on Rent Control?", *Journal of Economic Perspectives* 9 (1995): pp.99~120, p.117.

10) Matthew Desmond and Tracey Shollenberger, "Forced Displacement from Rental Housing: Prevalence and Neighborhood Consequences", *Demography*, forthcoming.

11) Matthew Desmond, "Eviction and the Reproduction of Urban Poverty", *American Journal of Sociology* 118 (2012): pp.88~133.

12) 퇴거 판결을 받을 가능성을 추정하기 위해 여러 가지 매칭 분석들뿐 아니라 이중 로버스트 로지스틱 회귀모델을 사용했다. Milwaukee Eviction Court Study, 2011. 모델에 대해서는 다음을 볼 것. Matthew Desmond et al., "Evicting Children", *Social Forces* (2013) 92: pp.303~327.

13) https://thedata.harvard.edu.로 가볼 것.

14) 밀워키에서 세입자들이 거주하는 주택은 전체 주택의 절반을 조금 웃도는데, 이는 다른 도시(가령 시카고·휴스턴·볼티모어)와 비슷한 비중이다. 중위 임대료 면에서 밀워키 카운티는 미국과 푸에르토리코의 4,763카운티 가운데 1,420번째를 차지한다. 임대료 분포가 유사한 도시로는 오레곤 포틀랜드, 노스캐롤라이나 샤롯, 인디애나 개리, 로스앤젤레스 배턴루지가 있다. 견실한 세입자 노조의 전통이 있고 임대인구가 경제적으로 다양한 도시들(가령 보스턴·로스앤젤레스)은 대부분의 중상 계층이 자신의 집을 소유하는, 밀워키 같은 다른 도시에 비해 세입자 보호 장치를 엄격하게 만드는 경향이 있다. 하지만 대부분 도시의 세입자 보호 장치 실태는 보스턴이나 로스앤젤레스보다는 밀워키에 훨씬 가깝다. 다음을 볼 것. National Multifamily Housing Council, *Quick Facts: Resident Demographics* (Washington, DC: National Multifamily

Housing Council, 2009); US Department of Housing and Urban Development, *50th Percentile Rent Estimates for 2010* (Washington, DC: US Department of Housing and Urban Development, 2010).

15) Elliot Liebow, *Tally's Corner: A Study of Negro Streetcorner Men* (Boston: Little, Brown and Company, 1967), 15쪽에 나오는 표현을 손본 것이다.

16) Clifford Geertz, *Works and Lives: The Anthropologist as Author* (Stanford: Stanford University Press, 1988), p.5.

17) 문화지술지의 일인칭 서술의 등장은 저자의 정치적 입장과 편향에 관심을 기울이는, 인류학 내 포스트모던 바람의 산물이다. 그전까진 많은 문화기술지가 삼인칭으로 작성되었다. *The Taxi-Dance Hall*(1932), *Street Corner Society*(1943), *Tally's Corner*(1967)에서는 저자가 표면에 거의 드러나지 않는다.

찾아보기

536

ㅌ

ㅍ